Code	English	Italian	German	Dutch	Spanish	French
A	Austria	Austria	Österreich	Oostenrijk	Austria	Autriche
AL	Albania	Albania	Albanien	Albanië	Albania	Albanie
AND	Andorra	Andorra	Andorra	Andorra	Andorra	Andorre
B	Belgium	Belgio	Belgien	België	Bélgica	Belgique
BG	Bulgaria	Bulgaria	Bulgarien	Bulgarije	Bulgaria	Bulgarie
BIH	Bosnia and Hercegovina	Bosnia ed Erzegovina	Bosnien und Herzegowina	Bosnië en Hercegovina	Bosnia Hercegovina	Bosnie Herzégovine
CH	Switzerland	Svizzera	Schweiz	Zwitserland	Suiza	Suisse
CY	Cyprus	Cipro	Zypern	Cyprus	Chipre	Chypre
CZ	Czech Republic	Repubblica Ceca	Tschechische Republik	Tsjechische Republiek	República Checa	République tchèque
D	Germany	Germania	Deutschland	Duitsland	Alemania	Allemagne
DK	Denmark	Danimarca	Dänemark	Denemarken	Dinamarca	Danemark
E	Spain	Spagna	Spanien	Spanje	España	Espagne
EST	Estonia	Estonia	Estland	Estland	Estonia	Estonie
F	France	Francia	Frankreich	Frankrijk	Francia	France
FIN	Finland	Finlandia	Finnland	Finland	Finlandia	Finlande
FL	Liechtenstein	Liechtenstein	Liechtenstein	Liechtenstein	Liechtenstein	Liechtenstein
FR	Faeroe Islands	Isole Föroyar	Färöer	Faeröer	Islas Faroes	Iles Féroé
GB	Great Britain	Gran Bretagna	Großbritannien	Groot-Brittannië	Gran Bretaña	Grande-Bretagne
GBA	Alderney	Alderney	Alderney	Alderney	Alderney	Aurigny
GBG	Guernsey	Guernsey	Guernsey	Guernsey	Guernsey	Guernesey
GBJ	Jersey	Jersey	Jersey	Jersey	Jersey	Jersey
GBM	Isle of Man	Isola di Man	Man	Isle of Man	Isla de Man	Ile de Man
GBZ	Gibraltar	Gibilterra	Gibraltar	Gibraltar	Gibraltar	Gibraltar
GR	Greece	Grecia	Griechenland	Griekenland	Grecia	Grèce
H	Hungary	Ungheria	Ungarn	Hongarije	Hungría	Hongrie
HR	Croatia	Croazia	Kroatien	Kroatië	Croacia	Croatie
I	Italy	Italia	Italien	Italië	Italia	Italie
IRL	Republic of Ireland	Repubblica d'Irlanda	Republik Irland	Ierse Republiek	República de Irlanda	République d'Irlande
IS	Iceland	Islanda	Island	IJsland	Islandia	Islande
L	Luxembourg	Lussemburgo	Luxemburg	Luxemburg	Luxemburgo	Luxembourg
LT	Lithuania	Lituania	Litauen	Litouwen	Lituania	Lituanie
LV	Latvia	Lettonia	Lettland	Letland	Letonia	Lettonie
M	Malta	Malta	Malta	Malta	Malta	Malte
MC	Monaco	Principato di Monaco	Monaco	Monaco	Mónaco	Monaco
MD	Moldavia	Moldavia	Moldau	Moldavië	Moldavia	Moldavie
MK	Former Yugoslav Republic of Macedonia	Macedonia	Makedonien	Macedonië	Macedonia	Macédoine
N	Norway	Norvegia	Norwegen	Noorwegen	Noruega	Norvège
NL	Netherlands	Paesi Bassi	Niederland	Nederland	Holanda	Pays-Bas
P	Portugal	Portogallo	Portugal	Portugal	Portugal	Portugal
PL	Poland	Polonia	Polen	Polen	Polonia	Pologne
RO	Romania	Romania	Rumänien	Roemenië	Rumanía	Roumanie
RSM	San Marino	Repubblica di San Marino	San Marino	San Marino	San Marino	Saint-Marin
RUS	Russian Federation	Federazione Russa	Rußland	Russische Federatie	Federación Rusa	Fédération de Russie
S	Sweden	Svezia	Schweden	Zweden	Suecia	Suède
SK	Slovak Republic	Repubblica Slovacca	Slowakei	Slowaakse Republiek	República Eslovaca	République Slovaque
SLO	Slovenia	Slovenia	Slowenien	Slovenija	Eslovenia	Slovénie
SU	Belorussia	Bielorussia	Weißrußland	Wit-Rusland	Bielorusia	Biélorussie
TR	Turkey	Turchia	Türkei	Turkije	Turquía	Turquie
UA	Ukraine	Ucraina	Ukraine	Oekraïne	Ucrania	Ukraine
V	Vatican City	Città del Vaticano	Vatikanstadt	Vaticaanstad	Ciudad del Vaticano	Vatican
YU	Yugoslavia	Iugoslavia	Jugoslawien	Joegoslavië	Yugoslavia	Yougoslavie

FIRST EDITION FEBRUARY 1996

© The Automobile Association 1996

This atlas specially produced for the ARC Clubs of Europe: Automobile Association (AA) (Great Britain), **Automobile Club d'Italia (ACI) (Italy)**, Allgemeiner Deutscher Automobil-Club e.V. (ADAC) (Germany), **Koninklijke Nederlandse Toeristenbond ANWB (ANWB) (Netherlands)**, Österreichischer Automobil-, Motorrad- und Touring Club (ÖAMTC) (Austria), **Real Automóvil Club de España (RACE) (Spain)**, Touring Club Royal de Belgique (TCB) (Belgium), **Touring Club Suisse (TCS) (Switzerland)**.

All rights reserved. No part of this publication may be reproduced, stored in a retrieval system, or transmitted in any form or by any means-electronic, mechanical, photocopying, recording or otherwise-unless the permission of the publisher has been given beforehand.

Published by AA Publishing (a trading name of The Automobile Association Developments Limited, whose registered office is Norfolk House, Priestley Road, Basingstoke, Hampshire RG24 9NY. Registered Number 1878835).

Mapping produced by the Cartographic Department of The Automobile Association.

ISBN 0 7495 1291 1 (AA)

A CIP catalogue record for this book is available from The British Library.
Printed by Jarold Book Printing Ltd, Thetford, Norfolk.

The contents of this atlas are believed correct at the time of printing. Nevertheless, the publishers cannot be held responsible for any errors or omissions, or for changes in the details given. They would welcome information to help keep this atlas up to date, please write to the Cartographic Editor, AA Publishing, The Automobile Association, Norfolk House, Priestley Road, Basingstoke, Hampshire RG24 9NY.

PRIMA EDIZIONE: FEBBRAIO 1996

© The Automobile Association 1996

Questo atlante è stato appositamente pubblicato per i Club ARC europei e cioè per Automobile Association (AA) (Gran Bretagna), **Automobile Club d'Italia (ACI) (Italia)**, Allgemeiner Deutscher Automobil-Club e.V. (ADAC) (Germania), **Koninklijke Nederlandse Toeristenbond ANWB (ANWB) (Paesi Bassi)**, Österreichischer Automobil-, Motorrad- und Touring Club (ÖAMTC) (Austria), **Real Automóvil Club de España (RACE) (Spagna)**, Touring Club Royal de Belgique (TCB) (Belgio), **Touring Club Suisse (TCS) (Svizzera)**.

Tutti i diritti riservati. Nessuna parte di questa pubblicazione può essere riprodotta, memorizzata o trasmessa con qualsiasi mezzo e in qualsiasi forma-elettronica, meccanica, fotocopia, registrazione od altra-senza previa autorizzazione dell'editore.

Pubblicato dalla AA Publishing (un nome commerciale di The Automobile Association Developments Limited con sede legale a Norfolk House, Priestley Road, Basingstoke, Hampshire RG24 9NY. Numero di iscrizione 1878835).

Le cartine sono state prodotte dalla Divisione Cartografica di The Automobile Association.

ISBN 1121-2187 (ACI)

Una descrizione di questo libro nel catalogo CIP è disponibile presso The British Library.
Stampato da Jarold Book Printing Ltd, Thetford, Norfolk.

Il contenuto di questo atlante è considerato corretto al momento della stampa. Nonostante ciò, gli editori non possono essere ritenuti responsabili per eventuali errori o omissioni o per cambiamenti nei particolari indicati e saranno lieti di ricevere informazioni che consentiranno di mantenere aggiornato questo atlante. A riguardo si prega di scrivere a Cartographic Editor, AA Publishing, The Automobile Association, Norfolk House, Priestley Road, Basingstoke, Hampshire RG24 9NY.

AUFLAGE FEBRUAR 1996

© The Automobile Association 1996

Dieser Atlas ist eine Sonderausgabe für die ARC-Clubs in Europa: Automobile Association (AA) (Großbritannien), **Automobile Club d'Italia (ACI) (Italien)**, Allgemeiner Deutscher Automobil-Club e.V. (ADAC) (Deutschland), **Koninklijke Nederlandse Toeristenbond ANWB (ANWB) (Niederlande)**, Österreichischer Automobil-, Motorrad- und Touring Club (ÖAMTC) (Österreich), **Real Automóvil Club de España (RACE) (Spanien)**, Spanje, Touring Club Royal de Belgique (TCB) (Belgien), **Touring Club Suisse (TCS) (Schweiz)**.

Das Werk einschließlich aller seiner Teile ist urheberrechtlich geschützt. Jede urheberrechtswidrige Verwertung ist ohne Zustimmung des Verlages unzulässig und strafbar. Das gilt insbesondere für Vervielfältigungen, Übersetzungen, Nachahmungen, Mikroverfilmungen und die Einspeicherung und Verarbeitung in elektronischen Systemen.

Verlegt von AA Publishing (ein Handelsname von The Automobile Association Developments Limited mit eingetragenem Hauptsitz in Norfolk House, Priestley Road, Basingstoke, Hampshire RG24 9NY. Register-Nr. 1878835).

Kartenherstellung: The Automobile Association, Kartographische Abteilung.

ISBN 3-900235-30-9 (OAMTC)

CIP-Katalogaufnahme für dieses Werk erhältlich von The British Library.
Druck: Jarold Book Printing Ltd, Thetford, Norfolk.

Der Atlasinhalt wird zur Zeit der Herausgabe als korrekt angesehen. Der Verleger übernimmt jedoch keine Haft für Irrtümer, Auslassungen oder Änderungen von Einzelheiten. Hinweise, die den Atlas auf dem neusten Stand halten, werden gern entgegengenommen von: Cartographic Editor, AA Publishing, The Automobile Association, Norfolk House, Priestley Road, Basingstoke, Hampshire RG24 9NY.

EERSTE DRUK FEBRUARI 1996

© The Automobile Association 1996

Deze atlas is speciaal geproduceerd voor de ARC Clubs van Europa - Automobile Association (AA) (Groot-Brittannië), **Automobile Association (AA) (Italië)**, Allgemeiner Deutscher Automobil-Club e.V. (ADAC) (Duitsland), **Koninklijke Nederlandse Toeristenbond ANWB (ANWB) (Nederland)**, Österreichischer Automobil-, Motorrad- und Touring Club (ÖAMTC) (Oostenrijk), **Real Automóvil Club de España (RACE) (Spanje)**, Touring Club Royal de Belgique (TCB) (België), **Touring Club Suisse (TCS) (Zwitserland)**.

Alle rechten voorbehouden. Niets uit deze uitgave mag worden verveelvoudigd, opgeslagen in een geautomatiseerd gegevensbestand, of openbaar gemaakt, in enige vorm of op enige wijze-hetzij elektronisch, mechanisch, door fotokopieën, opnamen, of op enige andere manier-zonder voorafgaande schriftelijke toestemming van de uitgever.

Uitgegeven door AA Publishing (een handelsnaam van The Automobile Association Developments Limited, gevestigd in Norfolk House, Priestley Road, Basingstoke, Hampshire RG24 9NY. Vestigingsnummer 1878835).

Kaarten geproduceerd door de Afdeling Cartografie van The Automobile Association.

ISBN 90-18-00637-8 (ANWB)

Een CIP-catalogus notering voor dit boek is verkrijgbaar bij The British Library.
Gedrukt door Jarold Book Printing Ltd, Thetford, Norfolk.

Bij het ter perse gaan werd de inhoud van deze atlas juist geacht. Niettemin aanvaardt de uitgever geen verantwoordelijkheid voor eventuele fouten of weglatingen of voor veranderingen in de vermelde gegevens. De uitgever ontvangt graag informatie om deze atlas up-to-date te houden, te richten aan: Cartographic Editor, AA Publishing, The Automobile Association, Norfolk House, Priestley Road, Basingstoke, Hampshire RG24 9NY.

PRIMERA EDICIÓN ENERO 1996

© The Automobile Associacion 1996

Este atlas se ha producido para los clubs automovilísticos de Europa - Automobile Association (AA) (Gran Bretaña), **Automobile Club d'Italia (ACI) (Italia)**, Allgemeiner Deutscher Automobil-Club e.V. (ADAC) (Alemania), **Koninklijke Nederlandse Toeristenbond ANWB (ANWB) (Holanda, Netherlands)**, Österreichischer Automobil-, Motorrad- und Touring Club (ÖAMTC) (Austria), **Real Automóvil Club de España (RACE) (España)**, Touring Club Royal de Belgique (TCB) (Bélgica), **Touring Club Suisse (TCS) (Suiza)**.

No está permitida la reproducción total o parcial de este libro, ni su tratamiento informático, ni la transmisión de ninguna forma o por cualquier medio, ya sea electrónico, mecánico, por fotocopia, por registro u otros métodos, sin el permiso previo y por escrito de los titulares de copyright. Reservados todos los derechos, incluido el derecho de venta, alquiler, préstamo o cualquier otra forma de cesión del uso del ejemplar.

Publicado por AA Publishing (nombre registrado de The Automobile Association Developments Limited, con sede social en Norfolk House, Priestley Road, Basingstoke, Hampshire RG24 9NY. Número de Inscripción 1878835).

Cartografía elaborada por el Departamento de Cartografía del Automobile Association.

ISBN 84-241-3768-X (RACE)

En la Biblioteca Británica (British Library) existe un registro de catálogo CIP de esta publicación para su consulta.
Impreso por Jarold Book Printing Ltd, Thetford, Norfolk.

El contenido de este atlas es correcto, a nuestro entender y conocimiento, en el momento de ir a la imprenta. No obstante, los editores no se pueden hacer responsables de ningún error, omisión o cambios en los detalles presentados. Los editores agradecen cualquier información para mantener este atlas al día dirigiéndose por escrito a: Cartographic Editor, AA Publishing, The Automobile Association, Norfolk House, Priestley Road, Basingstoke, Hampshire RG24 9NY.

PREMIÈRE ÉDITION FÉVRIER 1996

© The Automobile Association 1996

Cet atlas a été réalisé spécialement pour les Clubs ARC d'Europe - Automobile Association (AA) (Grande-Bretagne), **Automobile Club d'Italia (ACI) (Italie)**, Allgemeiner Deutscher Automobil-Club e.V. (ADAC) (Allemagne), **Koninklijke Nederlandse Toeristenbond ANWB (ANWB) (Pays-Bas)**, Österreichischer Automobil-, Motorrad- und Touring Club (ÖAMTC) (Autriche), **Real Automóvil Club de España (RACE) (Espagne)**, Touring Club Royal de Belgique (TCB) (Belgique), **Touring Club Suisse (TCS) (Suisse)**.

Tous droits réservés. Toute reproduction, même partielle et quel qu'en soit le support (électronique, mécanique, photocopie, etc.), est strictement interdite sans autorisation préalable de l'éditeur.

Publié par AA Publishing (nom commercial de The Automobile Association Developments Limited, dont le siège social est sis à Norfolk House, Priestley Road, Basingstoke, Hampshire RG24 9NY (G.B.). RC 1878835).

Cartes réalisées par la division Cartographie de The Automobile Association.

ISBN 2-291-00090-X (TCS)

Cet ouvrage a été déposé à la British Library.
Imprimé par Jarold Book Printing Ltd, Thetford, Norfolk.

Les renseignements contenus dans cet atlas étaient exacts au moment de l'impression. L'éditeur ne saurait toutefois être tenu responsable de toute erreur, omission ou modification des détails fournis. Au cas où vous constateriez une erreur, nous vous remercions d'écrire à: The Cartographic Editor, AA Publishing, The Automobile Association, Norfolk House, Priestley Road, Basingstoke, Hampshire RG24 9NY.

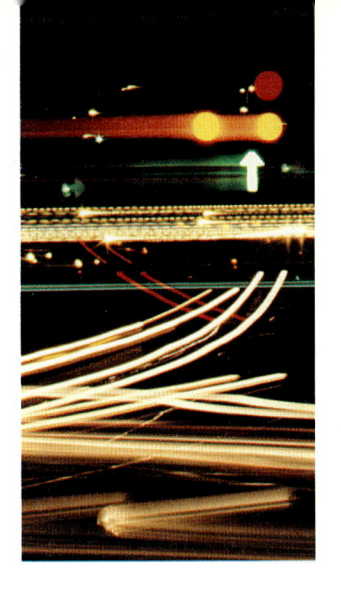

Contents
Indice
Inhaltsverzeichnis
Inhoudsopgave
Contenido
Sommaire

IV	Route planner **Guida agli itinerari** Übersichtskarte **Routeplanner** Organizador de ruta **Principaux axes routiers**	**XX**	Distance chart **Tabella chilometrica** Entfernungstabelle **Afstandentabel** Distancias kilométricas **Tableau des distances**
VIII	Driving regulations **Regolamenti stradali** Verkehrsregeln **Verkeersregels** Normas de circulación **Règles de conduite**	**1**	Map symbols **Simboli cartografici** Zeierklärung **Kaartsymbolen** Signos convencionales **Légende**
XIV	Speed limits **Limiti di velocità** Geschwindigkeits - begrenzungen **Maximumsnelheden** Límites de velocidad **Limites de vitesse**	**2**	Road atlas **Atlante stradale** Kartenteil **Wegenatlas** Atlas de carreteras **Atlas routier**
XV	Road signs **Segnali stradali** Verkehrszeichen **Verkeersborden** Señales de circulación **Signalisation routière**	**168**	Index with environs plans **Indice comprensivo delle città con piante di attraversamento** Ortsregister mit Übersichtsplänen **Register met doorgangskaarten** Indice con plano de los alrededorses **Index avec plans d'agglomération**

168	Amsterdam	182	Firenze	200	München	Principal city environs plans
169	Antwerpen	183	Frankfurt am Main	201	Napoli	
170	Athína	184	Genève	203	Oslo	Piante di attraversamento delle principali città
171	Barcelona	184	Génova	204	Paris	
171	Basel	185	Göteborg	206	Porto	
172	Belfast	186	Hamburg	206	Praha	Stadtübersichtspläne
172	Beograd	187	Helsinki	208	Roma	
173	Berlin	188	İstanbul	209	Rotterdam	Doorgangskaarten grote steden
173	Bern	190	København	210	Salzburg	
174	Birmingham	191	Köln	210	Sankt-Peterburg	Plano de los alrededores de la ciudad principal
174	Bologna	192	Lille	212	Sevilla	
174	Bordeaux	193	Lisboa	212	Sofia	
175	Bratislava	194	Liverpool & Manchester	213	Stockholm	Plans d'agglomération des principales villes
175	Bruxelles	195	London	214	Strasbourg	
176	Bucureşti	196	Luxembourg	217	Venézia	
176	Budapest	196	Lyon	219	Warszawa	
179	Den Haag	197	Madrid	219	Wien	
180	Dublin	198	Marseille	220	Zürich	
180	Düsseldorf	199	Milano			
181	Edinburgh	200	Moskva			

IV

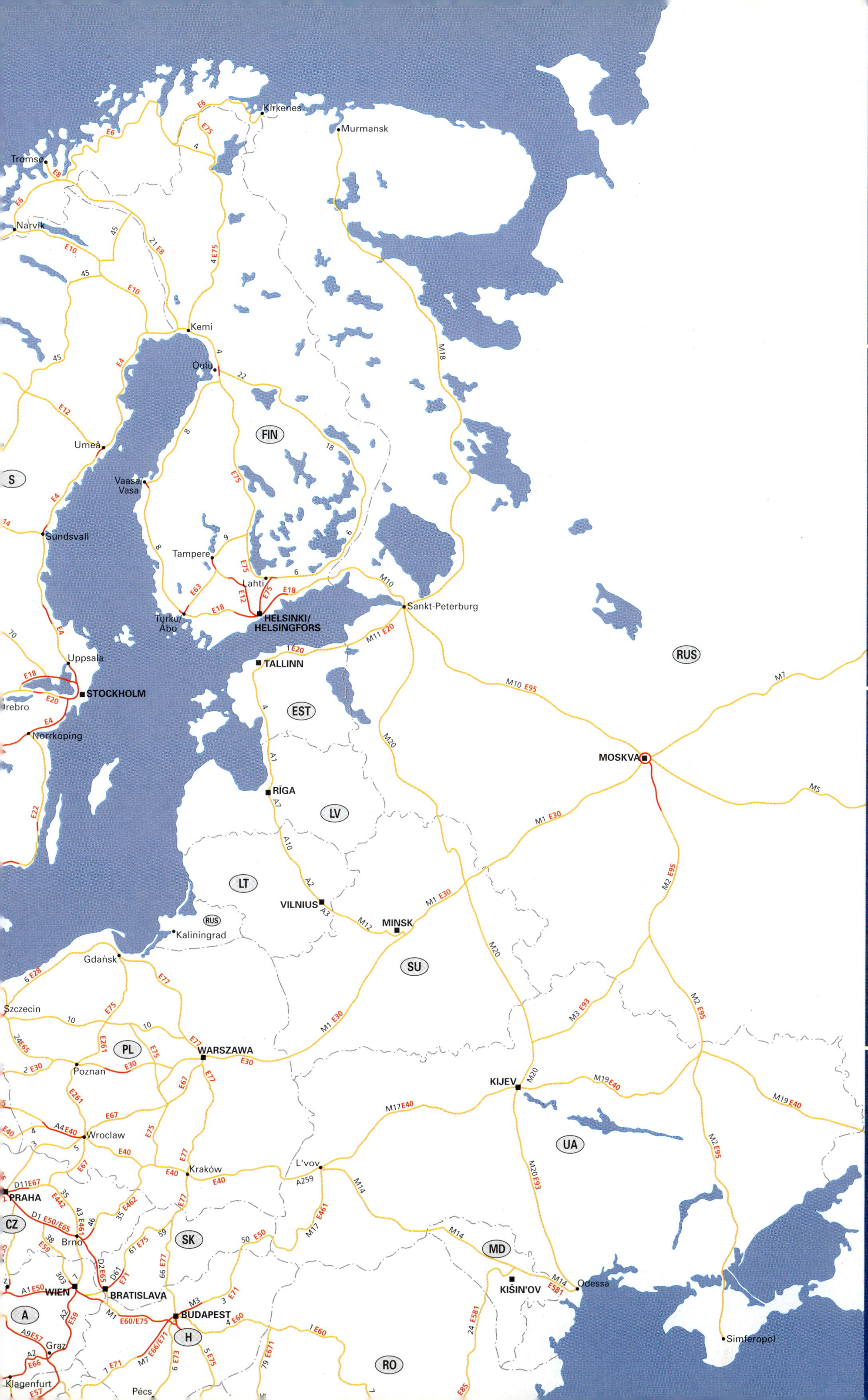
Kirkenes
Murmansk
Tromsø
Narvik
Kemi
Oulu
FIN
Umeå
S
Vaasa/
Vasa
Sundsvall
Tampere
Lahti
Turku/
Åbo
HELSINKI/
HELSINGFORS
Sankt-Peterburg
RUS
Uppsala
STOCKHOLM
Norrköping
TALLINN
EST
MOSKVA
RĪGA
LV
LT
VILNIUS
MINSK
RUS
Kaliningrad
Gdańsk
SU
Szczecin
PL
WARSZAWA
Poznań
KIJEV
Wrocław
UA
Kraków
L'vov
PRAHA
CZ
Brno
SK
MD
WIEN
BRATISLAVA
KIŠIN'OV
Odessa
A
BUDAPEST
H
Graz
Simferopol
RO
Klagenfurt
Pécs

Lillehammer
Bergen
OSLO
Stavanger
Kristiansand
Göteborg
Jönköping
Aalborg
Århus
KØBENHAVN
Odense
Esbjerg
DK
Kiel
Rostock
Lübeck
Hamburg
Bremen
BERLIN
Hannover
Magdeburg
Bielefeld
Arnhem
AMSTERDAM
Den Haag
Rotterdam
NL
Vlissingen
Antwerpen
Brugge
Oostende
Calais
Essen
D
Leipzig
Erfurt
Chemnitz
Köln
Bonn
BRUSSEL/BRUXELLES
B
Lille
Liège
Charleroi
Amiens
Frankfurt am Main
Nürnberg
Regensburg
L
LUXEMBOURG
Reims
Metz
Nancy
Strasbourg
Stuttgart
München
Salzburg
Innsbruck
Basel
Zürich
FL
BERN
CH
Genève
Bolzano/Bozen
Inverness
Aberdeen
Glasgow
Edinburgh
Stranraer
Newcastle upon Tyne
Londonderry
Sligo
Belfast
Galway
IRL
DUBLIN
Limerick
Cork
Waterford
GBM
Leeds
Liverpool
Manchester
GB
Birmingham
Norwich
Oxford
Cardiff
LONDON
Southampton
Dover
Plymouth
Portsmouth
GBA
GBG
GBJ
Cherbourg
Le Havre
Rouen
Caen
Brest
St-Malo
PARIS
Rennes
Le Mans
Orléans
Nantes
Tours
Bourges
F
Dijon
Limoges
Clermont Ferrand
Lyon
Bordeaux
Grenoble
Torino
Milano
Brèscia
Verona
Venézia
Genova
Bologna
Pisa
Firenze
RSM
Nice
MC
Marseille
Montpellier
Nîmes
Toulouse
Perpignan
Andorra la Vella
AND
La Coruña/A Coruña
Oviedo
Santander
Bilbao/Bilbo
San Sebastián/Donostia
Pamplona/Iruñea
Vigo
Burgos
Valladolid
Porto
Salamanca
Zaragoza
Barcelona
P
E
MADRID
LISBOA
Valencia
Palma
Córdoba
Sevilla
Murcia
Alicante
Lagos
Faro
Cádiz
Granada
Málaga
GBZ
Gibraltar
Bastia
Ajaccio
Sassari
Ólbia
Cágliari
V
ROMA
Perugia
Tanger
RABAT
Oujda
Ouahran
ALGER
Ksontina
TUNIS

VII

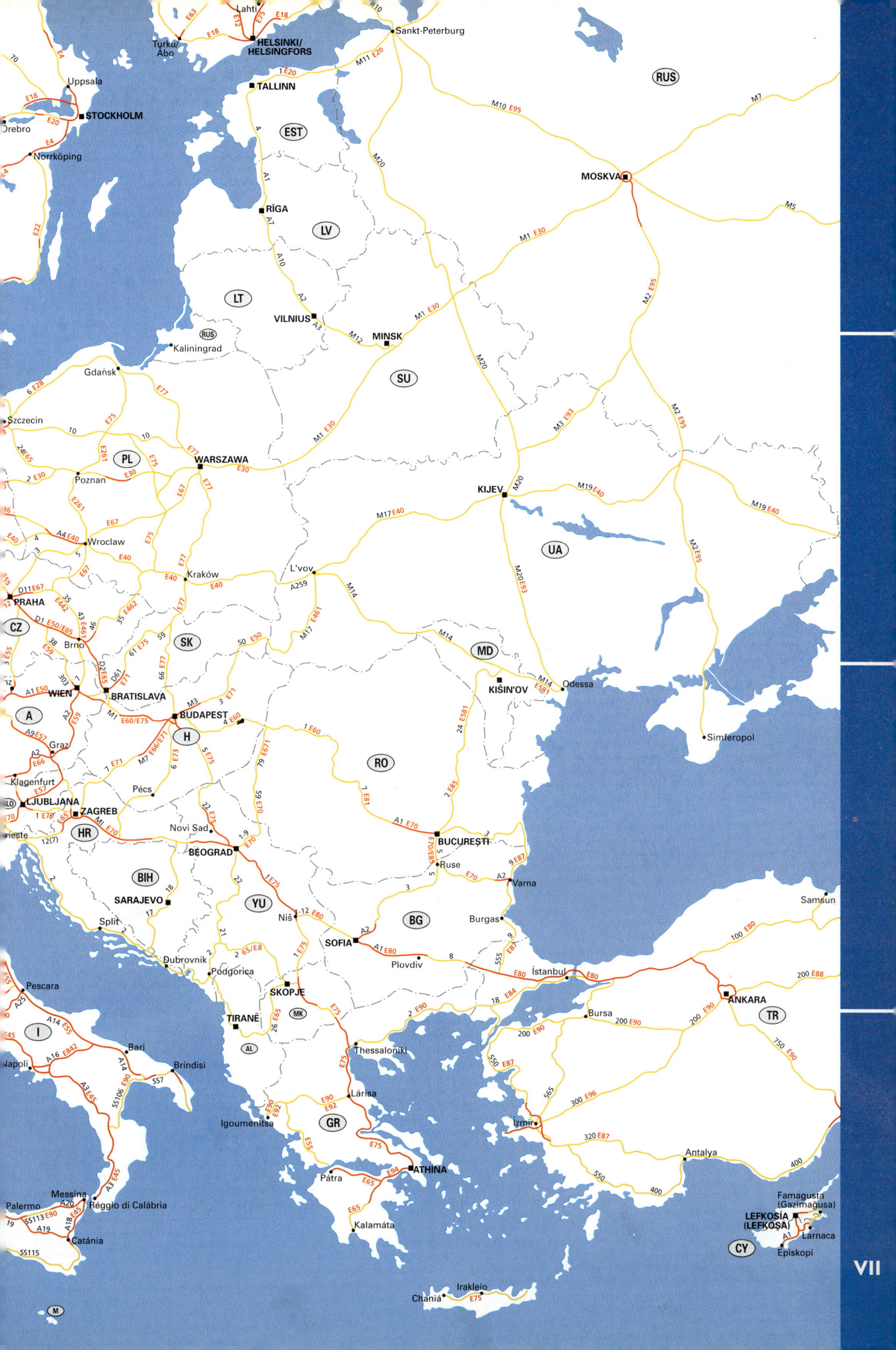

A Austria **Austria** Österreich **Oostenrijk** Austria **Autriche**	**B** Belgium **Belgio** Belgien **België** Bélgica **Belgique**	**BG** Bulgaria **Bulgaria** Bulgarien **Bulgarije** Bulgaria **Bulgarie**	**CH** Switzerland **Svizzera** Schweiz **Zwitserland** Suiza **Suisse**	**CZ** Czech Republic **Repubblica Ceca** Tschechische Republik **Tsjechische Republiek** República Checa **République tchèque**	**D** Germany **Germania** Deutschland **Duitsland** Alemania **Allemagne**
DK Denmark **Danimarca** Dänemark **Denemarken** Dinamarca **Danemark**	**E** Spain **Spagna** Spanien **Spanje** España **Espagne**	**F** France **Francia** Frankreich **Frankrijk** Francia **France**	**FIN** Finland **Finlandia** Finnland **Finland** Finlandia **Finlande**	**GB** Great Britain **Gran Bretagna** Großbritannien **Groot-Brittannië** Gran Bretaña **Grande-Bretagne**	**GR** Greece **Grecia** Griechenland **Griekenland** Grecia **Grèce**
H Hungary **Ungheria** Ungarn **Hongarije** Hungría **Hongrie**	**I** Italy **Italia** Italien **Italië** Italia **Italie**	**IRL** Republic of Ireland **Repubblica d' Irlanda** Republik Irland **Ierse Republiek** República de Irlanda **République d'Irlande**	**L** Luxembourg **Lussemburgo** Luxemburg **Luxemburg** Luxemburgo **Luxembourg**	**N** Norway **Norvegia** Norwegen **Noorwegen** Noruega **Norvège**	**NL** Netherlands **Paesi Bassi** Niederlande **Nederland** Holanda **Pays-Bas**
P Portugal **Portogallo** Portugal **Portugal** Portugal **Portugal**	**PL** Poland **Polonia** Polen **Polen** Polonia **Pologne**	**RO** Romania **Romania** Rumänien **Roemenië** Rumania **Roumanie**			
S Sweden **Svezia** Schweden **Zweden** Suecia **Suède**					
SK Slovak Republic **Repubblica Slovacca** Slowakei **Slowaakse Republiek** Eslovaca República **République Slovaque**					
TR Turkey **Turchia** Türkei **Turkije** Turquía **Turquie**					

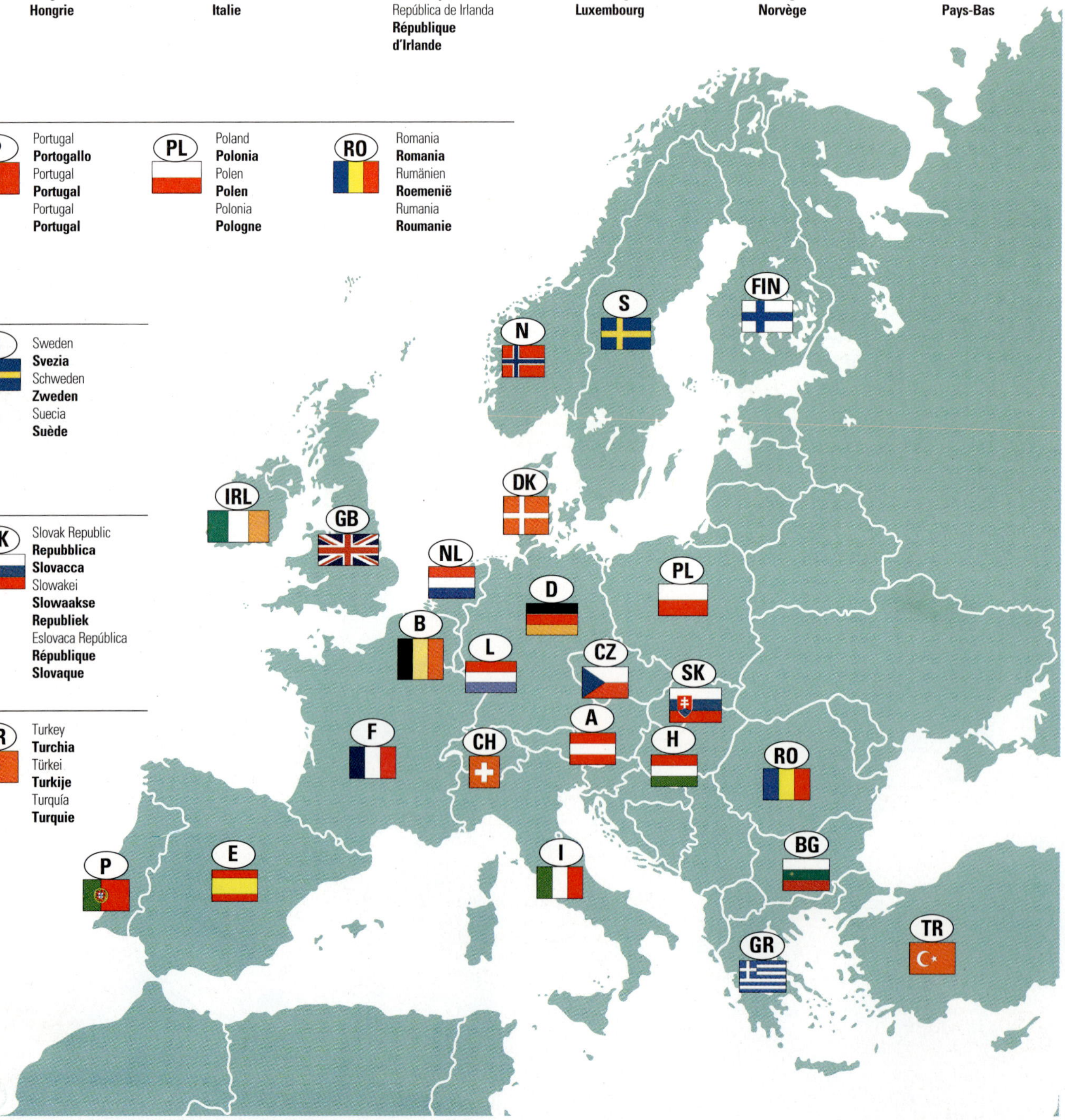

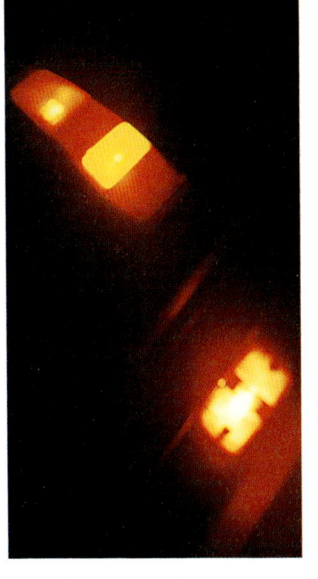

Driving regulations
Regolamenti stradali
Verkehrsregeln
Verkeersregels
Normas de circulación
Règles de conduite

The chart on the following pages provides an overview of essential information for drivers in Europe. Contact your motoring club for details of any necessary documentation.

La tabella nelle pagine seguenti fornisce una panoramica delle informazioni essenziali per guidare in Europa. Rivolgersi al proprio club automobilistico per ottenere dettagli su eventuali documenti necessari.

Die folgenden Seiten geben einen Überblick über die wichtigsten Verkehrsregeln in Europa. Ihr Automobilclub erteilt Auskunft über die erforderlichen Unterlagen.

De kaart op de volgende pagina's geeft een overzicht van belangryke informatie voor automobilisten in Europa. Neem contact op met uw automobielvereniging voor nadere informatie over eventuele benodigde documentatie.

El gráfico en las páginas siguientes ofrece la información más básica para los conductores en Europa. Para más detalles, o tipo de documentación necesaria, póngase en contacto con su club automovilístico.

Le tableau des pages suivantes contient les informations essentielles à la conduite en Europe. Renseignez-vous sur les documents obligatoires auprès de votre Club.

Key to table
Legenda delle tabelle
Zeichenerklärung
Sleutel tot tabellen
Significado de los símbolos en la tabla
Légende des tableaux

✓ Compulsory/Yes
Obbligatorio/Sì
Obligatorisch/Ja
Verplicht/Ja
Obligatorio/Sí
Obligatoire/Oui

✗ Not compulsory/No
Non obbligatorio/No
Nicht obligatorisch/Nein
Niet verplicht/Nee
No obligatorio/No
Facultatif/Non

✓ Recommended
Raccomandato
Empfohlen
Aanbevolen
Recomendado
Conseillé

✗ Not allowed
Non consentito
Verboten
Niet toegestaan
No está permitido
Interdit

1 Police emergency number
Numero di emergenza - Polizia
Notruf Polizei
Noodnummer Politie
Policía - número de emergencia
Police - numéro d'urgence

2 Fire emergency number
Numero di emergenza - Pompieri
Notruf Feuer
Noodnummer Brandweer
Bomberos - número de emergencia
Pompiers - numéro d'urgence

3 Ambulance emergency number
Numero di emergenza - Ambulanza
Notruf Ambulanz
Noodnummer Ziekenwagen
Ambulancia - número de emergencia
Ambulance - numéro d'urgence

English / Dutch	Italian / Spanish	German / French	A	B	BG	CH
Minimum driving age (excluding hired vehicles) / Minimum rijleeftijd (behalve huurvoertuigen)	Età minima richiesta per la guida (esclusi veicoli a noleggio) / Edad mínima para conducir (excluidos vehículos de alquiler)	Mindestalter für Fahrerlaubnis (ausschl. Mietfahrzeuge) / Age minimum du conducteur (sauf véhicules de location)	18	18	18	18
International driving permit / Internationale rijvergunning	Permesso internazionale di guida / Carnet de conducir internacional	Internationale Fahrerlaubnis / Permis de conduire international	✓	✓	✓	✓
Nationality plate / Landenplaat	Adesivo nazionalità / Letras distintivas del país	Nationalitätszeichen / Signe de nationalité	✓	✓	✓	✓
Warning triangle / Waarschuwingsdriehoek	Triangolo di segnalazione / Triángulo de Emergencia	Warndreieck / Triangle de panne	✓	✓	✓	✓
First-aid kit / Eerste-hulpdoos	Cassetta pronto soccorso / Botiquín	Erste-Hilfe-Ausrüstung / Trousse de premiers secours	✓	✓	✓	✓
Wearing of rear seat-belts (if fitted) / Dragen van veiligheidsgordels achter (indien aangebracht)	Uso cinture di sicurezza posteriori (se installate) / Llevar los cinturones traseros de seguridad puestos (si están instalados)	Gurtpflicht auf dem Rücksitz (falls vorhanden) / Ceintures de sécurité obligatoires à l'arrière (si montées)	✓	✓	✓	✓
Fire extinguisher / Brandblusapparaat	Estintore / Extintor de incendios	Feuerlöscher / Extincteur	✓	✓	✓	✓
Spare bulb kit / Reservelampjes	Kit lampade di riserva / Juego de bombillas de repuesto	Ersatzglühbinnen / Boîte d'ampoules de rechange	✓	✓	✓	✓
Headlamp beam converter / Koplampenconvertor	Convertitore luce proiettori / Convertidor de luces	Anpassung der Scheinwerfer / Déflecteur de faisceau des phares	✗	✗	✗	✗
Driving on left / Links rijden	Guida a sinistra / Conducción por la izquierda	Linksverkehr / Circulation à gauche	✗	✗	✗	✗
Minimum age of children in front seat / Minimumleeftijd voor kinderen op voorbank	Età minima dei bambini nel sedile anteriore / Edad mínima para que los niños viajen delante	Mindestalter für Kinder auf dem Vordersitz / Age minimum des enfants assis à l'avant	12	12	12	12
Credit card payment for petrol / Creditcard-betaling voor benzine	Pagamento con carta di credito per la benzina / Pago de gasolina con tarjeta de crédito	Kreditkarten-Akzeptautz au Taukstellung / Paiement du carburant par carte de crédit	✓	✓	✓	✓
Availability of unleaded petrol / Verkrijgbaarheid van loodvrije benzine	Disponibilità benzina verde / Disponibilidad de gasolina sin plomo	Bleifreies Benzin / Essence sans plomb disponible	✓	✓	✓	✓
On-the-spot fines / Boetes ter plekke	Multa con pagamento immediato / Pago de la multa in situ	Geldstrafe sofort zahlbare / Contraventions payables sur place	✓	✓	✓	✓
Camping card / Kampeerkaart	Carta campeggio / Tarjeta de camping	Camping Ausweis / Carte de camping	✓	✓	✓	✓
Snow or wheel chains / Sneeuw- of wielkettingen	Catene antineve o per le ruote / Cadenas o ruedas para nieve	Schnee-ketten / Chaînes ou pneus neige	✓	✓	✓	✓
Bail bond / Schriftelijk bewijs van borgstelling	Cauzione / Fianza	Kaution / Caution	✗	✗	✗	✗
Motorway tolls and taxes / Tol- en belastinggeld snelwegen	Pedaggi e tasse autostradali / Peajes e impuestos en autopistas	Autobahngebühren / Taxes et péages autoroutiers	✗	✗	✓	✓
Passenger-side wing mirror / Zijspiegel passagierszijde	Specchietto retrovisore laterale passeggero / Espejo retrovisor del lado del pasajero	Außenspiegel auf Beifahrerseite / Rétroviseur côté passager	✓	✓	✓	✓
Spare petrol cans allowed / Reservebenzineblikken toegestaan	Taniche benzina di riserva consentite / Latas de gasolina de repuesto	Benzin in Kanistern / Bidon de réserve autorisé	✓	✓	✗	✓
Emergency numbers / Noodnummer	Numeri di emergenza / Números de emergencia	Notruf- Nummern / Numéros d'urgence	[1]-122 [2]-133 [3]-144	[1]-101 [2]-100 [3]-100	[1]-166 [2]-160 [3]-150	[1]-117 [2]-118 [2]-177
International dialling code / Internationaal netnummer	Prefisso internazionali / Indicativo telefónico internacional	Vorwahl International / Indicatif international	00	00	00	00
Country dialling code / Landnummer	Pre fisso del paese / Indicativo telefónico del país	Vorwahl Land / Indicatif par pays	43	32	359	41

CZ	D	DK	E	F	FIN	GB	GR
18	18	18	18	18	18	17	18
✓	✓	✓	✓	✓	✓	✓	✓
✓	✓	✓	✓	✓	✓	✓	✓
✓	✓	✓	✓	✓	✓	✓	✓
✓	✓	✓	✓	✓	✓	✓	✓
✓	✓	✓	✓	✓	✓	✓	✓
✓	✓	✓	✓	✓	✓	✓	✓
✓	✓	✓	✓	✓	✓	✓	✓
✕	✕	✕	✕	✕	✕	✓	✕
✕	✕	✕	✕	✕	✕	✓	✕
12	12	3	12	10		11	10
✕	✓	✓	✓	✓	✓	✓	✕
✕	✓	✓	✓	✓	✓	✓	✓
✓	✓	✓	✓	✓	✓	✓	✓
✓	✓	✓	✓	✓	✓	✕	✓
✓	✓	✓	✓	✓	✓		
✕	✕	✓	✓	✕	✕	✕	✕
✓	✕	✕	✓	✓	✕	✕	✓
✓	✓	✓	✓	✓	✓	✓	✓
✓	✓	✓	✓	✓	✓	✓	✕
1-158	1-110	1-112	1-091	1-17	1-112	1-999	1-100
2-150	2-112	2-112	2-080	2-18	2-112	2-999	2-199
3-155	3-112	3-112	3-092	3-17	3-112	3-999	3-166
00	00	00	07	19	990	00	00
42	49	45	34	33	358	44	30

			H	I	IRL	L
Minimum driving age (excluding hired vehicles) **Minimum rijleeftijd (behalve huurvoertuigen)**	**Età minima richiesta per la guida (esclusi veicoli a noleggio)** Edad mínima para conducir (excluidos vehículos de alquiler)	Mindestalter für Fahrerlaubnis (ausschl. Mietfahrzeuge) **Age minimum du conducteur (sauf véhicules de location)**	17	18	17	18
International driving permit **Internationale rijvergunning**	**Permesso internazionale di guida** Carnet de conducir internacional	Internationale Fahrerlaubnis **Permis de conduire international**	✓	✓	✓	✓
Nationality plate **Landenplaat**	**Adesivo nazionalità** Letras distintivas del país	Nationalitätszeichen **Signe de nationalité**	✓	✓	✓	✓
Warning triangle **Waarschuwingsdriehoek**	**Triangolo di segnalazione** Triángulo de Emergencia	Warndreieck **Triangle de panne**	✓	✓	✓	✓
First-aid kit **Eerste-hulpdoos**	**Cassetta pronto soccorso** Botiquín	Erste-Hilfe-Ausrüstung **Trousse de premiers secours**	✓	✓	✓	✓
Wearing of rear seat-belts (if fitted) **Dragen van veiligheidsgordels achter (indien aangebracht)**	**Uso cinture di sicurezza posteriori (se installate)** Llevar los cinturones traseros de seguridad puestos (si están instalados)	Gurtpflicht auf dem Rücksitz (falls vorhanden) **Ceintures de sécurité obligatoires à l'arrière (si montées)**	✓	✓	✓	✓
Fire extinguisher **Brandblusapparaat**	**Estintore** Extintor de incendios	Feuerlöscher **Extincteur**	✓	✓	✓	✓
Spare bulb kit **Reservelampjes**	**Kit lampade di riserva** Juego de bombillas de repuesto	Ersatzglühbinnen **Boîte d'ampoules de rechange**	✓	✓	✓	✓
Headlamp beam converter **Koplampenconvertor**	**Convertitore luce proiettori** Convertidor de luces	Anpassung der Scheinwerfer **Déflecteur de faisceau des phares**	✗	✗	✓	✗
Driving on left **Links rijden**	**Guida a sinistra** Conducción por la izquierda	Linksverkehr **Circulation à gauche**	✗	✗	✓	✗
Minimum age of children in front seat **Minimumleeftijd voor kinderen op voorbank**	**Età minima dei bambini nel sedile anteriore** Edad mínima para que los niños viajen delante	Mindestalter für Kinder auf dem Vordersitz **Age minimum des enfants assis à l'avant**	12	4	12	12
Credit card payment for petrol **Creditcard-betaling voor benzine**	**Pagamento con carta di credito per la benzina** Pago de gasolina con tarjeta de crédito	Kreditkarten-Akzeplautz au Taukstellung **Paiement du carburant par carte de crédit**	✗	✓	✓	✓
Availability of unleaded petrol **Verkrijgbaarheid van loodvrije benzine**	**Disponibilità benzina verde** Disponibilidad de gasolina sin plomo	Bleifreies Benzin **Essence sans plomb disponible**	✓	✓	✓	✓
On-the-spot fines **Boetes ter plekke**	**Multa con pagamento immediato** Pago de la multa in situ	Geldstrafe sofort zahlbare **Contraventions payables sur place**	✓	✓	✗	✓
Camping card **Kampeerkaart**	**Carta campeggio** Tarjeta de camping	Camping Ausweis **Carte de camping**	✓	✓	✗	✓
Snow or wheel chains **Sneeuw- of wielkettingen**	**Catene antineve o per le ruote** Cadenas o ruedas para nieve	Schnee-ketten **Chaînes ou pneus neige**	✗	✓		✓
Bail bond **Schriftelijk bewijs van borgstelling**	**Cauzione** Fianza	Kaution **Caution**	✗	✗	✗	✗
Motorway tolls and taxes **Tol- en belastinggeld snelwegen**	**Pedaggi e tasse autostradali** Peajes e impuestos en autopistas	Autobahngebühren **Taxes et péages autoroutiers**	✗	✓	✗	✗
Passenger-side wing mirror **Zijspiegel passagierszijde**	**Specchietto retrovisore laterale passeggero** Espejo retrovisor del lado del pasajero	Außenspiegel auf Beifahrerseite **Rétroviseur côté passager**	✓	✓	✓	✓
Spare petrol cans allowed **Reservebenzineblikken toegestaan**	**Taniche benzina di riserva consentite** Latas de gasolina de repuesto	Benzin in Kanistern **Bidon de réserve autorisé**	✓	✗	✓	✗
Emergency numbers **Noodnummer**	**Numeri di emergenza** Números de emergencia	Notruf- Nummern **Numéros d'urgence**	1-007 2-005 3-004	1-113 2-113 3-113	1-999 2-999 3-999	1-113 2-112 2-112
International dialling code **Internationaal netnummer**	**Prefisso internazionali** Indicativo telefónico internacional	Vorwahl International **Indicatif international**	00	00	16	00
Country dialling code **Landnummer**	**Pre fisso del paese** Indicativo telefónico del país	Vorwahl Land **Indicatif par pays**	36	39	353	352

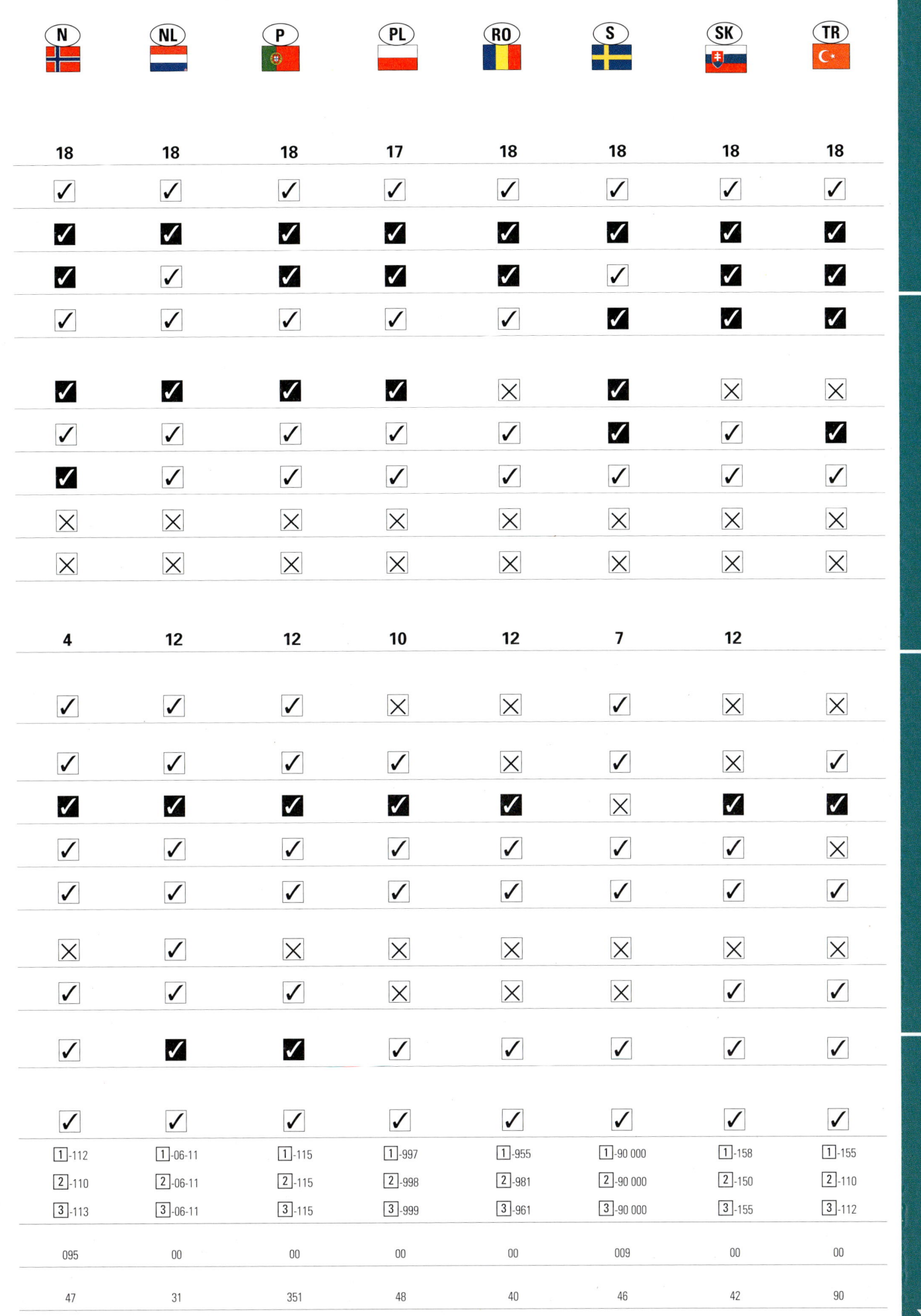

N	NL	P	PL	RO	S	SK	TR
18	18	18	17	18	18	18	18
✓	✓	✓	✓	✓	✓	✓	✓
✓▪	✓▪	✓▪	✓▪	✓▪	✓▪	✓▪	✓▪
✓▪	✓	✓▪	✓▪	✓▪	✓	✓▪	✓▪
✓	✓	✓	✓	✓	✓▪	✓▪	✓▪
✓▪	✓▪	✓▪	✓▪	✕	✓▪	✕	✕
✓	✓	✓	✓	✓	✓▪	✓	✓▪
✓▪	✓	✓	✓	✓	✓	✓	✓
✕	✕	✕	✕	✕	✕	✕	✕
✕	✕	✕	✕	✕	✕	✕	✕
4	12	12	10	12	7	12	
✓	✓	✓	✕	✕	✓	✕	✕
✓	✓	✓	✓	✕	✓	✕	✓
✓▪	✓▪	✓▪	✓▪	✓▪	✕	✓▪	✓▪
✓	✓	✓	✓	✓	✓	✓	✕
✓	✓	✓	✓	✓	✓	✓	✓
✕	✓	✕	✕	✕	✕	✕	✕
✓	✓	✓	✕	✕	✕	✓	✓
✓	✓▪	✓▪	✓	✓	✓	✓	✓
✓	✓	✓	✓	✓	✓	✓	✓
1-112	1-06-11	1-115	1-997	1-955	1-90 000	1-158	1-155
2-110	2-06-11	2-115	2-998	2-981	2-90 000	2-150	2-110
3-113	3-06-11	3-115	3-999	3-961	3-90 000	3-155	3-112
095	00	00	00	00	009	00	00
47	31	351	48	40	46	42	90

Speed limits
Limiti di velocità
Geschwindigkeits-begrenzungen
Maximumsnelheidstabel
Límites de velocidad
Limites de vitesse

1
Limit in built-up areas
Limite nei centri abitati
Innerhalb geschlossener Ortschaften
Maximumsnelheid in bebouwde kom
Límite de velocidad en vías urbanas
Limites de vitesse en zones urbaines

2
Limit outside built-up areas (including dual-carriageways)
Limite fuori dai centri urbani (comprese strade a doppia carreggiata)
Außerhalb geschlossener Ortschaften
Maximumsnelheid buiten bebouwde kom (inclusief vierbaanswegen)
Límite de velocidad en vías interurbanas (incluido en autovías)
Limites de vitesse hors zones urbaines (y compris sur routes à chaussées séparées)

3
Limit on motorways
Limite in autostrada
Auf Autobahnen
Maximumsnelheid op snelwegen
Límite de velocidad en autopistas y autovías
Limites de vitesse sur autoroutes

4
Caravan limits
Limiti per caravan
Einschränkungen für Wohnwagen
Limieten voor caravans
Limite de velocidad para vehículos con remolque
Limitations pour les caravanes

Speeds in kilometres per hour
Limiti di velocità in km/h
Geschwindigkeit in km/h
Snelheid in km/uur
Velocidades en kilómetros por hora
Vitesse en kilómetres par heure

For GB figures in brackets are miles per hour
Per la GB i dati tra parentesi sono in miglia all'ora
Für GB Zahlen in Klammern sind Meilen pro Stunde
Für Groot-Brittannië staan tussen haakjes de snelheden in miles/uur
En GB las cifras entre paréntesis son millas por hora
Pour Grand-Bretagne, les chiffres entre parenthèses sont des miles par heure

	1	2	3	4
A	50	100	130	100
B	50	90	120	90
BG	60	80	120	70
CH	50	80	120	80
CZ	60	90	110	80
D	50	100	130	80
DK	50	80	110	70
E	50	90	120	80
F	50	90	130	90
FIN	50	80	120	80
GB	48 (30)	96 (60)	112 (70)	96 (60)
GR	50	90	120	90
H	50	80	120	70
I	50	90	130	70
IRL	48 (30)	96 (60)	112 (70)	80 (50)
L	50	90	120	75
N	50	80	90	80
NL	50	80	120	80
P	60	90	120	70
PL	60	90	110	70
RO	60	80	80	80
S	50	70	110	80
SK	60	90	110	80
TR	50	90	90	70

Road signs
Segnali stradale
Verkehrszeichen
Verkeersborden
Señales de circulación
Signalisation routière

The signs reproduced on the following pages represent non-standard road signs relevant to the countries shown. They may also be seen in other countries with a similar definition.

I segnali riprodotti sulle seguenti pagine rappresentano segnali stradali non standard che si trovano nei paesi indicati. Potrebbero essere usati anche in altri paesi con una definizione simile.

Die auf den folgenden Seiten abgebildeten Verkehrszeichen. Sie sind nicht standardisiert und können auch gelten in den aufgeführten Ländern in anderen Ländern in ähnlicher Form auftreten.

De borden op de volgende pagina's zijn niet-standaard verkeersborden die op de aangegeven landen van toepassing zijn. Het is mogelijk dat deze borden ook in andere landen te zien zijn en daar een soortgelijke definitie hebben.

Las señales reproducidas en las siguientes páginas representan las señales de circulación no estándar propios a los países indicados. También pueden aparecer en otros países con una definición similar.

Les signaux des pages suivantes représentent des signaux non normalisés spécifiques aux pays indiqués. On les rencontre parfois dans d'autres pays avec une signification analogue.

Speed restrictions
Limiti di velocità
Geschwindigkeitsbegrenzungen
Snelheidsbeperkingen
Limitaciones de velocidad
Limitations de vitesse

Diversion
Deviazione
Umleitung
Wegomlegging
Desvío
Déviation

Buses only
Solo autobus
Nur Kraftomnibusse
Alleen bussen
Sólo autobuses
Voie réservée aux bus

Federal road with priority
Strada nazionale con precedenza
Bundesstraße mit Vorrang
Federale voorrangsweg
Carretera federal con prioridad
Route fédérale prioritaire

Federal road without priority
Strada nazionale senza precedenza
Bundesstraße ohne Vorrang
Federale niet-voorrangsweg
Carretera federal sin prioridad
Route fédérale non prioritaire

Street lights not on all night
L'illuminazione stradale non è in funzione tutta la notte
Straßenbeleutung nachts nicht durchgehend
Straatverlichting brandt niet gehele nacht
Alumbrado público no permanente
Signaux lumineux déclenchés une partie de la nuit

Trams turn at yellow or red
I tram svoltano quando è giallo o rosso
Straßenbahnen biegen ab bei Gelb oder Rot
Trams slaan bij geel of rood af
Tranvías giran en ambar o rojo
Trams tournant au feu orange ou rouge

B

You may pass right or left
Direzioni consentite: destra e sinistra
Rechts- oder Linksüberholen erlaubt
U mag rechts of links passeren
Se puede adelantar por la derecha
o por la izquierda
Dépassement autorisé à droite ou à gauche

Residential zone
Zona residenziale
Verkehrsberuhigter Bereich
Woonwijken
Zona residencial
Zone résidentielle

End of residential zone
Fine zona residenziale
Ende des verkehrsberuhigten Bereichs
Einde woonwijken
Fin de zona residencial
Fin de zone résidentielle

No parking from 1–15 of the month
Siesta vietata tra il 1° e il 15 del mese
Parken verboten vom 1–15. eines Monats
Niet parkeren van 1–15 van de maand
Estacionamiento prohibido la primera quincena
Stationnement interdit du 1er au 15 du mois

No parking from 16–end of the month
Siesta vietata dal 16 alla fine del mese
Parken verboten vom 16. bis Ende eines Monats
Niet parkeren van 16–eind van de maand
Estacionamiento prohibido la segunda quincena
Stationnement interdit du 16 à la fin du mois

Cyclists have priority over turning traffic
I ciclisti hanno precedenza su traffico che svolta
Radfahrer haben Vorrang vor Abbiegeverkehr
Fietsers hebben voorrang op afslaand verkeer
Ciclistas tienen prioridad sobre el tráfico que gira
Céder le passage aux cyclistes

Cyclists have priority at junction
I ciclisti hanno la precedenza agli incroci
Radfahrer haben Vorrang an der Kreuzung
Fietsers hebben voorrang bij knooppunt
Ciclistas tienen prioridad en el cruce
Cyclists prioitaires au croisement

Limited duration parking zone
Parcheggio con limitazione di tempo
Zone mit begrenzter Parkzeit
Zone met beperkte parkeertijd
Zona de estacionamiento limitado
Stationnement à durée limitée

Parking reserved for campervans
Parcheggio riservato a camper
Parken nur für Wohnmobile
Parkeerplaatsen gereserveerd voor kampeerauto's
Estacionamiento reservado para autocaravanas
Emplacement de stationnement réservé aux caravanes

CH

Postal vehicles have priority
Precedenza ai veicoli postali
Vorrang für Postfahrzeuge
Postvoertuigen hebben voorrang
Vehículos postales tienen prioridad
Priorité aux véhicules postaux

Motorway
Autostrada
Autobahn
Autosnelweg
Autopista
Autoroute

Single carriageway motorway
Autostrada a carreggiata unica
Schnellstraße
Weg met niet gescheiden rijbanen
Autopista de una calzada
Semi autoroute (sans séparation médiane)

Parking disc compulsory
Disco orario obbligatorio
Parken nur mit Parkscheibe
Parkeerschijf verplicht
Zona de estacionamiento con disco
Disque de stationnement obligatoire

Slow lane
Corsia per veicoli lenti
Kriechspur
Langzame rijbaan
Carril lento
Voie pour véhicules lents

Emergency lane
Corsia di emergenza
Notspur
Noodrijbaan
Zona de frenado de emergencia
Voie de détresse

Emergency stopping area
Area per sosta di emergenza
Not-Halteplatz
Noodstopgebied
Area de parada de emergencia
Bande d'arrêt d'urgence

Tunnel - lights compulsory
Luci obbligatorie in galleria
Tunnel - nur mit Licht fahren
Tunnel lichten verplicht
Túnel-luces obligatorias
Tunnel - feux de croisement obligatoires

Level crossing
Passaggio a livello
Bahnübergang
Overweg
Paso a nivel
Passage à niveau

D

Autobahn number
Numero autostrada
Autobahn-Nummer
Nummering autosnelweg
Número de autopista
Numéro d'autoroute

Federal highway number
Numero strada nazionale
Nummer der Bundesstraße
Federale hoofdwegnummer
Número de autopista Federal
Numéro de route fédérale

European road number
Numero strada europea
Nummer der Europastraße
Nummering Europarontes
Número de carretera Europea
Numéro de route européenne

Advance direction sign at approach to motorway
Preseñalización de direcciones autres de llegar a la autopista
Vorwegweiser zur Autobahn
Voorwegnijzer bijnadering snelweg
Señal de aviso de dirección en aproximación a autopista (a'pista)
Présignalisation à l'approche d'une autoroute

One-way street
Senso unico
Einbahnstraße
Eenrichtingsstraat
Calle de sentido único
Voie à sens unique

Recommended speed limit
Velocità consigliata
Richtgeschwindigkeit
Aanbevolen maximumsnelheid
Límite de velocidad recomendado
Vitesse recommandée

Keep distance shown
Mantenere la distanza indicata
Abstand wie gezeigt einhalten
Aangegeven afstand aanhouden
Separación mínima
Respecter la distance indiquée

Alternative route
Percorso alternativo
Numerierte Umleitung
Alternatieve route
Ruta alternativa
Route de délestage

Bus or tram stop
Fermata dell'autobus o del tram
Bus- oder Straßenbahnhaltestelle
Bus- of tramhalte
Parada de autobús o tranvía
Arrêt de bus ou de tram

DK

Traffic merges
Confluenza di due strade
Verkehr fließt zusammen
Invoegend verkeer
Convergencia de tráfico
Convergence du trafic

Minimum speed limit
Limite minimo di velocità
Mindestgeschwindigkeit
Minimumsnelheid
Límite de velocidad mínima
Vitesse minimale obligatoire

Recommended speed limit
Velocità consigliata
Richtgeschwindigkeit
Aanbevolen maximumsnelheid
Límite de velocidad recomendada
Vitesse recommandée

Compulsory slow lane
Corsia obbligatoria per veicoli lenti
Vorgeschriebene Kriechspur
Voor langzaam verkeer
Carril lento obligatorio
Voie obligatoire pour véhicules lents

1 hour parking zone
Sosta limitata ad 1 ora
Parkbegrenzung 1 Stunde
Parkeerzone van 1 uur
Zona de 1 hora de estacionamiento
Durée du stationnement limitée à 1 heure

Place of interest
Luoghi di interesse
Sehenswürdigkeiten
Bezienswaardigheid
Lugar de interés
Site d'intérêt touristique

Maximum width
Larghezza massima
Maximale Breite
Maximumbreedte
Limitación de anchura
Largeur maximale

E

Use dipped headlights
Usare anabaglianti
Abblendlicht einschalten
Gedimde koplampen gebruiken
Usar luces cortas
Feux de croisement obligatoires

Autovía
Superstrada a due carreggiata
Schnellverkehrsstraße
Autovía Vierbaansweg van snelwegniveau
Autovía de doble calzada o autopista regular
Autoroute

Vía rápida
Superstrada ad un'unica carreggiata
Autobahn
Autosnelweg
Vía rápida
Voie rapide

Turning permitted
Direzione consentita
Umkehren erlaubt
Keren toegestaan
Giro permitido
Autorisation de tourner

Limited parking zone
Zona con sosta regolamentata
Eingeschränkte Parkzone
Beperkte parkeerzone
Zona de estacionamiento limitado
Zone de stationnement réglementé

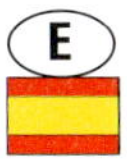

Viewpoint
Punto panoramico
Aussichtspunkt
Uitzichtpunt
Mirador
Panorama

Water
Acqua
Wasser
Water
Fuente
Poste d'eau

F

Priority road
Strada con precedenza
Vorfahrtstraße
Voorrangsweg
Carretera con prioridad
Route prioritaire

End of priority road
Fine strada con precedenza
Ende der Vorfahrtstraße
Einde voorrangsweg
Final de prioridad
Fin de route prioritaire

Traffic on the roundabout has priority
Il traffico sulla rotatoria ha la precedenza
Kreisverkehr hat Vorrang
Verkeer op rotonde heeft voorrang
Tráfico en la glorieta tiene prioridad
Trafic prioritaire dans les giratoires

Give way
Dare la precedenza
Vorfahrt gewähren
Voorrang geven
Ceda el paso
Céder le passage

Continuation of restriction
La limitazione continua
Fortdauer einer Beschränkung
Voortzetting beperkende maatregelen
Recordatorio de prohibición
Suite de la restriction

Alternative holiday routes
Percorsi turistici alternativi
Alternative Urlaubsrouten
Alternatieve vakantieroutes
Rutas alternativas de vacaciones
Itinéraire de délestage conseillé

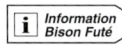

Information centre for holiday route
Centro informazioni per percorsi turistici
Informationszentrum für Urlaubsrouten
Informatiecentrum voor vakantieroute
Centro de información para las rutas turísticas
Centre d'informations routières

FIN

Reindeers
Renne
Rentiere
Rendieren
Renos
Passage de rennes

Detour
Deviazione
Umleitung
Omleiding
Desvío
Déviation

Restriction applies 8–17 hrs (Mon–Fri)
Limitazione dalle 8.00 alle 17.00 (Lun–Ven)
Beschränkung von 8–17h (Mon–Freitag)
Beperking geldt 8–17 uur (ma t/m vr)
Restricción entre 8–17 hrs. (lun–vier)
Restriction en vigueur de 8 h à 17 h (lun.-ven.)

Restriction applies 8 - 13 hrs (Sat)
Limitazione dalle 8.00 alle 13.00 (Sab)
Beschränkung von 8-13h (Samstag)
Beperking geldt 8-13 uur (za)
Restricción entre 8-13 hrs. (sáb)
Restriction en vigueur de 8 h à 13 h (sam.)

Restriction applies 8 - 14 hrs (Sun)
Limitazione dalle 8.00 alle 14.00 (Dom)
Beschränkung von 8-14h (Sonntag)
Beperking geldt 8-14 uur (zo)
Restricción entre 8-14 hrs. (dom)
Restriction en vigueur de 8 h à 14 h (dim.)

GB 🇬🇧

One-way street
Senso unico
Einbahnstraße
Einrichtingsweg
Calle de sentido único
Rue à sens unique

No stopping during times shown
Divieto di sosta durante gli orari indicati
Halteverbot während angegebener Zeit
Niet stoppen op aangegeven tijden
Prohibido estacionar durante el horario indicado
Arrêt interdit pendant les périodes indiquées

Lane discipline in roadworks
Regolamentazione del traffico durante i lavori
Fahrbahn nicht wechseln (an Baustelle)
Rijbaanverdeling bij werk in uitvoering
Mantenerse en línea por las obras
Réglementation pendant travaux

Worded warning sign
Segnale di pericolo con dicitura
Beschriftetes Warnzeichen
Bord met waarschuwing in woorden
Señal de aviso escrito
Panneaux avec indications textuelles

Roundabout
Circolazione rotatoria
Kreisverkehr
Verkeersplein
Glorieta
Giratoire

Maximum speed limit
Limite massimo di velocità
Höchstgeschwindigkeit
Maximumsnelheid
Límite máximo de velocidad
Limitation de vitesse

Ring road
Raccordo anulare
Ringstraße
Verkeersring
Carretera de circunvalación
Voie de contournement

Sharp deviation
Pannello segnaletico di curva
Gefährliche Kurve
Scherpe bocht
Desvío
Balise de virage dangereux

Restricted speed zone
Zona con velocità limitata
Zone mit Geschwindigkeitsbeschränkung
Zone met snelheidsbeperking
Zona de velocidad restringida
Zone de vitesse limitée

Contraflow bus lane
Corsia degli autobus contromano
Busse in Gegenrichtung
Busbaan in tegenovergestelde richting
Carril de autobús sentido coutrario
Couloir en sens inverse réservé aux autobus

Bus and cycle lane
Corsia per autobus e biciclette
Bus- und Radspur
Bus- en fietsbaan
Carril de autobús y bicicletas
Couloir réservé aux autobus et aux cyclistes

Signals ahead
Preavviso di segnali
Hinweis auf Ampel
Verkeerslichten naderen
Semáforos
Annonce de signal lumineux

School crossing patrol
Attraversamento sorvegliato per i bambini
Überweg für Kinder (Schule)
Schooloversteekplaats
Control de cruce escolar
Sortie d'école

Restricted parking
Limitazioni di parcheggio
Parkbeschränkung
Beperkt parkeren
Estacionamiento para residentes
Stationnement réservé aux abonnés

Height restriction - overhead
Altezza massima consentita
Maximale Durchfahrtshöhe
Hoogtebeperking - boven
Limitación de altura
Hauteur limitée

Toilets with access for the disabled
Toilette con accesso per disabili
WC mit Zugang für Behinderte
Toiletten toegankelijk voor invaliden
Aseos con acceso para minusválidos
Toilettes avec accès pour handicapés

Descriptive plate
Cartello descrittivo
Beschriftetes Warnzeichen
Bord met beschrijving
Placa descriptiva
Panneaux avec indications textuelles

I 🇮🇹

Restricted parking
Sosta regolamentata
Parkbeschränkung
Beperkt parkeren
Estacionamiento limitado
Stationnement réglementé

No fires
Divieto di accendere fuochi
Kein Feuer
Open vuur verboden
Prohibido hacer fuego
Interdiction d'allumer un feu

Snow chains required
Catene per neve obbligatorie
Schneeketten erforderlich
Sneeuwkettingen vereist
Cadenas para nieve obligatorias
Chaînes obligatoires

IRL 🇮🇪

No entry
Divieto d'accesso
Verbot der Einfahrt
Geen toegang
Prohibida la entrada
Sens interdit

Turn left
Girare a sinistra
Links abbiegen
Links afslaan
Giro a la izquierda
Obligation de tourner à gauche

Turn right
Girare a destra
Rechts abbiegen
Rechts afslaan
Giro a la derecha
Obligation de tourner à droite

Straight ahead only
Solo diritto
Nur geradeaus
Alleen rechtdoor
Dirección única
Direction obligatoire

Parking permitted
Parcheggio consentito
Parken erlaubt
Parkeren toegestaan
Estacionamiento permitido
Stationnement autorisé

Keep to left carriageway
Tenersi sulla corsia di sinistra
Linke Fahrbahn beibehalten
In linkerrijbaan blijven
Circulación por la vía de la izquierda
Rester dans la file de gauche

Roundabout
Circolazione rotatoria
Kreisverkehr
Verkeersplein
Glorieta
Giratoire

Major road ahead
Preavviso di strada principale
Hinweis auf Hauptverkehrsstraße
Nadering hoofdweg
Aproximación a carretera principal
Annonce de voie à grande circulation

Level crossing
Passaggio a livello
Bahnübergang
Overweg
Paso a nivel
Passage à niveau

Sharp depression
Cunetta
Starkes Gefälle
Scherpe daling
Perfil irregular
Cassis

Sharp rise
Dosso
Starke Steigung
Scherpe stijging
Resalto
Dos d'âne

N 🇳🇴

Passing place (on narrow roads)
Punto di passaggio (su strade strette)
Ausweichstelle (enge Straße)
Passeerruimte (op smalle wegen)
Pasaje (en carreteras estrechas)
Endroit de croisement (sur routes étroites)

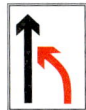

Ski-runs
Piste da sci
Skipiste
Skihellingen
Pistas de ski
Piste de ski

Bus lane
Corsia degli autobus
Busspur
Busbaan
Carril de autobús
Voie réservées aux autobus

Lane ends
Fine corsia
Fahrbahn endet
Einde rijbaan
Fin de carril
Réduction du nombre de voies

Lanes merge
Confluenza di corsie
Verkehr fließt zusammen
Invoegend verkeer
Convergencia de carriles
Réduction du nombre de voies

Entering traffic has priority
Precedenza a traffico in entrata
Einfließender Verkehr hat Vorrang
Invoegend verkeer heeft voorrang
Prioridad al tráfico de entrada
Priorité au trafic entrant

Tunnel
Galleria
Tunnel
Tunnel
Túnel
Tunnel

NL 🇳🇱

Residential zone
Zona residenziale
Wohngebiet
Woonerf
Zona residencial
Zone résidentielle

Parking for permit holders only
Parcheggio solo per i titolari di permessi
Parken nur mit Sondererlaubnis
Alleen parkeren voor vergunninghouders
Estacionamiento para residentes
Parking réservé aux abonnés

Disc parking zone
Parcheggio con disco orario
Parken nur mit Parkscheibe
Parkeerschijfzone
Zona de estacionamiento con disco
Disque de stationnement obligatoire

Park and ride
Parcheggio di interscambio con trasporto pubblico
Park-and-Ride-Parkplatz
Parkeer en Reis
Parking e itercambiador
Stationnement et navette

Maximum speed limit
Limite massimo di velocità
Höchstgeschwindigkeit
Maximumsnelheidslimiet
Límite máximo de velocidad
Limitation de vitesse

Built-up area
Zona abitata
Ortsgebiet
Bebouwde kom
Zona urbana
Agglomération

Cycle track
Pista ciclabile
Radspur
Fietspad
Carril para bicicletas
Voie cyclable

No entry for motor cycles
Transito vietato ai motocicli
Für Motorräder gesperrt
Verboden voor motorfietsen
Entrada prohibida a motocicletas
Interdit aux motos

Compulsory route for hazardous goods
Percorso obbligatorio per merci pericolose
Vorgeschriebene Route für Gefahrguttransporte
Verplichte route voor gevaarlijke stoffen
Ruta obligatoria para mercancías peligrosas
Itinéraire obligatoire pour les marchandises dangereuses

P 🇵🇹

End of parking restriction
Fine zona con sosta regolamentata
Ende der Parkbeschränkung
Einde parkeerbeperking
Fin de restricción de estacionamiento
Fin de zone à stationnement réglementé

S 🇸🇪

Elks
Alci
Elche
Elanden
Alces
Passage d'élans

Slow lane
Corsia per veicoli lenti
Kriechspur
Rijbaan voor langzaam verkeer
Carril lento
Voie pour véhicules lents

Tunnel
Galleria
Tunnel
Tunnel
Túnel
Tunnel

Distance Chart
Tabella chilometrica
Entfernungstabelle
Afstandentabel
Distancias kilométricas
Tableau des distances

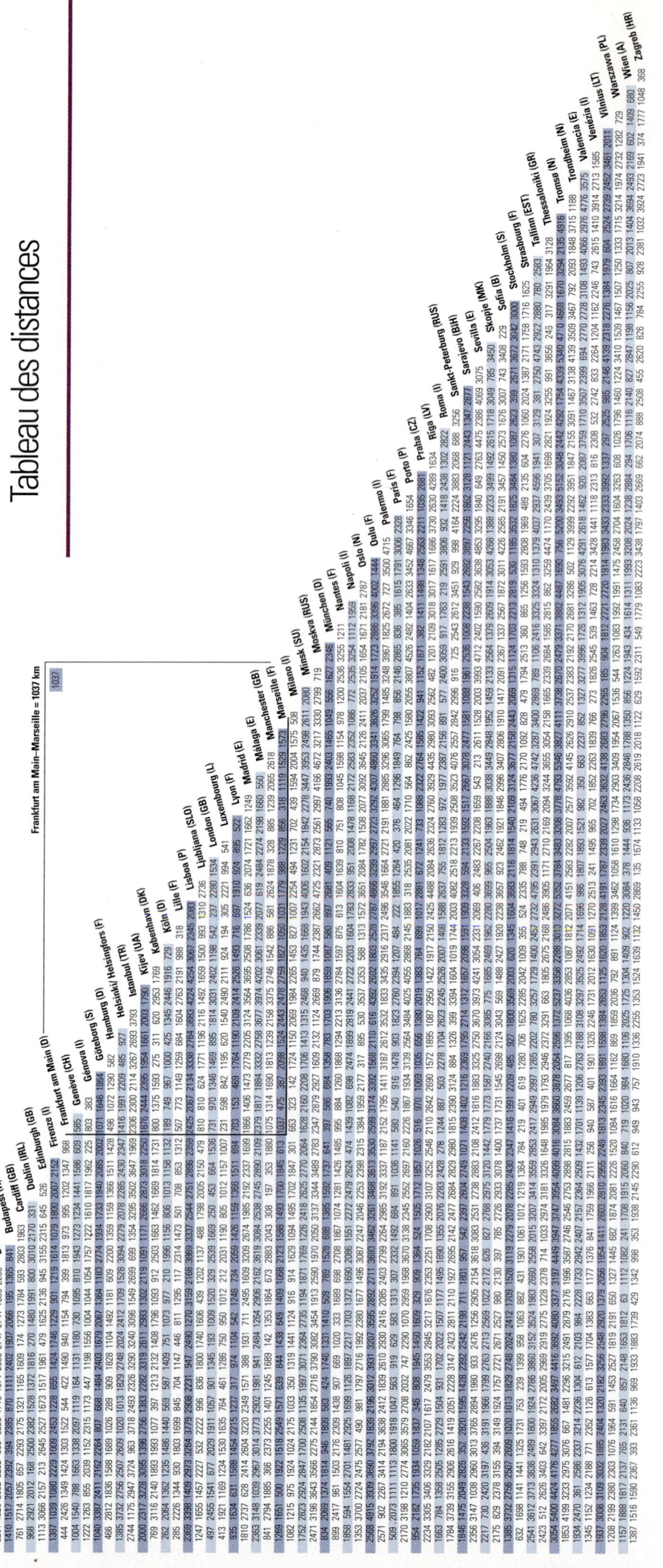

Frankfurt am Main–Marseille = 1037 km

Map symbols
Simboli cartografici
Zeierklärung
Kaartsymbolen
Signos convencionale
Légende

Toll motorways
Autostrade con pedaggio
Gebührenpflichtige Autobahn
Tolsnelwegen
Autopistas de peaje
Autoroute à péage

Dual carriageway with road numbers
Strada a carreggiata dappia con relativa numerazione
Straße mit gehennten Fahrbahncn (Straße mit Nr)
Vierbaansweg met wegnummer
Autovía con numeración de carretera
Routes à chaussées séparées, avec numéro

Single carriageway
Strada a carreggiata unica
Straße mit ohne getrennte Fahrbahnen
Tweebaansweg
Correterra
Chaussée unique

Interchange
Svincolo
Anschlußstelle
Knooppunt
Cruce
Echangeur

Restricted interchange
Svincolo riservato
Beschränkte Anschlüsse
Beperkt knoopppunt
Cruce restringido
Echangeur partiel

Service area
Area di servizio
Raststätte m. Tankstelle
Wegrestaurant/benzinepomp
Area de servicio
Aire de service

Under construction
In costruzione
Im Bau
In aanbouw
En construcción
En construction

Non-toll motorways
Autostrade senza pedaggio
Gebührenfreie Autobahn
Niet-tolsnelwegen
Autopista/autovía libres de peaje
Autoroute sans péage

Dual carriageway with road numbers
Strada a carreggiata dappia con relativa numerazione
Straße mit getrennten Fahrbahnen (Straße mit Nr)
Vierbaansweg met wegnummer
Autovía con numeracíon de carretera
Routes à chaussées séparées, avec numéro

Single carriageway
Strada a carreggiata unica
Straße mit ohne getrennte Fahrbahnen
Tweebaansweg
Autovías de una calzada
Chaussée unique

Interchange
Svincolo
Anschlußstelle
Knooppunt
Cruce
Echangeur

Restricted interchange
Svincolo riservato
Beschränkte Anschlüsse
Beperkt knooppunt
Cruce restringido
Echangeur réglémenté

Service area
Area di servizio
Raststätte m. Tankstelle
Wegrestaurant/benzinepomp
Area de servicio
Aire de service

Under construction
In costruzione
Im Bau
In aanbouw
En construcción
En construction

National roads
Strade statali
Nationale Hauptverkehrsstraße
Nationale wegen
Autovia/carretera nacionale
Route principale

Dual carriageway with road number
Strada a carreggiata dappia con relativa numerazione
Straße mit gehennten Fahrbahnen (Straße mit Nr)
Vierbaansweg met wegnummer
Autovía con numeracíon de carretera
Routes à chaussées séparées, avec numéro

Single carriageway
Strada a carreggiata unica
Straße mit ohne getrennte Fahrbahnen
Tweebaansweg
Carretera
Chaussée unique

Regional Roads
Strade regionali
Regionale Verbindungsstraße
Regionale wegen
Carretera comarcal
Route secondaire

Dual carriageway with road number
Strada a carreggiata dapple con relativa numerazione
Straße mit getrennten Fahrbahnen (Straße mit Nr)
Vierbaansweg met wegnummer
Autovía con numeracíon de carretera
Routes à chaussées séparées, avec numéro

Single carriageway
Strada a carreggiata unica
Straße mit ohne getrennte Fahrbahnen
Tweebaansweg
Carretera
Chaussée unique

Local Roads
Strade locali
Sonstige Straßen
Plaatselijke wegen
Carretera locale
Autre route

Dual carriageway with road number
Strada a carreggiata dappia con relativa numerazione
Straße mit ohne getrennte Fahrbahnen (Straße mit Nr)
Vierbaansweg met wegnummer
Autovía de doble calzada con número de carretera
Routes à chaussées séparées, avec numéro

Single carriageway
Strada a carreggiata unica
Straße mit ohne getrennte Fahrbahnen
Tweebaansweg
Autovía de una calzada
Chaussée unique

Minor road with road number
Strade minori con numero strada
Nebenstraße mit Nr
Secundaire weg met wegnummer
Carretera secundaria
Autre route, avec numéro

Symbols
Segni
Zeichenerklärung
Symbolen
Símbolos
Légende

European international network number
Numeri rete internazionale europea
Europastraßennummer
Europese internationale netwerknummers
Números de la Red Internacional Europea
Numéros du réseau européen international

Motorway in tunnel
Autostrada in galleria
Autobahn-Tunnel
Snelweg in tunnel
Autopista en túnel
Tunnel autoroutier

Road in tunnel
Strada in galleria
Straßentunnel
Weg in tunnel
Carretera en tunel
Tunnel routier

Road under construction
Strada in costruzione
Straßenbauarbeiten
Weg in aanleg
Carretara
Route en construction

Toll point
Stazione pedaggio
Mautstelle
Tolpunt
Punto de peaje
Poste de péage

Distances in kilometres (except GB and Ireland - distances in miles)
Distanze chilometriche (in miglia per GB e Irlanda)
Entfernung in km (Großbritannien und Irland in Meilen)
Afstanden in kilometers (behalve GB en Ierland - afstanden in mijlen)
Distancias en kilómetros (excepto en el Gran Bretañe e Irlanda - distancias en millas)
Distance en km (Grande-Bretagne et Irlande en miles)

Gradient 14% and over
Pendenza del 14% ed oltre
Steigung 14 % und darüber
Hellingshoek 14% en meer
Pendiente de 14% y más
Pente de 14% et plus

Gradient 6-13% Gradient 20% and over in GB
Pendenza 6% - 13% Pendenza 20% e oltre in GB
Steigung 6-13 % Steigung 20% und darüber in Großbritannien
Hellingshoek 6%-13% Hellingshoek 20% en meer in G-B
Pendiente de 6-13%, pendiente 20% y más en GB
Pente de 6% à 13% Pente de 20% et plus en GB

Mountain pass with closure period
Passo montano con periodo di chiusura
Paß mit Winterspetre
Bergpas met sluitingsperiode
Paso de montaña con temporada de cierre
Col de montagne et période de fermeture

Spot height (metres)
Altitudine
Höhenangabe in m
Piekhoogte (meters)
Altitud (en metros)
Hauteur limitée (en m)

Ferry route (all year)
Percorso traghetto (tutto l'anno)
Fähre ganzjährig
Veerbootroute (hele jaar)
Ruta de transbordador (todo el año)
Liaison par bac (toute l'année)

Hovercraft (all year)
Alisafo (tutto l'anno)
Hovercraft ganzjährig
Hovercraft (hele jaar)
Hovercraft (todo el año)
Liaison par aéroglisseur (toute l'année)

Airport (International)
Aeroporto (internazionale)
Flughafen - international
Luchthaven (Internationale)
Aeropuerto (internacional)
Aéroport (international)

Car transporter (rail)
Trasporto autovetture (ferrovia)
Kfz-Verladestation (Bahn)
Autotransportwagen (spoorweg)
Transportador de vehículos (ferrocarril)
Transport de véhicules (rail)

Mountain railway
Ferrovia montana
Bergbahn
Bergspoorweg
Ferrocarril de montaña
Funiculaire

Viewpoint (180° or 360°)
Belvedere (180° o 360°)
Aussichtspunkt (180° oder 360°)
Vergezicht (180° of 360°)
Mirador (180° ó 360°)
Panorama (180° ou 360°)

Urban area
Area urbana
Ortspunkt
Stedelijk gebied
Zona urbana
Agglomération

Town location
Posizione località
Stadtlage
Stadslokatie
Localidad
Ville

Canal
Canale
Kanal
Kanaal
Canal
Canal

Wooded area
Zona boschiva
Waldgebiet
Bebost gebied
Zona de arbolada
Forêt

Boundaries
Confini
Grenzen
Grenzen
Fronteras
Frontières

International
Internazionali
International
Internationale
Internacional
Internationale

National
Nazionali
Staatsgrenze
Nationale
Nacional
Nationale Limite intérieure

Unrecognised international
Internazionali non riconosciuti
International nicht anerkannt
Niet-erkende internationale
Internacional no reconocida
Internationale non reconnue

Restricted frontier crossing
Passaggio frontiera riservato
Beschränkter Grenzübergang
Beperkte grensoversteekplaats
Cruce fronterizo restringido
Poste frontière de jour

Page overlap and number
Sovrapposizione e numero pagina
Seitenüberlappung und- verweis
Pagina-overlapping en nummer
Solapa de página y número
Page suivante et numéro

6
5
4
3
2
1
A
B
C
D
Bloody Foreland
Gola Island
Aran Island
Gweebarra Bay
Rossan Point
Malin More
Glencolumbkille
(Gleann Cholm Cille)
Carrick
(An Charraig)
Ardara
SLIEVE LEAGUE
Kilcar
(Cill Charthaigh)
Killybegs
Dunkineely
Mount Charles
St John's Point
Donegal Bay
Ballintra
Erris Head
Broad Haven
Belmullet
(Béal an Mhuirhead)
Inishkea
Bunnahowen
Carrowmore Lough
Downpatrick Head
Ballycastle
Inishmurray
Duvillaun More
Blacksod Bay
Bangor Erris
Killala
Killala Bay
Easky
Cliffony
Bundoran
Ballyshannon
Grange
Kinlough
Lough Melvin
Achill Head
SLIEVE MORE
Enniscrone
Dromore West
Sligo Bay
Rosses Point
BENBULBEN
Keel
Crossmolina
Ballina
NEPHIN
Lough Conn
OX MTS
Strandhill
Sligo
Manorhamilton
Achill Island
Bunnyconnellan
Ballysadare
Collooney
Dromahair
Lough Gill
Lough Feeagh
Clare
Newport
Foxford
Tobercurry
Ballymote
Drumkeeran
Dowra
Blacklion
Clew Bay
Lough Cullin
Swinford
Charlestown
Inishturk
Louisburgh
Westport
Castlebar
Turlough
Knock
Lough Arrow
Lough Allen
Ballinafad
Ballyfarnan
Mountallen
IRON MTS
Inishark
Inishbofin
Caher
CROAGH PATRICK
Kiltimagh
Balla
Ballaghaderreen
Lough Gara
Boyle
Keadue
Lough Key
Drumshanbo
Letterfrack
Lough Carra
Knock
Grallagh
Carrick-on-Shannon
Mannin Bay
Clifden
Leenane
Lough Mask
Partry
Claremorris
Ballyhaunis
Loughglinn
Frenchpark
Drumsna
Elphin
Mohill
Ballyconneely
Ballinrobe
Ballindine
Castlerea
Clonbur
Neale
Kilmaine
Castleplunkett
Tulsk
Strokestown
Rooskey
Roundstone
Ballymoe
Glinsk
(Glinsce)
Lough Corrib
Shrule
Dunmore
Glenamaddy
Kilkieran
(Cill Ciaráin)
Oughterard
Headford
Tuam
Longford
Roscommon
Lanesborough
Killashee
Gorumna Island
Athleague
Knockcroghery
Keenagh
North Sound
Spiddal
(An Spidéal)
Mount Bellew
Lough Ree
Caltra
Ballymahon
Inishmore
Monivea
Thomas Street
Galway
Oranmore
Athenry
Ahascragh
Moyvore
Ballymore
ARAN ISLANDS
Galway Bay
Clarinbridge
Kilconnell
Athlone
Ballykeeran
Inisheer
Craughwell
Ballinasloe
Moate
South Sound
Ballyvaughan
Kinvarra
Loughrea
Shannon
Lisdoonvarna
Shannonbridge
Togher
Kilfenora
Gort
Laurencetown
Kilbeggan
SLIEVE AUGHTY MTS
Ballycumber
Lahinch
Ennistymon
Killimor
Clara
Mal Bay
Grand Canal
Milltown Malbay
Corofin
Lough Cutra
Banagher
Clogan
Tullamore
Crusheen
Woodford
Portumna
Kilcormac
Lough Graney
Birr
Killeigh
Doonbeg
Doo Lough
Feakle
Lough Derg
Kilkee
Ennis
Tulla
Scarriff
Mountshannon
Borrisokane
Kinnitty
Clonaslee
Loop Head
Clarecastle
Mountmellick
Cooraclare
Portroe
Shinrone
SLIEVE BLOOM MTS
Newmarket-on-Fergus
Cloughjordan
Kilrush
Killadysert
Broadford
Roscrea
Mountrath
Mouth of the Shannon
Killimer
Killaloe
Ballina
Nenagh
Kerry Head
Shannon
Sixmilebridge
Ballybunion
Cloonlara
Moneygall
Borris-in-Ossory
Ballylongford
Tarbert
Foynes
Toomyvara
Ballyduff
Glin
LIMERICK
Silvermines
Abbeyleix
Timahoe
Ballyheige
Shanagolden
Askeaton
Newport
Templemore
Donaghmore
Ballyheige Bay
Listowel
Athea
Adare
Templetouhy

3
Jura
Lagg
Lochgilphead
Coul Point
Port Askaig
Port Charlotte
Craighouse
Bowmore
Portnahaven
Loch Indaal
Islay
Rudha na Traille
Tighnabruaich
Kilberry
Tarbert
Laggan Bay
Port Ellen
Port Mor
Ardbeg
Mull of Oa
Skipness
Claonaig
Gigha
Tayinloan
Lochranza
Sound of Gigha
Carradale
Pirnmill
874 GOAT FELL
Brodick
Bellochantuy
Kilbrannan Sound
Machrihanish
Arran
Campbeltown
Southend
Ru Stafnish
Mull of Kintyre
Sanda
Ailsa Craig
8
Malin Head
Inishtrahull Sound
Fanad Head
Horn Head
Dunfanaghy
Rosapenna
Malin
Culdaff
Clonmany
Carndonagh
INISHOWEN
Cresslough
752 ERRIGAL
Milford
Buncrana
Rathmullan
Carrowkeel
Moville
Inishowen Head
Kilmacrenan
Rathmelton
Muff
Lough Foyle
Lough Swilly
Portstewart
Portrush
White Park Bay
Rathlin Island
Bushmills
Ballycastle
Letterkenny
Eglinton
Coleraine
Londonderry
LONDONDERRY
Carrigans
St Johnstown
Limavady
Dervock
Armoy
Ballybofey
Stranorlar
Lifford
Strabane
Claudy
Dungiven
Ballymoney
Garvagh
Sion Mills
Clady
Castlederg
SPERRIN MTS
Plumbridge
683
Kilrea
Dunloy
Rasharkin
Swatragh
Red Bay
Garron Point
Carnlough
Glenarm
Newtownstewart
Gortin
Maghera
Tobermore
Portglenone
Cullybackey
Broughshane
Ballymena
Ballygalley Head
Draperstown
Gulladuff
Ahoghill
Bellaghy
Magherafelt
Pettigo
Drumquin
Omagh
Kesh
Lough Derg
Lough Erne
Moneymore
Kells
Larne
Randalstown
Ballyronan
NORTH CHANNEL
Island Magee
Ballantrae
Corsewall Point
Kirkcolm
Cairnryan
Dromore
Irvinestown
Carrickmore
Beragh
Kilderss
Cookstown
Coagh
Antrim
Doagh
Ballynure
Ballyclare
Ballycarry
Whitehead
Fintona
Seskinore
Pomeroy
Stewartstown
Templepatrick
Belfast International
Carrickfergus
Stranraer
Glenluce
Portpatrick
Ballinamallard
Enniskillen
Augher
Ballygawley
Coalisland
Dungannon
Lough Neagh
Crumlin
Newtownabbey
Fivemiletown
Lisbellaw
Clogher
Aughnacloy
Moy
Glenavy
Holywood
Bangor
Copeland
Donaghadee
Upper Lough Erne
Maguiresbridge
Lisnaskea
Emyvale
Benburb
Loughgall
Lurgan
Dunmurry
BELFAST
Lisburn
Newtownards
Luce Bay
Drummore
Port
Caledon
Armagh
Portadown
Craigavon
Mazetown
Carryduff
Comber
Newtown Butler
Rosslea
Tandragee
Hillsborough
Ballygowan
Ballywalter
Greyabbey
Mull of Galloway
Clones
Monaghan
Tyholland
Markethill
Gilford
Dromore
Saintfield
Kircubbin
Belturbet
Butler's Bridge
Newbliss
Keady
Poyntzpass
Banbridge
Ballynahinch
Killyleagh
Rockcorry
Ballybay
Newtownhamilton
Loughbrickland
Portaferry
Strangford
Cootehill
Castleblayney
Rathfriland
Downpatrick
Cavan
Newry
Castlewellan
Clough
Stradone
Hilltown
Newcastle
Ardglass
MOURNE MTS
852
St John's Point
Ballinagh
Crossmaglen
Warrenpoint
Rostrevor
Shercock
Kilnaleck
Bailieborough
Kilcurry
Carrickmacross
Carlingford
Annalong
Ballyjamesduff
Virginia
Kingscourt
Dundalk
Kilkeel
Greencastle
Andreas
Ballaugh
Isle of Man
Peel
Oldcastle
Lough Ramor
Drumconrath
Dundalk Bay
Castlebellingham
Moynalty
5
Ardee
Castlepollard
Kells
Crossakeel
Dunleer
Dunany Point
Crosby
Port Erin
St Mark's
Calf of Man
Castletown
Crookedwood
Delvin
Clonmellon
Kilberry
Slane
Termonfeckin
Athboy
Navan
Drogheda
Raharney
Ballivor
Trim
Duleek
Kinnegad
Clonard
Rathmolyon
Garristown
Naul
Balbriggan
Enfield
Dunshaughlin
Ashbourne
Skerries
Edenderry
Kilcock
Dunboyne
Lusk
Rush
Maynooth
Swords
Lambay
Celbridge
Lucan
Malahide
Rathangen
Clane
Portmarnock
Kilmeage
Clondalkin
Howth
Rathcoole
Droichead Nua (Newbridge)
Naas
DUBLIN
Tallaght
Kildare
Kilcullen
Dun Laoghaire
Blessington
Poulaphouca Resr
Ballymore Eustace
Fontstown
Dunlavin
848 MULLAGHCLEEVAUN
Bray
Greystones
Carmel Head
1:1 000 000
0 10 20 30 40 50 km
0 10 20 30 mls
E
F
G
H

4
6
5
4
3
2
1
A
B
C
D
1:1 000 000
0 10 20 30 40 50 km
0 10 20 30 mls
2
Achill Island
Crossmolina
Ballina
Nephin
Lough Conn
Lough Feeagh
Clare
Clew Bay
Newport
Foxford
Lough Cullin
Inishturk
Louisburgh
Caher
Westport
Castlebar
Turlough
Swinford
Inishark
Inishbofin
Croagh Patrick
Kiltimagh
Knock
Balla
Letterfrack
Leenane
Lough Mask
Partry
Lough Carra
Claremorris
Ballyhaunis
Mannin Bay
Clifden
Ballinrobe
Ballindine
Ballyconneely
Clonbur
Neale
Kilmaine
Roundstone
Glinsk (Glinsce)
Lough Corrib
Shrule
Tuam
Kilkieran (Cill Ciaráin)
Oughterard
Headford
Gorumna Island
North Sound
Spiddal (An Spidéal)
Mount Bellew
Monivea
Inishmore
Galway
Oranmore
Athenry
ARAN ISLANDS
Galway Bay
Inisheer
Clarinbridge
Craughwell
South Sound
Ballyvaughan
Kinvarra
Loughrea
Lisdoonvarna
Kilfenora
Gort
Lahinch
Ennistymon
SLIEVE AUGHTY MTS
Mal Bay
Milltown Malbay
Lough Cutra
Corofin
Crusheen
Woodford
Lough Graney
Doonbeg
Doo Lough
Feakle
Kilkee
Ennis
Tulla
Scarriff
Cooraclare
Clarecastle
Mountshannon
Loop Head
Newmarket-on-Fergus
Kilrush
Killadysert
Broadford
Shannon
Killaloe
Mouth of the Shannon
Killimer
Sixmilebridge
Ballina
Kerry Head
Ballybunion
Tarbert
Cloonlara
Ballylongford
Foynes
Glin
LIMERICK
Newport
Ballyduff
Shanagolden
Askeaton
Rough Point
Ballyheigue
Ballyheigue Bay
Sybil Point
Athea
Adare
Patrickswell
Listowel
Ardagh
Inishtooskert
Brandon Bay
Ardfert
Rathkeale
Cappamore
Great Blasket Island
Brandon Mtn
Beenoskee
Abbeydorney
Duagh
Newcastle West
Croom
Pallasgreen
Slea Head
Dingle (An Daingean)
Tralee Bay
Camp
Tralee
Abbeyfeale
Ballingarry
Herbertstown
Oola
Baurtregaum
Kilkinlea
Kilmeedy
Bruff
Hospital
Anascaul
Inch
Castlemaine
Castleisland
Dingle Bay
Doulus Head
Killorglin
Milltown
Farranfore
Dromcolliher
Rath Luirc (Charleville)
Kilmallock
Kilfinnane
Tipperary
Galbally
Valentia
Laune
Beaufort
Ballydesmond
Liscarroll
Ballylanders
Cahirciveen
Carrantuohill
Killarney
Newmarket
Kanturk
GALTEE MTS
Lough Leane
Cloonbannin
Buttevant
Mullaghanattin
Muckross
Kildorrery
Mitchelstown
Bolus Head
Waterville
Mangerton Mtn
Banteer
Mallow
Barryporeen
Clogheen
Caherdaniel
Sneem
Kenmare
Cloonkeen
Millstreet
Castletownroche
Glanworth
Parknasilla
BOGGERAGH MTS
KNOCKMEALDOWN MTS
Scariff
Kilgarvan
Carriganimmy
Blackwater
Fermoy
Kenmare River
Lauragh
Glenville
Rathcormack
Ballyduff
Cod's Head
Knockboy
Lismore
Allihies
Glengarriff
Macroom
Conna
Tallow
Dursey
Castletownbere
Adrigole
Inchigeelagh
Coachford
Watergrasshill
Bear
Kilmichael
Blarney
Lee
Bantry
Bandon
Crookstown
Glanmire
Bantry Bay
Dunmanway
CORK
Dungourney
Durrus
Enniskean
Ballinhassig
Passage West
Midleton
Sheep's Head
Dunmanus Bay
Drimoleague
Bandon
Inishannon
Cobh
Youghal
Goleen
Ballydehob
Ballinascarty
Carrigaline
Ringaskiddy
Castlemartyr
Youghal Bay
Mizen Head
Schull
Leap
Clonakilty
Crosshaven
Whitegate
Cloyne
Crookhaven
Roaringwater Bay
Skibbereen
Glandore
Timoleague
Belgooly
Ballycotton
Ross Carbery
Kinsale
Castletownshend
Ballinspittle
Clear
Baltimore
Courtmacsherry
Toe Head
Galley Head
Clonakilty Bay
Old Head of Kinsale

5
3
12
E
F
G
H
Sligo
Enniskillen
Belfast
Lisburn
Craigavon
Portadown
Armagh
Newry
Dundalk
Cavan
Longford
Roscommon
Athlone
Mullingar
Navan
Drogheda
Dublin
Dun Laoghaire
Bray
Wicklow
Arklow
Tullamore
Portlaoise
Kildare
Naas
Carlow
Kilkenny
Clonmel
Waterford
New Ross
Wexford
Rosslare Harbour
Enniscorthy
Gorey
Dungarvan
Carrick-on-Suir
Thurles
Roscrea
Birr
Ballinasloe
Boyle
Carrick-on-Shannon
Kells
Ardee
Monaghan
Dungannon
Newcastle
Kilkeel
Swords
Balbriggan
Skerries
Howth
Greystones
Tallaght
Lucan
Maynooth
Athy
Tullow
Abbeyleix
Thomastown
Tramore
Wicklow Mts
Slieve Bloom Mts
Mourne Mts
Iron Mts
Dundalk Bay
Wexford Bay
Ballyteige Bay
Carnsore Point
Wicklow Head
Mizen Head
Mine Head
Hook Head
Lambay

6
SHETLAND ISLANDS
Herma Ness
Unst
Baltasound
Haroldswick
North Neaps
Yell
Gutcher
Uyeasound
Uyea
The Faither
Isbister
Mid Yell
West Sandwick
Fetlar
Hillswick
Yell Sound
Ollaberry
Rams Ness
Booth of Toft
Burravoe
St Magnus Bay
Muckle Roe
Lunna Ness
Papa Stour
Brae
Vidlin
Out Skerries
Voe
Laxo
Whalsay
Symbister
Walls
Brettabister
Foula
Vaila
Heglibister
Mainland
Scalloway
Score Head
Lerwick
West Burra
Kirkabister
Isle of Noss
Bressay
Fladdabister
Sandwick
Fitful Head
Toab
Sumburgh Head
a
b
1
2
Rudha Rhobhanais/ Butt of Lewis
Port Nis/ Port of Ness
Isle of Lewis
Barabhas/ Barvas
A857
A858
Tolastadh/ Tolsta
Tolsta Head
Miabhig/ Miavag
Breascleit/ Breasclete
B895
Broad Bay
Tiumpan Head
5
B8011
Steornabhagh/ Stornoway
A866
The Minch
Baile Ailein/ Balallan
Tabhaidh Mhor
B8060
Point of Stoer
Eddrachillis Bay
B887
West Loch Tarbert
A859
Leumrabhagh/ Lemreway
Eilean Iubhard
Stoer
Lochinver
Tairbeart/ Tarbert
Toe Head
Rudha Coigeach
Pabbay
Scalpay
Enard Bay
SUMMER ISLES
Ensay
SHIANT ISLANDS
Berneray
Boreray
Port nan Long/ Newtonferry
Roghadal/ Rodel
Harris
Achiltibuie
Priest Island
Tigha Ghearraidh/ Tighary
Sound of Harris
Renish Point
Greenstone Point
Horse Island
Loch Lurgainn
4
Rudha Reidh
Gruinard
Monach Island
A867
Loch nam Madadh/ Lochmaddy
Melvaig
Cove
Laide
Ullapool
Rudha Hunish
A835
Baleshare
Uibhist a Tuath/ North Uist
Loch Ewe
A832
Dundonnell
Duntulm
Baile a Mhanaich/ Bailivanich
Waternish Point
542 QUIRAING
Longa
Loch Gairloch
Fionn Loch
1062 AN TEALLACH
Ronay
Staffin
Gairloch
Ardivachar Point
Beinn na Faoghla/ Benbecula
Loch Dunvegan
Loch Snizort
Uig
Port Henderson
Stein
A855
A832
Loch Maree
Lochan Fada
Milovaig
Wiay
Rudha na Fearn
Stadhlaigearraidh/ Stilligarry
Neist Point
B884
B886
A856
Sound of Raasay
Rona
Loch Torridon
Loch a' Bhraoin
1108 SGURR MOR
Dunvegan
A850
Bernisdale
719 THE STORR
1053 LAITHACH
Kinlochewe
Rudha Ardvule
A865
Uibhist a Deas/ South Uist
B885
Inner Sound
Shieldaig
A896
A832
Portree
Raasay
Loch Damh
Achnasheen
Idrigill Point
A863
3
Loch Baghasdail/ Lochboisdale
Wiay
A850
Applecross
A890
B888
Isle of Skye
Sconser
Crowlin
Lochcarron
Scurrival Point
Sgeir a' Mhill
Loch Eynort
Loch Kishorn
Sound of Barra
Eriskay
Scalpay
1009
927 BLAVEN
Kyleakin
Kyle of Lochalsh
Barra
Loch Brittle
Broadford
Vatersay
Bagh a Chaisteil/ Castlebay
Rudh'an Dunain
A850
1150 SGURR NA LAPAICH
B8083
A87
Elgol
Soay
Canna
Loch Scavaig
Loch Eishort
Loch Mullardoch
Cannich
Sandray
Sanday
Sound of Canna
Pabbay
Tarskavaig
A851
Isle Ornsay
Shiel Bridge
Rum
Ardvasar
Sound of Sleat
Loch Affric
1011 THE SADDLE
Point of Sleat
Cluanie
Invermoriston
Kinloch Hourn
Loch Cluanie
A887
Mallaig
Loch Nevis
2
Sound of Rum
Loch Quoich
Tomdoun
Eigg
A87
Loch Garry
Invergarry
Loch Morar
Lochailort
Muck
Sound of Arisaig
Loch Lochy
Rhudha Aird Druimnich
A861
A830
Glenfinnan
Loch Arkaig
Point of Ardnamurchan
A82
Coll
Arinagour
Kilchoan
B8007
Loch Eil
Spean Bridge
Loch Shiel
Tiree
Ardmore Point
Salen
Fort William
A86
Calliach Point
Tobermory
Scarinish
Sound of Mull
Strontian
1343 BEN NEVIS
Ardgour
Loch Treig
Treshnish Point
Loch Frisa
A884
A848
Loch Tuath
A861
Loch Leven
Kinlochleven
Staffa
B8073
Salen
Ulva
Lochaline
Loch Linnhe
Glencoe
Blackwater Resr
1
Loch Na Keal
Ballachulish
A82
Isle of Mull
Loch Ba
Portnacroish
1019 BUACHAILLE ETIVE
Loch Laidon
966 BEN MORE
A849
Craignure
Lismore
Iona
Fionnphort
8
Loch Creran
A828
Loch Scridain
Loch Spelve
Loch Etive
Bunessan
A849
A85
Loch Rannoch
Bridge of Orchy
1074 BEN DORAIN
Rudh' Ardalanish
Loch Buie
Firth of Lorne
Oban
1124 BEN CRUACHAN
A
B
C
D
Seil

ORKNEY ISLANDS
Mull Head
Westray
Papa Westray
Pierowall
North Ronaldsay
The North Sound
Westray Firth
Rousay
Wasbister
Calfsound
Sanday
Eday
Braeswick
Egilsay
Dounby
Hackland
Mainland
Stronsay Firth
Whitehall
Stronsay
Stromness
Balfour
Finstown
Lamb Head
Stenness
Shapinsay
Kirkwall
Auskerry
Houton
Rora Head
Hoy
Cava
Scapa Flow
St Marys
Lyness
Flotta
Burray
Copinsay
St Margaret's Hope
Tor Ness
South Ronaldsay
Swona
Brough Ness
Stroma
Pentland Firth
Dunnet Head
Scrabster
Thurso
Duncansby Head
John O'Groats
Castletown
Cape Wrath
Faraid Head
Sandwood Loch
Durness
Whiten Head
Kinlochbervie
Strathy Point
Bettyhill
Melvich
Reay
Tongue
Loch Hope
908 OINAVEN
926 BEN HOPE
Loch More
Loch Meadie
Loch Loyal
Loch Calder
Halkirk
Sinclair's Bay
Noss Head
Wick
Syre
Westerdale
Loch Glendhu
Loch Glencoul
873 BEN HEE
Altnaharra
Loch Naver
961 BEN KLIBRECK
Overscaig
998 BEN MORE ASSYNT
Loch Rimsdale
Loch Choire
Kinbrace
705 MORVEN
Latheron
Lybster
Dunbeath
Loch Shin
Lairg
Helmsdale
Lothbeg Point
Loch Brora
Bonar Bridge
Golspie
Dornoch
Tarbat Ness
Tain
Portmahomack
1045 BEN WYVIS
Loch Glass
Alness
Balintore
Invergordon
Moray Firth
Cromarty
Dingwall
Fortrose
The Bar
Hopeman
Lossiemouth
Nairn
Forres
Elgin
Kingston
Spey Bay
Buckie
Cullen
Inverness
Daviot
Dores
Loch Ashie
Loch Duntelchaig
Errogie
Loch Mhor
Tomatin
Rothes
Aberlour
Craigellachie
Keith
Banff
Macduff
Troup Head
Fraserburgh
Aberchirder
New Pitsligo
Loch of Strathbeg
Lochindorb
840 BEN RINNES
Dufftown
Huntly
Turriff
Mintlaw
Peterhead
Carrbridge
Grantown-on-Spey
Dulnain Bridge
Methlick
Buchan Ness
Aviemore
Tomintoul
722 THE BUCK
Rhynie
Insch
Ellon
Cruden Bay
Newtonmore
CAIRNGORM MOUNTAINS
Strathdon
Alford
Oldmeldrum
Inverurie
Newburgh
1309 BEN MACDHUI
873 MORVEN
Dyce
Aberdeen
GRAMPIAN MOUNTAINS
Braemar
Ballater
Aboyne
Peterculter
ABERDEEN
Girdle Ness
Loch Muick
Banchory
Blair Atholl
Spittal of Glenshee
Clova
Tummel Bridge
North Esk
Loch Tummel
1081 SCHIEHALLION
Pitlochry
Stonehaven
Fettercairn
Aberfeldy
Inverbervie
South Esk
1:1 000 000
0 10 20 30 40 50 km
0 10 20 30 mls
9
E
F
G
H

8
6
5
4
3
2
1
A
B
C
D
Isle of Mull
Lochaline
Iona
Fionnphort
Bunessan
Loch Scridain
BEN MORE
Craignure
Lismore
Portnacroish
Ballachulish
BUACHAILLE ETIVE
Loch Creran
Loch Etive
Oban
Bridge of Orchy
BEN DORAIN
Rudh' Ardalanish
Firth of Lorne
BEN CRUACHAN
Tyndrum
Seil
Easdale
Luing
Lunga
Scarba
Gulf of Corryvreckan
Eilean Dubh
Colonsay
Scalasaig
Oronsay
Kilmelford
Loch Avich
Loch Awe
BEN LUI
Crianlarich
BEN MORE
Ford
Inveraray
Cairndow
Ardlui
Kilmartin
Furnace
Strachur
THE COBBLER
Stronachlacher
BEN LEDI
BEN VORLICH
Tarbet
BEN LOMOND
Trossachs
Ardlussa
Sound of Jura
Tayvallich
Lochgilphead
Lochgoilhead
Aberfoyle
Ardnave Point
Rudha a' Mhail
Sanaigmore
Port Askaig
Jura
Lagg
Coul Point
Port Charlotte
Craighouse
Loch Coalisport
Glendaruel
Otter Ferry
Ardentinny
Garelochhead
Luss
Loch Lomond
Balmaha
Bowmore
Islay
Portnahaven
Rudha na Traille
Kilberry
Tighnabruaich
Colintraive
Coulport
Helensburgh
Balloch
Alexandria
Dumbarton
Laggan Bay
Tarbert
Dunoon
Gourock
Greenock
Innellan
Rothesay
Port Ellen
Ardbeg
Port Mor
Skipness
Skelmorlie
Kilmacolm
Clydebank
GLASGOW
Lennoxtown
Kilsyth
Mull of Oa
Gigha
Claonaig
Sound of Bute
Firth of Clyde
HILL OF STAKE
Largs
Johnstone
Paisley
Tayinloan
Lochranza
Kilchattan
Millport
Sound of Gigha
Pirnmill
Carradale
West Kilbride
Kilbirnie
Dalry
Beith
East Kilbride
Motherwell
Hamilton
GOAT FELL
Brodick
Bellochantuy
Kilbrannan Sound
Ardrossan
Saltcoats
Kilwinning
Stewarton
Arran
Inishowen Head
Machrihanish
Campbeltown
Holy Island
Irvine
Kilmarnock
Strathaven
Galston
Whiting Bay
Troon
Darvel
Kirkmuirhill
White Park Bay
Portstewart
Portrush
Rathlin Island
Bushmills
Ballycastle
Coleraine
Ru Stafnish
Southend
Mull of Kintyre
Sanda
Prestwick
Ayr
Mauchline
Auchinleck
Cumnock
Douglas
Dervock
Armoy
Dunure
Dalrymple
Crawfordjohn
Ballymoney
Maybole
Turnberry
New Cumnock
Kilrea
Dunloy
Red Bay
Garron Point
Ailsa Craig
Straiton
Dalmellington
Leadhills
Rasharkin
NORTH CHANNEL
Girvan
Sanquhar
Carnlough
Glenarm
Portglenone
Cullybackey
CAIRNSMORE
Loch Doon
Gulladuff
Broughshane
Ahoghill
Ballymena
Ballantrae
Pinwhinny
Carsphairn
Ballygalley Head
Bellaghy
Kells
MERRICK
Corsewall Point
Randalstown
Larne
Kirkcolm
Cairnryan
Thornhill
Island Magee
Clatteringshaws Loch
Moniaive
Ballyronan
LAMACHAN HILL
Doagh
Ballynure
Antrim
Ballyclare
Ballycarry
Stranraer
Belfast International
Templepatrick
Whitehead
Carrickfergus
Newton Stewart
New Galloway
Lough Neagh
Crumlin
Newtownabbey
Portpatrick
Glenluce
CAIRNSMORE OF FLEET
Lochanbriggs
Glenavy
Holywood
Copeland
Creetown
Crocketford
BELFAST
Bangor
Donaghadee
Wigtown
Gatehouse of Fleet
Castle Douglas
Lurgan
Dunmurry
Lisburn
Newtownards
Luce Bay
Dalbeattie
Craigavon
Mazetown
Comber
Drummore
Port William
Sorbie
Wigtown Bay
Kirkcudbright
Kirkbean
Hillsborough
Carryduff
Ballygowan
Ballywalter
Greyabbey
Whithorn
Balcarry Point
Gilford
Dromore
Saintfield
Mull of Galloway
Abbey Head
Banbridge
Kircubbin
Solway Firth
Ballynahinch
Burrow Head
Loughbrickland
Killyleagh
Portaferry
Strangford
Maryport
Rathfriland
Downpatrick
Castlewellan
Clough
Workington
Hilltown
MOURNE
Newcastle
Ardglass
Warrenpoint
Rostrevor
St John's Point
Point of Ayre
Whitehaven
St Bees Head
Andreas
Annalong
Ballaugh
Ramsey
Cleator Moor
Egremont
Kilkeel
Greencastle
Isle of Man
SNAEFELL
Maughold Head
Peel
Gosforth
Crosby
Laxey
Ravenglass
Port Erin
St Mark's
Onchan
Calf of Man
Douglas
Castletown
Broughton in Furness
Millom

9
1:1 000 000
0 10 20 30 40 50 km
0 10 20 30 mls
Girdle Ness
Stonehaven
Banchory
Inverbervie
Montrose
Scurdie Ness
Inverkeilor
Lang Craig
Arbroath
Carnoustie
Brechin
Fettercairn
Tannadice
Forfar
Kirriemuir
Clova
Spittal of Glenshee
Blair Atholl
Tummel Bridge
Pitlochry
Loch Tummel
SCHIEHALLION
Aberfeldy
Dunkeld
Blairgowrie
BEN CHONZIE
Coupar Angus
Glamis
Muirhead
Balbeggie
Dundee
Tayport
Newport-on-Tay
Firth of Tay
Crieff
Perth
Auchterarder
Gleneagles
Newburgh
Auchtermuchty
Leuchars
St Andrews Bay
St Andrews
Cupar
Dunblane
Bridge of Allan
Tillicoultry
Alloa
Kinross
Glenrothes
Largo
Fife Ness
Crail
Anstruther
Clackmannan
Cowdenbeath
Leven
Buckhaven
Kincardine
Grangemouth
Dunfermline
Kirkcaldy
Isle of May
Burntisland
South Queensferry
Firth of Forth
Linlithgow
Bathgate
Broxburn
Edinburgh (Turnhouse)
EDINBURGH
North Berwick
Musselburgh
Livingston
West Calder
Tranent
Haddington
Dunbar
Dalkeith
Bonnyrigg
Penicuik
Gorebridge
West Linton
Carnwath
LAMMERMUIR HILLS
Grantshouse
St Abb's Head
Eyemouth
Eddleston
Biggar
Peebles
Broughton
Lauder
Stow
Duns
Chirnside
Berwick-upon-Tweed
Innerleithen
Swinton
Galashiels
Gordon
Tweedsmuir
Melrose
Coldstream
Holy Island
St Boswells
Selkirk
Kelso
Lowick
Yetholm
Bamburgh
Moffat
Hawick
Jedburgh
Wooler
Bonchester Bridge
816 THE CHEVIOT
CHEVIOT HILLS
Beadnell
608 CALDCLEUGH HEAD
Eglingham
Powburn
Byrness
Alnwick
Longhoughton
Lockerbie
Kielder
Alnmouth
Langholm
Newcastleton
Kielder Water
Rothbury
Amble
Otterburn
Longtown
Gretna Green
Bellingham
Morpeth
Ashington
Newbiggin-by-the-Sea
Bedlington
Blyth
Carlisle
Brampton
Ponteland
Newcastle Woolsington
Haltwhistle
Wetheral
Hexham
Corbridge
NEWCASTLE UPON TYNE
Whitley Bay
Tynemouth
Prudhoe
Gateshead
South Shields
Alston
Washington
Consett
Stanley
SUNDERLAND
Chester-le-Street
Lanchester
Houghton le Spring
Seaham
893 CROSS FELL
Penrith
Stanhope
Durham
Brandon
Wolsingham
Crook
Peterlee
Ullswater
Patterdale
Appleby-in-Westmorland
Middleton in Teesdale
Spennymoor
Bishop Auckland
Ferryhill
Hartlepool
Ambleside
Sedgefield
Brough
Barnard Castle
Windermere
Stockton on Tees
Billingham
Redcar
Darlington
Middlesbrough
Kendal
528 TAN HILL
Saltburn
Loftus
Yarm
Teesside
Scotch Corner
Guisborough
E
F
G
H

Isle of Man
Andreas
Ballaugh
Ramsey
Maughold Head
Peel
Crosby
Laxey
St Mark's
Onchan
Port Erin
Douglas
Calf of Man
Castletown
St Bees Head
Egremont
Cleator Moor
Keswick
Buttermere
Seatoller
LAKE DISTRICT
SCAFELL PIKE
Grasmere
Gosforth
Ravenglass
Ambleside
Coniston
Windermere
Broughton in Furness
Newby Bridge
Kendal
Millom
Ulverston
Barrow in Furness
Grange-over-Sands
Morecambe Bay
Morecambe
Heysham
Lancaster
1:1 000 000
0 10 20 30 40 50 km
0 10 20 30 mls
Fleetwood
Preesall
Garstang
Poulton-le-Fylde
BLACKPOOL
Lytham St Annes
Kirkham
PRESTON
Southport
Carmel Head
Amlwch
Holyhead
Holy Island
Llanerchymedd
Llangefni
Rhosneigr
Menai Bridge
Bangor
Great Ormes Head
Llandudno
Conwy
Colwyn Bay
Rhyl
Prestatyn
Llanfairfechan
Abergele
Rhuddlan
St Asaph
Newborough
Caernarfon
Caernarfon Bay
Bethesda
CARNEDD LLEWELYN
Llanberis
SNOWDON
Betws-y-Coed
Denbigh
Holywell
Flint
Connah's Quay
Mold
Hoylake
Wallasey
Birkenhead
Heswall
Bebington
Formby
Crosby
Bootle
LIVERPOOL
Ormskirk
Skelmersdale
Chorley
Bolton
Wigan
St Helens
Widnes
Warrington
Runcorn
Frodsham
Helsby
Altrincham
Knutsford
Northwich
Hawarden
Chester
Winsford
Macclesfield
Middlewich
Sandbach
Crewe
Alsager
Nantwich
Morfa Nefyn
Porthmadog
Blaenau Ffestiniog
Brenig Resr
Ruthin
Aberdaron
Pwllheli
Abersoch
Bardsey Island
Harlech
Bala
Corwen
Llangollen
Wrexham
Ruabon
Llanuwchllyn
Llyn Tegid
Llandrillo
Chirk
Gobowen
Oswestry
Ellesmere
Whitchurch
Wem
Newcastle-under-Lyme
Audlem
Market Drayton
Barmouth
Dolgellau
CADER IDRIS
Lake Vyrnwy
Llanfyllin
Tywyn
Cardigan Bay
Aberdyfi
Machynlleth
Llanfair Caereinion
Welshpool
Shrewsbury
Shawbury
Eccleshall
Gnosall
Newport
Borth
Nant-y-moch Resr
Llyn Clywedog
Caersws
Aberystwyth
Newtown
Montgomery
Dorrington
Telford
Much Wenlock
Penkridge
Ponterwyd
Llanidloes
Llangurig
Bishop's Castle
Church Stretton
WOLVERHAMPTON
Aberaeron
New Quay
Clun
Bridgnorth
West Bromwich
Dudley
Cardigan
Temple Bar
Claerwen Resr
Rhayader
Llanbister
Craven Arms
Cleobury North
Tregaron
Knighton
Stourbridge
Newcastle Emlyn
Lampeter
Llandrindod Wells
Presteigne
Ludlow
Cleobury Mortimer
Bewdley
Halesowen
Kidderminster
Llyn Brianne
Builth Wells
Kington
Tenbury Wells
Stourport-on-Severn
Leominster
Bromsgrove
Cynwyl Elfed
Llandovery
Dilwyn
St Clears
Carmarthen
Droitwich
Redditch
Bromyard
Laugharne
Llanstephan
Llandeilo
Sennybridge
Hay-on-Wye
Worcester
Studley
Alcester
Ammanford
Brecon
Peterchurch
Hereford
Great Malvern
Kidwelly
Carmarthen Bay
Burry Port
Llanelli
Ystradgynlais
BRECON BEACONS
BLACK MTS
Bwlch
Pontrilas
Ledbury
Ewyas Harold
Evesham
Bidford-on-Avon
Cambrian Mountains
A B C D
1 2 3 4 5 6
3 8 12 13

Durham
Seaham
Peterlee
Bishop Auckland
Hartlepool
Stockton on Tees
Darlington
Middlesbrough
Redcar
Saltburn
Loftus
Guisborough
Great Ayton
Whitby
Richmond
Scotch Corner
Catterick
Northallerton
NORTH YORK MOORS
Bedale
Thirsk
Helmsley
Pickering
Scarborough
Scalby
Ripon
Easingwold
Malton
Filey
Filey Bay
Harrogate
Knaresborough
THE WOLDS
Flamborough
Flamborough Head
Bridlington
Skipton
Ilkley
Keighley
Otley
Wetherby
YORK
Driffield
Burnley
BRADFORD
LEEDS
Tadcaster
Pocklington
Halifax
Selby
Market Weighton
Hornsea
Beverley
Rochdale
HUDDERSFIELD
Dewsbury
Wakefield
Knottingley
Pontefract
Goole
Oldham
HULL
Aldbrough
Hedon
Withernsea
Barnsley
Barton-upon-Humber
Doncaster
Scunthorpe
Immingham
Patrington
SHEFFIELD
Rotherham
Grimsby
Cleethorpes
Spurn Head
Gainsborough
Retford
Worksop
Market Rasen
Chesterfield
Louth
Mansfield
LINCOLN
Mablethorpe
Horncastle
Newark-on-Trent
DERBY
NOTTINGHAM
Skegness
Ingoldmells
Gibraltar Point
Sleaford
Grantham
Boston
Loughborough
The Wash
Hunstanton
Melton Mowbray
Spalding
LEICESTER
Oakham
Bourne
King's Lynn
Stamford
Fakenham
Wells-next-the-Sea
Nuneaton
Peterborough
Wisbech
Swaffham
Rugby
Corby
Kettering
Market Harborough
Downham Market
East Dereham
Leamington Spa
Wellingborough
NORTHAMPTON
Huntingdon
Ely
Wymondham
Attleborough
Thetford

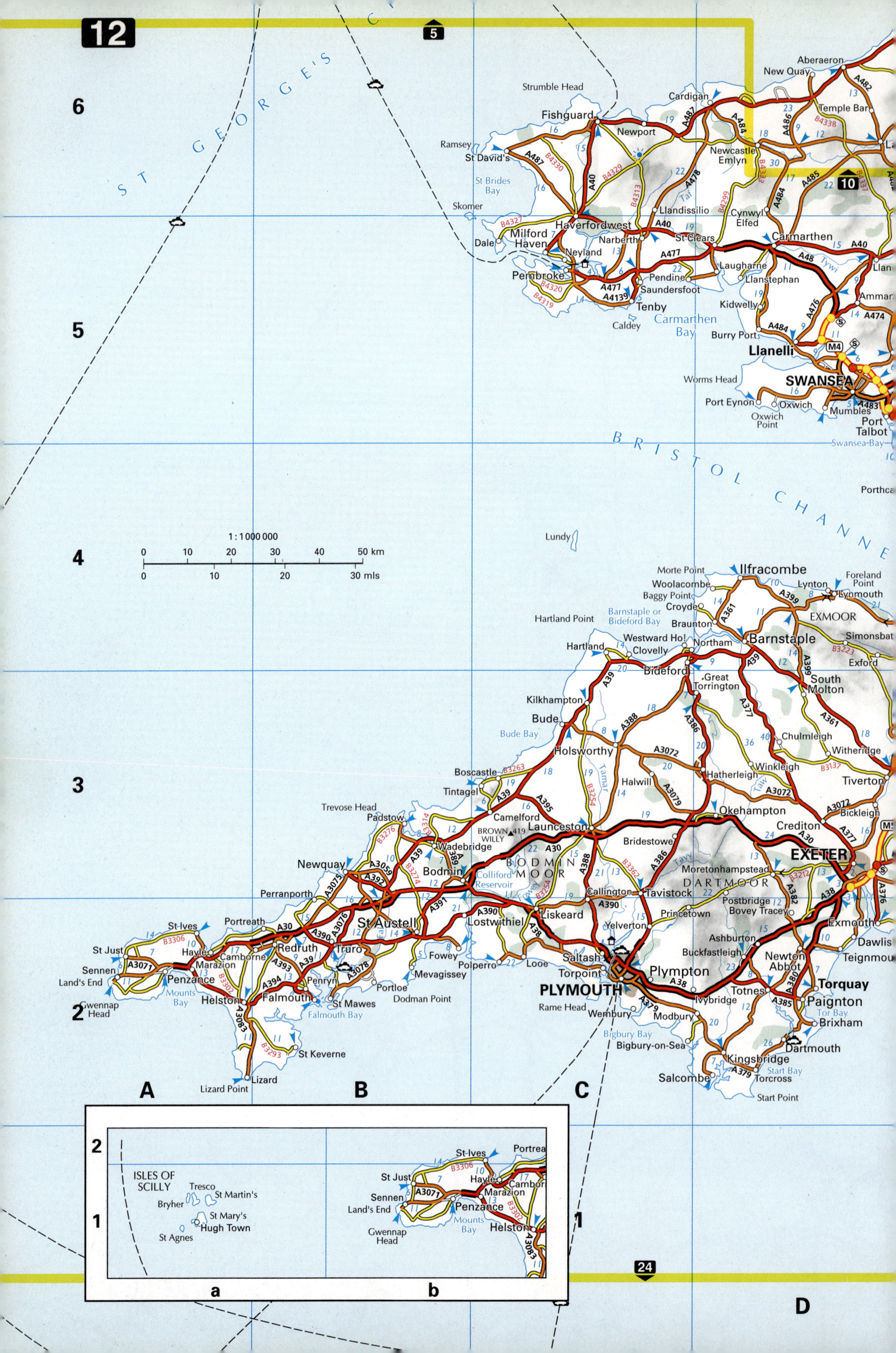

ST GEORGE'S C
BRISTOL CHANNE
1 : 1 000 000
0 10 20 30 40 50 km
0 10 20 30 mls
Strumble Head
Fishguard
Newport
Cardigan
Aberaeron
New Quay
Temple Bar
Newcastle Emlyn
Ramsey
St David's
St Brides Bay
Skomer
Llandissilio
Cynwyl Elfed
Carmarthen
Haverfordwest
Milford Haven
Dale
Narberth
St Clears
Neyland
Pembroke
Laugharne
Llanstephan
Pendine
Saundersfoot
Tenby
Caldey
Carmarthen Bay
Kidwelly
Burry Port
Llanelli
SWANSEA
Worms Head
Port Eynon
Oxwich
Oxwich Point
Mumbles
Port Talbot
Swansea Bay
Porthca
Lundy
Morte Point
Ilfracombe
Woolacombe
Baggy Point
Croyde
Braunton
Lynton
Lynmouth
Foreland Point
EXMOOR
Barnstaple or Bideford Bay
Hartland Point
Hartland
Westward Ho!
Clovelly
Northam
Barnstaple
Simonsbat
Exford
Bideford
Great Torrington
South Molton
Kilkhampton
Bude
Bude Bay
Holsworthy
Chulmleigh
Witheridge
Winkleigh
Hatherleigh
Halwill
Tiverton
Boscastle
Tintagel
Trevose Head
Padstow
Camelford
BROWN WILLY 419
Launceston
Okehampton
Crediton
Bickleigh
Wadebridge
Bridestowe
EXETER
Newquay
BODMIN MOOR
Bodmin
Colliford Reservoir
Moretonhampstead
DARTMOOR
Perranporth
Callington
Tavistock
Postbridge
Bovey Tracey
Liskeard
Princetown
Exmouth
St Ives
Portreath
St Austell
Lostwithiel
Yelverton
Ashburton
Dawlis
St Just
Hayle
Camborne
Redruth
Truro
Fowey
Saltash
Buckfastleigh
Newton Abbot
Teignmou
Sennen
Land's End
Penzance
Marazion
Mevagissey
Polperro
Looe
Torpoint
Plympton
Penryn
Portloe
PLYMOUTH
Torquay
Totnes
Mounts Bay
Helston
Falmouth
St Mawes
Dodman Point
Rame Head
Wembury
Ivybridge
Paignton
Gwennap Head
Falmouth Bay
Modbury
Tor Bay
Brixham
Bigbury Bay
Bigbury-on-Sea
Dartmouth
St Keverne
Kingsbridge
Start Bay
Lizard
Lizard Point
Salcombe
Torcross
Start Point
ISLES OF SCILLY
Tresco
St Martin's
Bryher
St Mary's
Hugh Town
St Agnes
a
b
A
B
C
D
1
2
3
4
5
6
5
10
24

13
Telford
Cannock
Lichfield
Tamworth
Coalville
WOLVERHAMPTON
Bridgnorth
Walsall
West Bromwich
Dudley
Sutton Coldfield
BIRMINGHAM
Atherstone
Hinckley
Nuneaton
Stourbridge
Halesowen
Kidderminster
Solihull
Stourport-on-Severn
Bromsgrove
COVENTRY
Rugby
Redditch
Droitwich
Kenilworth
Warwick
Leamington Spa
Worcester
Stratford-upon-Avon
Daventry
Newtown
Montgomery
Church Stretton
Bishop's Castle
Much Wenlock
Clun
Craven Arms
Llanidloes
Knighton
Ludlow
Cleobury Mortimer
Bewdley
Llandrindod Wells
Presteigne
Tenbury Wells
Builth Wells
Kington
Leominster
Bromyard
Llandovery
Hay-on-Wye
Brecon
Hereford
Great Malvern
Ledbury
Evesham
Pershore
Tewkesbury
BRECON BEACONS
BLACK MTS
Merthyr Tydfil
Ebbw Vale
Abergavenny
Ross-on-Wye
Monmouth
Cheltenham
Gloucester
Banbury
Chipping Campden
Stow-on-the-Wold
Chipping Norton
Bicester
Buckingham
Milton Keynes
Pontypridd
Pontypool
Cwmbran
Bridgend
NEWPORT
CARDIFF
Penarth
Barry
Chepstow
Lydney
Stroud
Cirencester
Witney
OXFORD
Aylesbury
Thame
Weston-super-Mare
Clevedon
Portishead
BRISTOL
Chippenham
Swindon
Abingdon
Didcot
Wallingford
High Wycombe
BATH
Burnham-on-Sea
Bridgwater
Bridgwater Bay
Minehead
Watchet
Frome
Trowbridge
Devizes
Marlborough
Hungerford
Newbury
READING
Henley-on-Thames
Maidenhead
Windsor
Bracknell
Staines
Wells
Glastonbury
Shepton Mallet
Warminster
SALISBURY PLAIN
Andover
Basingstoke
Camberley
Woking
Taunton
Yeovil
Ilminster
Chard
Honiton
Sherborne
Shaftesbury
Salisbury
Winchester
Farnham
Guildford
Alton
Axminster
Lyme Regis
Bridport
Dorchester
Blandford Forum
Wimborne Minster
Ringwood
Romsey
Eastleigh
SOUTHAMPTON
Petersfield
Haslemere
Lyme Bay
Weymouth
Poole
BOURNEMOUTH
Christchurch
Lymington
Fareham
Havant
Chichester
Bognor Regis
PORTSMOUTH
Cowes
Ryde
Newport
Sandown
Shanklin
Ventnor
Swanage
Bill of Portland
St Alban's Head
St.Catherine's Point
11
14
25
E
F
G
H

14
Grantham
Boston
The Wash
Hunstanton
Loughborough
Melton Mowbray
LEICESTER
Tamworth
Hinckley
Nuneaton
Oakham
Stamford
Spalding
Bourne
Holbeach
King's Lynn
Wells-next-the-Sea
Fakenham
Peterborough
Wisbech
Swaffham
East Dereham
Rugby
Market Harborough
Corby
Kettering
Oundle
March
Downham Market
Leamington Spa
Daventry
Wellingborough
NORTHAMPTON
Huntingdon
St Ives
Ely
Thetford
Banbury
Bedford
St Neots
Cambridge
Newmarket
Bury St Edmunds
Diss
Milton Keynes
Bicester
Biggleswade
Stowmarket
OXFORD
Aylesbury
Dunstable
Luton
Hitchin
Stevenage
Haverhill
Sudbury
IPSWICH
Felixstowe
Harwich
Abingdon
High Wycombe
St Albans
Harpenden
Bishop's Stortford
Harlow
Braintree
Colchester
Clacton-on-Sea
Watford
Chelmsford
Maldon
READING
Maidenhead
Slough
Windsor
LONDON
Brentwood
Basildon
Southend-on-Sea
Bracknell
Staines
Basingstoke
Woking
Croydon
Dartford
Gravesend
Rochester
Chatham
Gillingham
Sheerness
Farnham
Guildford
Dorking
Epsom
Leatherhead
Sevenoaks
Maidstone
Margate
Ramsgate
Canterbury
Faversham
Crawley
Horsham
Tunbridge Wells
Tonbridge
Ashford
Deal
Dover
Folkestone
Havant
Chichester
PORTSMOUTH
Bognor Regis
Worthing
BRIGHTON
Lewes
Newhaven
Eastbourne
Bexhill
Hastings
Rye
New Romney
Dungeness
Boulogne
Calais
Strait of Dover
Pas de Calais
13
11
26
1
A
B
C
D

1 : 1 000 000

15

16

6
5
4
15
WADDENEILANDEN
Terschelling
Ameland
Schiermonnikoog
Oosterend
Nes
Hollum
West-Terschelling
Midsland
Vlieland
Holwerd
Lauwersoog
Anjum
St Annaparochie
Dokkum
Zoutkamp
Tzummarum
Texel
De Cocksdorp
De Koog
Den Burg
Harlingen
Franeker
Leeuwarden
Stiens
Bergum
Buitenpost
Zuidhorn
GRONINGEN
Waddenzee
Den Helder
Bolsward
FRIESLAND
Sneek
Drachten
Leek
Roden
Den Oever
De Kooy
Workum
Joure
Gorredijk
Oosterwolde
Norg
Anna Paulowna
Staveren
Heerenveen
Sloten
Smilde
Schagen
IJsselmeer
Lemmer
Wolvega
NOORD HOLLAND
Medemblik
Andijk
Diever
Dwingeloo
Beilen
Bergen aan Zee
Bergen
Hoogkarspel
Enkhuizen
Steenwijk
Alkmaar
Egmond aan Zee
Emmeloord
Blokzijl
Giethoorn
Huizen
Hoorn
DRENTHE
Castricum
Urk
Meppel
Hoogeveen
Beverwijk
Wormerveer
Purmerend
IJmuiden
Edam
Volendam
Hasselt
Kampen
NATIONAAL PARK DE KENNEMER DUINEN
Zaandam
Dronten
Lelystad
Dedemsvaart
HAARLEM
Monnickendam
Zandvoort
Heemstede
AMSTERDAM
Zwolle
FLEVOLAND
Elburg
Ommen
Hattem
Almere
Hillegom
Noordwijk aan Zee
Lisse
Sassenheim
Schiphol
Aalsmeer
Naarden
Huizen
Harderwijk
Nunspeet
Heino
Vroomshoop
Katwijk aan Zee
Uithoorn
Bussum
Heerde
OVERIJSSEL
Wassenaar
Leiden
Hilversum
Spakenburg
Ermelo
Epe
Wijhe
Raalte
Nijverdal
Hellendoorn
Scheveningen
Voorschoten
Alphen- a/d Rijn
Baarn
Putten
Vaassen
Olst
Rijssen
DEN HAAG
Zoetermeer
Bodegraven
UTRECHT
Soest
Soestdijk
Nijkerk
Deventer
Wierden
Hoek van Holland
Poeldijk
Boskoop
Woerden
Zeist
Amersfoort
APELDOORN
Holten
Europoort
Delft
Gouda
Barneveld
Voorst
Goor
Brielle
Maassluis
ROTTERDAM
Driebergen
Doorn
Otterlo
NATIONAAL PARK DE HOGE VELUWE
Zutphen
Lochem
Haaksbergen
Vlaardingen
Krimpen a/d IJssel
Schoonhoven
Vianen
Amerongen
Veenendaal
Ede
Wageningen
Renkum
Oosterbeek
Brummen
Dieren
Borculo
Neede
Eibergen
Hellevoetsluis
Spijkenisse
Oud Beijerland
Culemborg
Rhenen
Velp
Doesburg
GELDERLAND
Ruurlo
Groenlo
ZUID HOLLAND
Zwijndrecht
Leerdam
ARNHEM
Doetinchem
Middelharnis
Goeree
DORDRECHT
Sliedrecht
Tiel
Druten
Elst
Zevenaar
Lichtenvoorde
Winterswijk
Brouwershaven
Zierikzee
Gorinchem
Zaltbommel
NIJMEGEN
Elten
Varsseveld
Aalten
Sluis
Zijpe
Willemstad
Hollands Diep
Geertruidenberg
Aalburg
Oss
Emmerich
's Heerenberg
Isselburg
Bocholt
Kranenburg
Stavenisse
Steenbergen
Made
Waalwijk
Zevenbergen
Oosterhout
Kaatsheuvel
'S-HERTOGEN-BOSCH
Grave
Cuijk
Kleve
Rees
Halsteren
Bergen op Zoom
BREDA
Roosendaal
Vught
Uden
NOORD BRABANT
Gennep
Kalkar
Goch
Hamminkeln
TILBURG
Oisterwijk
Boxtel
St Oedenrode
Veghel
Boxmeer
Xanten
Wesel
Schermbeck
Zundert
Goirle
Beek en Donk
Gemert
Hoogerheide
Baarle Nassau
Hoogstraten
Oirschot
Hilvarenbeek
EINDHOVEN
Helmond
Venray
Wells
Weeze
Kevelaer
Sonsbeck
Alpen
Dinslaken
Wuustwezel
Brecht
Veldhoven
Geldrop
Deurne
Gelderm
Kamp Lintfort
Rheinberg
Gladbeck
Hulst
Brasschaat
Horst
LIMBURG
Arcen
Straelen
ANTWERPEN (ANVERS)
Schilde
Ostmalle
Turnhout
Arendonk
Reusel
Valkenswaard
Asten
Heeze
Venlo
Kerken
Moers
Bottrop
Beveren
Kasterlee
Herentals
Mol
Lommel
Meijel
Tegelen
Nettetal
Kempen
DUISBURG
KREFELD
Temse
Lier
Geel
Leopoldsburg
Weert
Swalmen
Süchteln
Viersen
Ratingen
Düsseldorf
Boom
Willebroek
Mechelen (Malines)
Westerlo
Hechtel
Bree
Roermond
Elmpt
Dülken
Herselt
Beringen
MÖNCHENGLADBACH
Neuss
DÜSSELDORF
Aarschot
Maaseik
Wildenrath
Wegberg
Rheydt
Hilden
Diest
Rheindahlen
Wassenberg
Grevenbroich
Leuven
Lummen
Heinsberg
Erkelenz
Dormagen
Sittard
A
B
C
D
28
1
2
3

17
18
128
29
E
F
G
H
Cuxhaven
Wilhelmshaven
BREMERHAVEN
Emden
Aurich
OLDENBURG
BREMEN
Delmenhorst
Stade
Norden
Leer
Papenburg
Emmen
Meppen
Lingen
Nordhorn
Cloppenburg
Vechta
Verden
Nienburg
Walsrode
Rheine
OSNABRÜCK
Minden
HANNOVER
Hameln
Herford
BIELEFELD
MÜNSTER
Gütersloh
Detmold
Lemgo
Paderborn
HAMM
Lippstadt
Soest
Unna
DORTMUND
Recklinghausen
Gelsenkirchen
Herne
Witten
Hagen
Iserlohn
Arnsberg
WUPPERTAL
Remscheid
Lüdenscheid
KASSEL
Höxter
Holzminden
Warburg
Brilon
Bad Oeynhausen
Bad Salzuflen
Wunstorf
Neustadt am Rübenberge
OSTFRIESLAND
NIEDERSACHSEN
NORDRHEIN-WESTFALEN
MÜNSTERLAND
TEUTOBURGER WALD
WIEHENGEBIRGE
SAUERLAND
WESERBERGLAND
Norderney
Baltrum
Langeoog
Spiekeroog
Wangerooge
Juist
Borkum
Dümmer See
Steinhuder Meer
Jadebusen
Dollard

18
17
30
128
Itzehoe
Wilster
Kellinghusen
Bad Bramstedt
Lentföhrden
Kaltenkirchen
Bad Segeberg
Ahrensbök
Bad Schwartau
Ratekau
Timmendorfer Strand
Travemünde
Lübeck
Dassow
Stockelsdorf
Reinfeld
Bad Oldesloe
Selmsdorf
Schlutup
Schönberg
Rehna
Grevesmühlen
Gramkow
Wismar
Zusow
Neukloster
Poel
Boltenhagen
Klütz
Kröpelin
Neubukow
Freiburg
Neuhaus
Cadenberge
Wischhafen
Glückstadt
Hemmoor
Drochtersen
Elmshorn
Barmstedt
Henstedt-Ulzburg
Nahe
Bargteheide
Quickborn
Uetersen
Pinneberg
Norderstedt
Ahrensburg
Kastorf
Berkenthin
Carlow
Lamstedt
Himmelpforten
Stade
Wedel
Trittau
Ratzeburg
Gadebusch
Zickhusen
Bad Kleinen
Warin
Brüel
Sternberg
Mölln
Lützow
Schwerin
Ebersdorf
Bremervörde
Horneburg
Buxtehude
HAMBURG
Gudow
Zarrentin
Crivitz
Mestlin
Basdahl
Harsefeld
Harburg
Bergedorf
Schwarzenbek
Wittenburg
Gnarrenburg
Selsingen
Apensen
Ovelgönne
Rade
Hollenstedt
Maschen
Geesthacht
Büchen
Severin
Zeven
Tostedt
Winsen
Lauenburg
Horst
Boizenburg
Hagenow
Pritzier
Parchim
Tarmstedt
Sittensen
Buchholz
Bardowick
Bleckede
Redefin
Neustadt-Glewe
Bockel
Welle
Hanstedt
Garlstorf
Neuhaus
Lübtheen
Ludwigslust
Zierzow
Stuckenborstel
Ottersberg
Oyten
Sottrum
Rotenburg
Wintermoor
Egestorf
Lüneburg
Salzhausen
Neu Darchau
Grabow
Schneverdingen
Evendorf
Melbeck
Bienenbüttel
Dahlenburg
Kaarssen
Eldena
Milow
Hemslingen
Amelinghausen
Hitzacker
Dömitz
Karstädt
Neuenkirchen
Bispingen
Bad Bevensen
Dannenberg
Langwedel
Visselhövede
Soltau
LÜNEBURGER
HEIDE
Ebstorf
Zernien
Lenzen
Perleberg
Verden
Kirchlinteln
Munster
Lintzel
Uelzen
Schnackenburg
Gartow
Dorfmark
Walsrode
Fallingbostel
Dreilingen
Rosche
Lüchow
Wittenberge
Verden
Hoya
Hassel
Müden
Hermannsburg
Bergen
Lübbow
Bücken
Rethem
Hodenhagen
Hohne (Belsen)
Bergen
Unterlüss
Bodenteich
Salzwedel
Arendsee
Seehausen
Westenholz
Weyhausen
Eschede
Sprakensehl
Hankensbüttel
Diesdorf
Lückstedt
Werben
Lemke
Nienburg
Rodewald
Schwarmstedt
Winsen
Steinhorst
Wittingen
Winterfeld
Osterburg
Brunau
Wietze
Celle
Gross Oesingen
Rohrberg
Messdorf
Neustadt am Rübenberge
Berkhof
Fuhrberg
Mellin
Kalbe
Arneburg
Bismark
Leese
Mellendorf
Wahrenholz
Klötze
Stendal
Steinhuder Meer
Wesendorf
Brome
Grossburgwedel
Neudorf-Platendorf
Ehra-Lessien
Kunrau
ALTMARK
Vinzelberg
Loccum
Hannover
Bröckel
Gardelegen
Jävenitz
Tangermünde
Wunstorf
Burgdorf
Uetze
Gifhorn
Rühen
Bad Nenndorf
HANNOVER
Lehrte
Wolfsburg
Fallersleben
Vorsfelde
Mieste
Miesterhorst
Lüderitz
Oebisfelde
Velpke
Mittelland Kanal
Tangerhütte
Hämeler Wald
Meine
Lauenau
Sehnde
Peine
Lehre
Calvörde
Dolle
COLBITZ LETZLINGER HEIDE
Pattensen
BRAUNSCHWEIG
Parey
Bad Münder
Springe
Sarstedt
Harsum
Königslutter
Walbeck
Colbitz
Rogätz
Oldendorf
Hachmühlen
Coppenbrügge
Salzgitter-Lebenstedt
Obersickte
Helmstedt
Haldensleben
Burg
Hildesheim
Wolfenbüttel
Marienborn
Erxleben
SACHSEN
Wolmirstedt
Extertal
Hameln
Elze
Gronau
Schöppenstedt
Eilsleben
Aerzen
Bad Pyrmont
Derneburg
Salzgitter-Bad
Schöningen
Barneberg
Seehausen
Möckern
Bad Salzdetfurth
Winnigstedt
Hornburg
Schladen
Jerxheim
Hamersleben
MAGDEBURG
Lügde
Bodenwerder
Grünenplan
Alfeld
Bockenem
Oschersleben
Wanzleben
Gommern
Leitzkau
Schieder
Polle
Eschershausen
Langelsheim
Dardesheim
Hadmersleben
Schwalenberg
Stadtoldendorf
Bad Gandersheim
Vienenburg
Schwanebeck
Gröningen
Kroppenstedt
Schönebeck
Stahle
Holzminden
Seesen
Goslar
Oker
Bad Harzburg
Halberstadt
Wegeleben
Egeln
Zerbst
Höxter
Einbeck
Dassel
Ilsenburg
Wernigerode
Atzendorf
Calbe
Godelheim
Brakel
Neuhaus
Clausthal-Zellerfeld
Bad Grund
Altenau
BROCKEN
1142
Elbingerode
Ecthe
Strassfurt
Aken
Beverungen
Northeim
Osterode
Braunlage
Blankenburg
Thale
Quedlinburg
Bernburg
Karlshafen
Uslar
St Andreasberg
Tanne
Gernrode
Aschersleben
Trendelburg
Hardegsen
Katlenburg-Duhm
Herzberg
Hasselfelde
Ballenstedt
Ermsleben
Köthen
Nörten-Hardenberg
Bad Lauterburg
Benneckenstein
584
Gieselwerder
Zorge
Güntersberge
Harzgerode
ANHALT
Alsleben
Könnern
Adelebsen
Gieboldehausen
Hettstedt
Radegast
Hofgeismar
Bad Sachsa
Ellrich
Reinhardshagen
Dransfeld
GÖTTINGEN
Mackenrode
UNTER-HARZ
Mansfeld
Gerbstedt
Zörbig
Grebenstein
Wippra
Duderstadt
Nordhausen
Lutherstadt Eisleben
Hann-Münden
Friedland
Bleicherode
Rossla
Riestedt
Landsberg
Worbis
Berga
Sangerhausen
Kelbra
Bennstedt
HALLE
KASSEL
Witzenhausen
Heiligenstadt
Leinefelde
Allstedt
Sondershausen
A
B
C
D
1
2
3
4
5
6

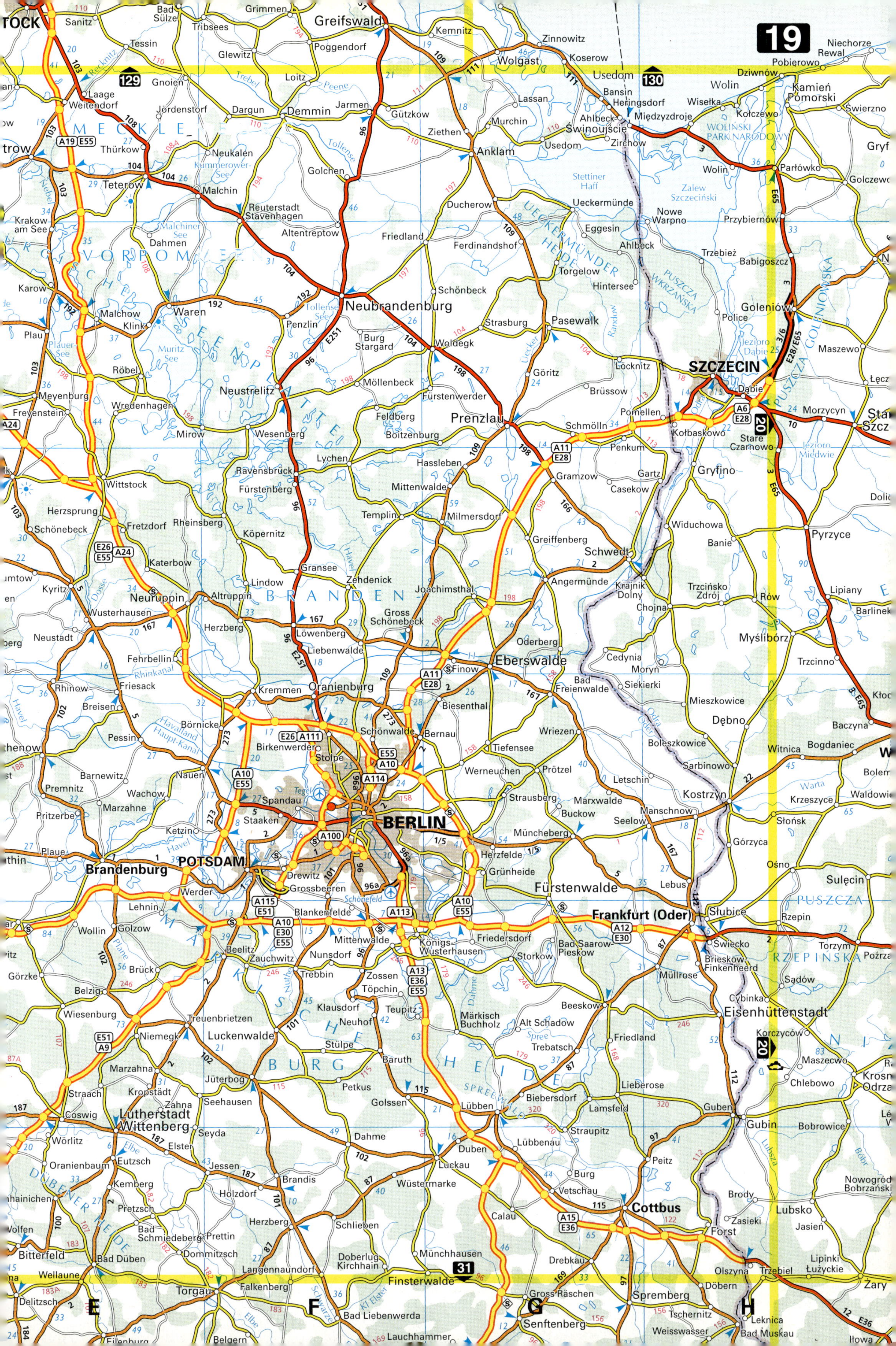

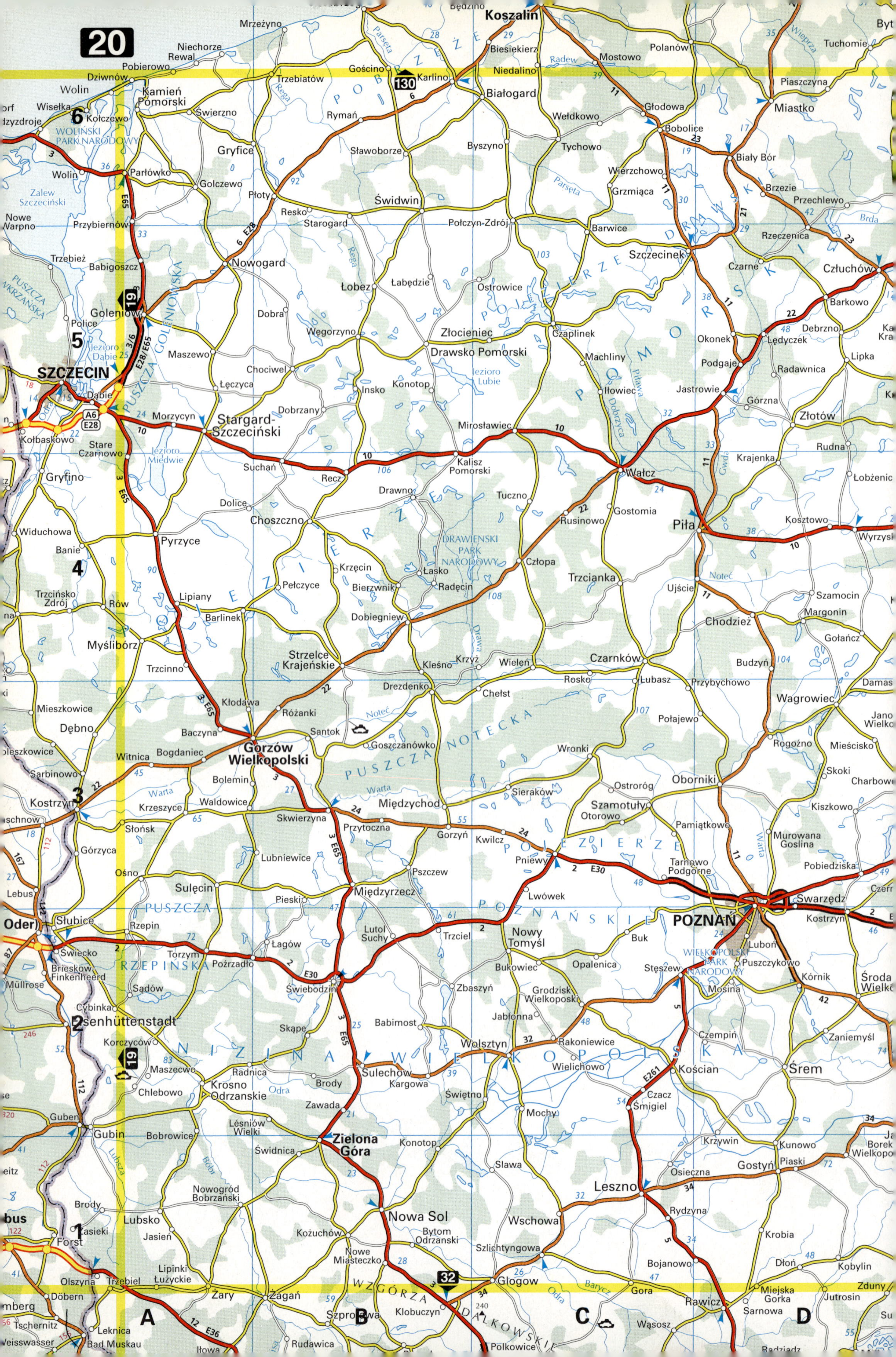
Koszalin
Mrzeżyno
Niechorze
Rewal
Pobierowo
Dziwnów
Wolin
Kamień Pomorski
Wisełka
Kołczewo
Międzyzdroje
WOLIŃSKI PARK NARODOWY
Trzebiatów
Gościno
Karlino
Biesiekierz
Niedalino
Białogard
Polanów
Mostowo
Tuchomie
Piaszczyna
Miastko
Głodowa
Bobolice
Świerzno
Rymań
Gryfice
Sławoborze
Byszyno
Tychowo
Weltkowo
Biały Bór
Parłówko
Golczewo
Płoty
Resko
Starogard
Świdwin
Połczyn-Zdrój
Wierzchowo
Grzmiąca
Brzezie
Przechlewo
Zalew Szczeciński
Nowe Warpno
Przybiernów
Barwice
Rzeczenica
Szczecinek
Trzebież
Babigoszcz
Nowogard
Łobez
Łabędzie
Ostrowice
Czarne
Człuchów
Goleniów
Police
Dobra
Węgorzyno
Złocieniec
Czaplinek
Okonek
Barkowo
Debrzno
Lędyczek
Maszewo
Drawsko Pomorskie
Machliny
Podgaje
Lipka
Chociwel
Jezioro Lubie
Radawnica
SZCZECIN
Dąbie
Łęczyca
Insko
Konotop
Iłowiec
Jastrowie
Górzna
Dobrzany
Złotów
Kołbaskowo
Morzycyn
Stargard-Szczeciński
Mirosławiec
Rudna
Stare Czarnowo
Jezioro Miedwie
Krajenka
Suchań
Recz
Kalisz Pomorski
Wałcz
Gryfino
Łobżenic
Drawno
Tuczno
Dolice
Choszczno
Rusinowo
Gostomia
Piła
Kosztowo
Wyrzysk
Widuchowa
Pyrzyce
Banie
DRAWIEŃSKI PARK NARODOWY
Człopa
Krzęcin
Łasko
Pełczyce
Bierzwnik
Radęcin
Trzcianka
Ujście
Szamocin
Margonin
Trzcińsko Zdrój
Lipiany
Barlinek
Rów
Dobiegniew
Chodzież
Gołańcz
Myślibórz
Strzelce Krajeńskie
Kleśno
Krzyż
Wieleń
Czarnków
Budzyń
Trzcinno
Drezdenko
Rosko
Łubasz
Przybychowo
Chełst
Mieszkowice
Kłodawa
Wągrowiec
Różanki
Połajewo
Dębno
Baczyna
Santok
Goszczanówko
PUSZCZA NOTECKA
Rogoźno
Mieścisko
Gorzów Wielkopolski
Wronki
Witnica
Bogdaniec
Skoki
Sarbinowo
Bolemin
Oborniki
Charbowo
Kostrzyn
Ostroróg
Warta
Waldowice
Międzychód
Sieraków
Szamotuły
Kiszkowo
Kreszyce
Skwierzyna
Otorowo
Słońsk
Przytoczna
Gorzyń
Kwilcz
Pamiątkowo
Murowana Goślina
Górzyca
Lubniewice
Pszczew
Pniewy
Tarnowo Podgórne
Pobiedziska
Ośno
Lebus
Sulęcin
Lwówek
Swarzędz
PUSZCZA
Pieski
Międzyrzecz
POZNAŃ
Kostrzyn
Oder
Słubice
Rzepin
Lutol Suchy
Trzciel
Nowy Tomyśl
Buk
Świecko
Torzym
Łagów
Luboń
RZEPIŃSKA
Poźrzadło
Bukowiec
Opalenica
Stęszew
WIELKOPOLSKI PARK NARODOWY
Puszczykowo
Brieskow-Finkenheerd
Müllrose
Sądów
Świebodzin
Zbąszyń
Grodzisk Wielkopolski
Mosina
Kórnik
Środa Wielkopolska
Cybinka
Eisenhüttenstadt
Jabłonna
Babimost
Skąpe
Czempiń
Zaniemyśl
Korczyców
Wolsztyn
Rakoniewice
Maszewo
Radnica
Sulechów
Wielichowo
Kościan
Śrem
Krosno Odrzańskie
Odra
Brody
Kargowa
Chlebowo
Świętno
Czacz
Śmigiel
Zawada
Mochy
Guben
Gubin
Bobrowice
Lesniów Wielki
Zielona Góra
Konotop
Krzywin
Kunowo
Świdnica
Sława
Osieczna
Gostyń
Piaski
Leszno
Nowogród Bobrzański
Brody
Nowa Sól
Wschowa
Rydzyna
Lubsko
Jasień
Kożuchów
Bytom Odrzański
Krobia
Forst
Nowe Miasteczko
Szlichtyngowa
Bojanowo
Lipinki Łużyckie
Dłoń
Kobylin
Olszyna
Trzebiel
Glogow
Döbern
Żary
Żagań
WZGÓRZA DALKOWSKIE
Gora
Miejska Górka
Zduny
Szprotawa
Klobuczyn
Rawicz
Sarnowa
Jutrosin
Tschernitz
Łęknica
Bad Muskau
Wąsosz
Iłowa
Rudawica
Polkowice
Radziądz
Weisswasser
POBRZEŻE
POJEZIERZE DRAWSKIE
POMORSKIE
POJEZIERZE
PUSZCZA GOLENIOWSKA
POJEZIERZE POZNAŃSKIE
NIZINA WIELKOPOLSKA
A
B
C
D
1
2
3
4
5
6
E28
E65
E30
E36
E261
A6

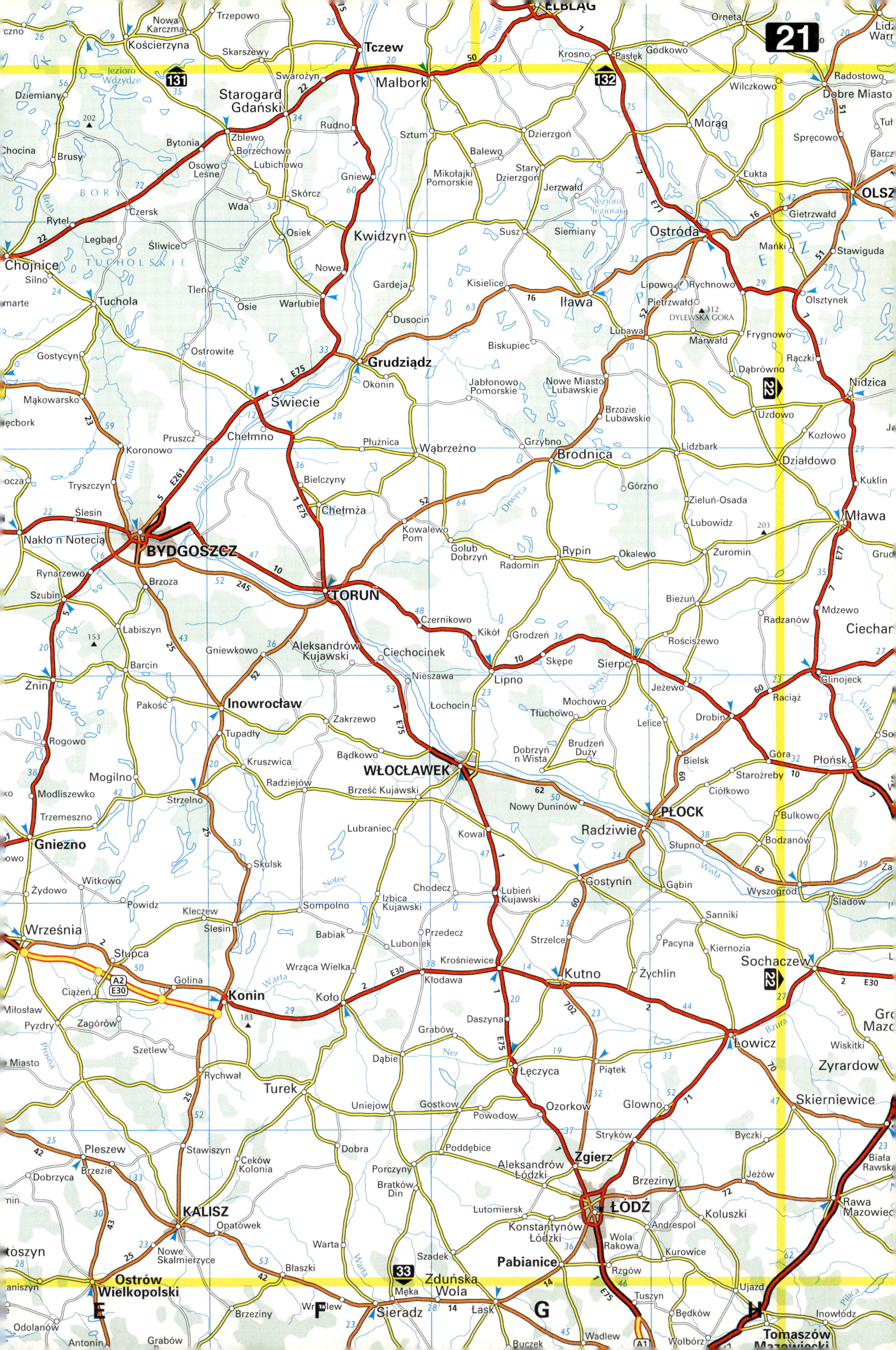

Elbląg
Nowa Karczma
Trzepowo
Kościerzyna
Tczew
Orneta
Krosno
Pasłęk
Godkowo
Jezioro Wdzydze
131
132
Malbork
Swarożyn
Starogard Gdański
Skarszewy
Radostowo
Dobre Miasto
Dziemiany
Wilczkowo
Morąg
Zblewo
Bytonia
Borzechowo
Rudno
Sztum
Dzierzgoń
Chocina
Brusy
Lubichowo
Osowo Leśne
Balewo
Stary Dzierzgoń
Mikołajki Pomorskie
Gniew
Łukta
Sprecowo
BORY
Skórcz
Wda
Jerzwałd
Jezioro Jeziorak
OLSZTYN
Czersk
Rytel
Legbąd
Śliwice
Osiek
Kwidzyn
Susz
Siemiany
Ostróda
Gietrzwałd
Chojnice
TUCHOLSKIE
Nowe
Mańki
Stawiguda
Silno
Tleń
Gardeja
Kisielice
Iława
Lipowo
Rychnowo
Olsztynek
Tuchola
Osie
Warlubie
Pietrzwałd
Dylewska Góra
Dusocin
Lubawa
Marwałd
Frygnowo
Ostrowite
Biskupiec
Gostycyn
Grudziądz
Okonin
Rączki
Dąbrówno
Jabłonowo Pomorskie
Nowe Miasto Lubawskie
Nidzica
Mąkowarsko
Świecie
Uzdowo
Brzozie Lubawskie
Koronowo
Pruszcz
Chełmno
Płużnica
Wąbrzeźno
Grzybno
Brodnica
Lidzbark
Kozłowo
Działdowo
Wisła
Tryszczyn
Bielczyny
Górzno
Kuklin
Drwęca
Chełmża
Zieluń-Osada
Ślesin
Kowalewo Pom
Lubowidz
Mława
Nakło n Notecią
BYDGOSZCZ
Golub Dobrzyń
Radomin
Rypin
Okalewo
Żuromin
Rynarzewo
Brzoza
Szubin
TORUŃ
Bieżuń
Czernikowo
Mdzewo
Radzanów
Ciechanów
Łabiszyn
Kikół
Grodzeń
Rościszewo
Gniewkowo
Aleksandrów Kujawski
Ciechocinek
Skępe
Sierpc
Barcin
Nieszawa
Lipno
Jeżewo
Glinojeck
Żnin
Raciąż
Pakość
Inowrocław
Łochocin
Mochowo
Tłuchowo
Lelice
Drobin
Zakrzewo
Tupadły
Rogowo
Bądkowo
Dobrzyń n Wisłą
Brudzeń Duży
Bielsk
Góra
Płońsk
Kruszwica
Mogilno
WŁOCŁAWEK
Staroźreby
Radziejów
Modliszewko
Strzelno
Brześć Kujawski
Nowy Duninów
Ciółkowo
PŁOCK
Trzemeszno
Bulkowo
Lubraniec
Radziwie
Gniezno
Kowal
Słupno
Bodzanów
Skulsk
Gostynin
Witkowo
Żydowo
Noteć
Chodecz
Gąbin
Wyszogród
Izbica Kujawska
Lubień Kujawski
Śladów
Powidz
Sompolno
Kleczew
Ślesin
Sanniki
Września
Babiak
Przedecz
Pacyna
Strzelce
Luboniek
Kiernozia
Słupca
Wrząca Wielka
Krośniewice
Kutno
Żychlin
Sochaczew
Golina
Kłodawa
Ciążeń
Konin
Koło
Warta
Miłosław
Pyzdry
Zagórów
Grabów
Daszyna
Bzura
Łowicz
Wiskitki
Żyrardów
Szetlew
Dąbie
Łęczyca
Piątek
Nowe Miasto
Prosna
Rychwał
Turek
Ner
Skierniewice
Uniejów
Gostków
Powodów
Ozorków
Głowno
Pleszew
Stawiszyn
Dobra
Stryków
Byczki
Poddębice
Brzezie
Ceków Kolonia
Aleksandrów Łódzki
Zgierz
Dobrzyca
Porczyny
Brzeziny
Jeżów
Biała Rawska
Bratków Din
Lutomiersk
ŁÓDŹ
Rawa Mazowiecka
KALISZ
Koluszki
Opatówek
Konstantynów Łódzki
Andrespol
Nowe Skalmierzyce
Warta
Wola Rakowa
Koszyn
Kurowice
Szadek
Pabianice
Błaszki
Rzgów
Ostrów Wielkopolski
Męka
Zduńska Wola
Ujazd
Tuszyn
Wróblew
Sieradz
Łask
Będków
Inowłódz
Odolanów
Brzeziny
Antonin
Grabów
Buczek
Wadlew
Wolbórz
Tomaszów Mazowiecki
Pilica
E
F
G
H

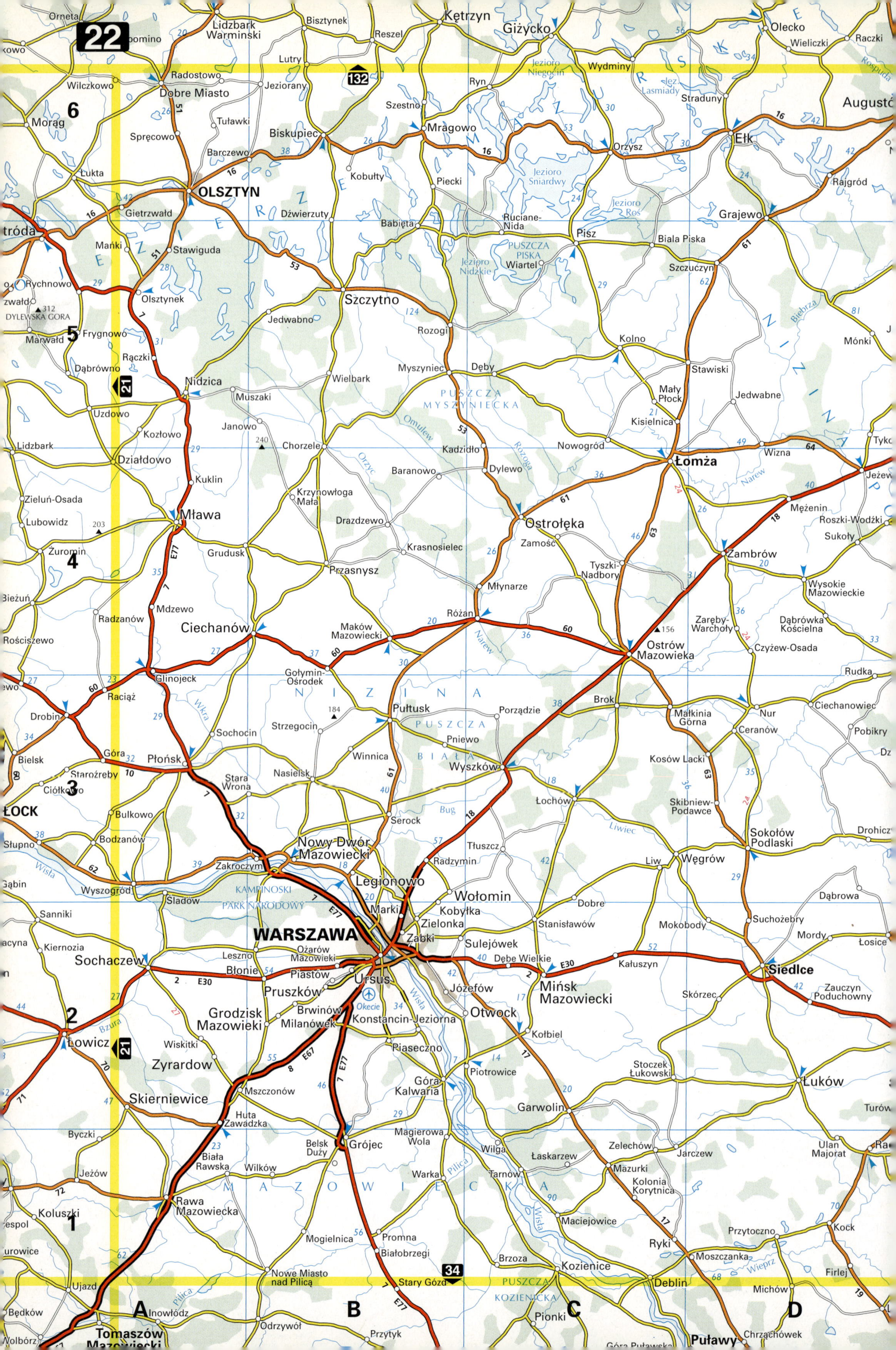
22
Orneta
Lidzbark Warminski
Bisztynek
Kętrzyn
Giżycko
Olecko
Reszel
Wieliczki
Raczki
Lutry
Wydminy
132
Radostowo
Wilczkowo
Dobre Miasto
Jeziorany
Ryn
Jezioro Niegocin
Jez. Lasmiady
Straduny
Augustów
Morąg
Tuławki
Szestno
Mrągowo
Sprecowo
Biskupiec
Orzysz
Ełk
Barczewo
Kobułty
Jezioro Sniardwy
Łukta
Piecki
Rajgród
OLSZTYN
Jezioro Roś
Gietrzwałd
Dźwierzuty
Ruciane-Nida
Grajewo
Babięta
Pisz
Biala Piska
Mańki
Stawiguda
PUSZCZA PISKA
Wiartel
Jezioro Nidzkie
Szczuczyn
Rychnowo
Olsztynek
Szczytno
DYLEWSKA GORA
Jedwabno
Rozogi
Frygnowo
Marwałd
Kolno
Mońki
Rączki
Dąbrówno
Myszyniec
Dęby
Stawiski
Nidzica
Wielbark
Muszaki
PUSZCZA MYSZYNIECKA
Mały Płock
Jedwabne
21
Uzdowo
Kisielnica
Kozłowo
Janowo
Omulew
Lidzbark
Chorzele
Kadzidło
Nowogród
Łomża
Wizna
Tykocin
Jeżewo
Działdowo
Orzyc
Dylewo
Rozoga
Baranowo
Kuklin
Krzynowłoga Mała
Narew
Zieluń-Osada
Mężenin
Mława
Ostrołęka
Roszki-Wodźki
Lubowidz
Drazdzewo
Zamość
Sukoły
Żuromin
Grudusk
Krasnosielec
Zambrów
Przasnysz
Tyszki-Nadbory
Wysokie Mazowieckie
Bieżuń
Młynarze
Mdzewo
Radzanów
Różan
Zaręby-Warchoły
Dąbrówka Kościelna
Ciechanów
Maków Mazowiecki
Ostrów Mazowiecka
Rościszewo
Czyżew-Osada
Glinojeck
Gołymin-Ośrodek
NIZINA
Rudka
Raciąż
Wkra
Pułtusk
Porządzie
Brok
Małkinia Górna
Nur
Ciechanowiec
Drobin
Strzegocin
PUSZCZA BIAŁA
Ceranów
Pobikry
Sochocin
Pniewo
Bielsk
Góra
Płońsk
Winnica
Kosów Lacki
Staroźreby
Nasielsk
Wyszków
Ciółkowo
Stara Wrona
Łochów
ŁOCK
Bulkowo
Serock
Skibniew-Podawce
Bug
Liwiec
Drohiczyn
Sokołów Podlaski
Słupno
Bodzanów
Tłuszcz
Nowy Dwór Mazowiecki
Zakroczym
Radzymin
Liw
Węgrów
Wisła
Wyszogród
Legionowo
Gąbin
KAMPINOSKI PARK NARODOWY
Wołomin
Dąbrowa
Śladów
Dobre
Sanniki
Marki
Kobyłka
Zielonka
Stanisławów
Mokobody
Suchożebry
Mordy
WARSZAWA
Ząbki
Kiernozia
Sulejówek
Łosice
Ożarów Mazowiecki
Leszno
Sochaczew
Dębe Wielkie
Siedlce
Błonie
Kałuszyn
Piastów
Ursus
Mińsk Mazowiecki
Zauczyn
Poduchowny
Pruszków
Józefów
Okęcie
Skórzec
Grodzisk Mazowiecki
Brwinów
Otwock
Konstancin-Jeziorna
Milanówek
Łowicz
Kołbiel
Bzura
Wiskitki
Piaseczno
Żyrardów
Piotrowice
Stoczek Łukowski
Łuków
Góra Kalwaria
Mszczonów
Skierniewice
Garwolin
Turów
Huta Zawadzka
Magierowa Wola
Byczki
Belsk Duży
Grójec
Żelechów
Wilga
Ulan Majorat
Biała Rawska
Łaskarzew
Jarczew
Radzyń
Jeżów
Wilków
Warka
Pilica
Mazurki
Tarnów
Kolonia Korytnica
MAZOWIECKA
Rawa Mazowiecka
Koluszki
Maciejowice
Mogielnica
Promna
Przytoczno
Kock
Ryki
Białobrzegi
Moszczanka
Wieprz
Firlej
Brzoza
Kozienice
Nowe Miasto nad Pilicą
Stary Gózd
34
Ujazd
PUSZCZA KOZIENICKA
Dęblin
Michów
Będków
Inowłódz
Pionki
Tomaszów Mazowiecki
Odrzywół
Przytyk
Góra Puławska
Puławy
Chrzachówek
A
B
C
D
1
2
3
4
5
6

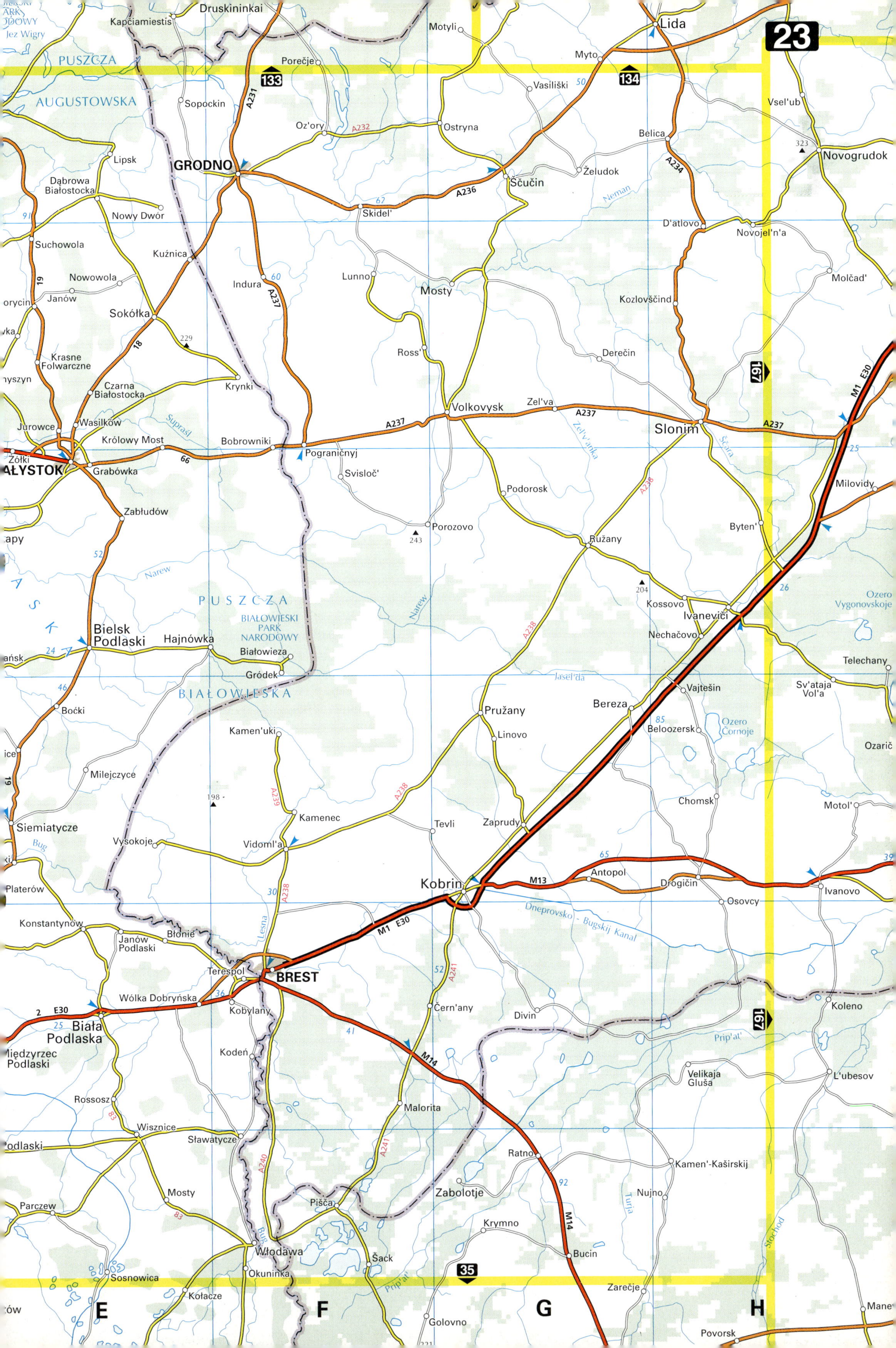
Druskininkai
Kapčiamiestis
Jez Wigry
PUSZCZA
AUGUSTOWSKA
Porečje
133
134
Motyli
Lida
Myto
Vasiliški
Sopockin
Oz'ory
Ostryna
Belica
Vsel'ub
Novogrudok
Lipsk
GRODNO
Ščučin
Želudok
Dąbrowa Białostocka
Nowy Dwór
Skidel'
Neman
D'atlovo
Novojel'n'a
Suchowola
Kuźnica
Indura
Lunno
Mosty
Kozlovščind
Molčad'
Nowowola
Janów
Sokółka
Krasne Folwarczne
Ross'
Derečin
Krynki
Czarna Białostocka
Volkovysk
Zel'va
Slonim
Jurowce
Wasilków
Suprasl
Królowy Most
Bobrowniki
Pograničnyj
Żółki
BIAŁYSTOK
Grabówka
Svisloč'
Zel'vianka
Ščara
Milovidy
Podorosk
Zabłudów
Porozovo
Ružany
Byten'
Narew
Kossovo
Ivanevići
Nechačovo
Ozero Vygonovskoje
PUSZCZA
BIAŁOWIESKI PARK NARODOWY
Bielsk Podlaski
Hajnówka
Białowieza
Gródek
BIAŁOWIESKA
Jasel'da
Telechany
Vajtešin
Sv'ataja Vol'a
Boćki
Pružany
Bereza
Kamen'uki
Linovo
Beloozersk
Ozero Čornoje
Ozarič
Milejczyce
Chomsk
Motol'
Siemiatycze
Kamenec
Tevli
Zaprudy
Vysokoje
Vidoml'a
Bug
Antopol
Kobrin
Drogičin
Ivanovo
Platerów
Osovcy
Dneprovsko - Bugskij Kanal
Lesna
Konstantynów
Janów Podlaski
Błonie
Terespol
BREST
Wólka Dobryńska
Kobylany
Černany
Divin
Koleno
Biała Podlaska
Międzyrzec Podlaski
Koden
Prip'at'
Velikaja Gluša
L'ubesov
Rossosz
Malorita
Wisznice
Sławatycze
Ratno
Kamen'-Kaširskij
Podlaski
Zabolotje
Nujno
Turia
Mosty
Parczew
Pišča
Krymno
Włodawa
Šack
Bucin
Stochod
Sosnowica
Okuninka
Kołacze
Zarečje
Mane
Golovno
Povorsk
35
167
M1 E30
M13
M14
A231
A232
A236
A234
A237
A238
A239
A240
A241
E30
E
F
G
H

24

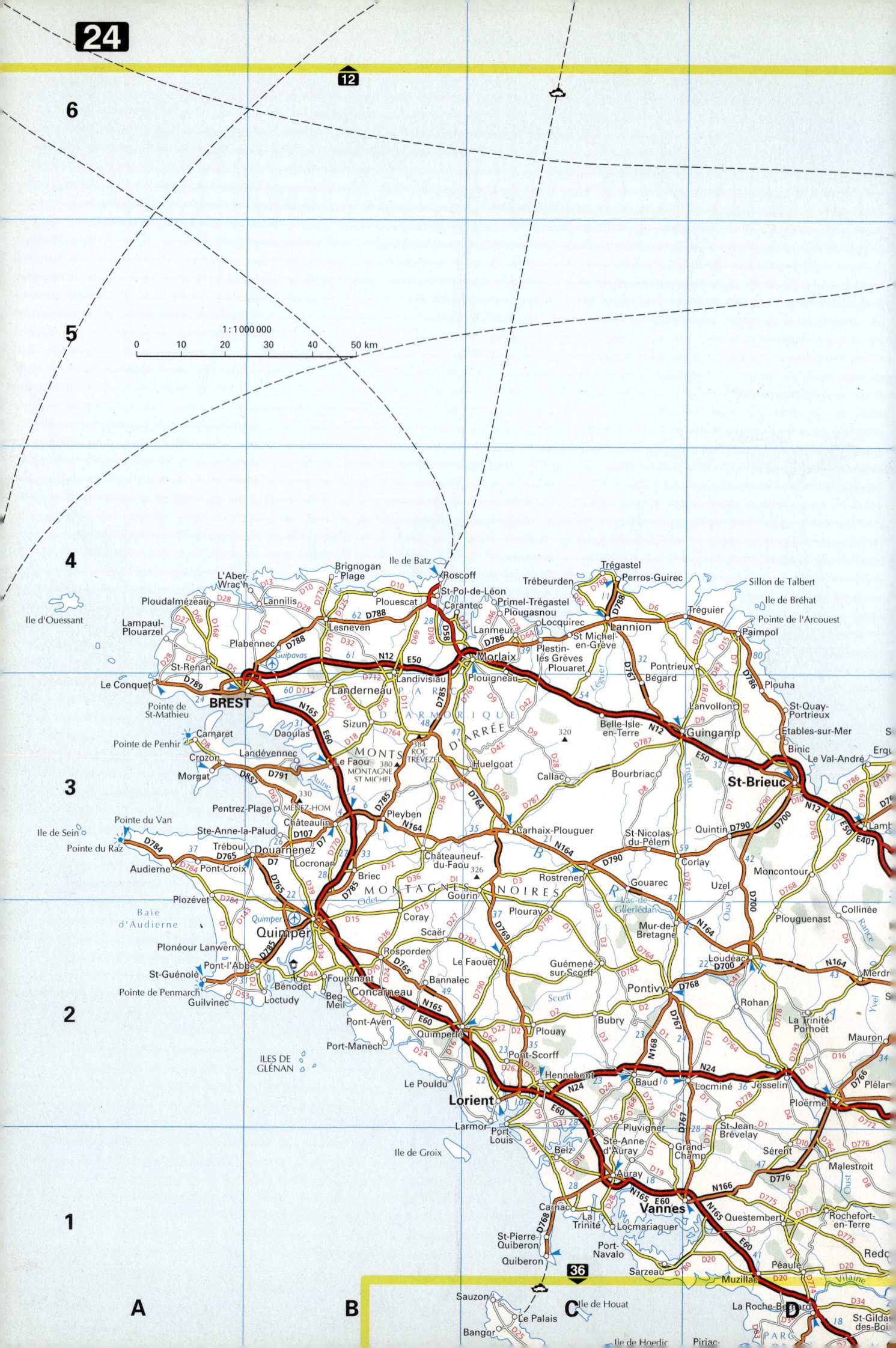

1 : 1 000 000
0 10 20 30 40 50 km

Places (Brittany map)

- Ile d'Ouessant
- L'Aber-Wrac'h
- Ploudalmézeau
- Lampaul-Plouarzel
- Plabennec
- Lannilis
- Brignogan-Plage
- Ile de Batz
- Roscoff
- St-Pol-de-Léon
- Plouescat
- Carantec
- Primel-Trégastel
- Plougasnou
- Lanmeur
- Locquirec
- Trébeurden
- Trégastel
- Perros-Guirec
- Tréguier
- Sillon de Talbert
- Ile de Bréhat
- Pointe de l'Arcouest
- Paimpol
- Lesneven
- Guipavas
- St-Renan
- Le Conquet
- Pointe de St-Mathieu
- BREST
- Landerneau
- Landivisiau
- Morlaix
- Plouigneau
- St Michel-en-Grève
- Plestin-les-Grèves
- Plouaret
- Pontrieux
- Bégard
- Lanvollon
- Plouha
- St-Quay-Portrieux
- PARC
- ARMORIQUE
- D'ARRÉE
- Sizun
- Daoulas
- Le Faou
- MONTS
- ROC TREVEZEL
- MONTAGNE ST MICHEL
- Huelgoat
- Callac
- Belle-Isle-en-Terre
- Guingamp
- Bourbriac
- Binic
- Le Val-André
- St-Brieuc
- Camaret
- Pointe de Penhir
- Crozon
- Morgat
- Landévennec
- Pentrez-Plage
- MENEZ-HOM
- Châteaulin
- Pleyben
- Carhaix-Plouguer
- St-Nicolas-du-Pélem
- Quintin
- Moncontour
- Uzel
- Corlay
- Pointe du Van
- Ile de Sein
- Pointe du Raz
- Audierne
- Trébou
- Ste-Anne-la-Palud
- Douarnenez
- Locronan
- Briec
- Châteauneuf-du-Faou
- Gourin
- Rostrenen
- Gouarec
- Lac de Guerlédan
- Mur-de-Bretagne
- Loudéac
- Collinée
- Plouguenast
- Baie d'Audierne
- Pont-Croix
- Plozévet
- Quimper
- Plonéour Lanvern
- Pont-l'Abbé
- St-Guénolé
- Pointe de Penmarch
- Guilvinec
- Loctudy
- Bénodet
- Beg-Meil
- Fouesnant
- Concarneau
- Rosporden
- Coray
- Scaër
- Le Faouët
- Plouay
- Gourin
- Guémené-sur-Scorff
- Pontivy
- Rohan
- La Trinité-Porhoët
- Mauron
- Merdr...
- Pont-Aven
- Port-Manech
- ILES DE GLÉNAN
- Quimperlé
- Pont-Scorff
- Hennebont
- Baud
- Locminé
- Josselin
- Ploërmel
- Pléla...
- Le Pouldu
- Lorient
- Larmor
- Port Louis
- Ile de Groix
- Belz
- Pluvigner
- Ste-Anne-d'Auray
- Grand-Champ
- St-Jean-Brévelay
- Sérent
- Malestroit
- Auray
- Carnac
- La Trinité
- Locmariaquer
- Port-Navalo
- Vannes
- Questembert
- Rochefort-en-Terre
- Péaule
- St-Pierre-Quiberon
- Quiberon
- Sarzeau
- Muzillac
- Sauzon
- Ile de Houat
- La Roche-Bernard
- Le Palais
- Bangor
- Ile de Hoëdic
- Piriac-
- St-Gildas-des-Bois

Grid: A B C D / 1 2 3 4 5 6

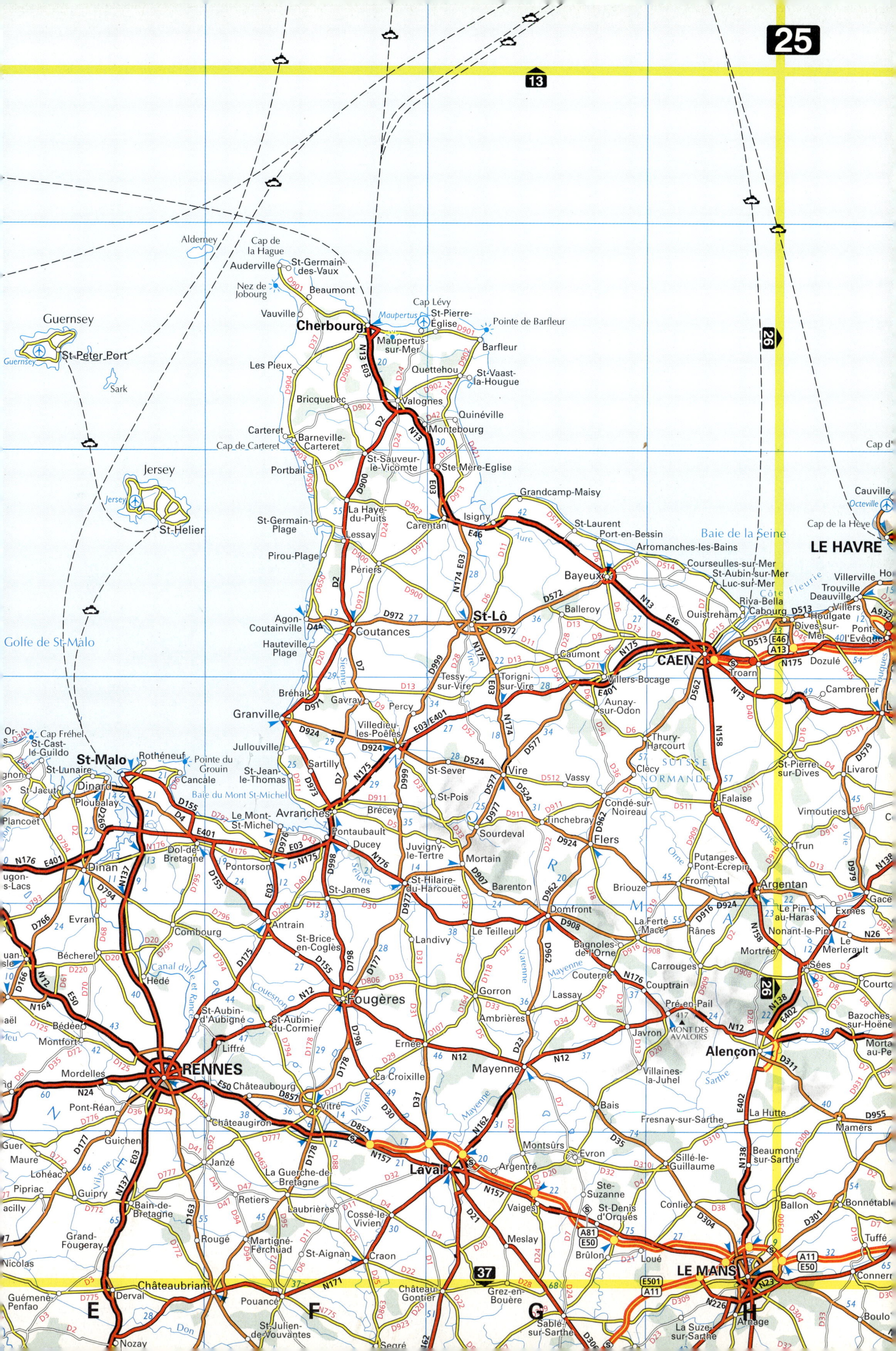
13
26
37
Alderney
Cap de la Hague
Auderville
St-Germain-des-Vaux
Nez de Jobourg
Beaumont
Vauville
Guernsey
St-Peter Port
Sark
Cherbourg
Cap Lévy
Maupertus
St-Pierre-Eglise
Pointe de Barfleur
Maupertus-sur-Mer
Barfleur
Les Pieux
Quettehou
St-Vaast-la-Hougue
Bricquebec
Valognes
Quinéville
Carteret
Barneville-Carteret
Montebourg
Cap de Carteret
Portbail
St-Sauveur-le-Vicomte
Ste-Mère-Eglise
Jersey
St-Helier
La Haye-du-Puits
St-Germain-Plage
Lessay
Carentan
Isigny
Grandcamp-Maisy
St-Laurent
Port-en-Bessin
Arromanches-les-Bains
Baie de la Seine
Cap de la Hève
Cauville
Octeville
LE HAVRE
Pirou-Plage
Périers
Bayeux
Courseulles-sur-Mer
St-Aubin-sur-Mer
Luc-sur-Mer
Villerville
Trouville
Deauville
Ouistreham
Riva-Bella
Cabourg
Houlgate
Dives-sur-Mer
Pont-l'Evêque
Côte Fleurie
Golfe de St-Malo
Agon-Coutainville
Coutances
St-Lô
Balleroy
Hauteville-Plage
Caumont
CAEN
Troarn
Dozulé
Tessy-sur-Vire
Torigni-sur-Vire
Villers-Bocage
Bréhal
Gavray
Percy
Aunay-sur-Odon
Cambremer
Granville
Villedieu-les-Poêles
Thury-Harcourt
Cap Fréhel
St-Cast-le-Guildo
Jullouville
St-Malo
Rothéneuf
Pointe du Grouin
Cancale
St-Jean-le-Thomas
Sartilly
St-Sever
Vire
Suisse Normande
Clécy
St-Pierre-sur-Dives
Livarot
St-Lunaire
Dinard
St-Jacut
Ploubalay
Baie du Mont St-Michel
Avranches
Le Mont-St-Michel
Brécey
St-Pois
Vassy
Condé-sur-Noireau
Falaise
Vimoutiers
Plancoët
Pontaubault
Ducey
Juvigny-le-Tertre
Sourdeval
Tinchebray
Flers
Trun
Dinan
Dol-de-Bretagne
Pontorson
Mortain
St-Hilaire-du-Harcouët
Barenton
Putanges-Pont-Ecrepin
Fromental
Briouze
Argentan
St-James
Domfront
Le Pin-au-Haras
Nonant-le-Pin
Exmes
Gacé
Evran
Combourg
Antrain
Le Teilleul
La Ferté-Macé
Rânes
Le Merlerault
Mortrée
Bécherel
St-Brice-en-Coglès
Landivy
Bagnoles-de-l'Orne
Sées
Canal d'Ille et Rance
Hédé
Couterne
Carrouges
Fougères
Gorron
Lassay
Couptrain
Pré-en-Pail
St-Aubin-d'Aubigné
St-Aubin-du-Cormier
Ambrières
Mont des Avaloirs
Bazoches-sur-Hoëne
Bédée
Montfort
Liffré
Ernée
Javron
Alençon
RENNES
Mayenne
Villaines-la-Juhel
Mordelles
Châteaubourg
La Croixille
Sarthe
Pont-Réan
Vitré
Bais
Fresnay-sur-Sarthe
La Hutte
Mamers
Châteaugiron
Montsûrs
Evron
Guichen
Janzé
Argentré
Sillé-le-Guillaume
Beaumont-sur-Sarthe
Laval
Lohéac
La Guerche-de-Bretagne
Ste-Suzanne
Pipriac
Guipry
Retiers
Vaiges
St-Denis-d'Orques
Conlie
Ballon
Bonnétable
Bain-de-Bretagne
Laubrières
Cossé-le-Vivien
Rougé
Martigné-Ferchaud
Meslay
Brûlon
Loué
Tuffé
Grand-Fougeray
St-Aignan
Craon
Châteaubriant
LE MANS
Connerré
Derval
Pouancé
Château-Gontier
Grez-en-Bouère
Guémené-Penfao
St-Julien-de-Vouvantes
Sablé-sur-Sarthe
La Suze-sur-Sarthe
Arnage
Nozay
Segré
E
F
G
H

1 : 1 000 000
0 10 20 30 40 50 km
14
25
37
38
Baie de la Seine
Wimereux
Boulogne
Le Portel
Pont-de-Briques
Hardelot-Plage
Samer
Le Touquet-Paris-Plage
Etaples
Montreuil
Berck-Plage
Vron
Rue
Le Crotoy
Crécy-en-Ponthieu
Nouvion
St-Valery-sur-Somme
Ault
Le Tréport
Mesnil-Val
Eu
Abbeville
Gamaches-en-Vexin
Blangy-sur-Bresle
Oisemont
Airaines
Foucarmont
Londinières
Dieppe
Varengeville-sur-Mer
Veules-les-Roses
St-Valery-en-Caux
Veulettes-sur-Mer
Cany-Barville
Fontaine-le-Dun
Fécamp
Yport
Etretat
Cap d'Antifer
Goderville
Bacqueville-en-Caux
Doudeville
Fauville
Yerville
Tôtes
Bellencombre
Neufchâtel-en-Bray
St-Saëns
Les Hayons
Aumale
Hornoy
Poix
Picquigny
Molliens
Grandvilliers
Conty
Formerie
Forges-les-Eaux
Marseille-en-Beauvaisis
Crèvecoeur
Cauville
Octeville
Montivilliers
Cap de la Hève
LE HAVRE
Harfleur
Bolbec
Lillebonne
Yvetot
Pavilly
Clères
Buchy
Tancarville
Caudebec
Barentin
Duclair
Jumièges
ROUEN
Boos
Gournay-en-Bray
Lyons-la-Forêt
Beauvais
Auneuil
Courseulles-sur-Mer
St-Aubin-sur-Mer
Luc-sur-Mer
Ouistreham
Riva-Bella
Cabourg
Houlgate
Dives-sur-Mer
Villers
Villerville
Trouville
Deauville
Honfleur
Beuzeville
St-Maclou
Pont-l'Evêque
Bourneville
Pont-Audemer
Bourg-Achard
Bourgtheroulde-Infreville
Elbeuf
Oissel
Pont-de-l'Arche
Fleury
Ecouis
CAEN
Troarn
Dozulé
Cormeilles
Cambremer
Lisieux
Lieurey
Brionne
Le Vaudreuil
Louviers
Les Andelys
Gisors
Thiberville
Bernay
Le Neubourg
Gaillon
Noailles
Mouy
Méru
St-Pierre-sur-Dives
Livarot
Orbec
Beaumont-le-Roger
Beaumesnil
Vernon
Magny-en-Vexin
Vimoutiers
Courteilles
Broglie
Falaise
Trun
Evreux
La Neuve-Lyre
Conches
Pacy-sur-Eure
Bonnières
Chaufour-lès-Bonnières
Mantes
Marines
L'Isle-Adam
Putanges-Pont-Ecrepin
Fromental
Argentan
Gacé
Rugles
Damville
St-André
Ivry-la-Bataille
Meulan
Pontoise
Auvers-s-Oise
Rânes
Le Pin-au-Haras
Exmes
Nonant-le-Pin
Le Merlerault
Ste-Gauburge-Ste-Colombe
L'Aigle
Breteuil
Anet
Epône
Flins
Orgeval
St-Germain
St-Denis
Mortrée
Sées
Moulins-la-Marche
Courtomer
Verneuil
Nonancourt
Houdan
Montfort
Pontchartrain
Versailles
PARIS
Pré-en-Pail
Alençon
Bazoches-sur-Hoëne
Mortagne-au-Perche
Longny-au-Perche
La Ferté-Vidame
Brézolles
Dreux
Nogent-le-Roi
Rambouillet
Chevreuse
Limours
Orly
Evry
Châteauneuf-en-Thymerais
Senonches
Maintenon
Epernon
Rémalard
La Loupe
Courville
Arpajon
La Hutte
Mamers
Bellême
Chartres
Auneau
Ablis
Dourdan
Beaumont-sur-Sarthe
Sillé-le-Guillaume
Nogent-le-Rotrou
Thivars
Allainville
Etampes
Bonnétable
Ballon
Luigny
Illiers
Voise
Barbizon
La Ferté-Bernard
Tuffé
Authon-du-Perche
Brou
Voves
Angerville
Méréville
LE MANS
Connerré
La Bazoche-Gouet
Montmirail
Chapelle-Royale
Bonneval
Allaines
Janville
Toury
Malesherbes
Vibraye
Bouloire
Châteaudun
Cormainville
Pithiviers
Puiseaux
Arnage
La Suze-sur-Sarthe
Mondoubleau
Cloyes
A B C D
1 2 3 4 5 6

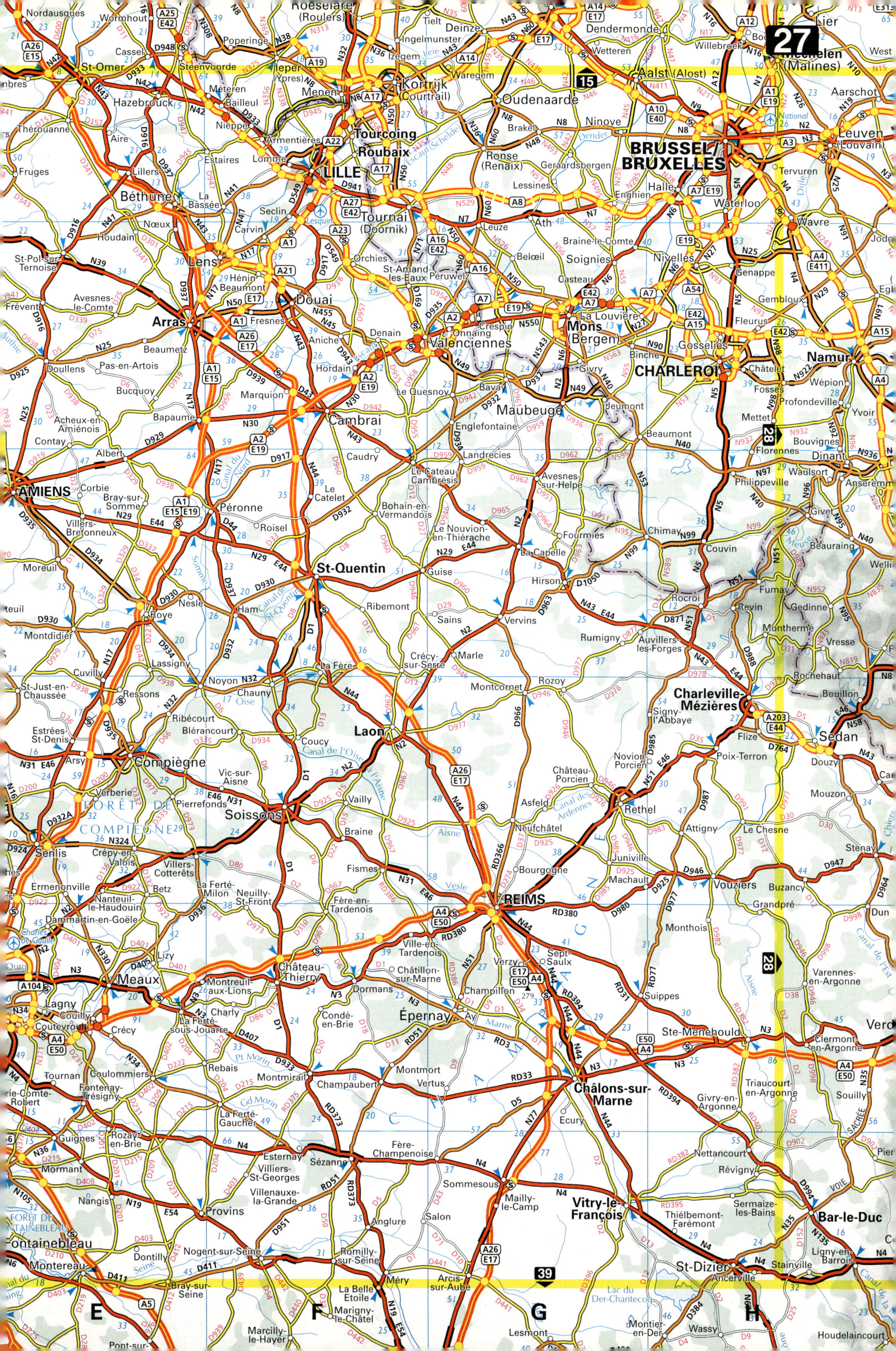
27
28
15
39
Nordausques
St-Omer
Cassel
Poperinge
Ieper (Ypres)
Roeselare (Roulers)
Tielt
Deinze
Dendermonde
Willebroek
Mechelen (Malines)
Lier
Aarschot
Leuven (Louvain)
Wetteren
Aalst (Alost)
Oudenaarde
Waregem
Kortrijk (Courtrai)
Menen
Hazebrouck
Bailleul
Nieppe
Armentières
Tourcoing
Roubaix
Lille
Ronse (Renaix)
Geraardsbergen
Ninove
Lessines
Enghien
Halle
Brussel/ Bruxelles
Tervuren
Waterloo
Wavre
Thérouanne
Aire
Lillers
Fruges
Béthune
La Bassée
Estaires
Lomme
Seclin
Tournai (Doornik)
Leuze
Ath
Beloeil
Braine-le-Comte
Soignies
Nivelles
Genappe
Gembloux
Fleurus
Namur
Noeux
Houdain
Lens
Carvin
Hénin Beaumont
Orchies
St-Amand-les-Eaux
Peruwelz
St-Pol-sur-Ternoise
Avesnes-le-Comte
Frévent
Arras
Douai
Fresnes
Aniche
Denain
Onnaing
Crespin
Valenciennes
Mons (Bergen)
La Louvière
Casteau
Binche
Gosselies
Charleroi
Châtelet
Fosses
Wépion
Profondeville
Doullens
Pas-en-Artois
Beaumetz
Hordain
Le Quesnoy
Bavay
Maubeuge
Jeumont
Givry
Bucquoy
Marquion
Acheux-en-Amiénois
Bapaume
Cambrai
Englefontaine
Beaumont
Mettet
Florennes
Bouvignes
Yvoir
Dinant
Contay
Albert
Caudry
Landrecies
Le Cateau-Cambrésis
Avesnes-sur-Helpe
Philippeville
Waulsort
Anseremme
Amiens
Corbie
Bray-sur-Somme
Péronne
Le Catelet
Bohain-en-Vermandois
Villers-Bretonneux
Roisel
Le Nouvion-en-Thiérache
Fourmies
Chimay
Couvin
Givet
Beauraing
Moreuil
St-Quentin
Guise
La Capelle
Hirson
Fumay
Wellin
Nesle
Ham
Ribemont
Sains
Vervins
Rocroi
Revin
Gedinne
Montdidier
Roye
Rumigny
Auvillers-les-Forges
Monthermé
Vresse
Lassigny
Crécy-sur-Serre
Marle
Cuvilly
La Fère
Rochehaut
St-Just-en-Chaussée
Noyon
Chauny
Montcornet
Rozoy
Charleville-Mézières
Bouillon
Ressons
Signy-l'Abbaye
Ribécourt
Estrées-St-Denis
Blérancourt
Coucy
Laon
Sedan
Flize
Arsy
Compiègne
Poix-Terron
Douzy
Novion-Porcien
Château-Porcien
Vic-sur-Aisne
Verberie
Pierrefonds
Vailly
Asfeld
Rethel
Mouzon
Forêt de Compiègne
Soissons
Neufchâtel
Attigny
Le Chesne
Stenay
Senlis
Crépy-en-Valois
Braine
Villers-Cotterêts
Juniville
Bourgogne
Ermenonville
Fismes
Machault
Vouziers
Buzancy
Nanteuil-le-Haudouin
Betz
La Ferté-Milon
Neuilly-St-Front
Fère-en-Tardenois
Reims
Grandpré
Dun
Dammartin-en-Goële
Ville-en-Tardenois
Sept Saulx
Monthois
Varennes-en-Argonne
Lizy
Meaux
Montreuil-aux-Lions
Château-Thierry
Châtillon-sur-Marne
Verzy
Lagny
Couilly
Coutevroult
Charly
Dormans
Champillon
Suippes
Crécy
La Ferté-sous-Jouarre
Condé-en-Brie
Épernay
Ay
Ste-Menehould
Clermont-en-Argonne
Verdun
Tournan
Coulommiers
Rebais
Montmirail
Montmort
Vertus
Champaubert
Châlons-sur-Marne
Triaucourt-en-Argonne
Givry-en-Argonne
Souilly
Fontenay-Trésigny
La Ferté-Gaucher
Ecury
Rozay-en-Brie
Guignes
Mormant
Esternay
Sézanne
Fère-Champenoise
Nettancourt
Révigny
Villiers-St-Georges
Villenauxe-la-Grande
Sommesous
Mailly-le-Camp
Vitry-le-François
Sermaize-les-Bains
Bar-le-Duc
Nangis
Provins
Anglure
Salon
Thiélbemont-Farémont
Ligny-en-Barrois
Forêt de Fontainebleau
Fontainebleau
Dontilly
Nogent-sur-Seine
Romilly-sur-Seine
St-Dizier
Ancerville
Stainville
Montereau
Bray-sur-Seine
Méry
Arcis-sur-Aube
La Belle Etoile
Marigny-le-Châtel
Lac du Der-Chantecoq
Montier-en-Der
Wassy
Lesmont
Marcilly-le-Hayer
Houdelaincourt
E
F
G
H

28
16
27
39
40
Mechelen (Malines)
Lier
Geel
Weert
Roermond
Mönchengladbach
Düsseldorf
Leuven (Louvain)
Diest
Hasselt
Genk
Maasmechelen
Sittard
Geleen
Heerlen
Maastricht
Tongeren (Tongres)
St-Truiden
Tienen
Wavre
Waterloo
Tervuren
Aachen
Düren
Köln
Leverkusen
Bonn
Brühl
Euskirchen
Liège (Luik)
Verviers
Eupen
Spa
Huy
Namur
Gembloux
Fleurus
Gosselies
Châtelet
Dinant
Ciney
Marche-en-Famenne
Durbuy
Stavelot
Malmedy
Bütgenbach
Philippeville
Givet
Couvin
Rochefort
Han-sur-Lesse
La Roche-en-Ardenne
Houffalize
Bastogne
St Vith
Prüm
Bitburg
Wittlich
Trier
Clervaux
Wiltz
Vianden
Diekirch
Ettelbruck
Echternach
Libramont
Neufchâteau
Bouillon
Sedan
Charleville-Mézières
Florenville
Arlon
Luxembourg
Longwy
Esch-sur-Alzette
Dudelange
Thionville
Mondorf-les-Bains
Hayange
Saarlouis
Völklingen
Saarbrücken
Forbach
St-Avold
Sarreguemines
Merzig
St Wendel
Neunkirchen
Stenay
Montmédy
Vouziers
Verdun
Metz
Pont-à-Mousson
Nancy
Toul
Commercy
Bar-le-Duc
St-Dizier
Ste-Menehould
Sarrebourg
Phalsbourg
Saverne
Château-Salins
Dieuze
Lunéville
Thiaucourt-Regniéville
St-Mihiel
Briey
Longuyon
Etain
Conflans
Boulay-Moselle
Creutzwald
Sarre-Union

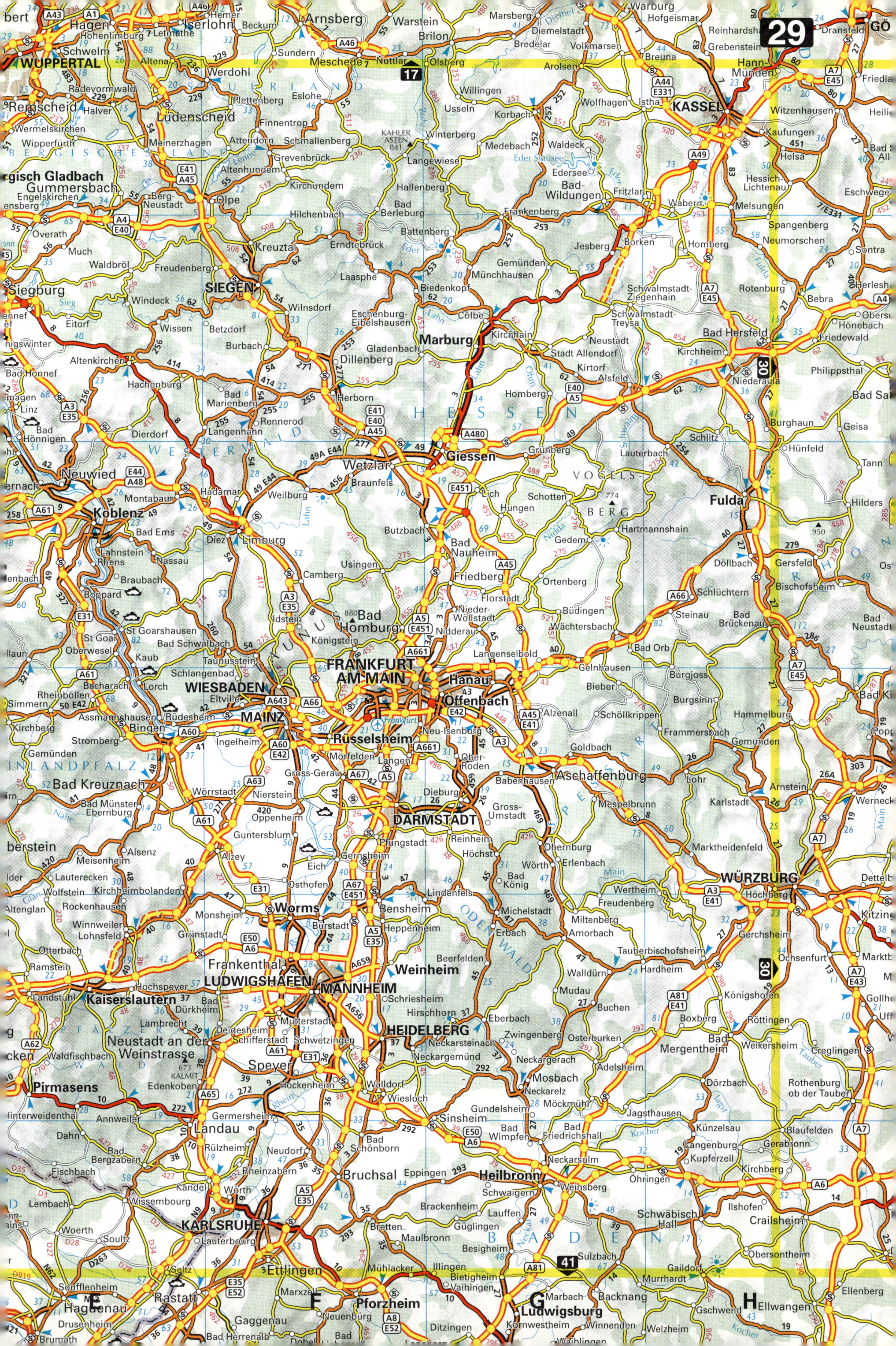
17
30
41
E
F
G
H
Hagen
Iserlohn
Arnsberg
Warstein
Brilon
Marsberg
Warburg
Hofgeismar
Reinhardshagen
Dransfeld
Hohenlimburg
Letmathe
Schwelm
Sundern
Meschede
Nuttlar
Olsberg
Diemelstadt
Bredelar
Volkmarsen
Breuna
Grebenstein
Hann.-Münden
WUPPERTAL
Remscheid
Halver
Werdohl
Plettenberg
Eslohe
Willingen
Usseln
Korbach
Arolsen
Wolfhagen
KASSEL
Witzenhausen
Wermelskirchen
Lüdenscheid
Finnentrop
Wipperfürth
Meinerzhagen
Attendorn
Schmallenberg
KAHLER ASTEN 841
Winterberg
Medebach
Waldeck
Kaufungen
Helsa
Bergisch Gladbach
Gummersbach
Engelskirchen
Altenhundem
Grevenbrück
Langewiese
Edersee
Bad Wildungen
Hessisch Lichtenau
Eschwege
Kirchhundem
Hallenberg
Fritzlar
Wabern
Melsungen
Olpe
Berg.-Neustadt
Hilchenbach
Bad Berleburg
Frankenberg
Spangenberg
Overath
Much
Kreuztal
Erndtebrück
Battenberg
Jesberg
Borken
Homberg
Neumorschen
Waldbröl
Freudenberg
Laasphe
Gemünden
Münchhausen
Sontra
Siegburg
SIEGEN
Biedenkopf
Schwalmstadt-Ziegenhain
Rotenburg
Windeck
Wilnsdorf
Eschenburg-Eibelshausen
Cölbe
Schwalmstadt-Treysa
Bebra
Eitorf
Wissen
Betzdorf
Marburg
Kirchhain
Neustadt
Bad Hersfeld
Friedewald
Königswinter
Burbach
Gladenbach
Stadt Allendorf
Kirchheim
Altenkirchen
Dillenberg
Kirtorf
Alsfeld
Niederaula
Philippsthal
Bad Honnef
Hachenburg
Bad Marienberg
Herborn
Homberg
Bad Salzungen
Linz
Rennerod
HESSEN
Burghaun
Geisa
Bad Hönningen
Dierdorf
Langenhahn
Giessen
Grünberg
Schlitz
Hünfeld
WESTERWALD
Wetzlar
Lauterbach
Tann
Neuwied
Montabaur
Braunfels
Lich
Schotten
VOGELSBERG
Fulda
Hilders
Koblenz
Hadamar
Weilburg
Hungen
Bad Ems
Diez
Limburg
Butzbach
Hartmannshain
Lahnstein
Rhens
Nassau
Bad Nauheim
Gedern
Gersfeld
Döllbach
Braubach
Usingen
Friedberg
Ortenberg
Schlüchtern
Bischofsheim
Boppard
Camberg
Florstadt
Steinau
Bad Brückenau
Bad Neustadt
St Goar
St Goarshausen
Idstein
Bad Homburg
Nieder-Wöllstadt
Büdingen
Wächtersbach
Oberwesel
Bad Schwalbach
Königstein
Nidderau
Kaub
Taunusstein
Langenselbold
Bad Orb
Schlangenbad
FRANKFURT AM MAIN
Hanau
Gelnhausen
Burgjoss
Bacharach
Lorch
WIESBADEN
Eltville
Offenbach
Bieber
Burgsinn
Rheinböllen
Simmern
Assmannshausen
Rüdesheim
MAINZ
Alzenall
Schöllkrippen
Hammelburg
Kirchberg
Bingen
Stromberg
Ingelheim
Rüsselsheim
Neu-Isenburg
Frammersbach
Gemünden
RHEINLANDPFALZ
Mörfelden
Langen
Ober-Roden
Goldbach
Gross-Gerau
Aschaffenburg
Lohr
Bad Kreuznach
Nierstein
Dieburg
Babenhausen
Arnstein
Karlstadt
Werneck
Bad Münster Eberburg
Oppenheim
DARMSTADT
Gross-Umstadt
Mespelbrunn
Guntersblum
Pfungstadt
Reinheim
Höchst
Obernburg
Marktheidenfeld
Alsenz
Meisenheim
Alzey
Eich
Gernsheim
Wörth
Erlenbach
Lauterecken
Wolfstein
Kirchheimbolanden
Osthofen
Bad König
Wertheim
WÜRZBURG
Rockenhausen
Lindenfels
Freudenberg
Höchberg
Kitzingen
Winnweiler
Lohnsfeld
Monsheim
Grünstadt
Worms
Bürstadt
Bensheim
Heppenheim
Michelstadt
Miltenberg
Amorbach
Gerchsheim
Otterbach
Frankenthal
Erbach
Tauberbischofsheim
Ochsenfurt
Ramstein
LUDWIGSHAFEN
Weinheim
Beerfelden
Walldürn
Hardheim
Marktbreit
Landstuhl
Kaiserslautern
Hochspeyer
MANNHEIM
Schriesheim
Mudau
Königshofen
Bad Dürkheim
Hirschhorn
Buchen
Boxberg
Röttingen
Lambrecht
Deidesheim
Mutterstadt
Schifferstadt
Schwetzingen
HEIDELBERG
Eberbach
Zwingenberg
Neckarsteinach
Osterburken
Bad Mergentheim
Weikersheim
Creglingen
Neustadt an der Weinstrasse
Waldfischbach
Speyer
Neckargemünd
Neckargerach
Adelsheim
Pirmasens
KALMIT 673
Edenkoben
Hockenheim
Walldorf
Mosbach
Neckarelz
Dörzbach
Rothenburg ob der Tauber
Annweiler
Wiesloch
Gundelsheim
Möckmühl
Landau
Germersheim
Sinsheim
Bad Wimpfen
Bad Friedrichshall
Jagsthausen
Künzelsau
Blaufelden
Dahn
Rülzheim
Bad Schönborn
Langenburg
Kupferzell
Gerabronn
Bad Bergzabern
Neudorf
Bruchsal
Eppingen
Heilbronn
Neckarsulm
Fischbach
Rheinzabern
Weinsberg
Öhringen
Kirchberg
Lembach
Kandel
Wissembourg
Wörth
Schwaigern
Brackenheim
Lauffen
Schwäbisch Hall
Ilshofen
Crailsheim
Woerth
Soultz
KARLSRUHE
Lauterbourg
Bretten
Maulbronn
Güglingen
Besigheim
BADEN
Sulzbach
Obersontheim
Ettlingen
Mühlacker
Illingen
Bietigheim
Vaihingen
Gaildorf
Murrhardt
Seltz
Soufflenheim
Haguenau
Rastatt
Marxzell
Pforzheim
Neuenbürg
Marbach
Backnang
Gschwend
Ellwangen
Ellenberg
Drusenheim
Gaggenau
Ludwigsburg
Kornwestheim
Winnenden
Welzheim
Brumath
Bad Herrenalb
Ditzingen

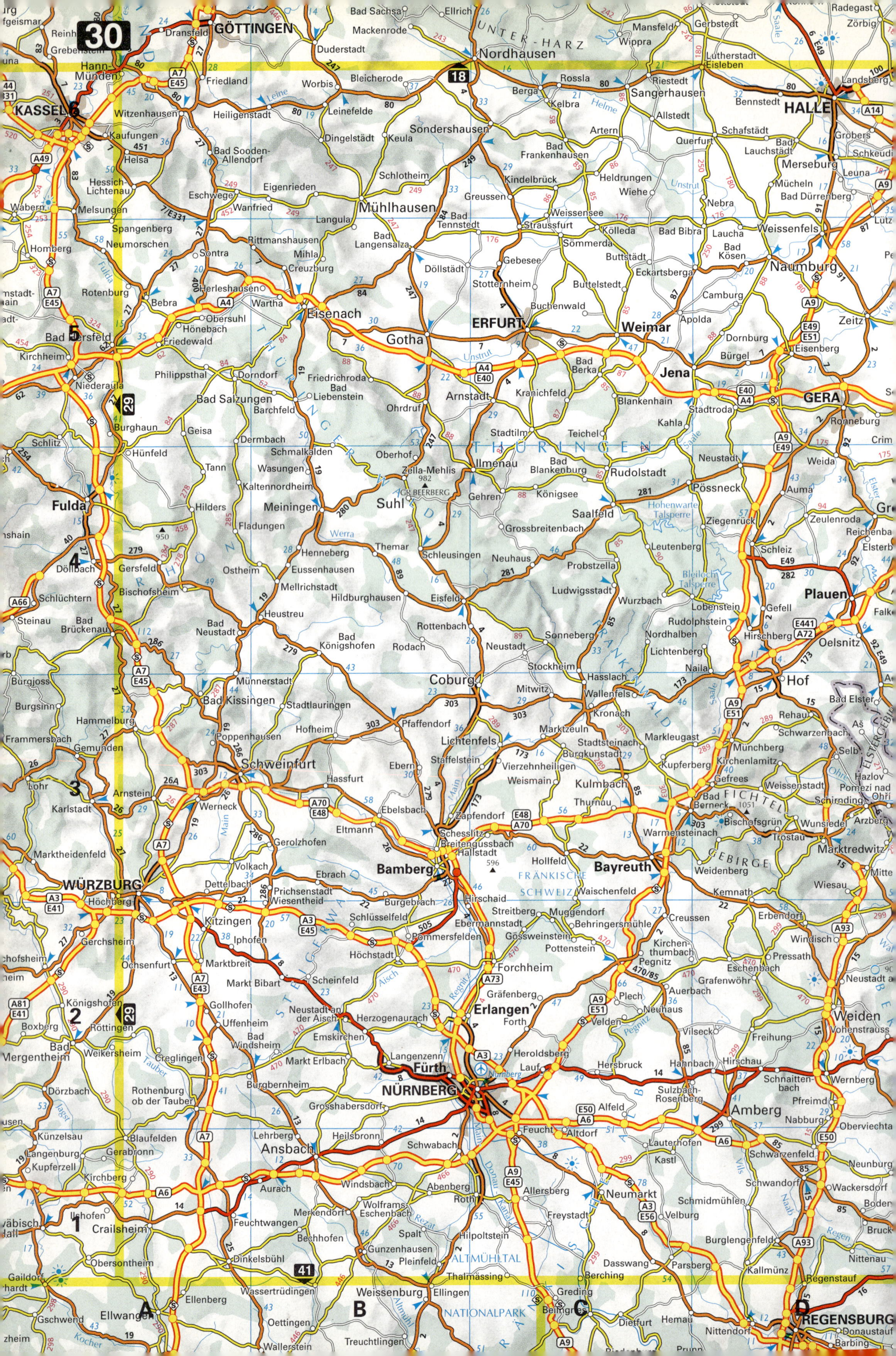
30
GÖTTINGEN
Dransfeld
Hann.-Münden
KASSEL
Kaufungen
Helsa
Witzenhausen
Friedland
Duderstadt
Worbis
Heiligenstadt
Leinefelde
Dingelstädt
Bad Sooden-Allendorf
Eschwege
Wanfried
Hessich-Lichtenau
Melsungen
Wabern
Homberg
Spangenberg
Neumorschen
Sontra
Rotenburg
Bebra
Herleshausen
Obersuhl
Hönebach
Bad Hersfeld
Friedewald
Kirchheim
Niederaula
Philippsthal
Dorndorf
Bad Salzungen
Barchfeld
Burghaun
Hünfeld
Schlitz
Geisa
Tann
Fulda
Hilders
Gersfeld
Döllbach
Bischofsheim
Schlüchtern
Steinau
Bad Brückenau
Burgjoss
Burgsinn
Hammelburg
Frammersbach
Gemünden
Lohr
Karlstadt
Arnstein
Marktheidenfeld
WÜRZBURG
Höchberg
Gerchsheim
Ochsenfurt
Königshofen
Boxberg
Röttingen
Bad Mergentheim
Weikersheim
Creglingen
Dörzbach
Rothenburg ob der Tauber
Künzelsau
Langenburg
Kupferzell
Blaufelden
Gerabronn
Kirchberg
Ilshofen
Crailsheim
Schwäbisch Hall
Obersontheim
Gaildorf
Ellwangen
Ellenberg
Gschwend
Bad Sachsa
Ellrich
Mackenrode
Nordhausen
UNTER-HARZ
Bleicherode
Sondershausen
Keula
Schlotheim
Mühlhausen
Langula
Eigenrieden
Rittmanshausen
Mihla
Creuzburg
Wartha
Eisenach
Gotha
Bad Langensalza
Bad Tennstedt
Greussen
Döllstädt
Gebesee
Stotternheim
ERFURT
Arnstadt
Ohrdruf
Friedrichroda
Bad Liebenstein
Schmalkalden
Wasungen
Kaltennordheim
Dermbach
Meiningen
Fladungen
Oberhof
Zella-Mehlis
Suhl
Gr. Beerberg
Ilmenau
Gehren
Schleusingen
Themar
Hildburghausen
Eisfeld
Henneberg
Eussenhausen
Mellrichstadt
Ostheim
Heustreu
Bad Neustadt
Bad Königshofen
Rodach
Coburg
Münnerstadt
Bad Kissingen
Stadtlauringen
Poppenhausen
Hofheim
Schweinfurt
Werneck
Hassfurt
Gerolzhofen
Volkach
Dettelbach
Kitzingen
Iphofen
Marktbreit
Markt Bibart
Scheinfeld
Neustadt an der Aisch
Uffenheim
Bad Windsheim
Markt Erlbach
Emskirchen
Burgbernheim
Grosshabersdorf
Lehrberg
Ansbach
Heilsbronn
Windsbach
Aurach
Feuchtwangen
Dinkelsbühl
Wassertrüdingen
Weissenburg
Ellingen
Oettingen
Wallerstein
Treuchtlingen
Nordhausen
Rossla
Berga
Kelbra
Sangerhausen
Allstedt
Artern
Bad Frankenhausen
Kindelbrück
Heldrungen
Wiehe
Weissensee
Sömmerda
Kölleda
Strausfurt
Buttstädt
Buttelstedt
Buchenwald
Weimar
Bad Berka
Kranichfeld
Blankenhain
Jena
Kahla
Stadtroda
Teichel
Stadtilm
Rudolstadt
Bad Blankenburg
Königsee
Saalfeld
Grossbreitenbach
Neuhaus
Probstzella
Ludwigsstadt
Sonneberg
Neustadt
Stockheim
Mitwitz
Kronach
Lichtenfels
Staffelstein
Pfaffendorf
Ebern
Ebelsbach
Zapfendorf
Eltmann
Bamberg
Hallstadt
Breitengussbach
Schesslitz
Hollfeld
Hirschaid
Burgebrach
Schlüsselfeld
Pommersfelden
Höchstadt
Forchheim
Ebermannstadt
Streitberg
Muggendorf
Gössweinstein
Pottenstein
Behringersmühle
Gräfenberg
Erlangen
Herzogenaurach
Fürth
Langenzenn
NÜRNBERG
Lauf
Heroldsberg
Hersbruck
Feucht
Altdorf
Schwabach
Roth
Abenberg
Allersberg
Freystadt
Neumarkt
Hilpoltstein
Spalt
Gunzenhausen
Pleinfeld
Thalmässing
ALTMÜHLTAL
NATIONALPARK
Greding
Beilngries
Berching
Dietfurt
Parsberg
Velburg
Dasswang
Hemau
Mansfeld
Wippra
Gerbstedt
Lutherstadt Eisleben
HALLE
Landsberg
Zörbig
Radegast
Bennstedt
Querfurt
Schafstädt
Lauchstädt
Merseburg
Leuna
Mücheln
Bad Dürrenberg
Nebra
Lauscha
Bad Bibra
Bad Kösen
Weissenfels
Naumburg
Eckartsberga
Apolda
Camburg
Zeitz
Dornburg
Bürgel
Eisenberg
GERA
Ronneburg
Crimmitschau
Weida
Auma
Neustadt
Pössneck
Ziegenrück
Zeulenroda
Reichenbach
Elsterberg
Schleiz
Plauen
Leutenberg
Lobenstein
Gefell
Hirschberg
Rudolphstein
Nordhalben
Lichtenberg
Naila
Oelsnitz
Hof
Bad Elster
Rehau
Schwarzenbach
Selb
Münchberg
Kirchenlamitz
Weissenstadt
Marktleugast
Stadtsteinach
Kupferberg
Gefrees
Bad Berneck
Bischofsgrün
Wunsiedel
Arzberg
Marktredwitz
Kulmbach
Thurnau
Burgkunstadt
Weismain
Marktzeuln
Bayreuth
Warmensteinach
Weidenberg
Kemnath
FICHTELGEBIRGE
Creussen
Pegnitz
Kirchenthumbach
Auerbach
Grafenwöhr
Eschenbach
Pressath
Erbendorf
Windisch-eschenbach
Neustadt
Weiden
Vohenstrauss
Plech
Neuhaus
Vilseck
Freihung
Hahnbach
Hirschau
Sulzbach-Rosenberg
Amberg
Schnaittenbach
Wernberg
Pfreimd
Nabburg
Oberviechtach
Schwarzenfeld
Neunburg
Schwandorf
Wackersdorf
Bodenwöhr
Schmidmühlen
Kastl
Lauterhofen
Burglengenfeld
Kallmünz
Regenstauf
Nittenau
Bruck
Nittendorf
REGENSBURG
Donaustauf
Barbing
FRÄNKISCHE SCHWEIZ
THÜRINGER WALD
THÜRINGEN
RHÖN
FRANKENWALD
STEIGERWALD
FRÄNKISCHE ALB
18
29
41
A
B
C
D
1
2
3
4
5

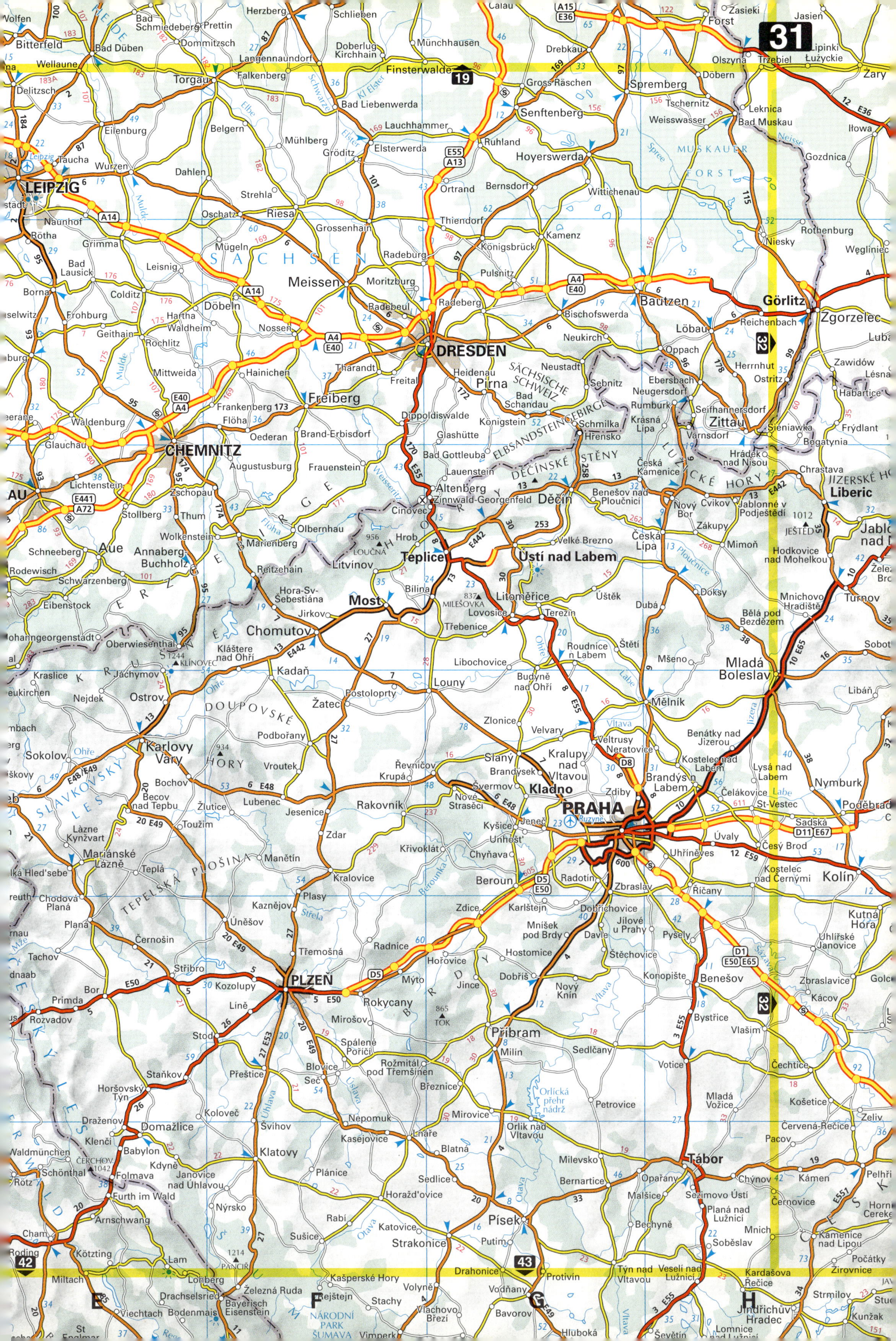

32
Forst
Jasień
Kożuchów
Bytom Odrzański
Nowe Miasteczko
Szlichtyngowa
Bojanowo
Krobia
Dłoń
Kobylin
Olszyna
Trzebiel
Lipinki Łużyckie
Żary
Żagań
WZGÓRZA DALKOWSKIE
Głogów
20
Góra
Rawicz
Miejska Górka
Sarnowa
Jutrosin
Zduny
Döbern
Szprotawa
Klobuczyn
Polkowice
Rudna
Wąsosz
Leknica
Bad Muskau
Tschernitz
Rudawica
Iłowa
Przemków
Radziadz
Milicz
MUSKAUER FORST
Gozdnica
BORY DOLNOŚLĄSKIE
Winsko
Żmigród
Sułów
Chocianów
Lubin
Ścinawa
Skoroszów
Rothenburg
Kliczków
Wolow
Oborniki Śląskie
Trzebnica
Niesky
Węgliniec
Bolesławiec
Chojnow
Prochowice
Dobroszyce
Brzeg Dolny
Legnica
Sroda Slaska
Borowa
Görlitz
Zgorzelec
Zebrzydowa
Nowogrodziec
Zerniki
WROCŁAW
Löbau
Reichenbach
Lubań
Lwówek Śląski
Złotoryja
Jawor
Cesarzowice
Rakoszyce
Blonie
Kąty Wrocławskie
Kostomłoty
Oppach
Herrnhut
Ostritz
Olszyna
Zawidów
Leśna
Wleń
Gryfów Śląski
Swierzawa
Luboradz
PRZEDGÓRZE
Gniechowice
Seifhennersdorf
Zittau
Varnsdorf
Habartice
Frýdlant
Mirsk
Pasiecznik
Jelenia Góra
GÓRY KACZAWSKIE
Wojcieszów
Strzegom
Dobromierz
Sobótka
Oława
Hrádek nad Nisou
Sieniawka
Bogatynia
Świeradów-Zdrój
Kaczorów
Bolków
Świebodzice
Jordanów Śląski
Chrastava
Liberec
JIZERSKÉ HORY
Jakuszyce
Piechowice
Szklarska Poręba
Cieplice Śląskie-Zdrój
Kowary
Kamienna Góra
Marcinowice
Świdnica
WAŁBRZYCH
Lagiewniki
Strzelin
Nový Bor
Cvikov
Jablonné v Podještědí
Zákupy
Harrachov
KARKONOSZE
Karpacz
Boguszów-Gorce
Jedlina-Zdrój
Pieszyce
Dzierżoniów
Grodków
Jablonec nad Nisou
Tanvald
Špindlerův Mlýn
Pec pod Sněžkou
Lubawka
Kralovec
GÓRY SOWIE
Niemcza
Mimoň
Hodkovice nad Mohelkou
Železný Brod
Vrchlabí
Mladé Buky
Mieroszów
Głuszyca
Bielawa
Ząbkowice Śląskie
Ziębice
Doksy
Mnichovo Hradiště
Turnov
Semily
Jilemnice
Broumov
Nowa Ruda
Słupiec
Bělá pod Bezdězem
Hostinné
Trutnov
Police nad Metují
Kamieniec Ząbkowicki
Bardo
Sobotka
Nová Paka
Úpice
Hronov
Radków
Paczków
Mladá Boleslav
Jičín
Dvůr Králové nad Labem
Červený Kostelec
Kudowa-Zdrój
Kłodzko
Złoty Stok
Otmuchów
Libáň
Hořice
Jaroměř
Česká Skalice
Náchod
Szczytna
Polanica-Zdrój
Mělník
Kopidlno
Smidary
Lądek-Zdrój
Benátky nad Jizerou
Nový Bydžov
HRADEC KRÁLOVÉ
Dobruška
Bystrzyca Kłodzka
Stronie Śląskie
Mikulovice
Kostelec nad Labem
Lysá nad Labem
Nymburk
Rychnov nad Kněžnou
GÓRY BYSTRZYCKIE
Bolesławów
Miedzygórze
Jeseník
Čelákovice
St-Vestec
Poděbrady
Chlumec nad Cidlinou
Třebechovice pod Orebem
Týniště nad Orlicí
Vamberk
Międzylesie
Staré Město
Úvaly
Sadská
Český Brod
Kostelec nad Orlicí
Holice
Žamberk
Králíky
Červená Voda
Hanušovice
Uhříněves
Kostelec nad Černými
Kolín
Pardubice
Prelouč
Dasice
Chocen
Ústí nad Orlicí
Česká Třebová
Říčany
Heřmanův Městec
Kutná Hora
Čáslav
Chrudim
Vysoké Mýto
Štíty
Šumperk
Rýmařov
Zleby
Hrochův Týnec
Lanškroun
Zábřeh
Uhlířské Janovice
Slatiňany
Chrast
Litomyšl
Třebovice
Benešov
Zbraslavice
Golčův Jeníkov
Vilémov
Skuteč
ŽELEZNÉ HORY
Šumvald
Kácov
Krouna
Moravská Třebová
Mohelnice
Uničov
Bystřice
Vlašim
Ledeč nad Sázavou
Hlinsko
Svitavy
Světlá nad Sázavou
Chotěboř
Ždírec nad Doubravou
Polička
Jevíčko
Javoříčko
Čechtice
Havlíčkův Brod
Přibyslav
DĚVÍN
Jimramov
Brněnec
Olomouc
Mladá Vožice
Košetice
Humpolec
Nové Město na Moravě
Letovice
Konice
Červená-Řečice
Želiv
Stoky
Žďár nad Sázavou
Bystřice nad Pernštejnem
Kunštát
Boskovice
Pacov
Prostějov
Tábor
Kámen
Pelhřimov
Bohdalov
Černá Hora
Chýnov
Jihlava
Křižanov
Blansko
Sezimovo Ústí
Planá nad Lužnicí
Černovice
Horní Cerekev
Měřín
Velké Meziříčí
Tišnov
Jedovnice
Vyškov
Kroměříž
Soběslav
Mnich
Kamenice nad Lipou
Batelov
Brtnice
Stonařov
Velká Bíteš
Kuřim
Trest
Počátky
Žirovnice
Třebíč
Zdounky
Veselí nad Lužnicí
Kardašova Řečice
JAVOŘICE
Strmilov
Studená
Telč
Náměšť nad Oslavou
Rosice
BRNO
Jindřichův Hradec
Kunžak
Lomnice nad Lužnicí
Jaroměřice nad Rokytnou
Ivančice
Brankovice
Kořycany
31
43
44
A
B
C
D
1
2
3
4
5
6

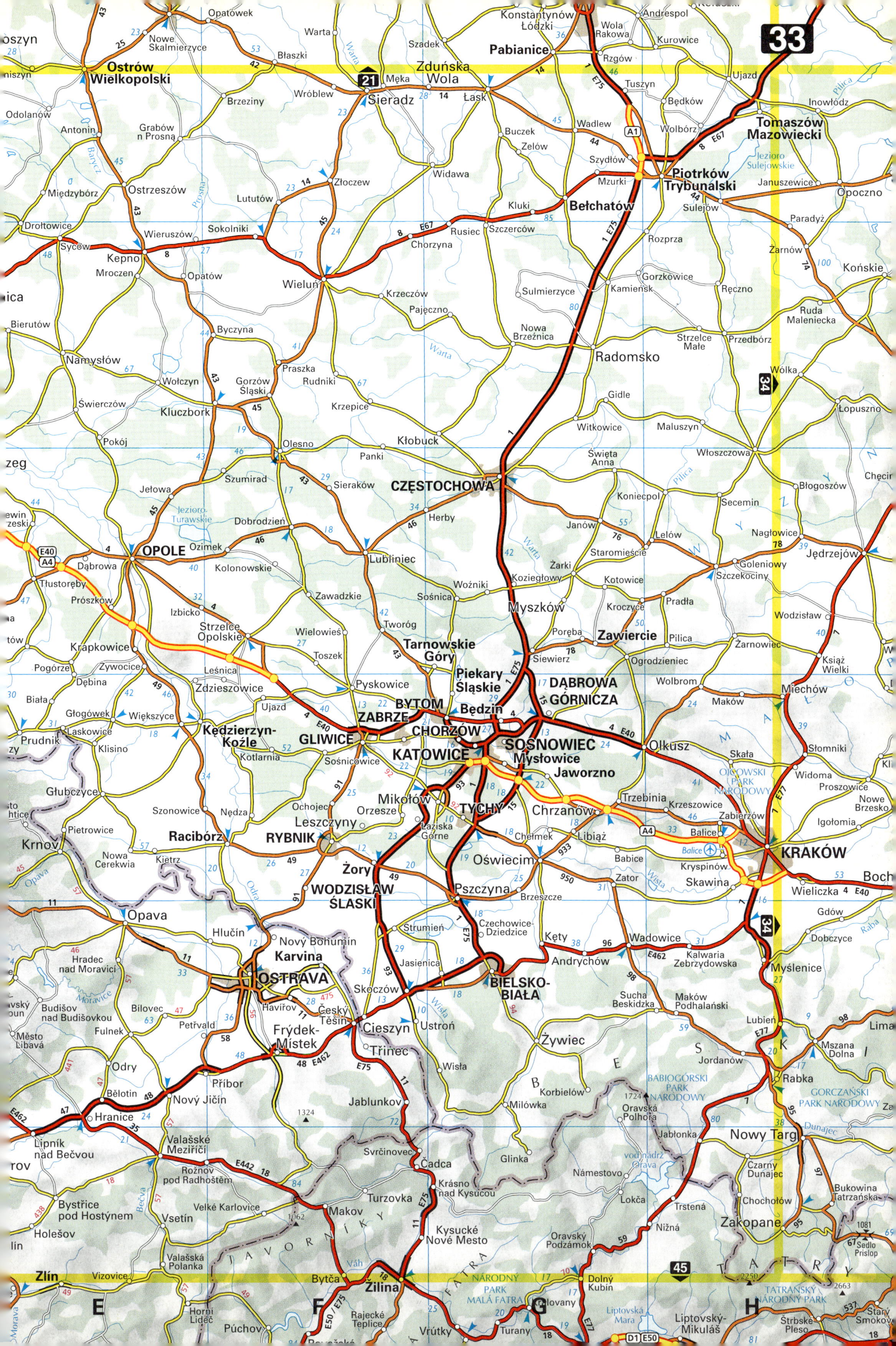

33
34
45
Ostrów Wielkopolski
Sieradz
Zduńska Wola
Pabianice
Łask
Piotrków Trybunalski
Tomaszów Mazowiecki
Bełchatów
Wieluń
Kepno
Opoczno
Radomsko
CZĘSTOCHOWA
Kłobuck
Lubliniec
OPOLE
Kluczbork
Namysłów
Olesno
Myszków
Zawiercie
Tarnowskie Góry
Piekary Śląskie
DĄBROWA GÓRNICZA
BYTOM
ZABRZE
GLIWICE
CHORZÓW
KATOWICE
SOSNOWIEC
Będzin
Mysłowice
Jaworzno
TYCHY
Olkusz
Chrzanów
KRAKÓW
Wieliczka
Oświęcim
Pszczyna
RYBNIK
Racibórz
Kędzierzyn-Koźle
Żory
WODZISŁAW ŚLĄSKI
Opava
OSTRAVA
Karvina
Cieszyn
BIELSKO-BIAŁA
Wadowice
Myślenice
Żywiec
Nowy Targ
Zakopane
Žilina
Zlín
Frýdek-Místek
Nový Jičín
Hranice
Valašské Meziříčí
Miechów
Jędrzejów
Włoszczowa
Końskie
TATRY

34
Kurowice
Ujazd
Będków
Wolbórz
Tomaszów Mazowiecki
Jezioro Sulejowskie
Piotrków Trybunalski
Sulejów
Inowłódz
Mogielnica
Promna
Białobrzegi
Nowe Miasto nad Pilicą
Pilica
Stary Gózd
22
Odrzywół
Przytyk
Brzoza
Maciejowice
Kozienice
PUSZCZA KOZIENICKA
Pionki
Ryki
Dęblin
Moszczanka
Przytoczno
Kock
Firlej
Wieprz
Michów
Chrząchówek
Kurów
Puławy
Góra Puławska
Garbów
Nałęczów
Miłocin
Kazimierz Dolny
LUBLIN
RADOM
Skaryszew
Zwoleń
Januszewice
Opoczno
Gielniów
Przysucha
Mniszek
Paradyż
Żarnów
Końskie
Chlewiska
Szydłowiec
Wierzbica
Iłża
Ciepielów
Lipsko
Opole Lubelskie
Bełżyce
Chodel
Niedrzwica Duża
Ręczno
Stąporków
Skarżysko-Kamienna
Ruda Maleniecka
Sienno
Strzelce Małe
Przedbórz
Suchedniów
Starachowice
Brody
Sarnówek
Kraśnik
Obliącin
Michałów
Wólka
Mniów
Gózd
GÓRY ŚWIĘTOKRZYSKIE
Bodzentyn
ŚWIĘTOKRZYSKI PARK NARODOWY
Ostrowiec Świętokrzyski
Ćmielów
Ożarów
Annopol
Łopuszno
KIELCE
Górno
Nowa Słupia
Bidziny
Zawichost
Opatów
Zdziechowice
Modliborzyce
Maluszyn
Włoszczowa
Daleszyce
Bałkowice
Zaklików
Janów
Checiny
Łagów
Lipnik
Błogoszów
Tokarnia
Morawica
Sandomierz
Secemin
Piotrkowice
Raków
San
Nagłowice
Jędrzejów
Chmielnik
Szydłów
Mostki
Stalowa Wola
Goleniowy
Szczekociny
Kije
Staszów
Łoniów
Tarnobrzeg
Nisko
Baranów Sandomierski
Pradła
Wodzisław
Pińczów
Busko-Zdrój
Nowosielec
Rudnik
Stopnica
Bojanów
Stany
Krzeszów
Pilica
Żarnowiec
Połaniec
Nowa Dęba
PUSZCZA SANDOMIERSKA
Książ Wielki
Węchadłów
Słupia
Kamień
Nowa Sarzyna
Wolbrom
Działoszyce
Miechów
Mielec
Maków
Skalbmierz
Szczucin
Cmolas
Kazimierza Wielka
Nowy Korczyn
Wisła
Zgórsko
Kolbuszowa
Sokołów Małopolski
Olkusz
Słomniki
Klimontów
Opatowiec
Radomyśl Wielki
Głogów Małopolski
Skała
OJCOWSKI PARK NARODOWY
Widoma
Proszowice
Koszyce
Dąbrowa Tarnowska
Wisłoka
Pustków
Krzeszowice
Nowe Brzesko
Żabno
Brzeźnica
Łańcut
Zabierzów
Igołomia
Lisia Góra
Dębica
Sędziszów
Ropczyce
Balice
KRAKÓW
RZESZÓW
Przeworsk
Kryspinów
Skawina
Wieliczka
Bochnia
Brzesko
Wojnicz
TARNÓW
Pilzno
Bielowy
Tyczyn
Babica
Szklary
Gdów
Tuchów
Strzyżów
Wiśniowa
Brzostek
Godowa
Frysztak
Lutcza
Dynów
Dobczyce
Raba
Muchówka
Jurków
Zakliczyn
Gromnik
Kalwaria Zebrzydowska
Myślenice
Łososina Dolna
Zborowice
Jasienica Rosielna
Blizne
Biecz
Jasło
Potok
Korczyna
Brzozów
Krosno
Wygoda
Maków Podhalański
Lubień
Limanowa
Wielogłowy
Wilczyska
Grabownica Starzeńska
Bednarka
Gorlice
Miejsce Piastowe
Jordanów
Mszana Dolna
Przyszowa
Grybów
Nowy Żmigród
Zarszyn
Sanok
Stary Sącz
Nowy Sącz
Rymanów
Zagórz
Rabka
Kamienica
Dukla
Lesko
Bukowsko
GORCZAŃSKI PARK NARODOWY
Zabrzeż
Tylawa
Daliowa
Nowy Targ
Dunajec
Wysowa
Piwniczna
Krynica
Przełęcz Dukielska
Czarny Dunajec
Muszynka
Komańcza
Zborov
Bukowina Tatrzańska
Muszyna
Chochołów
Stará Ľubovňa
Hniezdne
Medzilaborce
Palota
Svidník
Bardejov
Trstená
Zakopane
Cisna
Sedlo Prislop
Tatranská Kotlina
Poprad
Jakubany
Marhaň
45
46
TATRY
Spišská Belá
Lipany
Raslavice
Brezovica
Kežmarok
Sabinov
Giraltovce
Domašska Priehr Nádrz
TATRANSKÝ NÁRODNÝ PARK
Liptovský-Mikuláš
Štrbské Pleso
Starý Smokovec
Hanušovce
Koškovce
A
B
C
D

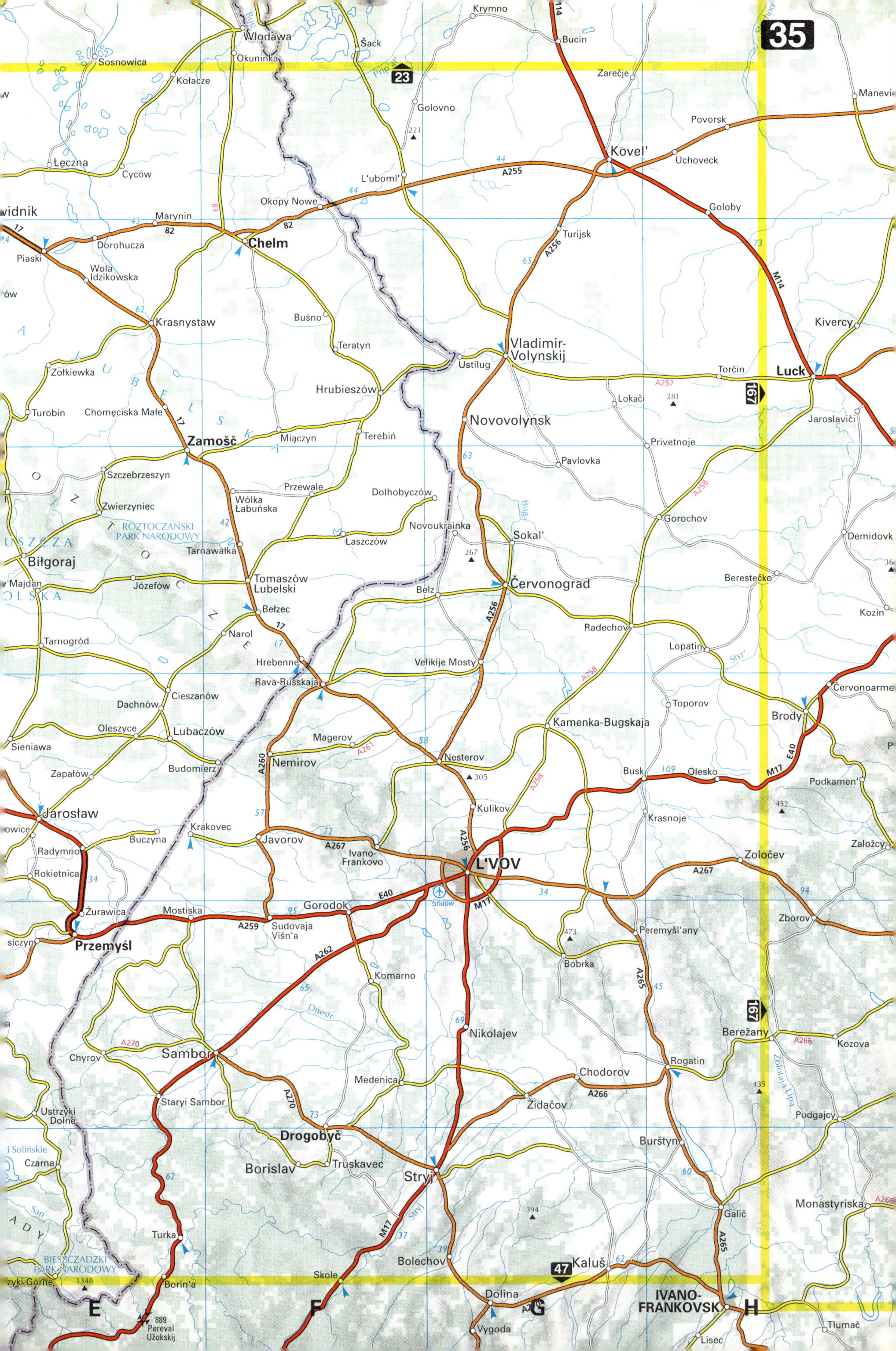
35
23
47
167
Włodawa
Okuninka
Sosnowica
Šack
Krymno
Bucin
Zarečje
Maneviči
Povorsk
Kolacze
Golovno
Łęczna
Cyców
Kovel'
Uchoveck
L'uboml'
A255
Okopy Nowe
Marynin
Chelm
Goloby
Piaski
Dorohucza
Turijsk
Wola Idzikowska
A256
M14
Krasnystaw
Bušno
Kivercy
Teratyn
Vladimir-Volynskij
Ustilug
Torčin
Luck
Żołkiewka
Hrubieszów
A257
Lokači
Turobin
Chomęciska Małe
Novovolynsk
Jaroslaviči
Zamošč
Miączyn
Terebiń
Privetnoje
Pavlovka
Szczebrzeszyn
Przewale
Dolhobyczów
Wólka Łabuńska
A258
Gorochov
Zwierzyniec
ROZTOCZAŃSKI PARK NARODOWY
Novoukrainka
Sokal'
Łaszczów
Demidovka
Biłgoraj
Tarnawatka
Tomaszów Lubelski
Červonograd
Berestečko
Majdan
Józefów
Belz
Bełzec
Kozin
Narol
Radechov
Tarnogród
Hrebenne
Velikije Mosty
Lopatin
Rava-Russkaja
Styr'
Dachnów
Cieszanów
Toporov
Červonoarmejsk
Oleszyce
Lubaczów
Magerov
Kamenka-Bugskaja
Brody
Sieniawa
A261
Nesterov
Nemirov
A260
Budomierz
Busk
Olesko
M17
E40
Zapałów
Podkamen'
Jarosław
Kulikov
Krasnoje
Krakovec
Javorov
Buczyna
Radymno
Ivano-Frankovo
A267
L'VOV
Zoločev
Založcy
Rokietnica
Gorodok
Snilow
Żurawica
Mostiska
A259
Sudovaja Višn'a
Zborov
Przemyśl
Peremyšl'any
A262
Bobrka
Komarno
A265
Dnestr
Nikolajev
Berežany
A266
Kozova
Chyrov
A270
Sambor
Rogatin
Chodorov
Medenica
Staryi Sambor
Židačov
Ustrzyki Dolne
Drogobyč
Burštyn
Podgajcy
Zolotaja Lipa
Solińskie
Czarna
Borislav
Truskavec
Stryj
Monastyriska
Galič
San
Turka
Bolechov
Kaluš
BIESZCZADZKI PARK NARODOWY
Borin'a
Skole
Dolina
IVANO-FRANKOVSK
Perevał Užokskij
Vygoda
Lisec
Tlumač
E
F
G
H

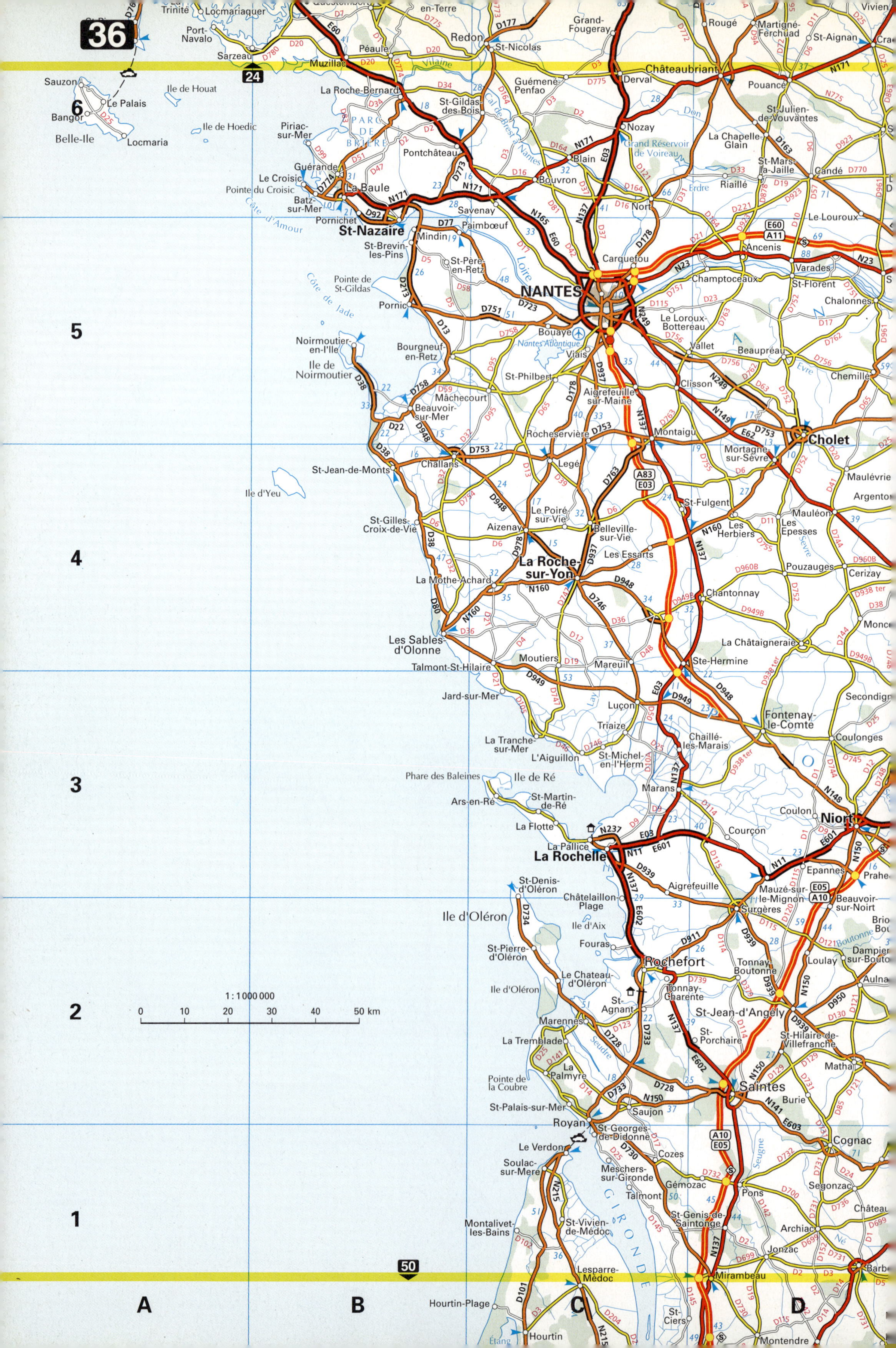

24
50
6
5
4
3
2
1
A
B
C
D
1:1000000
0 10 20 30 40 50 km
Locmariaquer
Port-Navalo
Sarzeau
Muzillac
Redon
St-Nicolas
Péaule
Grand-Fougeray
Rougé
Martigné-Ferchaud
St-Aignan
Châteaubriant
Pouancé
Derval
Guémené-Penfao
Sauzon
Le Palais
Bangor
Belle-Ile
Locmaria
Ile de Houat
Ile de Hoedic
La Roche-Bernard
St-Gildas-des-Bois
Piriac-sur-Mer
Guérande
Le Croisic
Pointe du Croisic
Batz-sur-Mer
La Baule
Pornichet
St-Nazaire
Pontchâteau
Blain
Nozay
Grand Réservoir de Vioreau
La Chapelle-Glain
St-Julien-de-Vouvantes
St-Mars-la-Jaille
Candé
Riaillé
Bouvron
Savenay
Nort
Le Louroux
Paimbœuf
Mindin
St-Brevin-les-Pins
St-Père-en-Retz
Pointe de St-Gildas
Côte d'Amour
Côte de Jade
Pornic
NANTES
Carquefou
Ancenis
Varades
Champtoceaux
St-Florent
Chalonnes
Le Loroux-Bottereau
Vallet
Beaupréau
Chemillé
Bouaye
Nantes Atlantique
Vlais
Bourgneuf-en-Retz
Noirmoutier-en-l'Ile
Ile de Noirmoutier
St-Philbert
Aigrefeuille-sur-Maine
Clisson
Machecourt
Beauvoir-sur-Mer
Rocheservière
Montaigu
Mortagne-sur-Sèvre
Cholet
Maulévrier
Challans
St-Jean-de-Monts
Legé
Ile d'Yeu
St-Fulgent
Mauléon
Les Herbiers
Les Epesses
Le Poiré-sur-Vie
Aizenay
Belleville-sur-Vie
St-Gilles-Croix-de-Vie
La Roche-sur-Yon
Les Essarts
Pouzauges
Cerizay
La Mothe-Achard
Chantonnay
Les Sables-d'Olonne
La Châtaigneraie
Talmont-St-Hilaire
Moutiers
Mareuil
Ste-Hermine
Jard-sur-Mer
Luçon
Fontenay-le-Comte
Coulonges
Triaize
La Tranche-sur-Mer
L'Aiguillon
St-Michel-en-l'Herm
Chaillé-les-Marais
Phare des Baleines
Ile de Ré
St-Martin-de-Ré
Ars-en-Ré
Marans
La Flotte
Coulon
Niort
La Pallice
La Rochelle
Courçon
Epannes
St-Denis-d'Oléron
Châtelaillon-Plage
Aigrefeuille
Mauzé-sur-le-Mignon
Beauvoir-sur-Niort
Ile d'Oléron
Surgères
Ile d'Aix
Fouras
St-Pierre-d'Oléron
Rochefort
Tonnay-Boutonne
Loulay
Le Chateau-d'Oléron
Tonnay-Charente
St-Agnant
St-Jean-d'Angély
Marennes
St-Porchaire
St-Hilaire-de-Villefranche
La Tremblade
Matha
Pointe de la Coubre
La Palmyre
Saintes
Burie
St-Palais-sur-Mer
Saujon
Royan
St-Georges-de-Didonne
Cognac
Le Verdon
Soulac-sur-Mer
Cozes
Meschers-sur-Gironde
Gémozac
Talmont
Pons
Segonzac
Montalivet-les-Bains
St-Vivien-de-Médoc
St-Genis-de-Saintonge
Archiac
Jonzac
Lesparre-Médoc
Mirambeau
Hourtin-Plage
St-Ciers
Hourtin
Montendre
GIRONDE
Loire
Vilaine
Sèvre
Seudre
Seugne
Boutonne

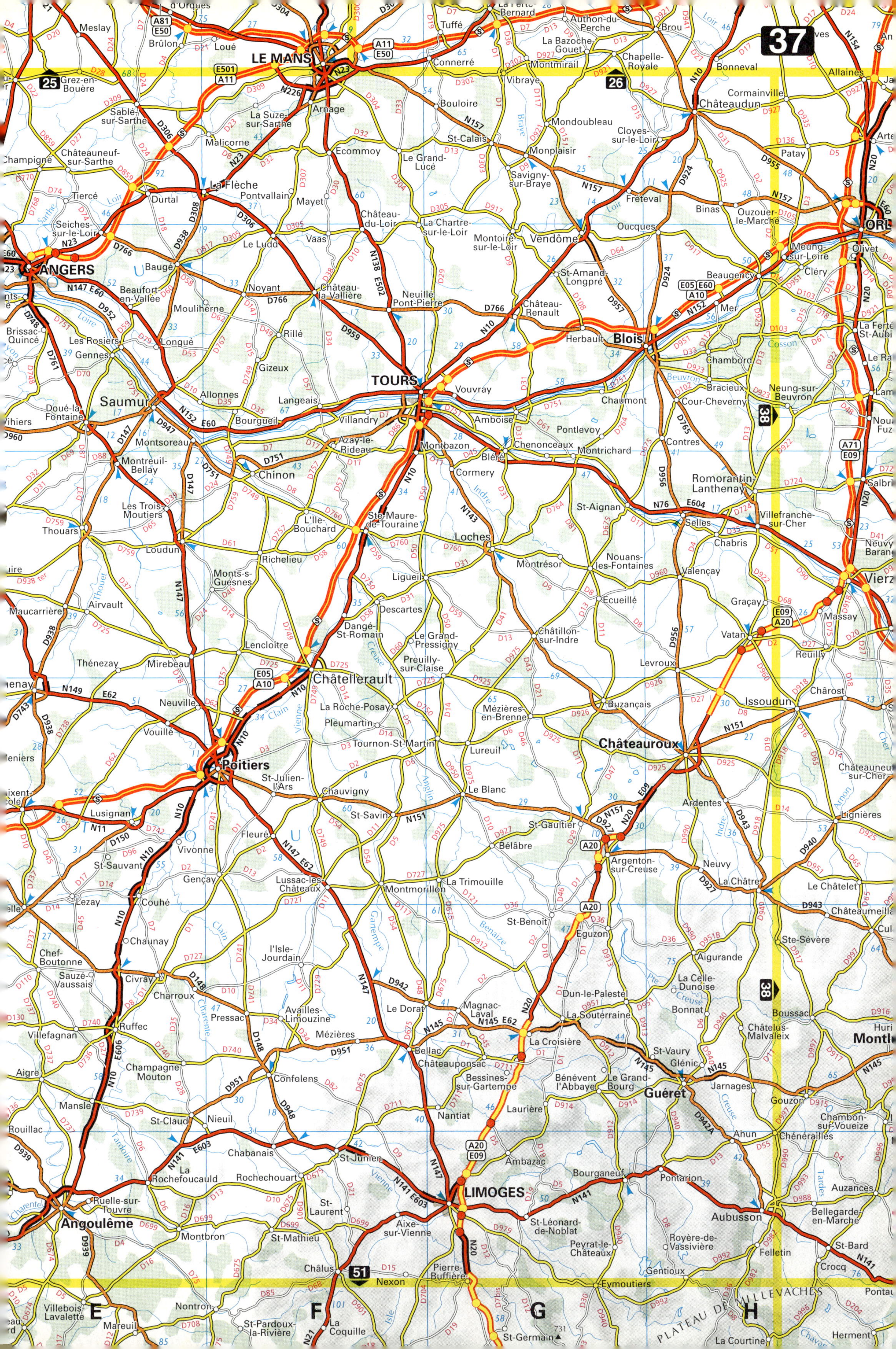

LE MANS
Meslay
Brûlon
Loué
Tuffé
Connerré
Authon-du-Perche
La Bazoche Gouet
Montmirail
Brou
Chapelle-Royale
Bonneval
Allaines
Grez-en-Bouère
Sablé-sur-Sarthe
La Suze-sur-Sarthe
Arnage
Vibraye
Bouloire
Châteaudun
Cormainville
Mondoubleau
Cloyes-sur-le-Loir
Patay
Champigné
Châteauneuf-sur-Sarthe
Malicorne
Ecommoy
St-Calais
Le Grand-Lucé
Monplaisir
Savigny-sur-Braye
La Flèche
Pontvallain
Mayet
Durtal
Tiercé
Fréteval
Binas
Ouzouer-le-Marché
Seiches-sur-le-Loir
Château-du-Loir
La Chartre-sur-le-Loir
Montoire-sur-le-Loir
Vendôme
Oucques
ANGERS
Le Lude
Vaas
Baugé
Meung-sur-Loire
Olivet
Cléry
St-Amand-Longpré
Beaugency
Beaufort-en-Vallée
Noyant
Mouliherne
Château-la-Vallière
Neuillé-Pont-Pierre
Château-Renault
Mer
Brissac-Quincé
Les Rosiers
Gennes
Longué
Rillé
Herbault
Blois
La Ferté-St-Aubin
Gizeux
TOURS
Vouvray
Chambord
Bracieux
Neung-sur-Beuvron
Saumur
Allonnes
Langeais
Chaumont
Cour-Cheverny
Doué-la-Fontaine
Bourgueil
Villandry
Amboise
Pontlevoy
Montsoreau
Azay-le-Rideau
Chenonceaux
Contres
Montbazon
Bléré
Montrichard
Montreuil-Bellay
Chinon
Cormery
Romorantin-Lanthenay
Les Trois-Moutiers
L'Ile-Bouchard
Ste-Maure-de-Touraine
St-Aignan
Selles
Villefranche-sur-Cher
Thouars
Loudun
Loches
Chabris
Richelieu
Montrésor
Nouans-les-Fontaines
Valençay
Monts-s-Guesnes
Ligueil
Vierzon
Airvault
Descartes
Ecueillé
Graçay
Massay
Maucarrière
Dangé-St-Romain
Le Grand-Pressigny
Châtillon-sur-Indre
Vatan
Lencloitre
Preuilly-sur-Claise
Reuilly
Thénezay
Mirebeau
Châtellerault
Levroux
Chârost
Neuville
La Roche-Posay
Mézières-en-Brenne
Buzançais
Issoudun
Pleumartin
Vouillé
Tournon-St-Martin
Lureuil
Châteauroux
Poitiers
St-Julien-l'Ars
Chauvigny
Le Blanc
Châteauneuf-sur-Cher
Lusignan
St-Savin
Ardentes
Lignières
St-Gaultier
Fleuré
Vivonne
Bélâbre
St-Sauvant
Argenton-sur-Creuse
Neuvy
Gençay
Lussac-les-Châteaux
Montmorillon
La Trimouille
La Châtre
Le Châtelet
Lezay
Couhé
St-Benoit
Châteaumeillant
Chaunay
Eguzon
Ste-Sévère
Chef-Boutonne
l'Isle-Jourdain
Aigurande
Sauzé-Vaussais
Civray
La Celle-Dunoise
Charroux
Dun-le-Palestel
Le Dorat
Magnac-Laval
Boussac
Ruffec
Pressac
Availles-Limouzine
La Souterraine
Bonnat
Villefagnan
Mézières
La Croisière
Châtelus-Malvaleix
Bellac
Châteauponsac
St-Vaury
Glénic
Aigre
Champagne-Mouton
Confolens
Bessines-sur-Gartempe
Bénévent l'Abbaye
Le Grand-Bourg
Guéret
Jarnages
Mansle
Gouzon
Chambon-sur-Voueize
St-Claud
Nieuil
Nantiat
Laurière
Rouillac
Chabanais
St-Junien
Ambazac
Ahun
Chénérailles
La Rochefoucauld
Rochechouart
Bourganeuf
Pontarion
Auzances
Angoulême
Ruelle-sur-Touvre
LIMOGES
St-Laurent
Aubusson
Bellegarde-en-Marche
Montbron
St-Mathieu
Aixe-sur-Vienne
St-Léonard-de-Noblat
Royère-de-Vassivière
Peyrat-le-Château
Felletin
St-Bard
Crocq
Châlus
Pierre-Buffière
Gentioux
Nexon
Eymoutiers
Villebois-Lavalette
Nontron
St-Pardoux-la-Rivière
La Coquille
St-Germain
PLATEAU DE MILLEVACHES
La Courtine
Herment
E
F
G
H
25
26
38
51

38
Voves
Angerville
Méréville
Barbizon
Fontainebleau
Nogent-sur-Seine
Romilly-sur-Seine
Bonneval
Allaines
Toury
Malesherbes
Ury
Montereau
Dontilly
Bray-sur-Seine
La Belle Etoile
Marigny-le-Châtel
Cormainville
Châteaudun
Pithiviers
Nemours
Puiseaux
Pont-sur-Yonne
Marcilly-le-Hayer
Artenay
Neuville-aux-Bois
Souppes-sur-Loing
Dordives
Chéroy
Sens
Patay
Beaune-la-Rolande
Ferrières
Villeneuve-l'Archevêque
Estissac
Cerisiers
Aix-en-Othe
Bouilly
Binas
Ouzouer-le-Marché
ORLÉANS
Ladon
Bellegarde
Montargis
Courtenay
Villeneuve-sur-Yonne
Meung-sur-Loire
Olivet
Cléry
Beaugency
Jargeau
Châteauneuf-sur-Loire
Lorris
Châteaurenard
Douchy
Joigny
Migennes
Ervy-le-Châtel
St-Florentin
Mer
St-Benoît-sur-Loire
La Ferté-St-Aubin
Sully-sur-Loire
Châtillon-Coligny
Charny
Aillant-sur-Tholon
Pontigny
Flogny-la-Chapelle
Chambord
Le Rabot
Isdes
Gien
Bléneau
Toucy
Auxerre
Chablis
Tonnerre
Bracieux
Neung-sur-Beuvron
Lamotte-Beuvron
Cour-Cheverny
Nouan-le-Fuzelier
Briare
St-Fargeau
Contres
Argent-sur-Sauldre
Châtillon-sur-Loire
Bonny-sur-Loire
St-Sauveur-en-Puisaye
Courson-les-Carrières
Vermenton
Nitry
Noyers
Romorantin-Lanthenay
Souesmes
Salbris
Aubigny-sur-Nère
St-Amand-en-Puisaye
Vailly
Villefranche-sur-Cher
Selles
Chabris
Neuvy-sur-Barangeon
La Chapelle-d'Angillon
Cosne
Clamecy
Vézelay
Avallon
Valençay
Henrichemont
St-Satur
Sancerre
Donzy
Graçay
Vierzon
Massay
Mehun-sur-Yèvre
St-Martin-d'Auxigny
Pouilly
Varzy
Quarré-les-Tombes
Vatan
Reuilly
Les Aix-d'Angillon
Corbigny
Lormes
Bourges
Sancergues
La Charité-sur-Loire
Prémery
Issoudun
Chârost
St-Florent
Baugy
Pougues-les-Eaux
Guérigny
St-Saulge
Montsauche-les-Settons
Nérondes
Levet
Châteauneuf-sur-Cher
La Guerche
Nevers
St-Benin
Imphy
Châtillon-en-Bazois
Château-Chinon
Lucenay
Ardentes
Dun-sur-Auron
Moulins-Engilbert
MONTS DU MORVAN
Lignières
St-Amand-Montrond
Sancoins
St-Pierre-le-Moûtier
La Machine
Autun
Neuvy
La Châtre
Le Châtelet
Charenton-du-Cher
Lurcy-Lévis
Decize
St-Honoré
St-Leger
Fours
Châteaumeillant
Dornes
Luzy
Ste-Sévère
Culan
Cérilly
Villeneuve-sur-Allier
Vallon-en-Sully
Hérisson
Bourbon-l'Archambault
Le Creusot
Aigurande
Chevagnes
Toulon-sur-Arroux
La Celle-Dunoise
Bonnat
Cosne-d'Allier
Souvigny
Moulins
Bourbon-Lancy
Gueugnon
Boussac
Châtelus-Malvaleix
Hurie
Montluçon
Le Montet
Dompierre
Génélard
Glénic
Jarnages
Néris-les-Bains
Commentry
Montmarault
Digoin
Paray-le-Monial
St-Bonnet-de-Joux
Guéret
Gouzon
Chambon-sur-Voueize
Evaux-les-Bains
St-Pourçain
Varennes-sur-Allier
Jaligny-sur-Besbre
Le Donjon
Charolles
Ahun
Chénérailles
Marcillat
Montaigut
Chantelle
Lapalisse
Marcigny
Pionsat
Auzances
Menat
Ebreuil
Gannat
Vichy
Cusset
La Clayette
St-Gervais-d'Auvergne
Bellegarde-en-Marche
Aubusson
Aigueperse
Le Mayet
La Pacaudière
MONTS DE LA MADELEINE
Chauffailles
Royère-de-Vassivière
Felletin
St-Bard
Combronde
Randan
Charlieu
Crocq
Manzat
Les Echarmeaux
Châtelguyon
Puy-Guillaume
Renaison
Roanne
Pontaumur
Riom
Maringues
Thizy
Lamure-sur-Azergues
Pontgibaud
Col de la Nugère
Col des Goules
Chabreloche
St-Just-en-
St-Symphorien-de-Lay
Herment
La Courtine
LATEAU DE MILLEVACHES
PUY DE DÔMES
A
B
C
D
1
2
3
4
5
6

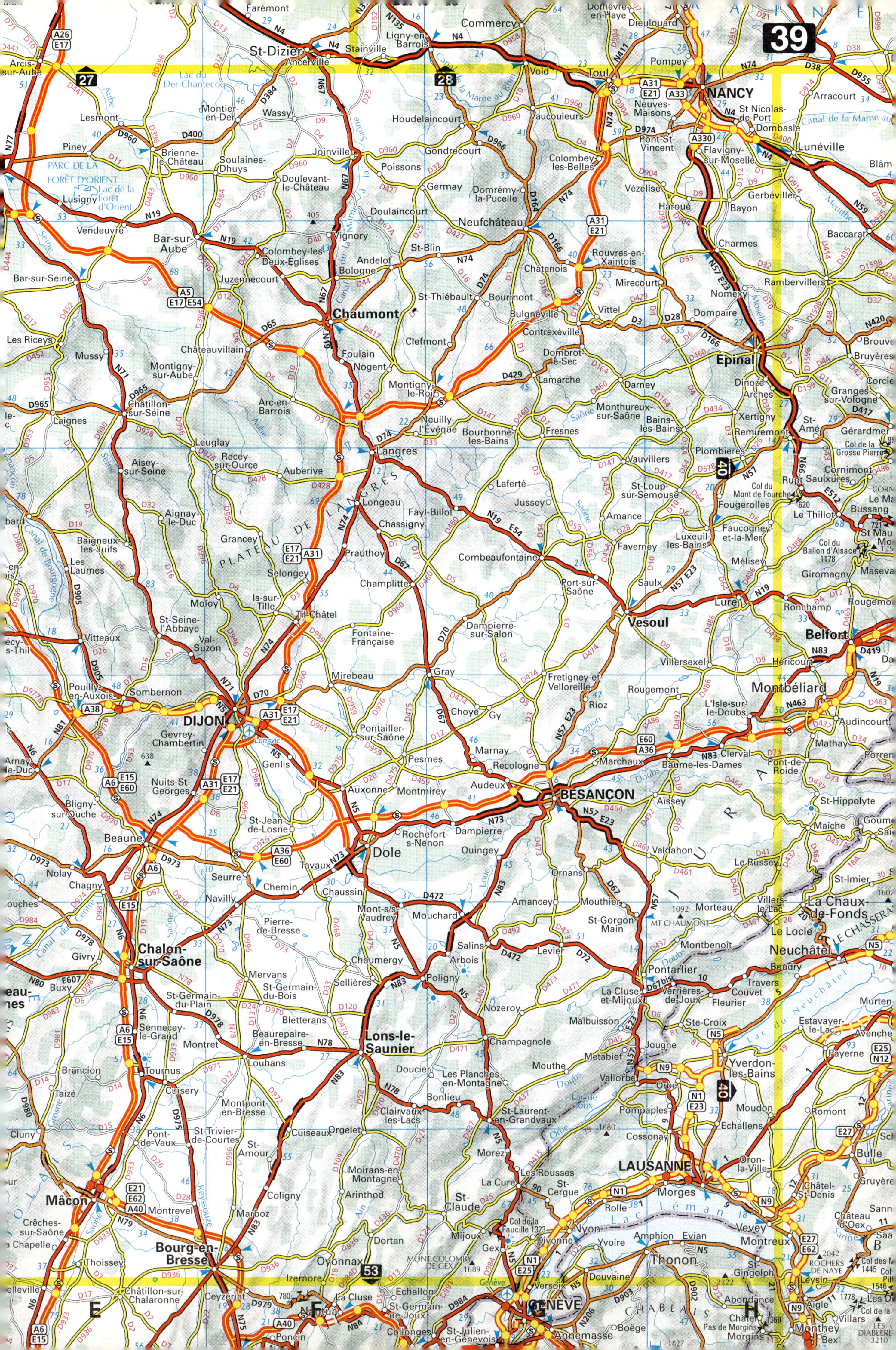

St-Dizier
Commercy
NANCY
Toul
Lunéville
Joinville
Neufchâteau
Épinal
Bar-sur-Aube
Bar-sur-Seine
Chaumont
Vittel
Contrexéville
Langres
Châtillon-sur-Seine
Bourbonne-les-Bains
Plombières
Remiremont
Luxeuil-les-Bains
Vesoul
Lure
Belfort
Montbéliard
Gray
DIJON
Beaune
Dole
BESANÇON
Pontarlier
Neuchâtel
La Chaux-de-Fonds
Chalon-sur-Saône
Lons-le-Saunier
Champagnole
Yverdon-les-Bains
LAUSANNE
Mâcon
Bourg-en-Bresse
Nantua
Oyonnax
St-Claude
GENÈVE
Annemasse
Thonon
Évian
Montreux
Vevey
PLATEAU DE LANGRES
JURA
Lac Léman
Lac de Neuchâtel

40
28
29
39
54
NANCY
St Nicolas-de-Port
Dombasle
Lunéville
Flavigny-sur-Moselle
Gerbéviller
Bayon
Charmes
Nomexy
Rambervillers
Dompaire
Epinal
Baccarat
Raon-l'Etape
Senones
St-Dié
Blâmont
Cirey
Badonviller
Sarrebourg
Dieuze
Fénétrange
Phalsbourg
Saverne
Hochfelden
Haguenau
Brumath
Marmoutier
Dabo
Wasselonne
Wangenbourg
Marlenheim
Molsheim
Obernai
Schirmeck
Le Hohwald
Barr
Villé
Sélestat
Ste-Marie-aux-Mines
Ribeauvillé
Riquewihr
Kaysersberg
Lapoutroie
Orbey
Les Trois-Epis
Turckheim
Colmar
Munster
Gérardmer
Remiremont
Plombières
Xertigny
Dinozé
Arches
Fraize
Bruyères
Corcieux
Granges-sur-Vologne
Brouvelieures
Luxeuil-les-Bains
Faucogney-et-la-Mer
Fougerolles
Le Thillot
Bussang
St-Maurice-sur-Moselle
Giromagny
Masevaux
Thann
Cernay
Guebwiller
Soultz
Rouffach
Ensisheim
Chalampé
Neuenburg
MULHOUSE
Belfort
Lure
Ronchamp
Rougemont
Héricourt
Montbéliard
Dannemarie
Altkirch
Hirsingue
Sierentz
St-Louis
BASEL
Lörrach
Rheinfelden
Ferrette
Delémont
Porrentruy
St-Hippolyte
Maîche
Pont-de-Roide
Baume-les-Dames
Clerval
L'Isle-sur-le-Doubs
Audincourt
Mathay
Saignelégier
Goumois
Tramelan
Moutier
Balsthal
Solothurn
Grenchen
Biel/Bienne
La Chaux-de-Fonds
Le Locle
Neuchâtel
St-Imier
Sonceboz
Morteau
Villers-le-Lac
Pontarlier
Fleurier
Couvet
Travers
Boudry
Ste-Croix
Yverdon-les-Bains
Estavayer-le-Lac
Avenches
Payerne
Murten
Kerzers
Laupen
Aarberg
Lyss
Büren
BERN
Worb
Köniz
Münsingen
Fribourg
Düdingen
Romont
Moudon
Echallens
Bulle
Gruyères
Châtel-St-Denis
Vevey
Montreux
Oron-la-Ville
Château d'Oex
Saanen
Gstaad
Lenk
Leysin
Aigle
Villars
Bex
Monthey
Les Diablerets
Zweisimmen
Boltigen
Thun
Spiez
Interlaken
Hilterfingen
Oberhofen
Gunten
Merligen
Brienz
Meiringen
Grindelwald
Lauterbrunnen
Wengen
Mürren
Kandersteg
Adelboden
Frutigen
Stechelberg
Leukerbad
Leuk
Goppenstein
Raron
Brig
Fiesch
Münster
Oberwald
Gletsch
Andermatt
Airolo
Hospental
Göschenen
Wassen
Gurtnellen
Amsteg
Altdorf
Flüelen
Schwyz
Brunnen
Beckenried
Stans
Sarnen
Lungern
Engelberg
Luzern
Horw
Hergiswil
Küssnacht
Weggis
Vitznau
Arth
Zug
Cham
Einsiedeln
ZÜRICH
Horgen
Wädenswil
Thalwil
Meilen
Uster
Wetzikon
Rüti
Rapperswil
Pfäffikon
Winterthur
Bülach
Baden
Brugg
Aarau
Olten
Zofingen
Lenzburg
Langenthal
Sursee
Willisau
Burgdorf
Sumiswald
Langnau im Emmental
Entlebuch
Wolhusen
Hochdorf
Beromünster
Reinach
Liestal
Sissach
Frick
Laufenburg
Bad Säckingen
Waldshut
Tiengen
Zurzach
Schaffhausen
Neuhausen am Rheinfall
Stein am Rhein
Singen
Engen
Blumberg
Stühlingen
Bonndorf
Höchenschwand
St Blasien
Todtmoos
Häusern
Zell
Schopfheim
Wehr
Kandern
Badenweiler
Müllheim
Münstertal
Bad Krozingen
Breisach
Neuf-Brisach
Andolsheim
FREIBURG IM BREISGAU
Denzlingen
Waldkirch
Emmendingen
Kenzingen
Riegel
Elzach
Triberg
Hornberg
Haslach
Wolfach
Hausach
Schiltach
Schramberg
Königsfeld
St Georgen
Furtwangen
Villingen-Schwenningen
Bad Dürrheim
Donaueschingen
Hüfingen
Neustadt
Titisee
Lenzkirch
Hinterzarten
Feldberg
Todtnau
Schönau
St Märgen
Schönwald
Rottweil
Tuttlingen
Geisingen
Spaichingen
Balingen
Oberndorf
Alpirsbach
Lossburg
Freudenstadt
Baiersbronn
Dornstetten
Horb
Sulz
Haigerloch
Nagold
Altensteig
Calw
Wildbad
Bad Liebenzell
Neuenbürg
Gernsbach
Forbach
Bad Herrenalb
Dobel
Marxzell
Ettlingen
Pforzheim
KARLSRUHE
Lauterbourg
Rastatt
Gaggenau
Baden-Baden
Bühl
Achern
Renchen
Appenweier
Oberkirch
Oppenau
Bad Peterstal
Bad Rippoldsau
Offenburg
Lahr
Seelbach
Biberach
Ettenheim
Rust
Benfeld
Rhinau
Erstein
Kehl
STRASBOURG
Entzheim
Wantzenau
Drusenheim
Rheinau
Soufflenheim
Seltz
Soultz
Woerth
Niederbronn-les-Bains
Ingwiller
Bouxwiller
La Petite-Pierre
Sarre-Union
Wissembourg
Truchtersheim
Karlsruhe
Sarnen
Pilatus 2129
Titlis 3239
Eiger 3970
Jungfrau 4158
Finsteraarhorn 4274
Wildstrubel 3253
Aletschhorn 4195
Glärnisch 2914
Tödi 3614
Piz Medel 3211
Rheinwaldhorn 3402
Feldberg 1493
Belchen 1414
Kandel 1241
Hohneck 1362
Ballon d'Alsace 1178
Col de la Schlucht 1139
Col du Bonhomme 949
Col de Saales 556
Donon 1009
Brünigpass 1007
Sustenpass 2224
Grimselpass 2164
Furkapass 2431
St Gotthard Pass 2108
Oberalppass 2044
Nufenenpass 2478
Klausenpass 1948
Lukmanier Pass/Pso del Lucomagno 1916
Passo del San Bernardino 2066
Col du Pillon 1546
Col des Mosses 1445
Col de la Croix 1778
Jaunpass 1509
Passwang 943
Lötschberg-Tunnel
Gotthard Tunnel
Seelisberg Tunnel
Schynige Platte 2101
Niesen 2362
Brienzer Rothorn 2350
Rochers de Naye 2042
Simmental
Berner Oberland
Vosges
Jura
Schwarzwald
Lac de Neuchâtel
Lac Léman
Canal de la Marne au Rhin
Canal du Rhône au Rhin
A
B
C
D
1
2
3
4
5
6

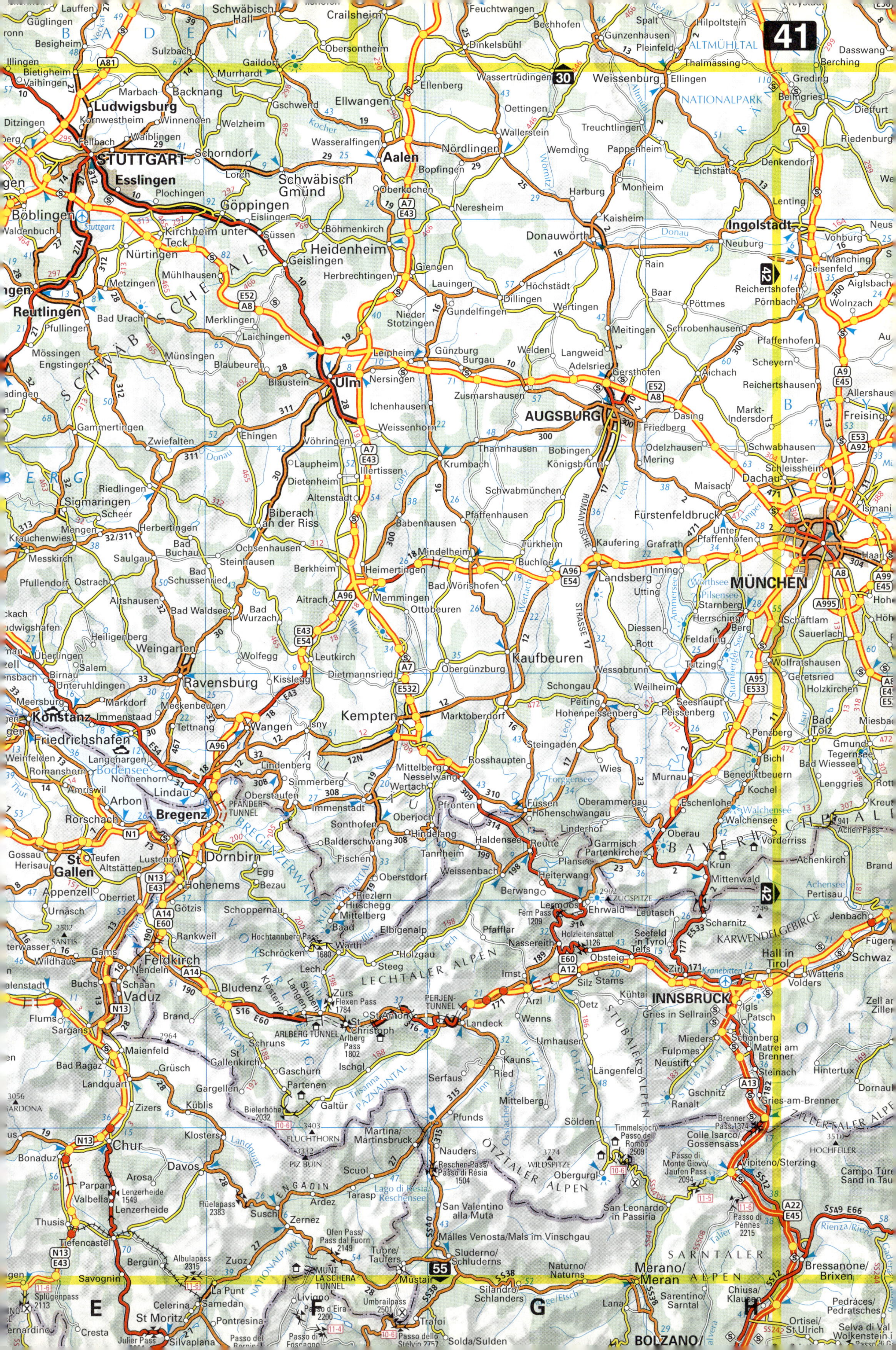

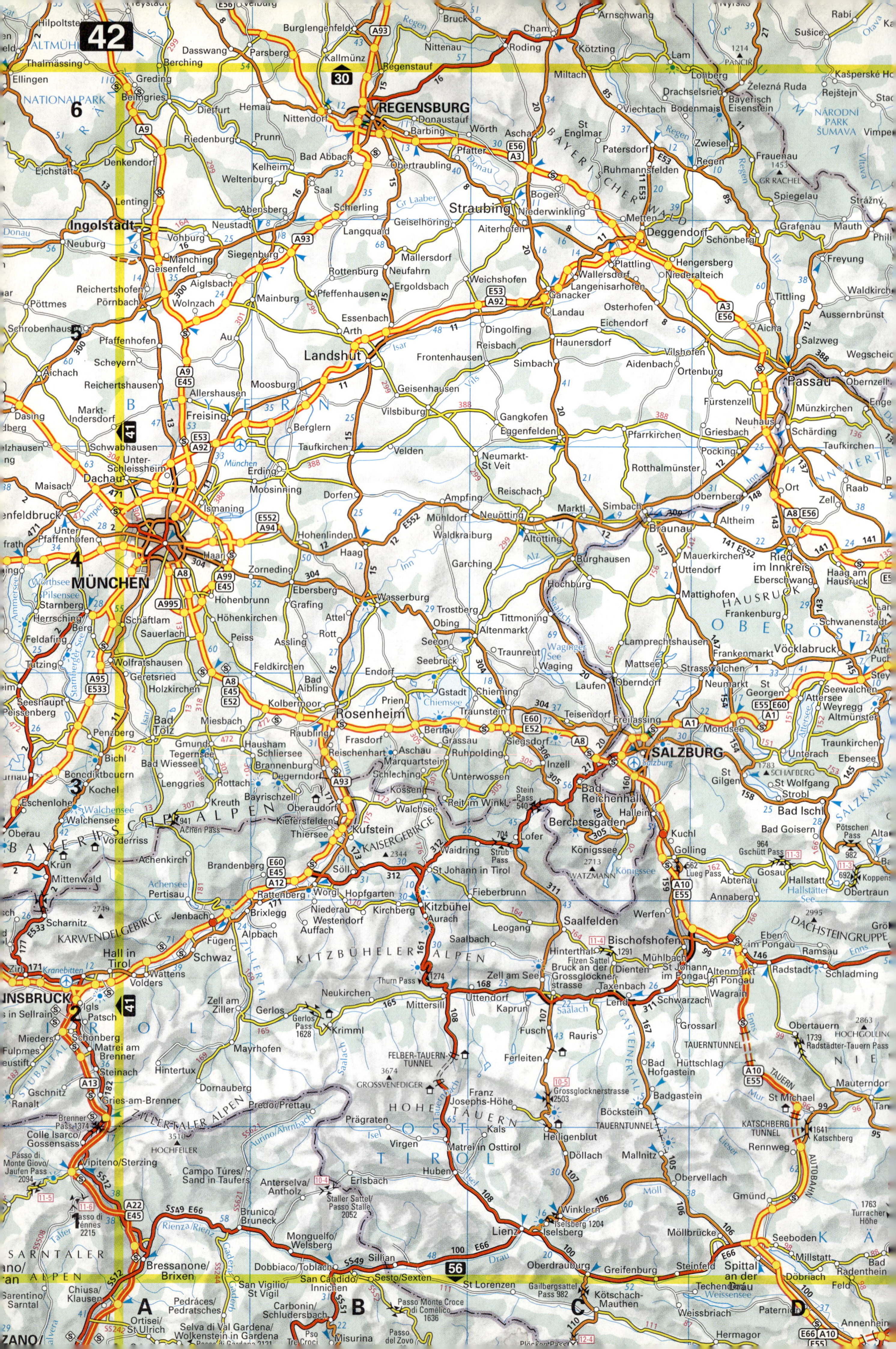

43
31
32
44
57
Písek
Putim
Bechyně
Planá nad Lužnicí
Mnich
Soběslav
Kamenice nad Lipou
Horní Cerekev
Batelov
Trest
Brtnice
Stonařov
Velké Meziříčí
Tisnov
Kurim
Počátky
Drahonice
Protivín
Týn nad Vltavou
Veselí nad Lužnicí
Kardašova Řečice
Žirovnice
Javořice
Telč
Třebíč
Vodňany
Bavorov
Hluboká nad Vltavou
Netolice
Jindřichův Hradec
Strmilov
Studená
Kunžak
Zeletava
Jaroměřice nad Rokytnou
Namest nad Oslavou
Rosice
BRNO
Ivancice
Šev̌etín
Lomnice nad Lužnicí
Lišov
Třeboň
Nová Bystřice
Dačice
Jemnice
Moravské Budějovice
Hrotovice
Židlochovice
Moravský Krumlov
Pravlov
ČESKÉ BUDĚJOVICE
Smědeč
Volary
Trocnov
Zlatá Koruna
Kamenný Újezd
Borovany
Suchdol nad Lužnicí
Grametten
Slavonice
Dešov
Jevišovice
Branisovice
Pohořel
1226 Knížecí Stolec
Želnava
Horní Planá
Český Krumlov
Velešín
Trhové Sviny
Halámky
Heidenreichstein
Dobersberg
Raabs an der Thaya
Drosendorf Stadt
Bitov
Štítary
Lechovice
Drnholec
Černá
Nové Hrady
Neunagelberg
Schrems
Waidhofen an der Thaya
Geras
Hardegg
Znojmo
Hrušovany
Hrádek
Kaplice
České Velenice
Gmünd
Vitis
Gross-Siegharts
Retz
Hatě
Kleinhaugsdorf
Hevlin
Laa an der Thaya
Drasenhofen
Frymburk
Lipno
Dolní Dvořiště
Weitra
Göpfritz
Pulkau
Wullowitz
Neupölla
Horn
Eggenburg
Haugsdorf
Studánky
Vyšší Brod
Haslach
Weigetschlag
Karlstift
Sandl
Gross-Gerungs
Zwettl
Rastenfeld
Gars am Kamp
Maissau
Hollabrunn
Mistelbach
Bad Leonfelden
Freistadt
St Oswald
Arbesbach
Gföhl
Ernstbrunn
Zwettl an der Rodl
Unterweissenbach
Kefermarkt
Königswiesen
Langenlois
Ziersdorf
Aschach
Gallneukirchen
Pregarten
Ottenschlag
Weissenkirchen
Krems
Stockerau
Ottensheim
Wilhering
Mönchdorf
Spitz
Dürnstein
Traismauer
Tulln
Korneuburg
Wolkersdorf
Alkoven
LINZ
Mauthausen
Laimbach
Aggsbach-Markt
Aggsbach-Dorf
Herzogenburg
Klosterneuburg
Gänserndorf
Bad Schallerbach
Asten
Perg
Grein
Maria Taferl
Persenbeug
Pöchlarn
Melk
Loosdorf
St Pölten
Purkersdorf
WIEN
Traun
Enns
Ybbs an der Donau
Neulengbach
Pressbaum
Wels
Markt St Florian
St Valentin
Strengberg
Amstetten
St Leonhard
Obergrafendorf
Perchtoldsdorf
Neuhofen an der Krems
Haag
Aschbach Markt
Wieselburg
Mank
Mödling
Schwechat
Kremsmünster
Sierning
Steyr
Euratsfeld
Purgstall
Wilhelmsburg
Alland
Baden
Gumpoldskirchen
Bad Hall
Seitenstetten
Waidhofen an der Ybbs
Scheibbs
Kirchberg an der Pielach
Traisen
Lilienfeld
Hainfeld
Bad Vöslau
Traiskirchen
Ebreichsdorf
Vorchdorf
Grünburg
Losenstein
Gresten
1398 Reisalpe
Pottenstein
Berndorf
Kirchdorf an der Krems
Ybbsitz
Gaming
Türnitz
Hohenberg
Sollenau
Ebenfurth
Micheldorf
Grossraming
Weyer-Markt
Lunz
1893 Gr Ötscher
Annaberg
St Aegyd
Gutenstein
Pernitz
Wöllersdorf
Wiener Neustadt
Eisenstadt
Grünau
Klaus an der Pyhrnbahn
Sengsengebirge
Göstling
Mariazell
Terz
Puchberg
2076
Neunkirchen
Mattersburg
Almsee
2523 Gr Priel
Windischgarsten
Altenmarkt
1220 Niederalpl Pass
Mürzsteg
Reichenau an der Rax
Ternitz
Gloggnitz
Semmering
Siegraben
Hinterstoder
945 Pyhrn Pass
1010 Hengst Pass
St Gallen
Spital am Pyhrn
Bosruck Tunnel
850 Buchauer Sattel
Wildalpen
Hieflau
2277
Hochschwab
Seewiesen
Mürzzuschlag
985 Semmering Pass
Wiesmath
Deutschkreutz
Bad Mitterndorf
Liezen
Stainach
Admont
Rottenmann
Eisenerz
1232 Präbichl Pass
Aflenz
Au
Langenwang
Krieglach
1372 Pfaffen Sattel
Aspang Markt
Weppersdorf
Irdning
Trieben
Eisenerzer Alpen
849 Schober Pass
Kalwang
Vordernberg
Kindberg
1099 Alpl Pass
Mönichkirchen
Bad Schönau
Kirchschlag
Oberpullendorf
Öblarn
2449 Gr Bösenstein
1265
Hohentauern
Trofaiach
Kapfenberg
Ratten
Donnersbach
Rottenmanner Tauern
2416 Hochreichart
Mautern
Leoben
Bruck an der Mur
Friedberg
St Nikolai
St Johann am Tauern
Seckau
St Michael
Birkfeld
Vorau
Bernstein
Lockenhaus
Köszeg
1790 Sölk Pass
Oberzeiring
Gleinalm-Tunnel
Frohnleiten
Pinkafeld
Oberwart
Rechnitz
Oberwölz
St Georgen
Fohnsdorf
Knittelfeld
Anger
Hartberg
Schachendorf
Schöder
Judenburg
Zeltweg
1445 Schöckl
Peggau
Weiz
Kaindorf
Grosspetersdorf
Murau
995 Perchauer Sattel
Scheifling
Weisskirchen
1551 Gaberl
Gleisdorf
Stegersbach
St Lambrecht
Neumarkt
2396 Zirbitzkogel
Gratkorn
Köflach
Voitsberg
GRAZ
Güssing
Moschendorf
Metnitz
Fürstenfeld
Riegersburg
Friesach
1166 Packsattel
Bad St Leonhard
Kalsdorf
Heiligenkreuz
Rábafüzes
Strassburg
Feldbach
Fehring
Gasztony
Jennersdorf
Twimberg
Stainz
Kirchbach
Gurk
2079 Saualpe
Wolfsberg
Wildon
Bad Gleichenberg
Öriszentpéter
Eberstein
2140 Koralpe
Deutschlandsberg
Hodoš
St Veit
St Andrä
Leibnitz
Bajánsenye
Feldkirchen
Brückl
Griffen
St Paul
Mureck
Ossiach
Ossiacher See
Klagenfurt
Spielfeld
Radkersburg
Zalabaksa
Donau
Enns
Ybbs
Salza
Mur
Raab
Mürz
Niederösterreich
Mühlviertel
Waldviertel
Weinviertel
Wachau
Wienerwald
Schneeberg
Wechsel
Burgenland
Steiermark
Niedere Tauern
Kärnten
Stubalpe
Novohradské Hory
Blanský Les
E
F
G
H

44
32
33
43
58
6
5
4
3
2
1
A
B
C
D
BRNO
Tisnov
Kurim
Jedovnice
Vyškov
Kroměříž
Hulín
Holešov
pod Hostýnem
Vsetín
Valašská Polanka
Zlín
Vizovice
Bytča
Žilina
Namest nad Oslavou
Rosice
Ivancice
Hrotovice
Moravský Krumlov
Zidlochovice
Pravlov
Velké Němčice
Brankovice
Koryčany
Zdounky
Otrokovice
Staré Město
Uherské Hradiště
Uherský Brod
Kunovice
Hluk
Bánov
Horní Lideč
Púchov
Bylnice
Beluša
Považská Bystrica
Rajecké Teplice
Kyjov
Bzenec
Veselí nad Moravou
Blatnice
Strání
Starý Hrozenkov
Nemšová
Dubnica nad Váhom
Zliechov
Trenčín
Trenčianska Turná
Jevišovice
Branisovice
Pohořelice
Hustopeče
Čejč
Hodonín
Strážnice
Velká nad Veličkou
Moravské Lieskové
Lechovice
Drnholec
Znojmo
Hrušovany
Hrádek
Hevlín
Mikulov
Podivín
Břeclav
Lanžhot
Skalica
Holíč
Radošovce
Sobotište
Myjava
Nové Mesto nad Váhom
Bánovce nad Bebravou
Nitrianske Rudno
Prievidza
Retz
Haté
Kleinhaugsdorf
Haugsdorf
Laa an der Thaya
Drasenhofen
Bernhardsthal
Poysdorf
Hohenau
Senica
Kúty
Šaštín-Stráže
Brezová
Jablonica
Vrbové
Piešťany
Banka
Topoľčany
Partizánske
Nováky
Oslany
Hollabrunn
Mistelbach
Wilfersdorf
Zistersdorf
Vel'ké Leváre
Gajary
Sološnica
Trstín
Drahovce
Radošina
Vel'ké Ripňany
Vel'ké Uherce
Ziersdorf
Ernstbrunn
Dürnkrut
Malacky
Bučany
Hlohovec
Nové Sady
Žarnovica
Nová Baňa
Zlaté Moravce
Stockerau
Korneuburg
Wolkersdorf
Gänserndorf
Angern
Trnava
Modra
Rišňovce
Cakajovce
Tulln
Klosterneuburg
WIEN
Deutsch-Wagram
Marchegg
Leopoldsdorf
Stupava
Sväty Jur
Pezinok
Sered'
Nitra
Purkersdorf
Pressbaum
Grossenzersdorf
Orth
Rača
Senec
Sládkovičovo
Galanta
Vráble
Kalná nad Hronom
Perchtoldsdorf
Mödling
Schwechat
Fischamend
Hainburg
Kittsee
BRATISLAVA
Šal'a
Šurany
Alland
Baden
Gumpoldskirchen
Traiskirchen
Ebreichsdorf
Bruck an der Leitha
Šamorín
Lehnice
Dunajská Streda
Tvrdošovce
Želiezovce
Bad Vöslau
Berndorf
Neusiedl am See
Nickelsdorf
Rajka
Nové Zámky
Purbach
Hegyeshalom
Gabčíkovo
Kolárovo
Pribeta
Bíňa
Sollenau
Ebenfurth
Mönchhof
Mosonmagyaróvár
Vel'ký Meder
Hurbanovo
Wöllersdorf
Wiener Neustadt
Eisenstadt
Rust
Podersdorf am See
Jánossomorja
Medved'ov
Komárno
Vámosszabadi
Komárom
Mužla
Moča
Mattersburg
Mörbisch
Klingenbach
Illmitz
Andau
Öttevény
GYŐR
Ács
Szőny
Tata
Sopron
Sieggraben
Pamhagen
Enese
Bana
Nagyigmánd
Kopháza
Deutschkreutz
Wiesmath
Weppersdorf
Kapuvár
Csorna
Ménfőcsanak
TATABÁNYA
Aspang Markt
Horitschon
Nagycenk
Fertőszentmiklós
Markt St Martin
Mezőörs
Bad Schönau
Kirchschlag
Oberpullendorf
Lövő
Beled
Szil
Szany
Tét
Kisbér
Bakonyszombathely
Bakonypeterd
Gic
Bakonysárkány
Lutzmannsburg
Bernstein
Lockenhaus
Rattersdorf
Simaság
Répcelak
Takácsi
Veszprémvarsány
Mór
Pinkafeld
Kőszeg
Oberwart
Rechnitz
Schachendorf
Nagygyimót
Lovasberény
Pápa
Tapolcafő
Söréd
Vát
Celldömölk
Sárvár
Torony
Grosspetersdorf
SZOMBATHELY
Zirc
SZÉKESFEHÉRVÁR
Farkasgyepű
Csór
Várpalota
Stegersbach
Herend
Bakonygyepes
Városlőd
St Michael
Rum
Jánosháza
Devecser
Ajka
VESZPRÉM
Balatonfűzfő
Balatonkenese
Polgárdi
Güssing
Kám
Moschendorf
Vasvár
Körmend
Rábafüzes
Gasztony
Heiligenkreuz
Jennersdorf
Hegyhátsál
Egervár
Bagod
Zalabér
Sümeg
Nagyvázsony
Balatonalmádi
Balatonfüred
Tihany
Siófok
Lepsény
Enying
Aszófő
Balatonakali
Tapolca
Révfülöp
Balaton
Zamárdi
Balatonföldvár
Ságvár
Riegersburg
Gleichenberg
Hodoš
Őriszentpéter
Zalalövő
Zalaegerszeg
Balatonederics
Badacsonytomaj
Balatonszemes
Mezőszilas
Bajánsenye
Hévíz
Keszthely
Balatonboglár
Balatonlelle
Pusztaszemes
Simontornya
Zalaapáti
Fenékpuszta
Fonyód
Visz
Radkersburg
Zalabaksa
Bak
Pacsa
Nova
Iregszemcse
WEINVIERTEL
MALÉ KARPATY
BÍLE KARPATY
CHŘIBY
JAVORNÍKY
TRIBEČ
GERECSE
BAKONY
KESZTHELYI HEGYSÉG
ÉSZAKI BAKONY
VERTÉS
Ivanka
Schwechat
Neusiedler See
Donau
Morava
Dunaj
Duna
Mosoni Duna
Váh
Nitra
Žitava
Hron
Rába
Marcal
Leitha
Zala
Raab
Répce
Pinka
Kis-Duna
Malý Dunaj
Svratka
Jihlava
Oslava
Dyje
Thaya
Sárvíz
Jedovnice
Bílé Karpaty
1042
704 KORIS-HEGY
600 KAB-HEGY
634
1062
D1
D2
E65
E50
E461
E59
E49
A22
A1
A2
A3
A4
A21
E60
E58
D61
E75
E571
E575
E66
E71
M1
M7
D47
E462
S31

Zakopane
Nižná
Oravský Podzámok
Dolný Kubín
TATRY
TATRANSKÝ NÁRODNÝ PARK
Sedlo Prislop
Tatranská Kotlina
Jakubany
Bardejov
Spišská Belá
Brezovica
Kežmarok
Lipany
Raslavice
Marhaň
Sabinov
Giraltovce
Hanušovce
Kysucké Nové Mesto
NÁRODNÝ PARK MALÁ FATRA
Kralovany
Turany
Martin
Ružomberok
Liptovská Mara
Liptovský Mikuláš
Štrbské Pleso
Starý Smokovec
Poprad
Spišský Štvrtok
Levoča
Spišské Podhradie
Široké
Prešov
Kapušany
Kendice
Krompachy
Štrba
NÁRODNÝ PARK NÍZKE TATRY
Liptovská Teplička
Nižná Boca
Pribovce
Vyšná Revúca
Liptovská Osada
NÍZKE TATRY
Vernárske Sedlo
Sedlo Besník
NÁRODNÝ PARK SLOVENSKÝ RAJ
Spišská Nová Ves
Hornád
Veľký Folkmar
Hármanecký priesm
Polomka
Hron
Nálepkovo
Hilnec
Prakovce
Slovenská Ľupča
Ľubietová
Brezno
Červená Skala
Bidovce
Drahovský Priesm
KOŠICE
Banská Bystrica
Poniky
Muráň
Gemerská Poloma
Rožňava
Kremnica
RUDOHORIE
Turna nad Bodvou
Seňa
Komjáti
Hidasnémeti
SLOVENSKÉ
Zvolen
Hriňová
Kokava nad Rimavicou
Hnúšťa
Plešivec
Jósvafő
Krasznokvajda
Gönc
Podkriváň
Kriváň
Ipeľ
Rimava
Szalonna
Sátoraljaújhely
Banská Štiavnica
Dobrá Niva
Gadna
Novajidrány
Szendrő
Baktakék
Tornaľa
Rimavska Sobota
Encs
Krupina
Senohrad
Ožďany
Putnok
Edelény
Csobád
Abaújszántó
Lučenec
Bánréve
CSERHÁT
Hontianske Nemce
Fiľakovo
Kazincbarcika
Sajó
Szikszó
Megyaszó
Mád
Sajószentpéter
Hernád
Gávavencsellő
Ózd
Bodrogkeresztúr
Litke
Veľký Krtíš
Cered
Dédestapolcsány
Szerencs
Tokaj
Karancslapujtő
Zabar
Borsodnádasd
MISKOLC
Szilvásvárad
Lillafüred
Šahy
Koláry
Szécsény
ISTÁLLÓSKŐ
Répáshuta
Tiszalök
Parassapuszta
Nagyoroszi
Balassagyarmat
Pétervására
Nyékládháza
Nagycserkesz
Nagylóc
Kisterenye
BÜKK
Tiszavasvári
Mohora
Bátonyterenye
Szarvaskő
Felsőtárkány
NAGY-HIDEG-HEGY
Alsótold
Recsk
Emőd
Tiszaújváros
BÖRZSÖNY
Parád
Sirok
Eger
Pásztó
Polgár
Hajdúnánás
Rétság
Becske
Mátraháza
KÉKES
MÁTRA
Mezőnyárád
Bercel
Mátrafüred
Mezőkövesd
Mezőcsát
Hajdúdorog
Letkés
Galgaguta
Jobbágyi
Kerecsend
Mezőkeresztes
Szob
NASZÁLY
Acsa
Vanyarc
Gyöngyöspata
Gyöngyös
Árokto
Nagymaros
Visegrád
Vác
Kápolna
Egerlövő
Tiszacsege
Esztergom
Váchartyán
Lőrinci
Füzesabony
Dormánd
Tiszabábolna
Kál
Szentendre
Göd
PILIS
Galgamácsa
Atkár
Aszód
Hort
Tarnaméra
Poroszló
Tiszafüred
Egyek
Balmazújváros
Dunakeszi
Hatvan
Jászárokszállás
Tisza
HORTOBÁGYI NEMZETI PARK
Pilisvörösvár
Tura
Heves
Hortobágy
Gödöllő
Jászfényszaru
Pusztamonostor
GÖDÖLLŐI-DOMBSÁG
Tiszaszőlős
Jászapáti
Kisköre
Tiszaörs
Budaörs
BUDAPEST
Jászberény
Abádszalók
Hajdúszoboszló
Tápiószecső
Nádudvar
Sülysáp
Jászkisér
Kunmadaras
Hajdúszovát
Gyömrő
Nagykáta
Ferihegy
Kaba
Érd
Vecsés
Üllő
Jászalsószentgyörgy
Kunhegyes
Püspökladány
Monor
Tápiószele
Jászladány
Karcag
Dunaharaszti
Báránd
Martonvásár
Pilis
Újszász
Besenyszög
Sárrétudvari
Berettyóújfalu
Ócsa
Fegyvernek
Kenderes
Bucsa
Biharnagybajom
Albertirsa
Kisújszállás
Sári
Dabas
Abony
Ercsi
Ecsegfalva
Kiskunlacháza
Cegléd
SZOLNOK
Törökszentmiklós
Füzesgyarmat
Túrkeve
Örkény
Tószeg
Kengyel
Adony
Tatárszentgyörgy
Rákóczifalva
Dévaványa
Szeghalom
Csökmő
Dömsöd
Mezőtúr
Perkáta
Kunpeszér
Nagykőrös
Martfű
Körösladány
Kunszentmiklós
Lajosmizse
Tiszaföldvár
Dunaújváros
Endrőd
Gyoma
Vésztő
Szalkszentmárton
Tiszakécske
Dunavecse
KECSKEMÉT
Öcsöd
Körösstarcsa
Szabadszállás
Cserkeszőlő
Békésszentandrás
Szarvas
Lakitelek
Kunszentmárton
Mezőberény
Előszállás
Városföld
Csabacsűd
Kondoros
Tarhos
Fülöpszállás
Tiszaalpár
Békés
Dunaföldvár
Izsák
Orgovány
Jakabszállás
Cserebökény
Solt
Csongrád
Nagyszénás
Békéscsaba
Gyula
Németkér
Harta
Akasztó
Páhi
Kiskunfélegyháza
Gátér
Szentes
Csorvás
Körös
Zagyva
Duna
Tápió
Hortobágy-Berettyó
Sebes-Körös
Kiskörei-víztároló
E50
E71
E77
E571
E573
E60
E75
E73
M3
M5
M7
D1
34
46
59
E
F
G
H

Bardejov
Marhaň
Lipany
Raslavice
Sabinov
Giraltovce
Domaśska Priehr Nádrz
34
Koškovce
Snina
Cisna
BIESZCZADZKI PARK NARODOWY
Ustrzyki Górne
1348
Turka
Borin'a
Skole
889 Pereval Užokskij
Kapušany
Hanušovce
Prešov
Široké
Humenné
1074
Ubl'a
Velikij Ber'oznyi
Krompachy
Kendice
Vranov
Stražske
Zemplínska Šírava
839 Pereval Srednij Vereckij
Velký Folkmar
D1
E50
1482
Volovec
1247
Michalovce
Tibava
Perečin
Už
A262
Bidovce
473 Drahovský Priesm
Sečovce
Vojčice
KOŠICE
E71
Užgorod
1679
Trebišov
Ondava
Sval'ava
Mežg
Turna nad Bodvou
896
Velké Kapušany
M17
E50
Seňa
Hidasnémeti
Kušnica
Mukačevo
Čop
Gönc
Slovenské Nové Mesto
Plešany
Záhony
Dolgoje
A265
znokvajda
Sátoraljaújhely
Gadna
Novajidrány
Mándok
Gat
Iršava
Baktakék
Sárospatak
Tisza
A264
A263
Encs
Cigánd
Csobád
Abaújszántó
Hernád
Bodrog
Kisvárda
Dombrád
Aranyosapáti
Beregovo
Vinogradov
Chust
Szikszó
Mád
Gávavencsellő
Szabolcsbáka
Beregsurány
Megyaszó
E573
Tarpa
Bodrogkeresztúr
Nagyhalász
Vásárosnamény
Szerencs
515
Rakamaz
Ibrány
Berkesz
Kölcse
Tokaj
Szamos
MISKOLC
Székely
Penyige
Halmeu
Tiszalök
Nyírtelek
Nyírtura
Mátészalka
Fehérgyarmat
Nagycserkesz
Ör
Győrtelek
Turulung
Certeze
Nyékládháza
Keleti Főcsatorna
Tiszavasvári
NYÍREGYHÁZA
Őfehértó
Porcsalma
Csengersima
Livada
Negrești Oaș
Nagyecsed
Petea
Tiszaújváros
Nagykálló
Kállósemjén
Fábiánháza
Csenger
Orașu Nou
Polgár
Hajdúnánás
Nyírbátor
Satu Mare
Seini
Hajdúdorog
Nyírbogát
Vállaj
Someșul
Mezőcsát
Újfehértó
Doba
Cărășeu
Valea Vinului
Pomi
Balkány
Arokto
Nyíradony
Nyírhélfek
Carei
Moftinu Mic
Ardusat
Ardud
Hajdúhadház
Tiszacsege
Tiszabábolna
Hajdúböszörmény
Fărcașa
Nyíracsád
Piscolt
Petrești
Hajdúsámson
Căuaș
Acîș
Beltiug
Egyek
Balmazújváros
HORTOBÁGYI NEMZETI PARK
Józsa
Nyírábrány
Hortobágy
Vámospércs
Valea lui Mihai
Tășnad
Supuru de Jos
Cehu Silvaniei
Benesat
DEBRECEN
Bogdand
Tiszaörs
Hajdúszoboszló
Tarcea
Supuru de Sus
Hodod
Păgaia
Kösely
Nádudvar
Sáránd
Marghita
Măierişte
Sărmășag
Someș-Odorhei
Kunmadaras
Hajdúszovát
Derecske
Săcueni
Suplacu de Barcău
Borla
Uileacu Şimleului
Jibou
Surduc
Földes
Roșiori
Beretäul
Mirșid
Popești
Zăuan
Nușfalău
Şimleu Silvaniei
Zalău
Creaca
Berettyóújfalu
Berettyo
Sălard
Crasna
M TELE SES
Furta
Biharkeresztes
Biharia
Cizer
Românași
Ártánd
Borș
Uileacu de Criș
Aleșd
Zimbor
ORADEA
Topa de Criș
Buciumi
Cuzăplac
Csökmő
Komádi
Oșorheiu
Borod
Negreni
Ciucea
Sinmartin
Băile Felix
Bratca
M PĂDUREA CRAIULUI
Fildu
Mihăești
Leș
Drăgești
Sebes-Körös
Zsadány
Huedin
Vésztő
Miersig
Ceica
Crișul Repede
Dumbrava
Vișagu
Roșia
1836 VLADEASA
Călățele
Gilău
Salonta
Tulca
Holod
Tarhos
Sarkadkeresztúr
Tinca
Răbăgani
Căbești
Meziad
Sarkad
Ciumeghiu
Belfir
60
Budureasa
Stîna de Vale
Someșul Cald
Beliș
Batăr
Beiuș
MUNȚII BIHOR
Gyula
Berechiu
Zerind
Craiova
Dr Petru Groza
Vărsand
CODRU
A
B
C
D
1
2
3
4
5
6
45

Kaluš
Dolina
35
A270
Vygoda
IVANO-FRANKOVSK
A265
Lisec
Tlumač
407
Čortkov
325
A268
Tolstoje
167
Dnestr
Borščev
Orinin
A268
Zbruč
Pereginskoje
59
Otyn'a
A270
Gorodenka
91
Zaleščiki
Mel'nica-Podol'skaja
376
Solotvin
A265
Nadvornaja
Gvozdec
Chotyn
1751
Osmoloda
1835
Del'atin
Prut
Kolomyja
84
Sn'atyn
M14
Kicman'
470
75
A269
Zabolotov
A270
Bystrica
1760
112
Rožnov
ČERNOVCY
M14
Kremency
per Jablonickij
931
Kosov
Čeremoš
Novoselica
48
A269
E85
Prut
Ust'-Čorna
Kuty
Vižnica
A271
Beregomet
A271
352
Gerca
Jasin'a
Siret
Storožinec
37
1883
2058
Verchovina
Glybokaja
Porubnoje
Doroho
Dubovoje
A265
1580
Shepot
Mihăileni
Siret
29C
Putila
Suceava
Magheru
Rachov
A271
46
Zvoriștea
Rădăuți
99
Russkaya
Putna
29A
Marginea
17A
Grănicești
Sarasău
Sighetu Marmației
1961
FARCĂU
Čeremosh
2
Sucevița
Arbore
Vadu Izei
Vișeul
MUNȚII MARAMUREȘULUI
Solca
Suceava
Birsana
Giulești
18
Leordina
Desești
Ocna Șugatag
Vaserul
Vișeu de Jas
Vatra Moldoviței
Frumosu
Manastirea Humorului
Ilișești
17
65
Rozavlea
Vișeu de Sus
67
18
Păltinoasa
MUNȚII ȚIBLEȘULUI
Moisei
Borșa
Vama
26
1447
GUTII
Dragomirești
Săcel
1414
Prislop
Trecatoare
18
Cirlibaba
E576
Frasin
Voroneț
Gura Humorului
Baia Sprie
Pojorita
Băișești
Baia Mare
2305
PIETROSUL
Cîmpulung Moldovenesc
Fălticeni
Romuli
1099
40
1840
ȚIBLEȘU
17C
MUNȚII RODNEI
Șanț
17D
Ciocănești
1857
GIUMALĂU
M STÎNIȘOARE
Chiril
Copalnic-Mănăștur
Lăpuș
Tîrgu Lăpuș
Lăpușul
Rodna
Maieru
Iacobeni
Borc
Bistrița
Telciu
C
A
R
P
A
Ț
I
I
O
R
I
17B
Vatra Dornei
M BISTRIȚEI
Mănăstirea Neamț
ioarului
Sîngeorz-Băi
17D
17
Poiana Stampei
1531
BIVOLU
15B
Broșteni
Pluton
Măgoaja
Salva
Năsăud
M BÎRGĂULUI
1612
1227
Bîrgău
Trecatoare
Agapi
Văra
Ileanda
Someșul Mare
17D
Josenii Bîrgăului
83
Mureșenii Bîrgăului
Borca
Chiuești
Dumitra
17C
1864
BUDACU
Poiana Teiului
48
Hangu
Rugășești
Șintereag
2102
PIETROSUL
Cîțcău
Uriu
17
29
Căseiu
Beclean
Bistrița
Bistrița
MUNȚII CĂLMANI
Lacul Bicaz
Bistricioara
35
Dej
Olpret
E576
35
64
Borsec
15
1904
TOACA
Tulgheș
Nușeni
Bicaz
15
Sărățel
Răstolița
70
Stînceni
Gălăuțaș
Șieu
Deda
Gherla
1C
Fizeșu Gherlii
Matei
Toplița
12
12C
60
Ta
MUNȚII
Monor
15A
Mureșul
Iclod
45
Sintioana
Taga
Porcești
MUNȚII GURGHIULUI
37
Lacu Roșu
Teaca
Ditrău
1175
Pîngărați
Trecatoare
Someșul Mic
Sucutard
Bucleşti
E576
Răscruci
Lăpușna
1793
Geaca
Ibănești
Reghin
Joseni
Gheorgheni
Gurghiu
Apahida
Mociu
16
Cămărașu
VF SACA
1777
138
Borzonț
Voșlăbeni
Crăiești
16
Fărăgău
15
Sărmașu
1C
CLUJ
Eremitu
58
Lunca de Jos
Cojocna
Rîciu
Chiheru de Sus
Feleacu
Sîndominic
Mihesu de Cîmpie
Săbed
32
1006
Ghimes-Palonka
Trecatoare
Lunca de Sus
Sovata
Ernei
13A
Praid
Bereni
31
Zău de Cîmpie
61
Miercurea Nirajului
Sărățeni
VF HARGHITA
1801
E60/E81
TÎRGU MUREȘ
15
Corund
HARGHITEI
Racu
Frumoasa
Băișoara
Arieșul
Iedu
13A
Ghindari
G
H
12A
Turda
E
15
Cîmpia Turzii
F
Ungheni
E60
Acățari
13A
Zetea
Miercurea Ciuc
Buru
Sîngeorgiu de Pădure
Luna
50
Luduș
34
13
Vlăhița

48
167
47
62
Dunajevcy
Novaja Ušica
Kopajgorod
Šargorod
Džurin
Murovanyje
Borščev
6
Orinin
Kamenec-Podol'skij
Staraja Ušica
Sokir'any
Mogil'ov-Podol'skij
Babčincy
Ber'ozovka
Tomašpol'
Mel'nica-Podol'skaja
Okníca
Chotyn
Kel'mency
Bricany
Jampol'
Korbu
Soroki
Kicman'
5
Lipkany
Rus'any
Jedincy
Kalininsk
ČERNOVCY
Novoselica
Rădăuţi Prut
Darabani
Drokija
Gerca
Lişna
Ryškany
Floreşty
Glybokaja
Avrămeni
Manoleasa
Porubnoje
Dorohoi
Vorniceni
Săveni
Mihăileni
Hăneşti
Siret
Dîngeni
Ungureni
BEL'CY
Maghera
Braneşty
Glod'any
4
Rădăuţi
Brăeşti
Ştefăneşti
Zvoriştea
Truseşti
Bobuleşti
Marginea
Grăniceşti
Bucecea
Botoşani
Blîndeşti
Albeşti
Lazovsk
Suceviţa
Suliţa
Faleşty
Solca
Arbore
Sînta Maria
Suceava
Dumbrăveni
Nicolae Bălcescu
Răuşeni
Frumosu
Manastirea Humorului
Ilişeşti
Frumuşica
Bivolari
Păltinoasa
Şipote
Trifeşti
Korneşty
Gura Humorului
Frasin
Voroneţ
Preuteşti
Baişeşti
Hîrlău
Gropniţa
Fălticeni
3
Dolhasca
Lespezi
M. STÎNIŞOARE
Vînători
Ungeny
Balş
Boroaia
Drăguşeni
Podul Iloaiei
Ruginoasa
Bălţaţi
IAŞI
Brusturi
Moţca
Paşcani
Tirgu Frumos
Tomeşti
Mănăstirea Neamţ
BIVOLU
Broşteni
Pluton
Tirgu Neamţ
Miroslăveşti
Osoi
Sineşti
Agapia
Văratec
Bălţăteşti
Hălăuceşti
Voineşti
Costuleni
Borca
Mădîrjac
Ţibana
BUDACU
Poiana Teiului
Hangu
Răducăneni
Săbăoani
Bodeşti
Lacul Bicaz
Dobreni
Cordun
Scînteia
Coropceni
Girov
Bozienii de Sus
Roman
Drînceni
Albiţa
2
TOACA
Piatra Neamţ
Todireşti
Vultureşti
Tulgheş
Bicaz
Negreşti
Soleşti
Băceşti
Tarcău
Roznov
M. GOSMANUL
Podoleni
MUNŢII TARCĂULUI
Huşi
Buhuşi
Pungeşti
Ştefan cel Mare
Lacu Roşu
Filipeşti
Creţeşti
Ditrău
Pringaraţi Trecatoare
Plopana
Vaslui
Secuieni
Dragomireşti
Buda
Gheorgheni
Luncani
Gloduri
Crasna
Hurdugi
GRINDAŞU
BACĂU
Voşlăbeni
Palanca Trecatoare
Lunca de Jos
Palanca
Scorţeni
1
Sindominic
Lunca de Sus
Măgireşti
Răchitoasa
Puieşti
Ghimes-Palonka Trecatoare
Agăş
Moineşti
Nicolae Bălcescu
Găgeşti
Sănduleni
MUNŢII BERZUNT
VF HARGHITA
Frumoasa
Comăneşti
Răcăciuni
Pogana
Zorleni
Epureni
Racu
A
Dărmăneşti
B
C
D
Motoşeni
Popeni
HARGHITEI
Miercurea Ciuc
Tirgu Ocna
Gheorghe Gheorghiu-Dej
Podu Turcului
Bîrlad
Vlăhiţa
M. NEMIRA
Prut
Dnestr
Siretul
Moldova
Bistriţa
Bahluiul
Jijia
Başeul
Sitna
Suceava
Bîrladul
Tutova
Kubolta
Murafa
Zbruč
Bistricioara
Tazlăul

Ladyžin
Tul'čin
Ternovka
Kolodistoje
Tiškovka
Dobrovelíčkovka
Novouk
Južnyj Bug
167
Trost'anec
Golovanevsk
Sinjucha
Pesčanyj Brod
Gajvoron
Uljanovka
Puškovo
Obodovka
Beršad'
Ol'šanka
193
Kryžopol'
Čornyj Tašlyk
M21
120
Čečel'nik
Pervomajsk
Blagodatn
Savran'
Ol'gopol'
Pesčanaja
Pesčanka
291
M20
Kodyma
Krivoje Ozero
Poznanka-Pervaja
Kamenka
Balta
L'ubašovka
Slobodka
Kotovsk
Vozn
68
Troickoje
Čičikleja
A280
Rybnica
Rezina
M21
122
Tiligul
Dolinskoje
A253
Mardarovka
Krasnyje Okny
Ves
Kiperčeny
60
Dnestr
A279
Šir'ajevo
A278
Frunzovka
Ber'ozovka
Orgejev
Žovten
Dubossary
Ikel
A253
46
33
M21
Grigoriopol
Červonoznamenka
Bol'shov Kujal'nik
araš
kovets
Strašeny
Kišin'ov
M14
10
A273
97
Kominternovskoje
KIŠIN'OV
M14
75
Razdel'naja
TIRASPOL'
8
Kujal'nickij Liman
35
A276
72
Novyje Aneny
Bendery
11
83
Iljinka
40
Slobodzeja
M23
E581
Hyncešt (Kotovsk)
Hadžibejskij Liman
Rezeny
167
ny
Kamenka
M20
A276
Kogil'nik
Botna
10
Kaušany
M14
ODES
Dnestr
A290
37
Bel'ajevka
72
Botna
Taraklija
ești
Olonešty
Majaki
Čimišlija
Lesnoje
Velikodolinskoje
Iljičovsk
Dnestr
A274
Starokazačje
Dnestrovskij Lima
Lejovo
Sarata
Ovidiopol'
31
Chadžider
Jargara
Belgorod-Dnestrovskij
Bessarabka
Šabo
A283
Komrat
Borodino
A290
Kogil'nik
Prut
63
64
A276
ești
Sarata
E
F
G
H
Kongaz
Arciz
Čadyr-
41

36
69
70
6
5
4
3
2
A
B
C
D
1:1 000 000
0 10 20 30 40 50 km
BORDEAUX
Montalivet-les-Bains
St-Vivien-de-Médoc
St-Genis-de-Saintonge
Archiac
Jonzac
Mirambeau
Lesparre-Médoc
Hourtin-Plage
Hourtin
Étang d'Hourtin
Pauillac
St-Ciers
Montendre
Chevanceaux
Montlieu-la-Garde
Montguyon
Carcans-Plage
Carcans
St-Laurent-et-Médoc
Le Pontet
Blaye
Lamarque
St-Savin
Lacanau-Océan
Lacanau
Étang de Lacanau
Castelnau-de-Médoc
Bourg
La Roche-Chalais
St-André-de-Cubzac
Guîtres
Coutras
Ste-Hélène
Ambarès
Carbon-Blanc
Libourne
Villefranche-de-Lonchat
Arès
Andernos-les-Bains
Mérignac
Lormont
St-Émilion
Castillon-la-Bataille
Arcachon
Gujan-Mestras
Audenge
Pierroton
Pyla-sur-Mer
Cap Ferret
Pilat-Plage
Marcheprime
Facture
Créon
Branne
Labrède
Saucats
Langoiran
Sauveterre-de-Guyenne
Dordogne
Pellegrue
Le Barp
Salles
Étang de Cazaux et de Sanguinet
Biscarrosse-Plage
Sanguinet
Podensac
Cadillac
Duras
St-Macaire
Monségur
Biscarrosse
Étang de Biscarrosse et de Parentis
Belin-Béliet
Hostens
Langon
La Réole
Le Muret
Parentis-en-Born
St-Symphorien
Villandraut
Marmande
Bazas
Mimizan-Plage
Mimizan
Pissos
Sore
Grignols
Labouheyre
Bias
Captieux
Casteljaloux
Lit-et-Mixe
Sabres
Aiguillon
St-Girons-Plage
Morcenx
Labrit
Houeillès
Étang de Léon
Léon
Vianne
Barbaste
Castets
Roquefort
Vieux-Boucau-les Bains
Soustons
Magescq
Tartas
Mont-de-Marsan
St-Justin
Labastide-d'Armagnac
Gabarret
Barbotan-les-Thermes
Mézin
Hossegor
Capbreton
St-Geours-de-Maremne
Dax
Villeneuve-de-Marsan
Montréal
Fourcès
Condom
Labenne
St-Vincent-de-Tyrosse
Montfort
Mugron
Grenade
Eauze
Gondrin
Anglet
Biarritz
Bayonne
Peyrehorade
Hagetmau
St-Sever
Samadet
Aire-s-l'Adour
Nogaro
Vic-Fezensac
Amou
Sarron
Riscle
Hendaye
Hondarribia
Fuenterrabia
Irun
Renteria
St-Jean-de-Luz
Ciboure
Guéthary
Bidart
Ustaritz
Bidache
Salies-de-Béarn
Orthez
Arzacq-Arraziguet
Plaisance
Ascain
Espelette
Hasparren
Ainhoa
Cambo-les-Bains
Itxassou
Sauveterre-de-Béarn
Vera de Bidasoa
Lacq
Marciac
Montesquiou
L'Isle-de-Noé
St-Palais
Artix
Lembeye
Maubourguet
Mirande
Santesteban
Errazu
Elizondo
Irurita
St-Étienne-de-Baigorry
Navarrenx
Mauléon-Licharre
Lescar
Morlaàs
Vic-en-Bigorre
Miélan
St-Jean-Pied-de-Port
Pau
Rabastens-de-Bigorre
Valcarlos
Roncesvalles
Oloron-Ste-Marie
Gan
Soumoulou
Trie
Burguete
Zubiri
Tardets-Sorholus
Aramits
Pontacq
Tarbes
Pouyastruc
Castelnau-Magnoac
Ostiz
Erro
Arudy
Lestelle-Bétharram
Tournay
Ochagavia
Escároz
Larrau
Bedous
St-Pé
Lourdes
Lannemezan
Noain
Aoiz
Isaba
Accous
Eaux-Chaudes
Laruns
Eaux-Bonnes
Argelès-Gazost
Bagnères-de-Bigorre
Montréjeau
Monreal
Roncal
Urdos
Pierrefitte-Nestalas
Campan
Ste-Marie-de-Campan
Bertrand-de-Comminges
Lumbier
Cauterets
Luz-St-Sauveur
La Mongie
Leyre
Candanchú
CÔTE D'ARGENT
LANDES
SIERRA DE LABIA
Embalse de Iradia
Embalse de Usoz
PIC D'ORHY 2017
PIC D'ANIE
PIC DU MIDI D'OSSAU
PIC DU MIDI DE BIGORRE
Col d'Aubisque
Col du Soulor
Col d'Aspin
Col du Somport
Col du Pourtalet
Bizkaia
Golfoa

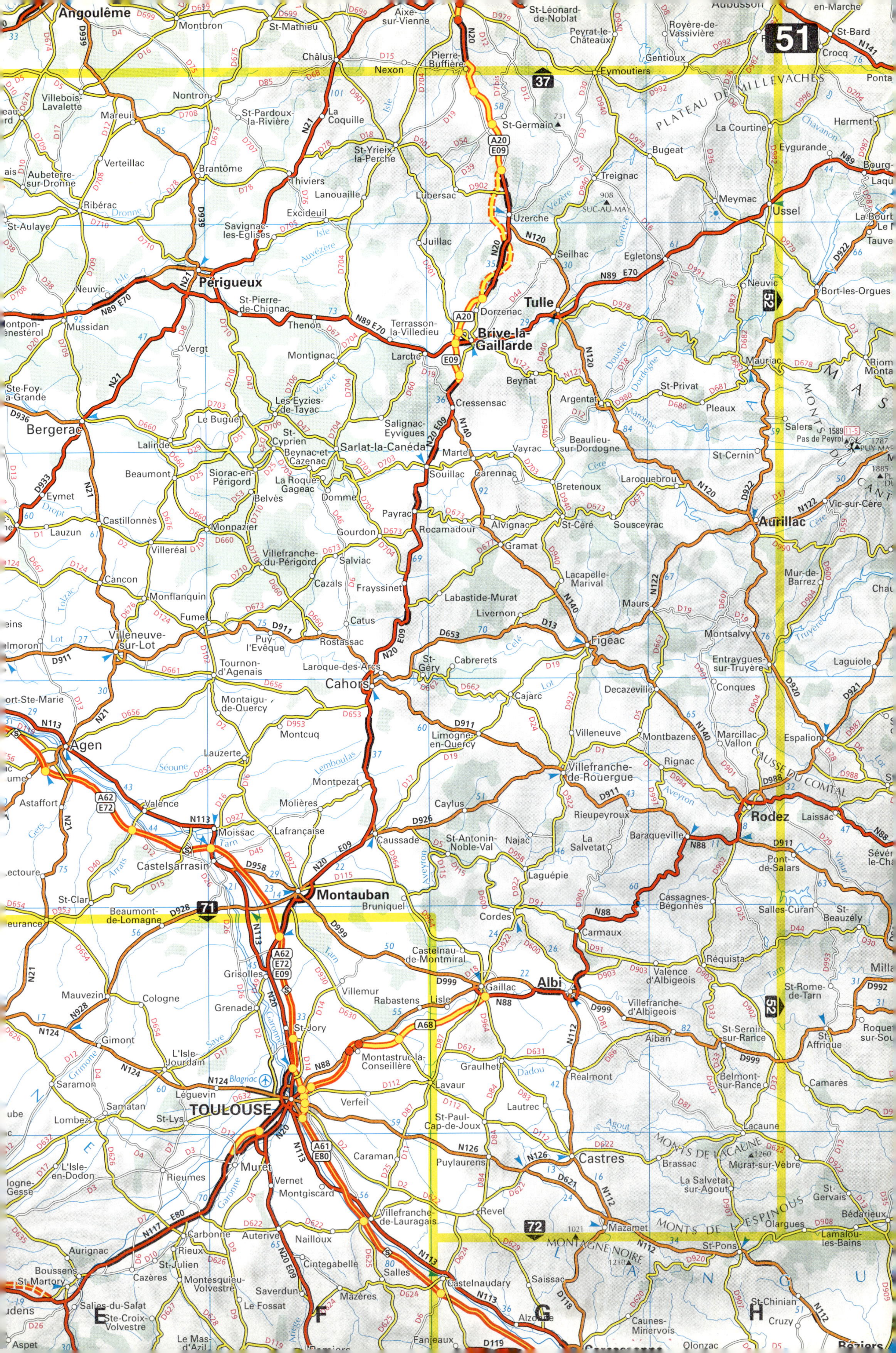
51
37
52
71
72
Angoulême
Montbron
St-Mathieu
Aixe-sur-Vienne
St-Léonard-de-Noblat
Peyrat-le-Château
Royère-de-Vassivière
Aubusson
en-Marche
St-Bard
Crocq
Châlus
Pierre-Buffière
Nexon
Eymoutiers
Gentioux
PLATEAU DE MILLEVACHES
Villebois-Lavalette
Nontron
Mareuil
St-Pardoux-la-Rivière
La Coquille
St-Germain
La Courtine
Herment
Eygurande
Verteillac
Brantôme
St-Yrieix-la-Perche
Bugeat
Aubeterre-sur-Dronne
Ribérac
Thiviers
Lanouaille
Lubersac
Treignac
Meymac
Ussel
SUC-AU-MAY
Excideuil
Uzerche
St-Aulaye
Savignac-les-Eglises
Juillac
Seilhac
Egletons
Périgueux
Neuvic
St-Pierre-de-Chignac
Tulle
Bort-les-Orgues
Mussidan
Thenon
Terrasson-la-Villedieu
Dorzenac
Brive-la-Gaillarde
Vergt
Montignac
Larche
Beynat
Mauriac
Ste-Foy-la-Grande
Les Eyzies-de-Tayac
Cressensac
Argentat
St-Privat
Pleaux
Bergerac
Le Bugue
Salignac-Eyvigues
Beaulieu-sur-Dordogne
Salers
MONTS DU CANTAL
Lalinde
St-Cyprien
Beynac-et-Cazenac
Sarlat-la-Canéda
Martel
Vayrac
Pas de Peyrol
St-Cernin
Beaumont
Siorac-en-Périgord
La Roque-Gageac
Souillac
Carennac
Domme
Bretenoux
Laroquebrou
Eymet
Belvès
Payrac
Aurillac
Vic-sur-Cère
Castillonnès
Lauzun
Monpazier
Gourdon
Rocamadour
Alvignac
St-Céré
Sousceyrac
Villeréal
Villefranche-du-Périgord
Salviac
Gramat
Lacapelle-Marival
Mur-de-Barrez
Cancon
Cazals
Frayssinet
Labastide-Murat
Monflanquin
Livernon
Maurs
Fumel
Catus
Montsalvy
Villeneuve-sur-Lot
Puy-l'Evêque
Rostassac
Figeac
Entraygues-sur-Truyère
Laguiole
Tournon-d'Agenais
Laroque-des-Arcs
St-Géry
Cabrerets
Cahors
Decazeville
Conques
Cajarc
Montaigu-de-Quercy
Agen
Montcuq
Limogne-en-Quercy
Villeneuve
Montbazens
Marcillac-Vallon
Espalion
Lauzerte
Villefranche-de-Rouergue
Rignac
CAUSSE DU COMTAL
Montpezat
Astaffort
Valence
Molières
Caylus
Rieupeyroux
Rodez
Laissac
Moissac
Lafrançaise
St-Antonin-Noble-Val
Najac
La Salvetat
Baraqueville
Caussade
Lectoure
Castelsarrasin
Laguépie
Pont-de-Salars
St-Clar
Montauban
Bruniquel
Cassagnes-Bégonhès
Salles-Curan
Beaumont-de-Lomagne
Cordes
Carmaux
Castelnau-de-Montmiral
Réquista
Grisolles
Valence d'Albigeois
Mauvezin
Cologne
Villemur
Rabastens
Lisle
Gaillac
Albi
Villefranche-d'Albigeois
St-Rome-de-Tarn
Grenade
Gimont
St-Jory
Alban
St-Sernin-sur-Rance
St-Affrique
L'Isle-Jourdain
Montastruc-la-Conseillère
Graulhet
Réalmont
Saramon
Blagnac
Lavaur
Belmont-sur-Rance
Camarès
Léguevin
TOULOUSE
Verfeil
Samatan
St-Lys
St-Paul-Cap-de-Joux
Lautrec
Lacaune
Lombez
Caraman
Puylaurens
Castres
Brassac
Murat-sur-Vèbre
MONTS DE LACAUNE
L'Isle-en-Dodon
Muret
Rieumes
Vernet
Montgiscard
La Salvetat-sur-Agout
Villefranche-de-Lauragais
Revel
St-Gervais
Mazamet
MONTS DE L'ESPINOUSE
Olargues
Carbonne
Auterive
MONTAGNE NOIRE
St-Pons
Lamalou-les-Bains
Bédarieux
Aurignac
Rieux
Nailloux
St-Julien
Cintegabelle
Salles
Boussens
St-Martory
Cazères
Montesquieu-Volvestre
Saverdun
Castelnaudary
Saissac
Mazères
Salies-du-Salat
Ste-Croix-Volvestre
Le Fossat
Alzonne
Caunes-Minervois
St-Chinian
Cruzy
Aspet
Le Mas-d'Azil
Fanjeaux
Olonzac
Béziers
E
F
G
H

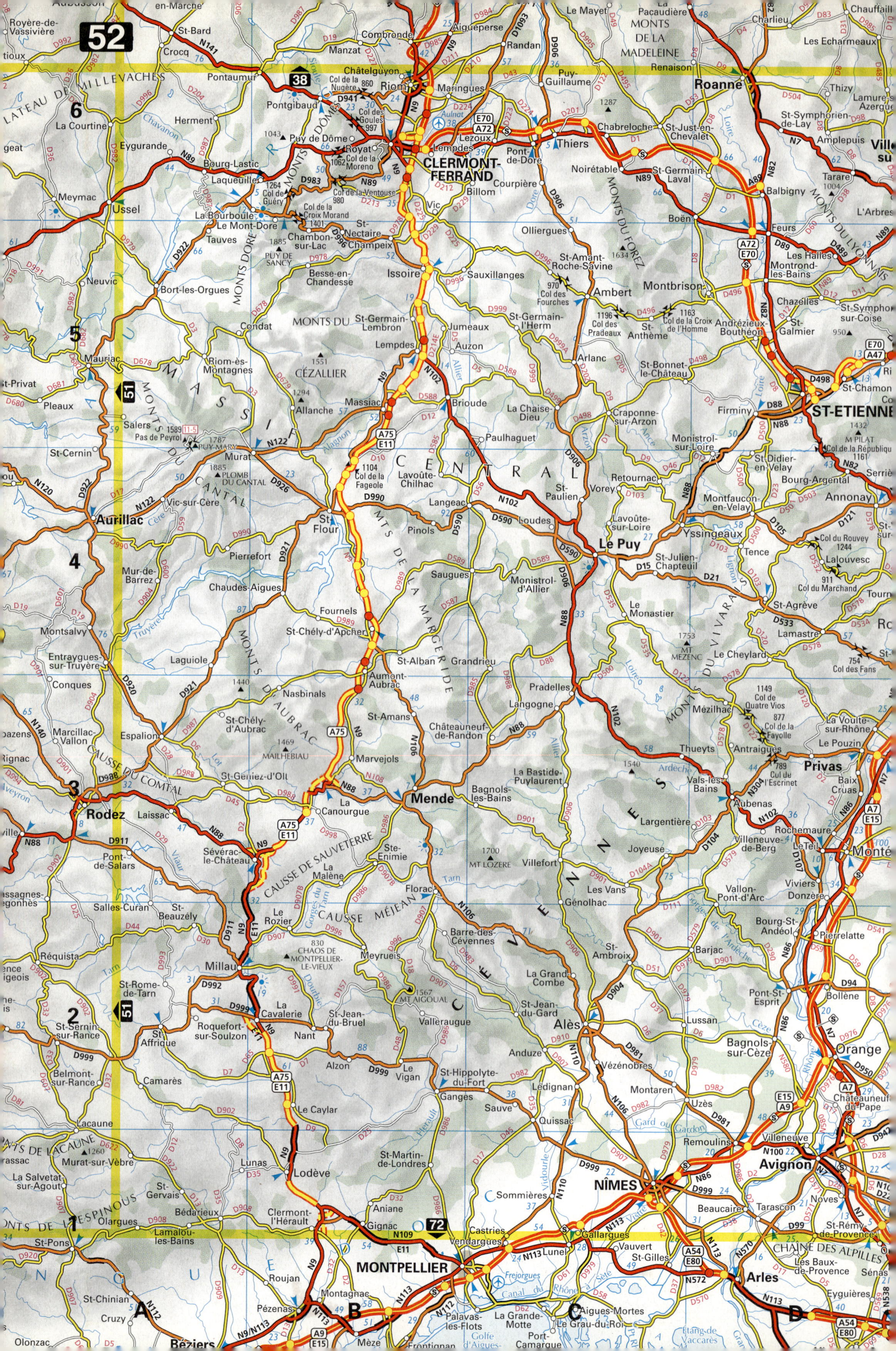

53
54
39
73
86
Bourg-en-Bresse
Oyonnax
Nantua
Dortan
Gex
Divonne
Nyon
Thonon
Evian
Genève
Annemasse
Bonneville
Cluses
Samoëns
Martigny
Monthey
Aigle
Leysin
Vevey
Sallanches
Chamonix-Mont-Blanc
Megève
Annecy
Rumilly
Seyssel
Frangy
Bellegarde-sur-Valserine
Ambérieu-en-Bugey
Meximieux
Pérouges
Trévoux
Villars-les-Dombes
Châtillon-sur-Chalaronne
Thoissey
Belley
Aix-les-Bains
Chambéry
Albertville
Ugine
Beaufort
Bourg-St-Maurice
Moûtiers
Courmayeur
Morgex
Aosta
La Thuile
Pré St-Didier
Tignes
Val d'Isère
Modane
Lanslebourg-Mont-Cenis
Susa
Bardonècchia
Oulx
Sauze d'Oulx
Sestriere
Cesana Torinese
Fenestrelle
Pinerolo
Briançon
Montgenèvre
Valloire
St-Michel-de-Maurienne
St-Jean-de-Maurienne
La Chambre
Montmélian
Allevard
Pontcharra
Voiron
Voreppe
Grenoble
Vizille
Le Bourg-d'Oisans
L'Alpe-d'Huez
La Grave
Le Monêtier-les-Bains
Vienne
Bourgoin-Jallieu
La Tour-du-Pin
Les Abrets
Pont-de-Beauvoisin
Heyrieux
Meyzieu
Beaurepaire
La Côte-St-André
Roybon
Tullins
Vinay
St-Marcellin
Romans-sur-Isère
Valence
Chabeuil
Crest
Die
Saillans
Châtillon-en-Diois
Luc-en-Diois
Pont-en-Royans
Villard-de-Lans
La Mure
Corps
Mens
Clelles
Monestier-de-Clermont
Vif
St-Firmin
St-Bonnet
Orcières
Gap
Veynes
Serres
Aspres-sur-Buëch
Tallard
Chorges
Embrun
Savines-le-Lac
Guillestre
Vars
St-Véran
Aiguilles
Abriès
Barcelonnette
Jausiers
Le Lauzet-Ubaye
Seyne
Sisteron
Laragne-Montéglin
Nyons
Vaison-la-Romaine
Buis-les-Baronnies
Séderon
Carpentras
Sault
Apt
Manosque
Forcalquier
Oraison
Digne-les-Bains
Château-Arnoux
Riez
Castellane
Barrême
St-André-les-Alpes
Annot
Entrevaux
Colmars
Allos
Isola
Auron
St-Etienne-de-Tinée
St-Martin-Vésubie
Roquebillière
Lantosque
Tende
Cuneo
Borgo San Dalmazzo
Vinadio
Dronero
Busca
Saluzzo
Paesana
Crissolo
Casteldelfino
Torre Pellice
MASSIF DES ÉCRINS
PARC DU QUEYRAS
CHAÎNE DE BELLEDONNE
CHAÎNE DES ARAVIS
MASSIF DE LA VANOISE
VERCORS
MONTS DE VAUCLUSE
MONTAGNE DU LUBERON
MT VENTOUX 1909
MT PELVOUX 3914
MONTAGNE DE LURE
E
F
G
H

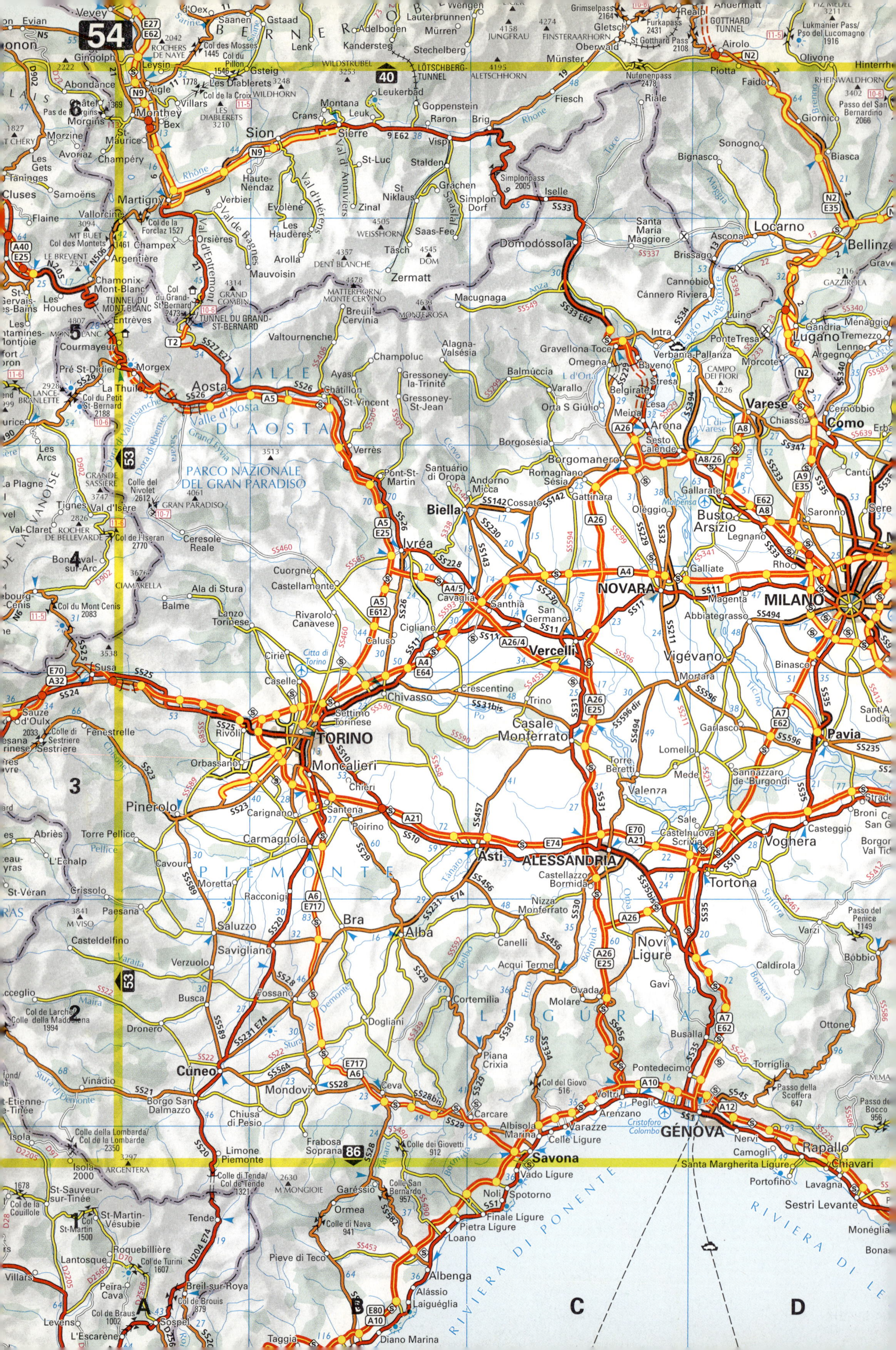

54
40
53
86
Vevey
Evian
Gingolph
Leysin
Aigle
Monthey
Martigny
Sion
Sierre
Visp
Brig
Zermatt
Lenk
Adelboden
Kandersteg
Lauterbrunnen
Mürren
Wengen
JUNGFRAU
FINSTERAARHORN
Münster
Oberwald
Gletsch
Airolo
GOTTHARD TUNNEL
Faido
Biasca
Bellinzona
Locarno
Lugano
Como
Varese
Domodóssola
Simplonpass
Iselle
Saas-Fee
Chamonix-Mont-Blanc
Courmayeur
Aosta
VALLE D'AOSTA
PARCO NAZIONALE DEL GRAN PARADISO
Ivrea
Biella
Novara
MILANO
Vercelli
Chivasso
TORINO
Moncalieri
Pinerolo
Susa
Carmagnola
Asti
ALESSANDRIA
Casale Monferrato
Pavia
Vigévano
Voghera
Tortona
Novi Ligure
Alba
Bra
Saluzzo
Savigliano
Fossano
Cuneo
Mondovì
Ceva
Savona
GÉNOVA
Rapallo
Chiavari
Portofino
Sestri Levante
Albenga
Alássio
Loano
Finale Ligure
Diano Marina
PIEMONTE
LIGURIA
RIVIERA DI PONENTE
RIVIERA DI LEVANTE
Gallarate
Busto Arsizio
Legnano
Saronno
Abbiategrasso
Magenta
Arona
Stresa
Verbania-Pallanza
Ovada
Acqui Terme
Nizza Monferrato
Varazze
Arenzano
A
B
C
D
1
2
3
4
5
6

Thusis
Zernez
Tiefencastel
Bergün
Albulapass 2315
Zuoz
Ofen Pass/ Pass dal Fuorn 2149
Tubre/ Taufers
Mälles Venosta/Mals im Vinschgau
Sluderno/ Schluderns
in Passiria
Passo di Pennes 2215
SARNTALER ALPEN
Savognin
Müstair
Silandro/ Schlanders
Naturno/ Naturns
Merano/ Meran
Bressanone/ Brixen
Splügenpass 2113
La Punt
Samedan
Celerina
St Moritz
Pontresina
LA SCHERA TUNNEL
Livigno
Umbrailpass 2501
Trafoi
Lana
Sarentino/ Sarntal
Chiusa/ Klausen
Pedráces/ Pedratsches
Cresta
Julier Pass 2284
Silvaplana
Sils-Maria
Maloja
Malojapass 1815
Madesimo
Passo del Bernina 2330
Forcola di Livigno 2315
Passo di Foscagno 2291
Passo d'Eira 2200
Bórmio
Passo dello Stélvio 2757
Solda/Sulden
Passo delle Palade 1512
BOLZANO/ BOZEN
Appiano/ Eppan
Ortisei/ St Ulrich
Selva di Val Gardena/ Wolkenstein
Siusi
Sta Cristina/ St Christina
Passo di Sella 2240
Canazei
Passo Pordoi
Arabba
PIZ BERNINA 4049
Chiavenna
Poschiavo
Santa Caterina Valfurva
Péio
Fondo
Nova-Levante/ Welschnofen
Passo di Costalunga 1753
M MARMOLADA 3342
Bagni del Másino
M DISGRAZIA 3678
Chiesa in Valmalenco
Sóndalo
Grósio
Passo di Gávia 2621
Dimaro
Cles
Malè
Passo della Méndola 1363
Ora/Auer
Moena
Passo di San Pellegrino 1918
Falcade
Cencenighe
Campocologno
Ponte di Legno
Passo del Tonale 1883
Campo Carlo Magno 1682
Predazzo
Passo di Rolle 1970
Sondrio
Tirano
Tresenda
Aprica
Passo di Aprica 1176
Edolo
Madonna di Campiglio
Mezzolombardo
Andalo
San Michele all' Adige
Cavalese
San Martino di Castrozza
Morbegno
ALPI ORÓBIE
ADAMELLO 3554
CIMA BRENTA 3150
Molveno
Pinzolo
Lavis
CIMA D'ASTA 2847
Passo di Cereda 1369
Fiera di Primiero
Fóppolo
Passo del Vivione 1828
TRENTINO - ALTO ADIGE
DOLOMITI
Schilpário
Capo di Ponte
Tione di Trento
Vezzano
Trento
Pérgine Valsugana
Roncegno
Borgo Valsugana
Barzio
Branzi
Lenna
Passo della Presolana 1297
Boário Terme
Breno
Ponte Arche
Lévico Terme
Fonzaso
Feltre
Arsiè
Clusone
Darfo
Storo
Arco
Riva
Lavarone
Passo di Vézzena 1402
Primolano
San Pellegrino Terme
Selvino
Gandino
Lovere
Bagolino
Torbole
Mori
Folgaria
Rovereto
Asiago
Fener
M GRAPPA 1775
Pisogne
Cóllio
Limone sul Garda
Lago d'Idro
Arsiero
Pian delle Fugazze 1159
Piovene-Rocchette
Bassano del Grappa
Cornuda
LOMBARDIA
BERGAMO
Seriate
Sárnico
Iseo
Vestone
Gardone Val Trómpia
Idro
Malcesine
Gargnano
Lago di Garda
M BALDO 2218
Ala
Passo Xon 671
Recoaro Terme
Schio
Thiene
Marostica
Montebelluna
Toscolano Maderno
Gardone Riviera
Torri del Benaco
Bosco Chiesanuova
Malo
Castelfranco Veneto
Gorgonzola
Palazzolo
Rovato
Chiari
Gavardo
BRÉSCIA
Salò
Valdagno
Sandrigo
Cittadella
Treviglio
Antegnate
Bardolino
Lazise
Sirmione
Desenzano
Peschiera del Garda
Lonato
VICENZA
Camposampiero
VENETO
Pandino
Bagnolo Mella
Arzignano
Montécchio Maggiore
Crema
Soncino
Orzinuovi
Montichiari
VERONA
Soave
Ghedi
Castiglione delle Stiviere
Lodi
Manérbio
Carpenédolo
Villafranca Veronese
San Bonifácio
Grisignano di Zocco
PADOVA
Abano Terme
Lonigo
Montegrotto Terme
Soresina
Castelleone
Valéggio S Mincio
Villafranca di Verona
Cologna Véneta
Noventa Vicentina
Pontevico
Isola della Scala
Pusterlengo
Codogno
Asola
Góito
Bovolone
Montagnana
Monsélice
Este
Cremona
Canneto sull'Oglio
Piádena
Mantova
Nogara
Cerea
Legnago
Conselve
PIACENZA
Bózzolo
San Giovanni in Croce
Cortemaggiore
Busseto
Sabbioneta
Casalmaggiore
Ostiglia
Badia Polésine
Lendinara
Castelmassa
Rovigo
Ádria
Carpaneto Piacentino
Fiorenzuola d'Arda
Soragna
Colorno
Viadana
Luzzara
Suzzara
Guastalla
San Benedetto Po
Póggio Rusco
Sérmide
Crespino
Castell'Arquato
Lugagnano Val d'Arda
Fidenza
Salsomaggiore Terme
Noceto
Reggiolo
Novellara
Móglia
Novi di Módena
Mirándola
Bondeno
Occhiobello
Polesella
Iolanda di Savóia
Copparo
FERRARA
Pellegrino Parmense
PARMA
Cadelbosco di Sopra
Corréggio
Carpi
San Felice sul Panaro
Finale Emília
Codigoro
Migliarino
Collécchio
Fornovo di Taro
RÉGGIO NELL 'EMILIA
MÓDENA
Crevalcore
Cento
San Pietro in Casale
San Nicolò
Portomaggiore
Bardi
Langhirano
San Polo d'Enza
Rubiera
San Giovanni in Persiceto
Altedo
Argenta
Comácchio
Borgo Val di Taro
Passo della Cisa 1039
Berceto
Canossa
Scandiano
Formigine
Castelfranco Emília
Molinella
Passo di Cento Croci 1055
Casina
Sassuolo
Maranello
EMILIA - ROMAGNA
BOLOGNA
Corniglio
Conselice
Alfonsine
Pontremoli
Busana
Vignola
Bazzano
Casalecchio di Reno
Medicina
Passo del Cerreto 1261
Villa Minozzo
Montefiorino
Castel San Pietro Terme
Lugo
Bagnacavallo
Sasso Marconi
Passo di Pradarena 1572
M CUSNA 2121
Pavullo nel Frignano
Pianoro
Imola
Russi
Fivizzano
Aulla
Vergato
Sestola
Faenza
Sarzana
Pievepelago
Loiano
LA SPÉZIA
Lérici
Carrara
Piazza al Sérchio
Castelnuovo di Garfagnana
M CIMONE 2165
Abetone
Porretta Terme
Castiglione dei Pépoli
Passo della Raticosa 968
Brisighella
Modigliana
Castrocaro Terme
FORLÌ
Forlimpopoli
Bertinoro
Portovenere
Barga
San Marcello
Ponte della Venturina

56
Bressanone/Brixen
Chiusa/Klausen
Brunico/Bruneck
Monguelfo/Welsberg
Dobbiaco/Toblach
Sillian
Lienz
Iselsberg 1204
Oberdrauburg
Greifenburg
Möllbrücke
Seeboden
Millstatt
Spittal an der Drau
Radenthein
San Vigilio/St Vigil
San Candido/Innichen
Sesto/Sexten
St Lorenzen
Gailbergsattel Pass 982
Kötschach-Mauthen
Steinfeld
Techendorf
Weissensee
Weissbriach
Paternion
Annenheim
Hermagor
Villach
Pedráces/Pedratsches
Ortisei/St Ulrich
Selva di Val Gardena/Wolkenstein in Gardena
Passo di Gardena 2121
Corvara in Badia
Passo di Falzarego 2117
Carbonin/Schluderbach
Passo Monte Croce di Comélico 1636
Misurina
Passo del Zovo 1482
Sappada
Plöcken Pass 1362
Tre Croci 1809
Cortina d'Ampezzo
Auronzo di Cadore
San Stéfano di Cadore
Lozzo di Cadore
Passo della Mauria 1298
Forni di Sopra
Ampezzo
Villa Santina
Tolmezzo
Paluzza
Nassfeld Pass 1530
Pontebba
Arnoldstein
Tarvisio
Ratece
Podkoren
Wurzenpaß
Kranjska
Passo di Predil
Predel
Vršič prelaz 1611
Chiusaforte
Passo di Nevea 1190
Bovec
Triglav
Triglav Nacionalni
Bohinjsko Jezero
Kobarid
Tolmin
Zaga
Sta Cristina/St Christina
Siusi
Passo di Sella 2240
Passo Pordoi 2239
Arabba
Passo di Campolongo
Canazei
Passo di Costalunga 1753
Nova Levante/Welschnofen
Moena
Passo di San Pellegrino 1918
M MARMOLADA 3342
Falcade
Alleghe
Cencenighe
Passo di Rolle 1970
Passo Duran 1601
Forcella Staulanza 1773
Forno di Zoldo
Passo Cibiana 1536
Pieve di Cadore
Tai di Cadore
Passo di Sant' Osvaldo 827
Agordo
Longarone
San Vito di Cadore
Ora/Auer
Predazzo
Cavalese
San Martino di Castrozza
Passo di Cereda 1369
Fiera di Primiero
CIMA D'ASTA 2847
DOLOMITI
FRIULI
VENEZIA
GIULIA
Ponte nelle Alpi
Belluno
Sédico
Trichiana
Mel
Lago di S Croce
Bárcis
Maniago
Spilimbergo
Dignano
San Daniele del Friuli
Gemona del Friuli
Carnia
Venzone
Tarcento
Tricesimo
UDINE
Cividale del Friuli
Nova Gorica
Gorizia
Roncegno
Borgo Valsugana
Levico Terme
Passo di Vèzzena
Primolano
Arsiè
Fonzaso
Feltre
M GRAPPA 1775
Fener
Valdobbiádene
Vittório Véneto
Aviano
Sacile
Pordenone
Codróipo
San Vito al Tagliamento
Palmanova
Gradisca
Ronchi dei Legionari
Monfalcone
Asiago
Arsiero
Bassano del Grappa
Maróstica
Thiene
Conegliano
Cornuda
Montebelluna
Spresiano
Oderzo
Azzano Decimo
Motta di Livenza
Latisana
Cervignano del Friuli
San Giórgio di Nogaro
Marano Lagunare
Ausa Corno
Aquileia
Duino
Sistiana
Golfo di Panzano
Sežana
Opicina
TRIESTE
Golfo di Trieste
Grado
Lignano Sabbiadoro
Lignano Pineta
Bibione
Portogruaro
San Stino di Livenza
Ponte di Piave
Castelfranco Véneto
Treviso
Cittadella
Resana
Sandrigo
VICENZA
Camposampiero
Scorzè
San Donà di Piave
Eraclea
Cáorle
Eraclea-Mare
Jésolo
Lido di Jésolo
Mestre
Marco Polo
Murano
VENÉZIA
Lido di Venézia
Mira
Dolo
Strà
PADOVA
Abano Terme
Montegrotto Terme
Grisignano di Zocco
Lonigo
Noventa Vicentina
Monsélice
Este
Piove di Sacco
Pontelongo
Conselve
Laguna Véneta
Chióggia
Sottomarina
Cavárzere
Rosolina Mare
Albarella
Lendinara
Rovigo
Ádria
Loreo
Contarina
Táglio di Po
Porto Tolle
Bocche del Po della Pila
Scardovari
Crespino
Polesella
Occhiobello
Iolanda di Savoia
Ariano nel Polésine
Copparo
FERRARA
Mésola
Codigoro
Pomposa
Migliarino
Bocca del Po delle Tolle
Bocche del Po di Gnocca
Bocca del Po di Goro
San Nicolò
Portomaggiore
Altedo
Lido di Nazioni
Lido di Pompósa
Porto Garibaldi
Lido degli Estensi
Lido di Spina
Comácchio
Valli di Comácchio
Argenta
Molinella
Medicina
Conselice
Alfonsine
Marina Romea
Porto Corsini
Marina di Ravenna
Punta Marina
Lugo
Bagnacavallo
Russi
RAVENNA
Imola
Faenza
Castel San Pietro Terme
Milano Marittima
Cérvia
Cesenático
Brisighella
Modigliana
Castrocaro Terme
FORLÌ
Forlimpopoli
Bertinoro
Piran
Izola
Koper
Ankaran
Múggia
Portorož
Savudrija
Umag
Buje
Novigrad
Vižinada
Livade
Motovun
Poreč
Pazin
Vrsar
Baderna
Kanfanar
Rovinj
Bale
Vodnjan
Pula
1 : 1 000 000
0 10 20 30 40 50 km
A B C D
89
55
1 2 3 4 5 6

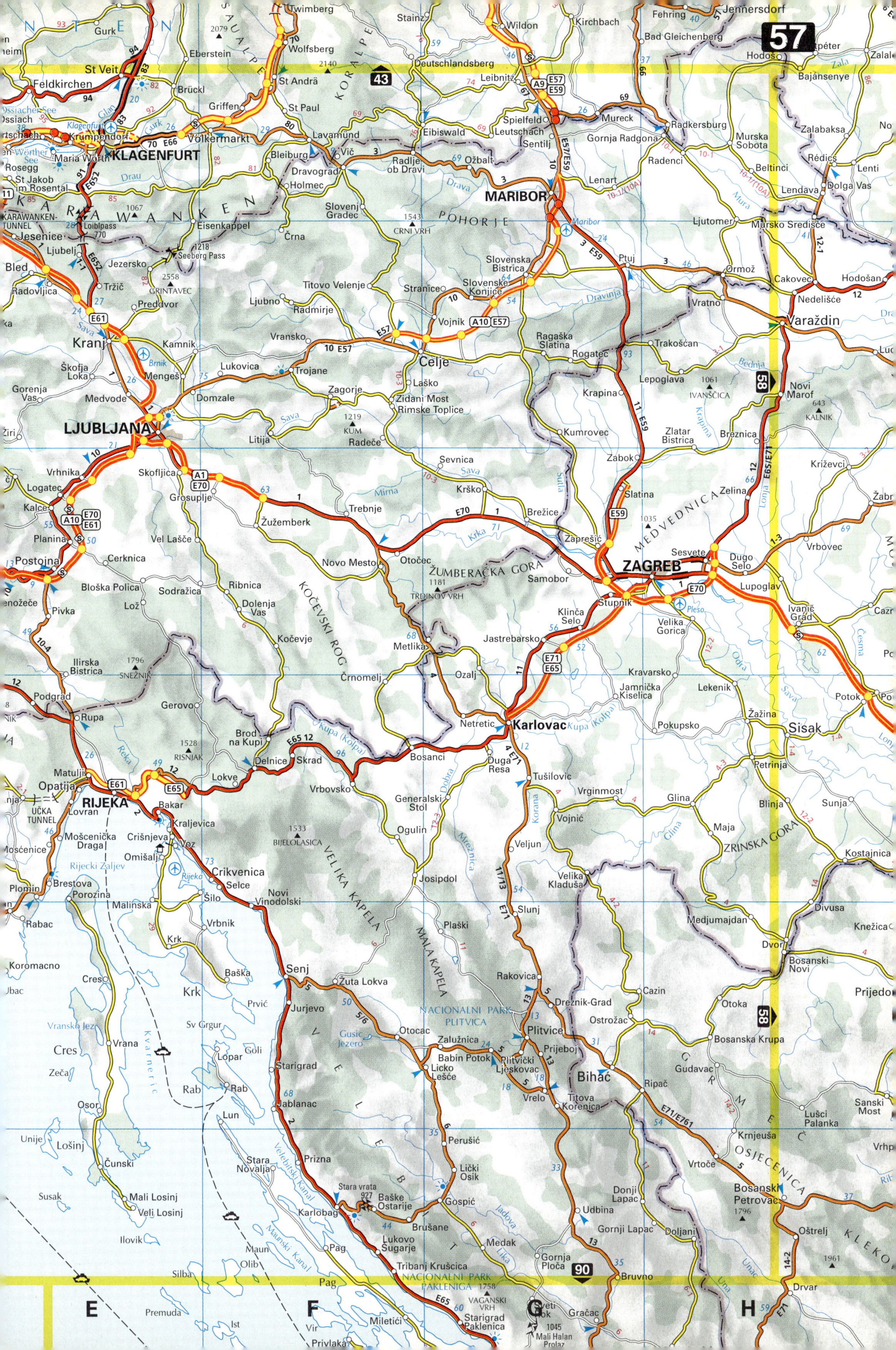

Twimberg
Gurk
Eberstein
Wolfsberg
Stainz
Wildon
Kirchbach
Fehring
Jennersdorf
Bad Gleichenberg
Hodoš
Szentpéter
Zalalövő
Bajánsenye
St Veit
Feldkirchen
Brückl
St Andrä
KORALPE
SAUALPE
Deutschlandsberg
Leibnitz
Griffen
St Paul
Spielfeld
Leutschach
Šentilj
Mureck
Gornja Radgona
Radkersburg
Murska Sobota
Zalabaksa
Rédics
Lenti
Klagenfurt
Krumpendorf
Völkermarkt
Lavamünd
Eibiswald
Ossiacher See
Wörther See
Maria Wörth
KLAGENFURT
Rosegg
St Jakob im Rosental
Bleiburg
Dravograd
Vič
Radlje ob Dravi
Ožbalt
Holmec
Drava
Drau
MARIBOR
Lenart
Radenci
Beltinci
Lendava
Dolga Vas
KARAWANKEN-TUNNEL
KARAWANKEN
Loiblpass
Eisenkappel
Slovenj Gradec
CRNI VRH
POHORJE
Ljutomer
Mursko Središće
Jesenice
Ljubelj
Seeberg Pass
Črna
Ptuj
Ormož
Čakovec
Hodošan
Bled
Radovljica
Jezersko
Tržič
GRINTAVEC
Titovo Velenje
Slovenska Bistrica
Slovenske Konjice
Stranice
Nedelišće
Preddvor
Ljubno
Radmirje
Vojnik
Dravinja
Vratno
Varaždin
Kranj
Kamnik
Vransko
Celje
Ragaška Slatina
Rogatec
Trakošćan
Škofja Loka
Brnik
Menges
Lukovica
Trojane
Laško
Lepoglava
IVANŠČICA
Bednja
Novi Marof
KALNIK
Gorenja Vas
Medvode
Domžale
Zagorje
Zidani Most
Rimske Toplice
Krapina
LJUBLJANA
Litija
KUM
Radeče
Kumrovec
Zlatar Bistrica
Breznica
Sava
Sevnica
Zabok
Križevci
Vrhnika
Skofljica
Grosuplje
Krško
Sutla
Slatina
Zelina
Logatec
Kalce
Mirna
Trebnje
Brežice
MEDVEDNICA
Žužemberk
Krka
Zaprešić
Sesvete
Dugo Selo
Vrbovec
Planina
Vel Lašče
Postojna
Cerknica
Novo Mesto
Otočec
ŽUMBERAČKA GORA
Samobor
ZAGREB
TRDINOV VRH
Lupoglav
Bloška Polica
Sodražica
Ribnica
Lož
Dolenja Vas
KOČEVSKI ROG
Stupnik
Pleso
Ivanić Grad
Pivka
Kočevje
Metlika
Klinča Selo
Jastrebarsko
Velika Gorica
Česma
Ilirska Bistrica
SNEŽNIK
Črnomelj
Ozalj
Kravarsko
Jamnička Kiselica
Lekenik
Odra
Podgrad
Gerovo
Netretić
Karlovac
Kupa (Kolpa)
Pokupsko
Žažina
Potok
Sisak
Rupa
RISNJAK
Brod na Kupi
Delnice
Skrad
Bosanci
Duga Resa
Petrinja
Matulji
Opatija
Lokve
Vrbovsko
Tušilovac
Vrginmost
Glina
Blinja
Sunja
RIJEKA
Lovran
UČKA TUNNEL
Bakar
Kraljevica
BIJELOLASICA
Generalski Stol
Dobra
Korana
Vojnić
Maja
ZRINSKA GORA
Mošćenička Draga
Crišnjeva
Omišalj
Ogulin
Veljun
Kostajnica
Rijecki Zaljev
Rijeka
Crikvenica
Selce
Novi Vinodolski
VELIKA KAPELA
Josipdol
Mrežnica
Velika Kladuša
Plomin
Brestova
Porozina
Malinska
Šilo
Slunj
Divusa
Rabac
Vrbnik
Plaški
Medjumajdan
Knežica
Krk
MALA KAPELA
Dvor
Bosanski Novi
Koromacno
Cres
Baška
Senj
Žuta Lokva
Rakovica
Cazin
Prijedor
Prvić
Jurjevo
Drežnik-Grad
Otoka
Vranska Jezero
Sv Grgur
NACIONALNI PARK PLITVICA
Ostrožac
Cres
Vrana
Goli
Gusic Jezero
Otocac
Zalužnica
Plitvice
Prijeboj
Bosanska Krupa
Zeča
Lopar
Starigrad
Babin Potok
Licko Lešće
Plitvički Ljeskovac
Bihać
Ripač
Gudavac
Rab
Vrelo
Titova Korenica
Osor
Jablanac
Lun
Lušci Palanka
Sanski Most
Unije
Lošinj
Perušić
Krnjeuša
Čunski
Stara Novalja
Prizna
Lički Osik
Vrtoče
OSJEČENICA
Velebitski Kanal
Stara vrata
Baške Ostarije
Gospić
Donji Lapac
Bosanski Petrovac
Susak
Mali Losinj
Veli Losinj
Karlobag
Udbina
Brušane
Gornji Lapac
Doljani
Oštrelj
Ilovik
Maun
Pag
Lukovo Šugarje
Medak
Olib
Maunski Kanal
Tribanj Kruščica
Gornja Ploča
Bruvno
Una
Unac
KLEKOVAČA
Silba
Pag
NACIONALNI PARK PAKLENICA
VAGANSKI VRH
Drvar
Premuda
Ist
Vir
Miletići
Starigrad Paklenica
Sveti Rok
Gračac
Mali Halan Prolaz
Privlaka

43
58
90

E F G H

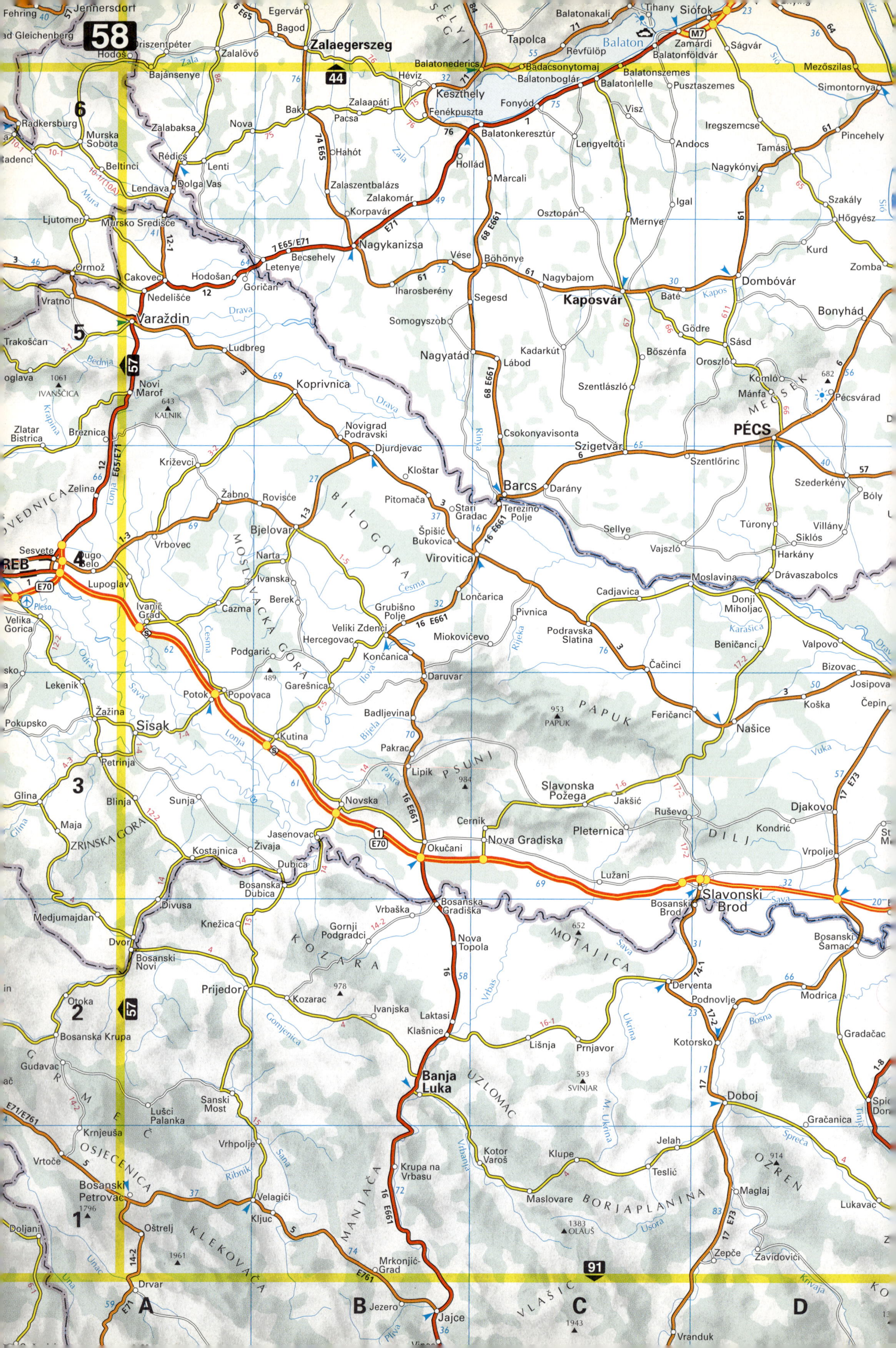

58
44
57
91
A
B
C
D
1
2
3
4
5
6
Fehring
Jennersdorf
Bad Gleichenberg
Hodoš
Kriszentpéter
Egervár
Bagod
Zalaegerszeg
Zalalövő
Bajánsenye
Zala
Tapolca
Balatonakali
Tihany
Siófok
Révfülöp
Balaton
Zamárdi
Balatonföldvár
Ságvár
Mezőszilas
Balatonederics
Badacsonytomaj
Balatonboglár
Balatonszemes
Balatonlelle
Pusztaszemes
Hévíz
Keszthely
Fonyód
Fenékpuszta
Zalaapáti
Bak
Pacsa
Simontornya
Visz
Radkersburg
Murska Sobota
Zalabaksa
Nova
Iregszemcse
Balatonkeresztúr
Lengyeltóti
Andocs
Tamási
Pincehely
Hahót
Rédics
Lenti
Beltinci
Lendava
Dolga Vas
Zalaszentbalázs
Holládi
Marcali
Nagykónyi
Zalakomár
Korpavár
Igal
Szakály
Ljutomer
Mursko Središće
Osztopán
Mernye
Hőgyész
Nagykanizsa
Becsehely
Letenye
Vése
Böhönye
Kurd
Ormož
Čakovec
Hodošan
Goričan
Nedelišće
Iharosberény
Segesd
Nagybajom
Kaposvár
Baté
Kapos
Dombóvár
Zomba
Vratno
Varaždin
Drava
Somogyszob
Gödre
Bonyhád
Trakošćan
Ludbreg
Nagyatád
Kadarkút
Lábod
Bőszénfa
Sásd
Oroszló
Komló
Bednja
Ivanščica
Novi Marof
Koprivnica
Mánfa
Mecsek
Pécsvárad
Kalnik
Szentlászló
Zlatar Bistrica
Breznica
Novigrad Podravski
Djurdjevac
Csokonyavisonta
Szigetvár
PÉCS
Krapina
Križevci
Kloštar
Szentlőrinc
Barcs
Darány
Sederkény
Bóly
Zelina
Žabno
Rovišće
Pitomača
Stari Gradac
Terezino Polje
Lonja
Bjelovar
Bilogora
Špišić Bukovica
Sellye
Túrony
Villány
Siklós
Harkány
Vrbovec
Moslavačka
Sesvete
Dugo Selo
Narta
Virovitica
Vajszló
ZAGREB
Lupoglav
Ivanska
Česma
Moslavina
Drávaszabolcs
E70
Pleso
Ivanić Grad
Berek
Lončarica
Cadjavica
Donji Miholjac
Velika Gorica
Čazma
Grubišno Polje
Pivnica
Karašica
Veliki Zdenci
Hercegovac
Miokovićevo
Podravska Slatina
Beničanci
Valpovo
Podgarić
Končanica
Garešnica
Ilova
Daruvar
Čačinci
Bizovac
Josipova
Lekenik
Potok
Popovaca
Koška
Badljevina
Papuk
Feričanci
Žažina
Pokupsko
Sisak
Kutina
Bijela
Našice
Čepin
Petrinja
Pakrac
Lipik
Psunj
Vuka
Glina
Blinja
Sunja
Novska
Slavonska Požega
Jakšić
Ruševo
Djakovo
Maja
Zrinska Gora
Cernik
Nova Gradiška
Pleternica
Kondrić
Kostajnica
Jasenovac
Živaja
Okučani
Dilj
Vrpolje
Dubica
Bosanska Dubica
Lužani
Slavonski Brod
Bosanski Brod
Sava
Divusa
Bosanska Gradiška
Vrbaška
Gornji Podgradci
Kneżica
Medjumajdan
Motajica
Bosanski Šamac
Dvor
Bosanski Novi
Nova Topola
Kozara
Derventa
Modrica
Prijedor
Kozarac
Podnovlje
Otoka
Ivanjska
Laktaši
Bosna
Bosanska Krupa
Klašnice
Lišnja
Prnjavor
Kotorsko
Gradačac
Gomjenica
Vrbas
Ukrina
Gudavac
Banja Luka
Uzlomac
Svinjar
Grmeč
Sanski Most
Doboj
Lušci Palanka
Krnjeuša
Vrhpolje
Sana
Kotor Varoš
Gračanica
Spreča
Osječenica
Jelah
Klupe
Vrtoče
Ribnik
Krupa na Vrbasu
Teslić
Ozren
Bosanski Petrovac
Velagići
Maslovare
Borja planina
Maglaj
Ključ
Klekovača
Manjača
Olauš
Usora
Lukavac
Oštrelj
Doljani
Una
Unac
Mrkonjić-Grad
Zepče
Zavidovići
Drvar
Krivaja
Jezero
Vlašić
Jajce
Pliva
Vranduk

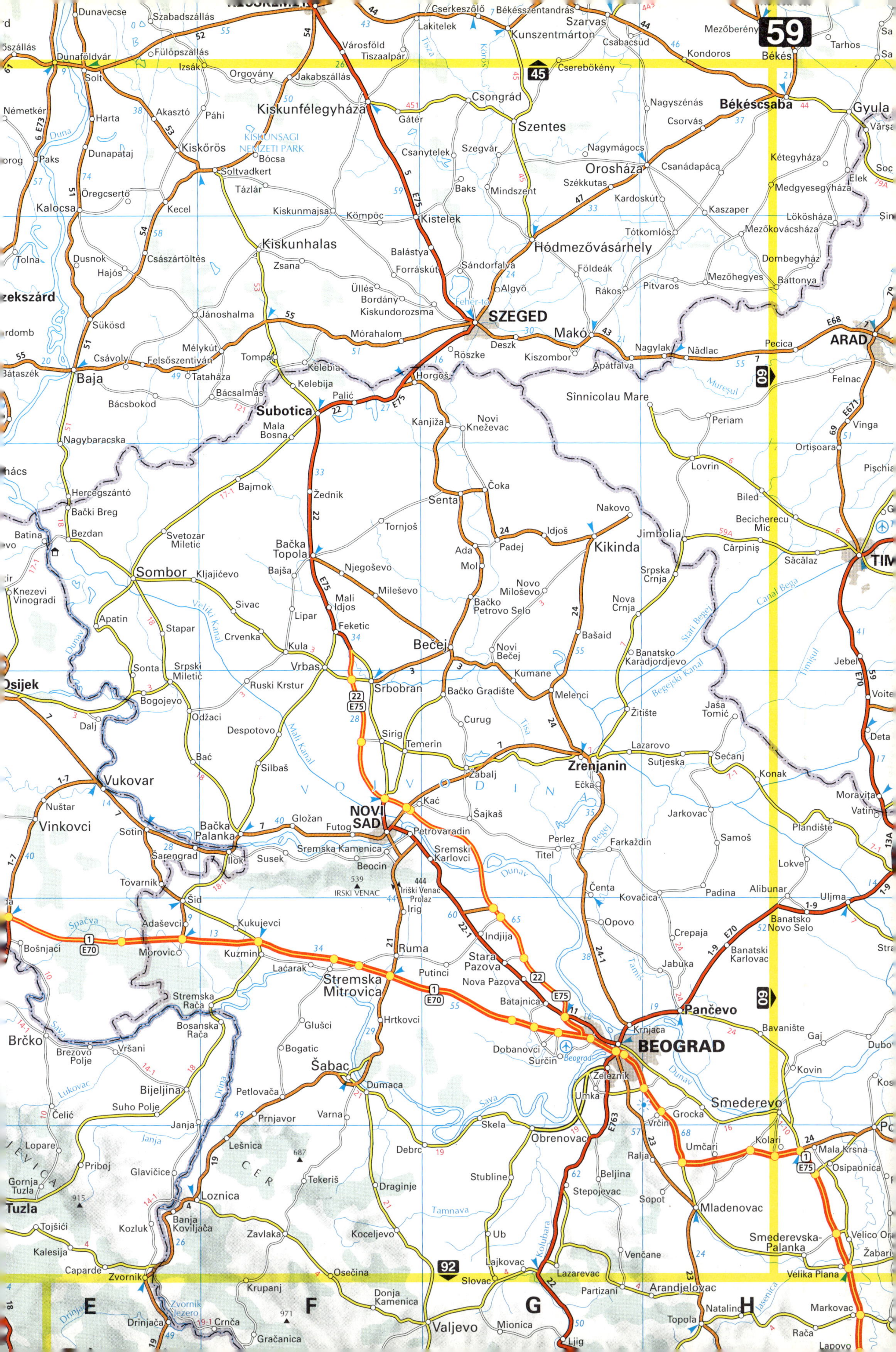
59
Dunavecse
Szabadszállás
Cserkeszőlő
Békésszentandrás
Szarvas
Mezőberény
Lakitelek
Kunszentmárton
Csabacsüd
Tarhos
Dunaföldvár
Fülöpszállás
Városföld
Tiszaalpár
Kondoros
Békés
Solt
Izsák
Orgovány
Jakabszállás
45
Cserebökény
Németkér
Harta
Akasztó
Páhi
Kiskunfélegyháza
Gátér
Csongrád
Nagyszénás
Békéscsaba
Gyula
Duna
Dunapataj
Kiskőrös
KISKUNSÁGI NEMZETI PARK
Bócsa
Szentes
Csorvás
Paks
Soltvadkert
Csanytelek
Szegvár
Nagymágocs
Kétegyháza
Öregcsertő
Tázlár
Baks
Orosháza
Csanádapáca
Elek
Kalocsa
Kecel
Kiskunmajsa
Kömpöc
Kistelek
Mindszent
Székkutas
Kardoskút
Medgyesegyháza
Kaszaper
Lökösháza
Tolna
Kiskunhalas
Dusnok
Hajós
Császártöltés
Zsana
Balástya
Forráskút
Sándorfalva
Hódmezővásárhely
Tótkomlós
Mezőkovácsháza
Dombegyház
Üllés
Bordány
Kiskundorozsma
Algyő
Földeák
Rákos
Pitvaros
Mezőhegyes
Battonya
Szekszárd
Jánoshalma
Sükösd
SZEGED
Makó
Mórahalom
Deszk
Nagylak
Nădlac
Pecica
ARAD
Mélykút
Tompa
Röszke
Kiszombor
Apátfalva
Bátaszék
Csávoly
Felsőszentiván
Tataháza
Kelebia
Kelebija
Horgoš
Felnac
Baja
Bácsalmás
Palić
Mureşul
Sînnicolau Mare
Bácsbokod
Subotica
Mala Bosna
Kanjiža
Novi Kneževac
Periam
Vinga
Nagybaracska
Ortişoara
Lovrin
Pişchia
Bajmok
Čoka
Hercegszántó
Biled
Bački Breg
Senta
Nakovo
Žednik
Batina
Bezdan
Svetozar Miletic
Tornjoš
Idjoš
Padej
Becicherecu Mic
Jimbolia
Bačka Topola
Ada
Kikinda
Cărpiniş
Săcălaz
Sombor
Kljajićevo
Bajša
Njegoševo
Mol
Srpska Crnja
Knezevi Vinogradi
Mali Idjos
Mileševo
Novo Miloševo
Nova Crnja
Canal Bega
Apatin
Sivac
Lipar
Bačko Petrovo Selo
Stapar
Crvenka
Feketić
Bašaid
Stari Begej
Veliki Kanal
Kula
Bečej
Novi Bečej
Banatsko Karadjordjevo
Jebel
Timişul
Sonta
Srpski Miletić
Vrbas
Kumane
Osijek
Ruski Krstur
Srbobran
Bačko Gradište
Melenci
Begejski Kanal
Voiteg
Bogojevo
Odžaci
Žitište
Jaša Tomić
Dalj
Despotovo
Curug
Deta
Sirig
Temerin
Lazarevo
Bač
Silbaš
Mali Kanal
Zrenjanin
Sutjeska
Sečanj
Vukovar
Žabalj
Ečka
Konak
VOJVODINA
Moraviţa
Nuštar
Kać
Vatin
Vinkovci
Sotin
Bačka Palanka
Gložan
Futog
NOVI SAD
Šajkaš
Jarkovac
Plandište
Petrovaradin
Šarengrad
Ilok
Susek
Sremska Kamenica
Sremski Karlovci
Perlez
Titel
Farkaždin
Samoš
Beocin
Lokve
Tovarnik
539
IRSKI VENAC
444
Iriški Venac
Prolaz
Čenta
Kovačica
Padina
Alibunar
Šid
Irig
Uljma
Spačva
Adaševci
Kukujevci
Opovo
Banatsko Novo Selo
Bošnjaci
Morovic
Kuzmin
Ruma
Indjija
Crepaja
Banatski Karlovac
Laćarak
Stara Pazova
Jabuka
Stremska Rača
Stremska Mitrovica
Putinci
Nova Pazova
Bosanska Rača
Batajnica
Pančevo
Sava
Glušci
Hrtkovci
Bavanište
Brčko
Krnjača
Gaj
Brezovo Polje
Vršani
Bogatic
Dobanovci
BEOGRAD
Surčin
Beograd
Dubo
Kovin
Bijeljina
Šabac
Dumaca
Železnik
Lukovac
Petlovača
Umka
Smederevo
Suho Polje
Čelić
Prnjavor
Varna
Grocka
Janja
Skela
Vrčin
Lopare
Lešnica
687
Debrc
Obrenovac
Umčari
Kolari
Mala Krsna
Priboj
Glavičice
CER
Ralja
Osipaonica
Gornja Tuzla
Tekeriš
Draginje
Stubline
Beljina
915
Loznica
Stepojevac
Sopot
Tuzla
Tamnava
Mladenovac
Tojšići
Kozluk
Banja Koviljača
Zavlaka
Koceljevo
Ub
Smederevska-Palanka
Velico Orašje
Kalesija
Venčane
Žabari
92
Caparde
Zvornik
Osečina
Lajkovac
Kolubara
Lazarevac
Slovac
Velika Plana
Krupanj
Partizani
Arandjelovac
E
F
G
H
Donja Kamenica
Natalinci
Markovac
Zvornik Jezero
971
Drinjača
Crnča
Valjevo
Mionica
Topola
Jasenica
Rača
Gračanica
Ljig
Lapovo

60
46
59
93
Békés
Békéscsaba
Gyula
Salonta
Tulca
Holod
Răbăgani
Căbești
Meziad
Budureasa
Stîna de Vale
Beliș
Călățele
Ciumeghiu
Batăr
Tinca
Belfir
Beiuș
Sarkadkeresztúr
Sarkad
Tarhos
Kondoros
Nagyszénás
Csorvás
Csanádapáca
Kétegyháza
Elek
Medgyesegyháza
Kaszaper
Lökösháza
Mezőkovácsháza
Dombegyház
Mezőhegyes
Battonya
Vărșand
Zerind
Socodor
Chișineu Criș
Nădab
Șimand
Zărand
Seleuș
Ineu
Bocsig
Berechiu
Cermei
Craiova
Beliu
Sebiș
Buteni
Gurahonț
CODRU-MOMA
Dr Petru Groza
Vașcău
Nucet
Arieșeni
Scărișoara
Albac
Arada
BIHOR
Avram Iancu
Cîmpeni
Bistra
Lupșa
Cărpiniș
Abrud
Ciuruleasa
Bucium
Vîrfurile
Hălmagiu
Baia de Criș
Crișcior
Brad
Zlatna
M METALIFERI
M ZARANDULUI
Moneasa
PLEȘUL
VF DROCEA
HOGHIS
Slatina de Mureș
Zimandu Nou
Șiria
Horia
ARAD
Vladimirescu
Covăsinț
Păuliș
Radna
Bîrzava
Căpruța
Lipova
Ususău
Săvîrșin
Iteu
Burjuc
Ilia
Vălișoara
Șoimuș
Geoagiu Băi
Deva
Simeria
Orăștie
Dobra
Nădlac
Pecica
Felnac
Zăbrani
Periam
Vinga
Ortișoara
Fibiș
Pișchia
Șiștarovăț
Cuveșdia
Birchiș
Făget
Margina
Lovrin
Biled
Becicherecu Mic
Cărpiniș
Săcălaz
Giarmata
Recaș
Topolovățu
Remetea Mare
Belinț
TIMIȘOARA
Hitiaș
Lugoj
Buziaș
Hunedoara
Călan
Hațeg
Totești
Sîntămăria Orlea
Sarmizegetusa
Bucova
Pui
M POIANA RUSCĂI
PEDESUL
Valea Bistrei
Oțelu Roșu
Voislova
Obreja
Caransebeș
Poiana Mărului
Borlova
Poarta de Fier Trecatoare
PARC NATIONAL RETEZAT
PELEAGA
Gura Zlata
M RETEZATULUI
Uricani
Lupeni
Cîmpu lui Neag
GUGU
Canal Bega
Jebel
Voiteg
Vermeș
Firliug
Ezeriș
Brebu
Gătaia
Berzovia
Bocșa
Bocșa Vasiovei
Deta
Reșița
Lupac
Slatina Timiș
Brebu Nou
Teregova
VÎRFUL GOZNA
Carașova
Secășeni
Domașnea
Poarta Orientală
Cornea
Jaša Tomić
Sečanj
Konak
Jarkovac
Samoš
Plandište
Moravița
Jamu Mare
Vatin
Comoriște
Grădinari
Vršac
Lokve
Padina
Alibunar
Uljma
Banatsko Novo Selo
Crepaja
Banatski Karlovac
Jabuka
Straža
Bela Crkva
Anina
Oravița
Răcășdia
Pîrvova
Pătaș
Bozovici
Mehadia
M SEMENICULUI
Băile Herculane
M MEHEDINȚULUI
Runcu
Peștișani
Tismana
Celeiu
Baia de Aramă
Ponoare
Balta
Ploștina
Motru
Florești
Broșteni
Pančevo
BEOGRAD
Bavanište
Gaj
Kovin
Dubovac
Naidăș
Sasca Montană
Pojejena
Cărbunari
Moldova Nouă
Moldova Veche
Veliko Gradište
Topolovnik
Kostolac
Braničevo
Golubac
Dobra
Berzasca
Orșova
Ogradena
Topleț
Gura Văii
Turnu Severin
Tekija
Sip
Kladovo
Balota
Colaretu
Smederevo
Grocka
Umčari
Kolari
Požarevac
Mala Krsna
Osipaonica
Salakovac
Rabrovo
Turija
Poljana
Cazane
Plavișevița
Svinița
Golubinje
Milutinovac
Korbovo
Hinova
ȘOMRDA
Mladenovac
Smederevska-Palanka
Velico Orašje
Aleksandrovac
Kucevo
Majdanpek
Donji Milanovac
Brza Palanka
Vinju Mare
Corlățel
Mihajlovac
Melnica
Petrovac
Žabari
Velika Plana
Rudna Glava
Miloševa Kula
Klokočevac
Plavna
Štubik
Prahovo
Recea
Negotin
Cujmir
Arandjelovac
Natalinci
Topola
Markovac
Rača
Lapovo
Svilajnac
Krepoljin
Krupaja
Žagubica
VELIKI
STOL
Luka
Salaš
Kobišnica
Bregovo
Vrův
Novo Selo
Dunav
Mureșul
Bega
Timișul
Bîrzava
Nera
Karaš
Cerna
Bistra
Crișul Alb
Crișul Negru
Someșul Cald
Mlava
A
B
C
D
1
2
3
4
5
6

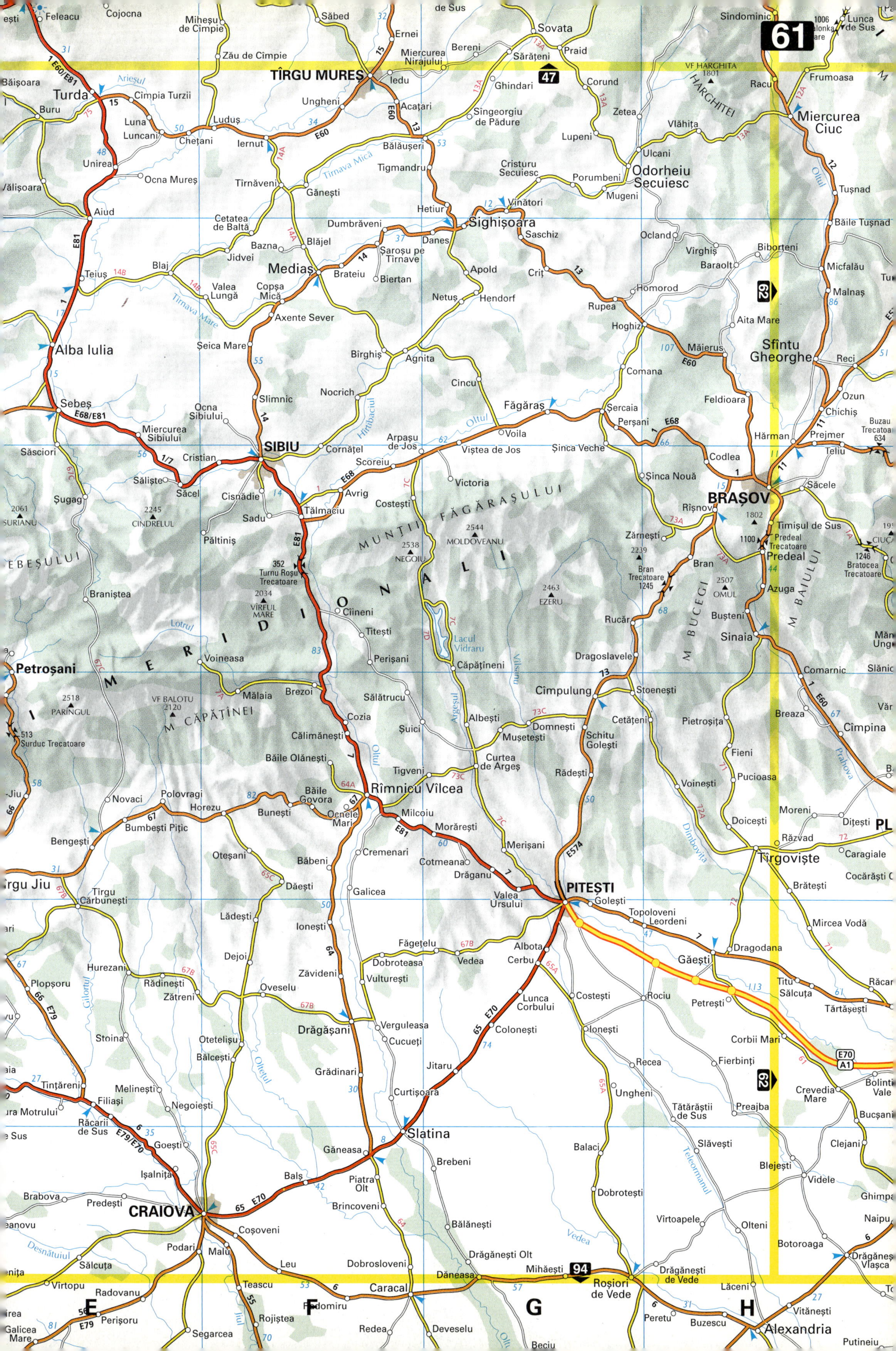
61
Feleacu
Cojocna
Miheşu de Cîmpie
Săbed
de Sus
Ernei
Sovata
Praid
Sindominic
Lunca de Sus
Zău de Cîmpie
TÎRGU MUREŞ
Miercurea Nirajului
Bereni
Sărăţeni
47
VF HARGHITA 1801
HARGHITEI
Băişoara
Turda
Cîmpia Turzii
Iedu
Ghindari
Corund
Racu
Frumoasa
Buru
Ungheni
Acăţari
Luna
Luncani
Luduş
Cheţani
Iernut
E60
Singeorgiu de Pădure
Zetea
Vlăhiţa
Miercurea Ciuc
Unirea
Bălăuşeri
Tîrnava Mică
Tigmandru
Lupeni
Ulcani
Odorheiu Secuiesc
Ocna Mureş
Tîrnăveni
Cristuru Secuiesc
Porumbeni
Mugeni
Tuşnad
Vălişoara
Găneşti
Aiud
Cetatea de Baltă
Dumbrăveni
Hetiur
Vînători
Sighişoara
Băile Tuşnad
E81
Bazna
Blăjel
Saroşu pe Tîrnave
Danes
Saschiz
Ocland
Virghiş
Biborţeni
Jidvei
Mediaş
Brateiu
Apold
Criţ
Baraolt
Micfalău
Teiuş
Blaj
Valea Lungă
Copşa Mică
Biertan
Homorod
Malnaş
Tîrnava Mare
Netuş
Hendorf
Rupea
Aita Mare
Axente Sever
Hoghiz
Alba Iulia
Şeica Mare
Bîrghiş
Agnita
Măierus
Sfîntu Gheorghe
Reci
Comana
Cincu
Ozun
Sebeş
E68/E81
Ocna Sibiului
Nocrich
Slimnic
Făgăraş
Şercaia
Perşani
E68
Feldioara
Chichiş
Miercurea Sibiului
Hîrtibaciul
Oltul
Voila
Hărman
Prejmer
Buzau Trecatoarea 634
Săsciori
Cristian
SIBIU
Cornăţel
Arpaşu de Jos
Vişteа de Jos
Şinca Veche
Codlea
Teliu
Scoreiu
Victoria
Şinca Nouă
BRAŞOV
Săcele
Sălişte
Săcel
Cisnădie
Avrig
Costeşti
Şugag
Sadu
Tălmaciu
Rîşnov
2061 SURIANU
2245 CINDRELUL
MUNŢII FĂGĂRAŞULUI
Zărneşti
1802
Timişul de Sus
Păltiniş
2544 MOLDOVEANU
2538 NEGOIU
1100 Predeal Trecatoare
Predeal
1246 Bratocea Trecatoare
EBEŞULUI
352 Turnu Roşu Trecatoare
2239 Bran Trecatoare 1245
Bran
M. BAIULUI
2507 OMUL
Azuga
Braniştea
2034 VIRFUL MARE
Cîineni
2463 EZERU
Buşteni
M. BUCEGI
Rucăr
Lotrul
Titeşti
Lacul Vidraru
Sinaia
MERIDIONALI
Perişani
Dragoslavele
Comarnic
Slănic
Petroşani
Voineasa
Căpăţîneni
Vîlsanu
Cîmpulung
Stoeneşti
2518 PARINGUL
VF BALOTU 2120
Mălaia
Brezoi
Sălătrucu
Argeşul
M. CĂPĂŢÎNEI
Cozia
Albeşti
Cetăţeni
Pietroşiţa
Breaza
513 Surduc Trecatoare
Călimăneşti
Şuici
Domneşti
Muşeteşti
Schitu Goleşti
Cîmpina
Băile Olăneşti
Curtea de Argeş
Fieni
Rădeşti
Tigveni
Rîmnicu Vîlcea
Pucioasa
Voineşti
Prahova
Novaci
Polovragi
Horezu
Băile Govora
Buneşti
Ocnele Mari
Milcoiu
Moreni
Diţeşti
PL
Bumbeşti Piţic
Morăreşti
Doiceşti
Răzvad
Bengeşti
Oteşani
Cremenari
Cotmeana
Merişani
E574
Caragiale
Tîrgovişte
Dîmboviţa
Băbeni
Drăganu
Tîrgu Jiu
Tîrgu Cărbuneşti
Dăeşti
Galicea
Valea Ursului
PITEŞTI
Goleşti
Brăteşti
Cocărăşti
Lădeşti
Ioneşti
Topoloveni
Leordeni
Mircea Vodă
Hurezani
Dejoi
Făgeţelu
Dobroteasa
Vedea
Albota
Cerbu
Dragodana
Găeşti
Rădineşti
Zătreni
Zăvideni
Vultureşti
Plopşoru
E79
Oveselu
Lunca Corbului
Costeşti
Rociu
Petreşti
Titu
Sălcuţa
Tărtăşeşti
Răcar
Stoina
Oteteliu
Drăgăşani
Verguleasa
Cucueţi
Coloneşti
Ioneşti
Corbii Mari
Bălceşti
Olteţul
Grădinari
Jitaru
Recea
Fierbinţi
E70
A1
Ţînţăreni
Melineşti
Negoieşti
Curtişoara
Ungheni
Crevedia Mare
Bolinti Vale
Filiaşi
Tătărăştii de Sus
Preajba
Bucşani
Motrului
Răcarii de Sus
E79/E70
Goeşti
Slatina
Găneasa
Brebeni
Balaci
Slăveşti
Clejani
Işalniţa
Balş
Piatra Olt
Blejeşti
Videle
Brabova
Predeşti
Brîncoveni
Dobroteşti
Teleormanul
Ghimpa
CRAIOVA
Coşoveni
Bălăneşti
Vîrtoapele
Olteni
Naipu
Desnăţuiul
Podari
Malu
Leu
Drăgăneşti Olt
Vedea
Botoroaga
Sălcuţa
Dobrosloveni
Drăgăneşti Vlaşca
Vîrtopu
Teascu
Caracal
Dăneasa
Mihăeşti
94
Roşiori de Vede
Drăgăneşti de Vede
Lăceni
Radovanu
E
F
G
H
Perişoru
Rojiştea
Redea
Deveselu
Olt
Peretu
Buzescu
Vităneşti
Alexandria
Galicea Mare
Segarcea
Jiu
Beciu
Putineiu

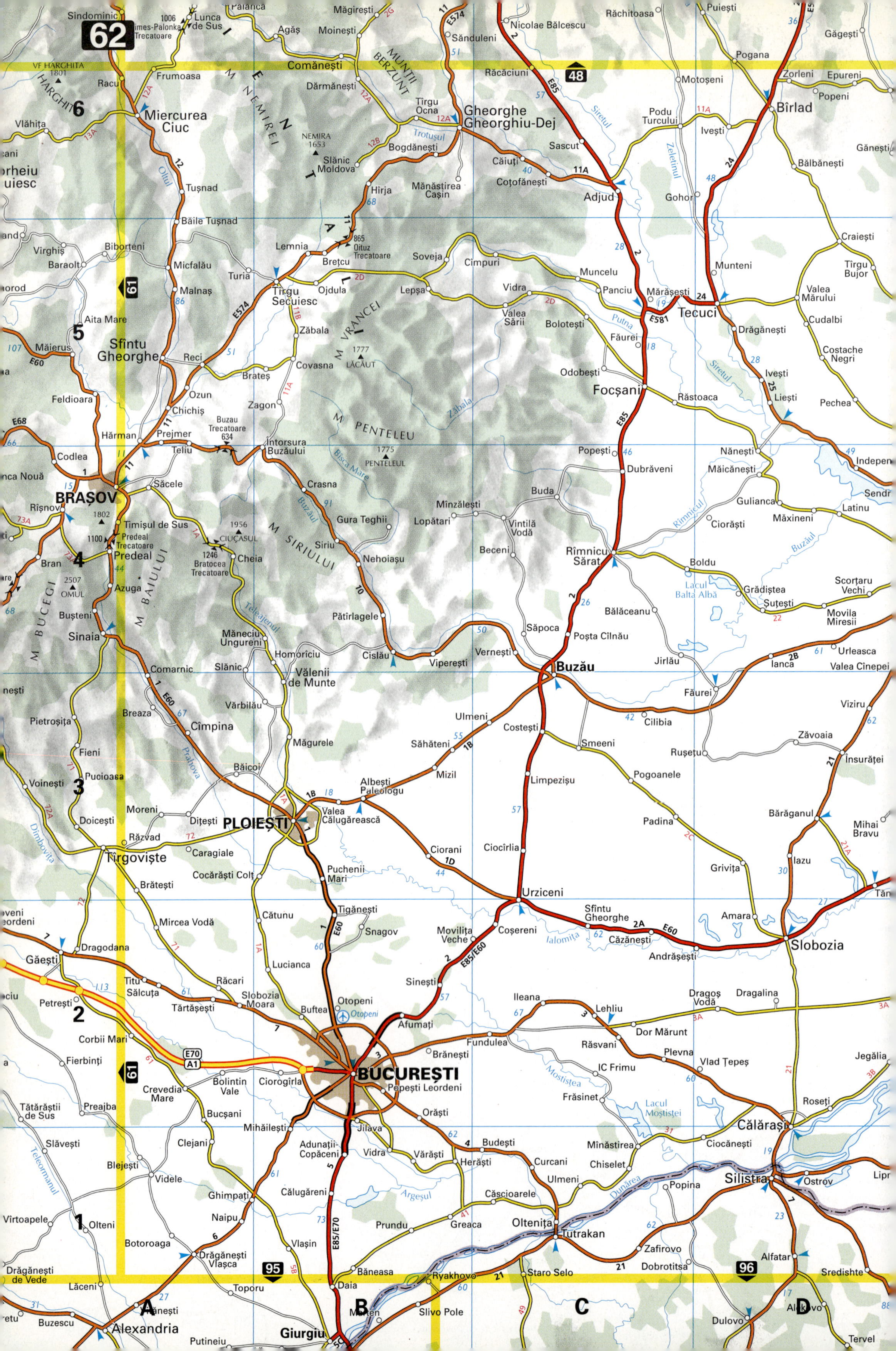
62
Sîndominic
Lunca de Sus
Palanca
Mǎgireşti
Agăş
Moineşti
E574
Sănduleni
Nicolae Bălcescu
Răchitoasa
Puieşti
Găgeşti
VF HARGHITA 1801
Comăneşti
MUNŢII BERZUNŢ
Răcăciuni
48
Pogana
Zorleni
Epureni
Popeni
Bîrlad
Frumoasa
Racu
HARGHITA
6
Vlăhiţa
Miercurea Ciuc
Dărmăneşti
Tîrgu Ocna
Gheorghe Gheorghiu-Dej
Trotuşul
Motoşeni
Podu Turcului
Iveşti
Găneşti
Bălbăneşti
NEMIRA 1653
M. NEMIRE
Slănic Moldova
Bogdăneşti
Căiuţi
Coţofăneşti
Sascut
Adjud
Siretul
Zeletinul
Gohor
Tuşnad
Hîrja
Mănăstirea Caşin
Băile Tuşnad
Biborţeni
Virghiş
Baraolt
Micfalău
Malnaş
Turia
Lemnia
Breţcu
865 Oituz Trecatoare
Soveja
Cîmpuri
Muncelu
Panciu
Mărăşeşti
Tecuci
Munteni
Craieşti
Tîrgu Bujor
Valea Mărului
Cudalbi
Drăgăneşti
Tîrgu Secuiesc
Ojdula
Lepşa
Vidra
Valea Sării
Bolotesţi
Făurei
E581
Putna
61
Aita Mare
5
Sfîntu Gheorghe
Zăbala
M. VRANCEI
1777 LĂCĂUT
Măierus
E60
Reci
Brateş
Covasna
Odobeşti
Focşani
Costache Negri
Iveşti
Lieşti
Răstoaca
Pechea
Feldioara
Ozun
Chichiş
Zagon
M. PENTELEU
1775 PENTELEUL
Hărman
Prejmer
Buzau Trecatoare 634
Teliu
Întorsura Buzăului
E68
Codlea
Popeşti
Dubrăveni
Năneşti
Măicăneşti
Indepen
Sănpetru
Săcele
Crasna
BRAŞOV
Rîşnov
1802
Timişul de Sus
Predeal Trecatoare
Predeal
Buda
Mînzăleşti
Lopătari
Vintilă Vodă
Gura Teghii
Rîmnicul
Gulianca
Ciorăşti
Măxineni
Latinu
Sendr
1956 CIUCAŞUL
1246 Bratocea Trecatoare
Cheia
M. SIRIULUI
Siriu
Nehoiaşu
Beceni
Rîmnicu Sărat
Boldu
Lacul Balta Albă
Grădiştea
Şuţeşti
Scorţaru Vechi
Movila Miresii
Bran
4
2507 OMUL
M. BAIULUI
Azuga
Buşteni
Sinaia
M. BUCEGI
Teleajenul
Pătîrlagele
Săpoca
Bălăceanu
Posta Cîlnău
Măneciu Ungureni
Slănic
Homorîciu
Vălenii de Munte
Cislău
Vipereşti
Verneşti
Buzău
Jirlău
Ianca
Urleasca
Valea Cînepei
Comarnic
E60
Breaza
Cîmpina
Vărbilău
Făurei
Cilibia
Viziru
Pietroşiţa
Fieni
Pucioasa
Voineşti
3
Prahova
Măgurele
Ulmeni
Costeşti
Săhăteni
Mizil
Smeeni
Ruşeţu
Zăvoaia
Însurăţei
Băicoi
Albeşti Paleologu
Limpezişu
Pogoanele
Doiceşti
Moreni
Diţeşti
Răzvad
PLOIEŞTI
Valea Călugărească
Padina
Brăgaņul
Mihai Bravu
Tîrgovişte
Caragiale
Cocărăşti Colţ
Puchenii Mari
Ciorani
Ciocîrlia
Griviţa
Iazu
Dîmboviţa
Brăteşti
Căţunu
Ţigăneşti
Urziceni
Sfîntu Gheorghe
Amara
Mircea Vodă
Snagov
Moviliţa Veche
Coşereni
Ialomiţa
Căzăneşti
Andrăşeşti
Slobozia
Dragodana
Găeşti
Titu
Sălcuţa
Lucianca
Sineşti
E85/E60
Răcari
Slobozia Moara
Tărtăşeşti
Buftea
Otopeni
Afumaţi
Ileana
Lehliu
Dragoş Vodă
Dragalina
Petreşti
2
Corbii Mari
Dor Mărunt
Fundulea
Brăneşti
Răsvani
Plevna
Vlad Ţepeş
Jegălia
Fierbinţi
E70
A1
BUCUREŞTI
IC Frimu
Mostiştea
Crevedia Mare
Bolintin Vale
Ciorogîrla
Popeşti Leordeni
Frăsinet
Lacul Mostiştei
Roseţi
Tătărăştii de Sus
Preajba
Bucşani
Mihăileşti
Orăşti
Jilava
Budeşti
Mînăstirea
Călăraşi
Ciocăneşti
Slăveşti
Clejani
Adunaţii-Copăceni
Vidra
Vărăşti
Herăşti
Curcani
Chiselet
Teleormanul
Blejeşti
Videle
Ulmeni
Silistra
Ostrov
Popina
Dunărea
Argeşul
Ghimpaţi
Călugăreni
Căscioarele
Vîrtoapele
1
Olteni
Naipu
Prundu
Greaca
Olteniţa
Tutrakan
Botoroaga
Vlaşin
E85/E70
Zafirovo
Dobrotitsa
Alfatar
Drăgăneşti Vlaşca
Drăgăneşti de Vede
95
Băneasa
Staro Selo
96
Sredishte
Lăceni
Toporu
Daia
Ryakhovo
Alexandria
Buzescu
Putineu
Giurgiu
Marten
Slivo Pole
Dulovo
Tervel
A
B
C
D

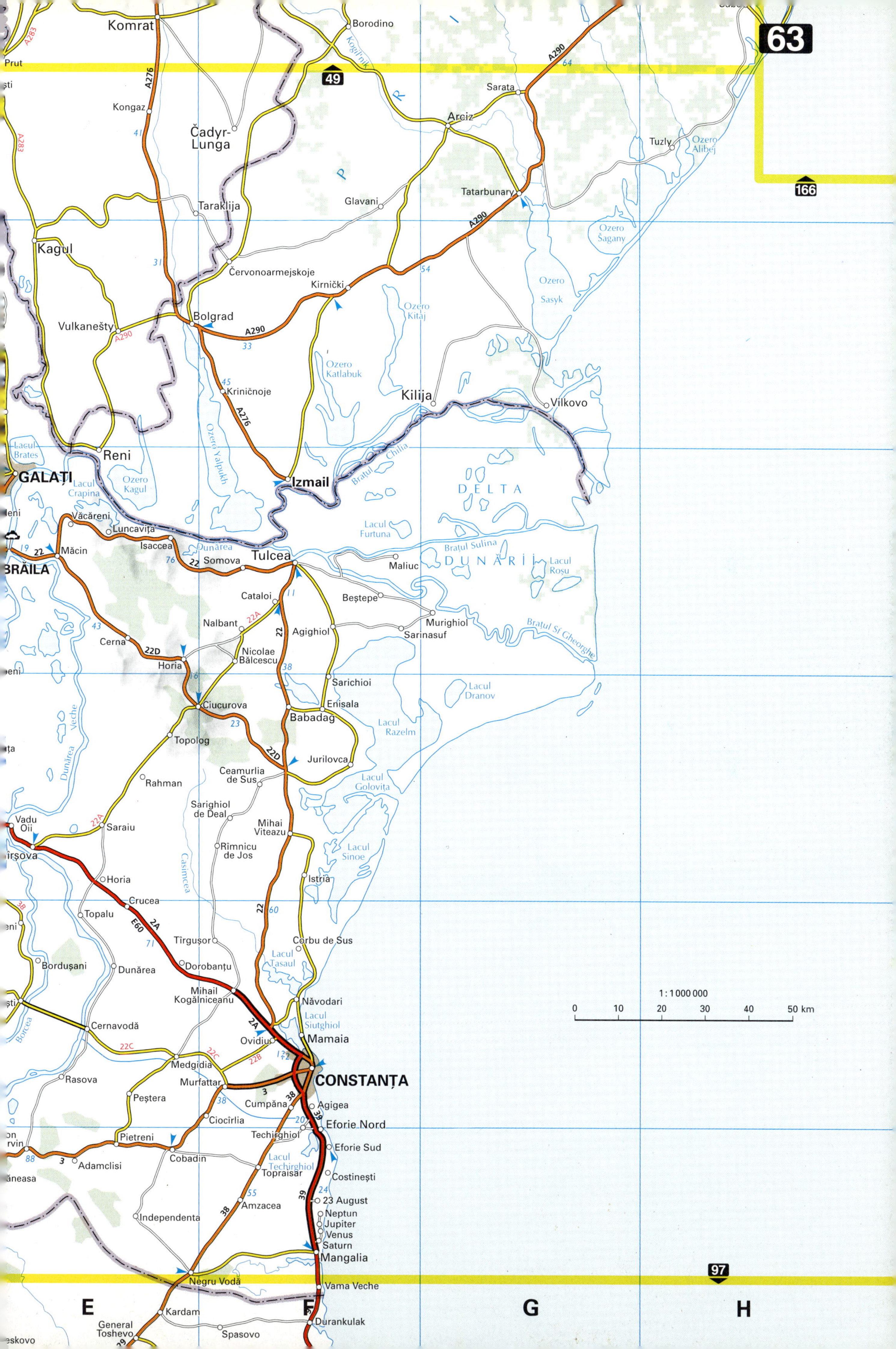
Komrat
Borodino
Prut
A283
A276
49
Kogîlnik
A290
64
Sarata
Kongaz
Arciz
Čadyr-Lunga
41
Tuzly
Ozero Alibej
166
Taraklija
Glavani
Tatarbunary
Kagul
31
A290
Červonoarmejskoje
Ozero Šagany
Kirnički
54
Ozero Sasyk
Ozero Kitaj
Bolgrad
Vulkaneštv
A290
33
Ozero Katlabuk
Kilija
Vilkovo
45
Kriničnoje
A276
Ozero Yalpukh
Lacul Brates
Reni
Bratul Chilia
GALAȚI
Lacul Crapina
Ozero Kagul
Izmail
DELTA
Văcăreni
Luncavița
Lacul Furtuna
Isaccea
Dunărea
Brațul Sulina
19
22
Măcin
76
22
Somova
Tulcea
Maliuc
DUNĂRII
Lacul Roșu
BRĂILA
Cataloi
11
Beștepe
Nalbant
22A
22
Agighiol
Murighiol
Sarinasuf
43
Cerna
22D
Nicolae Bălcescu
Brațul Sf. Gheorghe
Horia
38
16
Sarichioi
Lacul Dranov
Ciucurova
Enisala
Babadag
Dunărea Veche
23
Lacul Razelm
Topolog
22D
Jurilovca
Ceamurlia de Sus
Rahman
Lacul Golovița
Sarighiol de Deal
Vadu Oii
22A
Saraiu
Mihai Viteazu
Hîrșova
Rîmnicu de Jos
Lacul Sinoe
Horia
Istria
Casimcea
Crucea
38
Topalu
E60
2A
22
60
71
Tîrgușor
Corbu de Sus
Lacul Tașaul
Dorobanțu
Bordușani
Dunărea
1:1000000
0
10
20
30
40
50 km
Mihail Kogălniceanu
Năvodari
Lacul Siutghiol
Borcea
Cernavodă
2A
Mamaia
Ovidiu
22C
22C
12
Medgidia
22B
CONSTANȚA
Rasova
Murfatlar
3
Cumpăna
38
Peștera
38
Agigea
38
20
Ciocîrlia
Eforie Nord
Techirghiol
Pietreni
Eforie Sud
88
3
Adamclisi
Cobadin
Lacul Techirghiol
Topraisar
Costinești
55
39
24
23 August
Amzacea
Neptun
38
Independenta
Jupiter
Venus
Saturn
Mangalia
97
Negru Vodă
Vama Veche
E
F
G
H
Kardam
Durankulak
General Toshevo
Spasovo

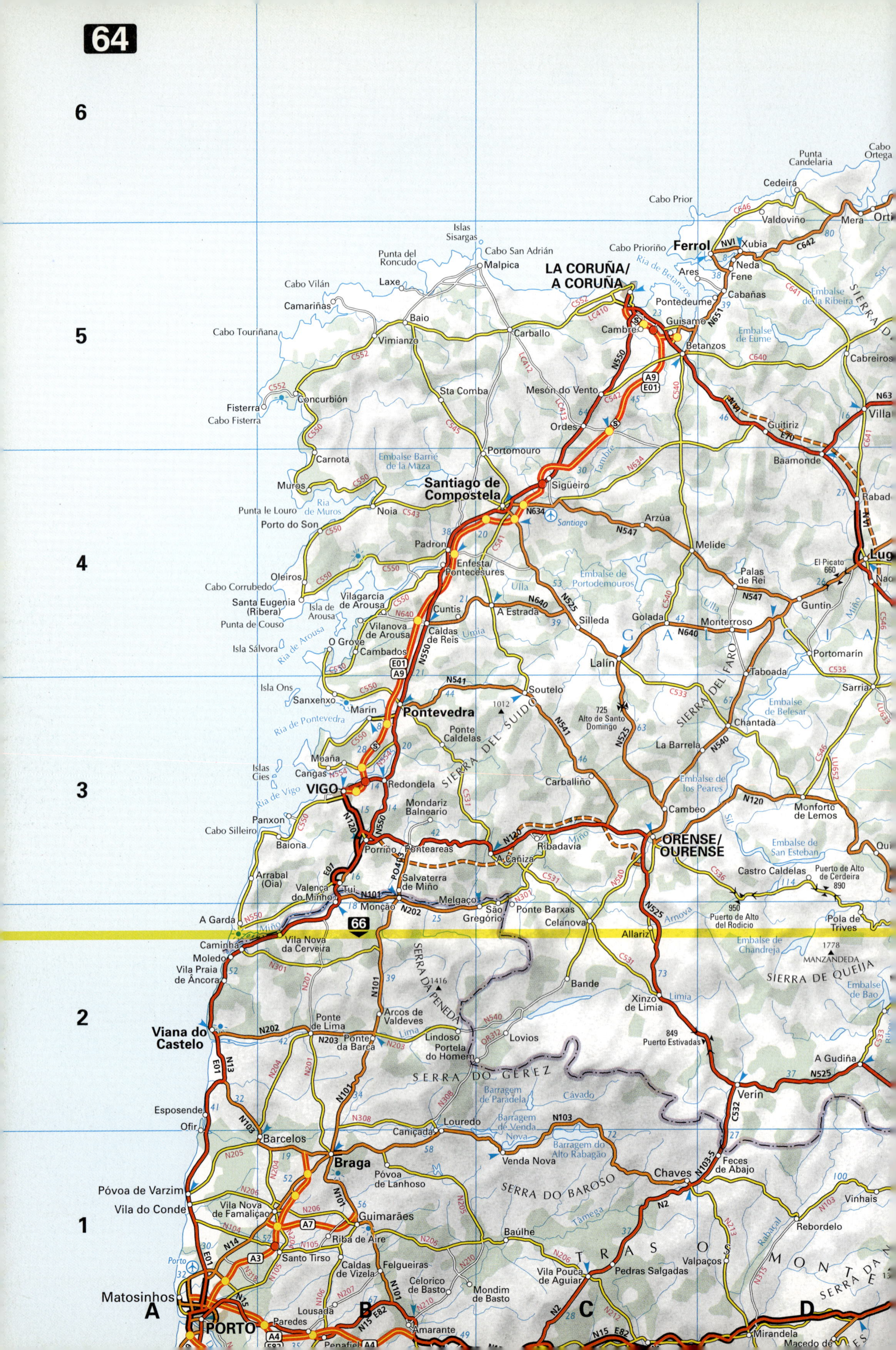
6
5
4
3
2
1
A
B
C
D
66
LA CORUÑA/
A CORUÑA
Ferrol
Santiago de
Compostela
Pontevedra
VIGO
ORENSE/
OURENSE
Lugo
Viana do
Castelo
Braga
PORTO
Matosinhos
Punta
Candelaria
Cabo
Ortega
Cedeira
Cabo Prior
Valdoviño
Mera
Xubia
Cabo Prioriño
Neda
Fene
Ares
Cabañas
Pontedeume
Guisamo
Betanzos
Cambre
Embalse
de Eume
Embalse
de la Ribeira
Ría de Betanzos
Cabreiros
Islas
Sisargas
Cabo San Adrián
Malpica
Punta del
Roncudo
Laxe
Cabo Vilán
Camariñas
Cabo Touriñana
Vimianzo
Baio
Carballo
Mesón do Vento
Sta Comba
Ordes
Concurbión
Fisterra
Cabo Fisterra
Carnota
Embalse Barrié
de la Maza
Portomouro
Sigüeiro
Muros
Ría
de Muros
Punta le Louro
Noia
Porto do Son
Padron
Santiago
Arzúa
Melide
Guitiriz
Baamonde
Villa
Rabad
Palas
de Rei
El Picato
660
Enfesta/
Pontecesures
Embalse de
Portodemouros
Ulla
Oleiros
Cabo Corrubedo
Santa Eugenia
(Ribeira)
Punta de Couso
Isla de
Arousa
Vilagarcía
de Arousa
Vilanova
de Arousa
Cuntis
Caldas
de Reis
A Estrada
Silleda
Golada
Monterroso
Guntín
Isla Sálvora
Ría de Arousa
O Grove
Cambados
Umia
G A L I C I A
Lalín
Portomarín
Taboada
Isla Ons
Sanxenxo
Marín
Soutelo
1012
725
Alto de Santo
Domingo
Sarria
Embalse
de Belesar
Chantada
SIERRA DEL FARO
Ría de Pontevedra
Ponte
Caldelas
SIERRA DEL SUIDO
La Barrela
Moaña
Cangas
Islas
Gies
Ría de Vigo
Redondela
Carballiño
Embalse de
los Peares
Monforte
de Lemos
Mondariz
Balneario
Cambeo
Panxon
Cabo Silleiro
Baiona
Porriño
Ponteareas
Ribadavia
Miño
Embalse de
San Esteban
Arrabal
(Oia)
Valença
do Minho
Tui
Salvaterra
de Miño
A Cañiza
Castro Caldelas
Puerto de Alto
de Cerdeira
890
Melgaço
São
Gregório
Ponte Barxas
Celanova
Monção
A Garda
950
Puerto de Alto
del Rodicio
Pola de
Trives
Arnoia
Allariz
Caminha
Vila Nova
da Cerveira
Embalse de
Chandreja
1778
MANZANEDA
SIERRA DE QUEIJA
Moledo
Vila Praia
de Âncora
SERRA DA PENEDA
1416
Bande
Xinzo
de Limia
Limia
Embalse
de Bao
Arcos de
Valdeveves
Ponte
de Lima
Ponte
da Barca
Lindoso
Portela
do Homem
Lovios
849
Puerto Estivadas
A Gudiña
Lima
SERRA DO GERÊZ
Barragem
de Paradela
Cávado
Verín
Esposende
Ofir
Barcelos
Louredo
Caniçada
Barragem
de Venda
Nova
Barragem do
Alto Rabagão
Venda Nova
Feces
de Abajo
Chaves
Póvoa
de Lanhoso
SERRA DO BAROSO
Póvoa de Varzim
Vila do Conde
Vila Nova
de Famalição
Guimarães
Tâmega
Vinhais
Riba de Aire
Baúlhe
Rebordelo
Santo Tirso
Caldas
de Vizela
Felgueiras
T R A S O S
M O N T E
Vila Pouca
de Aguiar
Pedras Salgadas
Valpaços
Célorico
de Basto
Mondim
de Basto
SERRA DA N
Lousada
Paredes
Amarante
Penafiel
Mirandela
Macedo de
Porto
A9
E01
E70
N550
N634
N547
N640
N525
N541
N120
N540
N202
N101
N13
N103
N206
N2
N15
E82
A3
A4
A7
N14
E07

1 : 1 000 000
0 10 20 30 40 50 km
COSTA VERDE
CORDILLERA CANTABRICA
ASTURIAS
CASTILLA-LEÓN
SIERRA DE RAÑADOIRO
SIERRA DE ANCARES
SIERRA DE JISTREDO
MONTES DE LEÓN
SIERRA DE LA CABRERA
SIERRA DE LA CULEBRA
SIERRA DEL CAUREL
PICOS DE EUROPA
Punta de la Estaca de Bares
Cabo de Bares
Viveiro
Cervo
Cabo Burela
Burela
Foz
San Cosme/ Barreiros
Ribadeo
Cabo Cebes
Tapia de Casariego
Castropol
Vegadeo
Mondoñedo
590 Puerto de la Xesta
575 Marco de Alvare
Meira
Navia
Boal
Illano
Embalse de Doiras
Luarca
Cabo Busto
Canero
Cabo Vidio
Cudillero
Cabo de Peñas
Luanco
Candás
Salinas
Avilés
GIJÓN
Punta de Tazones
Villaviciosa
Puerto Lastres
Colunga
La Isla
Punta de Carreros
Ribadesella
Pravia
La Espina
Salas
Cornellana
Grado
Tineo
Grandas de Salime
Pola de Allande
Fonsagrada
960 Alto de Cerredo
Embalse de Grandas de Salime
Cangas de Narcea
Belmonte
Lugones
OVIEDO
El Berrón
Pola de Siero
Nava
Infiesto
Arriondas
Cangas de Onís
Covadonga
Sama de Langreo
Mieres
Pola de Laviana
Caranga
Pola de Lena
Campomanes
Cabañaquinta
Campo de Caso
1379 Puerto de Pajares
1490 Puerto de Tarna
1520 Puerto San Isidro
Oseja de Sajambre
2648
Fuente Dé
Espinama
1290 Puerto del Pontón
Riaño
Embalse de Riaño
Puebla de Lillo
Embalse de Porma
Boñar
La Vecilla
Cistierna
1433 Puerto Monteviejo
Besande
Embalse de Camporredondo
Guardo
Vallado
Pola de Somiedo
1525 Puerto Leitariegos
1486 Puerto Somiedo
1587 Puerto de Ventana
Villablino
Piedrafita de Babia
1270 Puerto de Piedrafita de Babia
San Emiliano
Palacios del Sil
Embalse de Barrios de Luna
Mirantes
Villamanín
La Pola de Gordón
La Magdalena
La Robla
Embalse de Selga
Embalse de Villameca
Puerto Campo de Arbol 794
Becerreá
1989 MIRAVALLES
1109 Puerto Pedrafita do Cebreiro
Cebreiro
Ambasmestas
Trabadelo
Villafranca del Bierzo
Toreno
2111
Embalse de Bárcena
Ponferrada
San Miguel de las Dueñas
Bembibre
Torre del Bierzo
O Barco de Valdeorras
1230 Puerto del Manzanal
Rodrigatos
Astorga
León
Mansilla de las Mulas
Sta María del Páramo
La Bañeza
Ribadelago
Puebla de Sanabria
1360 Portilla del Padornelo
Castrocontrigo
Palacios de Sanabria
Calabor
Portelo
Embalse de Cernadilla
1243
Bragança
Villamañán
Valencia de Don Juan
Matallana
Sahagún
Saldaña
Terradillos de los Templarios
Ledigos
Calzadilla de la Cueza
Carrión de los Condes
Villada
Camarzana
Otero de Bodas
Benavente
Mayorga
Becilla de Valderaduey
Villalón de Campos
Paredes de Nava
Villoldo
Villanueva del Campo
820 Portillo de Sazadón
Tábara
San Martin del Pedroso
Quintanilha
Alcañices
E
F
G
H
N634
E70
N632
N640
N630
N120
N601
N625
N621
N610
N525
N536
N122
N218
E82
NVI
A8
A66
C630
C631
C633
C634
C635
C636
C638
C623
C626
C621
C622
C611
C615
C624
C644
C6310
C6312
67
68

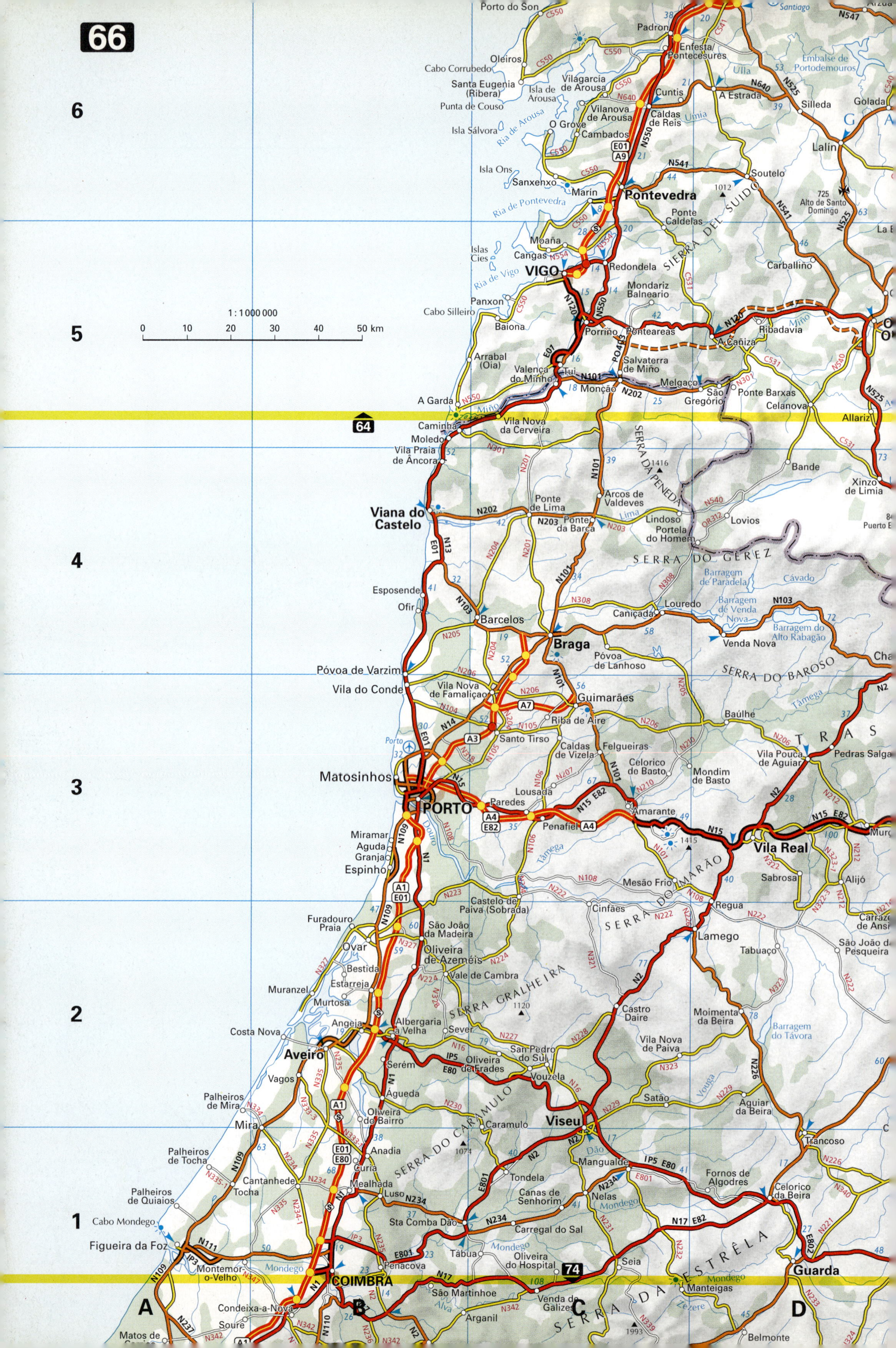

6
5
4
3
2
1
A
B
C
D
1 : 1 000 000
0 10 20 30 40 50 km
64
74
Porto do Son
Padron
Santiago
Oleiros
Cabo Corrubedo
Santa Eugenia (Ribeira)
Punta de Couso
Isla Sálvora
Isla de Arousa
Vilagarcía de Arousa
Vilanova de Arousa
Ría de Arousa
O Grove
Cambados
Esfesta/Pontecesures
Cuntis
Caldas de Reis
A Estrada
Silleda
Embalse de Portodemouros
Golada
Lalín
Isla Ons
Sanxenxo
Marín
Ría de Pontevedra
Pontevedra
Soutelo
Alto de Santo Domingo
Ponte Caldelas
SIERRA DEL SUIDO
Islas Cíes
Moaña
Cangas
Ría de Vigo
VIGO
Redondela
Carballino
Mondariz Balneario
Panxon
Cabo Silleiro
Baiona
Porriño
Ponteareas
A Cañiza
Ribadavia
Miño
Arrabal (Oia)
Valença do Minho
Tui
Salvaterra de Miño
Melgaço
Monção
São Gregório
Ponte Barxas
Celanova
Allariz
A Garda
Caminha
Moledo
Vila Praia de Âncora
Vila Nova da Cerveira
SERRA DA PENEDA
Bande
Xinzo de Limia
Ponte de Lima
Arcos de Valdeves
Viana do Castelo
Ponte da Barca
Lindoso
Portela do Homem
Lovios
Puerto E
SERRA DO GERÊZ
Barragem de Paradela
Cávado
Barragem de Venda Nova
Barragem do Alto Rabagão
Esposende
Ofir
Barcelos
Caniçada
Louredo
Venda Nova
Braga
Póvoa de Lanhoso
SERRA DO BAROSO
Póvoa de Varzim
Vila do Conde
Vila Nova de Famalicão
Guimarães
Tâmega
Baúlhe
Riba de Aire
Santo Tirso
Caldas de Vizela
Felgueiras
T R Á S
Vila Pouca de Aguiar
Pedras Salgadas
Matosinhos
Celorico de Basto
Mondim de Basto
Lousada
PORTO
Paredes
Penafiel
Amarante
Vila Real
Miramar
Aguda
Granja
Espinho
Douro
Sabrosa
Alijó
Mesão Frio
SERRA DO MARÃO
Regua
Castelo de Paiva (Sobrada)
Cinfães
Furadouro Praia
São João da Madeira
Lamego
Tabuaço
São João da Pesqueira
Ovar
Oliveira de Azeméis
Bestida
Vale de Cambra
Estarreja
Muranzel
Murtosa
SERRA GRALHEIRA
Angeja
Albergaria a Velha
Sever
Castro Daire
Moimenta da Beira
Barragem do Távora
Costa Nova
Aveiro
Serém
Oliveira de Frades
São Pedro do Sul
Vila Nova de Paiva
Vagos
Vouzela
Vouga
Palheiros de Mira
Águeda
Sátão
Aguiar da Beira
Mira
Oliveira do Bairro
Caramulo
Viseu
SERRA DO CARAMULO
Trancoso
Palheiros de Tocha
Anadia
Dão
Mangualde
Curia
Tondela
Fornos de Algodres
Cantanhede
Tocha
Mealhada
Luso
Canas de Senhorim
Nelas
Mondego
Celorico da Beira
Palheiros de Quiaios
Cabo Mondego
Sta Comba Dão
Carregal do Sal
Figueira da Foz
Tábua
Oliveira do Hospital
Seia
Guarda
Montemor-o-Velho
Penacova
COIMBRA
SERRA DA ESTRÊLA
Manteigas
São Martinhoe
Venda de Galizes
Zêzere
Alva
Arganil
Condeixa-a-Nova
Soure
Matos de
Belmonte

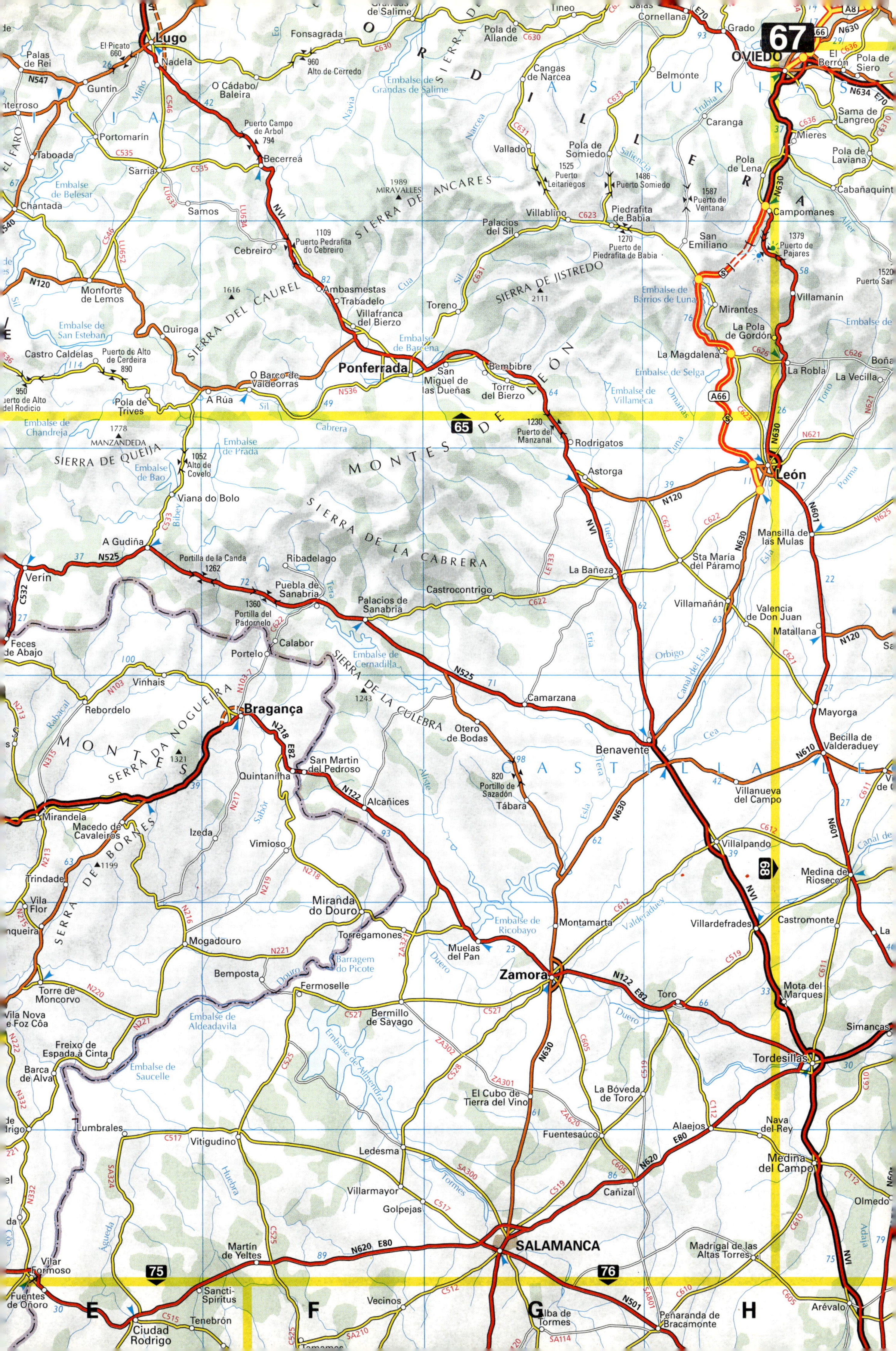

67
65
68
75
76
E
F
G
H
Lugo
Nadela
El Picato
660
Palas de Rei
N547
Guntín
Portomarín
Taboada
Chantada
Embalse de Belesar
Sarria
Samos
Fonsagrada
960 Alto de Cerredo
O Cádabo/ Baleira
Puerto Campo de Arbol 794
Becerreá
Cebreiro
1109 Puerto Pedrafita do Cebreiro
Monforte de Lemos
N120
Embalse de San Esteban
Quiroga
Castro Caldelas
Puerto de Alto de Cerdeira 890
Pola de Trives
A Rúa
O Barco de Valdeorras
SIERRA DEL CAUREL
1616
Ambasmestas
Trabadelo
Villafranca del Bierzo
Ponferrada
Embalse de Bárcena
San Miguel de las Dueñas
Bembibre
Torre del Bierzo
N536
Granadas de Salime
Embalse de Grandas de Salime
SIERRA DE ANCARES
1989 MIRAVALLES
Tineo
Pola de Allande
Cangas de Narcea
Vallado
Pola de Somiedo
1525 Puerto Leitariegos
1486 Puerto Somiedo
Villablino
Palacios del Sil
Piedrafita de Babia
1270 Puerto de Piedrafita de Babia
Toreno
SIERRA DE JISTREDO
2111
Cornellana
Grado
OVIEDO
El Berrón
Pola de Siero
Belmonte
Caranga
Mieres
Sama de Langreo
Pola de Laviana
Pola de Lena
Cabañaquinta
Campomanes
1379 Puerto de Pajares
1587 Puerto de Ventana
San Emiliano
Embalse de Barrios de Luna
Mirantes
Villamanín
La Pola de Gordón
La Magdalena
La Robla
La Vecilla
Boñar
Embalse de Selga
Embalse de Villameca
A66
León
1230 Puerto del Manzanal
Rodrigatos
Astorga
N120
MONTES DE LEÓN
Embalse de Chandreja
1778 MANZANEDA
SIERRA DE QUEIJA
1052 Alto de Covelo
Embalse de Prada
Embalse de Bao
Viana do Bolo
A Gudiña
N525
Verín
Portilla de la Canda 1262
Ribadelago
Puebla de Sanabria
1360 Portilla del Padornelo
Palacios de Sanabria
SIERRA DE LA CABRERA
Castrocontrigo
La Bañeza
Sta María del Páramo
Mansilla de las Mulas
Villamañán
Valencia de Don Juan
Matallana
N120
Feces de Abajo
Calabor
Portelo
Embalse de Cernadilla
SIERRA DE LA CULEBRA
1243
Vinhais
Rebordelo
Bragança
N218
E82
SERRA DA NOGUEIRA
MONTES
1321
Quintanilha
San Martín del Pedroso
Alcañices
Otero de Bodas
820 Portillo de Sazadón
Tábara
Camarzana
Benavente
Mayorga
Becilla de Valderaduey
N610
Villanueva del Campo
CASTILLA-LEÓN
Mirandela
Macedo de Cavaleiros
Izeda
Vimioso
SERRA DE BORNES
1199
Trindade
Vila Flor
Miranda do Douro
Mogadouro
Torregamones
Muelas del Pan
Embalse de Ricobayo
Montamarta
Villalpando
Medina de Rioseco
Villardefrades
Castromonte
Bemposta
Barragem do Picote
Zamora
N122
Torre de Moncorvo
Vila Nova de Foz Côa
Fermoselle
Bermillo de Sayago
Toro
Mota del Marques
Embalse de Aldeadavila
Freixo de Espada à Cinta
Barca de Alva
Embalse de Saucelle
Embalse de Almendra
El Cubo de Tierra del Vino
La Bóveda de Toro
Tordesillas
Simancas
Lumbrales
Vitigudino
Ledesma
Fuentesaúco
Alaejos
Nava del Rey
Medina del Campo
Villarmayor
Golpejas
Cañizal
Olmedo
Vilar Formoso
Martín de Yeltes
SALAMANCA
N620
E80
Madrigal de las Altas Torres
Fuentes de Oñoro
Sancti-Spíritus
Ciudad Rodrigo
Tenebrón
Vecinos
Alba de Tormes
Peñaranda de Bracamonte
Arévalo
N501

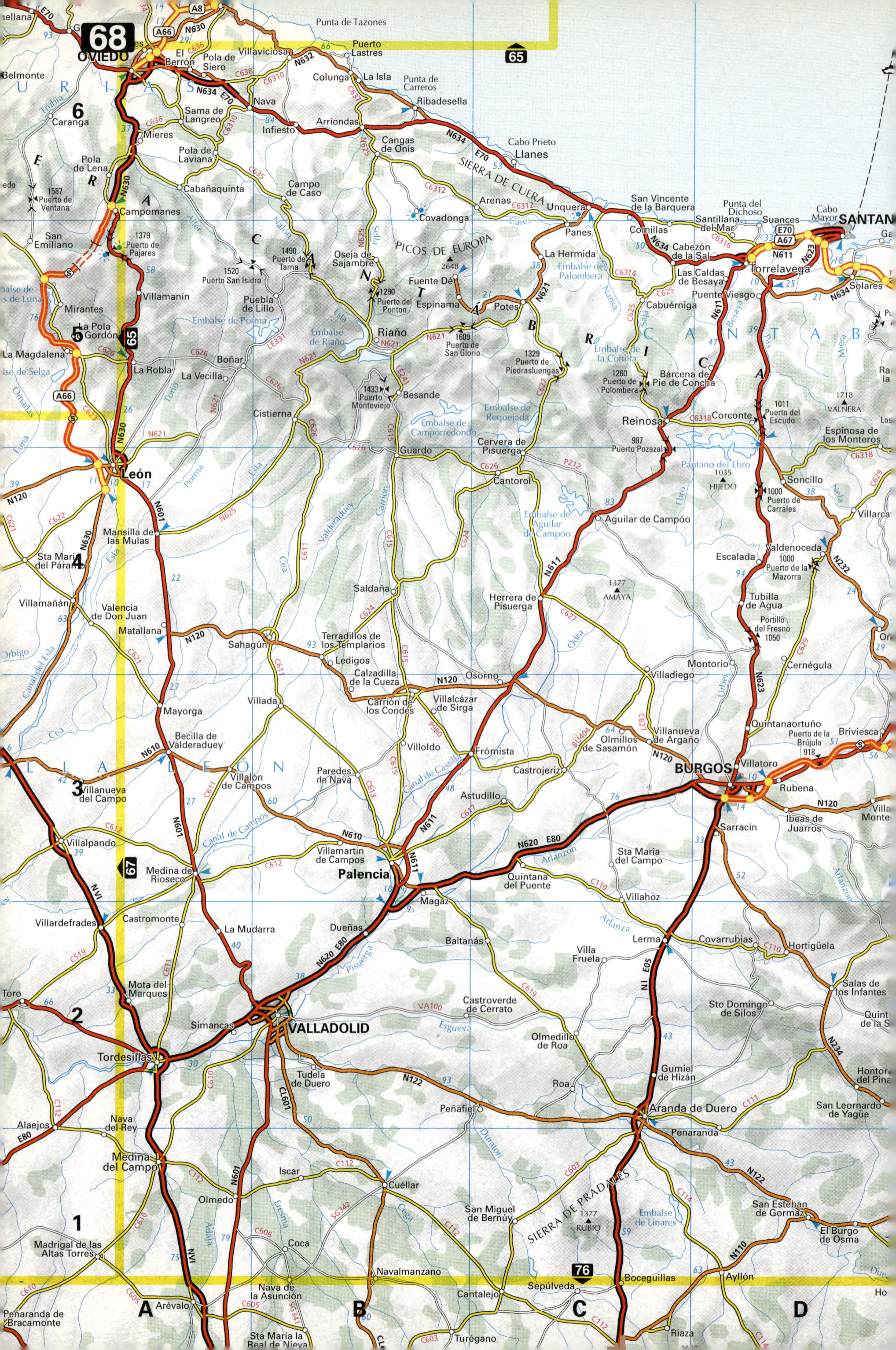

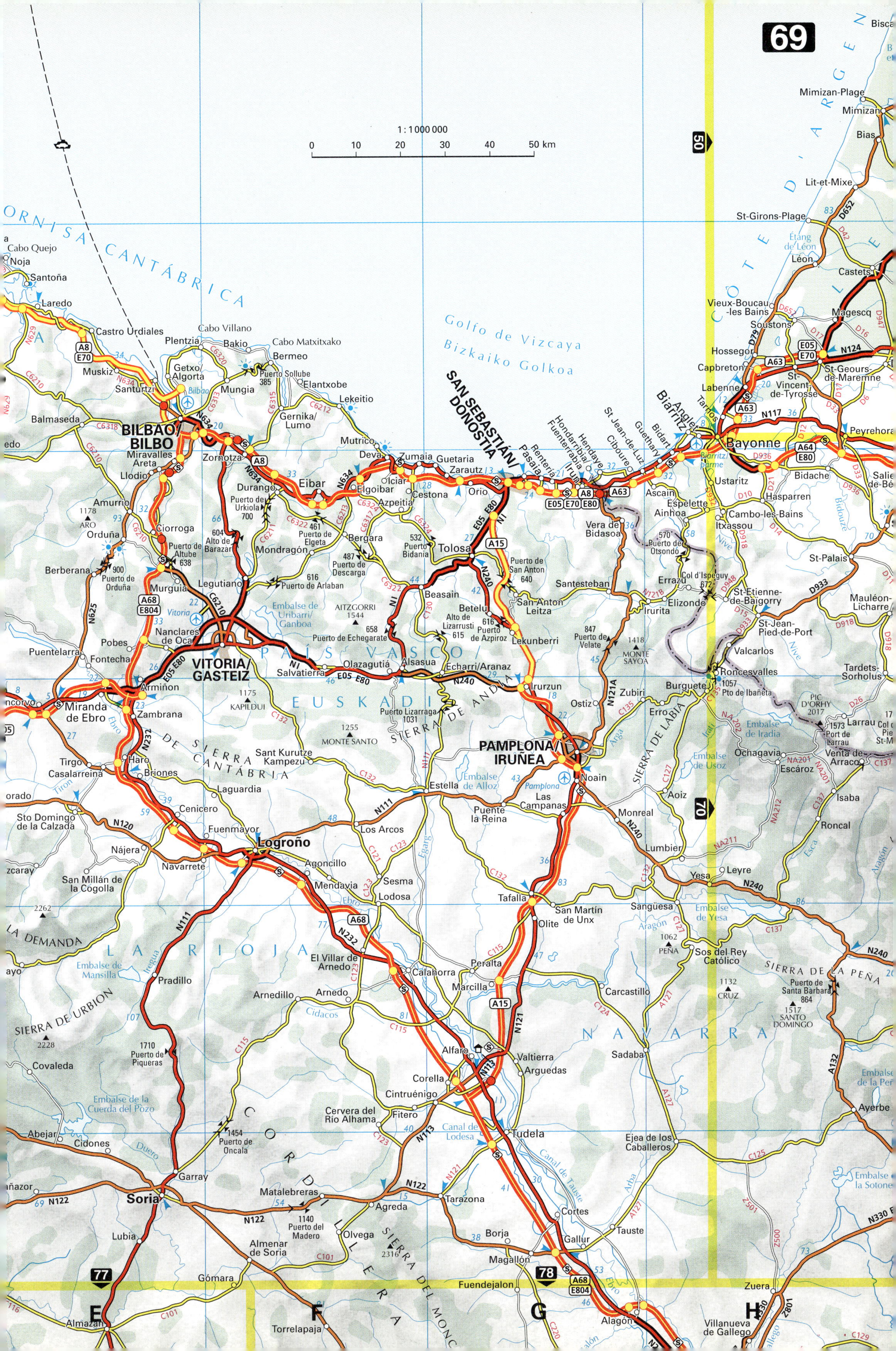
1:1 000 000
0 10 20 30 40 50 km
CORNISA CANTÁBRICA
Golfo de Vizcaya
Bizkaiko Golkoa
CÔTE D'ARGENT
PAÍS VASCO
EUSKADI
SIERRA DE CANTABRIA
SIERRA DE ANDIA
SIERRA DE LABIA
LA RIOJA
SIERRA DE LA DEMANDA
SIERRA DE URBION
NAVARRA
SIERRA DE LA PEÑA
CORDILLERA
SIERRA DEL MONCAYO
BILBAO/BILBO
VITORIA/GASTEIZ
SAN SEBASTIÁN/DONOSTIA
PAMPLONA/IRUÑEA
Logroño
Bayonne
Soria
Santoña
Laredo
Castro Urdiales
Santurtzi
Getxo/Algorta
Mungia
Bermeo
Gernika/Lumo
Lekeitio
Durango
Eibar
Zumaia
Zarautz
Tolosa
Mondragón
Orduña
Miranda de Ebro
Haro
Nájera
Estella
Tafalla
Olite
Calahorra
Tudela
Tarazona
Alfaro
Agreda
Borja
Biarritz
Anglet
Hendaye
Irun
St-Jean-de-Luz
St-Jean-Pied-de-Port
Roncesvalles
Sangüesa
Ejea de los Caballeros
Tauste
Alagón
Zuera
E
F
G
H
50
70
77
78

1 : 1 000 000
0 10 20 30 40 50 km
Golfo de Vizcaya
Bizkaiko Golkoa
CÔTE D'ARGENT
LANDES
PAIS VASCO
EUSKADI
SIERRA DE ANDIA
SIERRA DE LABIA
NAVARRA
SIERRA DE LA PEÑA
SIERRA DE GUARA
PARQUE NACIONAL DE ORDESA
SIERRA DEL MONCAYO
CORDILLERA
Biscarrosse
Parentis-en-Born
Mimizan-Plage
Mimizan
Labouheyre
Sabres
Lit-et-Mixe
St-Girons-Plage
Morcenx
Léon
Castets
Vieux-Boucau-les-Bains
Soustons
Magescq
Mont-de-Marsan
Tartas
Hossegor
Capbreton
Labenne
St-Vincent-de-Tyrosse
St-Geours-de-Maremne
Dax
Montfort
Mugron
St-Sever
Hagetmau
Peyrehorade
Bayonne
Biarritz
Anglet
St-Jean-de-Luz
Ciboure
Hendaye
Hondarribia
Fuenterrabía
Irun
Pasaia
Renteria
SAN SEBASTIÁN/ DONOSTIA
Zarautz
Orio
Getaria
Zumaia
Deva
Mutriku
Lekeitio
Bermeo
Gernika-Lumo
Mungia
Eibar
Durango
Elgoibar
Azpeitia
Bergara
Mondragón
Tolosa
Beasain
Alsasua
Olazagutía
Salvatierra
Irurtzun
Lekunberri
Leitza
Santesteban
Elizondo
Vera de Bidasoa
Ustaritz
Cambo-les-Bains
Hasparren
Bidache
Salies-de-Béarn
Sauveterre-de-Béarn
Orthez
St-Palais
St-Jean-Pied-de-Port
St-Etienne-de-Baïgorry
Mauléon-Licharre
Navarrenx
Oloron-Ste-Marie
Pau
Lescar
Artix
Lacq
Roncesvalles
Valcarlos
Burguete
Zubiri
PAMPLONA/ IRUÑEA
Noain
Estella
Puente la Reina
Las Campanas
Monreal
Lumbier
Aoiz
Ochagavía
Escároz
Isaba
Roncal
Yesa
Leyre
Sangüesa
Tafalla
Olite
San Martín de Unx
Los Arcos
Logroño
Mendavia
Lodosa
Sesma
Calahorra
Peralta
Marcilla
Arnedo
Carcastillo
Sos del Rey Católico
Sadaba
Alfaro
Valtierra
Arguedas
Corella
Cintruénigo
Fitero
Tudela
Cervera del Río Alhama
Ejea de los Caballeros
Tarazona
Agreda
Olvega
Borja
Cortes
Gallur
Tauste
Magallón
Fuendejalon
Alagón
Zuera
Villanueva de Gallego
Torrelapaja
Jaca
Canfranc
Candanchú
Sallent de Gállego
Biescas
Sabiñánigo
Ayerbe
Arguis
Huesca
Angüés
Laruns
Eaux-Bonnes
Eaux-Chaudes
Bedous
Accous
Urdos
Arudy
Aramits
Tardets-Sorholus
Larrau
Embalse de Yesa
Embalse de Alloz
Embalse de Itoiz
Embalse de la Peña
Embalse de la Sotonera
Canal de Lodosa
Canal de Tauste
Ebro
Aragón

Langon
Marmande
Bazas
Grignols
Casteljaloux
Captieux
Houeillès
Aiguillon
Tonneins
Castelmoron
Villeneuve-sur-Lot
Fumel
Monflanquin
Cancon
Villeréal
Monpazier
Castillonnès
Eymet
Lauzun
Miramont-de-Guyenne
Seyches
La Réole
St-Macaire
Monségur
Belvès
Gourdon
Salviac
Cazals
Frayssinet
Catus
Rostassac
Villefranche-du-Périgord
Puy-l'Evêque
Tournon-d'Agenais
Cahors
Laroque-des-Arcs
Gramat
Labastide-Murat
Livernon
Rocamadour
Payrac
St-Céré
Cajarc
Limogne-en-Quercy
Caylus
Caussade
St-Antonin-Noble-Val
Najac
Laguépie
Cordes
Montauban
Bruniquel
Castelnau-de-Montmiral
Gaillac
Albi
Lisle
Rabastens
Villemur
Agen
Nérac
Lavardac
Barbaste
Vianne
Port-Ste-Marie
Valence
Moissac
Castelsarrasin
Lauzerte
Montcuq
Montaigu-de-Quercy
Montpezat
Molières
Lafrançaise
Astaffort
Lectoure
Condom
Fources
Mézin
Montréal
Eauze
Gondrin
Valence
Nogaro
Vic-Fezensac
Fleurance
Beaumont-de-Lomagne
St-Clar
Gabarret
Barbotan-les-Thermes
Labastide-d'Armagnac
Villeneuve-de-Marsan
Roquefort
St-Justin
Riscle
Plaisance
Marciac
Montesquiou
L'Isle-de-Noé
Auch
Mauvezin
Cologne
Gimont
L'Isle-Jourdain
Grisolles
Grenade
St-Jory
Montastruc-la-Conseillère
Verfeil
Lavaur
Graulhet
Lautrec
Realmont
St-Paul-Cap-de-Joux
Puylaurens
Caraman
Revel
Villefranche-de-Lauragais
Castelnaudary
Saissac
Alzonne
Montréal
TOULOUSE
Blagnac
Léguevin
St-Lys
Samatan
Lombez
Saramon
Masseube
Panassac
Mirande
Miélan
Rabastens-de-Bigorre
Maubourguet
Lembeye
Vic-en-Bigorre
Tarbes
Tournay
Trie
Pouyastruc
Castelnau-Magnoac
Boulogne-sur-Gesse
L'Isle-en-Dodon
Rieumes
Muret
Vernet
Montgiscard
Nailloux
Auterive
Carbonne
Rieux
Cintegabelle
Salles
Mazères
Fanjeaux
Saverdun
Le Fossat
Montesquieu-Volvestre
Cazères
St-Julien
Aurignac
Boussens
St-Martory
St-Gaudens
Montréjeau
Lannemezan
Bagnères-de-Bigorre
Campan
Ste-Marie-de-Campan
La Mongie
Arreau
Bordères
St-Lary-Soulan
Cierp-Gaud
St-Béat
Fos
St-Bertrand-de-Comminges
Aspet
Fronsac
Salies-du-Salat
Ste-Croix-Volvestre
Le Mas-d'Azil
St-Girons
Audressein
Pamiers
Varilhes
Mirepoix
Foix
La Bastide-de-Sérou
MASSIF DE L'ARIZE
Massat
Oust
Aulus-les-Bains
Vicdessos
Tarascon-sur-Ariège
Les Cabannes
Ax-les-Thermes
Lavelanet
Chalabre
Puivert
Limoux
Couiza
Quillan
Belcaire
Axat
St-Paul-de-Fenouillet
Bagnères-de-Luchon
Les
Bossost
VALLE DE ARÁN
Viella
Arties
Salardú
Bielsa
Benasque
Castejón de Sos
Seira
El Pont de Suert
Esterri de Aneu
Espot
PARQUE NACIONAL DE AIGUES TORTES
Llavorsi
Sort
La Pobla de Segur
Tremp
Graus
Benabarre
Sopeira
Andorra la Vella
El Serrat
Ordino
Soldeu
Encamp
Les Escaldes
Pas de la Casa
Sant Julià de Lòria
La Seo de Urgell
Bellver de Cerdanya
Puigcerdà
Bourg-Madame
Saillagouse
Mont-Louis
Font-Romeu
Olette
Prades
Vernet-les-Bains
SIERRA DEL CADÍ
La Molina
Alp
Ribes de Freser
Camprodon
Bagà
Coll de Nargó
Isona
Prats-de-Mollo-la-Preste
Amélie-les-Bains
51
72
79
E
F
G
H

72
51
52
71
79
6
5
4
3
2
1
A
B
C
D
Castres
Puylaurens
Brassac
La Salvetat-sur-Agout
Murat-sur-Vèbre
MONTS DE LACAUNE
Lunas
Lodève
St-Martin-de-Londres
Vernet
Montgiscard
Villefranche-de-Lauragais
Revel
Mazamet
MONTS DE L'ESPINOUSE
Olargues
St-Gervais
Bédarieux
Clermont-l'Hérault
Aniane
Gignac
Nailloux
Cintegabelle
Salles
Castelnaudary
MONTAGNE NOIRE
Saissac
St-Pons
Lamalou-les-Bains
Roujan
MONTPELLIER
Mazères
Alzonne
Caunes-Minervois
St-Chinian
Cruzy
Pézenas
Montagnac
Palavas-les-Flots
Pamiers
Fanjeaux
Montréal
Carcassonne
Olonzac
Homps
Capestang
Béziers
Bessan
Mèze
Frontignan
Sète
Mirepoix
Capendu
Lézignan-Corbières
Vias
Agde
Marseillan
Marseillan-Plage
Le Cap-d'Agde
Limoux
Narbonne
Valras-Plage
Chalabre
Lavelanet
Lagrasse
Narbonne-Plage
Nalzen
Puivert
Gruissan
Tarascon-sur-Ariège
Couiza
Durban-Corbières
Mouthoumet
Sigean
Port-la-Nouvelle
PIC DE BARTHÉLEMY
Quillan
CORBIÈRES
Belcaire
Col de Chioula
Tuchan
Ax-les-Thermes
Axat
St-Paul-de-Fenouillet
Maury
Cap Leucate
Leucate
GOLFE
PIC DE TARBEZOU
Salses-le-Château
Étang de Leucate
Port-Leucate
Port-Barcarès
Estagel
Rivesaltes
Baixas
Col de Puymorens
PIC CARLIT
Millas
PERPIGNAN
Col de la Quillane
Font-Romeu
Olette
Prades
Vinça
Thuir
Canet-Plage
Mont-Louis
Vernet-les-Bains
St-Cyprien-Plage
Puigcerdà
Saillagouse
PIC DU CANIGOU
Elne
Le Boulou
Argelès-Plage
Bourg-Madame
Amélie-les-Bains
Argelès-sur-Mer
Collioure
Prats-de-Mollo-la-Preste
Arles-sur-Tech
Céret
Le Perthus
Port-Vendres
Cap Béar
Banyuls-sur-Mere
Cap l'Abeille
Collado de Toses
La Molina
Col d'Ares
Ribes de Freser
La Jonquera
Cerbère
Cap Cerbère
Portbou
Llobregat
Santa Joan de les Abadesses
Camprodón
Llançà
El Port de la Selva
Ripoll
Castellfollit de la Roca
Figueres
Castelló d'Empúries
Cabo Creus
Cadaqués
Collado de Coubet
Olot
Besalú
Roses
Empúriabrava
Cabo Norfeu
Sant Quirze de Besora
Fluvià
Sant Pere Pescador
Prats de Llucanés
Banyoles
Bahía de Roses
Viladamat
L'Escala
Embalse de Susqueda
Embalse de Sau
Vic
L'Estartit
Balsareny
Anglés
Girona/Gerona
Torroella de Montgrí
La Bisbal
Sant Hilari Sacalm
Cassà de la Selva
Begur
Moiá
Santa Coloma de Farners
Palafrugell
Aiguablava
Llafranc
SIERRA DE MONTSENY
Montseny
Sils
Maçanet de la Selva
Llagostera
Calella de Palafrugell
Hostalrich
Palamós
Santa Cristina d'Aro
La Platja d'Aro
S'Agaró
Caldes de Montbui
Sant Celoni
Tordera
Sant Feliu de Guíxols
Granollers
Cardedeu
Sabadell
La Roca del Vallès
Mollet
Mataró
Blanes
Lloret de Mar
Tossa de Mar
Santa Susana
Pineda de Mar
Calella de la Costa
Sant Pol de Mar
Canet de Mar
Arenys de Mar
Caldes d'Estrac
Vilassar de Mar
Premià de Mar
El Masnou
Montgat
Badalona
Molins de Rei
BARCELONA
El Prat de Llobregat
COSTA BRAVA
DORADA
1 : 1 000 000
0 10 20 30 40 50 km

73
Nîmes
Avignon
Arles
Remoulins
Villeneuve
Beaucaire
Tarascon
Gallargues
Lunel
Vauvert
St-Gilles
Aigues-Mortes
Le Grau-du-Roi
Stes-Maries-de-la-Mer
Pointe du Sablon
Port-St-Louis-du-Rhône
Fos-sur-Mer
Port-de-Bouc
Martigues
Carro
Cap Couronne
Carry-le-Rouet
MARSEILLE
Cap Croisette
Ile de Riou
Cassis
La Ciotat
Les Lecques
Bandol
Sanary-sur-Mer
Six-Fours-les-Plages
Ile des Embiez
Cap Sicié
La Seyne
TOULON
Carqueiranne
Cap Cépet
Hyères
La Capte
Giens
Porquerolles
Ile de Porquerolles
Ile de Port-Cros
Ile du Levant
ILES D'HYÈRES
Cap Bénat
Port-Cros
Le Lavandou
Aiguebelle
Cavalière
Rayol
Cavalaire-sur-Mer
La Croix
Cogolin
Grimaud
La Garde-Freinet
Bormes-les-Mimosas
MASSIF DES MAURES
Solliès-Pont
Cuers
Puget-Ville
Besse-sur-Issole
La Roquebrussanne
Brignoles
Le Luc
Vidauban
Lorgues
Les Arcs
Draguignan
Carcès
Cotignac
Barjols
Salernes
Aups
Tavernes
Rians
St-Maximin-la-Ste-Baume
Trets
Nans-les-Pins
Aubagne
Gémenos
ST PILON
Le Beausset
MT CAUME
MT FARON
Gardanne
Aix-en-Provence
Meyrargues
Peyrolles
Pertuis
Lambesc
Salon-de-Provence
Eyguières
Sénas
Orgon
Cavaillon
St-Rémy-de-Provence
Noves
Les Baux-de-Provence
CHAÎNE DES ALPILLES
L'Isle-sur-la-Sorgue
Pernes
Gordes
Roussillon
Bonnieux
Apt
Cadenet
MONTAGNE DU LUBERON
MONTS DE VAUCLUSE
Banon
Forcalquier
Manosque
Ste-Tulle
Oraison
Voix
La Brillanne
Peyruis
St-Etienne
Château-Arnoux
Digne-les-Bains
Mézel
Barrême
St-André-les-Alpes
Col des Leques
Moustiers-Ste-Marie
La Palud-sur-Verdon
Col d' Illoire
Comps-sur-Artuby
Riez
Valensole
Gréoux-les-Bains
Vinon-sur-Verdon
Miramas
St-Chamas
Istres
Berre-l'Etang
Rognac
Marignane
Etang de Vaccarès
Grand Rhône
Puget-Argens
Ste-Maxime
G
H
E
F
53
98
1:1 500 000
0 10 20 30 40 50 60 70 80 km
3
2
1
a
b
Cap Corse
Centuri
Pino
Rogliano
Lari
Santa Severa
Nonza
Erbalunga
St-Florent
Bastia
L'Ile-Rousse
Belgodère
Calvi
Punte de la Revellata
Muro
Calenzana
Oletta
Murato
Casamozza
Asco
Haut-Asco
MTE CINTO
Ponte-Leccia
Morosaglia
Francardo
Punta Palazzo
Partinello
Golfe de Porto
Porto
Col de Vergio
Calacuccia
Corte
Piedicroce
Cervione
Prunete
Capo Rosso
Piana
Evisa
Venaco
MTE ROTONDO
Vico
Corse
Cargèse
Sagone
Vizzavona
Col de Vizzavona
Bocognano
Vivario
Ghisoni
Golfe de Sagone
Aléria
MTE RENOSO
Col de Verde
Capo de Feno
Pointe de la Parata
Ajaccio
Bastelica
Ghisonaccia
Iles Sanguinaires
Cauro
Porticcio
Sainte-Marie-Siché
Zicavo
Golfe d'Ajaccio
Solenzara
MTE INCUDINE
Col de Bavella
Petreto-Bicchisano
Capo di Muro
Aullène
Zonza
Olmeto
Golfe de Valinco
Propriano
Levie
Sainte-Lucie-de-Tallano
Sartène
Golfo di Sogno
Golfe de Porto-Vecchio
MTE DE CAGNA
Punta di Senetosa
Porto-Vecchio
Sotta
Iles Cerbicale
Figari
Capo di Feno
Bonifacio
Ile Cavallo
Iles Lavezzi
Bouches de Bonifacio
Capo Testa
Isola di Capraia
Isola
U L I O N

1:1 000 000
0 10 20 30 40 50 km
6
5
4
3
2
1
A
B
C
D
Cabo Mondego
Figueira da Foz
Montemor-o-Velho
Mondego
66
Condeixa-a-Nova
Soure
Matos de Carriço
Penela
Pombal
São Pedro de Muel
Marinha Grande
Pontão
Leiria
Figueiró dos Vinhos
Nazaré
Batalha
Porto de Mós
Vila Nova de Ourém
São Martinho do Porto
Aljubarrota
Alfeizerão
Alcobaça
Fátima
Ferreira do Zêzere
Cabo Carvoeiro
Peniche
Foz do Arelho
Caldas da Rainha
Óbidos
Tomar
Vila de Rei
SERRA DE AIRE
Alcanede
Alcanena
Torres Novas
Barragem do Castelo de Bode
Lourinhã
Bombarral
Rio Maior
Entroncamento
Golegã
Praia de Santa Cruz
Cercal
Abrantes
Torres Vedras
Santarém
Chamusca
Tejo
Aveiras de Cima
Cartaxo
Almeirim
Ericeira
Sobral de Monte Agraço
Mafra
Arruda dos Vinhos
Carregado
Azambuja
Praia Grande
Salvaterra de Magos
Ponte de Sor
Colares
Vila Franca de Xira
Cabo de Roca
Sintra
Rio de Mouro
Benavente
Guincho
Montargil
Barragem de Montargil
Cascais
Estoril
Carcavelos
Lisboa
LISBOA
Coruche
Sorraia
Barragem do Maranhão
Alcochete
Costa da Caparica
Montijo
Mora
Barreiro
Moita
Raia
Divor
Coina
Cruzamento de Pegões
Lavre
Canha
Pavia
Tera
Palmela
Vendas Novas
Vimieiro
Vila Fresca de Azeitão
Cabo Espichel
Sesimbra
Setúbal
Marateca
Arraiolos
Barragem do Divor
Tróia
Rio Sado
Montemor-o-Novo
Comporta
Barragem do Pego do Altar
Évora
Alcácer do Sal
Degebe
Alcáçovas
Xarrama
Melides
Torrão
Viana do Alentejo
Grândola
Barragem de Vale de Gaio
Lagoa de Santo André
Reguengos de Monsaraz
SERRA DE GRÂNDOLA
Alvito
Barragem do Alvito
Cabo de Sines
Sines
Santiago do Cacém
Azinheira dos Barros
Barragem de Odivelas
Portel
SERRA DO MENDRO
Abela
Cuba
Vidigueira
Ferreira do Alentejo
São Domingos
Barragem de Campilhas
Alvalade
Cercal
Ervidel
Moura
Vila Nova de Milfontes
Beja
Torre Vã
Aljustrel
Barragem do Roxo
Pias
S Luís
Almograve
Serpa
Fataca
Odemira
Telheira
Barragem de Monte da Rocha
Vale de Açor
Zambujeira do Mar
Ourique
Castro Verde
S Marcos de Ataboeira
Barragem de Santa Clara
80

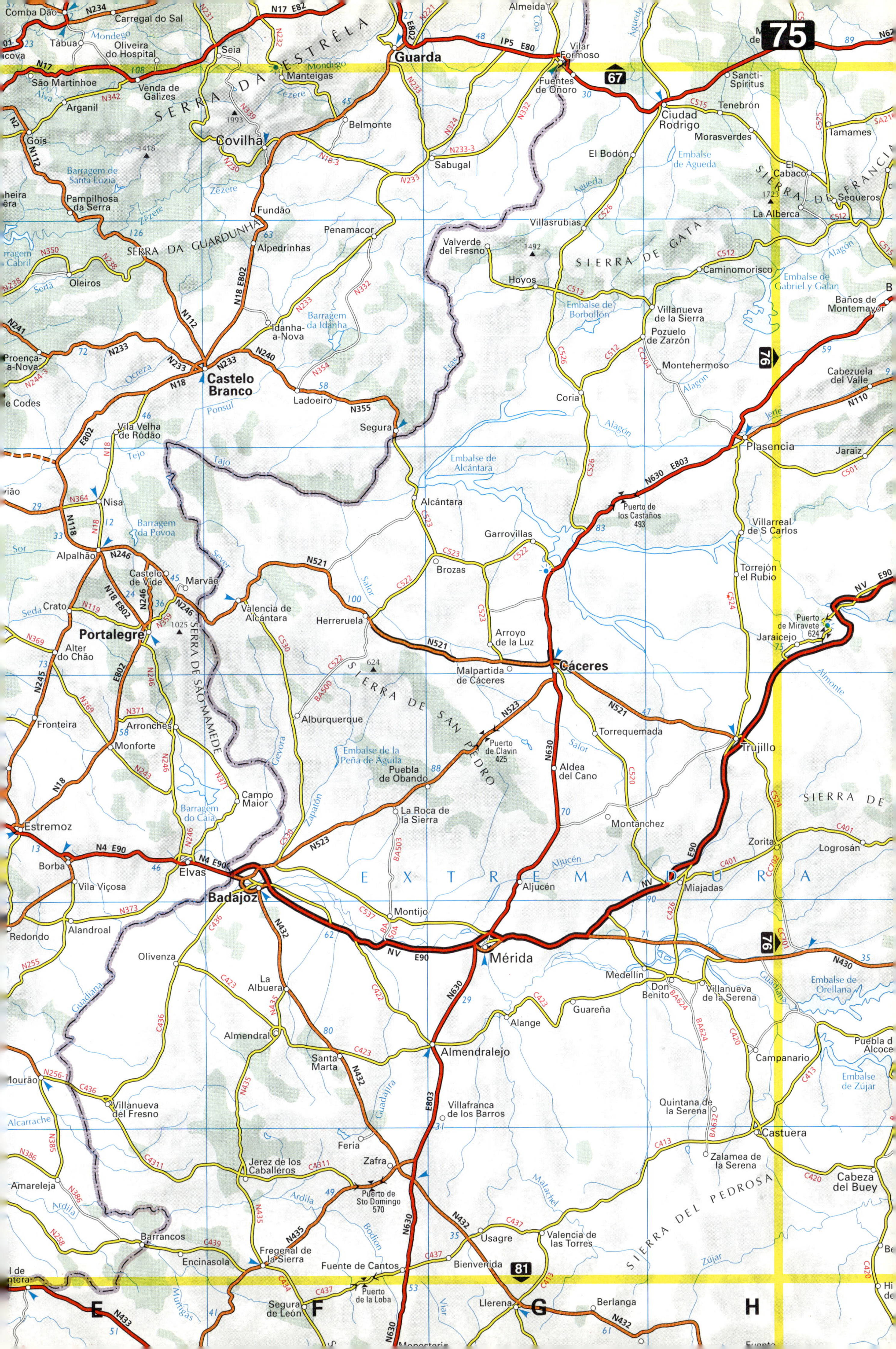
75
67
76
81
Comba Dão
Carregal do Sal
Tábua
Oliveira do Hospital
Seia
Guarda
Almeida
Vilar Formoso
Fuentes de Oñoro
Ciudad Rodrigo
Sancti-Spíritus
Tenebrón
Morasverdes
Tamames
El Bodón
Embalse de Águeda
El Cabaco
La Alberca
Sequeros
SIERRA DE FRANCIA
SERRA DA ESTRÊLA
Manteigas
São Martinhoe
Venda de Galizes
Arganil
Góis
Covilhã
Belmonte
Sabugal
Barragem de Santa Luzia
Pampilhosa da Serra
Fundão
Alpedrinhas
Penamacor
SERRA DA GUARDUNHA
Oleiros
Valverde del Fresno
Villasrubias
Hoyos
SIERRA DE GATA
Caminomorisco
Embalse de Gabriel y Galan
Embalse de Borbollón
Villanueva de la Sierra
Pozuelo de Zarzón
Baños de Montemayor
Montehermoso
Cabezuela del Valle
Idanha-a-Nova
Barragem da Idanha
Proença-a-Nova
Castelo Branco
Ladoeiro
Segura
Coria
Plasencia
Jaraiz
Vila Velha de Ródão
Embalse de Alcántara
Alcántara
Puerto de los Castaños 493
Nisa
Barragem da Povoa
Alpalhão
Castelo de Vide
Marvão
Garrovillas
Villarreal de S Carlos
Brozas
Torrejón el Rubio
Crato
Portalegre
Valencia de Alcántara
Herreruela
Arroyo de la Luz
Puerto de Miravete 624
Jaraicejo
Alter do Chão
SERRA DE SÃO MAMEDE
SIERRA DE SAN PEDRO
Malpartida de Cáceres
Cáceres
Fronteira
Arronches
Monforte
Alburquerque
Puerto de Clavin 425
Torrequemada
Trujillo
Embalse de la Peña de Águila
Puebla de Obando
Aldea del Cano
SIERRA DE
Campo Maior
Barragem do Caia
La Roca de la Sierra
Montánchez
Estremoz
Zorita
Logrosán
Borba
Elvas
Badajoz
EXTREMADURA
Aljucén
Miajadas
Vila Viçosa
Montijo
Redondo
Alandroal
Olivenza
Mérida
Medellín
Don Benito
Villanueva de la Serena
Embalse de Orellana
La Albuera
Guareña
Alange
Almendral
Santa Marta
Almendralejo
Campanario
Puebla d Alcoce
Embalse de Zújar
Mourão
Villanueva del Fresno
Villafranca de los Barros
Quintana de la Serena
Castuera
Feria
Zafra
Jerez de los Caballeros
Zalamea de la Serena
Amareleja
Puerto de Sto Domingo 570
Cabeza del Buey
SIERRA DEL PEDROSA
Barrancos
Encinasola
Fregenal de la Sierra
Usagre
Valencia de las Torres
Fuente de Cantos
Bienvenida
Puerto de la Loba
Segura de León
Llerena
Berlanga
E
F
G
H
N630
N432
N433
E803
E90
N4
N521
N523
N630
E802
N18
N17
E82
IP5
E80
N233
N112
N246
N435
N437
Guadiana
Tajo
Zêzere
Mondego
Alagón
Salor
Guadajira
Matachel
Zújar
Ardila
Múrtigas
Viar

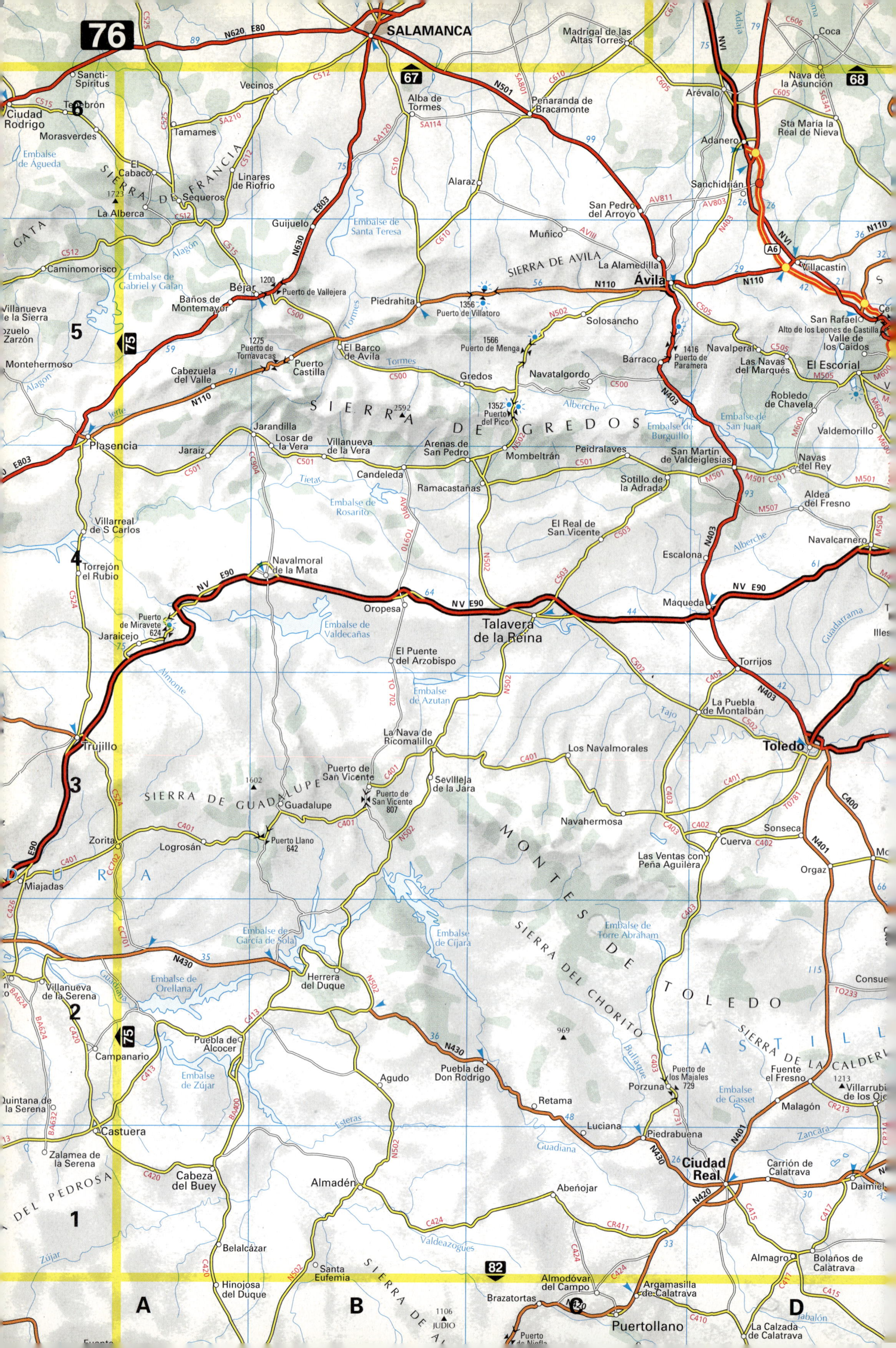
76
SALAMANCA
67
68
Madrigal de las Altas Torres
Coca
Sancti-Spiritus
Vecinos
Alba de Tormes
Peñaranda de Bracamonte
Arévalo
Nava de la Asunción
Ciudad Rodrigo
Tenebrón
Tamames
Sta María la Real de Nieva
Morasverdes
Adanero
Embalse de Águeda
El Cabaco
Linares de Riofrío
Alaraz
Sanchidrián
SIERRA DE FRANCIA
Sequeros
San Pedro del Arroyo
La Alberca
Guijuelo
Embalse de Santa Teresa
Muñico
GATA
La Alamedilla
Villacastín
Caminomorisco
SIERRA DE AVILA
Embalse de Gabriel y Galán
Béjar
Puerto de Vallejera
Piedrahita
Ávila
Baños de Montemayor
Puerto de Villatoro
Solosancho
San Rafael
Villanueva de la Sierra
Alto de los Leones de Castilla
Valle de los Caídos
Puerto de Tornavacas
El Barco de Avila
Puerto de Menga
Puerto de Paramera
Navalperal
Montehermoso
Puerto Castilla
Barraco
Las Navas del Marqués
El Escorial
Cabezuela del Valle
Gredos
Navatalgordo
Robledo de Chavela
SIERRA DE GREDOS
Puerto del Pico
Embalse de Burguillo
Embalse de San Juan
Valdemorillo
Jarandilla
Plasencia
Jaraiz
Losar de la Vera
Villanueva de la Vera
Arenas de San Pedro
Mombeltrán
Peidralaves
San Martín de Valdeiglesias
Navas del Rey
Candeleda
Ramacastañas
Sotillo de la Adrada
Aldea del Fresno
Embalse de Rosarito
Villarreal de S Carlos
El Real de San Vicente
Navalcarnero
Torrejón el Rubio
Navalmoral de la Mata
Escalona
Oropesa
Maqueda
Puerto de Miravete
Embalse de Valdecañas
Talavera de la Reina
Jaraicejo
El Puente del Arzobispo
Torrijos
Embalse de Azutan
La Puebla de Montalbán
La Nava de Ricomalillo
Toledo
Trujillo
Puerto de San Vicente
Los Navalmorales
Sevilleja de la Jara
SIERRA DE GUADALUPE
Guadalupe
Navahermosa
Sonseca
Zorita
Logrosán
Puerto Llano
Cuerva
Las Ventas con Peña Aguilera
Orgaz
Miajadas
MONTES DE TOLEDO
Embalse de García de Sola
Embalse de Cíjara
Embalse de Torre Abraham
SIERRA DEL CHORITO
Herrera del Duque
Villanueva de la Serena
Embalse de Orellana
Puebla de Alcocer
Campanario
Embalse de Zújar
Agudo
Puebla de Don Rodrigo
Puerto de los Majales
Porzuna
Fuente el Fresno
Villarrubia de los Ojos
Embalse de Gasset
Malagón
Retama
Luciana
Piedrabuena
Castuera
Zalamea de la Serena
Ciudad Real
Carrión de Calatrava
Daimiel
Cabeza del Buey
Almadén
Abenójar
Belalcázar
Almagro
Bolaños de Calatrava
82
Santa Eufemia
Almodóvar del Campo
Argamasilla de Calatrava
Hinojosa del Duque
Brazatortas
Puertollano
La Calzada de Calatrava
A
B
C
D
1
2
3
4
5
6
75

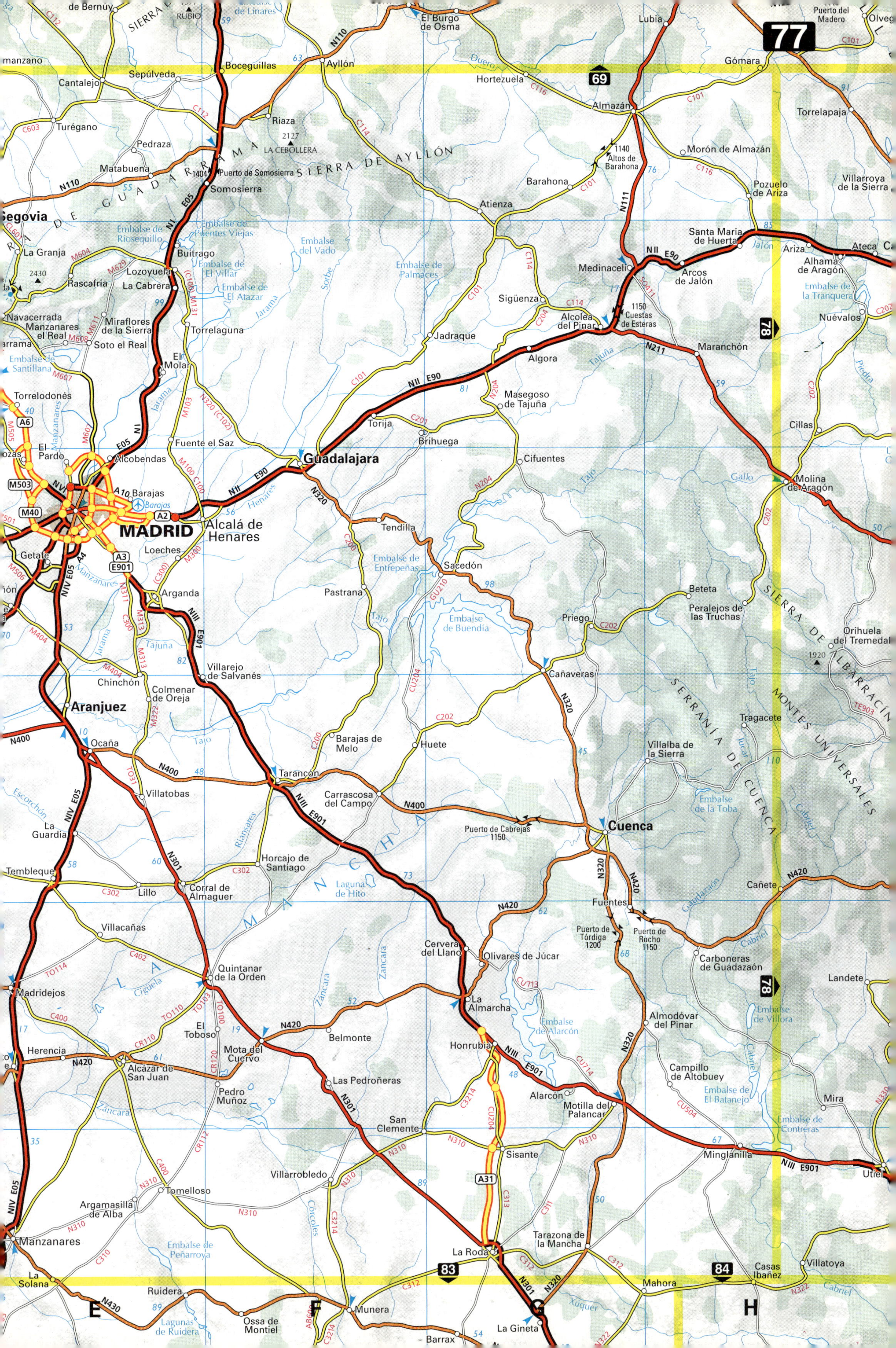
de Bernuy
SIERRA
RUBIO
de Linares
El Burgo de Osma
Lubia
Puerto del Madero
Olvega
anzano
Sepúlveda
Boceguillas
Ayllón
Duero
Hortezuela
69
Gómara
Cantalejo
Riaza
Almazán
Torrelapaja
Turégano
2127 LA CEBOLLERA
1140 Altos de Barahona
Morón de Almazán
Pedraza
Matabuena
1404 Puerto de Somosierra
SIERRA DE AYLLÓN
Somosierra
Barahona
Pozuelo de Ariza
Villarroya de la Sierra
GUADARRAMA
egovia
Atienza
Embalse de Riosequillo
Embalse de Puentes Viejas
Embalse del Vado
Santa María de Huerta
Jalón
Ariza
Ateca
La Granja
Buitrago
Embalse de El Villar
Embalse de Palmaces
Medinaceli
Arcos de Jalón
Alhama de Aragón
2430
Rascafría
Lozoyuela
La Cabrera
Embalse de El Atazar
Jarama
Sorbe
Embalse de la Tranquera
Navacerrada
Manzanares el Real
Miraflores de la Sierra
Torrelaguna
Sigüenza
Alcolea del Pinar
1150 Cuestas de Esteras
Nuévalos
Soto el Real
Jadraque
Maranchón
78
Embalse de Santillana
El Molar
Algora
Tajuña
Torrelodonés
Masegoso de Tajuña
Cillas
Torija
Brihuega
El Pardo
Fuente el Saz
Guadalajara
Cifuentes
Molina de Aragón
Alcobendas
Gallo
Barajas
MADRID
Alcalá de Henares
Henares
Tendilla
Tajo
Getafe
Loeches
Embalse de Entrepeñas
Sacedón
Arganda
Pastrana
Beteta
Peralejos de las Truchas
SIERRA DE ALBARRACÍN
Embalse de Buendía
Priego
Orihuela del Tremedal
1920
Villarejo de Salvanés
Cañaveras
SERRANÍA DE CUENCA
MONTES UNIVERSALES
Chinchón
Colmenar de Oreja
Aranjuez
Tragacete
Barajas de Melo
Huete
Villalba de la Sierra
Ocaña
Tarancón
Villatobas
Carrascosa del Campo
Puerto de Cabrejas 1150
Cuenca
Embalse de la Toba
Cabriel
La Guardia
Riansares
Horcajo de Santiago
Tembleque
Lillo
Corral de Almaguer
Laguna de Hito
Cañete
MANCHA
Fuentes
Puerto de Tórdiga 1200
Puerto de Rocho 1150
Guadazaón
Villacañas
Cervera del Llano
Olivares de Júcar
Carboneras de Guadazaón
Quintanar de la Orden
Landete
Madridejos
Cigüela
La Almarcha
Embalse de Villora
Zancara
El Toboso
Belmonte
Almodóvar del Pinar
Embalse de Alarcón
Herencia
Mota del Cuervo
Honrubia
Alcázar de San Juan
Las Pedroñeras
Campillo de Altobuey
Embalse de El Batanejo
Pedro Muñoz
Alarcón
Motilla del Palancar
Mira
Embalse de Contreras
San Clemente
Sisante
Minglanilla
Utiel
Villarrobledo
Tomelloso
Argamasilla de Alba
Manzanares
Córcoles
Tarazona de la Mancha
Embalse de Peñarroya
La Roda
Villatoya
La Solana
83
84
Casas Ibáñez
Mahora
Cabriel
Ruidera
E
F
G
H
Munera
Xúquer
Lagunas de Ruidera
Ossa de Montiel
La Gineta
Barrax

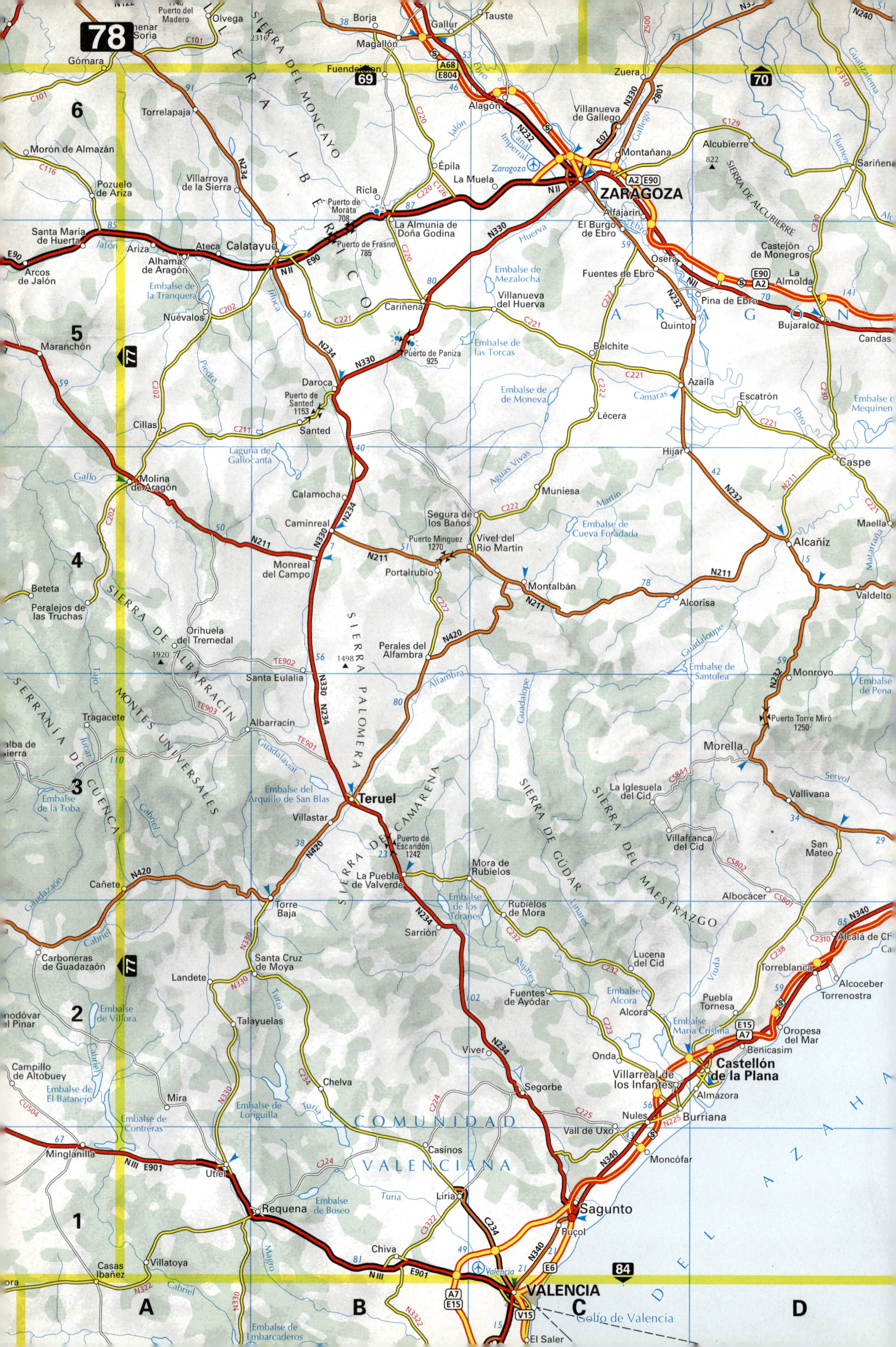

Gómara
Soria
Olvega
Borja
Magallón
Gallur
Tauste
Fuendejalón
69
70
Zuera
6
Torrelapaja
Alagón
Villanueva de Gallego
Morón de Almazán
Pozuelo de Ariza
Villarroya de la Sierra
Ricla
Épila
La Muela
Montañana
Alcubierre
Sariñena
ZARAGOZA
Zaragoza
Canal Imperial
Ebro
Jalón
Gallego
Flumen
Alfajarín
El Burgo de Ebro
SIERRA DEL MONCAYO
SIERRA DE ALCUBIERRE
Puerto de Morata 708
La Almunia de Doña Godina
Puerto de Frasno 785
Santa María de Huerta
Arcos de Jalón
Ariza
Alhama de Aragón
Ateca
Calatayud
Embalse de la Tranquera
Embalse de Mezalocha
Huerva
Castejón de Monegros
Osera
La Almolda
Fuentes de Ebro
Cariñena
Villanueva del Huerva
Pina de Ebro
Bujaraloz
Candas
Nuévalos
Quinto
ARAGÓN
5
Maranchón
Puerto de Paniza 925
Embalse de las Torcas
Belchite
Daroca
Puerto de Santed 1153
Embalse de Moneva
Azaila
Escatrón
Embalse de Mequinenza
Cillas
Santed
Lécera
Laguna de Gallocanta
Híjar
Caspe
Gallo
Molina de Aragón
Aguas Vivas
Calamocha
Muniesa
Martín
Segura de los Baños
Maella
Caminreal
Embalse de Cueva Foradada
Alcañiz
Puerto Minguez 1270
Vivel del Río Martín
4
Monreal del Campo
Portalrubio
Montalbán
Valdeltormo
Beteta
Peralejos de las Truchas
Alcorisa
SIERRA DE ALBARRACÍN
Orihuela del Tremedal
SIERRA PALOMERA
Perales del Alfambra
Guadalope
Embalse de Santolea
Monroyo
Embalse de Pena
1920
1498
Santa Eulalia
Alfambra
SERRANÍA DE CUENCA
Tajo
MONTES UNIVERSALES
Tragacete
Albarracín
Puerto Torre Miró 1250
Morella
Guadalaviar
Servol
3
Embalse de la Toba
Embalse del Arquillo de San Blas
Teruel
SIERRA DE CAMARENA
SIERRA DE GÚDAR
SIERRA DEL MAESTRAZGO
La Iglesuela del Cid
Vallivana
Cabriel
Villastar
Puerto de Escandón 1242
Villafranca del Cid
San Mateo
Cañete
Mora de Rubielos
La Puebla de Valverde
Torre Baja
Embalse de los Toranes
Rubielos de Mora
Albocácer
Sarrión
Alcalá de Chivert
Carboneras de Guadazaón
Santa Cruz de Moya
Lucena del Cid
Torreblanca
Landete
Alcoceber
Torrenostra
2
Embalse de Villora
Talayuelas
Fuentes de Ayódar
Embalse Alcora
Alcora
Puebla Tornesa
Mijares
Embalse María Cristina
Oropesa del Mar
Benicasim
Campillo de Altobuey
Embalse de El Batanejo
Chelva
Viver
Onda
Castellón de la Plana
Villarreal de los Infantes
Almazora
Segorbe
Mira
Embalse de Loriguilla
Embalse de Contreras
Turia
COMUNIDAD VALENCIANA
Nules
Burriana
Vall de Uxó
Casinos
Minglanilla
Utiel
Moncófar
Liria
Requena
Embalse de Buseo
Sagunto
Puçol
1
Magro
Chiva
Casas Ibáñez
Villatoya
Valencia
84
VALENCIA
El Saler
Golfo de Valencia
Embalse de Embarcaderos
MAR DE ALAHA
A
B
C
D

79
Alquézar
Graus
El Grado
Embalse de Barasona
La Pobla de Segur
Embalse de Talarm
Tremp
Barbastro
Benabarre
Embalse de Canelles
Embalse de Terradets
SIERRA DEL MONTSECH
Puerto de Ager
Isona
Collado de Camiols 1102
Coll de Nargó
La Seo de Urgell
Lles
Puigcerdà
Bellver de Cerdanya
SIERRA DEL CADÍ
TÚNEL DEL CADÍ
Alp
La Molina
Collado de Toses 1800
Ribes de Freser
Llobregat
Bagà
Santa Joan de les Abadesses
Ripoll
Collado de Coubet 1010
Monzón
Tamarite de Litera
Binéfar
Embalse de Camarasa
Embalse de Santa Ana
Alfarràs
Segre
Artesa de Segre
Ponts
Bassella
Solsona
Berga
Gironella
Sant Quirze de Besora
Prats de Llucanès
Canal de Zaidín
Cinca
Almacelles
Balaguer
Cardona
CATALUÑA
Embalse de Sau
Vic
Súria
Balsareny
Lleida (Lérida)
Alcarràs
Fraga
Torrente de Cinca
Soses
Serós
Mollerusa
Bellpuig
Tàrrega
Cervera
Calaf
Manresa
Moià
Tona
Sant Hilari Sacalm
SIERRA DE MONTSENY
Montseny 1712
Les Borges Blanques
Santa Coloma de Queralt
Igualada
Puerto Los Bruchs 620
Caldes de Montbui
Granollers
Sant Celoni
Cardedeu
Maials
La Granadella
L'Albi
Vinaixa
Terrassa
Sabadell
La Roca del Vallès
Embalse de Flix
L'Espluga de Francolí
Montblanc
Ulldemolins
Sant Sadurni d'Anoia
Martorell
Gelida
Mollet
Mataró
Flix
Puerto de Lilla 581
El Pla de Sta Maria
Vila-rodona
Vilafranca del Penedès
Molins de Rei
Badalona
El Masnou
Premià de Mar
Vilassar de Mar
Montgat
Ebro
Falset
Alcover
Valls
Portal de Ordal 510
BARCELONA
Gandesa
Miravet
Móra la Nova
Móra d'Ebre
Reus
El Vendrell
Castelldefels
El Prat de Llobregat
Calafell
Vilanova i la Geltrú
Sitges
Garraf
Altafulla
Coma-ruga
Torredembarra
Tarragona
Cambrils de Mar
Vandellòs
Salou
Miami Platja
L'Hospitalet de l'Infant
Cabo del Término
COSTA DORADA
El Perelló
Tortosa
L'Ametlla de Mar
Golfo de San Jorge
L'Ampolla
Amposta
L'Aldea
La Cava
Riomar
Cabo de Tortosa
Sant Carles de la Ràpita
Puerto de los Alfaques
Alcanar
Playa del Trabucador
Vinarós
Benicarló
72
85
1 : 1 000 000
0 10 20 30 40 50 km
E
F
G
H
Punta

80

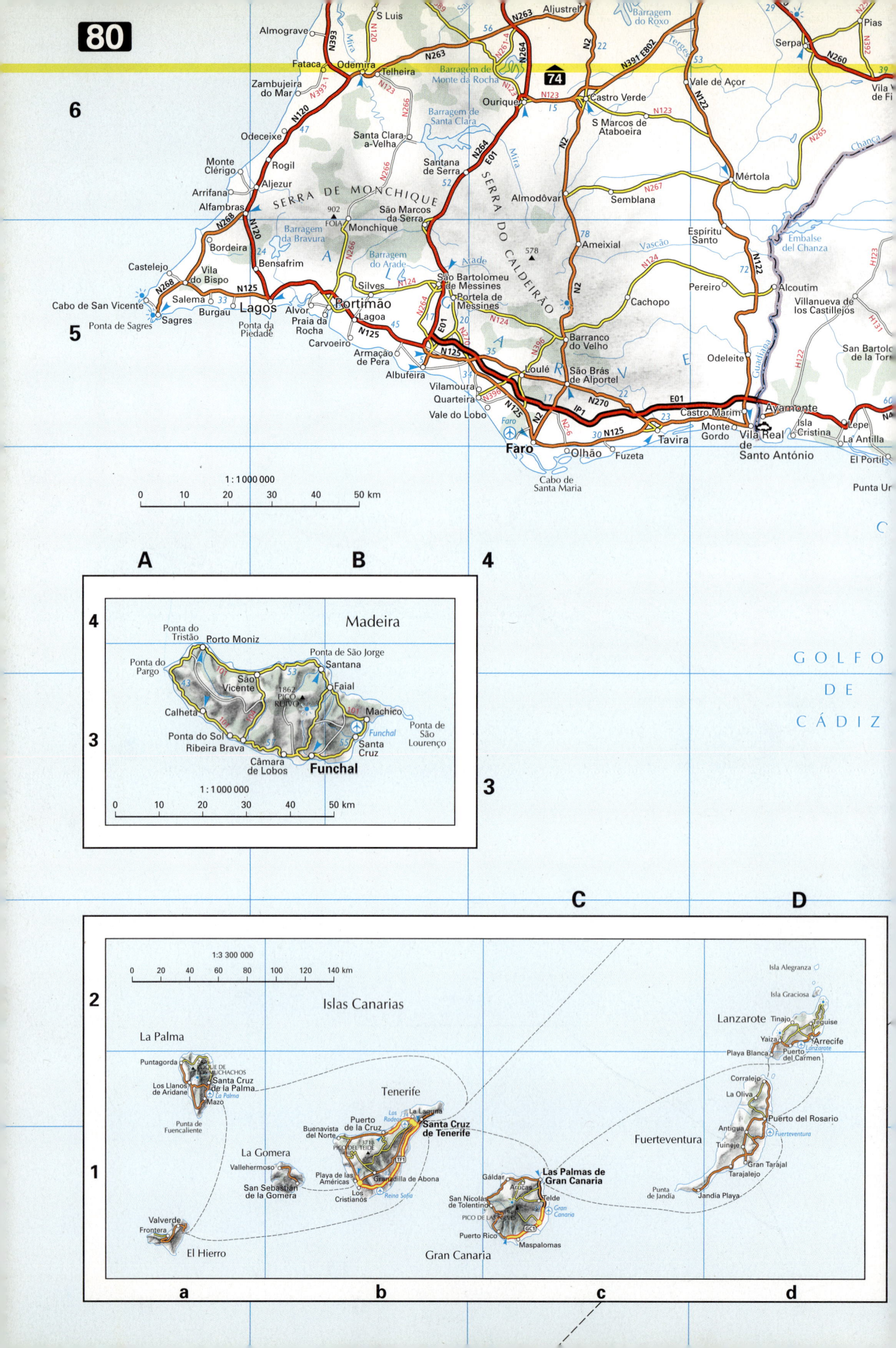

Barrancos
Encinasola
Fregenal de la Sierra
Fuente de Cantos
Usagre
Valencia de las Torres
Bienvenida
Puerto de la Loba
Segura de León
Llerena
75
Berlanga
N432
Azuaga
Fuente-Obejuna
Peñarroya-Pueblonuevo
N433
SIERRA DE ARACENA
Cortegana
Almonaster la Real
Aracena
SIERRA DE TUDI
Monesterio
Puerto de las Marismas
Embalse de Aracena
Huelva
Cabezas Rubias
N435
N630
Guadalcanal
Embalse de El Pintado
Alanís
SIERRA DE LOS SANTOS
Espiel
Santa Olalla del Cala
Cazalla de la Sierra
Embalse de la Minilla
Embalse de Bembézar
Embalse de Puente Nuevo
Villaviciosa
Riotinto
Zalamea la Real
Valverde del Camino
El Ronquillo
Embalse de Gala
El Pedroso
SIERRA MORENA
Constantina
82
Embalse del Hornachuelo
Embalse de la Breña
Gibraleón
N431
Niebla
La Palma del Condado
E01
A49
San Juan del Puerto
Moguer
Sanlúcar la Mayor
Alcalá del Río
Lora del Río
Palma del Río
Posadas
Almodóvar del Río
Mazagón
Almonte
SEVILLA
N IV E05
Carmona
La Luisiana
Écija
La Carlota
La Rambla
El Rocío
MARISMAS DEL GUADALQUIVIR
Alcalá de Guadaira
Dos Hermanas
N334
N333
Torre de la Higuera
Matalascañas
Los Palacios y Villafranca
Utrera
El Arahal
Marchena
La Puebla de Cazalla
Osuna
Estepa
Puente-Genil
Embalse de Cordobilla
Embalse de la Torre de Aguila
Lebrija
Las Cabezas de San Juan
Morón de la Frontera
Trebujena
Punta de Maladar
Sanlúcar de Barrameda
Chipiona
El Saucejo
SIERRA DE YEGUAS
Campillos
JEREZ DE LA FRONTERA
A4
E05
Bornos
Arcos de la Frontera
Embalse de Bornos
Algodonales
Olvera
Almargen
Rota
Embalse de Zahara
Embalse del Guadalteba-Guadalhorce
Antequera
El Puerto de Santa María
Cuevas del Becerro
El Bosque
CÁDIZ
Bahía de Cádiz
Puerto Real
Embalse de Guadalcacín
Grazalema
Embalse del Conde de Guadalhorce
San Fernando
Cueva de la Pileta
Ronda
El Burgo
Embalse de Los Hurones
SERRANIA DE RONDA
Alora
Chiclana de la Frontera
Medina-Sidonia
Alcalá de los Gazules
La Barrosa
Gaucín
Coín
Cabo Roche
Jimena de la Frontera
Embalse de la Concepción
Ojén
Alhaurín el Grande
Málaga
Conil de la Frontera
N340
E15
Vejer de la Frontera
Estepona
San Pedro de Alcántara
Marbella
Benalmádena
Torremolinos
Mijas
Benalmádena Costa
Cabo de Trafalgar
Guadalmina
Puerto Banús
Bahía de Marbella
Calahonda
Fuengirola
Castellar de la Frontera
Cala Moral
Barbate de Franco
Embalse del Guadarranque
Punta de Chullera
Sotogrande
Zahara de los Atunes
Los Barrios
San Roque
Punta Mala
Punta Camarinal
La Línea de la Concepción
Algeciras
Gibraltar (GB)
Bahía de Algeciras
Punta de Europa
Tarifa
COSTA DE LA LUZ
COSTA
Estrecho de Gibraltar
TANGER
Ceuta (E)
E
F
G
H

76
81
Belalcázar
Hinojosa del Duque
Santa Eufemia
SIERRA DE ALCUDIA
1106 JUDIO
Valdeazogues
Almodóvar del Campo
Argamasilla de Calatrava
Brazatortas
Puertollano
Almagro
Bolaños de Calatrava
La Calzada de Calatrava
Jabalón
Fuente-Obejuna
Peñarroya-Pueblonuevo
Alcaracejos
Pozoblanco
Puerto de Niefla 902
Puerto de Valderrepisa 860
Fuencaliente
Embalse de Montoro
SIERRA MESTANZA
Santa Cruz de Mudela
SIERRA DE LOS SANTOS
896
Puerto Espiel 727
Espiel
Villanueva de Córdoba
1323
SIERRA MADRONA
Viso del Marqués
Embalse de Bembézar
Embalse de Puente Nuevo
Villaviciosa
Venta de Cardeña
A
M
O
R
E
N
A
5
6
Embalse del Hornachuelo
Embalse de la Breña
Virgen de la Cabeza
Embalse de Jandúla
Embalse del Rumblar
Santa Elena
La Carolina
Guarromán
Baños de la Encina
Embalse de Guadalén
Arquillos
Navas de San Juan
Montoro
Andújar
Posadas
Almodóvar del Río
CÓRDOBA
Palma del Río
Bailén
Linares
Lopera
Bujalance
Guadalquivir
Mengibar
La Carlota
Porcuna
Baeza
Úbeda
La Luisiana
Écija
La Rambla
Espejo
Castro del Río
Embalse de Doña Aldonza
4
Montilla
Torredonjimeno
Jaén
Martos
Jimena
Jódar
Aguilar
Baena
Mancha Real
Doña Mencía
SIERRA MÁGINA
2167
Cabra
Alcaudete
Puente-Genil
Osuna
Estepa
Lucena
Huelma
Embalse de Cordobilla
Priego de Córdoba
Alcalá la Real
Campillo de Arenas
Guadahortuna
SIERRA DE YEGUAS
Rute
Puerto de Carretero 1040
Puerto de Onitar 1040
Puerto el Zegri 1080
El Saucejo
El Tejar
Iznájar
Embalse de Iznájar
3
Montefrío
Iznalloz
Moreda
Campillos
SIERRA HARANA
1931
Puerto Molinillo 1300
Embalse del Guadalteba-Guadalhorce
Pinos Puente
Loja
Antequera
Archidona
1390 Puerto de la Mora
Embalse del Conde de Guadalhorce
Santafé
GRANADA
Guadix
Puerto de las Pedrizas 780
EL Burgo
Alora
Alhama de Granada
Monachil
Solynieve
Colmenar
Puerto del Suspiro del Moro 860
Padul
Lacalahorra
2065
Puerto del León 960
Embalse de los Bermejales
Dílar
SIERRA NEVADA
3478
Picacho de Veleta
Puerto de la Ragua 2000
Coín
Dúrcal
Alhaurín el Grande
MÁLAGA
Vélez-Málaga
SIERRA DE ALMIJARA
Béznar
2
Ojén
Rincón de la Victoria
Lanjarón
Órjiva
Marbella
Benalmádena
Mijas
Torremolinos
Benalmádena Costa
Torre del Mar
Ugíjar
Bahía de Málaga
Calahonda
Fuengirola
Cala Moral
Bahía de Marbella
Torre
Nerja
Punta de Torrox
Almuñécar
Salobreña
Motril
Castell de Ferro
Albuñol
Berja
2236
Torrenueva
Cabo Sacratif
Calahonda
Adra
Balanegra
COSTA DEL SOL
1 : 1 000 000
0 10 20 30 40 50 km
Punta de los Baños
1
A
B
C
D

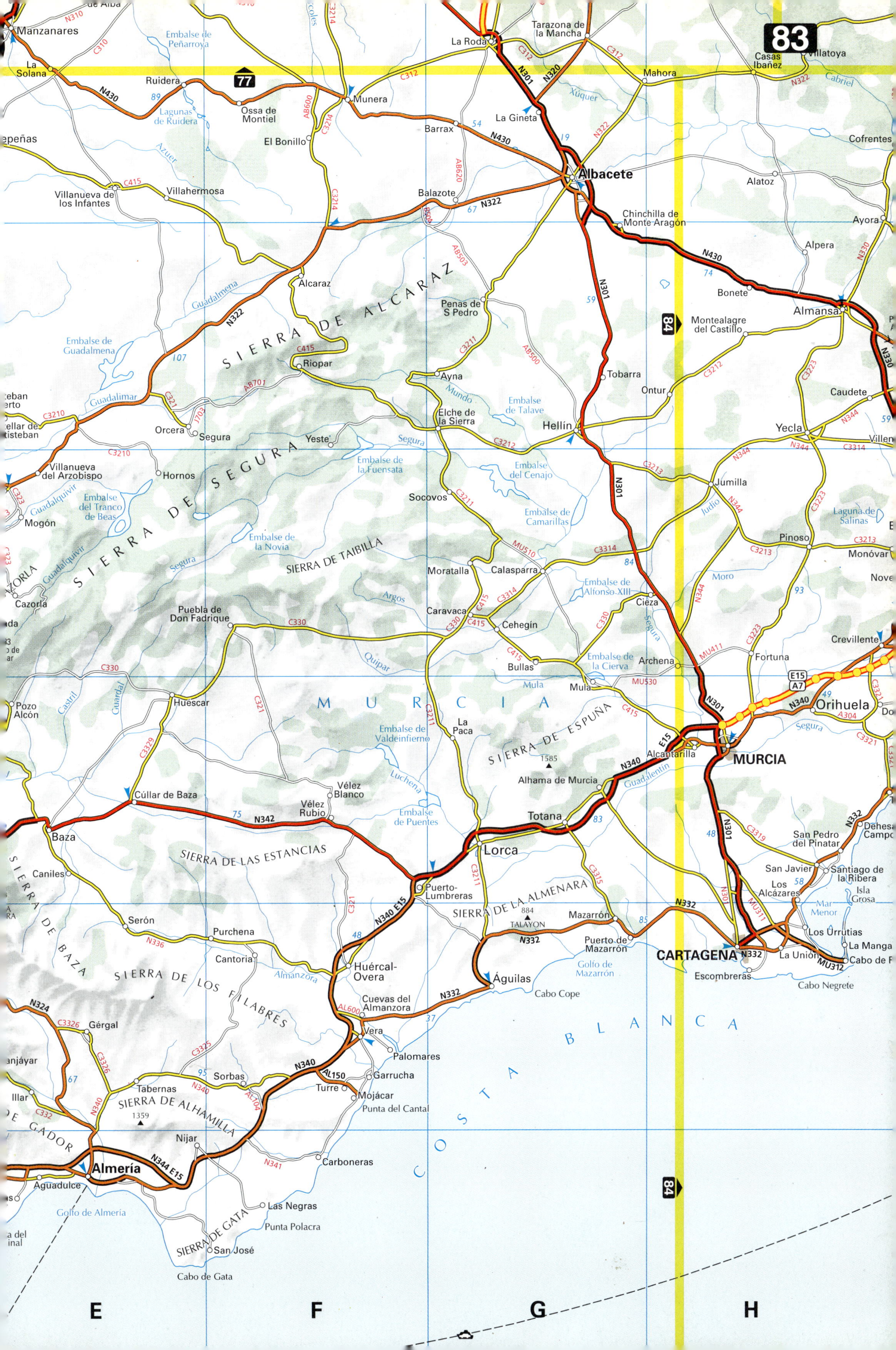

83
77
84
Manzanares
La Solana
Ruidera
Lagunas de Ruidera
Embalse de Peñarroya
Ossa de Montiel
Munera
El Bonillo
Villanueva de los Infantes
Villahermosa
La Roda
Tarazona de la Mancha
Mahora
Casas Ibañez
Villatoya
Cabriel
La Gineta
Barrax
Albacete
Balazote
Alatoz
Cofrentes
Chinchilla de Monte Aragón
Ayora
Alpera
Bonete
Almansa
Montealegre del Castillo
Alcaraz
SIERRA DE ALCARAZ
Penas de S Pedro
Riopar
Ayna
Tobarra
Ontur
Caudete
Embalse de Guadalmena
Guadalmena
Guadalimar
Orcera
Segura
Yeste
Elche de la Sierra
Embalse de Talave
Hellín
Yecla
Villanueva del Arzobispo
Hornos
SIERRA DE SEGURA
Embalse de la Fuensata
Embalse del Cenajo
Jumilla
Embalse del Tranco de Beas
Mogón
Socovos
Embalse de Camarillas
Laguna de Salinas
Pinoso
Monóvar
Embalse de la Novia
SIERRA DE TAIBILLA
Moratalla
Calasparra
Embalse de Alfonso XIII
Cazorla
Puebla de Don Fadrique
Caravaca
Cehegín
Cieza
Fortuna
Crevillente
Bullas
Embalse de la Cierva
Archena
Mula
Orihuela
Pozo Alcón
Huescar
MURCIA
La Paca
Embalse de Valdeinfierno
SIERRA DE ESPUÑA
1585
Alcantarilla
MURCIA
Alhama de Murcia
Cúllar de Baza
Vélez Blanco
Vélez Rubio
Embalse de Puentes
Totana
Baza
SIERRA DE LAS ESTANCIAS
Lorca
San Pedro del Pinatar
Caniles
Puerto-Lumbreras
San Javier
Santiago de la Ribera
Los Alcázares
Isla Grosa
Mar Menor
SIERRA DE BAZA
Serón
Purchena
SIERRA DE LA ALMENARA
884
TALAYON
Mazarrón
Puerto de Mazarrón
Golfo de Mazarrón
Los Urrutias
La Manga
Cantoria
Huércal-Overa
CARTAGENA
Escombreras
La Unión
Cabo Negrete
SIERRA DE LOS FILABRES
Águilas
Cabo Cope
Cuevas del Almanzora
Gérgal
Vera
COSTA BLANCA
Palomares
Sorbas
Tabernas
Garrucha
Turre
Mojácar
Punta del Cantal
SIERRA DE ALHAMILLA
1359
Nijar
Almería
Aguadulce
Carboneras
Golfo de Almería
Las Negras
Punta Polacra
SIERRA DE GATA
San José
Cabo de Gata
E
F
G
H

84
77
78
83
Roda
Mahora
Casas Ibañez
Villatoya
Chiva
Puçol
VALENCIA
Golfo de Valencia
El Saler
La Gineta
Albacete
Alatoz
Cofrentes
Embalse de Embarcaderos
Silla
La Albufera
Carlet
L'Alcúdia
El Perelló
Chinchilla de Monte Aragón
Ayora
Algemesí
Sueca
Alberique
Alzira
Cullera
Favareta
Alpera
Bonete
Enguera
Tabernes
Almansa
Puerto de Almansa 692
L'Alcúdia de Crespins
Xàtiva
Xeraco
Xeresa
Montealagre del Castillo
Gandia
5
Ontinyent
Albaida
Oliva
Tobarra
Ontur
Caudete
Puerto de Albaida 600
Embalse de Talave
Hellín
Yecla
Villena
Pego
Ondara
Denia
Cocentaina
Alcoy
Ibi
Cabo San Antonio
Jávea
Embalse del Cenajo
Jumilla
Puerto de Ares 966
Collado de Rates 780
Teulada
Benissa
Moraira
Embalse de Camarillas
Laguna de Salinas
Puerto de la Carrasqueta 1020
Jijona
Callosa d'en Sarrià
Elda
Pinoso
Calpe
Altea
4
Calasparra
Embalse de Alfonso XIII
Monóvar
Embalse de Tibi
Benidorm
Novelda
Villajoyosa
Cieza
San Juán de Alicante
Campello
Cehegín
Playa de San Juán
ALICANTE/ALACANT
Cabo de las Huertas
Crevillente
Fortuna
Archena
Bullas
Embalse de la Cierva
Elche
Mula
Los Arenales del Sol
Santa Pola
Orihuela
Dolores
Isla de Tabarca
SIERRA DE ESPUÑA
1585
Alcantarilla
MURCIA
Guardamar del Segura
Alhama de Murcia
3
Totana
Torrevieja
Lorca
Dehesa de Campoamor
San Pedro del Pinatar
San Javier
Santiago de la Ribera
Los Alcázares
Mar Menor
Isla Grosa
SIERRA DE LA ALMENARA
884
TALAYÓN
Mazarrón
Los Urrutias
Puerto de Mazarrón
La Manga del Mar Menor
CARTAGENA
La Unión
Cabo de Palos
Águilas
Golfo de Mazarrón
Escombreras
Cabo Negrete
Cabo Cope
2
COSTA BLANCA
1 : 1 000 000
0 10 20 30 40 50 km
1
A
B
C
D

85

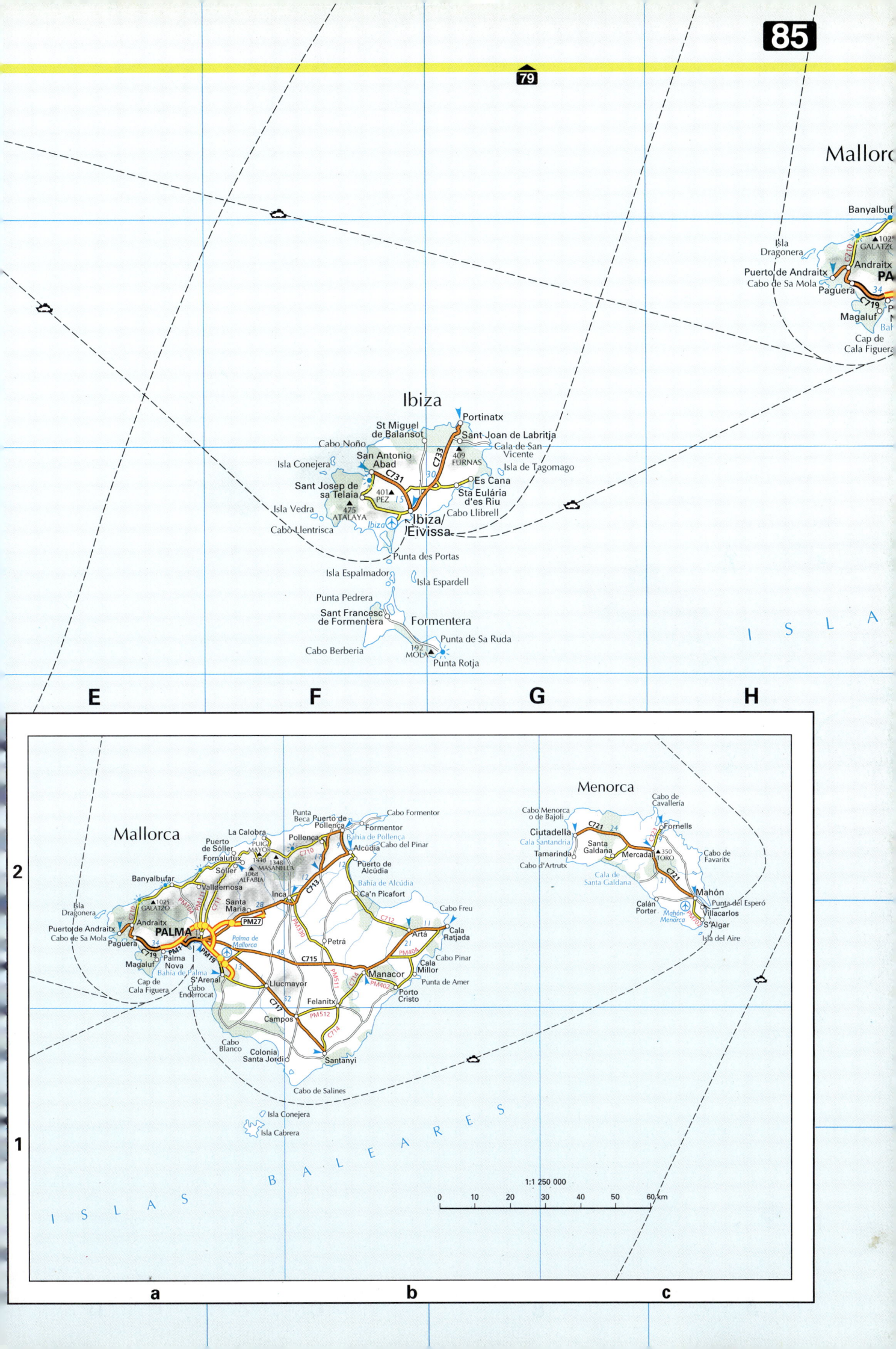

Mallorca

Banyalbufar
Isla Dragonera
Puerto de Andraitx
Cabo de Sa Mola
Paguera
Magaluf
Cap de Cala Figuera
Andraitx
PA...

Ibiza

St Miguel de Balansot
Cabo Noño
Isla Conejera
San Antonio Abad
Sant Josep de sa Telaia
Isla Vedra
475 ATALAYA
Cabo Llentrisca
Portinatx
Sant Joan de Labritja
Cala de San Vicente
409 FURNAS
Isla de Tagomago
Es Cana
Sta Eulária d'es Riu
Cabo Llibrell
Ibiza/Eivissa
Punta des Portas

Formentera

Isla Espalmador
Isla Espardell
Punta Pedrera
Sant Francesc de Formentera
Cabo Berberia
192 MOLA
Punta de Sa Ruda
Punta Rotja

ISLA...

Mallorca

Punta Beca
Puerto de Pollença
Cabo Formentor
La Calobra
Formentor
Pollença
Bahía de Pollença
Puerto de Sóller
PUIG MAYOR
Alcúdia
Cabo del Pinar
Fornalutx
1348 MASANELLA
Puerto de Alcúdia
Banyalbufar
Sóller
1068 ALFABIA
Bahía de Alcúdia
Isla Dragonera
Valldemosa
Inca
Ca'n Picafort
1025 GALATZO
Santa Maria
Puerto de Andraitx
Andraitx
Cabo Freu
Cabo de Sa Mola
PALMA
Cala Ratjada
Paguera
Palma de Mallorca
Petrá
Artá
Magaluf
Palma Nova
Cabo Pinar
Cap de Cala Figuera
S'Arenal
C715
Cala Millor
Cabo Enderrocat
Manacor
Llucmayor
Punta de Amer
Felanitx
Porto Cristo
Campos
Cabo Blanco
Colonia Santa Jordi
Santanyi
Cabo de Salines

Menorca

Cabo Menorca o de Bajoli
Cabo de Cavallería
C721
Ciutadella
Fornells
Cala Santandria
Santa Galdana
Tamarinda
Mercadal
350 TORO
Cabo d'Artrutx
Cabo de Favaritx
Cala de Santa Galdana
C721
Calán Porter
Mahón
Punta del Esperó
Villacarlos
S'Algar
Isla del Aire

Isla Conejera
Isla Cabrera
ISLAS BALEARES

1:1 250 000
0 10 20 30 40 50 60 km

Sisteron
Château-Arnoux
Digne-les-Bains
Mézel
Oraison
Barrême
Valensole
Gréoux-les-Bains
Riez
Moustiers-Ste-Marie
La Palud-sur-Verdon
Col d' Illoire 964
Aups
Tavernes
Barjols
Salernes
Cotignac
Carcès
Draguignan
Lorgues
Les Arcs
Vidauban
Le Luc
Besse-sur-Issole
Puget-Ville
Cuers
La Roquebrussanne
La Garde Freinet
Grimaud
Cogolin
MASSIF DES MAURES
Solliès-Pont
Bormes-les-Mimosas
Hyères
La Capte
Giens
Porquerolles
Ile de Porquerolles
Ile de Port-Cros
Ile du Levant
ILES D'HYÈRES
Port-Cros
Cap Bénat
Le Lavandou
Aiguebelle
Cavalière
Rayol
Cavalaire-sur-Mer
La Croix-Valmer
Cap Camarat
St-Tropez
Port-Grimaud
Beauvallon
Ste-Maxime
Val d'Esquières
Les Issambres
St-Aygulf
Fréjus
St Raphaël
Puget-sur-Argens
Le Muy
Agay
Anthéor
Le Trayas
Miramar
Théoule
La Napoule-Plage
Cannes
Mandelieu
Les Adrets
Bagnols-en-Forêt
Fayence
Mougins
Grasse
St-Vallier-de-Thiey
Le Logis-du-Pin
ROUTE NAPOLÉON
Castellane
Col des Leques 1146
Col de Toutes Aures 1124
Comps-sur-Artuby
St-André-les-Alpes
Annot
Entrevaux
Puget-Théniers
Villars
Guillaumes
Valberg
Beuil
Col de la Couillole
Col de la Colle St Michel
Colmars
Beauvezer
Allos
Col d'Allos 2250
Col du Labouret 1240
La Javie
Le Vernet
Col de Maure 1347
Seyne
Le Lauzet-Ubaye
Jausiers
Barcelonnette
Larche
Col de Larche/Colle della Maddalena 1994
Col de la Bonette 2802
Col de Restefond
Col de la Cayolle 2326
St-Etienne-de-Tinée
Auron
Isola
Isola 2000
Colle della Lombarda/Col de la Lombarde 2350
ARGENTERA
St-Sauveur-sur-Tinée
St-Martin-Vésubie
Col St-Martin 1500
Roquebillière
Lantosque
Col de Turini 1607
Peïra-Cava
Col de Braus 1002
L'Escarène
Levens
Col de Vence 970
Vence
St-Paul
Le Bar
NICE
Côte d'Azur
Cagnes-sur-Mer
Villeneuve-Loubet
Antibes
Juan-les-Pins
Cap d'Antibes
Golfe-Juan
Villefranche
St-Jean-Cap-Ferrat
Beaulieu-sur-Mer
Cap-d'Ail
La Turbie
Monaco
Monte-Carlo
Roquebrune-Cap-Martin
Menton
Sospel
Col de Brouis 879
Breil-sur-Roya
Tende
Colle di Tenda/Col de Tende 1321
Limone Piemonte
Ventimiglia
Bordighera
Ospedaletti
San Remo
Taggia
Imperia
Diano Marina
Alássio
Laiguéglia
Albenga
Loano
Pietra
Pieve di Teco
Colle di Nava 941
Ormea
Garéssio
Colle San Bernardo 957
Colle dei Giovetti 912
Frabosa Soprana
M MONGIOIE 2630
Chiusa di Pesio
Borgo San Dalmazzo
Cuneo
Vinádio
Dronero
Acceglio
Busca
Fossano
Dogliani
Mondovì
Ceva
Cortemil
RIVIERA
CÔTE D'AZUR
Punta Palazzo
Golfe de Porto
Capo Rosso
Cargèse
Golfe de Sagone
Capo de Feno
1 : 1 000 000
0 10 20 30 40 50 km
A B C D
1 2 3 4 5 6
53 54 73
N85 N202 N7 N98 N96 N204 E74 A8 A57 A570 A51 E712 A10 E80 A6 E717

87
88
55
GÉNOVA
Savona
Rapallo
Chiavari
Santa Margherita Ligure
Portofino
Sestri Levante
LA SPÉZIA
Sarzana
Carrara
Pontremoli
Aulla
RÉGGIO NELL 'EMILIA
Sassuolo
Pistóia
Empoli
Grosseto
Orbetello
RIVIERA DI LEVANTE
F
G
H
1:1 500 000
0 10 20 30 40 50 60 70 80 km
Sardegna
Bonifacio
Bocche di Bonifacio
Costa Smeralda
La Maddalena
Santa Teresa Gallura
Olbia
Golfo dell' Asinara
Porto Torres
Stintino
SASSARI
Alghero
Tempio Pausania
Ozieri
Macomer
Nuoro
Dorgali
Golfo di Orosei
Oristano
Golfo di Oristano
Arbatax
Tortolì
Iglesias
Carbonia
CAGLIARI
Golfo di Cagliari
Villasimius
Capo Spartivento
Capo Teulada
a
b
c
1
2
3
4
L'Ile-Rousse
Calenzana
Haut-Asco
MTE CINTO
Col de Vergio
MTE ROTONDO
Vizzavona
Col de Vizzavona
Bocognano
Aléria

88
55
87
98
LA SPÉZIA
Portovenere
Lérici
Sarzana
Aulla
Fivizzano
Carrara
Massa
Marina di Carrara
Marina di Massa
Seravezza
Forte dei Marmi
Pietrasanta
Marina di Pietrasanta
Camaiore
Lido di Camaiore
Viaréggio
Lago di Massaciuccoli
Lucca
Castelnuovo di Garfagnana
Barga
Fornaci di Barga
Bagni di Lucca
Collodi
Pescia
Montecatini Terme
Pistóia
Prato
Sesto Fiorentino
Fiésole
FIRENZE
Empoli
Vinci
Fucécchio
Monsummano Terme
Lastra a Signa
San Giuliano Terme
PISA
Marina di Pisa
Tirrénia
Cáscina
Pontedera
Ponsacco
San Miniato
LIVORNO
Collesalvetti
Casciana Terme
Castelfiorentino
Certaldo
San Casciano in Val di Pesa
Tavarnelle Val di Pesa
Poggibonsi
San Gimignano
Colle di Val d'Elsa
Volterra
Saline di Volterra
Castiglioncello
Solvay
Rosignano-Marittimo
Cécina
Pomarance
Larderello
COLLINE METALLÍFERE
Marina di Castagneto-Donorático
San Vincenzo
Massa Marittima
Monticiano
Roccastrada
Populónia
Piombino
Follónica
Golfo di Follónica
Canale di Piombino
Punta Ala
Castiglione della Pescáia
Grosseto
Marina di Grosseto
Scansano
Magliano in Toscana
Manciano
Orbetello
Porto Santo Stéfano
MONTE ARGENTÁRIO
Porto Ércole
Ansedónia
Ísola del Giglio
Giglio Porto
Ísola di Giannutri
Ísola di Montecristo
Ísola Pianosa
Ísola d'Elba
Portoferráio
Capo Vita
Cavo
Marciana Marina
Lacona
Marina di Campo
Porto Azzurro
Capolíveri
Punta di Fetováia
Punta dei Ripalti
Ísola di Capráia
Ísola di Gorgona
Siena
TOSCANA
CHIANTI
Castellina in Chianti
Greve in Chianti
Incisa in Val d'Arno
San Giovanni Valdarno
Montevarchi
PRATOMAGNO
Reggello
Pontassieve
Consuma
Bibbiena
Poppi
Stia
Arezzo
Búcine
Monte San Savino
Foiano di Chiana
Sinalunga
Torrita di Siena
Montepulciano
Pienza
Chianciano Terme
Chiusi
Buonconvento
Montalcino
San Quirico d'Orcia
Arcidosso
MT AMIATA
Roccalbegna
Acquapendente
San Lorenzo Nuovo
Lago di Bolsena
Bolsena
Pitigliano
Valentano
Farnese
Marta
Canino
Tuscánia
Viterbo
Vetralla
Montalto di Castro
Tarquinia
Tolfa
Civitavécchia
Santa Marinella
Capo Linaro
Santa Severa
Ladispoli
Imola
Faenza
Brisighella
Modigliana
Firenzuola
Marradi
San Piero a Sieve
Borgo San Lorenzo
Dicomano
San Benedetto in Alpe
Castiglione dei Pépoli
Porretta Terme
Vergato
Loiano
Pianoro
Pavullo nel Frignano
Sestola
Pievepelago
Abetone
San Marcello Pistoiese
La Lima
M CIMONE
M CUSNA
Passo di Pradarena
Passo del Cerreto
Piazza al Serchio
Riomaggiore
Lévanto
Bonassola
LEVANTE
A
B
C
D
1
2
3
4
5
6

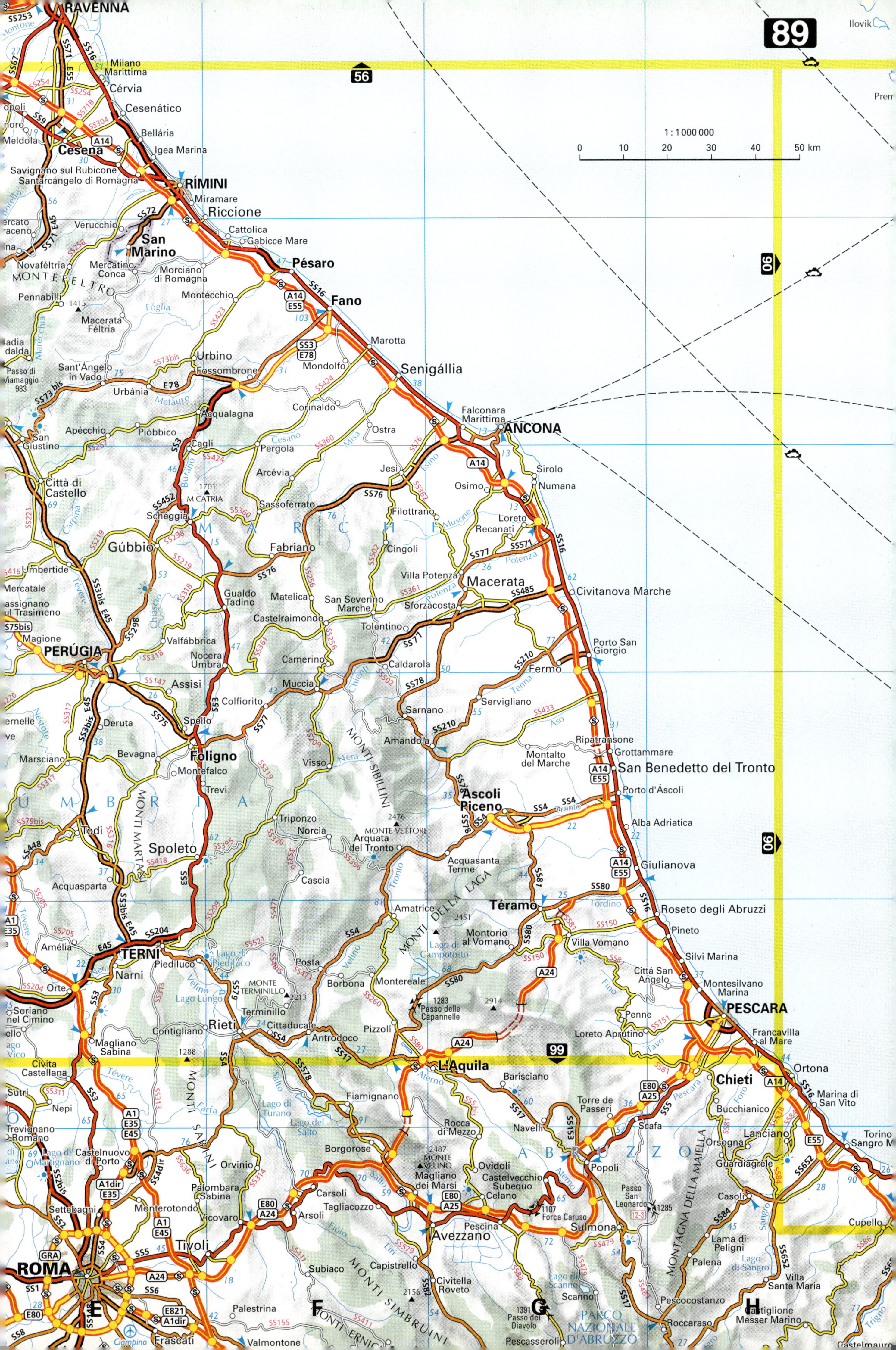

1 : 1 000 000
0 10 20 30 40 50 km
56
90
99
RAVENNA
Milano Marittima
Cérvia
Cesenático
Bellária
Igea Marina
Cesena
Meldola
Savignano sul Rubicone
Santarcángelo di Romagna
RÍMINI
Miramare
Riccione
Cattolica
Gabicce Mare
Verucchio
San Marino
Novaféltria
Mercatino Conca
Morciano di Romagna
MONTEFELTRO
Pennabilli
Macerata Féltria
Montécchio
Pésaro
Fano
Marotta
Mondolfo
Senigállia
Urbino
Fossombrone
Sant'Angelo in Vado
Urbánia
Metáuro
Passo di Viamaggio 983
Acqualagna
Corinaldo
Falconara Marittima
ANCONA
Apécchio
Piobbico
San Giustino
Cagli
Pergola
Ostra
Sirolo
Numana
Città di Castello
Arcévia
Jesi
Osimo
M. CATRIA
Sassoferrato
Filottrano
Loreto
Recanati
Schéggia
Gúbbio
Fabriano
Cingoli
Umbertide
Mercatale
Gualdo Tadino
Villa Potenza
Macerata
Civitanova Marche
Matelica
San Severino Marche
Sforzacosta
Castelraimondo
Tolentino
Magione
PERÚGIA
Valfábbrica
Nocera Umbra
Camerino
Caldarola
Porto San Giorgio
Fermo
Assisi
Muccia
Serviglianо
Colfiorito
Sarnano
Deruta
Spello
Amandola
Ripatransone
Grottammare
Bevagna
Foligno
Montalto del Marche
San Benedetto del Tronto
Marsciano
Montefalco
Visso
Trevi
Porto d'Áscoli
MONTI SIBILLINI
Ascoli Piceno
Alba Adriatica
Todi
MONTI MARTANI
Triponzo
Norcia
MONTE VETTORE
Arquata del Tronto
Spoleto
Acquasanta Terme
Giulianova
Cascia
Acquasparta
Amatrice
MONTI DELLA LAGA
Téramo
Roseto degli Abruzzi
Pineto
Amélia
TERNI
Piediluco
Lago di Piediluco
Lago di Campotosto
Montorio al Vomano
Villa Vomano
Silvi Marina
Narni
Posta
Città San Angelo
Montesilvano Marina
Orte
MONTE TERMINILLO
Borbona
Montereale
Lago Lungo
Passo delle Capannelle
PESCARA
Soriano nel Cimino
Terminillo
Penne
Cittaducale
Contigliano
Rieti
Antrodoco
Pizzoli
Loreto Aprutino
Francavilla al Mare
Magliano Sabina
L'Aquila
Civita Castellana
Barisciano
Ortona
Chieti
MONTI SABINI
Fiamignano
Torre de Passeri
Marina di San Vito
Nepi
Lago di Turano
Lago del Salto
Bucchianico
Navelli
Scafa
Rocca di Mezzo
Lanciano
Trevignano Romano
Orsogna
Torino di Sangro
Castelnuovo di Porto
Borgorose
MONTE VELINO
ABRUZZO
Guardiagrele
Lago di Martignano
Orvinio
Ovindoli
Popoli
Magliano dei Marsi
Castelvecchio Subequo
Palombara Sabina
Carsoli
Celano
Passo San Leonardo
MONTAGNA DELLA MAIELLA
Casoli
Settebagni
Monterotondo
Tagliacozzo
Forca Caruso
Arsoli
Vicovaro
Pescina
Sulmona
Avezzano
Tivoli
Lama di Peligni
Cupello
ROMA
Subiaco
Capistrello
Palena
Lago di Sangro
MONTI SIMBRUINI
Civitella Roveto
Lago di Scanno
Scanno
Villa Santa Maria
Pescocostanzo
Palestrina
Passo del Diavolo
PARCO NAZIONALE D'ABRUZZO
Roccaraso
Castiglione Messer Marino
Ciampino
Frascati
Valmontone
Pescasseroli
E
F
G
H

1 : 1 000 000
0 10 20 30 40 50 km

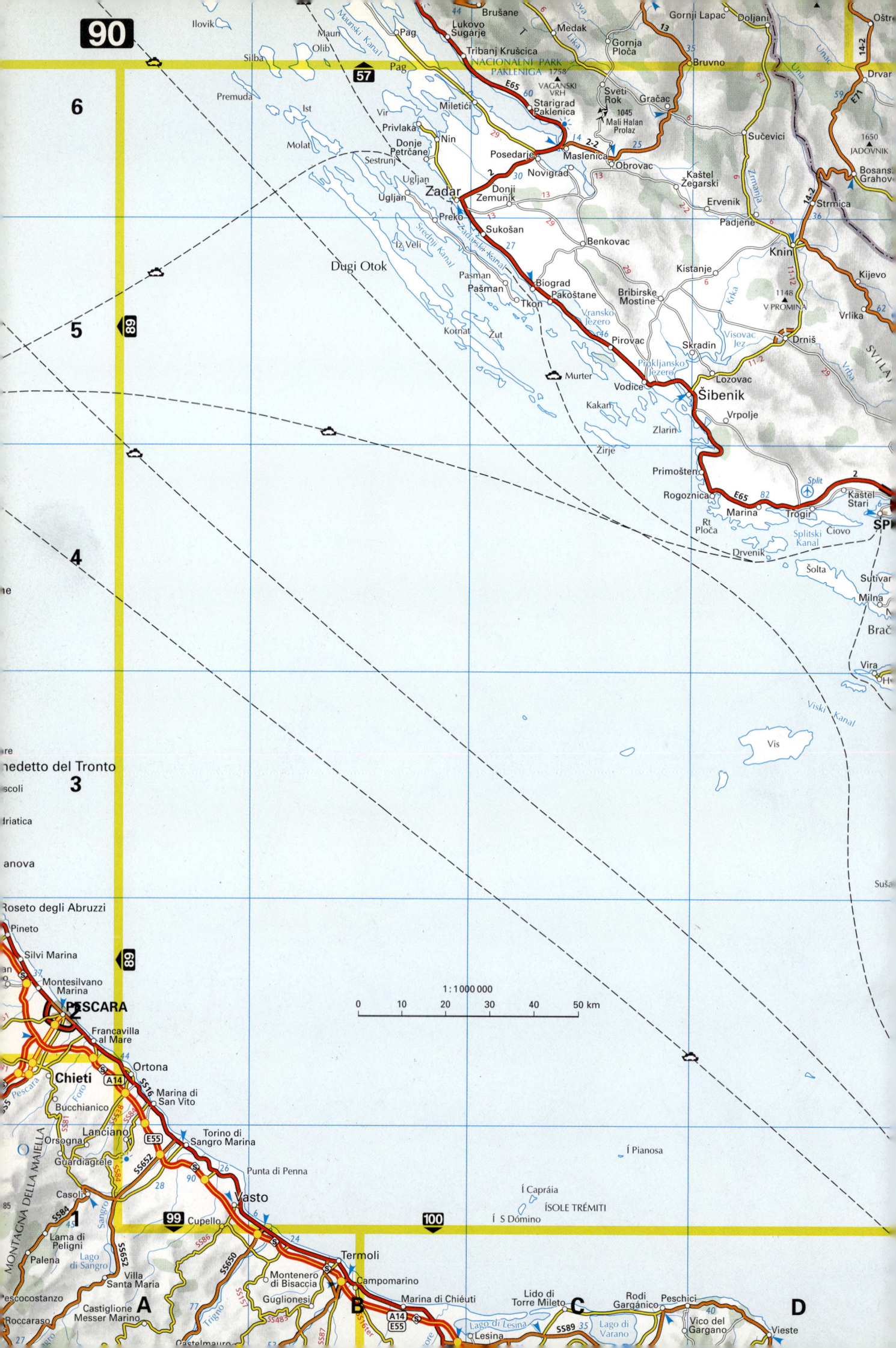

91
58
92
101
E
F
G
H
Ključ
Mrkonjić-Grad
Jezero
Jajce
Vinac
Donji Vakuf
920 Komar Prolaz
Turbe
Travnik
Zenica
Vranduk
Žepče
Zavidovići
Zivinice
Tojšići
Kozluk
Caparde
Zvornik
Drinjača
Kladanj
Turalići
Vlasenica
KONJUH
JAVOR
VLAŠIĆ
VITOROG
STARETINA
CINČAR
RADUŠA
LJUBUŠA
ČVRSTNICA
PRENI
ČABULJA
VELEZ
BJELAŠNICA
TRESKAVICA
DEVETAK
DURMITOR
GOLIJA
NJEGOŠ
VIDUŠA
BIOKOVO
MOSOR
ORJEN
LOVĆEN
LJUBIŠNJA
Rore
Medena Selišta
Glamoč
Kazanci
Čelebić
Priluka
Livno
Peručko Jezero
Srdevići
Obrovac
Brnaze
Trilj
Kamensko
Buško Blato
Ugljane
Blato
Cista Provo
Omiš
Zadvarje
Šestanovac
Imotski
Baška Voda
Donja Brela
Zagvozd
Pučišća
Povlja
Bol
Sumartin
Makarska
Tučepi
Podgora
Igrane
Drvenik
Zaostrog
Gradac
Hvarski Kanal
Vrboska
Jelsa
Hvar
Sućuraj
Korčulanski Kanal
Orebić
Trpanj
Korčula
Lumbarda
Vela Luka
Blato
Janjina
Pelješac
Mljetski Kanal
Lastovo
Govedjari
Sobra
Mljet
Korita
Ston
Slano
Trsteno
Lopud
Dubrovnik
Mlini
Cavtat
Čilipi
Gruda
Herceg Novi
Igalo
Zelenika
Kamenari
Lepetane
Tivat
Risan
Perast
Kotor
1212 Lovćen Prolaz
Cetinje
Budva
Miločer
Sveti Stefan
Petrovac
Sutomore
Virpazar
Bugojno
Kupres
Gornji Vakuf
1123 Makljan Prolaz
Prozor
Šuica
Duvno
Jezero Šćit
Posušje
Kočerin
Lištica
Drinovci
Kozica
Vrgorac
Vitina
Ljubuški
Čapljina
Počitelj
Metković
Opuzen
Kardeljevo
Neum
Mostar
Buna
Žitomislići
Domanovići
Radimlje
Stolac
Blagaj
Potoci
Jablanica
Ostrožac
Konjic
Jablaničko Jezero
Gornja Grabovica
Bradina
Tarčin
Hadžići
Ilidža
SARAJEVO
Kiseljak
Visoko
Busovača
Kaonik
Lašva
Kakanj
Vareš
Breza
Ivančići
Olovo
Semizovac
Romanija
Sokolac
Podromanija
Han Pijesak
Žljebovi
Pale
1044 Vitez Prolaz
Praća
Rogatica
Pešurići
Jabuka
Goražde
Krupac
Trnovo
1913 JAHORINA
Dobro Polje
Kalinovik
Ocrkavlje
Foča
Brod
Šćepan Polje
Tjentište
Ulog
Nevesinje
Čemerno
Fojnica
Gacko
Avtovac
Plužine
Berkovici
Bijeljani
Korita
Plana
Ljubinje
Veličani
Bileća
Bilećko Jezero
Debromani
Trebinje
Lastva
Vilusi
Nikšić
Slano Jezero
Krupac Jezero
Osječenica
Grahovo
Bogetići
Donja Brezna
1232 Živa Sec Sedlo Prolaz
Gvozd
Rube
750 Stubička dola Prolaz
1335 Metaljka Prolaz
STRAŽBENICA
Neretva
Trebišnjica
Bosna
Vrbas
Drina
Krivaja
Sarajevo
Dubrovnik
E65
E73
E80
E761
E661
E762

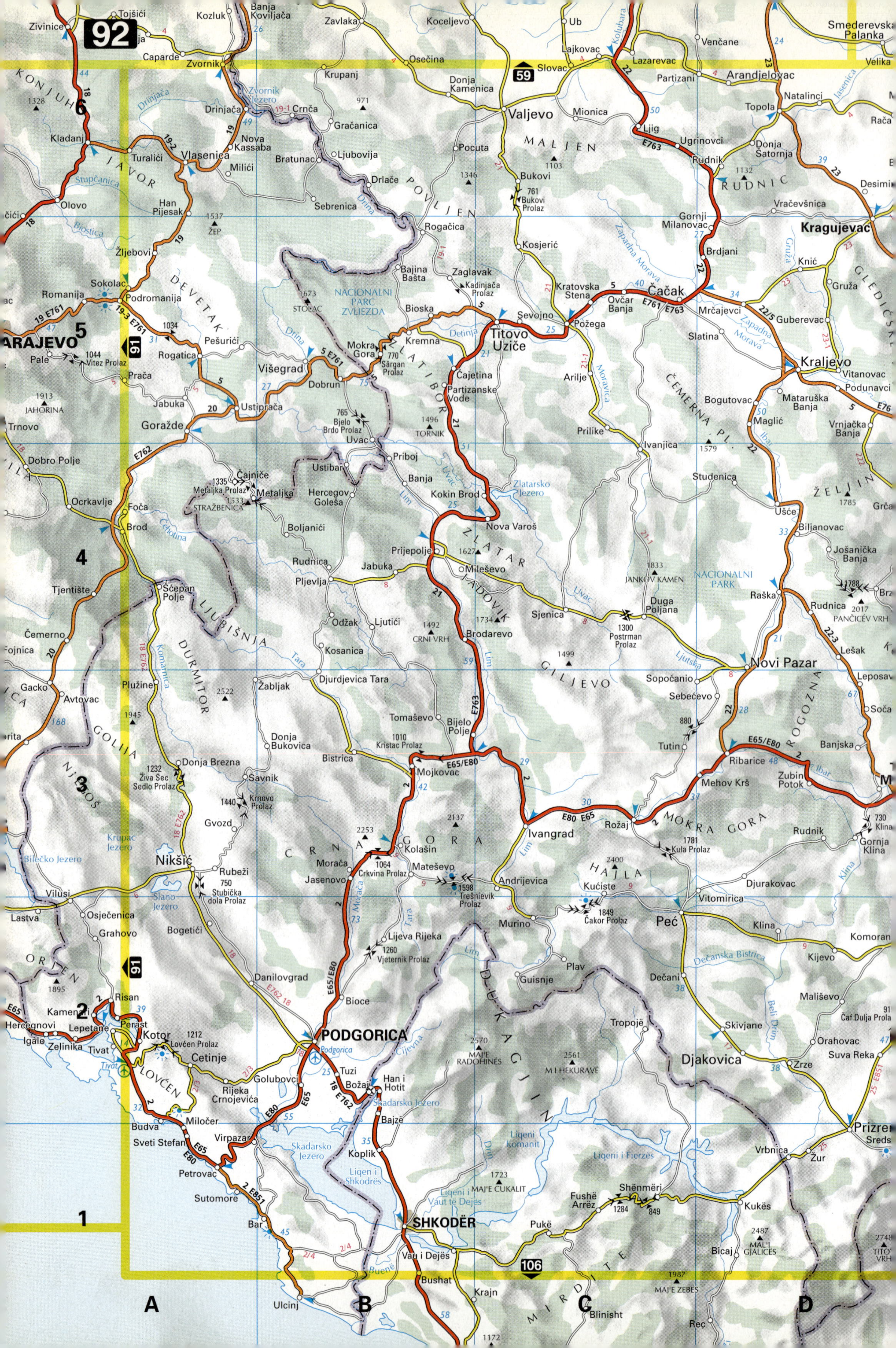
92
59
91
106
Tojšići
Živinice
Kozluk
Banja Koviljača
Zavlaka
Koceljevo
Ub
Smederevska Palanka
Caparde
Zvornik
Osečina
Lajkovac
Lazarevac
Venčane
Velika
Slovac
Arandjelovac
Krupanj
Donja Kamenica
Partizani
Natalinci
KONJUH
Zvornik Jezero
Drinjača
Crnča
Gračanica
Valjevo
Mionica
Ljig
Topola
Rača
Kladanj
Turalići
Vlasenica
Nova Kassaba
Bratunac
Ljubovija
Pocuta
MALJEN
Ugrinovci
Rudnik
Donja Šatornja
JAVOR
Milići
Drlače
Bukovi
RUDNIK
Desimir
Olovo
Han Pijesak
Sebrenica
POVLJEN
761 Bukovi Prolaz
Vračevšnica
Gornji Milanovac
Kragujevac
ŽEP
Rogačica
Kosjerić
Brdjani
Žljebovi
Bajina Bašta
Zaglavak
Kadinjača Prolaz
Kratovska Stena
Ovčar Banja
Čačak
Knić
Gruža
Sokolac
Podromanija
DEVETAK
Romanija
NACIONALNI PARC ZVIJEZDA
STOLAC
Bioska
Sevojno
Požega
Mrčajevci
Guberevac
ARAJEVO
Pale
1044 Vitez Prolaz
Pešurići
Rogatica
Višegrad
Dobrun
Mokra Gora
770 Šargan Prolaz
Kremna
ZLATIBOR
Titovo Užice
Čajetina
Arilje
Slatina
Kraljevo
Vitanovac
Podunavci
Prača
Ustiprača
Partizanske Vode
ČEMERNA PL.
Bogutovac
Mataruška Banja
Maglić
Vrnjačka Banja
1913 JAHORINA
Jabuka
Goražde
765 Bjelo Brdo Prolaz
Uvac
TORNIK
Prilike
Ivanjica
Trnovo
Dobro Polje
Čajniče
Metaljka Prolaz
Metaljka
STRAŽBENICA
Ustibar
Hercegov Goleša
Priboj
Banja
Zlatarsko Jezero
Kokin Brod
Studenica
ŽELJIN
Ušće
Grča
Ocrkavlje
Foča
Brod
Boljanići
Nova Varoš
ZLATAR
Biljanovac
Jošanička Banja
Prijepolje
Mileševo
Tjentište
Rudnica
Jabuka
Pljevlja
JADOVIK
JANKOV KAMEN
NACIONALNI PARK
Raška
Rudnica
PANČIĆEV VRH
Ščepan Polje
LJUBIŠNJA
Odžak
Ljutići
CRNI VRH
Sjenica
Brodarevo
Duga Poljana
1300 Postrman Prolaz
Lešak
Čemerno
Fojnica
Kosanica
DURMITOR
GILJEVO
Novi Pazar
Sopočanio
Sebečevo
Leposav
Gacko
Avtovac
Plužine
Žabljak
Djurdjevica Tara
ROGOZNA
Soča
Tomaševo
Bijelo Polje
Tutin
Banjska
GOLIJA
Donja Bukovica
1010 Krstac Prolaz
Bistrica
Mojkovac
Ribarice
Mehov Krš
Zubin Potok
NJEGOŠ
Donja Brezna
1232 Živa Šec Sedlo Prolaz
Savnik
Krnovo Prolaz
Gvozd
Ivangrad
Rožaj
MOKRA GORA
Rudnik
Gornja Klina
Krupac Jezero
Bilećko Jezero
Nikšić
Rubeži
750 Stubička dola Prolaz
CRNA GORA
Kolašin
Morača
Jasenovo
1064 Crkvina Prolaz
Mateševo
1598 Trešnjevik Prolaz
Andrijevica
HAJLA
Kula Prolaz
Kućište
Djurakovac
Vilusi
Slano Jezero
Vitomirica
Lastva
Osječenica
Grahovo
Bogetići
Lijeva Rijeka
1260 Vjeternik Prolaz
Murino
1849 Čakor Prolaz
Peć
Klina
Komoran
ORJEN
Plav
Gusinje
Kijevo
Danilovgrad
PROKLETIJE
Dečani
Risan
Kamenari
Herceg Novi
Igalo
Lepetane
Perast
Kotor
Zelenika
Tivat
Lovćen Prolaz
Cetinje
LOVĆEN
Bioce
PODGORICA
Tropojë
Skivjane
Malisevo
Čaf Dulja Prolaz
Orahovac
Suva Reka
Zrze
MAJ'E RADOHINËS
MAJ I HEKURAVE
Djakovica
Golubovci
Tuzi
Božaj
Han i Hotit
Rijeka Crnojevića
Skadarsko Jezero
Miločer
Budva
Sveti Stefan
Virpazar
Bajzë
Prizren
Sreds
Petrovac
Koplik
Liqeni i Komanit
Liqeni i Fierzës
Vrbnica
Žur
Liqeni i Shkodrës
MAJ'E CUKALIT
Liqeni i Vaut të Dejës
Shënmëri
Fushë Arrëz
Kukës
Sutomore
Bar
SHKODËR
Pukë
Bicaj
MAL'I GJALICËS
TITOV VRH
Vau i Dejës
Bushat
MAJ'E ZEBES
MIRDITË
Ulcinj
Krajn
Blinisht
Reç
A
B
C
D
1
2
3
4
5
6

93

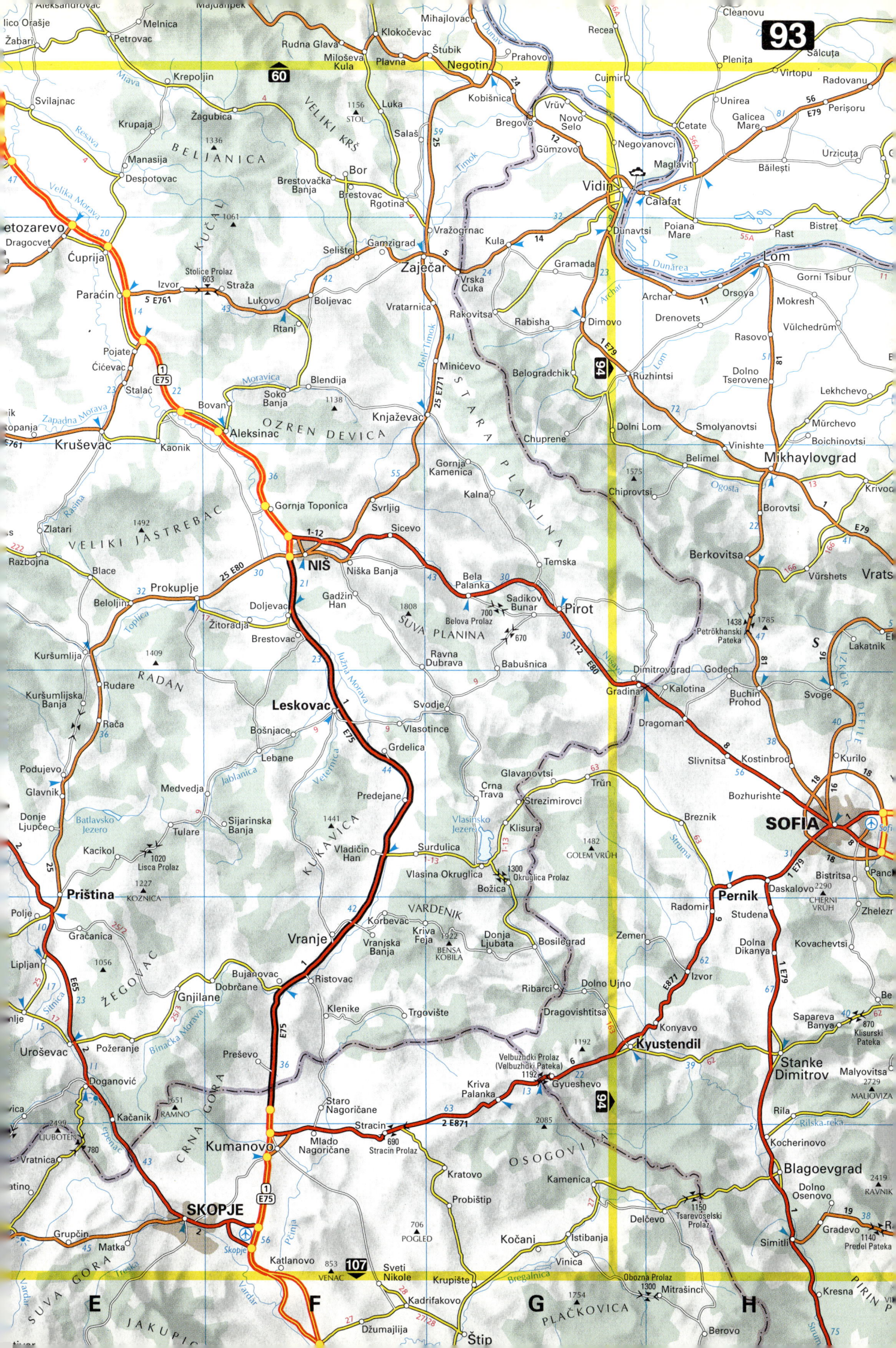

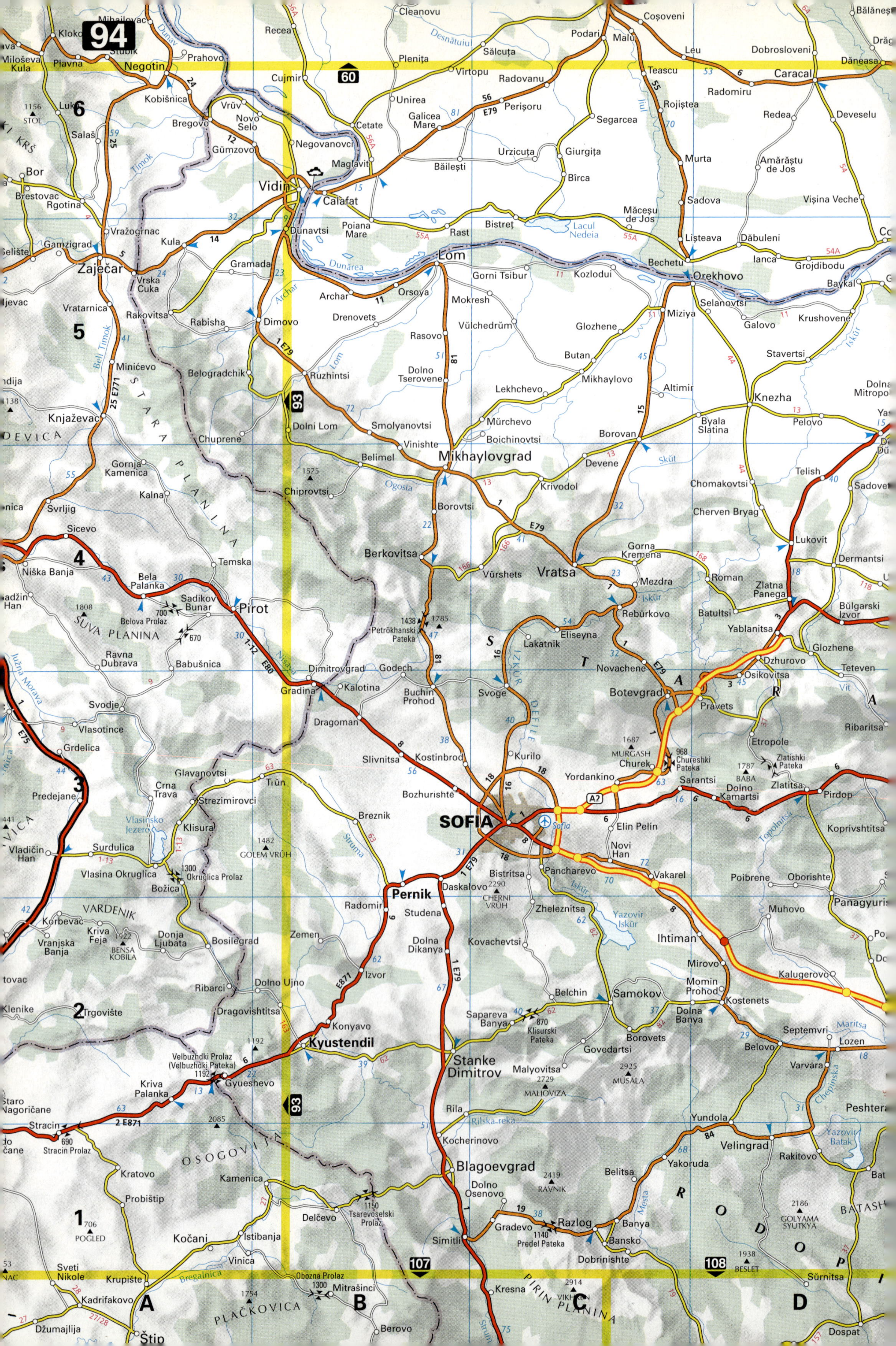
60
93
107
108
Negotin
Prahovo
Kobišnica
Bregovo
Novo Selo
Vrŭv
Gŭmzovo
Negovanovci
Vidin
Calafat
Maglavit
Cetate
Cujmir
Recea
Cleanovu
Desnățuiul
Plenița
Sălcuța
Vîrtopu
Radovanu
Unirea
Galicea Mare
Perișoru
Podari
Malu
Coșoveni
Leu
Dobrosloveni
Dăneasa
Caracal
Teasco
Radomiru
Rojiștea
Segarcea
Redea
Deveselu
Urzicuța
Giurgița
Băilești
Bîrca
Murta
Amărăștu de Jos
Sadova
Vișina Veche
Măceșu de Jos
Lacul Nedeia
Bistreț
Rast
Poiana Mare
Dunavtsi
Lom
Dunărea
Lișteava
Dăbuleni
Ianca
Grojdibodu
Bechetu
Orekhovo
Kozlodui
Gorni Tsibur
Archar
Orsoya
Mokresh
Selanovtsi
Galovo
Krushovene
Baykal
Miziya
Glozhene
Vŭlchedrŭm
Rasovo
Drenovets
Dimovo
Rabisha
Gramada
Kula
Vražogrnac
Zaječar
Gamzigrad
Vrska Cuka
Rakovitsa
Vratarnica
Bor
Brestovac
Rgotina
Salaš
Luka
Minićevo
Belogradchik
Ruzhintsi
Dolno Tserovene
Butan
Mikhaylovo
Lekhchevo
Altimir
Stavertsi
Knezha
Pelovo
Byala Slatina
Borovan
Mŭrchevo
Boichinovtsi
Smolyanovtsi
Dolni Lom
Vinishte
Mikhaylovgrad
Belimel
Chuprene
Knjaževac
Stara Planina
Gornja Kamenica
Kalna
Chiprovtsi
Ogosta
Borovtsi
Krivodol
Devene
Skŭt
Chomakovtsi
Telish
Cherven Bryag
Svrljig
Sicevo
Niška Banja
Bela Palanka
Temska
Sadikov Bunar
Pirot
Belova Prolaz
Suva Planina
Berkovitsa
Vŭrshets
Vratsa
Gorna Kremena
Mezdra
Roman
Lukovit
Dermantsi
Zlatna Panega
Batultsi
Yablanitsa
Bŭlgarski Izvor
Rebŭrkovo
Eliseyna
Lakatnik
Petrŏhanski Pateka
Ravna Dubrava
Babušnica
Dimitrovgrad
Gradina
Godech
Kalotina
Buchin Prohod
Svoge
Iskŭr Defile
Novachene
Botevgrad
Pravets
Dzhurovo
Osikovitsa
Glozhene
Teteven
Ribaritsa
Južna Morava
Svodje
Vlasotince
Grdelica
Dragoman
Slivnitsa
Kostinbrod
Kurilo
Murgash
Churek
Chureshki Pateka
Etropole
Zlatishki Pateka
Zlatitsa
Pirdop
Baba
Glavanovtsi
Trŭn
Crna Trava
Strezimirovci
Predejane
Bozhurishte
Yordankino
Sarantsi
Dolno Kamartsi
Breznik
SOFIA
Sofia
Elin Pelin
Koprivshtitsa
Vlasinsko Jezero
Klisura
Vladičin Han
Surdulica
Golem Vrŭh
Novi Han
Vakarel
Poibrene
Oborishte
Panagyurishte
Vlasina Okruglica
Okruglica Prolaz
Božica
Pernik
Radomir
Daskalovo
Bistritsa
Cherni Vrŭh
Pancharevo
Zheleznitsa
Yazovir Iskŭr
Studena
Ihtiman
Muhovo
Vardenik
Korbevac
Kriva Feja
Vranjska Banja
Bensa Kobila
Donja Ljubata
Bosilegrad
Zemen
Dolna Dikanya
Kovachevtsi
Mirovo
Kalugerovo
Izvor
Ribarci
Dolno Ujno
Belchin
Samokov
Momin Prohod
Kostenets
Dolna Banya
Trgovište
Dragovishtitsa
Konyavo
Kyustendil
Sapareva Banya
Klisurski Pateka
Borovets
Septemvri
Lozen
Maritsa
Belovo
Varvara
Govedartsi
Musala
Velbuzhdki Prolaz (Velbuzhdki Pateka)
Gyueshevo
Stanke Dimitrov
Malyovitsa
Kriva Palanka
Staro Nagoričane
Stracin
Stracin Prolaz
Rila
Rilska reka
Yundola
Peshtera
Velingrad
Yakoruda
Rakitovo
Yazovir Batak
Kocherinovo
Osogovija
Kratovo
Kamenica
Probištip
Blagoevgrad
Ravnik
Belitsa
Dolno Osenovo
Tsarevoselski Prolaz
Rodopi
Batashki
Golyama Syutkya
Delčevo
Kočani
Istibanja
Gradevo
Razlog
Banya
Predel Pateka
Simitli
Bansko
Dobrinishte
Pogled
Vinica
Sveti Nikole
Krupište
Bregalnica
Kadrifakovo
Obozna Prolaz
Mitrašinci
Plačkovica
Kresna
Pirin Planina
Vikhren
Beslet
Sŭrnitsa
Dospat
Džumajlija
Štip
Berovo
Struma
A
B
C
D
1
2
3
4
5
6

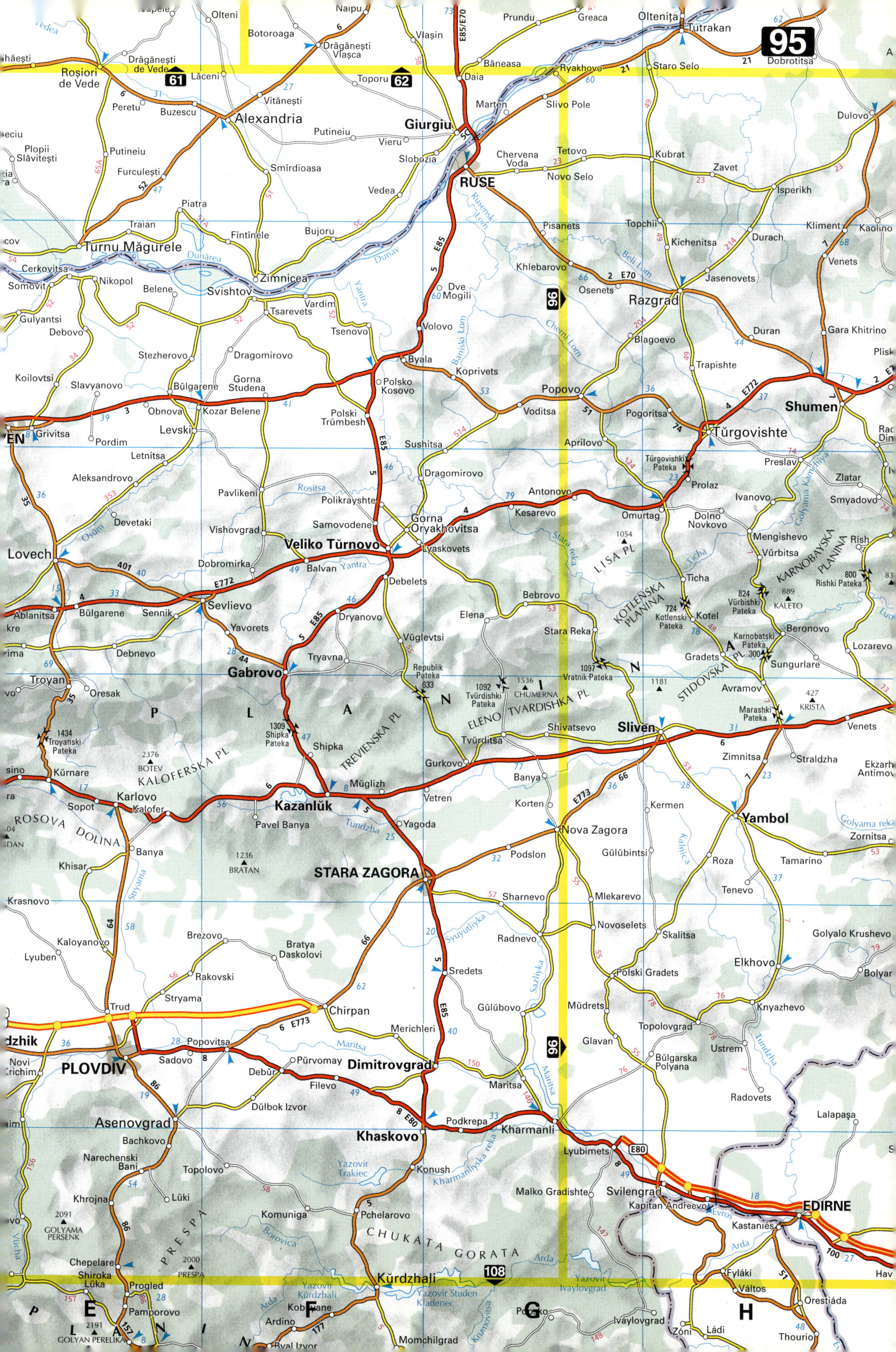

95
Roşiori de Vede
Drăgăneşti de Vede
Olteni
Botoroaga
Naipu
Drăgăneşti Vlaşca
Vlaşin
Prundu
Greaca
Olteniţa
Tutrakan
Dobrotitsa
Staro Selo
Ryakhovo
Băneasa
Daia
Toporu
Lăceni
Vităneşti
Alexandria
Peretu
Buzescu
Putineiu
Giurgiu
Vieru
Slobozia
Marten
Slivo Pole
Dulovo
Plopii Slăviteşti
Furculeşti
Smîrdioasa
Chervena Voda
Tetovo
Novo Selo
Kubrat
Zavet
Isperikh
RUSE
Vedea
Piatra
Traian
Fintînele
Bujoru
Turnu Măgurele
Pisanets
Topchii
Kichenitsa
Durach
Kliment
Kaolino
Venets
Dunărea
Dunav
Cerkovitsa
Somovit
Nikopol
Belene
Svishtov
Zimnicea
Vardim
Tsarevets
Tsenovo
Dve Mogili
Khlebarovo
Osenets
Razgrad
Jasenovets
Gulyantsi
Debovo
Volovo
Blagoevo
Duran
Gara Khitrino
Stezherovo
Dragomirovo
Gorna Studena
Byala
Koprivets
Trapishte
Koilovtsi
Slavyanovo
Bŭlgarene
Polsko Kosovo
Popovo
Shumen
Obnova
Kozar Belene
Polski Trŭmbesh
Voditsa
Pogoritsa
Grivitsa
Pordim
Levski
Sushitsa
Aprilovo
Tŭrgovishte
Letnitsa
Tŭrgovishki Pateka
Preslav
Aleksandrovo
Dragomirovo
Prolaz
Zlatar
Pavlikeni
Rositsa
Polikrayshte
Antonovo
Ivanovo
Smyadovo
Devetaki
Gorna Oryakhovitsa
Kesarevo
Omurtag
Dolno Novkovo
Vishovgrad
Samovodene
Mengishevo
Rish
Lovech
Veliko Tŭrnovo
Lyaskovets
LISA PL
Vŭrbitsa
Dobromirka
Balvan
Yantra
Ticha
KARNOBAYSKA PLANINA
Debelets
Bebrovo
Rishki Pateka
Ablanitsa
Bŭlgarene
Sennik
Sevlievo
Dryanovo
Elena
KOTLENSKA PLANINA
Vŭrbishki Pateka
KALETO
Yavorets
Kotlenski Pateka
Kotel
Stara Reka
Beronovo
Debnevo
Vŭglevtsi
Karnobatski Pateka
Gabrovo
Tryavna
Gradets
Sungurlare
Lozarevo
Troyan
Republik Pateka
Vratnik Pateka
STIDOVSKA PL
Oresak
Tvŭrdishki Pateka
CHUMERNA
Avramov
KRISTA
Marashki Pateka
P
L
A
N
I
N
A
Shipka Pateka
TREVIENSKA PL
ELENO TVARDISHKA PL
Troyanski Pateka
Shipka
Tvŭrditsa
Shivatsevo
Sliven
Venets
BOTEV
KALOFERSKA PL
Gurkovo
Zimnitsa
Straldzha
Ekzarh Antimov
Kŭrnare
Mŭglizh
Banya
Karlovo
Sopot
Kalofer
Kazanlŭk
Vetren
Korten
Kermen
Yambol
ROSOVA DOLINA
Pavel Banya
Tundzha
Yagoda
Nova Zagora
Zornitsa
Banya
BRATAN
Podslon
Gŭlŭbintsi
Roza
Tamarino
Khisar
STARA ZAGORA
Tenevo
Krasnovo
Stryama
Sharnevo
Mlekarevo
Novoselets
Golyalo Krushevo
Kaloyanovo
Brezovo
Bratya Daskolovi
Syuyutliyka
Radnevo
Skalitsa
Lyuben
Elkhovo
Rakovski
Sredets
Polski Gradets
Bolyar
Stryama
Gŭlŭbovo
Sazliyka
Mŭdrets
Knyazhevo
Trud
Chirpan
Topolovgrad
Merichleri
Ustrem
Maritsa
Glavan
Dzhik
Popovitsa
Novi Krichim
PLOVDIV
Sadovo
Pŭrvomay
Debŭr
Dimitrovgrad
Bŭlgarska Polyana
Filevo
Maritsa
Radovets
Dŭlbok Izvor
Asenovgrad
Podkrepa
Kharmanli
Lalapaşa
Khaskovo
Bachkovo
Lyubimets
Narechenski Bani
Yazovir Trakiec
Konush
Kharmanliyska reka
Topolovo
Malko Gradishte
Svilengrad
Lŭki
Khrojna
Kapitan Andreevo
Evros
EDIRNE
GOLYAMA PERSENK
Komuniga
Pchelarovo
Kastaniés
Arda
Borovica
CHUKATA GORATA
Chepelare
PRESPA
Shiroka Lŭka
Progled
Kŭrdzhali
Yazovir Ivaylovgrad
Fyláki
Váltos
Orestiáda
Yazovir Studen Kladenec
Kobilyane
Pamporovo
Ardino
Momchilgrad
Ivaylovgrad
Zóni
Ládi
Thourio
GOLYAN PERELIKA
Byal Izvor
Krumovitsa
E
F
G
H
61
62
96
108

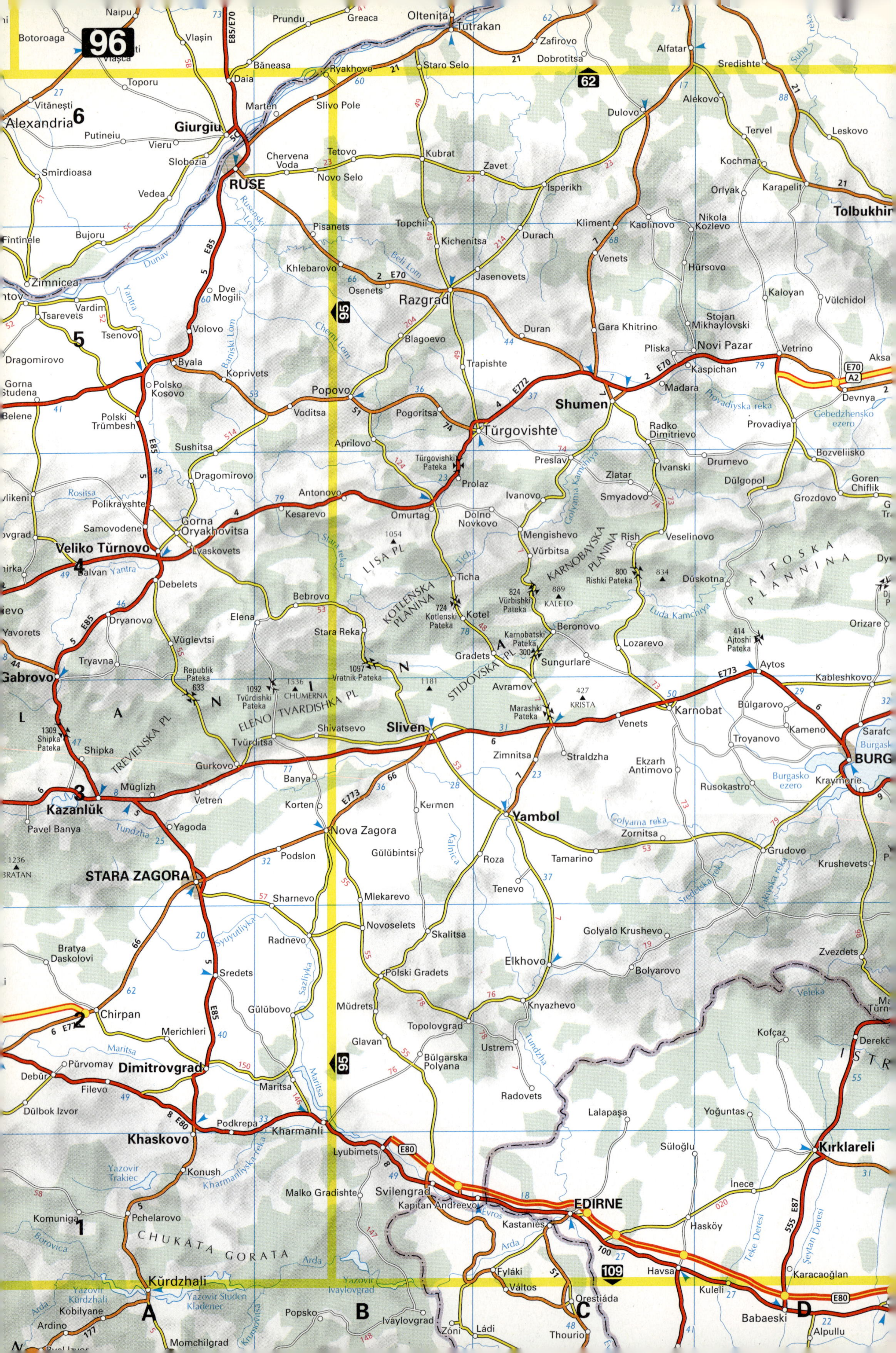
96
Naipu
Botoroaga
Vlașca
Vlașin
Prundu
Greaca
Oltenița
Tutrakan
Zafirovo
Alfatar
Băneasa
Daia
Ryakhovo
Staro Selo
Dobrotitsa
62
Sredishte
Toporu
Vitănești
Marten
Slivo Pole
Dulovo
Alekovo
Alexandria
6
Giurgiu
Putineiu
Vieru
Slobozia
Chervena Voda
Tetovo
Kubrat
Zavet
Tervel
Leskovo
Smîrdioasa
RUSE
Novo Selo
Isperikh
Kochmar
Orlyak
Karapelit
Tolbukhin
Vedea
Rusenski Lom
Pisanets
Topchii
Kichenitsa
Kliment
Kaolinovo
Nikola Kozlevo
Fintinele
Bujoru
Durach
Venets
Dunav
Khlebarovo
Osenets
Beli Lom
Jasenovets
Hürsovo
Zimnicea
Dve Mogili
Razgrad
95
Kaloyan
Vülchidol
Vardim
Tsarevets
Yantra
Stojan Mikhaylovski
Tsenovo
Volovo
Duran
Gara Khitrino
5
Dragomirovo
Banski Lom
Cherni Lom
Blagoevo
Pliska
Novi Pazar
Vetrino
Aksa
Byala
Trapishte
Kaspichan
Gorna Studena
Polsko Kosovo
Koprivets
Popovo
Shumen
Madara
Provadiyska reka
Devnya
Belene
Polski Trümbesh
Voditsa
Pogoritsa
Türgovishte
Provadiya
Gebedzhensko ezero
Radko Dimitrievo
Sushitsa
Aprilovo
Türgovishki Pateka
Preslav
Drumevo
Bozveliisko
Dragomirovo
Prolaz
Zlatar
Ivanski
Dülgopol
Goren Chiflik
Rositsa
Antonovo
Ivanovo
Smyadovo
Grozdovo
Polikrayshte
Gorna Oryakhovitsa
Kesarevo
Omurtag
Dolno Novkovo
Samovodene
Lisa Pl
Mengishevo
Rish
Veselinovo
Veliko Türnovo
Lyaskovets
Stara reka
Vürbitsa
Karnobayska Planina
Aitoska Planina
4
Balvan
Ticha
Rishki Pateka
Düskotna
Debelets
Kotlenska Planina
Vürbishki Pateka
Kaleto
Bebrovo
Kotlenski Pateka
Kotel
Luda Kamchiya
Golyama Kamchiya
Dryanovo
Elena
Stara Reka
Beronovo
Ajtoshi Pateka
Orizare
Yavorets
Vüglevtsi
Gradets
Karnobatski Pateka
Lozarevo
Aytos
Gabrovo
Tryavna
Republik Pateka
Vratnik Pateka
Sungurlare
Stidovska Pl
Kableshkovo
Türvdishki Pateka
Chumerna
Avramov
Krista
Karnobat
Bülgarovo
Shipka Pateka
Trevienska Pl
Eleno Tvardishka Pl
Marashki Pateka
Venets
Kameno
Shipka
Tvürditsa
Shivatsevo
Sliven
Troyanovo
Zimnitsa
Straldzha
Ekzarh Antimovo
Burgas
Gurkovo
Banya
3
Müglizh
Kazanlük
Vetren
Korten
Kermen
Yambol
Rusokastro
Burgasko ezero
Kraymorie
Pavel Banya
Yagoda
Tundzha
Nova Zagora
Golyama reka
Zornitsa
Bratan
Gülübintsi
Kalnitsa
Podslon
Roza
Tamarino
Grudovo
Krushevets
STARA ZAGORA
Sharnevo
Mlekarevo
Tenevo
Sredetska reka
Fakiyska reka
Novoselets
Svyutlyika
Radnevo
Skalitsa
Golyalo Krushevo
Bratya Daskolovi
Elkhovo
Zvezdets
Sredets
Polski Gradets
Bolyarovo
Sazliyka
Veleka
Chirpan
2
Gülübovo
Müdrets
Knyazhevo
Topolovgrad
Merichleri
Glavan
Ustrem
Kofçaz
Maritsa
Pürvomay
Dimitrovgrad
Bülgarska Polyana
Debür
Filevo
Maritsa
Radovets
Dülbok Izvor
Lalapaşa
Yoğuntas
Podkrepa
Kharmanli
Khaskovo
Lyubimets
Süloğlu
Kırklareli
Yazovir Trakiec
Konush
Kharmanliyska reka
Ince
Malko Gradishte
Svilengrad
Kapitan Andreevo
Evros
EDIRNE
Komuniga
1
Pchelarovo
Kastanies
Hasköy
Teke Deresi
Şeytan Deresi
Borovica
Chukata Gorata
Arda
Fyláki
Havsa
Karacaoğlan
Kürdzhali
Yazovir Ivaylovgrad
Váltos
109
Orestiáda
Kuleli
Yazovir Kürdzhali
Yazovir Studen Kladenec
Krumovitsa
Kobilyane
A
B
C
D
Popsko
Ivaylovgrad
Babaeski
Alpullu
Ardino
Zóni
Ládi
Thourio
Momchilgrad
E70
E85
E772
E773
E80
E87
A2

97

1 : 1 000 000
0 10 20 30 40 50 km

E F G H

98

Porto d'Áscoli
Alba Adriatica
Giulianova
Téramo
Roseto degli Abruzzi
Pineto
Villa Vomano
Silvi Marina
Città San Angelo
Montesilvano Marina
PESCARA
Penne
Loreto Aprutino
Francavilla al Mare
Ortona
89
Barisciano
Chieti
Marina di San Vito
Torre de Passeri
Bucchianico
Navelli
Scafa
Lanciano
Torino di Sangro Marina
A B R U Z Z O
Orsogna
Guardiagrele
Popoli
Punta di Penna
Vasto
Passo San Leonardo
Casoli
MONTAGNA DELLA MAIELLA
Forca Caruso
Sulmona
Cupello
90
Lama di Peligni
Palena
Lago di Sangro
Termoli
Villa Santa Maria
Campomarino
Montenero di Bisaccia
Guglionesi
Marina di Chiéuti
Lido di Torre Mileto
Rodi Gargánico
Peschici
Lago di Lesina
Lesina
Lago di Varano
Vico del Gargano
Scanno
Lago di Scanno
Passo del Diavolo
PARCO NAZIONALE D'ABRUZZO
Pescocostanzo
Castiglione Messer Marino
Roccaraso
Pescasseroli
Castel di Sangro
Agnone
Castelmauro
Larino
Serracapriola
Sannicandro Garganico
Cagnano Varano
Apricena
PROMONTORIO DEL GARGANO
Forca d'Acero
Barrea
Lago di Barrea
Alfedena
MONTI DELLA META
M O L I S E
Lucito
Casacalenda
Santa Croce di Magliano
Bonefro
Petrella Tifernina
Monte Sant'angelo
Mattinata
San Marco in Lamis
San Giovanni Rotondo
Torremaggiore
San Severo
Forlì del Sannio
Pescolanciano
Isernia
Atina
Carpinone
Campobasso
Sant'Elia a Pianisi
Lago di Occhito
Castelnuovo della Dàunia
Manfredonia
Golfo di Manfredonia
Cassino
Venafro
Capriati a Volturno
MONTI DEL MATESE
M MILETTO
Boiano
Vinchiaturo
Jelsi
Riccia
Volturara Appula
Lucera
FOGGIA
Zapponeta
Pratella
Lago del Matese
San Bartolomeo in Galdo
AURUNCI
Piedimonte Matese
Morcone
Roccamonfina
Minturno
Teano
Pontelandolfo
Guardia Sanfranmondi
Faeto
Troia
Giardinetto
Castelluccio dei Sáuri
Orta Nova
Trinitapoli
San Ferdinando di Puglia
San Marco dei Cavotti
Bàia Domizia
Sessa Aurunca
Buonalbergo
100
Savignano Irpino
Cerignola
Ascoli Satriano
Canosa di Puglia
Caiazzo
Telese Terme
Ariano Irpino
Lago di Capacciotti
Mondragone
Capua
Santa Maria Capua Vetere
Benevento
Candela
Grazzanise
Caserta
Montesarchio
Grottaminarda
Castel Volturno
Maddaloni
Vallata
Lacedonia
Villa Literno
Aversa
Caivano
Gesualdo
Melfi
Lavello
Baiano
Paternopoli
Rapolla
Venosa
Andretta
Capodichino
Nola
Avellino
Lioni
Calitri
Rionero in Vulture
Palazzo San Gervasio
NAPOLI
Bacoli
Pozzuoli
Ercolano
Ottaviano
Sarno
Sant'Andrea di Conza
Pescopagano
VESUVIO
Montella
Genzano di Lucània
Casamicciola Terme
Lacco Ameno
Forio
Ischia
Ìsola d'Ischia
Ì di Prócida
Ì di Nisida
Torre del Greco
Pompei
Mercato San Severino
C A M P A N I A
M CERVIALTO
Muro Lucano
Torre Annunziata
Castellammare di Stábia
Nocera
Golfo di Napoli
Cava de Tirreni
MONTI PICENTINI
Acerno
Vico Equense
Sorrento
Ravello
Positano
Maiori
Amalfi
Praiano
SALERNO
Vietri sul Mare
Montecorvino Rovella
Contursi Terme
Picerno
Potenza
Isola di Capri
Capri
Punta Campanella
Punta Carena
Eboli
Battipáglia
Vietri di Potenza
Auletta
Passo Croce di Scrivano
M ALBURNO
Golfo di Salerno
Brienza
Roccadáspide
Marsico Nuovo
Paestum
Castel San Lorenzo
San Rufo
Sala Consilina
Agropoli
Ogliastro Cilento
100
E
F
G
H
Ì Pianosa
Ì Caprája
ÌSOLE TRÉMITI
Ì S.Domino

100
90
99
102
Lanciano
Torino di Sangro Marina
Punta di Penna
Vasto
Cupello
Ísole Trémiti
Í Pianosa
Í Capráia
Í S Domino
Casoli
Lama di Peligni
Palena
Lago di Sangro
Villa Santa Maria
Montagna della Maiella
Pescocostanzo
Roccaraso
Castiglione Messer Marino
Castel di Sangro
Agnone
Castelmauro
Montenero di Bisaccia
Guglionesi
Termoli
Campomarino
Marina di Chiéuti
Lido di Torre Mileto
Rodi Gargánico
Peschici
Vico del Gargano
Vieste
Lago di Lesina
Lesina
Lago di Varano
Cagnano Varano
Sannicandro Garganico
Apricena
Promontorio del Gargano
Monte Sant'angelo
Mattinata
San Marco in Lamis
San Giovanni Rotondo
Manfredónia
Golfo di Manfredónia
Serracapriola
Larino
Lucito
Casacalenda
Santa Croce di Magliano
Torremaggiore
San Severo
Forli del Sannio
Pescolanciano
Petrella Tifernina
Bonefro
Isernia
Carpinone
Campobasso
Sant'Elia a Pianisi
Lago di Occhito
Castelnuovo della Dàunia
Lucera
FOGGIA
Capriati a Volturno
Monti del Matese
Boiano
Jelsi
Volturara Appula
Vinchiaturo
Riccia
M Miletto
Lago del Matese
Pratella
San Bartolomeo in Galdo
Zapponeta
Margherita di Savoia
Trinitapoli
Barletta
Piedimonte Matese
Morcone
Faeto
Troia
Orta Nova
San Ferdinando di Puglia
Pontelandolfo
Giardinetto
Castelluccio dei Sauri
Guardia Sanframondi
San Marco dei Cavoti
Cerignola
Canosa di Puglia
Ándria
Trani
Buonalbergo
Savignano Irpino
Ascoli Satriano
Caiazzo
Telese Terme
Ariano Irpino
Lago di Capacciotti
Corato
Benevento
Candela
Capua
Santa Maria Capua Vetere
Caserta
Maddaloni
Montesarchio
Grottaminarda
Vallata
Lacedonia
Minervino Murge
Melfi
Lavello
Aversa
Caivano
Baiano
Gesualdo
Rapolla
Venosa
Spinazzola
Paternopoli
Andretta
Vulture
Rionero in Vulture
Napoli
Nola
Avellino
Lioni
Calitri
Palazzo San Gervasio
Pozzuoli
Ottaviano
Vesuvio
Ercolano
Sarno
Montella
Sant'Andrea di Conza
Pescopagano
Genzano di Lucània
Gravina in Puglia
Torre del Greco
Pompei
Mercato San Severino
Campania
M Cervialto
Torre Annunziata
Castellammare di Stábia
Nocera
Cava de Tirreni
Monti Picentini
Acerno
Muro Lucano
Oppido Lucano
Irsina
Golfo di Napoli
Vico Equense
Ravello
Salerno
Vietri sul Mare
Maiori
Amalfi
Positano
Sorrento
Praiano
Montecorvino Rovella
Éboli
Contursi Terme
Picerno
Potenza
Tolve
Tricárico
Grassano
Battipáglia
Isola di Capri
Capri
Punta Campanella
Punta Carena
Vietri di Potenza
Auletta
Passo Croce di Scrivano
Miglionico
Golfo di Salerno
M Alburno
Accettura
Laurenzana
Roccadáspide
Brienza
Marsico Nuovo
Basilicata
Paestum
Agropoli
Ogliastro Cilento
Castel San Lorenzo
San Rufo
Sala Consilina
Corleto Perticara
Stigliano
Craco
Montesano sulla Marcellana
Missanello
Castellabate
Punta Licosa
Vallo di Lucania
M Cervati
Lago di Pietra del Pertusillo
Casalbuono
Moliterno
Acciaroli
Pisciotta
Torre Orsaia
Lagonegro
M Sirino
Senise
Rotonda
Policastro
Sapri
Latronico
Noépoli
Palinuro
Capo Palinuro
San Giovanni a Piro
Golfo di Policastro
Lauria
Maratea
Episcopia
Terranova Pollino
Praia a Mare
Mormanno
Papasidero
Cerchiara di Calabria
Scalea
Morano Cálabro
Castrovillari
Lungro
Cirella
I di Cirella
Diamante
Belvedere Marittimo
San Sosti
Spezzano Albanese
Sibari
A
B
C
D
1
2
3
4
5
6

101
Budva
Miločer
Virpaz
E65
E80
Petrovac
Sutomore
91
92
1:1 000 000
0 10 20 30 40 50 km
Molfetta
Giovinazzo
SS16
Palese
BARI
SS96
SS16
Mola di Bari
Modugno
Bitetto
Colle
Capurso
Adelfia
Rutigliano
Sannicandro di Bari
Polignano a Mare
E55
Monopoli
Casamassima
Conversano
SS634
Acquaviva delle Fonti
Turi
Castellana Grotte
Cassano delle Murge
SS100
SS172
SS379
Savelletri
SS377
Torre Canne
Putignano
Fasano
amura
Gióia del Colle
Noci
Alberobello
SS172dir
SS171
Santeramo in Colle
SS604
A14
ZONA DEI TRULLI
Locorotondo
Ostuni
Martina Franca
Matera
Castellaneta
E843
SS581
San Vito dei Normanni
Ceglie Messapica
SS379
Papola Casale
Mottola
Bríndisi
SS16
E55
SS613
Laterza
Massafra
SS7
SS605
E90
Ginosa
Palagiano
Mesagne
Latiano
Montescaglioso
Grottaglie
Francavilla Fontana
SS16
San Pietro Vernotico
SS106
E90
SS175
SS580
Bradano
Lato
TÁRANTO
SS7
San Giorgio Iónico
Oria
SS603
San Pancrazio Salentino
San Donaci
Squinzano
Bernalda
Marina di Ginosa
SS7ter
Manduria
Campi Salentina
San Cataldo
Lido di Metaponto
LECCE
Lido Silvana
SS174
Campomarino
Porto Cesareo
Copertino
SS16
SS611
SS106
Scanzano Iónico
Policoro
SS101
SS476
Martano
Nardò
Galatina
Galatone
SS497
Maglie
SS16
Otranto
Capo d'Ótranto
SS459
Gallípoli
Parabita
Santa Cesarea Terme
Montegiordano Marina
GOLFO DI TÁRANTO
103
Capo Spúlico
SS275
SS173
Ugento
SS274
sacce
Gagliano del Capo
Capo S Maria di Léuca
Marina di Léuca
E
F
G
H

Punta Licosa
Castellabate
Vallo di Lucania
1899 M CERVATI
Acciaroli
Pisciotta
Torre Orsaia
Policastro
Palinuro
Capo Palinuro
San Giovanni a Piro
Sapri
Golfo di Policastro
Montesano sulla Marcellana
Casalbuono
Lagonegro
2005 M SIRINO
Lauria
Maratea
Lago di Pietra d Pertusillo
Moliterno
Missanello
Agri
Senise
Rotonde
Latronico
Sinni
Episcopia
Noépoli
Oriolo
Terranova Pollino
Praia a Mare
Papasidero
Scalea
Mormanno
Morano Cálabro
Cerchiara di Calabria
Castrovillari
Lungro
Sibari
Spezzano Albanese
Cirella
Í di Cirella
Diamante
Belvedere Marittimo
San Sosti
Tarsia
Follone
Corigliano Calabro
Cetraro
Acri
C A L Á B
Lago di Cecita
Crati
Paola
San Lucido
Cosenza
1925 M BOTTE DONATO
1384 Colle d'Ascione
Rogliano
Amantea
Grimaldi
Soveria Mannelli
Colosimi
Corace
Campora San Giovanni
Savuto
Nicastro
Sant'Eufémia Lamézia
Lamato
Golfo di S Eufémia
Maida
Girifalco
Pizzo
Tropea
Vibo Valentia
Chiaravalle
Capo Vaticano
Mileto
Serra San Bruno
1335 Passo di Pietra Spada
Stilo
Rosarno
Passo Croce Ferrata 1110
Gióia Táuro
Polistena
Palmi
Taurianova
Cittanova
Grotteria
Mammola
Passo del Mercante 952
Roccella J
Marina di Gioiosa
Bagnara Calabra
Oppido Mamertina
Gerace
Siderno
Torre Faro
Scilla
Sinopoli
Platì
Locri
Villa San Giovanni
Delianuova
ASPROMONTE
Gambárie
1955 MONTALTO
Bovalino Marina
Bianco
RÉGGIO DI CALÁBRIA
Bova Marina
Brancaleone
Melito di Porto Salvo
C Spartivento
Í Strómboli
ÍSOLE EÓLIE O LÍPARI
Í Panarea
Í Filicudi
Í Salina
Í Alicudi
Í Lípari
Í Vulcano
C di Milazzo
Sparta
Villafianca Tirrena
Milazzo
Gioiosa Marea
C Calava
Capo d'Orlando
Brolo
MESSINA
Castroreale Terme
Santa Lucia del Mela
Tremestieri
Barcellona-Pozzo di Gotto
Falcone
Galati Marina
Sant'Ágata Militello
Naso
Marina di Caronia
Stefano amastra
San Fratello
Tortorici
Ucria
Castroreale
Novara di Sicilia
1287 PZO DI VERNA
Portella Mandrazzi 1125
MONTI PELORITANI
Alì Terme
Roccalumera
Mistretta
NÉBRODI
1847 M SORO
Portella Femmina Morta 1524
Portella dello Zoppo
1264
Santa Teresa di Riva
Francavilla di Sicilia
Lago d Áncipa
F di Cutò
1107 Portella del Contrasto
Cesarò
Randazzo
Alcantara
Taormina
Mazzarò
Giardini Naxos
Cerami
Troina
Linguaglossa
Fiumefreddo di Sicilia
Nicosia
Bronte
3323 M ETNA
Riposto
Giarre
Salso
Lago di Pozzillo
Regalbuto
Adrano
Agira
A B C D
1 2 3 4 5 6
100
105

Map: Southern Italy (Calabria and Puglia)

Grid references: E, F, G, H

Sea areas:
- GOLFO DI TÁRANTO
- Golfo di Squillace

Locations (north to south, Puglia region - top right):
- Campomarino
- Porto Cesareo
- Copertino
- Nardo
- Galatina
- Galatone
- Martano
- Maglie
- Otranto
- Gallípoli
- Parabita
- Capo d'Ótranto
- Santa Cesarea Terme
- Ugento
- Gagliano del Capo
- Capo S Maria di Léuca
- Marina di Léuca

Locations (Calabria region - left side):
- Scanzano Iónico
- Policoro
- Montegiordano Marina
- Capo Spúlico
- Rossano
- Longobucco
- Cariati
- Campana
- Punta Alice
- Ciró Marina
- Savelli
- San Giovanni in Fiore
- Strongoli
- Petilia Policastro
- Cutro
- Crotone
- Sersale
- Isola di Capo Rizzuto
- Capo Rizzuto
- CATANZARO
- Catanzaro Lido
- Punta Stilo

Roads (selected):
- SS106, SS106 E90, SS108ter, SS108, SS109, SS107, SS107bis, SS179, SS171, SS531, SS492, E846, SS16, SS611, SS275, SS173, SS274, SS459, SS497, SS476, SS101

Other:
- Lago Ampollino
- ARIGLIONE 1765
- LA SILA
- Neto (river)
- Vitravo

Scale: 1 : 1 000 000
0 — 10 — 20 — 30 — 40 — 50 km

Map reference labels: 101, 103, 106

104

ÍSOLE EÓLIE O LÍPARI
Í Strómboli
Í Panarea
Í Filicudi
Í Salina
Í Alicudi
Í Lípari
Í Vulcano
102
Nicastro
Sant'Eufémia Lamézia
Golfo di S Eufémia
Pizzo
Tropea
Vibo Valentia
Capo Vaticano
Mileto
Rosarno
Gióia Táuro
Passo Croce Ferrata
Polistena
Palmi
Taurianova
Cittanova
Bagnara Calabra
Passo del Mercante
Oppido Mamertina
Gerace
Scilla
Sinopoli
Villa San Giovanni
Delianuova
Platì
ASPROMONTE
Gambárie
1955 MONTALTO
Bovalino Marina
RÉGGIO DI CALÁBRIA
Bianco
Bova Marina
Brancaleone
C Spartivento
Melito di Porto Salvo
Torre Faro
Sparta
Villafianca Tirrena
C di Milazzo
Milazzo
MESSINA
Tremestieri
Santa Lucia del Mela
Barcellona-Pozzo di Gotto
Castroreale
Castroreale Terme
Falcone
Gioiosa Marea
C Calava
Brolo
Capo d'Orlando
Naso
Sant'Ágata Militello
Marina di Caronia
Santo Stefano di Camastra
Cefalù
Castelbuono
San Fratello
Tortorici
Ucria
Novara di Sicilia
Galati Marina
Ali Terme
Roccalumera
Santa Teresa di Riva
MONTI PELORITANI
1287 PZO DI VERNA
Portella Mandrazzi 1125
Portella dello Zoppo
1264
NÉBRODI
Mistretta
1847 M SORO
Portella Femmina Morta 1524
Lago d Áncipa
Cesarò
Randazzo
Francavilla di Sicilia
Alcántara
Taormina
Mazzaró
Giardini Naxos
Linguaglossa
Fiumefreddo di Sicilia
Riposto
Giarre
3323 M ETNA
Bronte
Troina
Cerami
1107 Portella del Contrasto
Gangi
Portella Madonnuzza 1147
Petralia
Castellana Sicula
Nicosia
Alimena
Lago di Pozzillo
Regalbuto
Adrano
Agira
Leonforte
Centùripe
Catenanuova
Trecastagni
Nicolosi
Belpasso
Paternò
Acireale
Aci Trezza
Aci Castello
Misterbianco
CATÁNIA
Fontanarossa
Golfo di Catánia
Enna
Caltanissetta
Valguarnera Caropepe
Dittaino
Pietraperzia
Piazza Armerina
Aidone
Barrafranca
Ramacca
Gornalunga
PIANA DI CATÁNIA
Mazzarino
Riesi
Palagonia
Lentini
C S Croce
Augusta
Lago d Disueri
Caltagirone
Grammichele
Francofonte
MONTI IBLEI
Golfo di Augusta
Butera
Melilli
Penisola Magnisi
Vizzini
Sortino
Buccheri
Anapo
Gela
Palazzolo Acréide
Floridia
C S Panágia
SIRACUSA
Canicattini Bagni
Giarratana
Acate
Capo Murro di Porco
Vittória
Cómiso
Ragusa
Tellaro
Noto
Avola
Módica
Marina di Ragusa
Irminio
Rosolini
Scicli
Íspica
Pozzallo
Pachino
P d Formiche
Capo Pássero
A3
E45
A18
A19
A20
E90
SS113
SS114
SS115
SS124
SS192
SS417
SS514
E
F
G
H

106
92
114
Bar
SHKODËR
Pukë
Vau i Dejës
Bushat
Ulcinj
Bunë
Krajn
MIRDITE
Blinisht
Bicaj
2487
MAL I GJALICËS
1987
MAJ'E ZEBES
Tetovo
2748
TITOV VRH
Grupčin
Matk
SUVA GORA
Gostivar
2062
DOBRA VODA
Reç
Drini Zi
1172
Shëngjin
Lezhë
2246
MAL I DEJËS
Fushë Muhurr
Peshkopi
Volkovija
Mavrovi Hanovi
Mavrovsko Ezero
Mavrovo
1200
Pellg i Drinit
Ulëzë
Zajas
NACIONALNI PARK MAVROVO
Magellarë
Makedonski Brod
Laç
Gji i Rodonit
Kep i Rodonit
SKANDERBEUT
Burrel
MI KRESHTES
Debar
Dolno Kosovrasti
Kičevo
Celopeci
Krujë
Gji i Lalzës
Klos
Zerqan
Izvor
Golema
2020
MAL I LOPES
2273
STOGOVO
Crni Drim
903
Presek Prolaz
1791
Buševa
Kruševo
Rinas
Mat
Kep i Palit
MAL I DAJTIT 1612
1828
Lukovo
Vorë
Pesocani
Dolenci
Durrës
Shijak
TIRANË
Globočica Ezero
Botun
PLAČENSKA PL
CERMENICA
Veleshta
Ohrid
Mešeišta
1999
Gji i Durrësit
2263
MAL I SHEBENIK
Librazhd
Struga
1190
Bukovo Prolaz
Lopatic
Kosel
Kep i Lagit
Kavajë
Elbasan
Labinot Fushë
Cafasan
Ohrid
Resen
Kaža
NACIONALNI PARK GALICICA
Prenjas
Ohridsko Ezero
Rogozhinë
933
Lin
Carev Dvor
1169
Davat Prol
Peqin
Cërrik
Shkumbin
1840
MAL I SHPATIT
Pestani
PELIST
Ballshi
MI SHPATIT
Otesevo
Prespansko Ezero
Lushnjë
Liqen i Ohrit
Ljubaništa
Sveti Naum
2076
GURI I ZI
Podgradec
Kënet'e Karavastas
Gramsh
Liqen i Prespes
Pis
Seman
Oyteti Stalin
Poshnjë
Koklë
2376
VALAMARE
Limni Mikri Prespa
MI TOMORRIT
Mogliçë
Maliq
Devoll
Fier
Berat
Levan
2416
Bilisht
Gávros
Novoselë
Mifol
Vjosë
MALLAKASTRA
Korcë
2352
OSTROVICA
1196
Terpan
Kalochóri
Panajë
903
Corovodë
1879
LOFKA
Selenicë
Nestório
Kep i Gjuhëzës
Vlorë
Peshkëpija
Osum
Aliákmonas
Gjol i Vlorës
Ballaban
Sevaster
Frashër
Ersekë
GRÁMMOS
2253
Sarantáporos
Sinanaj
Shushicë
Vajza
MI GRIBES
Këlcyrë
2122
Tepelenë
Vijose
Brataj
MI NEMERÇKES
Eptachór
Dukat
Përmet
1050
Pyrsógianni
Kuç
Leskovik
1075
Palokastër
2486
Dhërmi
Himarë
2633
SMOLIKÁS
Dhrin
MI GJERE
1842
Gjirokastër
Borsh
Piqeras
Kónitsa
2480
TÝMFI ÓROS
2177
Delvina
Jergucati
570
Kakavi
Kep Kefali
ZAGORIA
Vorion Stenón Kérkyras
Ereíkoussa
Saranda
Kalpákio
Othoni
Akra Agios Aikaterini
Asfáka
Votonosi
Karousádes
Róda
Kassiópi
Zitsa
Sidári
906
Samothráki
Avliótes
Butrint
Soulópoulo
Pérama
Nisáki
Klimátia
Ýpsos
Palaiokastritsa
Gouniá
Konispol
Ioánnina
Mázia
Árachthos
Liapádes
Vrosina
Kontokali
Filiátes
Dodóni
Kérkyra
Pélekas
Parapótamos
Prámanta
Servianá
Kaléntzi
Benitses
1974
TÓMAROS
Ágnanta
Kérkyra
Igoumenitsa
Moraítika
Akra Lefkímmi
Plataria
Paramythiá
Argyrádes
Lefkímmi
A
B
C
D
1
2
3
4
5
6

107
93
94
108
115
E
F
G
H
SKOPJE
Skopje
Katlanovo
Veles
Sveti Nikole
Kočani
Istibanja
Vinica
Delčevo
Tsarevo Selo
Prolaz
Simitli
Gradevo
Razlog
Banya
1140 Predel Pateka
Dobrinishte
853 VENAC
706 POGLED
Krupište
Bregalnica
Obozna Prolaz
1300
Mitrašinci
Kresna
PIRIN PLANINA
2914 VIKHREN
Kadrifakovo
1754
PLAČKOVICA
Berovo
Džumajlija
Štip
Titov Veles
2540
Gotse Delchev
Sandanski
Struma
Pirin
1380 Popski Preslop
KONEČKA PL
Radoviš
Lakavica
OGRAŽDEN
Viničani
Gradsko
Melnik
Stara
1744
Izvor
Rosoman
Stobi
Negotino
1158 VUČJAK
GRADEŠKA PL
Strumica
Dabilja
Novo Selo
Zlatarevo
Petrich
Marikostinovo
Katuntsi
Kulata
2212 ALI BUTUS
1499
Stepanci
1046 Mukos Prolaz
Kavadarci
Vozarci
Demir Kapija
Kosturino
Promachónas
1746
Udovo
Valandovo
KERKÍNI ÓROS
Néon Petrítsi
Prilep
990 Pletvar Prolaz
1514 ORLE
BOŠAVA
Dojransko Ezero
Rodópoli
Pontisméno
Sidirókastro
Límni Doïráni
Límni Kerkinítis
Irákleia
Topolcani
Crna
1727 FLORA
Novi Dojran
Kentrikó
1472
Negorci
Gevgelija
Bogorodica
Drosáto
1179
Sérres
SELEČKA PL
MARIOVO
Évzonoi
Efkarpia
Skoútari
Strimónas
Polýkastro
Axioúpoli
Goumenissa
KRÚSSIA ÓRI
Kilkís
Kristóni
Gallikós
Lachanás
Nigríta
Choumnikó
Aridaías
1107 VERTÍSKOS
2523 KAIMAKTSALÁN
Ápsalos
Ágios Pétros
Ássiros
Sochós
Medžitlija
Niki
Marina
Flórina
Kélla
Árnissa
Ágras
Édessa
Giannitsá
Koufália
Próchoma
Drymós
Lagkadás
Megáli Vólvi
Vévi
Límni Petrón
Límni Vegorítis
Rizári
Skýdra
Karyótissa
Pélla
Chalkidóna
Gefýra
Diavatá
Lití
Loutrá Lagkadá
Profítis
Límni Korónia
Loutrá Vólvis
Límni Vólvi
Apollonía
Néa Mádytos
Lagkadíkia
Amýntaio
Xíno Néro
THESSALONÍKI
2128 VÉRNON
Pýrgoi
2061
Náoussa
Lefkádia
Alexándreia
Chýrgos
Áxios
Thérmi
Léchovo
VÉRMIO ÓROS
Límni Cheimadítis
1180 Daouliό Monopati
Límni Kastoriás
Anatolikó
Véroia
Melíki
Aigínio
Kólpos Thessalonikis
Peraía
Thessaloníki
Ágia Triáda
Vasiliká
Galátista
Ágios Pródromos
Arnaía
1165
1020 Cholomón Monopati
Polýgyros
Korisós
Ptolemáida
Vergína
Palatítsia
Methóni
Néa Michanióna
Epanomí
Dispíli
Kastaneá
Aliákmonas
PIÉRIA ÓRI
Kítros
Akra Acherádа
Akra Epanomís
CHALKIDIKÍ
Elaiochória
Néa Triglía
Vogatsikó
2112 SINIATSIKON
Pontokómi
Tetrálofo
1360 Kaslania Monopati
Néa Kallikráteia
Gerakiní
Neápoli
Kozáni
Petraná
Kateríni
Paralía
Néa Moudaniá
Metamórfosi
Kalonéri
Siátista
Néa Poteídaia
2194
Pétra
Néa Fókaia
Kivotós
1867 VOÚRINOS
Aiani
Sérvia
Ágios Dimítrios
Limín Litochórou
Litóchoro
Sáni
Akra Pírgos
Áfytos
Kassándreia
Kallithéa
Vatólakkos
2911 ÓLYMPOS
Leptokaryá
Síviri
KASSÁNDRA
Grevená
Metaxás
Kalándra
Néa Skióni
Thermaïkos Kólpos
Eleftherochóri
KAMVOÚNIA ÓRI
Kallithéa
Platamónas
Akra Platamón
Akra Posidion
Ágios Nikólaos
Melíssi
1615
Deskáti
Valaníd
Rapsáni
Stómio
Elassóna
CHÁSIA ÓRI
1381
Agiófillo
Ampelákia
Pineiós
1978 ÓSSA
Akra Dermatás
Doméniko
Korydallós
Týrnavos
Sykoúri
Agiá
Agiókampos
Orthovoúni
Kalampáka
Damási
LÁRISA
Elefthéri
MAVROVOÚNI
1054
Platýkampos
Kalamáki
2204 TRINGÍA
Farkadónas
Zárkos
Koutsóchero
Chálki
Níkaia
Kanália
Zagorá
Choreftó
Pertoúli
Tríkala
Megalochóri
Vlochós
Arménio
Rizómylos
1547 PÍLIO
Agnanteró
Záppeio
Tsagkaráda
Portariá
Palamás
Pýli
Paliomonastíri
Mesochóra
Fanári
Chalkiádes
Velestínon
Vólos
Aereinó
Sésklo
Agriá
Kalá Nerá
Mouzáki
Tekhniti Límni Tavropoú
Mesenikólas
Kardítsa
Sofádes
Enipéfs
E75
E65
E86
E90
E92
E79

108
95
95
107
107
115
116
Razlog
Gradevo
Predel Pateka
Banya
Dobrinishte
Golyama Syutkya
Mikhalkovo
Golyama Persenk
Kurdzhali
Chukata
Beslet
Sŭrnitsa
Devin
Chepelare
Shiroka Lŭka
Progled
Prespa
Pamporovo
Kobilyane
Ardino
Yazovir Kurdzhali
Kresna
Vikhren
Pirin Planina
Dospat
Golyan Perelik
Smolyan
Srednogortsi
Byal Izvor
Momchilgrad
Zvezdel
Satovcha
Gotse Delchev
Dŭbnitsa
Rudozem
Madan
Sandanski
Pirin
Popski Preslop
Mesta
Kainchal
Skalotí
Zlatograd
Dobromirtsi
Podkova
Melnik
Tsínga
Potamoí
Exochí
Marikostinovo
Katuntsi
Ali Butús
Petrich
Kulata
Káto Nevrokópi
Livaderó
Echínos
Promachónas
Paranéstio
Anatolikí Rodópi
Falakró Óros
Smínthi
Néon Petrítsi
Sidirókastro
Nestos
Kimméria
Íasmos
Stavroúpoli
Xánthi
Amaxádes
Vafaïka
Pontisméno
Petroússa
Nikifóros
Lekáni
Dráma
Irákleia
Prosotsáni
Menoíkio Óros
Choristí
Doxáto
Platamónas
Límni Vistonída
Lágos
Fanári
Alistráti
Gravoúna
Chrysoúpoli
Ávdira
Sérres
Néa Zíchni
Néa Karváli
Maróneia
Skoútari
Eleftheroúpoli
Kavála
Chrysochóri
Keramotí
Strimónas
Dravískos
Pangaío
Lachanás
Mavrothálassa
Kólpos Kaválas
Akra Koén
Néa Péramos
Nigríta
Choumnikó
Podochóri
Ormos Prínou
Thásos
Makrýammos
Panagía
Potamiá
Galipsós
Néa Kerdýlia
Sochós
Loutrá Eleftherón
Thásos
Lagkadás
Megáli Vólvi
Asprovalta
Limenária
Akra Stavrós
Loutrá Lagkadá
Profítis
Stavrós
Alykí
Akra Kefálas
Límni Korónia
Loutrá Vólvis
Límni Vólvi
Apollonía
Rentína
Néa Mádytos
Strymonikós Kólpos
Thrakikó Pélagos
Lagkadíkia
Olympías
Thessaloníki
Akra Marmarí
Stágira
Stratoníki
Stratóni
Thérmi
Arnaía
Kólpos Ierissoú
Akra Arápis
Ágios Pródromos
Palaiochóri
Vasiliká
Galátista
Cholomón
Monopáti
Ierissós
Néa Róda
Polýgyros
Trypití
Ouranópoli
Ágio Óros
Chalkidikí
Karyés
Elaiochória
Néa Tríglia
Néa Moudaniá
Gerakiní
Dáfni
Ormos Panagías
Nikítas
Áthos
Akra Akrathós
Metamórfosi
Kólpos Agíou Órous
Akra Pínnes
Límnos
Néa Poteídaia
Sithonía
Sárti
Akra Moúrtzeflos
Néa Fókaia
Néos Marmarás
Akra Rigás
Sáni
Áfytos
Sykeá
Akra Pírgos
Kassándreia
Kallithéa
Pórto Cárras
Akra Adolo
Límnos
Kólpos Kassándras
Síviri
Chanion
Móudros
Kassándra
Toróni
Mýrina
Kalándra
Koufós
Kontiás
Paliouri
Néa Skióni
Akra Posídion
Ágios Nikolaos
Akra Palioúri
Akra Drépano
Thermaïkós Kólpos
1 : 1 000 000
0
10
20
30
40
50 km
Akra Kalamáki
Ágios Efstrátios
Ágios Efstrátios
Akra Trypití
Psathoúra
Zagorá
Choreftó
Pílio
Tsagkaráda
Portariá
Agriá
Kalá Nerá
Gioúra
Pipéri
Kyrá Panagía
Akra Gérakas
Alónnisos
A
B
C
D
1
2
3
4
5
6
E79
E90

109
96
110
117
118
E
F
G
H
Kastaniés
Hasköy
Havsa
Kuleli
Babaeski
Karacaoğlan
Lüleburgaz
Alpullu
Büyükkarıstıran
Saray
Cerkezköy
Çorlu
Muralti
Seymen
Fyláki
Váltos
Orestiáda
Ivaylovgrad
Popsko
Krumovgrad
Zóni
Ládi
Thourio
Didymóteicho
Kircasalih
Uzunköprü
Çöpköy
Hayrabolu
Banarli
Tekirdağ
Barbaros
Kumbağ
Mikró Dereio
Lávara
Mándra
Soufli
Hamidiye
İnecik
Malkara
Ballı
Aisými
Sápes
Ávas
Loutrós
Féres
İpsala
Keşan
Alexandroúpoli
Mákri
Kadıköy
Kavak
Şarköy
Mürefte
Marmara Adasi
Türkeli Adasi
Paşalimani Adasi
Erdek
Edincik
Bolayır
Gelibolu
Şevketiye
Güreci
Kemer
Karabiga
Kara Burun
Çardak
Lapseki
Belıklıçeşme
Denizkent
Sinekçi
Biga
Buğdayli
Sariköy
Gönen
Thermá
Lákkoma
Akra Kípos
Gökçeada
Kaleköy
İmroz
Aydıncık
Ayagalip
Büyük Kemikli Burun
Eceabat
Çanakkale
Kepez
Umurbey
Kumarlar
Etili
Yenice
Orhanlar
Danişment
Abide
İlyasbaba Burun
Kumkale
Yiğitler
Bayramiç
Balya
Geyikli
Ezine
Bozca Adasi
Ergama
Güngörmez
İvrindi
Akçay
Edremit
Havran
Altınoluk
Ayvacık
Küçükkuyu
Ören
Burhaniye
Gülpınar
Behramkale
Baba Barun
Alibey Adasi
Amutova
Ayvalık
Altınova
Akra Skamnia
Mithymna
Pétra
Mantamádos
Filia
Agia Paraskeví
Mistegná
Kalloni
Loutrópoli Termis
Ántissa
Vatoúsa
Sigri
Eresós
Skála Eresoú
Akra Sígri
Kólpos Kallonis
Mytilíni
Dikili
Bergama
Kınık
Soma
Zeytindağ
Lésvos
Polichnitos
Vaterá
Skópelos
Loutrá
Krátigos
Saroz Körfezi
Edremit Körfezi
Erdek Körfezi
Gelibolu Yarımadası
KURU DAĞI
GANOS DAĞI
KOCAKTRAN DAĞI
KARA DAĞ
KAZ DAĞI
DIKILI TEPE
MADRA DAĞI
KILIÇ DAĞI
SILO
Gala Gölü
E80
E85
E87
E90
E90/E87
MAR
BALI

DAĞLARI
1030
Kıyıköy
Poyralı
6
hisar
Vize
97
Saray
Istranca
Karacaköy
Ormanlı
Terkoz
Teros Gölü
Ağaçlı
Kumköy
Boğaziçi
Çayağzi
Şile
Akalan
Yassıören
Kemerburgaz
Alacalı
Teke
Cerkezköy
Sinekli
Kabakca
Boyalık
Beykoz
Mahmutşevketpaşa
Ömerli Barajı
Alibeyköy
Alemdağ
Ergene Deresi
109
Çatalca
İSTANBUL
E80
Samandıra
Muralti
5
Çorlu
Çorlu Suyu
Seymen
Silivri
Büyükçekmece
Küçükçekmece
Üsküdar
Bakirköy
Yeşilköy
Avcılar
Atatürk
Kartal
Pendik
Tuzla
Gebze
Tavşancıl
Hereke
Sultanköy
Marmaraereğlisi
Liman Burun
Tekirdağ
Darıca
Değirmendere
Barbaros
Kumbağ
İzmit Körfezi
Altınova
Karamürsel
Yalova
Yalakdere
Çınarcık
Termal
Yeniköy
Bayındır
SAMA
MARMARA DENİZİ
4
Marmara Adasi
İmralı Ad
Armutlu
921
Orhangazi
Boyalıca
İznik Gölü
Gemlik
Gemlik Körfezi
Umurbey
Narlıca
Zeytinbaği
Mudanya
Kurşunlu
Yenişehir
rkeli Adasi
782
Paşalimanı Adası
Erdek
Bandırma Körfezi
Esence
Demirtaş
Yunuseli
Nilüfer Çayı
Görükle
Gürsu
Turan
Erdek Körfezi
abiga
Edincik
Bandırma
BURSA
Hasanağa
Çali
Uludağ
2543
Inegöl
Denizkent
E90
KUŞ CENNETİ MİLLİ PARKI
Karacabey
Uluabat
Gölyazi
Uluabat Gölü
3
Buğdayli
Kuş Gölü
Kirmasti Çayı
Simav Çayı
ULU DAĞ MİLLİ PARKI
Tahtaköprü
Sariköy
Aksakal
Söğütalan
2052
TEPEL TEPE
Gönen
Şevketiye
Manyas
Mustafa Kemalpaşa
Çaltılıbük
Göbel
Koca Çayi
Devecikonağı
Orhaneli
Domaniç
Orhaneli Çayı
Susurluk
683
Orhanlar
Demirci
Yenice
Ömerköy
Danişment
Harmancık
Yeniköy
Tunçbil
2
Yenikoy
Tavş
Kavacık
Kepsut
Balya
Dursunbey
Tepecik
Gökçedağ
BALIKESİR
Kireç
Ergama
118
Güngörmez
İvrindi
Ertuğrul
Çağış
Dağardı
2076
KOCAKIRDAĞ TEPE
Madra Deresi
ALAÇAM DAĞLARI
Yağcılar
Yariş
Emet
Bigadiç
Karacalar
1769
2089
1
Savaştepe
Düvertepe
Yemişli
Efendik
1338
MADRA DAĞI
Sındırgı
2120
UÇGEDİK TEPE
725
Sındırgıbeli Boğaz
SIMAV DAĞLARI
Simav
A
Soma
Gelembe
B
C
1676
Yesilköy
D
Demirci

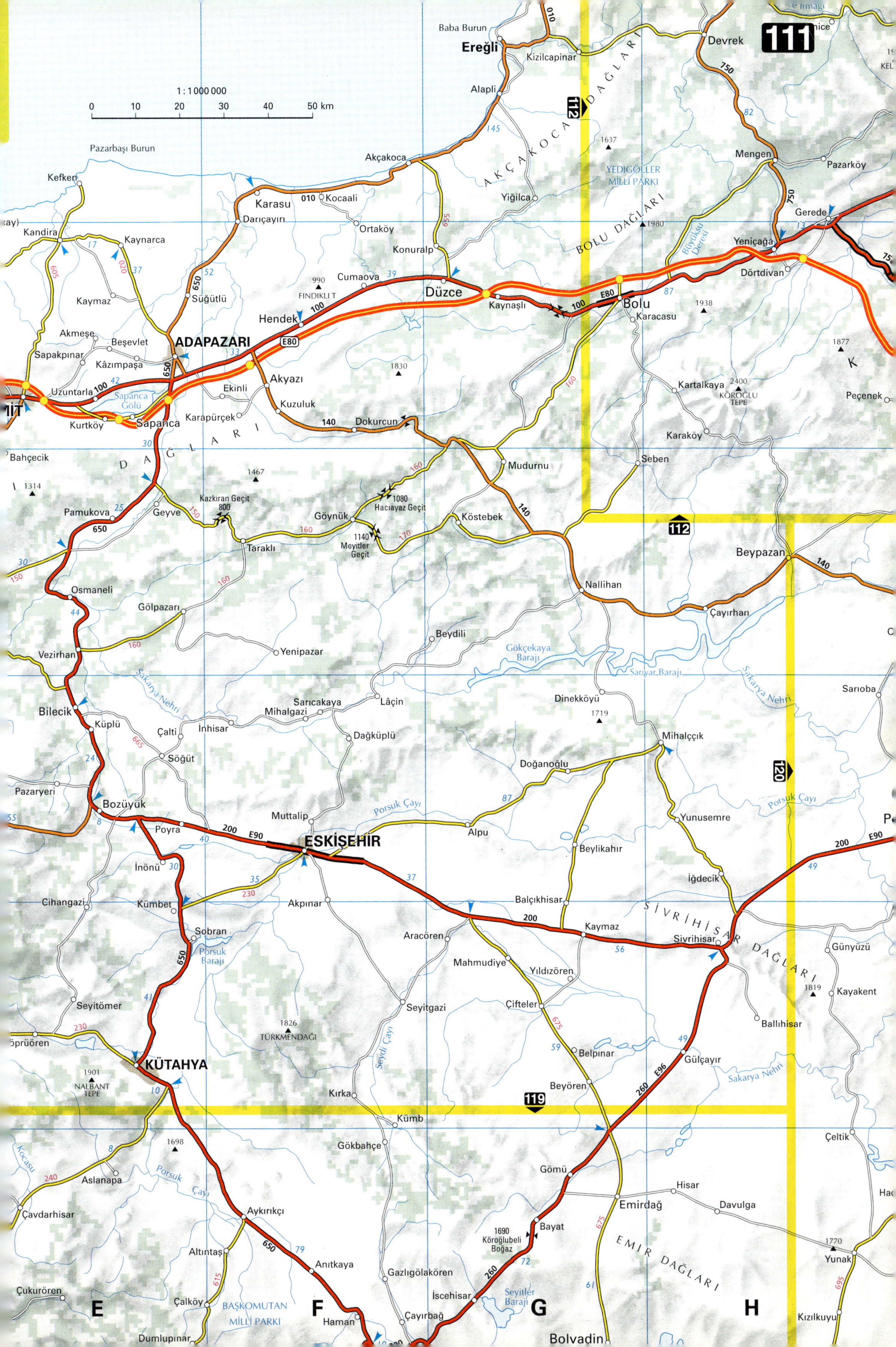
1 : 1 000 000
0 10 20 30 40 50 km
Baba Burun
Ereğli
Kizilcapinar
Devrek
Alapli
Pazarbaşı Burun
Akçakoca
AKÇAKOCA DAĞLARI
Mengen
Pazarköy
YEDIGÖLLER MILLI PARKI
Kefken
Karasu
Kocaali
Yiğilca
Gerede
Kandira
Darıçayırı
Ortaköy
BOLU DAĞLARI
Kaynarca
Konuralp
Yeniçağa
Dörtdivan
Cumaova
FINDIKLI T
Düzce
Kaynaşlı
Bolu
Karacasu
Kaymaz
Söğütlü
Hendek
Akmeşe
Beşevlet
ADAPAZARI
Sapakpınar
Kâzımpaşa
Akyazı
Uzuntarla
Sapanca Gölü
Ekinli
Kuzuluk
Kartalkaya
KÖROĞLU TEPE
Peçenek
Kurtköy
Sapanca
Karapürçek
Dokurcun
Karaköy
Bahçecik
DAĞLARI
Mudurnu
Seben
Pamukova
Geyve
Kazkıran Geçit
Göynük
Hacıayaz Geçit
Köstebek
Taraklı
Meyitler Geçit
Beypazarı
Osmaneli
Nallihan
Gölpazarı
Çayırhan
Beydili
Vezirhan
Yenipazar
Gökçekaya Barajı
Sarıyar Barajı
Sakarya Nehri
Sarıoba
Bilecik
Sarıcakaya
Lâçin
Dinekköyü
Küplü
Mihalgazi
Çalti
İnhisar
Dağküplü
Mihalççık
Söğüt
Doğanoğlu
Pazaryeri
Bozüyük
Porsuk Çayı
Muttalip
Yunusemre
Poyra
ESKİŞEHİR
Alpu
Beylikahır
İnönü
İğdecik
Cihangazi
Kümbet
Akpınar
Balçıkhisar
Kaymaz
SİVRİHİSAR DAĞLARI
Sobran
Porsuk Barajı
Aracören
Sivrihisar
Günyüzü
Mahmudiye
Yıldızören
Seyitömer
Çifteler
Seyitgazi
Kayakent
Ballıhisar
Köprüören
TÜRKMENDAĞI
Belpinar
Gülçayır
KÜTAHYA
NALBANT TEPE
Seydi Çayı
Kırka
Beyören
Sakarya Nehri
Kümb
Gökbahçe
Çeltik
Kocasu
Aslanapa
Gömü
Hisar
Çavdarhisar
Aykırıkçı
Emirdağ
Davulga
Bayat
Köroğlubeli Boğaz
EMİR DAĞLARI
Altıntaş
Anıtkaya
Yunak
Gazlıgölakören
Çukurören
İscehisar
Seyitler Barajı
BAŞKOMUTAN MİLLİ PARKI
Çalköy
Haman
Çayırbağ
Kızılkuyu
Dumlupınar
Bolvadin
E
F
G
H
112
119
120

112

Scale 1:1 000 000
0 10 20 30 40 50 km

Places (approximate grid):

- D6: —
- D5: Kerempe Burun, Doğan, Güble, Cide, Şenpazar
- D4: Kurucaşile, Meydan, Amasra, Aydınlar, Arıt, Pınarbaşı, Bartın, Ulus, Ballı Geç., Gökırmak, Devrekâni Deresi
- C/D3: Türkali, Çatalağzı, Kilimli, **ZONGULDAK**, Kozlu, Çaycuma, Karaman, Beycuma (985), Gökçebey, 1004, Yenice, Ovacuma, Eflâni, Kumluca, Karaeli, Safranbolu, **Karabük**, Iğdır, 1744, Araç Çayı, Ovacik, Soğanlı
- A/B3: Baba Burun, **Ereğli**, Kızılcapınar, AKÇAKOCA DAĞLARI, Devrek, 1999 KELTEPE
- A2: Alaplı, Akçakoca, Kocaali, Ortaköy, Yığılca, Konuralp, 1637, YEDİGÖLLER MİLLÎ PARKI, BOLU DAĞLARI, 1980, Büyüksu Deresi, Mengen, Pazarköy, Gerede, Eskipazar, İsmetpaşa, Atkaracalar, Çerkeş, 1711 Işık Dağı Geçit, Yukarıcanlı, Güvem, 2018
- A1: Cumaova, FINDIKLI T 990, Düzce, Kaynaşlı, **Bolu**, Karacasu, 1938, Dörtdivan, Yeniçağa, 1560 Akyarma, 1340 Çamlıdere Geçit, Çamlıdere, Kızılcahamam, 1140, Kargasekmez
- Bottom: Akyazı, 1830, Kuzuluk, Dokurcun, Mudurnu, Seben, Kartalkaya 2400 KÖROĞLU TEPE, Karaköy, Peçenek, Çeltikçi, Kızır Çayı, Kazan, Güdül, Beypazarı
- Göynük, 1080 Hacıayaz Geçit, Köstebek, 1140 Meyitler Geçit

Roads noted: E80, E89, 010, 750, 755, 100, 160, 140, 120, 137, 145, 127, 55, 32, 82, 33, 39, 87, 13, 759, 655, 182

Grid: A B C D columns; 1–6 rows

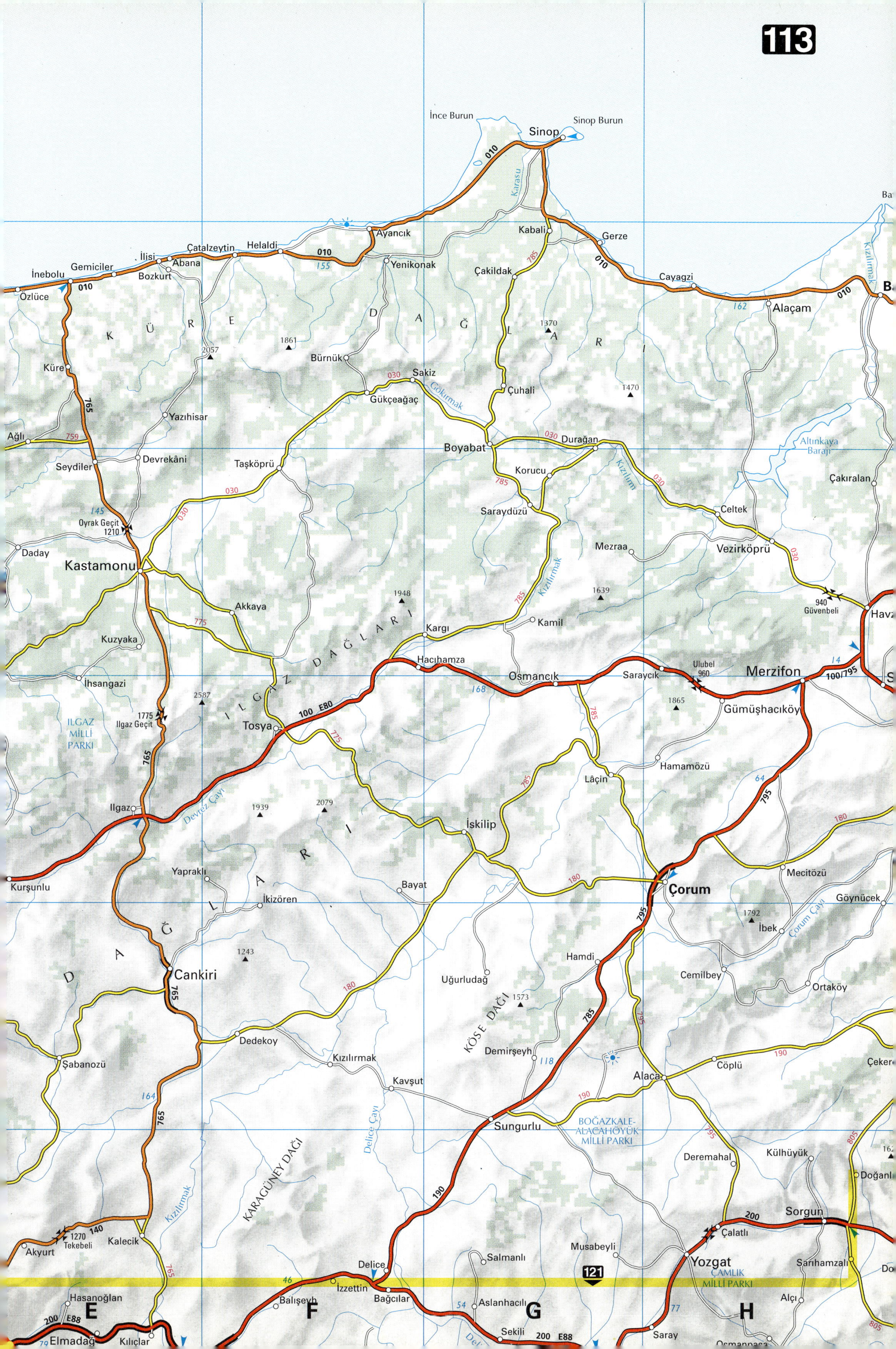
İnce Burun
Sinop
Sinop Burun
Ayancık
Kabali
Gerze
Helaldi
Çatalzeytin
İlisi
Abana
Gemiciler
Bozkurt
İnebolu
Özlüce
Yenikonak
Çakıldak
Cayagzi
Alaçam
Küre
Bürnük
Sakiz
Gükçeağaç
Çuhali
Yazıhisar
Ağlı
Devrekâni
Seydiler
Taşköprü
Boyabat
Durağan
Korucu
Saraydüzü
Altınkaya Barajı
Çakıralan
Celtek
Vezirköprü
Mezraa
Oyrak Geçit 1210
Daday
Kastamonu
Akkaya
Kargı
Kamil
940 Güvenbeli
Kuzyaka
İhsangazi
Hacıhamza
Osmancık
Saraycık
Ulubel 960
Merzifon
ILGAZ MİLLİ PARKI
1775 Ilgaz Geçit
Tosya
Gümüşhacıköy
Hamamözü
Laçin
Ilgaz
Devrez Çayı
İskilip
Kurşunlu
Yapraklı
Bayat
Çorum
Mecitözü
Göynücek
İkizören
İbek
Çorum Çayı
Cankiri
Hamdi
Uğurludağ
Cemilbey
Ortaköy
KÖSE DAĞI
Dedekoy
Demirşeyh
Şabanozü
Kızılırmak
Kavşut
Alaca
Çöplü
Sungurlu
BOĞAZKALE-ALACAHÖYÜK MİLLİ PARKI
Delice Çayı
KARAGÜNEY DAĞI
Deremahal
Külhüyük
Doğanlı
Akyurt
1270 Tekebeli
Kalecik
Delice
Salmanlı
Musabeyli
Çalatlı
Sorgun
Yozgat
ÇAMLIK MİLLİ PARKI
Sarıhamzalı
Hasanoğlan
İzzettin
Bağcılar
Aslanhacılı
Alçı
Balışeyh
Elmadağ
Kılıçlar
Sekili
Saray
E
F
G
H
121

114
Kérkyra
Liapádes
Benítses
Moraitika
Akra Lefkímmi
Lefkimmi
Argyrádes
Kávos
Akra Asprókavos
Filiátes
Parapótamos
Igoumenítsa
Plataria
Pérdika
Paramythiá
Margaríti
Glykí
Párga
Mórfi
Mesopótamo
Paxoí
Lákka
Gáio
Vrosína
Dodóni
106
1974 TÓMAROS
Serviana
Prámanta
Kaléntzi
Agnanta
2469 TZOUMÉRKA
ATHAMÁNON ÓRI
Kleisoúra
Kerasóna
Pistianá
Filippiáda
Stefáni
Loúros
Kamarina
Kastrosykiá
Archángelos
Árta
Kompóti
Menídi
MAKRYNOROS
Préveza
Ámvrakikos Kólpos
Vónitsa
Ágios Nikólaos
Limni Voulkariá
Lefkáda
Karyá
1141
Nydrí
Ágios Pétros
Vlychó
Vasilikí
Meganísi
Kálamos
Kastós
Átokos
Pálairos
Loutráki
Amfilochía
Limni Amvrakía
Katoúna
Aetós
Mýtikas
Astakós
Akra Doukáto
Akra Mélissa
Fiskárdo
Stavrós
Itháki
Ásos
Akra Athéras
Kardakáta
Sámi
Kefalloniá
Lixoúri
Argostóli
1628
Póros
Skála
Akra Moúnta
Akra Skinári
Volimés
Katastári
756
Alikanás
Zákynthos
Argási
Laganás
Lithakiá
Keri
Akra Marathiá
Kólpos Lagana
Vasilikós
Akra Geráki
Porthmós Zakýnthou
Trikala
Pertoúli
Pýli
Paliomonastiri
Fanári
Mouzáki
Mesochóra
Tekhniti Limni Tavrópou
Mesenikólas
Mitrópi
Neochóri
2154 VOUTSIKAKI
Kasta
2128 PTÉRI
Agrafiótis
Achelóos
Tekhniti Limni Kremastón
Frangista
Karpenísi
Agios Vlásios
Prousós
PANAITOLIKÓ ÓROS
1924
Stratos
Agrínio
Paravóla
Thérmo
Limni Ozerós
Angelokastro
Limni Trichonída
Sykia
Gavalou
Káto Makrinoú
Aitolikó
Katóchi
Neochóri
Mesolóngi
Evinochóri
Petalás
Oxéia
Náfpaktos
Antírrio
Psathópyrgos
Río
Akrotírion Evinos
Patraikós Kólpos
PÁTRA
Paralía
Akra Áraxos
Áraxos
Metóchi
Lápas
Káto Achaia
Loutrá Kounoupélli
Manolas
Várda
Kaléntzi
Lechainá
Kyllíni
Kástro
Loutrá Kyllínis
Akra Tripiti
Gastoúni
Andravída
Pineiós
Kendro
Ágia Triáda
Efýra
Amaliáda
Koúmani
Skafídia
Katákolo
Akra Katákolo
Pýrgos
Plátanos
Lála
Epitálio
Olympía
Krèstena
Káto Samikó
Kaiáfa
Zacháro
Kakóvatos
Tholó
Kyparissiakós Kólpos
Kaló Neró
122
Kyparissía
Filiatrá
Gargaliánoi
Koryfási
1 : 1 000 000
0 10 20 30 40 50 km
A B C D
1 2 3 4 5 6

Vlochós
Nikaia
Palamás
Zappeio
Arménio
Kanália
Zagorá
Choreftó
Rizómylos
Tsagkaráda
Kyrá Panagía
Chalkiádes
Velestínon
Vólos
Portariá
Agriá
Aereinó
Sésklo
Kalá Nerá
Áfyssos
Nea Anchíalos
Mikrothíves
Pagasitikós Kólpos
Argalastí
Milína
Koukounariés
Skiáthos
Glóssa
Alónnisos
Peristéra
Patitíri
Skantzoúra
Skópelos
Agnóntas
Plataniá
Amaliápoli
Soúrpi
Almyrós
Sofádes
Fársala
Gefýra
Néon Monastíri
Domokós
Enipéfs
ÓROS ÓTHRYS
Gerakovoúni
Pelasgía
Glýfa
Agiókampos
Artemisio
Agriovótano
Vasiliká
Istiaía
Oreoí
Loutrá Aidipsoú
Agia Ánna
Strofyliá
Mantoúd
Límni
Prokópi
Akra Sarakíniko
Évvoia
Platystomo
Makrakómi
Lianokládi
Lamía
Stylída
Ráches
Spercheiós
Sperchειáda
Loutrá Ypátis
Maliakós Kólpos
Mólos
Kámena Voúrla
Akra Arkítsa
Arkítsa
Agios Konstantínos
Skála
Atalánti
Malesína
Lárymna
Martíno
Voreiós Evvoïkós Kólpos
Dírfys Óros
Psachná
Steni
Néa Artáki
Chalkída
Vasilikó
Kými
Paralía Kými
Avlonári
Alivéri
Amárynthos
Káravos
Lépoura
Eretría
Nótios Evvoïkós Kólpos
Skála Oropoú
Kálamos
Kapandríti
Marathónas
Néa Mákri
Rafína
Ekáli
Kifisiá
Acharnés
Stavros
Pallíni
Loútsa
Spáta
Paiania
Pórto Ráfti
Markópoulo
Koropí
Keratéa
Vári
Várkiza
Voúla
Vouliagméni
Glyfáda
Hellinikon
ATHÍNA
PEIRAIÁS
Salamína
Lagonísi
Anávyssos
Thorikó
Lávrio
Legrena
Soúnio
Akra Soúnio
Patróklou
Vardoúsia Óri
Artotina
Oxyá
Brálos
Graviá
Amfikleia
Elátia
Giona Óros
Parnassós
Elaiónas
Ámfissa
Lidoriki
Mórnos
Chairóneia
Orchómenos
Kástra
Akraífnio
Paralimni
Límni Ylíki
Vathý
Arachova
Dístomo
Ósios Loúkas
Antíkyra
Leivádia
Itéa
Galaxídi
Eratelni
Goumaoi
Marathiás
Akra Psaromita
Akra Andrómachi
Kólpos Antíkyras
Elikón Óros
Aliartos
Vágia
Thespiés
Thíva
Prodromos
Saránti
Thísvi
Léfktra
Plataiés
Erythrés
Akra Agia Págkalos
Akra Velanidia
Avlóna
Párnitha Óros
Oinói
Vilia
Pórto Germenó
Kato Alepochóri
Mándra
Elefsína
Aigio
Diakoftó
Paralía Platanoú
Paralía Akrátas
Dervéni
Korinthiakós Kólpos
Ftéri
Petsákoi
Xylókastro
Akra Iraia
Perachóra
Geráneia
Mégara
Kinetá
Agioi Theódoroi
Kiáto
Loutráki
Kórinthos
Isthmia
Dióryga Korinthou
Kalávryta
Aroania Óri
Kyllíni Óros
Trikalón
Kefalári
Kato Vlasiá
Gkoúra
Kaliánoi
Kato Kleitoria
Kastanéa
Límni Stymfalía
Neméa
Loutró Elénis
Chiliomódi
Sofikó
Oneia Óri
Saronikós Kólpos
Akrotírion Tourlos
Aígina
Agia Marína
Ankístri
Pérdika
Dáfni
Kandíla
Límni Ládon
Lagkádia
Levídi
Vytína
Karkaloú
Stavrodrómi
Kápsas
Árgos
Náfplio
Néa Epídavros
Palaiá Epídavros
Lygoúrio
Méthanon
Dryópi
Kallóni
Póros
Trakheiá
Asíni
Tolo
Mýloi
Kivéri
Ypsous
Daviá
Trípoli
Achladókampos
Platí
Paralía Iríon
Didyma
Thermísia
Galatás
Akra Spáthi
Ermióni
Kólpos Ýdras
Akra Zoúrvas
Ýdra
Kranídi
Portochéli
Dokós
Akra Kórax
Kósta
Spétses
Ágios Geórgios
Alfeiós
Andrítsaina
Karítaina
Mákri
Paralía Astrous
Astros
Argolikós Kólpos
Megalópoli
Vlachokerasiá
Paradeísia
Leontário
Ágios Pétros
Ágios Andréas
Párnon Óros
Evrótas
Akra Savátaki
Leonídhion
Meligalás
Arfará
Dirráchi
Sellasía
Polianí
Artemisía
Taÿgetos
Trýpi
Mistrás
Spárti
Amyklai
Kosmás
Akra Tourkoviglia
Thouria
Messíni
Kalamáta
Almirón
Skoúra
Gkoritsá
Geráki
Rizómylos
Kámpos
E F G H
107 108 116 122

116
108
115
123
Gioúra
Pipéri
Kyrá Panagía
Akra Gérakas
Alónnisos
Peristéra
Alónnisos
Patitíri
Skópelos
Skópelos
Skantzoúra
Akra Kártsino
Skýros
Skýros
Linariá
Skyropoúla
Valáxa
Akra Lithári
Sarakinó
AIGAIO PÉLAGOS
1:1000000
0 10 20 30 40 50 km
Ántissa
Sigri
Eresós
Akra Sigri
Skála Eresoú
Lésvos
Psará
Psará
Antípsara
Akra Sarakíniko
Évvoia
Akra Kýmis
Kými
Paralía Kýmis
DÍRFYS ÓROS
1743
Psachná
Stení
Ochthoniá
Avlonári
Néa Artáki
Chalkída
Vasilikó
Alivéri
Lépoura
Kriezá
Erétria
Amárynthos
Káravos
Notios Evvoikós Kólpos
Zárakes
Almyropótamos
Skála Oropoú
Kálamos
Akra Kafiréas
Avlóna
Kapandríti
Ag Marína
Néa Styra
Stýra
1413
Marathónas
1398
ÓCHI
Ekáli
Kifisiá
Néa Mákri
Marmári
Kárystos
Acharnés
Petalioí
Akra Kampanós
Ándros
ATHÍNA
Stavros
Pallíni
Rafina
Loútsa
Paiania
1019
Spáta
Kólpos Petalión
Gávrio
Batsí
995
Apoikía
Ándros
Hellinikon
Koropí
Pórto Ráfti
Órmos
Glyfáda
Markópoulo
Palaiópoli
Korthí
Voúla
Várkiza
Vouliagméni
Keratéa
Lagonísi
Thorikó
Makrónisos
Pánormos
Tínos
Anávyssos
Stenó Kéas
Istérnia
Falatádos
Lávrio
Vourkári
650
Akra Livåda
Agía Marína
Legrena
Soúnio
Korissía
Gyáros
Kiónia
Tínos
Aígina
Kéa
Kéa
Patróklou
Akra Soúnio
Akra Trimeson
Sýros
Mýkonos
Akra Tamélos
Mýkonos
Stenó Kýthnou
Akra Kéfalos
Ríneia
Galissás
Ermoúpolis
Loutrá
Dílos
Kýthnos
Poseidonía
Vári
Ágios Geórgios
Mérichas
Dryopída
Kýthnos
Akra Spáthi
Akra Zoúrvas
Akra Ágia Dimítrois
Stenó Sérifou
Akra Stavrós
Apóllon
Ýdra
Páros
Koronós
Náousa
Moutsoúna
Náxos
Sérifos
Livádi
Filóti
Apeírados
Sérifos
Páros
745
Marpissa
Áno Sangkri
Náxos
Akra Kíklops
Antíparos
Dryós
Akra Fílippos
Antíparos
Alyki
Pyrgakia
Artemón
Kamáres
Apollonía
675
Platýs Gialós
Akrotírion Petalída
Schoinoússa
Sífnos
Irákleia
Irákleia
Kímolos
Kímolos
Órmos Íou
713
Íos
1
2
3
4
5
6
A
B
C
D

Agia Paraskeví
Mistegná
Loutrópoli Termis
Kólpos Kallonis
Mytilíni
Vaterá
Skópelos
Plomári
Loutrá
Krátigos
968
109
Dikili
Bergama
Bakır Çayı
Kınık
118
Kırkağaç
Akhisar
Gördes
Zeytindağ
772
Çandarlı
Çandarlı Körfezi
Yenişakran
1084
KILIÇ DAĞI
Kapaklı
Köprübaşı
Gördes Deresi
Ilica Barun
Aliağa
Saruhanlı
Gölmarmara
Marmara Gölü
Karataş
Yenifoça
Aslan Burun
1074
Muradiye
1034
Gediz Nehri
Ahmetli
Manisa
Salihli
Sart
Foça
Menemen
Emiralem
675
Cabuncubeli Boğaz
Turgutlu
Kara Burun
Karaburun
1212
AK DAĞ
Uzun Adasi
Izmir Körfezi
Küçükbahçe
Mordoğan
Bornova
Çamaltı
İZMIR
Kemalpaşa
Armutlu
BOZ DAĞLAR
2157
Mármaro
Oinoússes
Lagkáda
İnciraltı
Buca
1506
NIFKARLIĞI TEPE
Vrontádos
Çeşmealti
Güzelbahçe
1042
Adnan Menderes
Ödemis
Kiraz
Chíos
Urla
Seydiköy
Bayındır
Kaymakçi
Çeşme
Uzunkuyu
Alaçatı
Cumaovasi
Torbalı
Mahmutlar
Armólia
Kalamoti
Kómi
Masticho
Sığacık
Seferihisar
Değirmendere
Tire
1827
HACETDEDE TEPE
Sığacık Körfezi
Boğaziçi
AYDIN DAĞLARI
Koraka Burun
Doğanbey
Gümüldür
Belevi
Doğanbey Burun
Sultanhisar
Selçuk
Pamucak
Ortaklar
Germencik
Aydın
Köşk
Umurlu
Kuşadası
İncirliova
Dalama
Kuşadasi Körfezi
1019
KARYAĞDI TEPE
Koçarlı
Çakırbeylı
Agios Konstantinos
Kokkárion
Sámos
Söke
Bağarası
Çine Çayı
Karlovási
1153
Vathi
Davutlar
Çine
Marathókampos
Pythagóreio
1455
Pyrgos
Sámos
1237
Karine
Doganbey
Atburgazi
Büyük Menderes Nehri
Eskiçi
Akra Fanári
Ikaría
Akçaova
1418
GÖKBEL
Foúrnoi
Thérma
Armenistís
Évdilos
Agios Kírykos
Foúrnoi
Balat
Bafa Gölü
Akköy
Selimiye
1077
Turgut
984
Yatağan
Akra Pápas
Agathónisi
Didim
Milâs
Altinkum
Tekağaç Burun
Arkoi
Pátmos
Kámpos
124
Güllük
Çamköy
Skála
Farmakonísi
Pátmos
Leipsoí
Leipsoí
Mandalya Körfezi
Salih Adasi
Karaova
Agia Marina
Yalıkavak
690
879
Ören
Léros
Lakkí
UYUKLU TEPE
Ortakent
Bodrum
Kálymnos
Turgutreis
Koyun Burun
Kara Adasi
Gökova Körfezi
Donoússa
678
Myrtiés
Psérimos
Levítha
Kálymnos
Kós
Tigkáki
Zipári
Kínaros
Mastichári
846
DIKEOS
Pylí
Emecik
Reşadiye
1143
Datça
Aigiali
Antimácheia
Kardámaina
Kamário
Amorgós
Kéfalos
Kós
Iskandil Burun
Knidas
Sými
Sými
Pédio
Katápola
Amorgós
Gyalí
616
Panormítis
Arkesíni
Akra Krikelos
Páloi
Emporeió
Mandráki
Nikiá
Astypálaia
Nísyros
E
F
G
H

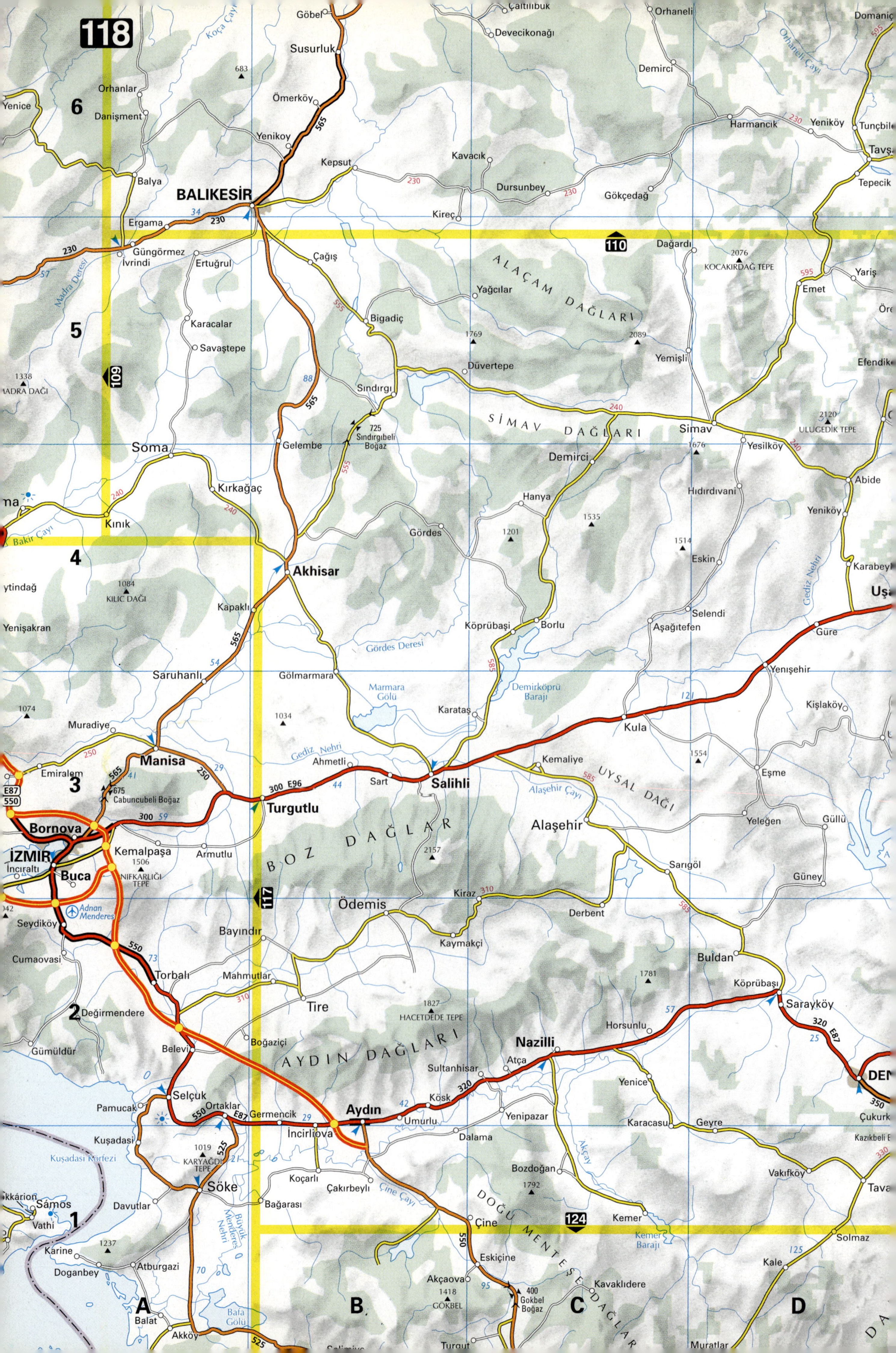
Göbel
Çaltılıbuk
Orhaneli
Domaniç
Koca Çayı
Susurluk
Devecikonağı
Orhaneli Çayı
683
Demirci
Orhanlar
Ömerköy
Yenice
Danişment
Harmancık
Yeniköy
Tunçbile
Yenikoy
Kavacık
Tavşa
Kepsut
Balya
Dursunbey
Tepecik
BALIKESİR
Gökçedağ
Kireç
Ergama
Güngörmez
İvrindi
Dağardı
Ertuğrul
Çağış
ALAÇAM DAĞLARI
2076
KOCAKIRDAĞ TEPE
Yarış
Madra Deresi
Yağcılar
Emet
Karacalar
Bigadiç
1769
2089
Savaştepe
Yemişli
1338
MADRA DAĞI
Düvertepe
Efendik
Sındırgı
725
Sındırgıbeli Boğaz
SİMAV DAĞLARI
Simav
2120
ULUGEDİK TEPE
Gelembe
Soma
Demirci
Yesilköy
1676
Abide
Kırkağaç
Hanya
Hıdırdıvanı
Kınık
Bakır Çayı
1535
Yeniköy
Gördes
1201
1514
Eskin
Akhisar
Karabey
1084
KILIÇ DAĞI
Gediz Nehri
Kapaklı
Uşa
Selendi
Yenişakran
Köprübaşı
Borlu
Aşağıtefen
Gördes Deresi
Güre
Saruhanlı
Yenişehir
Gölmarmara
Marmara Gölü
Demirköprü Barajı
1074
Karataş
Kışlaköy
1034
Kula
Muradiye
Gediz Nehri
Ahmetli
1554
Kemaliye
Manisa
Emiralem
Sart
Salihli
UYSAL DAĞI
Eşme
675
Cabuncubeli Boğaz
Turgutlu
Alaşehir Çayı
Bornova
Alaşehir
Yeleğen
Güllü
İZMİR
Kemalpaşa
Armutlu
BOZ DAĞLAR
İnciraltı
1506
NİFKARLIĞI TEPE
2157
Sarıgöl
Buca
Güney
Adnan Menderes
Kiraz
Ödemis
Derbent
Seydiköy
Bayındır
Kaymakçi
Buldan
Cumaovasi
Torbalı
Mahmutlar
1781
Köprübaşı
Tire
Sarayköy
Değirmendere
1827
HACETDEDE TEPE
Horsunlu
Gümüldür
Boğaziçi
AYDIN DAĞLARI
Belevi
Nazilli
DEN
Atça
Sultanhisar
Yenice
Selçuk
Pamucak
Ortaklar
Köşk
Germencik
Aydın
Umurlu
Yenipazar
Karacasu
Geyre
Çukurk
Kuşadası
İncirliova
Dalama
Kazıkbeli
1019
KARYAĞDI TEPE
Kuşadası Körfezi
Koçarlı
Akçay
Bozdoğan
Vakıfköy
Söke
Çakırbeyli
Tava
Çine Çayı
1792
Samos
Davutlar
Bağarası
DOĞU MENTEŞE DAĞLAR
Kemer
Vathi
Büyük Menderes Nehri
Çine
Kemer Barajı
Solmaz
Karine
1237
Eskiçine
Doganbey
Atburgazi
Kale
Akçaova
400
Gokbel Boğaz
Kavaklıdere
1418
GÖKBEL
Bafa Gölü
Balat
Akköy
Turgut
Muratlar
A
B
C
D
1
2
3
4
5
6
109
110
117
124

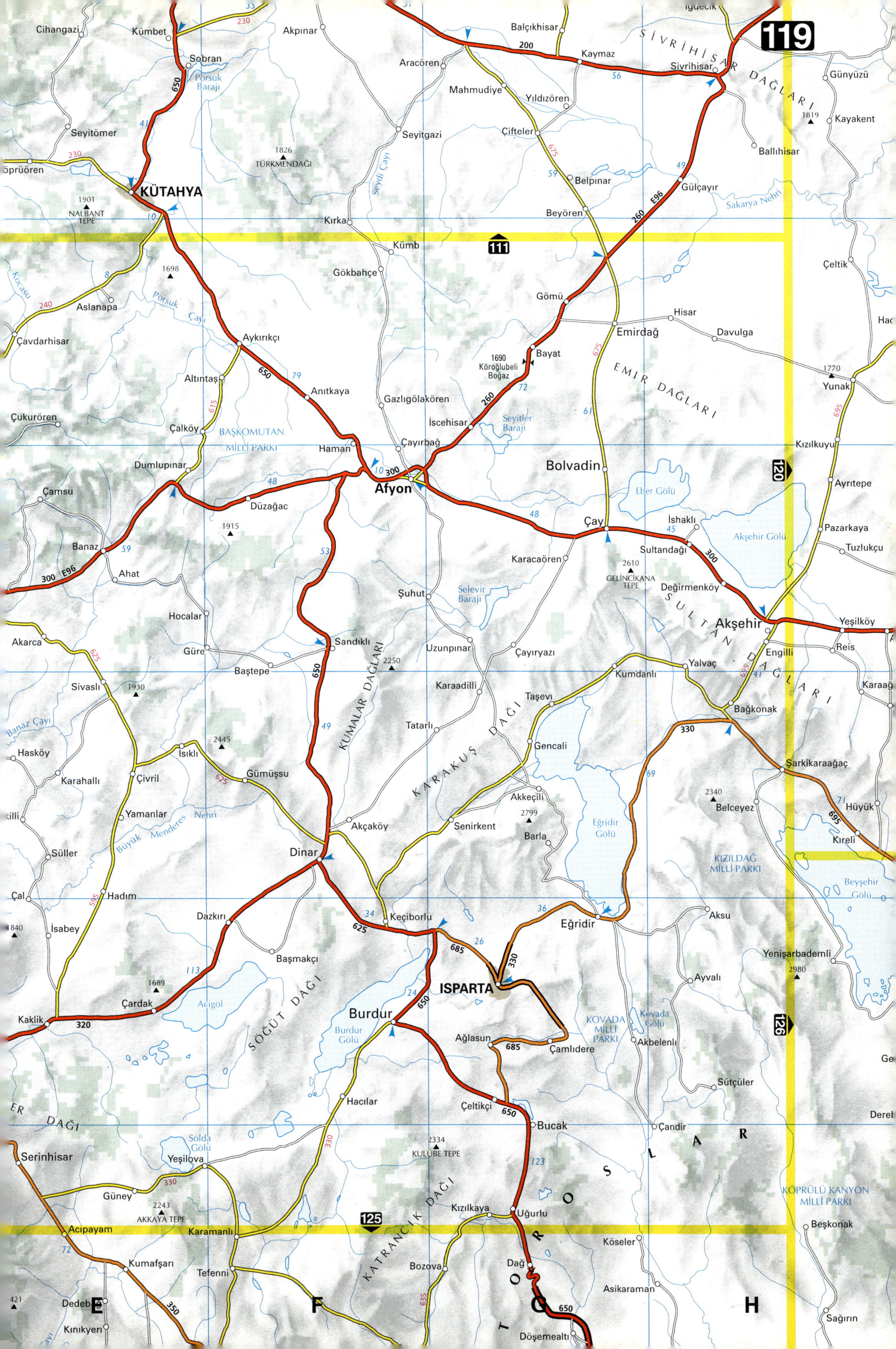
119
111
120
126
125
Cihangazi
Kümbet
Sobran
Porsuk Barajı
Akpınar
Balçıkhisar
Kaymaz
Sivrihisar
SİVRİHİSAR DAĞLARI
Günyüzü
Aracören
Mahmudiye
Yıldızören
Seyitömer
Seyitgazi
Çifteler
1819
Kayakent
Ballıhisar
1826
TÜRKMENDAĞI
Köprüören
KÜTAHYA
1901
NALBANT TEPE
Seydi Çayı
Belpınar
Gülçayır
Sakarya Nehri
Beyören
Kırka
Kümb
Gökbahçe
1698
Kocasu
Aslanapa
Porsuk Çayı
Gömü
Hisar
Çeltik
Çavdarhisar
Aykırıkçı
Emirdağ
Davulga
Bayat
1690
Köroğlubeli Boğaz
EMİR DAĞLARI
1770
Yunak
Altıntaş
Anıtkaya
Gazlıgölakören
Çukurören
İscehisar
Seyitler Barajı
Çalköy
BAŞKOMUTAN MİLLİ PARKI
Haman
Çayırbağ
Kızılkuyu
Dumlupınar
Bolvadin
Afyon
Ayrıtepe
Çamsu
Düzağac
Eber Gölü
İshaklı
Akşehir Gölü
Pazarkaya
1915
Çay
Sultandağı
Tuzlukçu
Banaz
Karacaören
2610
GELİNCİKANA TEPE
Ahat
Değirmenköy
Şuhut
Selevir Barajı
SULTAN DAĞLARI
Hocalar
Akşehir
Yeşilköy
Akarca
Sandıklı
Engilli
Reis
Güre
Uzunpınar
Çayıryazı
Baştepe
2250
Kumdanlı
Yalvaç
Sivaslı
1930
Karaadilli
Taşevi
Karaağaç
Banaz Çayı
Bağkonak
KUMALAR DAĞLARI
Tatarlı
Hasköy
2445
Isıklı
Gencali
Şarkikaraağaç
Karahallı
Çivril
Gümüşsu
KARAKUŞ DAĞI
2340
Belceyez
Hüyük
Yamanlar
Büyük Menderes Nehri
Akkeçili
2799
Akçaköy
Senirkent
Barla
Eğirdir Gölü
Kıreli
Süller
KIZILDAĞ MİLLİ PARKI
Beyşehir Gölü
Dinar
Çal
Hadım
Dazkırı
Keçiborlu
Eğirdir
Aksu
İsabey
Başmakçı
Yenişarbademli
2980
1689
SÖĞÜT DAĞI
ISPARTA
Ayvalı
Acıgöl
Çardak
Kaklık
Burdur
Kovada Gölü
KOVADA MİLLİ PARKI
Burdur Gölü
Ağlasun
Çamlıdere
Akbelenli
Sütçüler
Hacılar
Çeltikçi
Bucak
Çandır
TOROS DAĞLARI
Serinhisar
Solda Gölü
Yeşilova
2334
KULÜBE TEPE
Güney
2243
AKKAYA TEPE
KATRANCIK DAĞI
Kızılkaya
Uğurlu
KÖPRÜLÜ KANYON MİLLİ PARKI
Acıpayam
Karamanlı
Beşkonak
Köseler
Kumafşarı
Tefenni
Bozova
Dağ
Asikaraman
Dedebel
Kınıkyeri
Döşemealtı
Sağırın
E
F
G
H

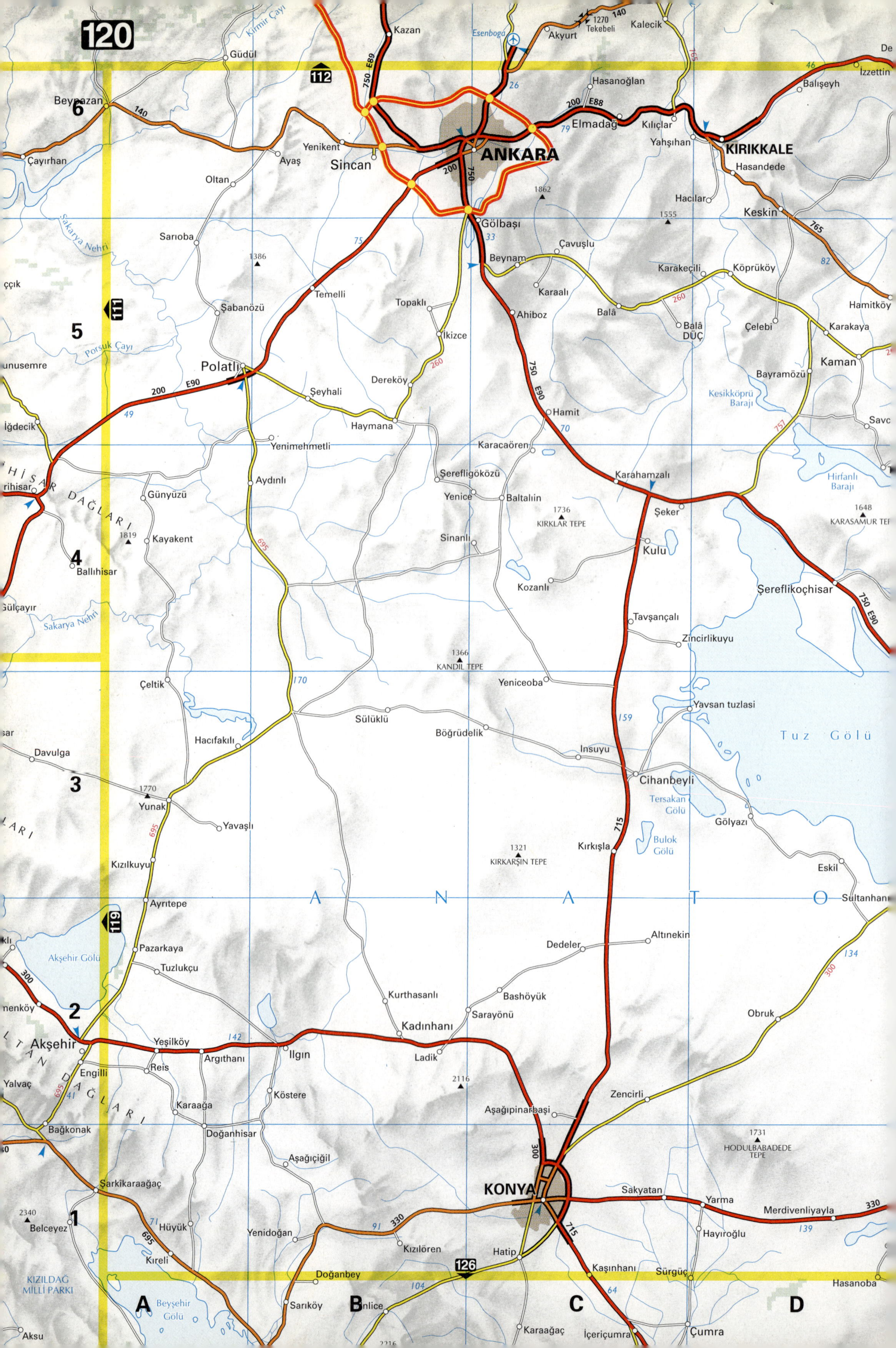
112
111
119
126
ANKARA
KONYA
KIRIKKALE
Esenboğa
Kazan
Akyurt
Tekebeli
Kalecik
Güdül
Kirmir Çayı
Beypazarı
Çayırhan
Ayaş
Yenikent
Sincan
Oltan
Hasanoğlan
Elmadağ
Kılıçlar
Yahşıhan
Balışeyh
İzzettin
Hasandede
Hacılar
Keskin
Gölbaşı
Sarıoba
Sakarya Nehri
Çavuşlu
Beynam
Karaali
Karakeçili
Köprüköy
Temelli
Topaklı
Şabanözü
Ahiboz
Balâ
Balâ DÜÇ
Çelebi
Hamitköy
Karakaya
İkizce
Porsuk Çayı
Polatlı
Kaman
Dereköy
Şeyhali
Bayramözü
Kesikköprü Barajı
Haymana
Hamit
İğdecik
Yenimehmetli
Karacaören
HİSAR DAĞLARI
Aydınlı
Şerefligöközü
Karahamzalı
Hirfanlı Barajı
Günyüzü
Yenice
Baltalıin
Şeker
KIRKLAR TEPE
KARASAMUR TEPE
Kayakent
Sinanlı
Kulu
Ballıhisar
Kozanlı
Şereflikoçhisar
Gülçayır
Tavşançalı
Zincirlikuyu
KANDİL TEPE
Çeltik
Yeniceoba
Yavsan tuzlasi
Sülüklü
Böğrüdelik
Tuz Gölü
Hacıfakılı
Davulga
İnsuyu
Cihanbeyli
Yunak
Tersakan Gölü
Yavaşlı
Gölyazı
KIRKARŞIN TEPE
Kırkışla
Bulok Gölü
Kızılkuyu
Eskil
ANATOLIA
Ayrıtepe
Sultanhanı
Akşehir Gölü
Dedeler
Altınekin
Pazarkaya
Tuzlukçu
Kurthasanlı
Bashöyük
Sarayönü
Obruk
Kadınhanı
Akşehir
Yeşilköy
Argıthanı
Ilgın
Ladik
Engilli
Reis
SULTAN DAĞLARI
Yalvaç
Köstere
Zencirli
Karaağa
Aşağıpınarbaşı
Bağkonak
Doğanhisar
HODULBABADEDE TEPE
Aşağıçiğil
Şarkîkaraağaç
Sakyatan
Yarma
Merdivenliyayla
Belceyez
Hüyük
Yenidoğan
Kızılören
Hayıroğlu
Kireli
Hatip
Kaşınhanı
Sürgüç
Hasanoba
KIZILDAĞ MİLLİ PARKI
Doğanbey
Beyşehir Gölü
Sarıköy
Ünlice
Karaağaç
İçeriçumra
Çumra
Aksu
A
B
C
D
1
2
3
4
5
6

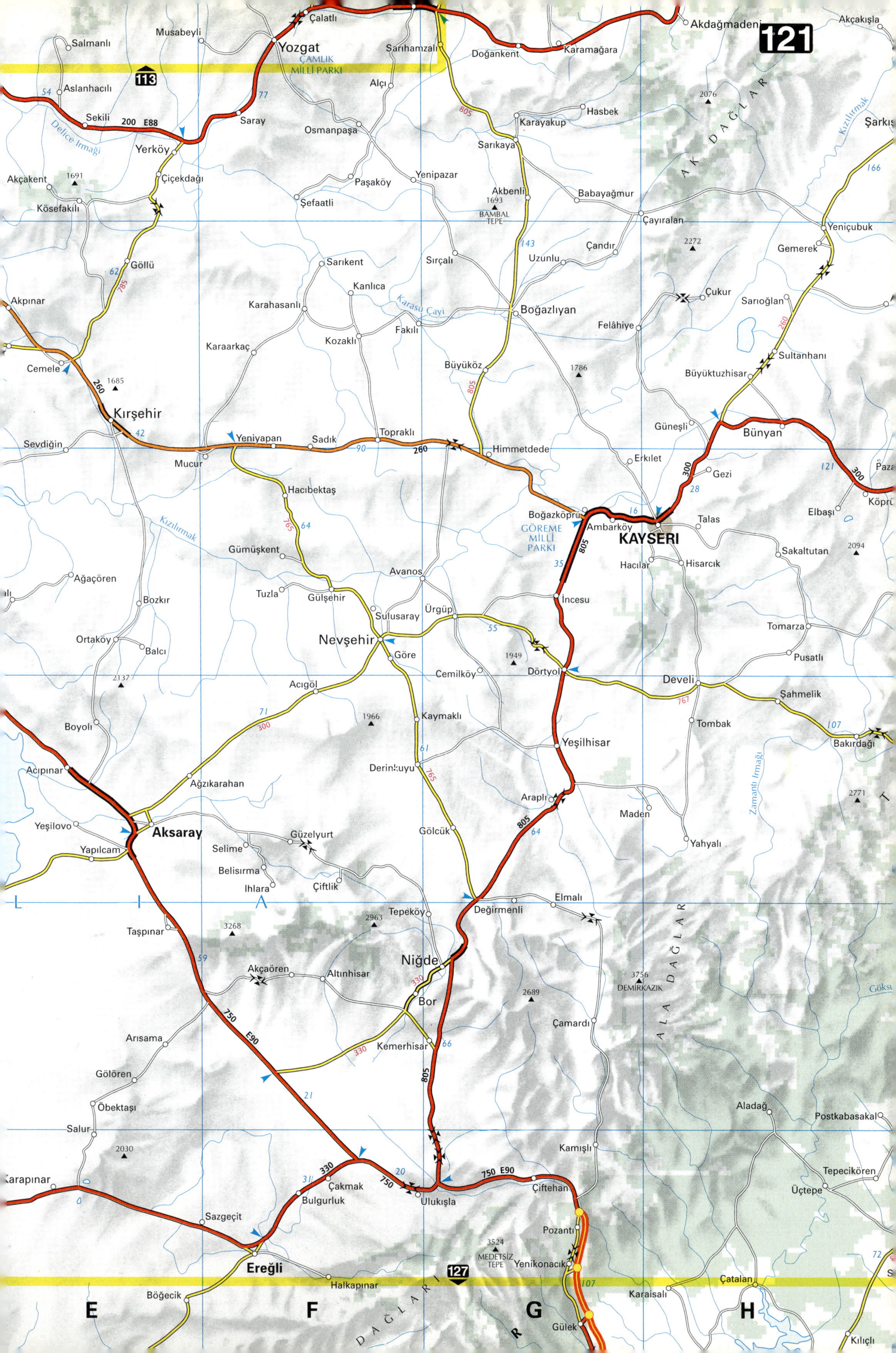
121
113
127
Çalatlı
Musabeyli
Yozgat
ÇAMLIK MİLLİ PARKI
Sarıhamzalı
Doğankent
Karamağara
Akdağmadeni
Akçakışla
Salmanlı
Aslanhacılı
Alçı
Sekili
200
E88
Delice Irmağı
Saray
Osmanpaşa
Karayakup
Hasbek
Yerköy
Sarıkaya
Şarkış
Akçakent
1691
Çiçekdağı
Paşaköy
Yenipazar
AK DAĞLAR
Kızılırmak
Kösefakılı
Şefaatli
Akbenli
1693
BAMBAL TEPE
Babayağmur
Çayıralan
Yeniçubuk
2076
166
Sarıkent
Sırçalı
Uzunlu
Çandır
2272
Gemerek
Göllü
Kanlıca
Karasu Çayı
Çukur
Sarıoğlan
Akpınar
Karahasanlı
Fakılı
Boğazlıyan
Felâhiye
Kozaklı
Sultanhanı
Karaarkaç
Cemele
Büyüköz
1786
Büyüktuzhisar
1685
Kırşehir
Güneşli
Bünyan
Yeniyapan
Sadık
Topraklı
260
Himmetdede
Sevdiğin
Mucur
Erkilet
Gezi
Hacıbektaş
Boğazköprü
Talas
Elbaşı
Köprü
Ambarköy
KAYSERİ
GÖREME MİLLİ PARKI
Kızılırmak
Gümüşkent
Hacılar
Hisarcık
Sakaltutan
2094
Ağaçören
Avanos
Tuzla
Gülşehir
İncesu
Bozkır
Ürgüp
Sulusaray
Tomarza
Ortaköy
Nevşehir
Balcı
Göre
1949
Pusatlı
Dörtyol
Cemilköy
Develi
2137
Acıgöl
Şahmelik
Kaymaklı
1966
Tombak
Boyolı
Bakırdağı
Yeşilhisar
Zamantı Irmağı
Derinkuyu
Acıpınar
Ağzıkarahan
Araplı
2771
Maden
Yeşilovo
Aksaray
Güzelyurt
Gölcük
Selime
Yahyalı
Yapılcam
Belisırma
Ihlara
Çiftlik
Elmalı
Değirmenli
Tepeköy
2963
3268
Taşpınar
Niğde
Akçaören
Altınhisar
3756
DEMİRKAZIK
Bor
2689
ALA DAĞLAR
Göksu
Çamardı
Arısama
Kemerhisar
Gölören
Öbektaşı
Aladağ
Postkabasakal
Salur
Kamışlı
2030
Karapınar
Çakmak
Tepecikören
Bulgurluk
Ulukışla
Çiftehan
Üçtepe
Sazgeçit
Pozantı
3524
MEDETSİZ TEPE
Yenikonacık
Ereğli
Halkapınar
Çatalan
Karaisalı
Böğecik
E
F
G
H
Gülek
Kılıçlı
805
765
300
750
E90
330
785
107
767

114
115
Samikó
Kallithéa
Zacharo
Mínthi Óros
Andrítsaina
Karítaina
Trípoli
Mákrio
Achladókampos
Paralía Ástrous
Ástros
Plati
Paralía Iríon
Dídyma
Thermisía
Galatas
Kranídi
Ermióni
Kólpos Ýdras
Ýdra
Portochéli
Dokós
Akra Kórax
Kósta
Spétses
Kakóvatos
Tholó
Kyparissiakós Kólpos
Megalópoli
Vlachokerasiá
Paradeísia
Leontário
Ágios Pétros
Ágios Andréas
Argolikós Kólpos
Kaló Nero
Kyparissía
9A E55
7 E65
7 E55/E65
39 E961
9 E55
Meligalás
Mavrommáti
Arfará
Dirráchi
Sellasía
Párnon Óros
Akra Savátaki
Leonídhion
Filiatrá
Varvára
Polianí
Taýgetos Óros
Artemisía
Trýpi
Spárti
Kosmás
Akra Tourkovíglia
Messíni
Thouría
Mistrás
Amyklai
Gkoritsá
Skoúra
Geráki
Gargaliánoi
Chóra
Kalamáta
Almirón
Koryfási
Kazarmá
Rizómylos
Petalídi
Chandrinós
Kámpos
Kardamýli
Krokeés
Vlachiótis
Sfaktiría
Pýlos
Akra Kitriés
Ágios Nikólaos
Skála
Moláoi
Néa Koróni
Messiniakós Kólpos
Plátsa
Akra Iérax
Methóni
Foinikoús
Koróni
Akrotirion Livada
Lagkáda
Mavrovoúni
Gýtheio
Sykéa
Asopós
Eliá
Papadiánika
Sapiéntza
Liméni
Agéranos
Plýtra
Monemvasía
Oítilon
Karioúpoli
Schíza
Akra Akrítas
Areópoli
Kótronas
Akra Xili
Daimoniá
Elaka
Pýrgos Diroú
Lakonikós Kólpos
Pantánassa
Mézapos
Neápoli
Elafónisos
Gerolimenas
Akra Maléas
Akra Taínaro
Akra Spathí
Karavás
Aglia Pelagía
Potamós
Kýthira
Aylémonas
Limnária
Kýthira
Kapsáli
A
B
C
D
1
2
3
4
5
6
1 : 1 000 000
0 10 20 30 40 50 km
Akra Spánta
Akra Voúxa
Kólpos Chaníon
Soúda
Akra Melechas
Kólpos Kissámou
Kolymvári
Chaniá
Stérnes
Kastélli
90 E65
Máleme
Plataniás
90 E75
Soúda
K. Soúdas
Akra Drápano
Plátanos
Voukoliés
Fournés
Kalámi
Órmos Almyrou
Réthymno
Lákkoi
Mesklá
Vrýses
Georgioúpoli
Alíkampos
Omalós
Lefká Óri
Episkopí
Kántanos
Farángi Samariás
Sfákia
Skalotí
Sellía
Akra Kríos
Palaiochóra
Fragkokástelo
Gavdopoúla
Gávdos
a
b

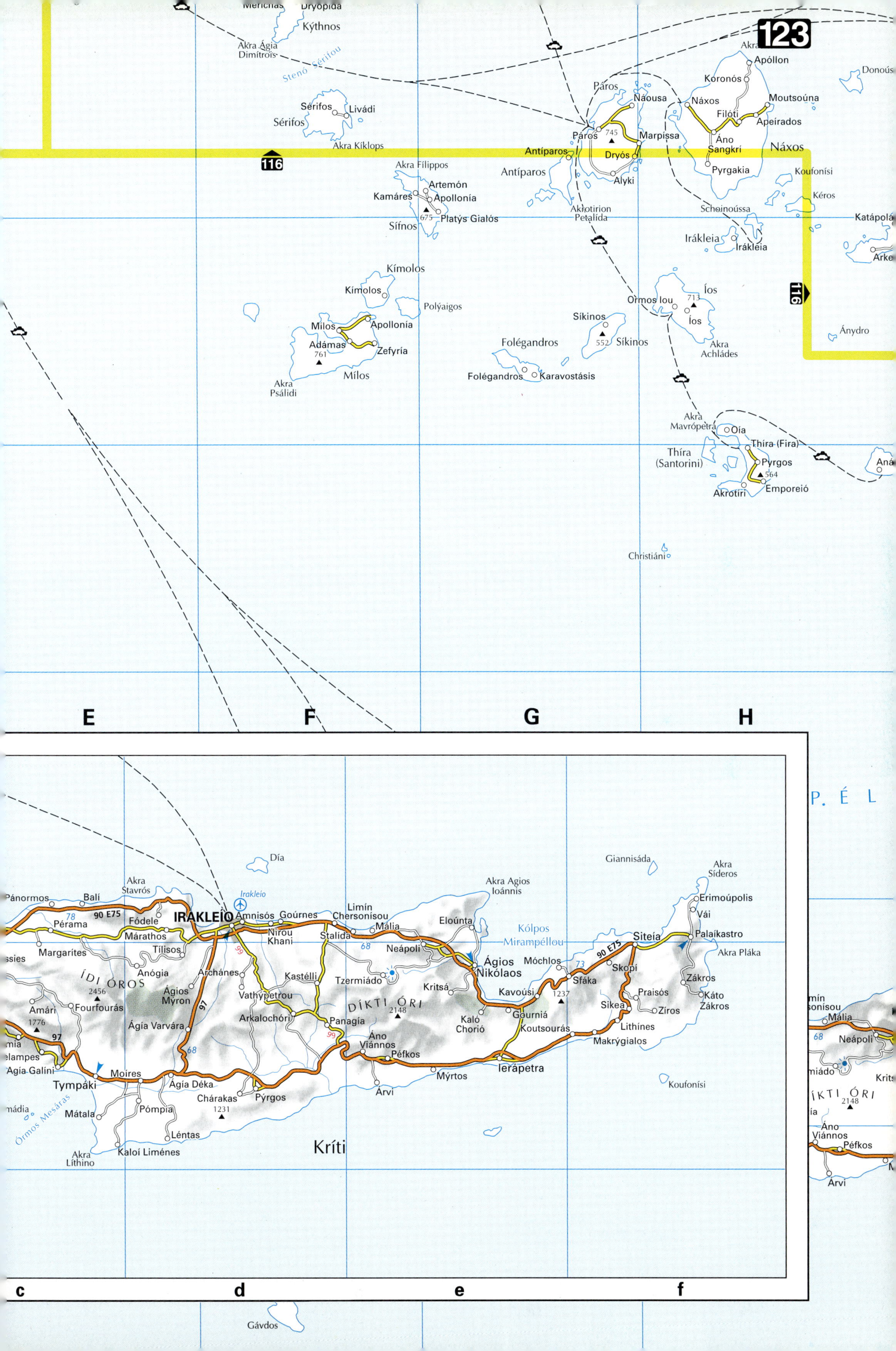
Dryopída
Kýthnos
Akra Ágia Dimítrois
Stenó Sérifou
Sérifos
Livádi
Sérifos
Akra Kíklops
116
Akra Fílippos
Artemón
Kamáres
Apollonía
675
Platýs Gialós
Sífnos
Kímolos
Kímolos
Polýaigos
Mílos
Apollonía
Adámas
761
Zefyría
Mílos
Akra Psálidi
Páros
Náousa
745
Páros
Marpissa
Antíparos
Dryós
Antíparos
Alyki
Akrotirion Petalída
Akra
Apóllon
Koronós
Náxos
Moutsoúna
Filóti
Apeírados
Áno Sangkrí
Náxos
Pyrgakia
Donoús
Koufonísi
Kéros
Schoinoússa
Katápola
Arke
Irákleia
Irákleia
Íos
713
Órmos Iou
Íos
Síkinos
552
Síkinos
Folégandros
Folégandros
Karavostásis
Akra Achládes
Ánydro
Akra Mavrópetra
Oía
Thíra (Fira)
Thíra (Santorini)
Pyrgos
564
Emporeió
Akrotíri
Aná
Christiáni
E
F
G
H
P. É L
Día
Giannisáda
Akra Síderos
Akra Stavrós
Irakleio
Akra Agios Ioánnis
Pánormos
Balí
Pérama
90 E75
78
Fódele
IRAKLEÍO
Amnisós
Goúrnes
Limín Chersonísou
Mália
Eloúnta
Kólpos Mirampéllou
Erimoúpolis
Vái
Siteía
Palaíkastro
Akra Pláka
Márathos
Nirou Khani
Stalída
Margarítes
Tílisos
99
68
Neápoli
Ágios Nikólaos
Móchlos
73
90 E75
Skopí
Anógia
Archánes
Kastélli
Tzermiádo
Sfáka
Zákros
Ídi Óros
2456
Ágios Myron
Vathýpetrou
Kritsá
Kavoúsi
1237
Praisós
Káto Zákros
Amári
1776
Fourfouras
97
Arkalochóri
Díkti Óri
2148
Kaló Chorió
Gourniá
Sikea
Zíros
Ágia Varvára
Panagía
Koutsourás
Lithínes
97
Áno Viánnos
Makrýgialos
Agía Galíni
68
99
Péfkos
Tympáki
Moíres
Ágia Déka
Mýrtos
Ierápetra
Koufonísi
Mátala
Pómpia
Chárakas
Pýrgos
Árvi
1231
Órmos Mesáras
Léntas
Akra Líthino
Kaloí Liménes
Kríti
c
d
e
f
Gávdos

124
118
117
Söke
Kuşada
1019
KARYAĞDI TEPE
525
İncirliova
Dalama
Koçarlı
Çakırbeyli
Bağarası
Davutlar
Sámos
Kokkárion
Vathi
Karine
Doganbey
Atburgazi
1237
Büyük Menderes Nehri
70
Balat
Akköy
Bafa Gölü
Didim
Altinkum
Tekağaç Burun
Agathónisi
Farmakonísi
Leipsoí
Mandalya Körfezi
Salih Adasi
Güllük
Selimiye
1077
Milâs
330
49
Çamköy
Karaova
879
Yalıkavak
690
UYUKLU TEPE
Ortakent
Bodrum
Turgutreis
Kara Adasi
Gökova Körfezi
Agia Marína
Lakkí
Kálymnos
Myrties
678
Psérimos
Kós
Tigkáki
Zipári
Mastichári
Pylí
846
DİKEOS
Antimácheia
Kardámaina
Kamário
Kéfalos
Akra Kríkelos
Gyalí
Páloi
Mandráki
Emporeió
Nikiá
Nísyros
Megálon Chorio
651
Tílos
Livádia
İskandil Burun
Knidas
1143
Reşadiye
Datça
Emecik
400
Sými
Pédio
616
Panormitis
Hisarönü Körfezi
Bozburun
Sömbeki Körfezi
Kadırga Burun
Marmaris
Marmaris Limanı
Koyun Burun
999
Köyceğiz Gölü
Dalama
Bozdoğan
1792
Akçay
Çine Çayı
Çine
550
Eskiçine
Akçaovа
1418
GÖKBEL
95
400
Gokbel Boğaz
DOĞU MENTEŞE DAĞLARI
Kavaklıdere
Kemer
Kemer Baraji
Turgut
Yatağan
60
1396
Muğla
Yerkesik
775
Ciceklibeli Boğaz
Ula
Ören
Karacasu
Geyre
Kazıkbe
Vakıfköy
Solmaz
125
Kale
Muratlar
Yemişendere
Ak Çayı
GÖLGELİ DA
2293
Karabörtlen
Köyceğiz
108
Akçakavak
Ortaca
Dalaman
115
Göçek Boğa
Kurtoğlu Burun
Ródos
Ixia
Paradeisi
Trianta
Kremasti
Kallithéas
Soroní
Faliráki
Kalavárda
Afántou
Kámeiros Skála
67
Sálakos
Kritinía
Empónas
52
Archángelos
1215
ATTÁVYROS
Malón
Siána
Kálathos
Monólithos
Lárdos
Líndos
Apolakkiá
Gennádio
Lachaniá
Kattavía
Akra Prasonísi
Alimía
Chálki
Sýrna
Tría Nisía
Stenó Karpáthou
Akra Paraspóri
Saria
Diafáni
Ólimbos
Karpáthos
Voláda
Pilés
Arkása
Menetés
Fri
6
5
4
3
2
1
A
B
C
D
1 : 1 000 000
0
10
20
30
40
50 km

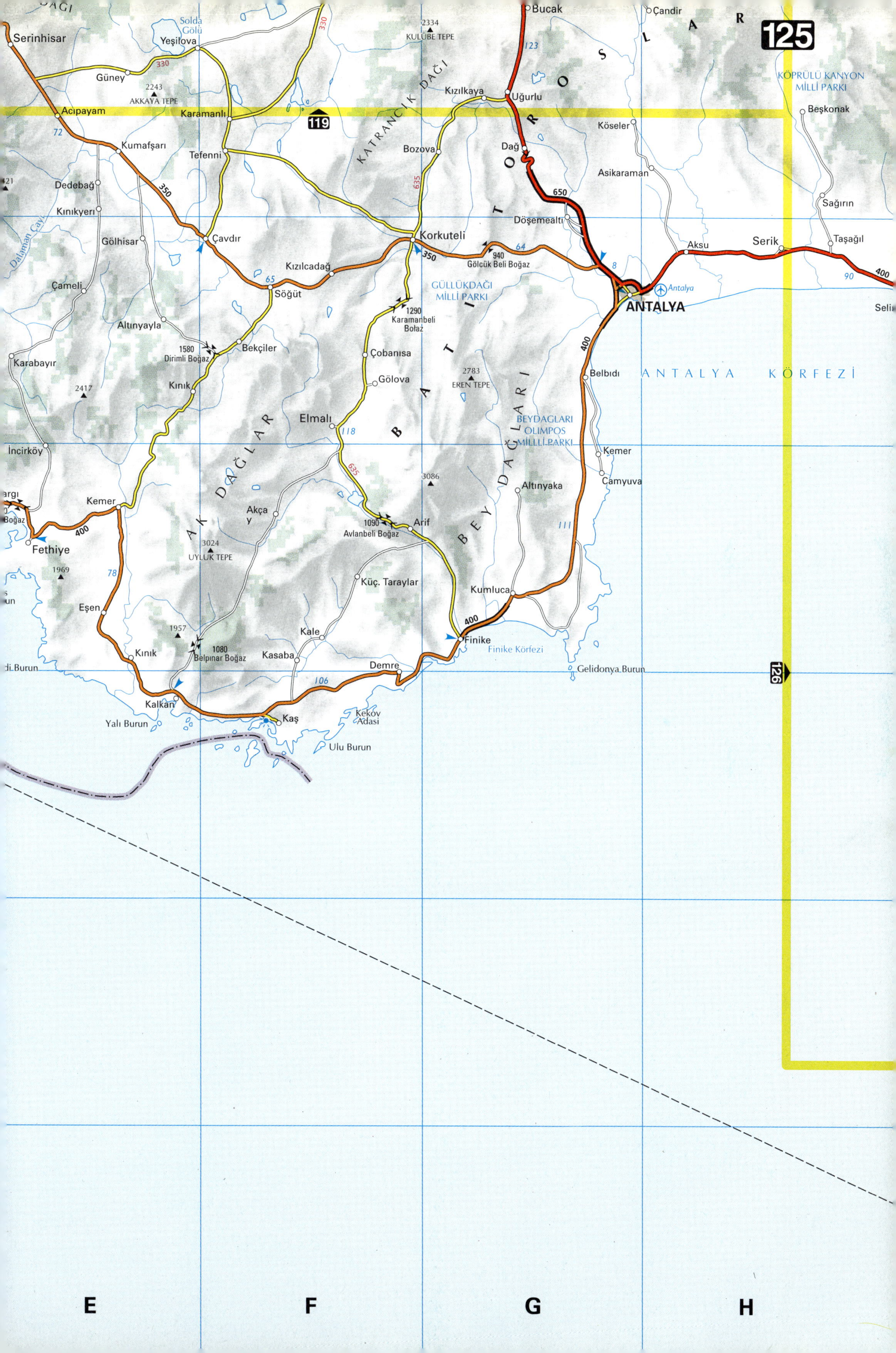
125
Serinhisar
Solda Gölü
Yeşilova
Güney
2243
AKKAYA TEPE
Acıpayam
Karamanlı
119
Kumafşarı
Tefenni
Dedebağ
Kınıkyeri
Dalaman Çayı
Gölhisar
Çavdır
Çameli
Kızılcadağ
Söğüt
Altınyayla
1580
Dirimli Boğaz
Bekçiler
Karabayır
2417
Kınık
İncirköy
Kemer
Fethiye
1969
Eşen
1957
1080
Belpınar Boğaz
Kınık
Kalkan
Yalı Burun
Kaş
Kaşaba
Kale
Demre
Kekov Adası
Ulu Burun
AK DAĞLAR
Akça
3024
UYLUK TEPE
Elmalı
Gölova
Çobanısa
1290
Karamanbeli Boğaz
Korkuteli
KATRANCIK DAĞI
2334
KULÜBE TEPE
Bozova
Kızılkaya
Uğurlu
Bucak
Çandir
Dağ
TOROSLAR
BATI
Döşemealtı
940
Gölcük Beli Boğaz
GÜLLÜKDAĞI MİLLİ PARKI
2783
EREN TEPE
BEY DAĞLARI
BEYDAGLARI OLIMPOS MİLLİ PARKI
3086
1090
Avlanbeli Boğaz
Arif
Küç. Taraylar
Altınyaka
Kumluca
Finike
Finike Körfezi
Gelidonya Burun
Kemer
Camyuva
Belbıdı
ANTALYA
Antalya
ANTALYA KÖRFEZİ
Köseler
Asikaraman
Aksu
Serik
Taşağıl
Sağırın
Beşkonak
KÖPRÜLÜ KANYON MİLLİ PARKI
Seli
126
E
F
G
H

126

KIZILDAĞ MİLLİ PARKI

Belceyez · Hüyük · Yenidoğan · Kızılören · Hatip · Kaşınhanı · Sürgüç · Hayıroğlu
Kireli · Doğanbey · 120 · Hasanoba
Aksu · Beyşehir Gölü · Sarıköy · İnlice · Karaağaç · İçeriçumra · Çumra
Ayvalı · Yenişarbademli · Beyşehir · Çavuş · Hatunsaray · Alibeyhüyüğü · Gökhüyük · 2288
Gökçimen · Gevrekli · Süleymaniye · Kılbasan
Sütçüler · Üzümlü · Seydişehir · Akören · Dinek · Karasinir
Gençek · Suğla Gölü · Çiçek · Kâzımkarabekir
119 · Derebucak · Bademli · Ahırlı · Aydınkışla · Belören · HACIBABA TEPE · Kızılyaka · Pınarbaşı
MANAR TEPE · Cevizli · Bozkır · Yeniköy · Aşağıesenler · Bucakkışla
KÖPRÜLÜ KANYON MİLLİ PARKI · Üçpınar · Aladağ
Beşkonak · Aydınkent · Akseki · Hadım · Taşkent · OYUKLUDAĞI TEPE
Geriş · Güzelsu · Güneyyurt
Sağırın · Gündoğmuş · Adiller · Tepebaşı · Ermenek
Aksu · Serik · Taşağıl · Şelale · Manavgat · Taşkesiği · Göktepe · Üçt
Selimiye · Yeşilköy · İncekum · Alanya · Olukpınar
ANTALYA KÖRFEZİ · Sapadere · AKÇALI DAĞLARI
Demirtaş
Gazipaşa · Anamur

125

1 : 1 000 000
0 10 20 30 40 50 km

CYPRUS
Kókkina (Erenköy)

Pozantı
3524
MEDETSİZ TEPE
Yenikonacık
Ereğli
Halkapınar
121
107
Çatalan
Karaisalı
Böğecik
Gülek
Kılıçlı
Damlama
Sarıköy
Ayrancı
3191
BOLKAR DAĞLARI
TOROSLAR
350
750
İncirlik
ADANA
Adana
38
Yenice
Camuzcu
Doğankent
Gözne
Gökkuşağı
Evci
TARSUS
Yeşildere
Yeniköy
Çiçekli
man
Kürkçü
Adanalıoğlu
Kadıköy
Gökçeli
Demirhisar
30
Kazanlı
Seyhan Nehri
Çavuşlu
Bozön
MERSİN
Tuzla
Yemişli
Viranşehir
Doğlu
400
72
Güzeloluk
Çiftepınar
Karataş
Aydınlar
Elvanlı
Kırobası
Erdemli
Çömelek
715
Uzuncaburç
Lamaskalesi
Sarıkavak
Mut
63
Köselerli
340
76
Keben
Olukbaşı
Göksu Nehri
Silifke
Kurtuluş
Taşucu
1481
Gökbelen
Gülnar
Bereket
Karabucak
İncekum Burun
Bozağaç
Ovacık
Aydıncık
139
H
G
3
F
E
2
1
Akra Apóstolos Andréas (Zafer Burnu)
Rizokárpason (Dipkarpaz)
Aigialoúsa (Yenierenköy)
Galinóporni (Kaleburnu)
Davlós (Kaplıca)
Akanthoú (Tatlısu)
Ágios Amvrósios (Esentepe)
Trikomon (İskele)
Bogázi (Boğaz)
Kerýneia (Girne)
Karakoumi (Karakum)
Kólpos Ammochóstos (Gazimağusa Körfezi)
Vavylás (Güzelyalı)
Órga (Kayalar)
Lefkóniko (Geçitkale)
Bellapais (Beylerbeyi)
Lápithos (Lâpta)
Marathóvouno (Ulukışla)
Koutsovéntis (Güngör)
CYPRUS
Mýrtou (Çamlıbel)
LEFKOSIA (LEFKOŞA)
Ammochostos (Gazimağusa)
Kólpos Mórfou (Güzelyurt Korfezi)
Paralímni
Mórfou (Güzelyurt)
Ercan
Akdogan (Lysi)
Protarás
Serrachis
Peristeróna
Akáki
Agía Nápa
Akra Gkréko
Kókkina (Erenköy)
Káto Pýrgos
Athiénou
Dekéleia
Léfka (Lefke)
Nikitári
Idálion
Akra Pýla
Péra Chórion
Politikón
Arádippou
Lárnaka
Akra Arnaoútis
Kólpos Chrysochoú
Kalopanagiótis
Moutoullás
Pedoulás
Kakopetriá
Klírou
Pyrgá
Kólpos Lárnaka
Stavrós tis Psókas
Pólis
Pródromos
Tróodos
1952 OLYMPUS
Páno Léfkara
Kítion
Akra Kítion
TROODOS ORI
Kólpos Lára
Páno Panagiá
Arakapás
Orá
Skarínou
Droúseia
Páno Plátres
Omodos
Akra Drépanon
Péqeia
Polémi
Moní
Zýgi
1:1 400 000
0 10 20 30 40 50 60 70 km
Páchna
Émpa
Páfos
Geroskípou
Tímí
Avdimou
Episkopí
Lemesós
Koúklia
Pissoúri
Kólpos Episkopí
Kólpos Akrotiríou
Akra Aspron
Akrotírion
Akra Gata
a
b
c
d
Peristeróna
Akáki
rgos
Léfka (Lefke)
Nikitári
E903
A1
Péra Chorion
Idálion
Athiénou
B3
Dekéleia
Agía Nápa
Akra Gkréko
Akra

128

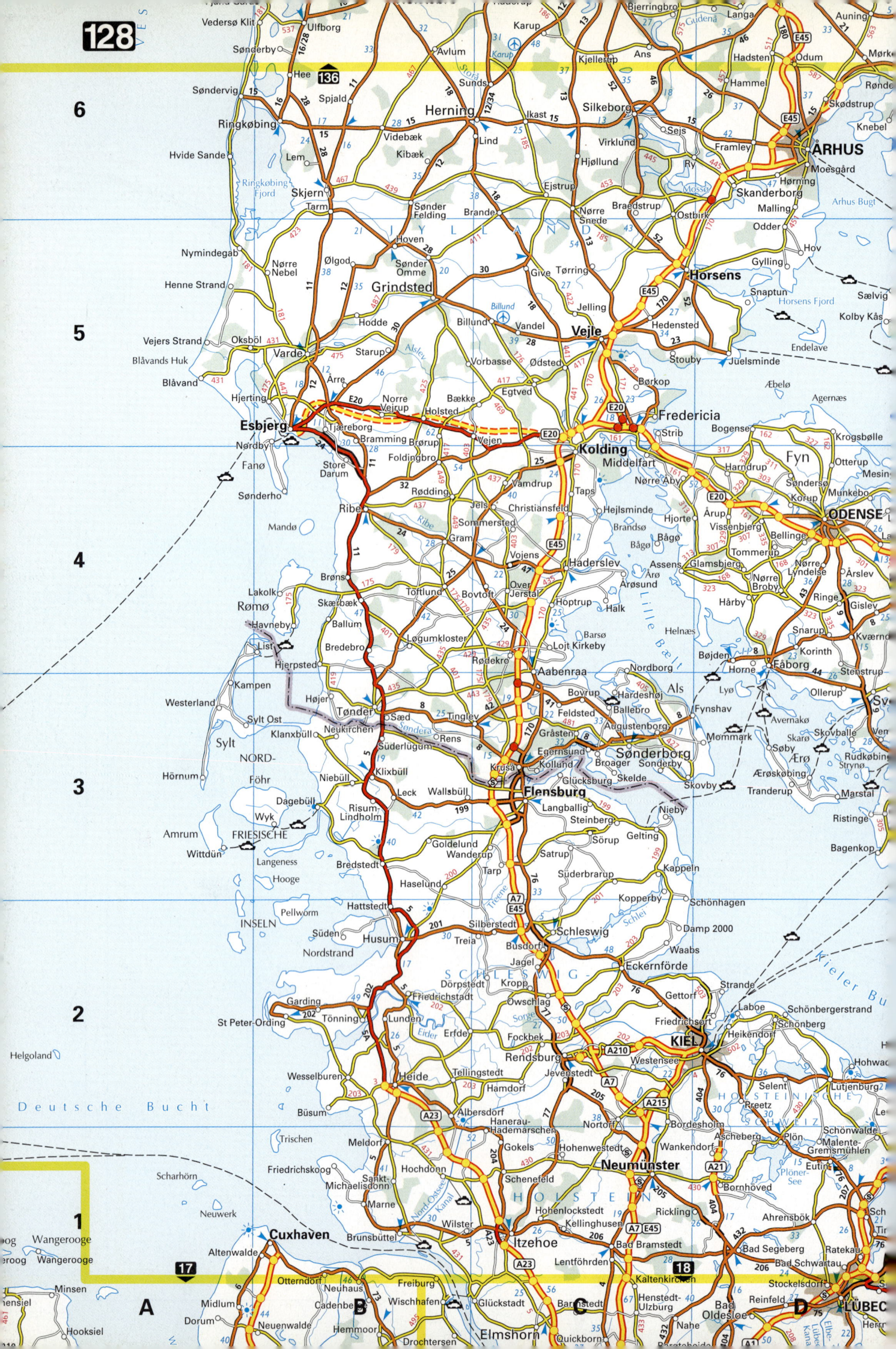

129
137
138
130
19
Grenå
Trustrup
Tirstrup
Ebeltoft
Ebeltoft Færge
Laholm
Knäred
Strömsnäs
Markaryd
Torekov
Båstad
Våxtorp
Skälderviken
Kullen
Mölle
Ängelholm
Höganäs
Viken
Örkelljunga
Munka-Ljunby
Åsljunga
Bälinge
Bjärnum
Vittsjö
Hästveda
Klippan
Åstorp
Tyringe
Finja
Hässleholm
Perstorp
Bjuv
Ljungbyhed
Gilleleje
Rågeleje
Tisvildeleje
Hittarp
Helsingør
HELSINGBORG
Liseleje
Helsinge
Hundested
Frederiksværk
Fredensborg
Sjællands Odde
Lumsås
Rørvig
Kulhuse
Sejerø
Sejerø Bugt
Nykøbing
Isefjord
Hillerød
Humlebæk
Nivå
Ven
Vallåkra
Röstånga
Kågeröd
Sösdala
Hørsholm
Landskrona
Vedbæk
Jægerspris
Frederikssund
Lillerød
Slangerup
Vig
Høve
Hørve
Havnsø
Saltbæk
Ulstrup
Kalundborg
Asnæs
Svinninge
Skibby
Holbæk
Jyllinge
Farum
Birkerød
Tårbæk
Øresund
Marieholm
Eslöv
Hörby
Kävlinge
Hurva
Viskinge
Jyderup
Mørkøv
Roskilde
Ballerup
Glostrup
KØBENHAVN
Lund
Harlösa
Kristinehov
Lomma
Dalby
Tåstrup
Hedehusene
Saltholm
Kastrup
MALMÖ
København
Ugerløse
Kirke Hvalsø
Gørlev
Ruds-Vedby
Dianalund
Store Merløse
Stenlille
Høng
Drosselbjerg
Osted
Borup
Lille
Karlsunde Strand
Solrød Strand
Dragør
Amager
Limhamn
Veberöd
Sturup
Sjöbo
Køge Bugt
Køge
Slagelse
Sorø
Ringsted
Store Bælt
Halsskov
Korsør
Knudshoved
Frederiksberg
Glumsø
Sjælland
Herfølge
Strøby Egede
Haslev
Fuglebjerg
Hårlev
Store Heddinge
Skælskør
Karise
Agersø
Næstved
Rønnede
Fakse
Højerup
Rødvig
Fakse Ladeplads
Karrebæksminde
Omø
Vester Egesborg
Fakse Bugt
Præstø
Kalvehave
Knudshoved
Smålandsfarvandet
Mern
Vordingborg
Ulvshale
Borre
Liselund
Stege
Møn
Møns Klint
Fejø
Femø
Storstrøm
Orehoved
Guldborg Sund
Nørre Alslev
Nyby
Guldborg
Stubbekøbing
Horbelev
Hesnæs
Falster
Tars
Kragenæs
Askø
Nakskov
Stokkemarke
Bandholm
Sakskøbing
Langø
Søllested
Maglehøj Strand
Maribo
Lolland
Holeby
Nykøbing
Rødby
Rødbyhavn
Nysted
Marielyst
Gedser
Svedala
Vellinge
Höllviksnäs
Skanör
Falsterbo
Trelleborg
Anderslov
Skurup
Sövestad
Ystad
Abbekås
Beddingestrand
Smygehamn
Fehmarn
Puttgarden
Landkirchen
Burg
Grossenbrode
Dahme
Kellenhusen
Mecklenburger Bucht
Kap Arkona
Dranske
Altenkirchen
Wiek
Glowe
Hiddensee
Grosser Jasmunder Bodden
Sagard
Sassnitz
Neu Mukran
Darsser Ort
Prerow
Zingst
Bergen
Rügen
Binz
Sellin
Göhren
Wustrow
Barth
Rambin
Samtens
Putbus
Graal-Müritz
Stralsund
Garz
Löbnitz
Thiessow
Zudar
Ribnitz-Damgarten
Warnemünde
Rövershagen
Kühlungsborn
Nienhagen
Richtenberg
Reinberg
Greifswalder Bodden
Abtshagen
Rerik
Bad Doberan
Petersdorf
Franzburg
Marlow
Kröpelin
ROSTOCK
Bad Sülze
Grimmen
Greifswald
Peenemünde
Poel
Sanitz
Tribsees
Kemnitz
Zinnowitz
Boltenhagen
Neubukow
Tessin
Glewitz
Poggendorf
Satow
Wolgast
Gramkow
Wismar
Zusow
Schwaan
Laage
Gnoien
Loitz
Lassan
Grevesmühlen
Neukloster
Weitendorf
Jördenstorf
Dargun
Demmin
Jarmen
Gützkow
Rehna
Bützow
Murchin
Ziethen
MECKLE
E
F
G
H

130
138
129
19
20
Laholm
Knäred
Markaryd
Strömsnäsbruk
Älmhult
Tingsryd
Rävemåla
Vissefjärda
Påryd
Ryd
Söderåkra
Torsås
Bergkvara
Våxtorp
Örkelljunga
Åsljunga
Vittsjö
Hästveda
Osby
Lönsboda
Glimåkra
Bjärnum
Bälinge
Broby
Jämshög
Olofström
Kallinge
Rödeby
Kristianopel
Jämjö
Klippan
Tyringe
Perstorp
Finja
Hässleholm
Knislinge
Asarum
Mörrum
Bräkne-Hoby
Ronneby
Nättraby
Karlskrona
Pukavik
Karlshamn
Torhamn
Ivösjön
Bromölla
Fjälkinge
Sölvesborg
Pukaviksbukten
Vinslöv
Kristianstad
Röstånga
Sösdala
Höör
Tollarp
Åhus
Kristianstad
Yngsjö
Hörby
Eslöv
Kävlinge
Hurva
Hanöbukten
Harlösa
Kristinehov
Maglehem
Brösarp
Vitemölla
Dalby
St Olof
Veberöd
Sjöbo
Tranås
Vik
Sturup
Tomelilla
Simrishamn
Garsnas
Sövestad
Anderslov
Skurup
Borrby
Skillinge
Ystad
Löderup
Abbekås
Beddingestrand
Smygehamn
Sandhammaren
Hammerodde
Sandvig
Allinge
Gudhjem
Hasle
Klemensker
Østerlars
Svaneke
Østermarie
Rønne
Åkirkeby
Neksø
Bornholm
Snogebæk
Dueodde
Kap Arkona
Altenkirchen
Wiek
Glowe
Grosser Jasmunder Bodden
Sagard
Sassnitz
Neu Mukran
Rügen
Bergen
Binz
Sellin
Samtens
Putbus
Göhren
Garz
Thiessow
Zudar
Reinberg
Greifswalder Bodden
1 : 1 000 000
0 10 20 30 40 50 km
Peenemünde
Kemnitz
Zinnowitz
Wolgast
Koserow
Usedom
Bansin
Heringsdorf
Lassan
Gützkow
Murchin
Ahlbeck
Międzyzdroje
Świnoujście
Ziethen
Wolin
Wisełka
Kołczewo
Woliński Park Narodowy
Dziwnów
Pobierowo
Rewal
Niechorze
Kamień Pomorski
Świerzno
Mrzeżyno
Trzebiatów
Kołobrzeg
Gościno
Ustronie Morskie
Sarbinowo
Mielno
Łazy
Będzino
Koszalin
Biesiekierz
Niedalino
Karlino
Białogard
Rymań
Darłówko
Parsęta
Radew
Jezioro Jamno
Pobrzeże
A
B
C
D
1
2
3
4
5
6
E22
E65
E04
E251
Blekinge
Skåne

Alby
139
140
Segerstad
s södra udde
132
Władysławowo
Wierzchucino
Łeba
Ulinia
Krokowa
SŁOWIŃSKI PARK NARODOWI
Żelazno
Choczewo
Swarzewo
Jezioro Łebsko
Jezioro Gardno
Mierzyno
Puck
Zatoka Pucka
Kluki
Rowy
Smołdzino
Wicko
Zamostne
Bolszewo
Reda
Hel
Zatoka Gdańska
Ustka
Objazda
Główczyce
Wejherowo
Rumia
Żelkowo
Godętowo
Jezioro Wicko
Lębork
GDYNIA
Postomino
Słupsk
Mianowice
E28
Koleczkowo
Łebno
Chwaszczyno
Sopot
Nowa Karczma
Wieprza
Dębnica Kaszubska
Czarna Dąbrówka
Oskowo
Miszewo
Rebiechowo
GDAŃSK
Sławno
Sierakowice
Kartuzy
Żukowo
Zalew Wiślany
Tolkmicko
Budowo
Suchorze
Unichowo
Pruszcz Gdański
Ostrowiec
Kołczygłowy
Klukowa Huta
Nowy Dwór Gdański
Milejewo
Kępice
Pomysk Mały
Sulęczyno
Egiertowo
E77
ELBLĄG
329 WIEŻYCA
E75
Wisła
Bytów
Nowa Karczma
Trzepowo
Połczno
Nogat
Tuchomie
Polanów
Kościerzyna
Tczew
Skarszewy
Krosno
Jezioro Wdzydze
21
Piaszczyna
Swarożyn
Malbork
E
F
G
H
Lipnica
Dziemiany
Starogard Gdański
Głodowa
Miastko
202
Bobolice
Rudno

140
141
131
131
21
22
6
5
4
3
2
1
A
B
C
D
1 : 1 000 000
0 10 20 30 40 50 km
Liepaja
Grobina
Skuodas
Rucava
Varduva
Darbėnai
Palanga
Kretinga
Plungė
Kuliai
Rietavas
KLAIPĖDA
Gargždai
Kvėdarna
Švėkšna
Kuršiu Nerija
Žemaičiu Naumiestis
Šilutė
Rusnė
Kuršiu marios
Nemunas
Pagėgiai
Sovetsk
Nem
Kurškaja Kosa
Kurškij zaliv
Zelenogradsk
Pionerskij
Primorje
Jantarnyj
Bol'šakovo
Polessk
KALININGRAD
Primorsk
Baltijsk
Gvardejsk
Čern'achovsk
Znamensk
Pregol'a
Lava
Kaliningradskij zaliv
Ušakovo
Prohladnaja
Zatoka Gdańska
Mamonovo
Pravdinsk
Nowa Karczma
Bagrationovsk
Železnodorožnyj
Krylovo
Perly
AŃSK
Frombork
Braniewo
Lelkowo
216
Zalew Wiślany
Tolkmicko
Pogrodzie
Płoskinia
Górowo
Pluty
Pakosze
Bartoszyce
Łyna
Barciany
Srokowo
Węgorz
Nowy Dwór Gdański
Milejewo
Pieniężno
Korsze
Jezioro Mamry
Młynary
Pasłęka
Wisła
ELBLĄG
Orneta
Lidzbark Warminski
Bisztynek
Kętrzyn
Giżycko
Nogat
Tczew
Lubomino
Reszel
Krosno
Pasłęk
Godkowo
Lutry
Jezioro Niegocin
Malbork
Wilczkowo
Radostowo
Dobre Miasto
Jeziorany
Ryn
Szestno
Sztum
Dzierzgoń
Morąg
Tuławki
Biskupiec
Mrągowo
A11
A13
A1
A192
A191
A190
A193
A229
A216
A194
A195
A196
A197
A198
E77
7
20
21
23
26
32
33
40
49
50
51
52
53
55
57
59
62
71
75

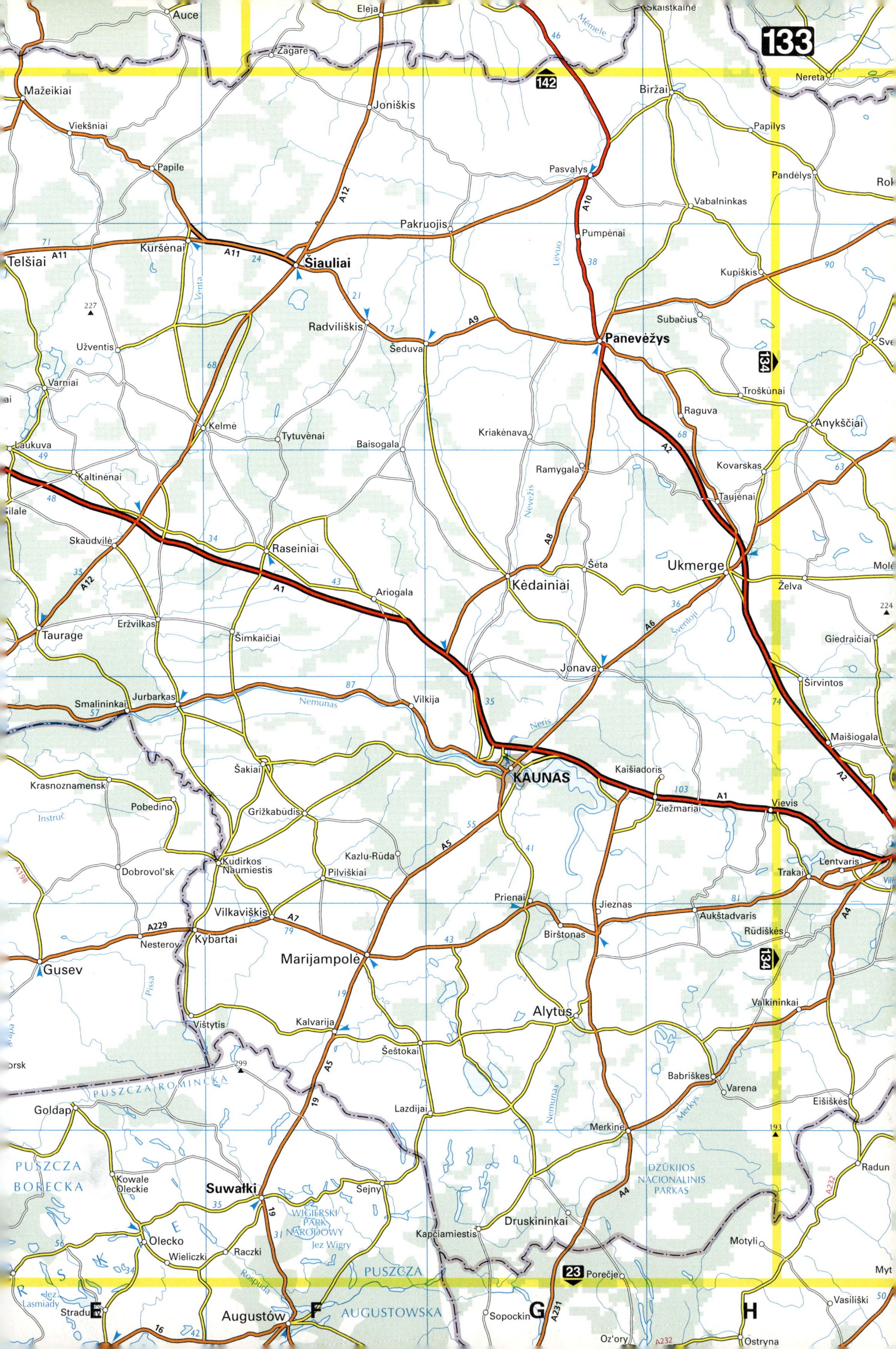
Auce
Eleja
Skaistkalne
Mēmele
Zagare
142
Nereta
Mažeikiai
Joniškis
Biržai
Viekšniai
Papilys
Papile
A12
Pasvalys
Pandėlys
Rok
A10
Vabalninkas
Pakruojis
Pumpėnai
Telšiai
A11
Kuršėnai
A11
Šiauliai
Lėvuo
Kupiškis
Venta
227
Radviliškis
A9
Subačius
Užventis
Šeduva
Panevėžys
Sve
134
Varniai
Troškūnai
Raguva
Kelmė
Anykščiai
Laukuva
Tytuvėnai
Baisogala
Kriakėnava
A2
Kovarskas
Kaltinėnai
Ramygala
Šilale
Taujėnai
Nevėžis
Skaudvilė
A8
Raseiniai
Šėta
Ukmerge
Molė
A12
Kėdainiai
A1
Ariogala
Želva
A6
Šventoji
Taurage
Eržvilkas
Šimkaičiai
Giedraičiai
Jonava
Širvintos
Smalininkai
Jurbarkas
Vilkija
Nemunas
Neris
Maišiogala
Šakiai
KAUNAS
Kaišiadoris
Krasnoznamensk
A1
Vievis
Pobedino
Žiežmariai
A2
Instruč
Grižkabudis
A5
Kudirkos Naumiestis
Kazlu-Rūda
Lentvaris
Dobrovol'sk
Pilviškiai
Trakai
A198
Prienai
Jieznas
Vilkaviškis
A7
Aukštadvaris
A4
A229
Nesterov
Kybartai
Birštonas
Rūdiškės
Marijampolė
134
Gusev
Pissa
Alytus
Valkininkai
Vištytis
Kalvarija
A5
Šeštokai
orsk
299
PUSZCZA ROMINCKA
Babriškes
Varena
Eišiškės
Nemunas
Merkys
Goldap
Lazdijai
Merkine
PUSZCZA BORECKA
DZŪKIJOS NACIONALINIS PARKAS
Radun
Kowale Oleckie
Suwałki
Sejny
A4
A232
WIGIERSKI PARK NARODOWY
Jez Wigry
Olecko
Kapčiamiestis
Druskininkai
Motyli
Wieliczki
Raczki
Rospuda
PUSZCZA
23
Porečje
Myt
Jez. Lasmiady
Stradu
E
F
AUGUSTOWSKA
Sopockin
G
A231
H
Vasiliški
Augustów
16
Oz'ory
A232
Ostryna

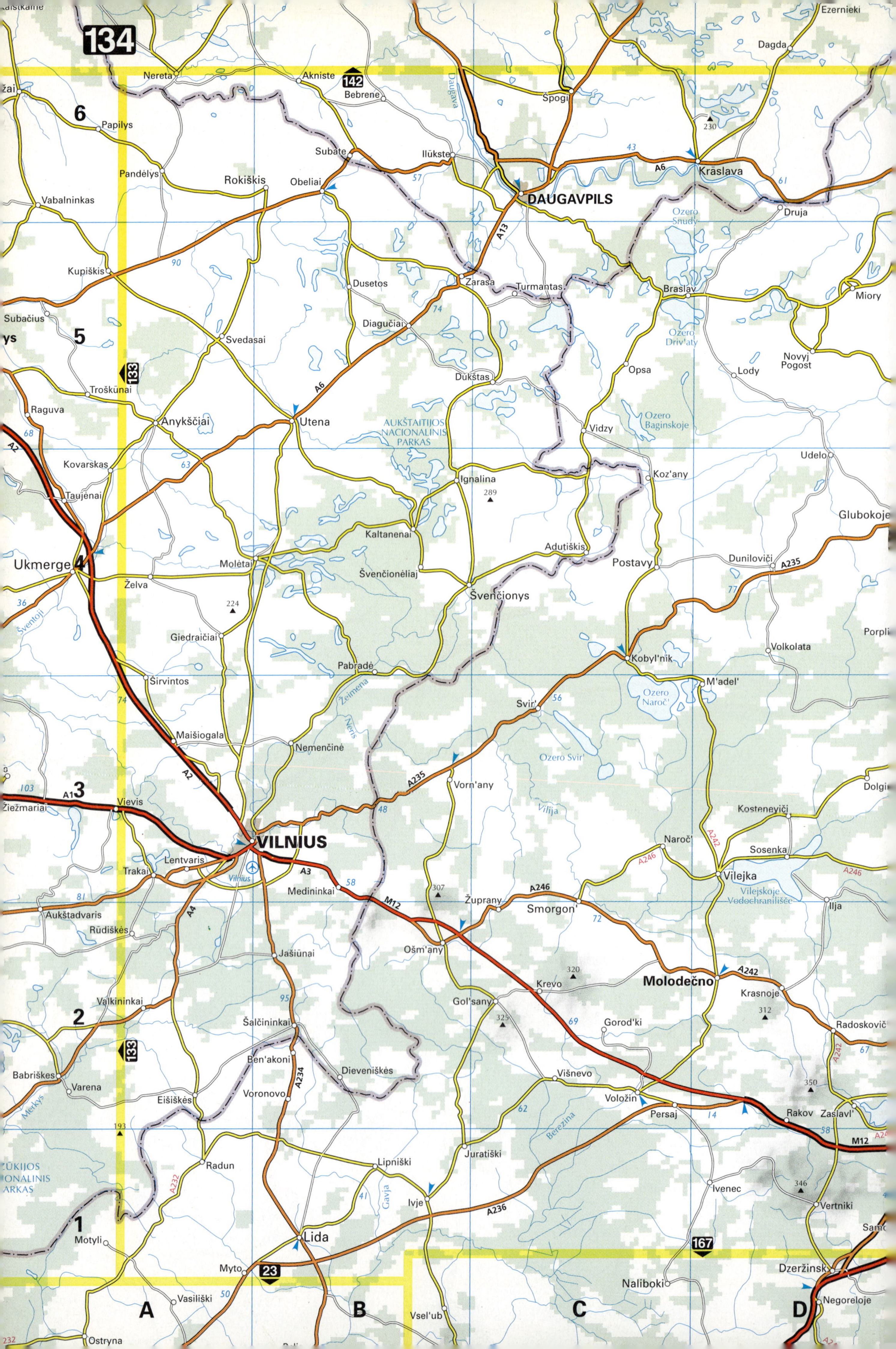
134
Ezernieki
Dagda
Nereta
Akniste
142
Bebrene
Špogi
Daugava
6
Papilys
Subate
Ilūkste
230
Krāslava
A6
43
57
61
Pandėlys
Rokiškis
Obeliai
DAUGAVPILS
Druja
Vabalninkas
A13
Ozero Snudy
90
Kupiškis
Dusetos
Zarasa
Turmantas
Braslav
Miory
74
Subačius
5
Svedasai
Diagučiai
Ozero Driv'aty
Novyj Pogost
133
Opsa
Lody
Troškūnai
Dūkštas
Raguva
A6
68
Anykščiai
Utena
AUKŠTAITIJOS NACIONALINIS PARKAS
Vidzy
Ozero Baginskoje
Udelo
Kovarskas
63
Ignalina
Koz'any
289
Taujenai
Glubokoje
Kaltanenai
Adutiškis
Ukmerge
4
Molėtai
Švenčionėliaj
Postavy
Dunilovičі
A235
Želva
Švenčionys
77
36
224
Šventoji
Porpli
Giedraičiai
Kobyl'nik
Volkolata
Pabradė
Širvintos
M'adel'
Ozero Naroč'
74
Žeimena
Svir'
56
Neris
Maišiogala
Nemenčinė
Ozero Svir'
A2
A235
Vorn'any
103
A1
3
Vievis
Žiežmariai
48
Vilija
Dolgi
Kosteneviči
VILNIUS
Naroč'
A242
Lentvaris
Trakai
A3
A246
Sosenka
Vilejka
A246
Vilnius
58
307
Medininkai
Vilejskoje Vodochranilišče
81
Župrany
A246
Smorgon'
Ilja
Aukštadvaris
M12
72
Rūdiškės
A4
Ošm'any
Jašiūnai
320
A242
Krevo
Molodečno
Krasnoje
95
Valkininkai
Gol'sany
312
2
325
69
Gorod'ki
Radoskovič
Šalčininkai
133
67
Ben'akoni
A242
Dieveniškės
A234
350
Babriškes
Varena
Višnevo
Voronovo
Eišiškės
Voložin
Persaj
Rakov
Zaslavl'
Merkys
62
14
58
193
Berezina
M12
Radun
Juratiški
ŽŪKIJOS NACIONALINIS PARKAS
Lipniški
A232
346
41
Ivenec
Gavja
Ivje
A236
Vertniki
1
Motyli
Lida
167
Myto
23
Dzeržinsk
Naliboki
Vasiliški
50
A
B
C
D
Negoreloje
Vsel'ub
232
Ostryna

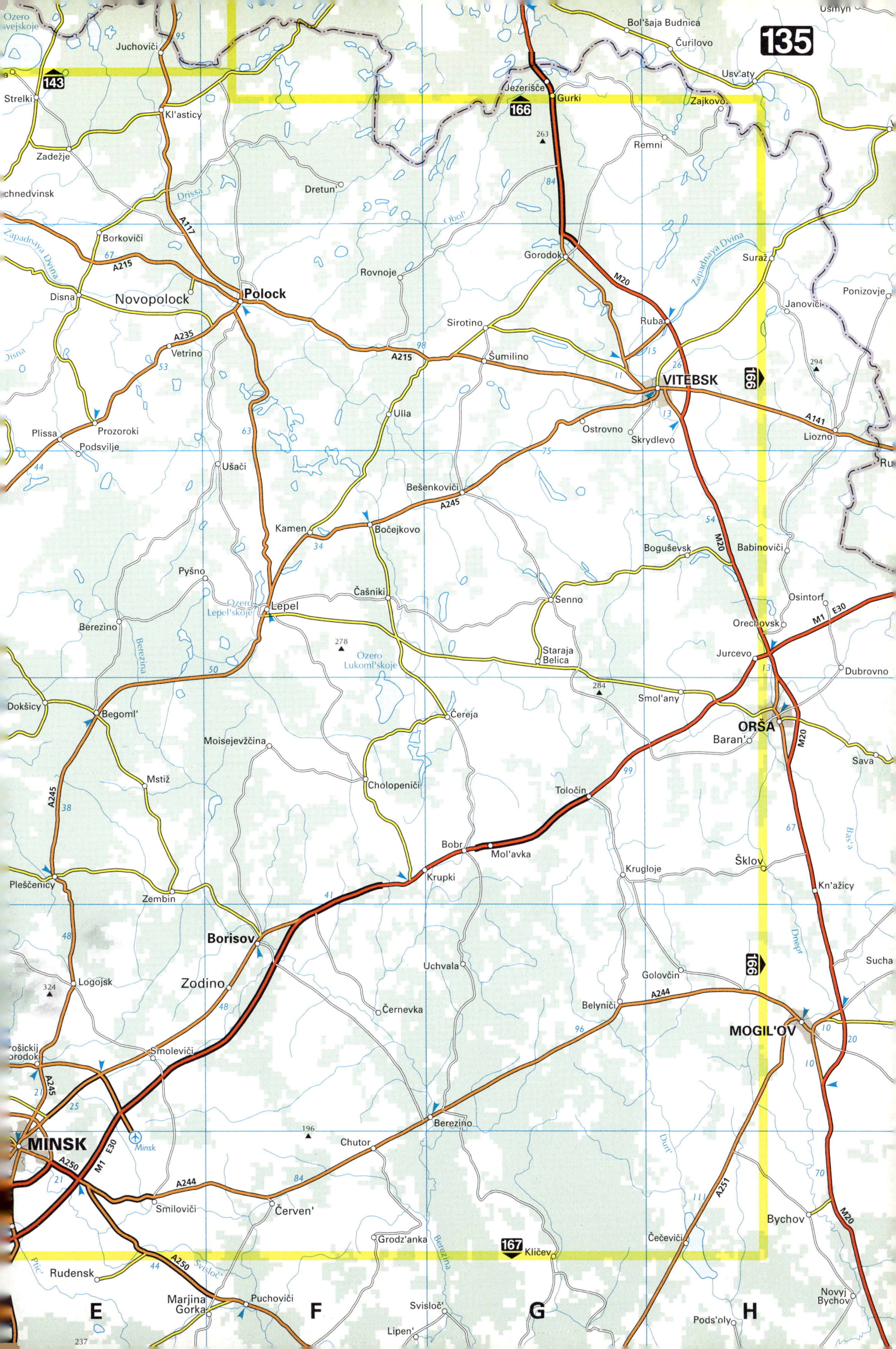
Ozero Osvejskoje
Juchoviči
143
Strelki
Kl'asticy
Zadežje
Vitebsk
Bol'šaja Budnica
Čurilovo
Usv'aty
Jezerišče
Gurki
166
Zajkovo
Remni
263
Dretun'
Drissa
Chnedvinsk
Borkoviči
A117
A215
Zapadnaya Dvina
Obol'
Rovnoje
Gorodok
Suraž
Disna
Novopolock
Polock
M20
Ponizovje
Janoviči
Ruba
Sirotino
A235
Vetrino
A215
Šumilino
VITEBSK
294
Ulla
Ostrovno
Skrydlevo
A141
Liozno
Plissa
Prozoroki
Podsvilje
Ušači
Bešenkoviči
A245
Kamen
Bočejkovo
Boguševsk
Babinoviči
Pyšno
Časniki
Senno
Osintorf
Lepel
Ozero Lepel'skoje
Orechovsk
M1
E30
Berezino
278
Ozero Lukoml'skoje
Staraja Belica
Jurcevo
Dubrovno
Berezina
284
Smol'any
Dokšicy
Begoml'
Čereja
ORŠA
Baran'
Sava
Moisejevžčina
Mstiž
Cholopeniči
Toločin
A245
Bobr
Mol'avka
Bas'a
Krupki
Kruglоje
Šklov
Pleščenicy
Kn'ažicy
Zembin
Borisov
Dnepr
Uchvala
Sucha
Logojsk
Golovčin
324
Zodino
A244
Černevka
Belyniči
MOGIL'OV
Smoleviči
A245
Berezino
196
MINSK
Minsk
A250
E30
M1
Chutor
Drut'
A251
A244
Smiloviči
Červen'
Bychov
Čečeviči
Grodz'anka
Berezina
167
Kličev
Rudensk
A250
Svisloč
Ptič
Marjina Gorka
Puchoviči
Svisloč
Novyj Bychov
Pods'oly
Lipen'
237
E
F
G
H

136

VEST - AGDER

1:1 000 000

FØROYAR

Mykines, Tjørnuvík, Eiði, Gjóv, Kalsoy, Kunoy, Viðoy
Streymoy, Oyntdartjørður, Viðareiði, Fuglou
Vestmanna, Eysturoy, Leirvik, Svínoy
Sørvágur, Vágar, Hvalvík, Klaksvík
Toftir, Borðoy
Tórshavn
Kirkjubøur
Skopun, Sandoy, Skálavík
Sandur
Skúvoy
Suðuroyarfjørður
Hvalba, Tvøroyri, Suðuroy
Fámjin
Vágur
Sumba

1:1 000 000

VESTERHAVET

Risnes, Åseral, Byglandsfj, Evje, Hornnes, Vegu, Sveindal, Hægeland, Vennes, Kvernberget, Mosby, KRISTIA, Søgne, Mandal

Helleland, Egersund, Ystebrød, Eide, Moi, Kvinlog, Sandvatn, Sira, BLÅBERGET 681, Skeie
Hauge, Sogndalstrand, Åna-Sira, Kvinesdal, Feda, Lyngdal
Flekkefjord, Hidra, Listafjorden
Vestbygd, Farsund, Vigeland
Lindesnes, Våge

Nørre Vorupør, Stenbjerg, Bedsted Stationsby, Øster Agger, Vestervig, Thyborøn, Harboøre, Nissum Bredning, Lemvig, Ferring, Torsminde, Bækmarksb, Fjand Gårde, Vemb, Vedersø Klit, Ulfborg, Sønderby, Hee, Søndervig, Ringkøbing, Spjald

137
145
138
129
Dølemo
Søndeled
Akland
Risør
Übergsmoen
Hynnekleiv
Tvedestrand
Blakstad
Arendal
Fevik
Grimstad
irkeland
Lillesand
Havstensund
Naverstad
Tanumshede
Grebbestad
BOHUS
Fjällbacka
Hamburgsund
Hällevad
Bovallstrand
Hunnebostrand
Smögen
Brastad
Kungshamn
Lysekil
Fiskebäckskil
Grundsund
Orust
Ellös
Hälleviksstrand
Svanes
Mollösund
Stenungs
Tjörn
Skärhamn
Jörla
Rönnäng
Marstrand
GÖTEBO
Grenen
Gammel Skagen
Skagen
Kandesterne
Tannis Bugt
Skiveren
Hirtshals
Tversted
Ålbæk
Ålbæk Bugt
Lønstrup
Sindal
Strandby
Hjørring
Frederikshavn
Tårs
Løkken
Vrå
Øster Vrå
Sæby
Jammerbugten
Blokhus
Brønderslev
Syvsten
Læsø
Østerby Havn
Pandrup
Rødhus Klit
Kås
Vesterø Havn
Byrum
Tylstrup
Vigsø Bugt
Lild Strand
Torup Strand
Tranum Strand
Åbybro
Hjallerup
Voerså
Fjerritslev
Brovst
Dronninglund
Aså
Østerild
Ålborg
Nørresundby
Aggersund
AALBORG
Thisted
Feggeklit
Løgstør
Nibe
Klarup
Hou
Sebbersund
Svenstrup
Hals
Sønder Dråby
Limfjorden
Gistrup
Egense
Ranum
Støvring
Hornum
Skørping
Kongerslev
Ålborg Bugt
Fur
Nykøbing
Suldrup
Års
Glyngøre
Farsø
Arden
Øster Hurup
Mors
Roslev
Nørager
Ålestrup
Spøttrup
Gedsted
Lovns Bredning
Hadsund
Als
Mariager Fjord
Ulbjerg
Lihme
Mariager
Assens
Øls
Hobro
Skive
Sødring
Skals
Udbyhøj Vasehuse
Udbyhøj
Højslev Stby
Tjele
Rasted
Skave
Sjørup
Mønsted
Ørum
Bønnerup Strand
Ørsted
Randers
Viborg
Fjellerup
Gjerrild
olstebro
Haderup
Ulstrup
Allingåbro
Bjerringbro
Gudenå
Langa
Auning
Grenå
Karup
Avlum
Ans
Hadsten
Mørke
Kjellerup
Odum
Trustrup
Sunds
Hammel
Rønde
Tirstrup
Skødstrup
Herning
Ikast
Silkeborg
Knebel
Ebeltoft
Anholt
E
F
G
H

146
137
129
130
A
B
C
D
1
2
3
4
5
6
DALSLAND
BOHUSLÄN
VÄSTERGÖTLAND
HALLAND
Dalbosjön
Vänern
KINNEKULLE
KROPPEFJÄLL
Havstensund
Naverstad
Vassbotten
Tanumshede
Grebbestad
Fjällbacka
Hamburgsund
Hällevadsholm
Bovallstrand
Hunnebostrand
Smögen
Kungshamn
Brastad
Lysekil
Munkedal
Uddevalla
Fiskebäckskil
Grundsund
Henån
Orust
Ellös
Hälleviksstrand
Svanesund
Mollösund
Stenungsund
Tjörn
Skärhamn
Rönnäng
Jörlanda
Hakefjord
Marstrand
Kungälv
Surte
Göta älv
GÖTEBORG
Partille
Mölndal
Askim
Mölnlycke
Lindome
Särö
Kungsbacka
Onsala
Åsa
Frillesås
Bua
Varberg
Träslövsläge
Tvååker
Falkenberg
Halmstad
Tylösand
Laholmsbukten
Laholm
Torekov
Båstad
Skälderviken
Kullen
Mölle
Ängelholm
Østerby Havn
Byrum
Anholt
Åsensbruk
Bäckefors
Dalskog
Köpmannebro
Mellerud
Högsäter
Färgelanda
Stigen
Brålanda
Vänersborg
Vargön
Trollhättan
Ljungskile
Sjuntorp
Lilla Edet
Lödöse
Älvängen
Gräfsnäs
Sollebrun
Grästorp
Sätenäs
Kållandsö
Läckö
Lidköping
Götene
Vara
Skara
Skövde
Mariestad
Töreboda
Torsö
Sjötorp
Moholm
Tidan
Tibro
Skultorp
Stenstorp
Falköping
Tidaholm
Madängsholm
Kinnarp
Herrljunga
Vårgårda
Annelund
Trädet
Alingsås
Mjörn
Lerum
Floda
Fristad
Timmele
Ulricehamn
Mullsjö
Habo
Bankeryd
JÖNKÖPING
Axamo
Norrahammar
Tenhult
Hindås
Sandared
Bollebygd
Landvetter
BORÅS
Viskafors
Fritsla
Kinna
Skene
Lygnern
Svenljunga
Limmared
Tranemo
Hestra
Vaggeryd
Skillingaryd
Horred
Överlida
Veddige
Viskan
Alvsered
Ätran
Gnosjö
Hillerstorp
Anderstorp
Gislaved
Smålandsstenar
Reftele
Bredaryd
Forsheda
Värnamo
Ullared
Fegen
Vessingebro
Torup
Hyltebruk
Nissan
Bolmen
Flåren
Rydaholm
Lagan
Ljungby
Oskarström
Vrå
Traryd
Möckeln
Strömsnäsbruk
Älmhult
Knäred
Markaryd
Våxtorp
Osby
Lönsboda
Vittsjö
E06
E20
E04
40
E06/E20

Askersund
Åmmeberg
Hjortkvarn
Strångsjö
Bettna
Gnesta
Vrena
Trosa
Igelfors
Rejmyre
Ljusfallshammar
Simonstorp
Stigtomta
Tystberga
Hammar
Olshammar
Medevi
Tjällmo
Borggård
Lotorp
Finspång
Åby
Kolmården
Jönåker
Nyköping
Oxelösund
Krabbfjärden
Undenäs
Motala
Borensberg
Ljungsbro
NORRKÖPING
Bråviken
Kungsängen
Glan
Roxen
Norsholm
Göta Kanal
Söderköping
Arkösund
Karlsborg
Vadstena
Borghamn
Skänninge
Linköping
Mantorp
Väderstad
Mjölby
Omberg
Hästholmen
Ödeshög
ÖSTERGÖTLAND
Gusum
Valdemarsvik
Gryt
Boxholm
Åtvidaberg
Sommen
Rimforsa
Tranås
Gripenberg
Edsbruk
Kisa
Åsunden
Överum
Björnsholm
Sundhultsbrunn
Horn
Gamleby
Aneby
Almvik
Österbymo
Blackstad
Västervik
Gunnebo
Södra Vi
Forserum
Nässjö
Eksjö
Hult
Bruzaholm
Vimmerby
Ankarsrum
Mariannelund
Storebro
Stensjön
Silverdalen
Vena
Bodafors
Ekenässjön
Hultsfred
Vetlanda
Sävsjö
Kvillsfors
Målilla
Kristdala
Landsbro
Fårbo
Figeholm
Stockaryd
Virserum
Mörlunda
Ölands norra udde
Byxelkrok
Grankullavik
Korsberga
Emån
Oskarshamn
Byrum
Böda
Hultanäs
Berga
Åseda
Fagerhult
Högsby
Påskallavik
Norrhult
Sandvik
Grönskåra
Braås
Lenhovda
Älghult
Mönsterås
Helgasjön
Blomstermåla
Ålem
Timmernabben
Alvesta
Växjö
Kosta
Bäckebo
Öland
Borgholm
Hovmantorp
Orrefors
Rockneby
Gårdslösa
Lessebo
Eriksmåla
Nybro
Linsdal
Ingelstad
Rottnen
Örsjö
Löttorp
Kalmar
Glömminge
Linneryd
Åsnen
Väckelsång
Emmaboda
Lindås
Ljungbyholm
Färjestaden
Vassmolösa
Gårdby
Tingsryd
Rävemåla
Påryd
Hagby
Vissefjärda
Mörbylånga
Alby
Ryd
Söderåkra
Kastlösa
Mien
Torsås
Bergkvara
Segerstad
Degerhamn
Ronnebyån
E
F
G
H
E04
E22
140
147
131

1 : 1 000 000
0 10 20 30 40 50 km

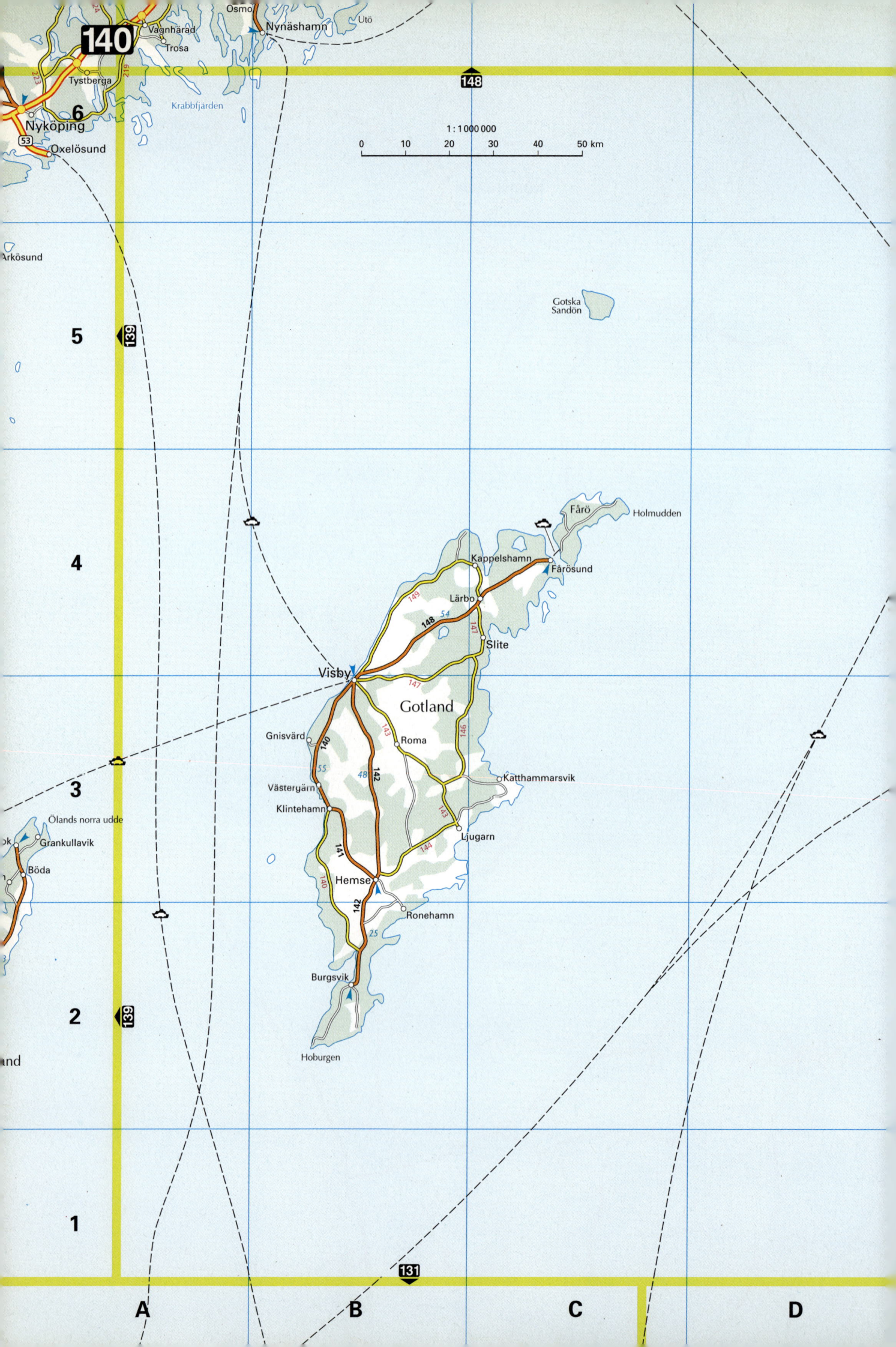

141
Käina
Väinameri
149
Lihula
Vijterna
Muhu
Liiva
Vijküla
Virtsu
Orissaare
Vohma
Saaremaa
Kihelkonna
Kingissepp
142
LIIVI LAHT
Sõrve
Irbes Šaurums
Kolka
Mazirbe
RIGAS JUR
LICIS
Dundaga
Roja
Mērsrags
Ventspils
Ugāle
Talsi
Leci
Engure
Stende
Kandava
Renda
Sabile
Abava
Tukums
Jurmala
Kuldīga
142
Pavilosta
124
Venta
114
Broceni
Skrunda
A9
Saldus
Dobele
A9
98
Durbe
Liepāja
Grobina
Auce
132
133
Zagare
E
F
G
Mažeikiai
H
Viekšniai

142
150
141
133
6
5
4
3
2
1
A
B
C
D
Lihula
Muhu
Liiva
Virtsu
Vijküla
Orissaare
Kergu
Vändra
Pärnu-Jaagupi
Võhma
Põltsamaa
Suure-Jaani
Tohvri
Viljandi
Võrtsjärv
Sindi
Pärnu
Mustla
Rõngu
Kilingi-Nõmme
Mõisaküla
Abja-Paluoja
Karksi-Nuia
Tõrva
Häädemeeste
LIIVI LAHT
Rūjiena
Valga
Valka
Ainaži
Staicele
Aloja
Burtnieks
Rencēni
Salacgrīva
Pāle
Matīši
Valmiera
RIGAS JURAS LICIS
Limbaži
Smiltene
Cēsis
Skulte
Saulkrasti
Ragana
Sigulda
Mērsrags
Engure
Nītaure
Vecpiebalga
Garkalne
Gauja
RĪGA
Ropaži
Ērgli
Tukums
Jurmala
Suntaži
Keipene
Salaspils
Ogre
Ķekava
Daugava
Abava
Skrīveri
Koknese
Jaunjelgava
Aizkraukle
Pļaviņas
Jelgava
Iecava
Lielupe
Vecumnieki
Jēkabpils
Dobele
Bārbele
Birži
Bauska
Skaistkalne
Viesīte
Auce
Eleja
Mēmele
Žagare
Nereta
Akniste
Joniškis
Biržai
Papilys
Beb
Madc
Lau
Enge
Pärnu
Põltsamaa
Pedja
Emajõgi
Riga
A1
A2
A3
A4
A5
A6
A7
A8
A9
A10
274

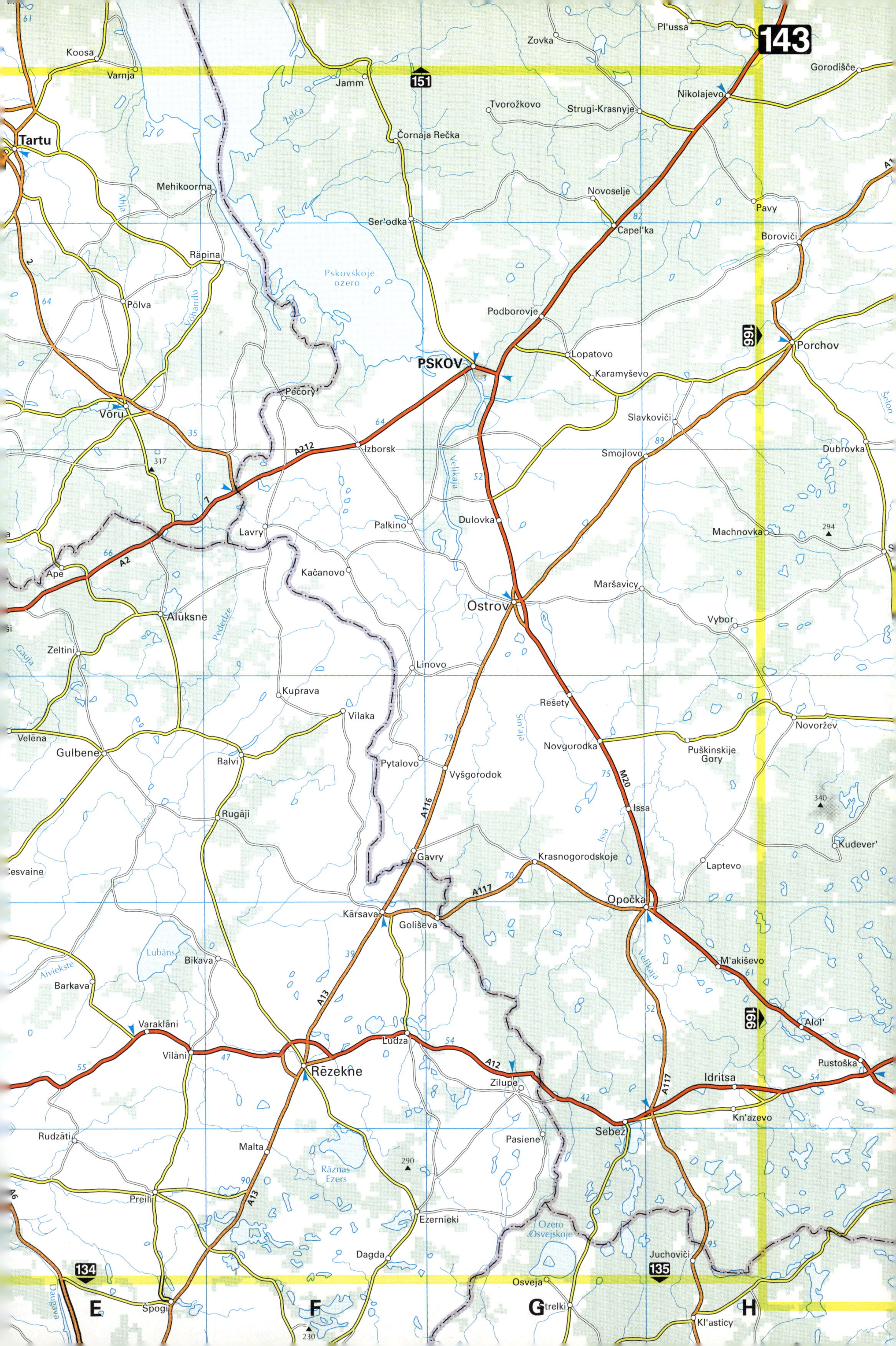
151
166
134
135
Koosa
Varnja
Tartu
Jamm
Pl'ussa
Zovka
Gorodišče
Nikolajevo
Tvorožkovo
Strugi-Krasnyje
Čornaja Rečka
Želča
Mehikoorma
Ahja
Novoselje
Capel'ka
Pavy
Ser'odka
Borovîči
Räpina
Pskovskoje ozero
Põlva
Võhandu
Podborovje
Porchov
PSKOV
Lopatovo
Karamyševo
Pečory
Võru
Slavkoviči
Izborsk
A212
Smojlovo
Dubrovka
Velikaja
Lavry
Palkino
Dulovka
Machnovka
Ape
A2
Kačanovo
Maršavicy
Ostrov
Aluksne
Pededze
Vybor
Zeltini
Gauja
Linovo
Kuprava
Rešety
Vilaka
Velēna
Gulbene
Novorževo
Novgorodka
Puškinskije Gory
Balvi
Pytalovo
Vyšgorodok
Sin'aja
M20
A116
Issa
Rugāji
Kudever'
Gavry
Krasnogorodskoje
Laptevo
Cesvaine
A117
Opočka
Kārsava
Goliševa
Lubāns
M'akiševo
Bikava
Aiviekste
Barkava
A13
Alol'
Varakļāni
Ludza
Vilāni
Rēzekne
A12
Pustoška
Zilupe
Idritsa
Kn'azevo
Sebež
Rudzāti
Pasiene
Malta
Rāznas Ezers
Preiļi
Ezernieki
Ozero Osvejskoje
Dagda
Juchoviči
Osveja
Daugava
Spogi
Strelki
Kl'asticy
E
F
G
H

152
136
HORDALAND
HARDANGER
ROGALAND
VEST - AGDER
SETESDALEN
VIKAFJELL
HALLING
HARDANGERJÖKULEN
BERGEN
STAVANGER
Haugesund
Sandnes
Voss
Odda
Sauda
Mongstad
Hoplandsjøen
Rossnes
Radøy
Manger
Seløy
Herdla
Alversund
Knarvik
Steinestø
Breistein
Ask
Solsvik
Kleppestø
Telavåg
Sotra
Flesland
Hjellestad
Klokkarvik
Osøyro
Halhjem
Nesttun
Arna
Trengereid
Vaksdal
Risnes
Solheim
Duesund
Sævråsvåg
Vikanes
Bjørsvik
Straume
Dale
Hamlagrøosen
Evanger
Bulken
Vinje
Oppheim
Stalheim
Gudvangen
Aurland
Flåm
Myrdal
Vikafjell Pass
Ulvik
Granvin
Bruravik
Brimnes
Eidfjord
Sæbø
Garen
Kinsarvik
Lofthus
Hardangervidda Pass
Kvanndal
Ålvik
Utne
Øystese
Norheimsund
Tysse
Tørvikbygd
Jondal
Strandebarm
Eikelandsosen
Hatvik
Fusa
Mundheim
Flatabø
Nå
Hovland
Tyssedal
Hildal
Seljestad
Solfonn
Røldal
Haukeliseter
Vågslid
Edland
Haukeligrend
Bjåen
Hovden
Bykle
Flateland
Valle
Hylestad
Ose
Bygland
Byglandsfjord
Evje
Hornnes
Reksteren
Huftarøy
Våge
Tysnesøy
Gjermundshamn
Løfallstrand
Rosendal
Uskedal
Husnes
Utåker
Sunde
Flatråker
Jektevik
Leirvik
Stord
Fitjar
Sandvikvåg
Rubbestadneset
Siggjarvåg
Sagvåg
Mosterhamn
Valevåg
Bomlo
Langevåg
Buavåg
Førde
Utbjoa
Skånevik
Kyrping
Etne
Ølen
Sandeid
Saudasjøen
Nesflaten
Lono
Breifonn
Fjæra
Steinaberg bru
Skjold
Grinde
Vikedal
Kårhus
Ropeid
Sand
Suldalsosen
Suldalsvatn
Nedstrand
Jelsa
Vindsvik
Tøtlandsvik
Slåttevik
Kopervik
Vedavågen
Karmøy
Åkrehamn
Arsvågen
Skudeneshavn
Finnøy
Rennesøy
Ombo
Hjelmeland
Årdalsosen
Tau
Jørpeland
Randaberg
Sola
Hommersåk
Oanes
Lauvvik
Ådneram
Sinnes
Oltedal
Ålgård
Klepp
Bryne
Byrkjedal
Søyland
Varhaug
Vigrestad
Bjerkreim
Vikeså
Helleland
Egersund
Eide
Moi
Ystebrød
Hauge
Sira
Tonstad
Sirdalsvatn
Risnes
Knaben
Kvinlog
Sandvatn
Skeie
Sveindal
Åseral
Espeli
Byglandsfjorden
Roskreppfjorden
Lysefjorden
Boknafjorden
Bømlafjorden
Bjørnafjorden
Hardangerfjorden
Sørfjorden
Eidfjorden
Osterfjorden
Fensfjorden
Hjeltefjorden
Nærøyfjorden
Bjørnesfjorden
Otra
Sira
Kvina
Skaulen
Snonuten
Brandsnuten
Lysekammen
Urdalsnuten
Skore
Blåberget
Kyrkjenuten
Sandflot
Fonnanuten
Hårteigen
Kvitanosa
Skjemmene
Vassfjora
Syrdalsbreen
Vege
Vinje
A
B
C
D
1
2
3
4
5
6

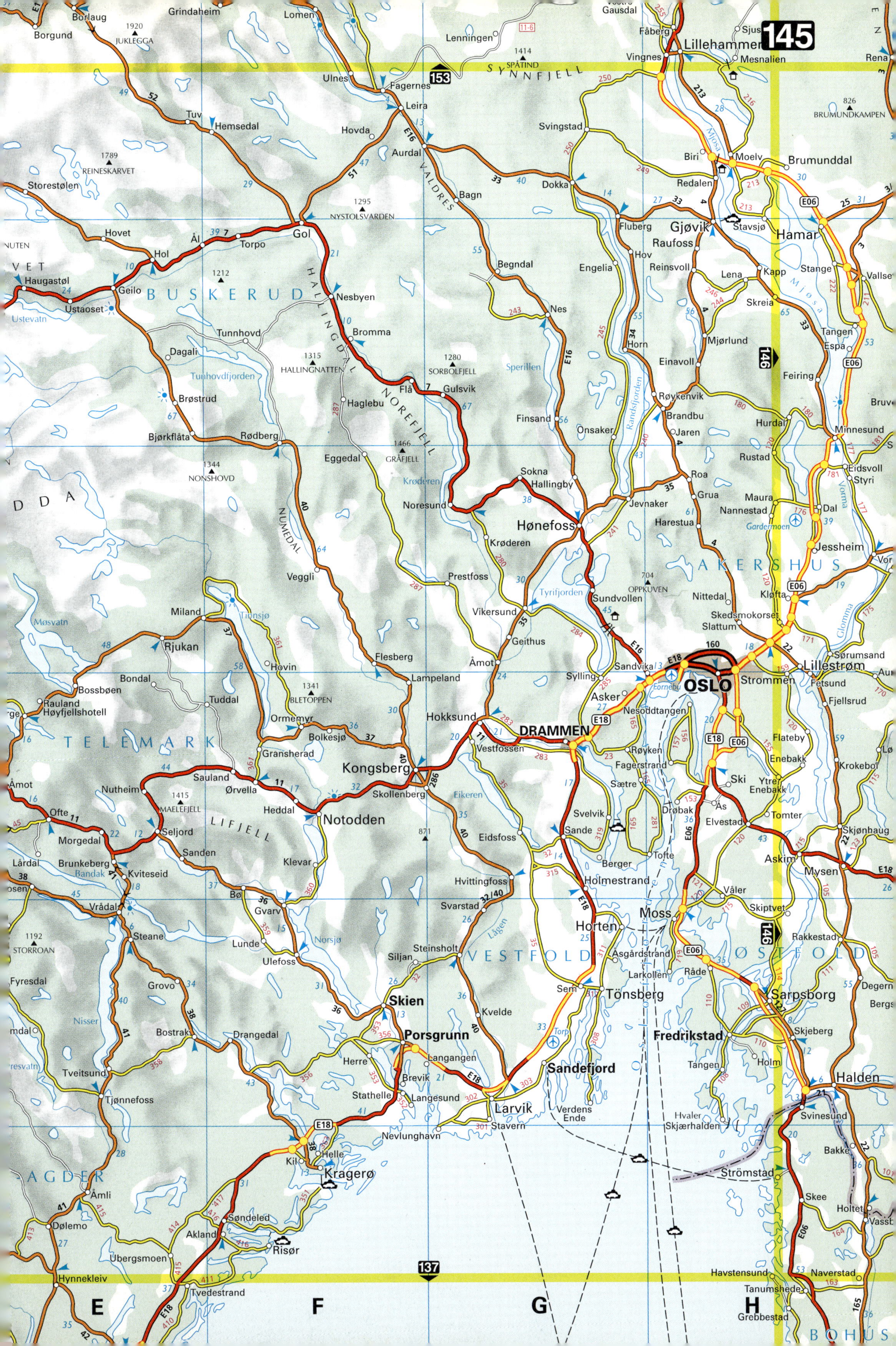

153
146
137
BUSKERUD
TELEMARK
VESTFOLD
AKERSHUS
ØSTFOLD
AGDER
BOHUS
HALLINGDAL
NUMEDAL
NOREFJELL
VALDRES
LIFJELL
SYNNFJELL
OSLO
DRAMMEN
Lillehammer
Hamar
Gjøvik
Hønefoss
Kongsberg
Notodden
Skien
Porsgrunn
Larvik
Sandefjord
Tönsberg
Horten
Moss
Fredrikstad
Sarpsborg
Halden
Lillestrøm
Kragerø
Risør
Jessheim
Gardermoen
Asker
Sandvika
Hokksund
Rjukan
Gol
Geilo
Ål
Hol
Fagernes
Leira
Aurdal
Bagn
Dokka
Brumunddal
Moelv
Biri
Raufoss
Nesbyen
Flå
Gulsvik
Sokna
Vikersund
Geithus
Åmot
Flesberg
Lampeland
Skollenberg
Seljord
Kviteseid
Vrådal
Bø
Gvarv
Ulefoss
Lunde
Drangedal
Langesund
Stavern
Brevik
Stathelle
Helle
Kil
Tvedestrand
Akland
Søndeled
Åmli
Dølemo
Hynnekleiv
Ski
Drøbak
Askim
Mysen
Rakkestad
Strömstad
Svinesund
Skjeberg
Eidsvoll
Minnesund
Kløfta
Nittedal
Sundvollen
Jevnaker
Grua
Roa
Hurdal
Stange
Tangen
Espa
Feiring
Mjøsa
Randsfjorden
Tyrifjorden
Krøderen
Møsvatn
Tinnsjø
Nisser
Hvaler
Verdens Ende
E
F
G
H

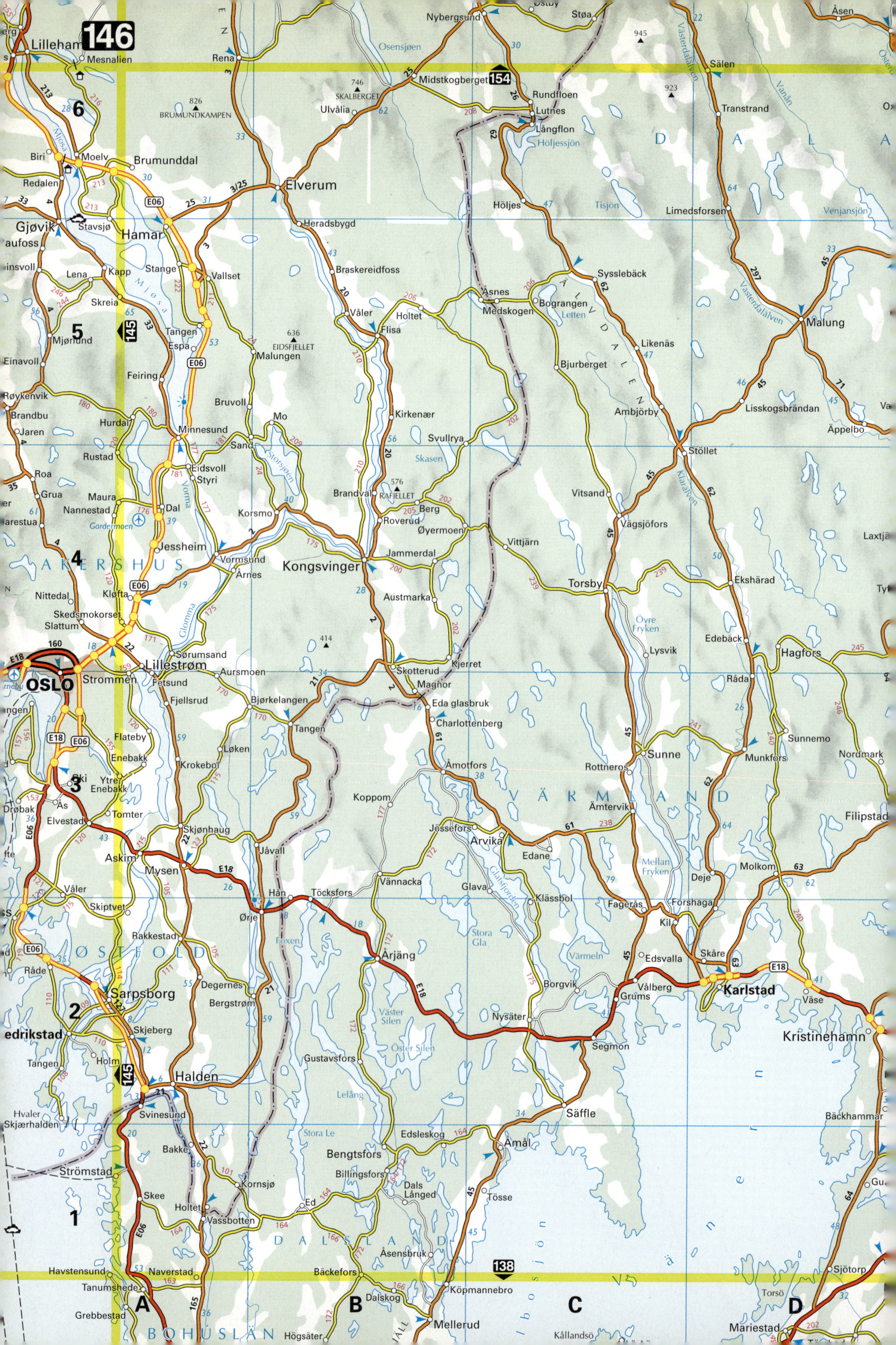
146
Lillehammer
Mesnalien
Rena
Nybergsund
Støa
Åsen
Osensjøen
Midtskogberget
154
Sälen
Skalberget
Ulvåila
Brumundkampen
Rundfloen
Lutnes
Långflon
Höljessjön
Transtrand
6
Biri
Moelv
Brumunddal
Redalen
Elverum
Höljes
Tisjön
Limedsforsen
Venjansjön
Gjøvik
Stavsjø
Hamar
Heradsbygd
Lena
Kapp
Stange
Vallset
Braskereidfoss
Sysslebäck
Malung
Skreia
Åsnes
Medskogen
Bograngen
Letten
Våler
Holtet
Flisa
5
145
Mjøsa
Mjørlund
Tangen
Espa
Eidsfjellet
Malungen
Likenäs
Einavoll
Feiring
Bjurberget
Røykenvik
Brandbu
Jaren
Hurdal
Bruvoll
Mo
Kirkenær
Ambjörby
Lisskogsbrändan
Äppelbo
Minnesund
Sand
Svullrya
Skasen
Stöllet
Rustad
Eidsvoll
Styri
Storsjøen
Roa
Grua
Maura
Nannestad
Dal
Gardermoen
Vorma
Brandval
Rafjellet
Berg
Roverud
Øyermoen
Vitsand
Vägsjöfors
Klarälven
Laxtjärn
Korsmo
Jessheim
Vittjärn
4
AKERSHUS
Vormsund
Årnes
Kongsvinger
Jammerdal
Torsby
Ekshärad
Nittedal
Kløfta
Glomma
Austmarka
Skedsmokorset
Slattum
Övre Fryken
Lysvik
Edebäck
Hagfors
OSLO
Strømmen
Lillestrøm
Sørumsand
Aursmoen
Skotterud
Kjerret
Magnor
Råda
Fetsund
Fjellsrud
Bjørkelangen
Eda glasbruk
Charlottenberg
Tangen
Sunnemo
Nordmark
Flateby
Enebakk
Løken
Sunne
Munkfors
Rottneros
Ski
3
Ytre Enebakk
Krokebol
Åmotfors
VÄRMLAND
Koppom
Ämtervik
Filipstad
Drøbak
Ås
Elvestad
Tomter
Skjønhaug
Jåvall
Jössefors
Arvika
Edane
Askim
Mysen
Mellan Fryken
Deje
Molkom
Våler
Vännacka
Glava
Glafsfjorden
Klässbol
Fagerås
Forshaga
Skiptvet
Hån
Töcksfors
Ørje
Kil
Rakkestad
ØSTFOLD
Foxen
Årjäng
Stora Gla
Värmeln
Edsvalla
Skåre
Råde
Degernes
Borgvik
Vålberg
Grums
Karlstad
Väse
2
Sarpsborg
Bergstrøm
Väster Silen
Nysäter
Kristinehamn
Fredrikstad
Skjeberg
Öster Silen
Segmon
Tangen
Holm
Gustavsfors
Halden
Lelång
Säffle
Hvaler
Skjærhalden
Svinesund
Stora Le
Bäckhammar
Edsleskog
Åmål
Bakke
Bengtsfors
Strömstad
Billingsfors
Dals Långed
Kornsjø
1
Skee
Holtet
Ed
Tösse
Vassbotten
DALSLAND
Vänern
Åsensbruk
138
Havstensund
Naverstad
Bäckefors
Sjötorp
Tanumshede
Köpmannebro
Torsö
A
B
C
D
Grebbestad
Dalskog
Mellerud
Mariestad
BOHUSLÄN
Högsäter
Kållandsö

Söderhamn
Mora
Orsa
Rättvik
Leksand
Falun
Borlänge
Ludvika
Avesta
Fagersta
Sala
Sandviken
GÄVLE
UPPSALA
VÄSTERÅS
Köping
Arboga
Eskilstuna
Strängnäs
ÖREBRO
Karlskoga
Kumla
Katrineholm
Södertälje
STOCKHO
Nyköping
Enköping
Sigtuna
GÄSTRIKLAND
VÄSTMANLAND
SÖDERMANLAND
NÄRKE
UPPLAND
155
148
139
E
F
G
H

148

Rauma
Eurajoki
Eura
Köyliö
Kokemäki
Huittinen
Illo
Punkalaidun
Kylmäkoski
Viiala
Toijala
Kalvola
Urjala
Hattula
Lappi
Kauttua
Säkylä
Pyhäjärvi
Vampula
Vermuntila
Reila
Hinnerjoki
Virttaa
Alastaro
Humppila
Renko
Teuro
Pyhämaa
Pyhäranta
Oripää
Laajoki
Yläne
Loimaa
Jokioinen
Forssa
Tammela
Vojakkala
Laitila
Kalanti
Uusikaupunki
Karjala
Mellilä
Riihivalkama
Loppi
Pöytyä
Kyrö
Pitkäjärvi
Koski
Somero
Läyliäinen
Tortinmäki
Mynämäki
Vehmaa
Lokalahti
Rautila
Mietoinen
Aura
Marttilla
Somerniemi
Karkkila
Paatinen
Tarvasjoki
Askainen
Masku
Kustavi
Taivassalo
Jurmo
Hakkenpää
Velkua
Merimasku
Raisio
Naantali
Turku
Lieto
Paimio
Vaskio
Kikala
Pusula
Vihti
Pertteli
Halikko
Salo
Kitula
Nummi
Saukkola
Suomusjärvi
TURKU/ ÅBO
Piikkiö
Fiskö
Avå
Brändö
Iniö
Rymättylä
Sauvo
Muurla
Lohja
Lohjanjärvi
Björkö
Lappo
Pargas/ Parainen
Kisko
Virkkala/ Virkby
Kumlinge
Houtsala
Houtskär/ Houtskari
Skiftet Kihti
Perniö
Kirkkonummi/ Kyrkslätt
Storlandet
Nagu/ Nauvo
Kimito/ Kemiö
Pohja/ Pojo
Degerby
Korpo/ Korppoo
Särkisalo/ Finby
Karis/ Karjaa
Ingå/ Inkoo
Korpoström
Dragsfjärd
Tenala/ Tenhola
Dalsbruk/ Taalintehdas
Bromarv
Ekenäs/ Tammisaari
Porkkalanselkä
Gullkrona Fjärd
Kökar
Karlby
Hellsö
Nötö
Hitis/ Hiitinen
Rosala
Lappvik/ Lappohja
Hangö/ Hanko
Jurmo
Hangö västra fjärd
Paldiski
Hara
Risti
Haapsalu
Kärdla
Hiiumaa
Suuremõisa
Hellermaa
Ristna
Käina
Väinameri
Lihula
Emmaste
Muhu
Liiva
157
150
141
E
F
G
H

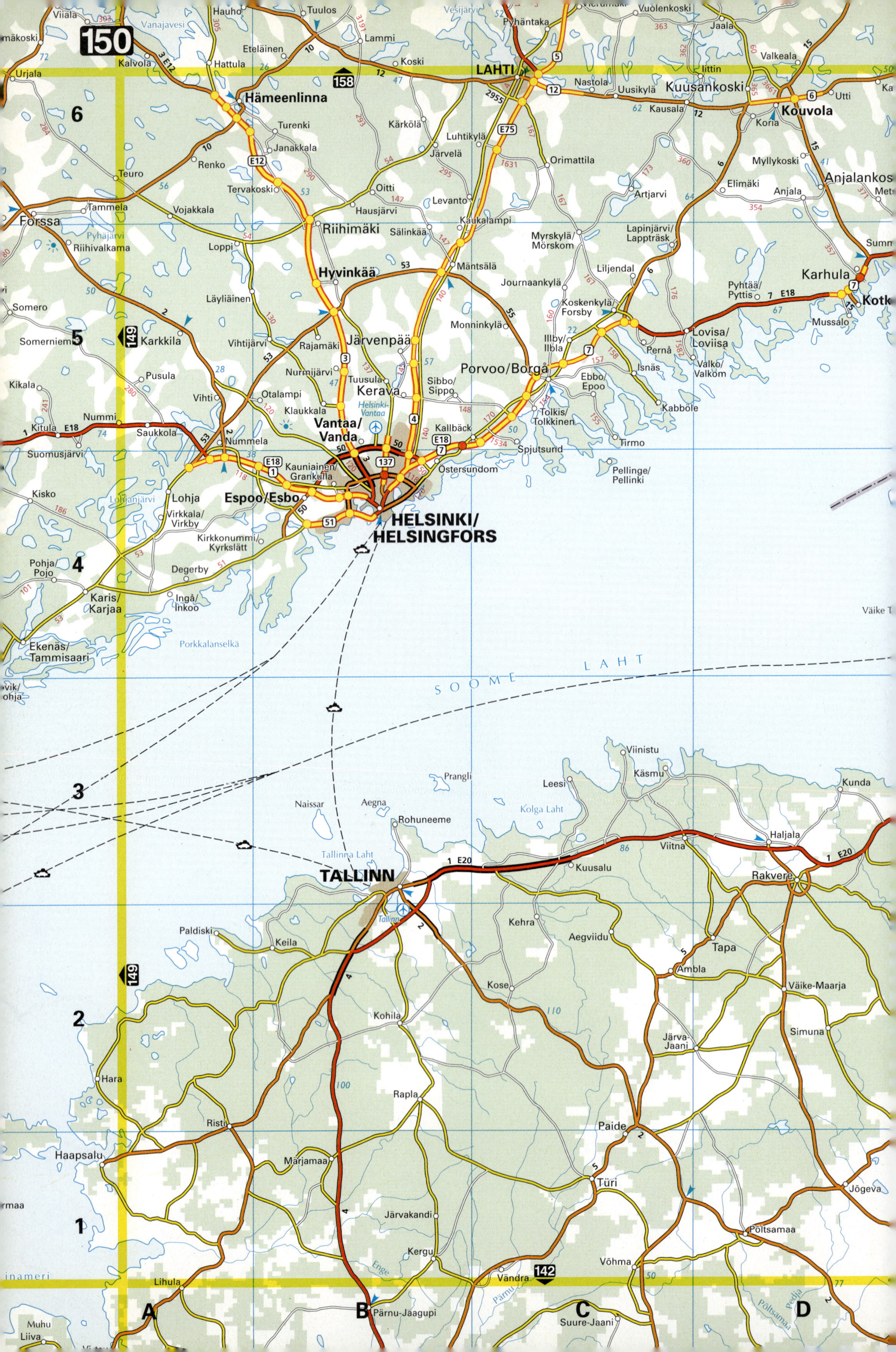

158
149
142

A B C D

1 2 3 4 5 6

Hytti
Taavetti
Jurvala
Luumäki
Petrovka
Brusničnoje
159
Barysevo
Ylämaa
Vyborg
Muurola
Vuoksa
Zaparozskoje
Sosnovo
M10
E18
Kuusa
Nisalachti
Miehikkälä
Muurikkala
M10
A129
Vaalimaa
Torf'anovka
(Yulga Urpala)
Sovetskij
Vuotta
mina
Virojoki
Kl'ucevoje
Kamenka
Vuolojarv
Klamila
Virolahti
A125
Pervomajskoje
Poljany
Lintula
Primorsk
Zelenogorsk
Toksovo
Repino
Ostrov
Ber'ozovyj
Ozerki
A123
Pargolovo
Sestroreck
M10
Kronštadt
Kronštadt
SANKT-
PETERBURG
M18
Lomonosov
Petrodvorec
A121
Ostrov
Lesnoj
Ostrov
Malyj
Pontonny
Sosnovyj Bor
Pulkovo
Pulkovo
M20
M11
E20
Ostrov
Moščnyj
Puškin
Ropša
Krasnoje
Selo
Kernovo
Pavlovsk
Suur Tütarsaar
Kipen'
166
Koporje
Kurgolovo
Begunicy
Čirkovicy
Koskolovo
Gatčina
Ust'-Luga
Kikerino
Vyrica
Kotel'skij
Ropša
Volosovo
Siverskij
Narva Laht
Vyra
Moloskovicy
Narva-Jõesuu
M11
Kingisepp
Sillamäe
Narva
Ivangorod
E20
Luga
Kohtla-
Järve
Jõhvi
Porečje
Ozero
V'alje
Bol Sabsk
Saba
Mšinskaja
Slancy
Os'mino
Staropolje
Jaama
Ozero
Samro
Tolmačovo
Vasknarva
Budilovo
166
Dobruči
Luga
Avinurme
Marjinsko
Peipsi
Järv
Mustvee
Plussa
Gdov
Čudskoje
ozero
Černevo
L'ady
M20
Gorodec
Kallaste
Pl'ussa
Zovka
Mil'utino
Koosa
143
Varnja
Gorodišče
Jamm
E
F
G
H
Nikolajevo
Tvorožkovo
Strugi-Krasnyje
Želča
Čornaja Rečka

152

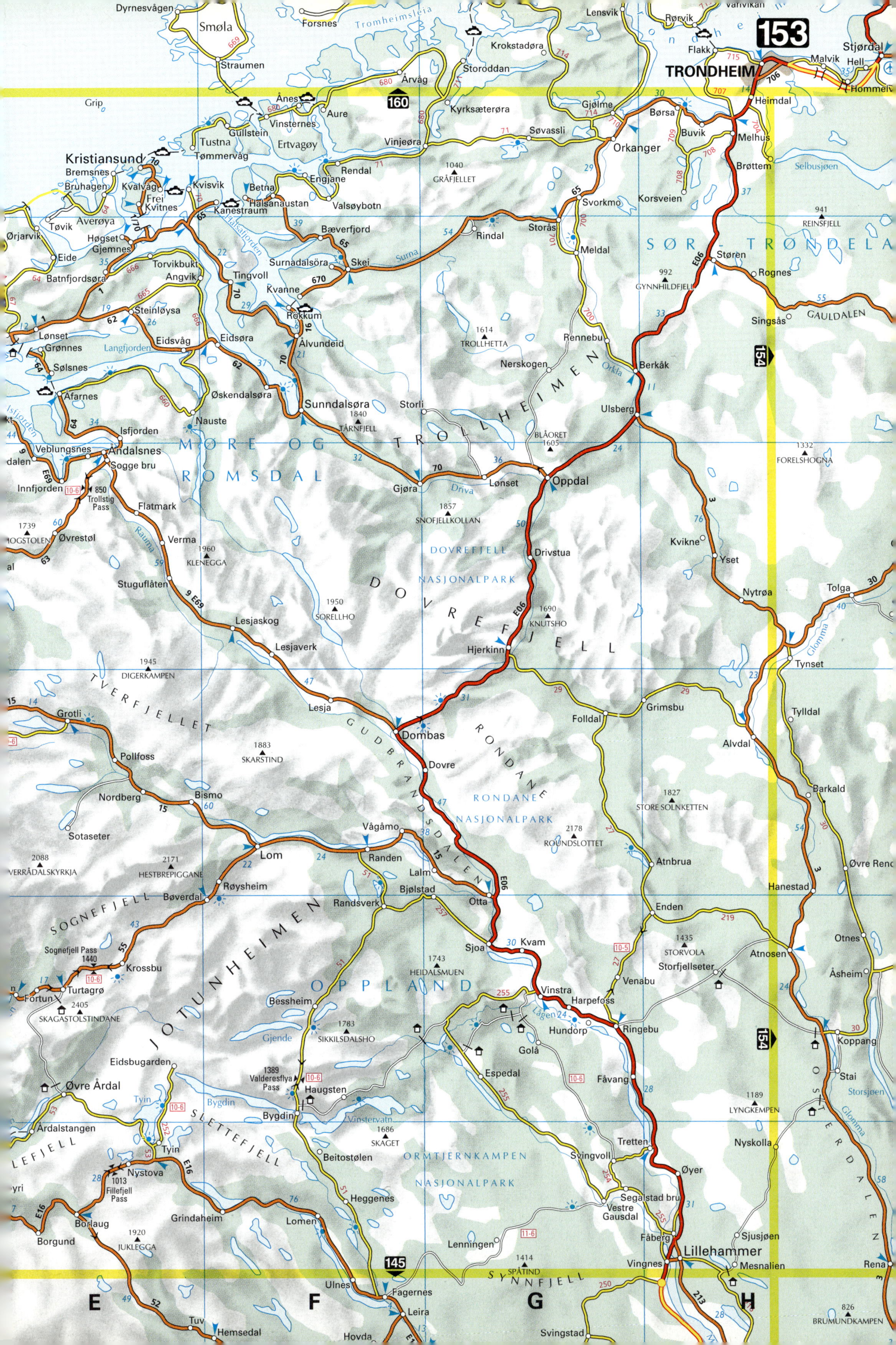
153
TRONDHEIM
Stjørdal
Hell
Malvik
Hommelv
Heimdal
Melhus
Brøttem
Selbusjøen
Smøla
Dyrnesvågen
Straumen
Forsnes
Tromheimsleia
Krokstadøra
Lensvik
Rørvik
Flakk
Årvåg
Storoddan
160
Grip
Ånes
Aure
Vinsternes
Gullstein
Tustna
Tømmervåg
Ertvagøy
Kyrksæterøra
Gjølme
Børsa
Buvik
Søvassli
Orkanger
Vinjeøra
Kristiansund
Bremsnes
Bruhagen
Kvalvåg
Frei
Kvitnes
Kvisvik
Betna
Halsanaustan
Kanestraum
Rendal
Engjane
Valsøybotn
1040
GRÅFJELLET
Korsveien
Svorkmo
941
REINSFJELL
Ørjarvik
Tøvik
Averøya
Høgset
Gjemnes
Eide
Bæverfjord
Rindal
Storås
Meldal
SØR - TRØNDELA
Støren
Rognes
Batnfjordsøra
Torvikbukt
Angvik
Tingvoll
Surnadalsøra
Skei
Surna
Kvanne
992
GYNNHILDFJELL
Singsås
GAULDALEN
Steinløysa
Rekkum
Lønset
Grønnes
Langfjorden
Eidsvåg
Eidsøra
Ålvundeid
1614
TROLLHETTA
Rennebu
Nerskogen
Berkåk
154
Orkla
Sølsnes
Afarnes
Øskendalsøra
Sunndalsøra
Storli
Ulsberg
Isfjorden
Nauste
1840
TÅRNFJELL
TROLLHEIMEN
BLÅORET
1605
1332
FORELSHOGNA
Veblungsnes
Åndalsnes
Sogge bru
MØRE OG ROMSDAL
dalen
Innfjorden
850
Trollstig
Pass
Flatmark
Gjøra
Driva
Lønset
Oppdal
1739
Øvrestøl
1857
SNØFJELLKOLLAN
Verma
1960
KLENEGGA
Rauma
DOVREFJELL
NASJONALPARK
Drivstua
Kvikne
Yset
Stuguflåten
DOVREFJELL
Nytrøa
Tolga
1690
KNUTSHO
1950
SØRELLHO
Lesjaskog
Lesjaverk
Hjerkinn
Glomma
Tynset
1945
DIGERKAMPEN
TVERFJELLET
Folldal
Grimsbu
Tylldal
Grotli
Lesja
Dombås
Alvdal
1883
SKARSTIND
Pollfoss
Dovre
RONDANE
GUDBRANDSDALEN
Nordberg
Bismo
RONDANE
NASJONALPARK
1827
STORE SOLNKETTEN
Barkald
Sotaseter
Vågåmo
2178
RONDSLOTTET
2088
2171
HESTBREPIGGANE
Lom
Randen
Atnbrua
Øvre Renc
Røysheim
Lalm
Bøverdal
Bjølstad
Otta
Randsverk
Enden
Hanestad
SOGNEFJELL
JOTUNHEIMEN
Sjoa
Kvam
1435
STORVOLA
Otnes
Sognefjell Pass
1440
Krossbu
1743
HEIDALSMUEN
Storfjellseter
Atnosen
Åsheim
Fortun
Turtagrø
2405
SKAGASTØLSTINDANE
OPPLAND
Venabu
Vinstra
Harpefoss
Bessheim
Lågen
Hundorp
Ringebu
Koppang
1783
SIKKILSDALSHO
Gjende
Golå
Eidsbugarden
Espedal
Stai
Øvre Årdal
1389
Valdresflya
Pass
Haugsten
Fåvang
Storsjøen
Tyin
Bygdin
1189
LYNGKAMPEN
Vinstervatn
SLETTEFJELL
Bygdin
Årdalstangen
1686
SKAGET
Tretten
Nyskolla
LEFJELL
Tyin
Beitostølen
ORMTJERNKAMPEN
NASJONALPARK
Svingvoll
ØSTERDALEN
Nystova
1013
Fillefjell
Pass
Øyer
Segalstad bru
Heggenes
Vestre
Gausdal
Grindaheim
Borlaug
Borgund
1920
JUKLEGGA
Lomen
Lenningen
Fåberg
Sjusjøen
Lillehammer
1414
SPÅTIND
Vingnes
Mesnalien
Rena
145
SYNNFJELL
Ulnes
Fagernes
E
F
G
H
Leira
826
BRUMUNDKAMPEN
Tuv
Hemsedal
Hovda
Svingstad

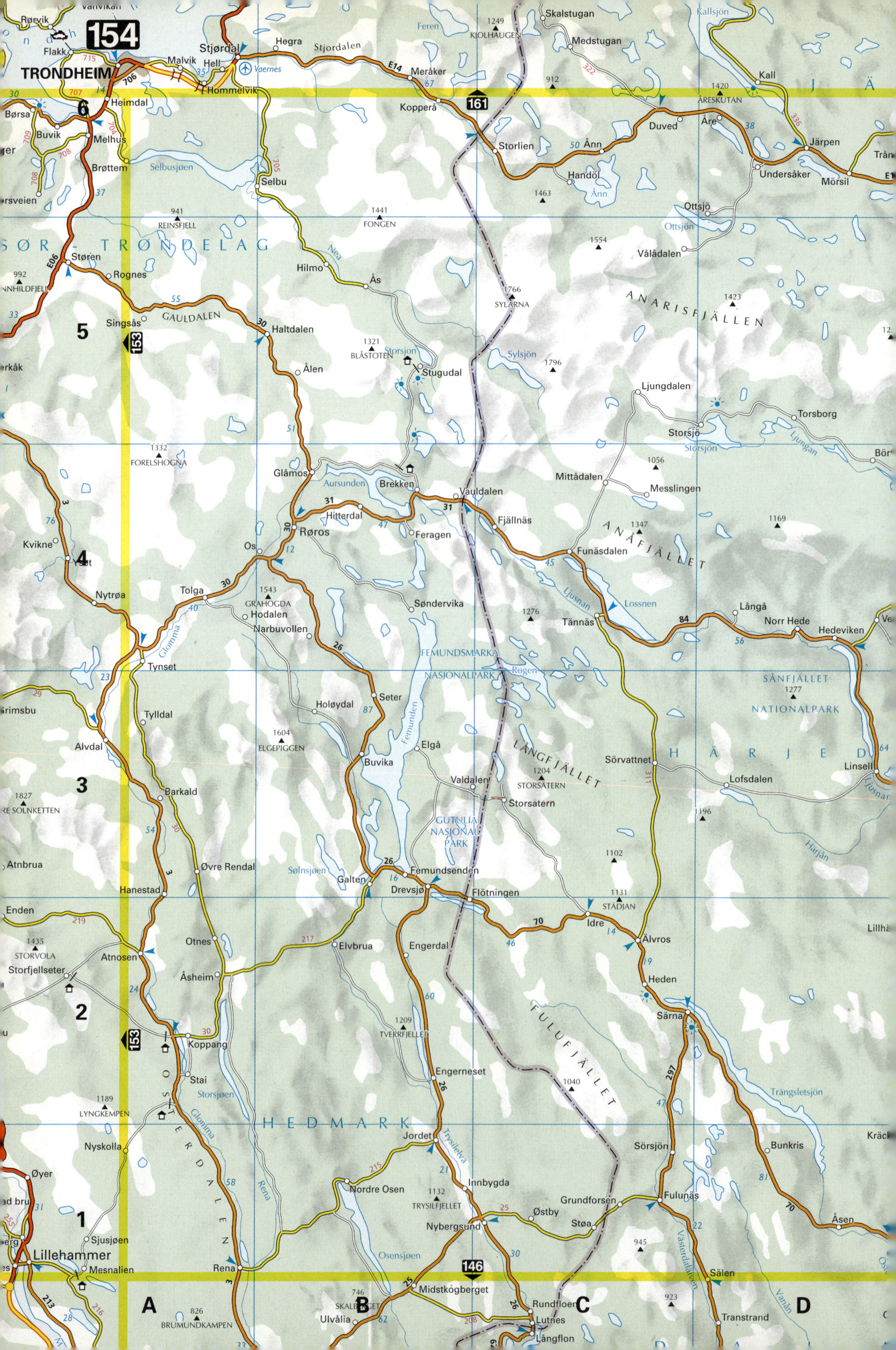
154
TRONDHEIM
Rørvik
Flakk
Malvik
Stjørdal
Hell
Hegra
Værnes
Hommelvik
Stjørdalen
Meråker
Kopperå
Feren
1249
KJØLHAUGEN
Skalstugan
Medstugan
Kallsjön
Kall
1420
ÅRESKUTAN
Åre
Duved
Järpen
Undersåker
Mörsil
161
912
Storlien
Ånn
Handöl
Heimdal
Børsa
Buvik
Melhus
Brøttem
Selbusjøen
Selbu
941
REINSFJELL
1441
FONGEN
1463
Ottsjö
Ottsjön
1554
Våládalen
SØR - TRØNDELAG
Støren
Rognes
992
Hilmo
Nea
Ås
1766
SYLARNA
ANARISFJÄLLEN
1423
Singsås
GAULDALEN
Haltdalen
153
1321
BLÅSTØTEN
Storsjøn
Stugudal
Sylsjön
1796
Ålen
Ljungdalen
Torsborg
Storsjö
Storsjön
Ljungan
1332
FORELSHOGNA
Glåmos
Aursunden
Brekken
Vauldalen
1056
Mittådalen
Messlingen
Hitterdal
Røros
Feragen
Fjällnäs
1347
1169
ANÅFJÄLLET
Kvikne
Ysjet
Os
Funäsdalen
Tolga
1543
GRAHOGDA
Hodalen
Narbuvollen
Nytrøa
Søndervika
Ljusnan
Lossnen
1276
Tännäs
Långå
Norr Hede
Hedeviken
Glomma
Tynset
FEMUNDSMARKA NASJONALPARK
Røgen
SÅNFJÄLLET NATIONALPARK
1277
Seter
Holøydal
Femunden
Tylldal
Alvdal
1604
ELGEPIGGEN
Elgå
LÅNGFJÄLLET
HÄRJEDALEN
Sörvattnet
Lofsdalen
Linsell
Buvika
1204
STORSÄTERN
Valdalen
Storsatern
1827
SOLNKETTEN
Barkald
GUTULIA NASJONALPARK
1196
Atnbrua
Øvre Rendal
Hanestad
Sølnsjøen
Galten
Femundsenden
Drevsjø
Flötningen
1102
Hárján
1131
STÅDJAN
Idre
Enden
1435
STORVOLA
Storfjellseter
Atnosen
Otnes
Elvbrua
Engerdal
Älvros
Åsheim
Heden
Särna
Koppang
1209
TVERRFJELLET
Stai
Storsjøen
Engerneset
FULUFJÄLLET
1040
Trängsletsjön
1189
LYNGKAMPEN
ØSTERDALEN
HEDMARK
Glomma
Jordet
Trysilelva
Nyskolla
Sörsjön
Bunkris
Øyer
Rena
Nordre Osen
1132
TRYSILFJELLET
Innbygda
Grundforsen
Fulunäs
Østby
Støa
Nybergsund
Åsen
Sjusjøen
Lillehammer
Mesnalien
Osensjøen
945
Västerdalälven
146
Sälen
Rena
Midtskogberget
746
SKALBERGET
826
BRUMUNDKAMPEN
Ulvåla
Rundfloen
Lutnes
Långflon
923
Vanån
Transtrand
A
B
C
D
1
2
3
4
5
6

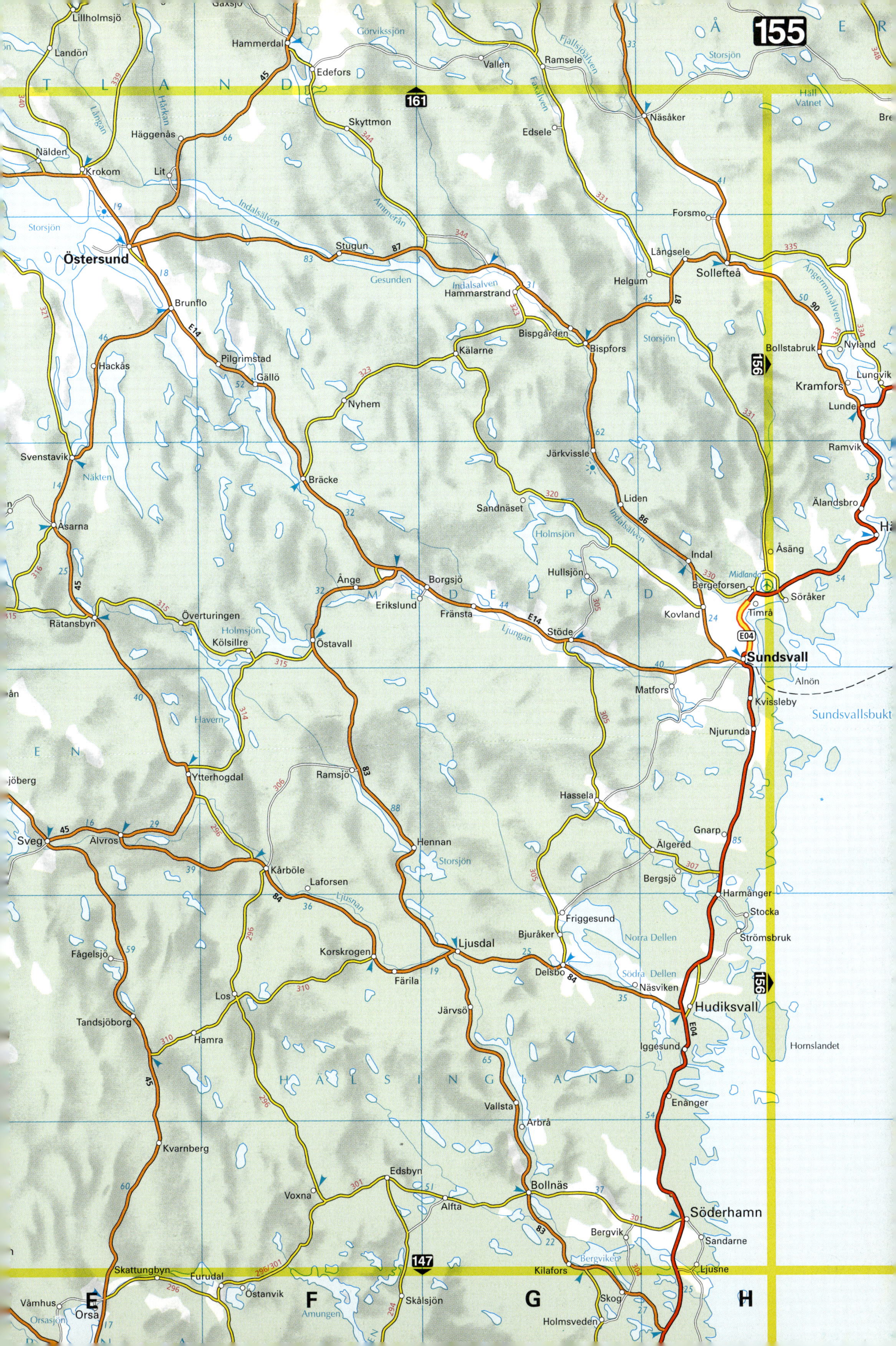

Lillholmsjö
Landön
Hammerdal
Görviksjön
Edefors
Vallen
Ramsele
Fjällsjöälven
Faxälven
Storsjön
Hall Vatnet
Näsåker
Edsele
161
Skyttmon
Häggenäs
Nälden
Krokom
Lit
Storsjön
Indalsälven
Ammerån
Forsmo
Östersund
Stugun
Gesunden
Indalsälven
Hammarstrand
Långsele
Sollefteå
Helgum
Ångermanälven
Brunflo
Bispgården
Bispfors
Storsjön
Nyland
Bollstabruk
Kramfors
Lungvik
Lunde
Hackås
Pilgrimstad
Gällö
Kälarne
Nyhem
Ramvik
Svenstavik
Näkten
Järkvissle
Bräcke
Liden
Sandnäset
Ålandsbro
Åsarna
Holmsjön
Indalsälven
Indal
Åsäng
Hullsjön
Rätansbyn
Överturingen
Ånge
Borgsjö
Erikslund
Fränsta
Midlanda
Bergeforsen
Söråker
Timrå
Kovland
Holmsjön
Kölsillre
Östavall
Ljungan
Stöde
Sundsvall
Alnön
Matfors
Kvissleby
Sundsvallsbukt
Njurunda
Havern
Ytterhogdal
Ramsjö
Hassela
Sveg
Älvros
Hennan
Storsjön
Gnarp
Älgered
Kårböle
Laforsen
Ljusnan
Bergsjö
Harmånger
Stocka
Friggesund
Strömsbruk
Norra Dellen
Fågelsjö
Korskrogen
Ljusdal
Bjuråker
Färila
Delsbo
Södra Dellen
Näsviken
Los
Hudiksvall
Järvsö
Tandsjöborg
Hamra
Iggesund
Hornslandet
Enånger
Vallsta
Arbrå
Kvarnberg
Edsbyn
Voxna
Bollnäs
Alfta
Söderhamn
Bergvik
Sandarne
Bergviken
Skattungbyn
Furudal
Kilafors
Ljusne
Östanvik
Skålsjön
Skog
Vämhus
Orsa
Orsasjön
Amungen
Holmsveden
147
156
E14
E04
E
F
G
H
MEDELPAD
HÄLSINGLAND

156
Å N G E R M A N L A N D
Storsjön
Häll Vatnet
161
162
Mjölefjärden
Meret
Näsåker
Kubbe
Björna
Lögdeå
Nordmaling
Rundvik
Hörnefors
Bredbyn
Mellansel
Moliden
Degerfjärden
Husum
Sidensjö
Örnsköldsvik
Forsmo
Långsele
Sollefteå
Bjästa
Köpmanholmen
Ångermanälven
Sundbron
E04
Bollstabruk
Nyland
Lungvik
Herrskog
Kramfors
Lunde
Ramvik
Ålandsbro
Hemsö
Härnösand
Härnön
Indal
Åsäng
Midlanda
Bergeforsen
Söråker
Kovland
Timrå
Sundsvall
Alnön
Kvissleby
Sundsvallsbukten
Njurunda
Gnarp
Älgered
Harmånger
Stocka
Strömsbruk
Dellen
Hudiksvall
Hornslandet
Enånger
Söderhamn
Sandarne
Ljusne
155
148
1 : 1 000 000
0 10 20 30 40 50 km
1
2
3
4
5
6
A
B
C
D

Nykarleby/
Uusikaarlepyy
Munsala
Jeppo/
Jepua
Lappfors
Veteli
Kainu
Halsua
Yli-Lesti
Kinnula
Evijärvi
Räyrinki
162
Norra Gloppet
Östra Gloppet
Kortesjärvi
Björköby
Värlax
Replot/
Raippaluoto
Oravais/
Oravainen
Alahärmä
Voltti
Lappajärvi
Itäkylä
Sääksjärvi
Oksakoski
Perho
Möttönen
Vallgrund
Maxmo/
Maksamaa
Vimpeli
Karvala
Vörå/
Vöyri
Ylihärmä
Kyyjärvi
Kvevlax/
Koivulahti
Möksy
Vaasa/
Vasa
Kauhajärvi
Hoisko
Kurejoki
Kiminki
Solf/
Sulva
Isokyrö
Saukonkyla
Bergö
Malax/
Maalahti
Laihia
Ylistaro
Lapua
Tiistenjoki
Soini
Vahanka
Karstula
Kangasaho
Kyläinpää
Ruona
Långåminne
Jokiperä
Nurmo
Lehtimäki
Kukko
158
Molpe/
Moikipää
Sarvijoki
Seinäjoki
Kuortane
Korsnäs
Veneskoski
Mäyry
Ilmajoki
Ahtarinjärvi
Vehu
Hinjärvi
Koskimäki
Koskenkorva
Töysä
Väätäiskylä
Pörtom/
Pirttikylä
Jurva
Asemanseutu
Töjby
Övermark/
Ylimarkku
Kurikka
Taipaleenkylä
Alavus
Ähtäri
Myllymäki
Liesjärvi
Närpes/
Närpiö
Norrnäs
Peräseinäjoki
Jokipii
Jalasjärvi
Kalakoski
Liedenpohja
Multia
Peräla
Teuva
Kainasto
Aronkylä
Kauhajoki
Killinkoski
Toisvesi
Kaskinen/
Kaskö
Ilvesjoki
Koskue
Pääntane
Haapamäki
Kotala
Tjöck/
Tiukka
Karijoki
Nummijärvi
Virrat
Kristinestad/
Kristiinankaupunki
Lappfjärd/
Lapväärtti
Kihniö
Kolho
Nummikoski
Kuivasjärvi
Vaskivesi
Visuvesi
Vanhakylä
Träskvik
Skaftung
Isojoki
Jyllinkoski
Karvia
Suomijärvi
Tarjannevesi
Vilppula
Mänttä
Ömossa/
Metsälä
Kantti
Parkano
Aurejärvi
Ruovesi
Väärinmaja
Sideby/
Siipyy
Honkajoki
Korvaluoma
Jäminkipohja
Raivala
Pyntäinen
Kuru
Juupajoki
Tuorila
Ala-Honkajoki
Siikainen
Mansoniemi
Tevaniemi
Vankavesi
Merikarvia
Niinisalo
Jämijärvi
Luhalahti
Kaanaa
Hirsilä
Kankaanpää
Kilvakkala
Ikaalinen
Köörtilä
Honkakoski
Isojärvi
Vihtiläjärvi
Kyröslahti
Kyrönlahti
Teisko
Orivesi
Viljakkala
Ahlainen
Pomarkku
Kyröskoski
Hämeenkyrö
Längelmävesi
Lavia
Karhijärvi
Ylöjärvi
Näsijärvi
Ponsa
Reposaari
Noormarkku
Suodenniemi
Ruutana
Kuhmalahti
Mäntyluoto
Pihlava
Mouhijärvi
TAMPERE
Kangasala
Sahalahti
Putaja
Tampere-Pirkkala
PORI
Kullaa
Karkku
Nokia
Ulvila
Kiikoinen
Säkösjärvi
Tottijärvi
Pyhäjärvi
Roine
Pälkänevesi
Pälkäne
Stormi
Lievikoski
Nakkila
Mallasvesi
Luvia
Harjavalta
Kiikka
Vammala
Lempäälä
Valkeakoski
Laitikkala
Keikyä
Sääksmäki
Kokemäki
Illo
Viiala
Toijala
Hauho
Vanajavesi
Huittinen
Kylmäkoski
Eurajoki
Punkalaidun
Kalvola
Hattula
Eura
149
Urjala
Rauma
Köyliö
Lappi
Kauttua
Vampula
Säkylä
Pyhäjärvi
Vermuntila
Alastaro
Reila
E
F
G
H

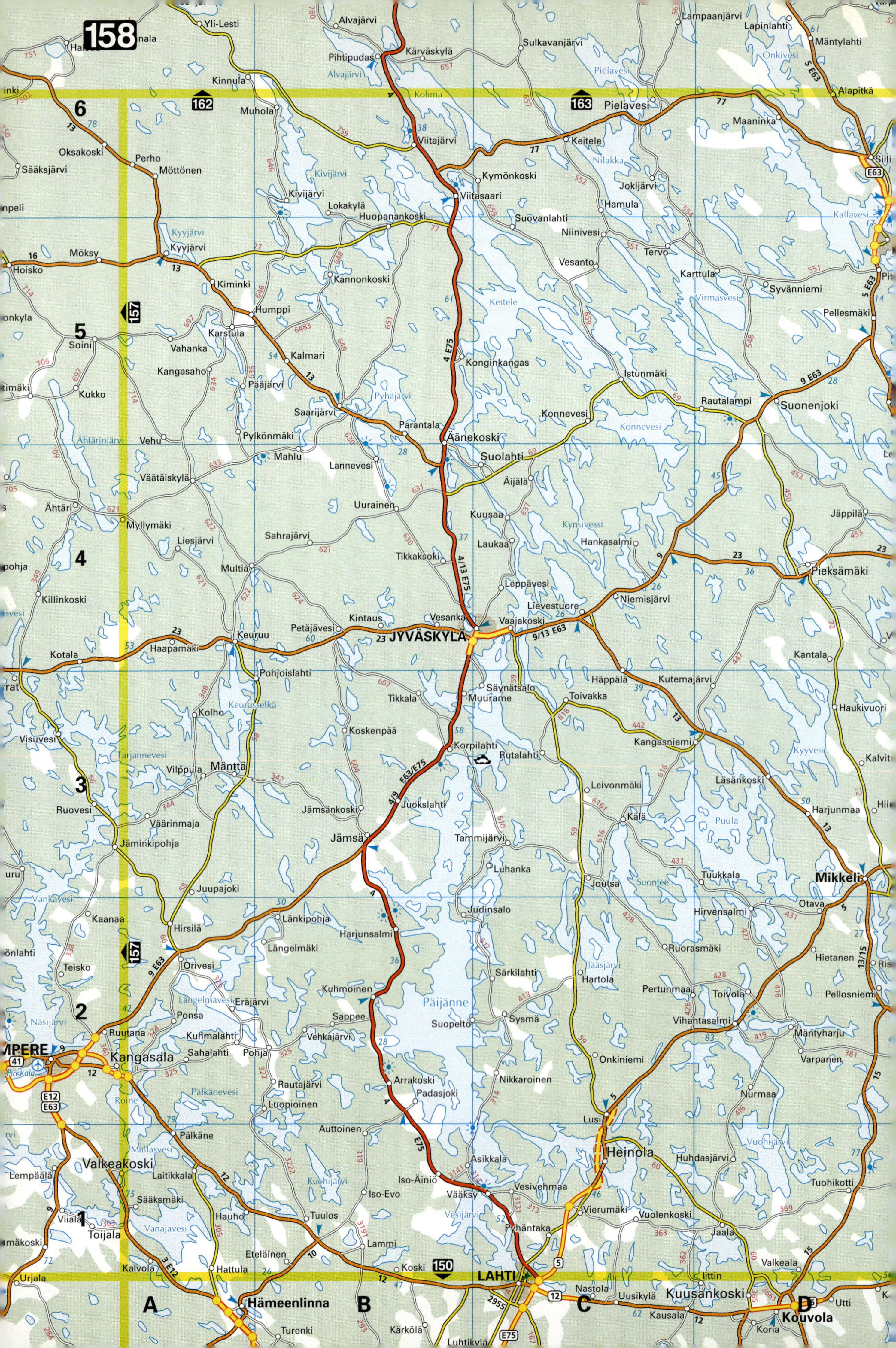
158
162
163
157
150
6
5
4
3
2
1
A
B
C
D
Yli-Lesti
Alvajärvi
Pihtipudas
Kärväskylä
Sulkavanjärvi
Lampaanjärvi
Lapinlahti
Mäntylahti
Onkivesi
Pielavesi
Alapitkä
Kinnula
Muhola
Kolima
Viitajärvi
Keitele
Maaninka
Siilinjärvi
Oksakoski
Perho
Möttönen
Sääksjärvi
Kivijärvi
Kymönkoski
Viitasaari
Jokijärvi
Hamula
Lokakylä
Huopanankoski
Suovanlahti
Niinivesi
Kallavesi
Tervo
Vesanto
Möksy
Kyyjärvi
Hoisko
Kiminki
Kannonkoski
Karttula
Virmasvesi
Syvänniemi
Humppi
Karstula
Soini
Vahanka
Kalmari
Konginkangas
Pellesmäki
Kangasaho
Pääjärvi
Kukko
Saarijärvi
Pyhäjärvi
Istunmäki
Rautalampi
Suonenjoki
Konnevesi
Parantala
Äänekoski
Pylkönmäki
Vehu
Ähtärinjärvi
Mahlu
Lannevesi
Suolahti
Äijälä
Väätäiskylä
Ähtäri
Myllymäki
Uurainen
Kuusaa
Kynsivesi
Hankasalmi
Jäppilä
Liesjärvi
Sahrajärvi
Laukaa
Tikkakoski
Pieksämäki
Multia
Leppävesi
Killinkoski
Lievestuore
Niemisjärvi
Petäjävesi
Kintaus
Vesanka
Vaajakoski
Kotala
Haapamäki
Keuruu
JYVÄSKYLÄ
Kantala
Pohjoislahti
Säynätsalo
Häppälä
Kutemajärvi
Tikkala
Muurame
Toivakka
Haukivuori
Kolho
Keurusselkä
Koskenpää
Visuvesi
Tarjannevesi
Korpilahti
Kangasniemi
Rutalahti
Vilppula
Mänttä
Läsänkoski
Kalvitsa
Ruovesi
Jämsänkoski
Jokslahti
Leivonmäki
Väärinmaja
Harjunmaa
Jämsä
Kälä
Tammijärvi
Puula
Jäminkipohja
Luhanka
Tuukkala
Mikkeli
Joutsa
Suontee
Juupajoki
Vankavesi
Judinsalo
Hirvensalmi
Otava
Kaanaa
Länkipohja
Hirsilä
Harjunsalmi
Ruorasmäki
Längelmäki
Hietanen
Teisko
Orivesi
Särkilahti
Jääsjärvi
Hartola
Pertunmaa
Toivola
Pellosniemi
Kuhmoinen
Eräjärvi
Päijänne
Längelmävesi
Ponsa
Sappee
Suopelto
Sysmä
Vihantasalmi
Näsijärvi
Mäntyharju
TAMPERE
Ruutana
Kuhmalahti
Vehkajärvi
Varpanen
Kangasala
Sahalahti
Pohja
Onkiniemi
Pirkkala
Rautajärvi
Arrakoski
Nikkaroinen
Pälkänevesi
Padasjoki
Nurmaa
Roine
Luopioinen
Lusi
Pälkäne
Auttoinen
Vuohijärvi
Heinola
Mallasvesi
Valkeakoski
Huhdasjärvi
Lempäälä
Laitikkala
Asikkala
Kuohijärvi
Tuohikotti
Sääksmäki
Iso-Äiniö
Vääksy
Vesivehmaa
Viiala
Toijala
Vanajavesi
Hauho
Iso-Evo
Vierumäki
Vuolenkoski
Tuulos
Vesijärvi
Pyhäntaka
Jaala
Lammi
Etelainen
Kalvola
Hattula
Valkeala
Urjala
Koski
LAHTI
Iittin
Nastola
Uusikylä
Kuusankoski
Utti
Hämeenlinna
Kausala
Kouvola
Turenki
Kärkölä
Koria
Luhtikylä

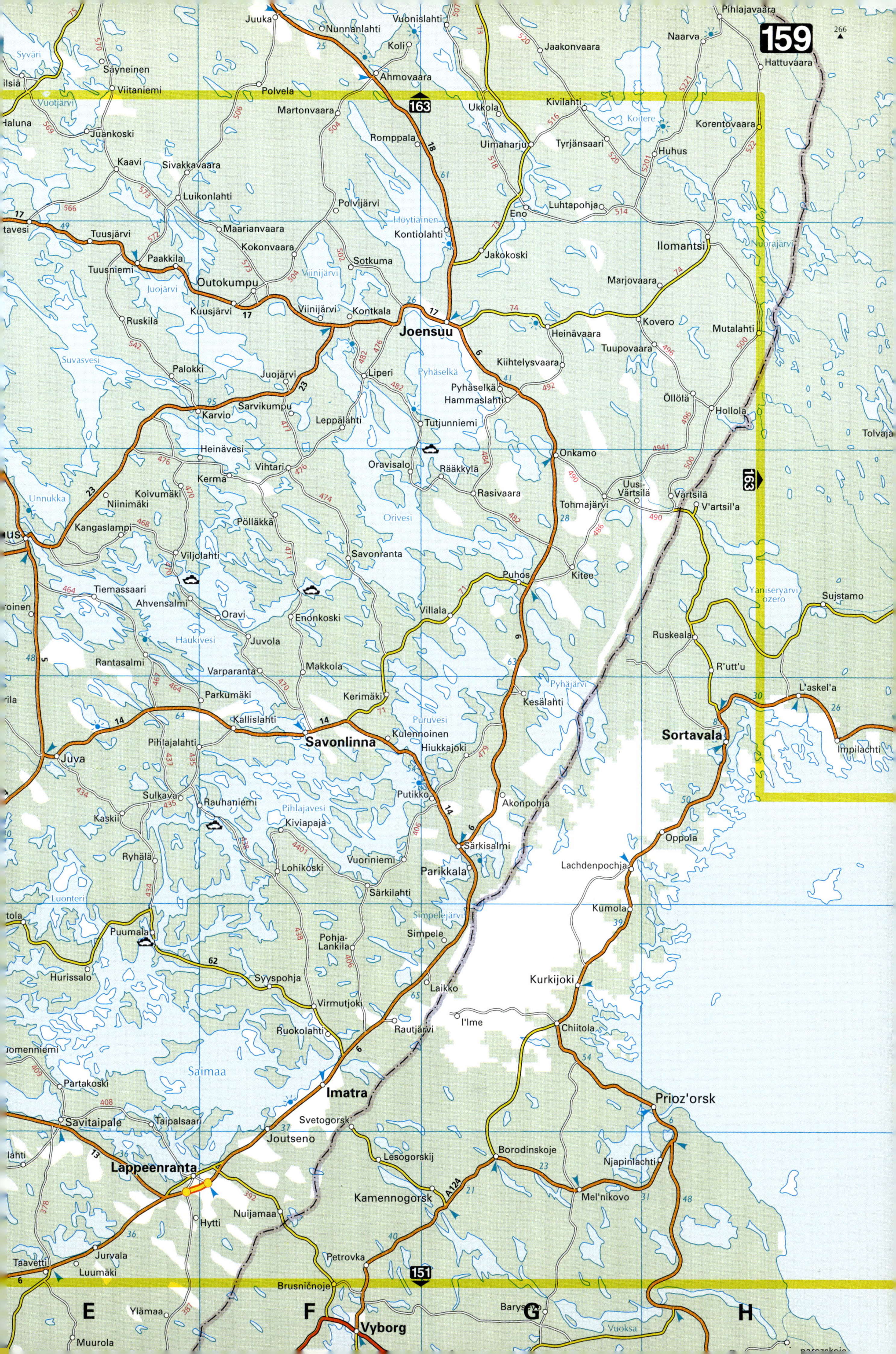
Juuka
Nunnanlahti
Vuonislahti
Koli
Pihlajavaara
Naarva
Hattuvaara
Jaakonvaara
Syväri
Sayneinen
Viitaniemi
Polvela
Ahmovaara
163
Martonvaara
Ukkola
Kivilahti
Koitere
Korentovaara
Vuotjärvi
Haluna
Juankoski
Romppala
Uimaharju
Tyrjänsaari
Huhus
Kaavi
Sivakkavaara
Luikonlahti
Polvijärvi
Höytiäinen
Eno
Luhtapohja
Maarianvaara
Kontiolahti
Nuorajärvi
Tuusjärvi
Kokonvaara
Jakokoski
Ilomantsi
Paakkila
Sotkuma
Tuusniemi
Outokumpu
Viinijärvi
Marjovaara
Juojärvi
Kuusjärvi
Viinijärvi
Kontkala
Joensuu
Heinävaara
Kovero
Mutalahti
Ruskila
Tuupovaara
Suvasvesi
Kiihtelysvaara
Palokki
Juojärvi
Liperi
Pyhäselkä
Pyhäselkä
Hammaslahti
Öllölä
Hollola
Karvio
Sarvikumpu
Leppälahti
Tutjunniemi
Tolvaja
Heinävesi
Onkamo
Vihtari
Oravisalo
Rääkkylä
Kerma
Koivumäki
Rasivaara
Uusi-Värtsilä
Värtsilä
V'artsil'a
Niinimäki
Tohmajärvi
Unnukka
Kangaslampi
Orivesi
Pölläkkä
Viljolahti
Savonranta
Puhos
Kitee
Tiemassaari
Yaniseryarvi ozero
Sujstamo
Ahvensalmi
Villala
Oravi
Enonkoski
Ruskeala
Haukivesi
Juvola
Rantasalmi
Makkola
R'utt'u
Varparanta
Pyhäjärvi
Parkumäki
Kerimäki
Kesälahti
L'askel'a
Kallislahti
Puruvesi
Sortavala
Savonlinna
Kulennoinen
Impilachti
Pihlajalahti
Hiukkajoki
Juva
Putikko
Sulkava
Rauhaniemi
Akonpohja
Kaskii
Pihlajavesi
Kiviapaja
Särkisalmi
Oppola
Ryhälä
Lohikoski
Vuoriniemi
Parikkala
Lachdenpochja
Särkilahti
Luonteri
Simpelejärvi
Kumola
Puumala
Simpele
Pohja-Lankila
Hurissalo
Syyspohja
Laikko
Kurkijoki
Virmutjoki
I'lme
Ruokolahti
Rautjärvi
Chiitola
Saimaa
Partakoski
Imatra
Prioz'orsk
Savitaipale
Taipalsaari
Svetogorsk
Joutseno
Borodinskoje
Lesogorskij
Njapinlachti
Lappeenranta
Kamennogorsk
Mel'nikovo
Hytti
Nuijamaa
Jurvala
Petrovka
Taavetti
Luumäki
151
Brusničnoje
E
Ylämaa
F
Barysevo
H
G
Vyborg
Muurola
Vuoksa

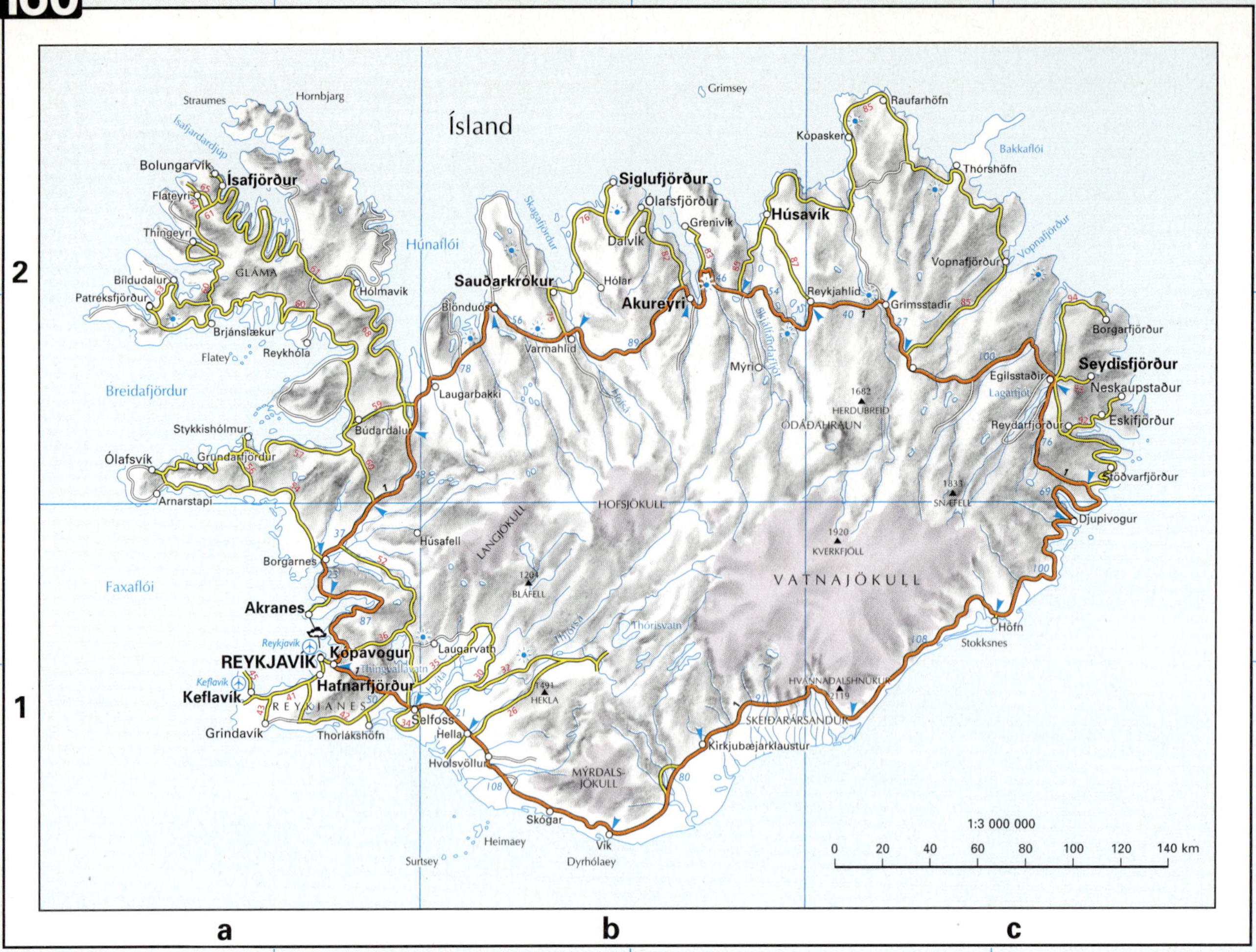
Ísland
Straumes
Hornbjarg
Grimsey
Raufarhöfn
Kópasker
Bakkaflói
Thórshöfn
Bolungarvík
Ísafjörður
Flateyri
Thingeyri
Siglufjörður
Ólafsfjörður
Grenivík
Húsavík
Dalvík
Húnaflói
Skagafjörður
Vopnafjörður
GLÁMA
Hólmavík
Bíldudalur
Patreksfjörður
Sauðárkrókur
Hólar
Akureyri
Reykjahlíð
Grímsstaðir
Blönduós
Varmahlíð
Borgarfjörður
Brjánslækur
Reykhóla
Flatey
Mýri
Egilsstaðir
Seyðisfjörður
Neskaupstaður
Breiðafjörður
Laugarbakki
1682
HERÐUBREIÐ
ÓDÁÐAHRAUN
Lagarfljót
Reyðarfjörður
Eskifjörður
Stykkishólmur
Búðardalur
Grundarfjörður
Ólafsvík
Stöðvarfjörður
Arnarstapi
HOFSJÖKULL
1833
SNÆFELL
Djúpivogur
LANGJÖKULL
1920
KVERKFJÖLL
Húsafell
Borgarnes
VATNAJÖKULL
1204
BLÁFELL
Faxaflói
Akranes
Þórisvatn
Höfn
Stokksnes
Reykjavík
Laugarvatn
REYKJAVÍK
Kópavogur
Thingvallavatn
HVANNADALSHNÚKUR
2119
Keflavík
Hafnarfjörður
1491
HEKLA
REYKJANES
SKEIÐARÁRSANDUR
Grindavík
Thorlákshöfn
Selfoss
Hella
Kirkjubæjarklaustur
Hvolsvöllur
MÝRDALS-
JÖKULL
Skógar
Heimaey
Vík
Surtsey
Dyrhólaey
1:3 000 000
0 20 40 60 80 100 120 140 km
a
b
c
1
2
4
5
6

FOL
3
1:2 000 000
0 10 20 30 40 50 60 70 80 90 100 km
Hofstad
Stokkøya
FROHAVET
Linesøya
Årnes
Follafo
Tiltrem
Frøya
Brekstad
Kjerringv
Leksvik
Krågvågfjorden
Hitra
Vanvikan
Trondheimsfjorden
Smøla
Trondheimsleia
Rørvik
Stj
Hell
2
152
153
TRONDHEIM
Heimdal
Homm
Tustna
Ertvågøy
Vinjeøra
Orkanger
Kristiansund
Bremsnes
Kvisvik
Engjane
Averøya
Kvalvåg
Halsanaustan
Selbusjøen
Tøvik
Kvitnes
Storås
941
REINSFJELL
Ørjarvik
Kanestraum
Rindal
Støren
SØR-TRØNDELAG
Gossen
Angvik
Skei
Meldal
Rognes
Eide
Tingvoll
Kvanne
Molde
Steinløysa
Rokkum
Eidsvåg
1614
TROLLHETTA
Singsås
Haltdalen
Otrøy
Grønnes
Alvundeid
Sølsnes
Langfjorden
Berkåk
Romsdalsfjorden
TROLLHEIMEN
Vestnes
Afarnes
Øksendalsøra
Ulsberg
Ålesund
Spjelkavik
Sjøholt
Vikebukt
Sunndalsøra
1605
BLÅORET
1332
FORELSHOGNA
Glå
1
Solevåg
Magerholm
Andalsnes
MØRE OG ROMSDAL
Gjøra
Oppdal
Hareidlandet
Festøy
Stordal
1739
HOGSTOLEN
Trollstig Pass
Flatmark
Verma
Driva
Rør
Os
Sykkylven
Gurskøy
Stranda
Linge
1960
KLENEGGA
DOVREFJELL NASJONALPARK
Drivstua
Kvikne
Ørsta
Sæbø
Leknes
Valldal
Stugufläten
Orkla
Tolga
Eidsdal
DOVREFJELL
Rauma
Lesjaskog
Nytrøa
GRAH
Volda
Folkestad
Hellesylt
Geiranger
1945
DIGERKAMPEN
Hjerkinn
Vågsøy
Måløy
A
B
C
D
Tynset
Stårheim
Lesja
Nordfjordeid
Hornindal
Grotli
Folldal
Grimsbu
Bremangerlandet
Nordfjord
Olsane
Stryn
1883

Bodø
Fauske
Finneid
Sulitelma
Rognan
Saltfjorden
Sandhornøya
Inndyr
Tennholmfjorden
Meløya
Glomfjord
Amøya
Nesøya
NORDLAND
Storjord
Graddis
Kvikkjokk
Tjåmotis
Karats
PÄRTEFJÄLLEN
SAREKS NATIONALPARK
PADJELANTA NATIONALPARK
Mo-i-Rana
Tomma
Nesna
Donna
Leinesodden
Sandnessjøen
Tjøtta
Vega
Mosjøen
Korgen
Umbukta
Strimasund
Sädvaluspen
PIELJEKAISE NATIONALPARK
Laisvall
Lövnäs
Arjeplog
Abraur
Moskosel
Arvids
Ammarnäs
NORRA STORFJÄLLET
Björkfors
Tärnaby
Joesjö
SÖDRA STORFJÄLLET
Hatfjelldal
Trofors
Brønnøysund
Vennesund
Holm
Leka
Kroken
Fättjaur
Kittelfjäll
Dikanäs
Grundfors
Klimpfjäll
BÖRGEFJELLET
BORGEFJELL NASJONALPARK
Majavatn
Smalåsen
Foldereid
Namsskogan
Røyrvik
NORRA BORGAFJÄLLEN
FJÄLLFJÄLLEN
Saxnäs
Stalon
Borgafjäll
Strömnäs
Sorsele
Slagnäs
Avaviken
Abborrträsk
Blattniksele
Malå
Storuman
Gunnarn
Ruskele
Lycksele
Vinliden
Vilhelmina
Jormvattnet
Sjoutnäset
NAMDALEN
Grong
Formofoss
Nordli
Gäddede
NORD-TRØNDELAG
Snåsa
GRESSÅMOEN NASJONALPARK
Sørli
Bågede
Dorotea
Åsele
Västemyrriset
Fredrika
Bjurholm
Steinkjer
SKJÆKERFJELLA
Verdalsøra
Valsjöbyn
Hotagen
Hoting
Lövberga
Strömsund
Junsele
ÅNGERMANLAND
Björna
Ådalsvollen
Sandvika
Meråker
Lillholmsjö
Föllinge
Hammerdal
Edefors
Ramsele
Bredbyn
Storlien
Åre
Ånn
Undersåker
Järpen
Mörsil
Krokom
Åreskutan
JÄMTLAND
Hallen
Vålådalen
Östersund
Stugun
Sollefteå
Sidensjö
Örnsköldsvik
Bjästa
Brunflo
Hackås
Gällö
Kälarne
Bispfors
Kramfors
Svenstavik
Bräcke
Liden
Härnösand
Hemsö
Härnön
Vauldalen
Fjällnäs
Funäsdalen
Åsarna
MEDELPAD
Borgsjö
Bergeforsen
Tännäs
Vemdalen
Hedeviken
Rätansbyn
Ånge
Östavall
Stöde
Sundsvall
Sundsvallsbukten
Midlanda
E
F
G
H
164
162
154
155
156

162
SAREKS
NATIONALPARK
PÄRTEFJALLEN
2002
1828
1188
REKAISE
Stora Lulevatten
Tjaktjajaure
Malmberget
Gällivare
820 DUNDRET
Leipojärvi
Hakkas
164
MUDDAS NATIONALPARK
Porjus
Kvikkjokk
6
Tjåmotis
Stalka
951 FARFORITA
Randijaure
Stora Luleälven
Karats
Peuraure
Karatjaure
Tjeggelvas
Jokkmokk
Lille Luleälven
Vuollerim
Vitträsk
Lansjärv
Ansvar
Pajala
Tärendö
Sieppijärvi
Kalixälven
Korpilombolo
Pello
Torneälven
Lohiniva
Meltaus
Ounasjoki
Yli-Na
Sinetta
Rovaniemi
Övertorneå
Aavasaksa
Ylitornio
Överkalix
Lövnäs
Hornavan
Vuolvojaure
Edefors
NORRBOTTEN
Kitajaur
Kåbdalis
Harads
Luleälven
Morjärv
Karunki
Karungi
Kemijoki
Simojoki
5
161
Jäknajaure
Arjeplog
Abraur
Uddjaure
Moskosel
Piteälven
Vidsel
Boden
Råneå
Töre
Kalix
Haparanda
Tornio
Kemi
Simo
Kuivaniemi
Seskarön
Bergön
Rånön
Pukkofjärden
Harufjärden
Storavan
Arvidsjaur
Grundsel
Älvsbyn
Gammelstaden
Luleå
Antnäs
Sandön
Slagnäs
Avaviken
Sorsele
Abborrträsk
Långträsk
Germandön
Kallfjärden
Piteå
Blattniksele
Glommersträsk
Ii
Haukipudas
Hailuoto
OULU
Kempele
Luodonselkä
Liminka
4
Malå
Jävre
Jörn
Skellefteälven
Byske
Gunnarn
Norsjö
Strömfors
Boliden
Norsjön
Russkele
Bastuträsk
Skellefteå
Raahe
Vinliden
Lycksele
Bureå
Burträsk
VÄSTERBOTTEN
Bygdeträsket
Lövånger
Pyhäjoki
Vihanti
Oulainen
Kalajoki
Västemyrriset
3
Umeälven
Ånäset
Botsmark
Vindeln
Robertsfors
Sikeå
Himanka
Ylivieska
Kannus
Nivala
Fredrika
Öreälven
Bygdeå
Bjurholm
Vännäs
Sävar
Umeå
Holmön
Ängesön
Holmsund
Kokkola/
Karleby
Jakobstad/
Pietarsaari
Haapajär
Hörnefors
Nykarleby/
Uusikaarlepyy
Kaustinen
Lestijärvi
ÅNGERMANLAND
Björna
Nordmaling
Rundvik
2
156
157
Jeppo/
Jepua
Evijärvi
Kinnula
Östra Gloppet
Norra Gloppet
Bredbyn
Degerfjärden
Värlax
Replot/
Raippaluoto
Oravais/
Oravainen
Alahärmä
Perho
Kivijärvi
Sidensjö
Örnsköldsvik
Vallgrund
Vaasa/
Vasa
Vimpeli
Kyyjärvi
Bjästa
Södra Gloppet
Vaasa
Lapua
Lappajärvi
Laihia
Bergö
Kramfors
Seinäjoki
Korsnäs
Pörtom/
Pirttikylä
Ähtärinjärvi
Hemsö
1
Härnösand
Kurikka
Alavus
Ähtäri
Härnön
Jokipii
Midlanda
Närpes/
Närpiö
Toisvesi
Sundsvall
Kaskinen/Kaskö
Kauhajoki
Kristinestad/
Kristiinankaupunki
Virrat
Keurusselkä
Keu
Sundsvallsbukten
A
B
C
D

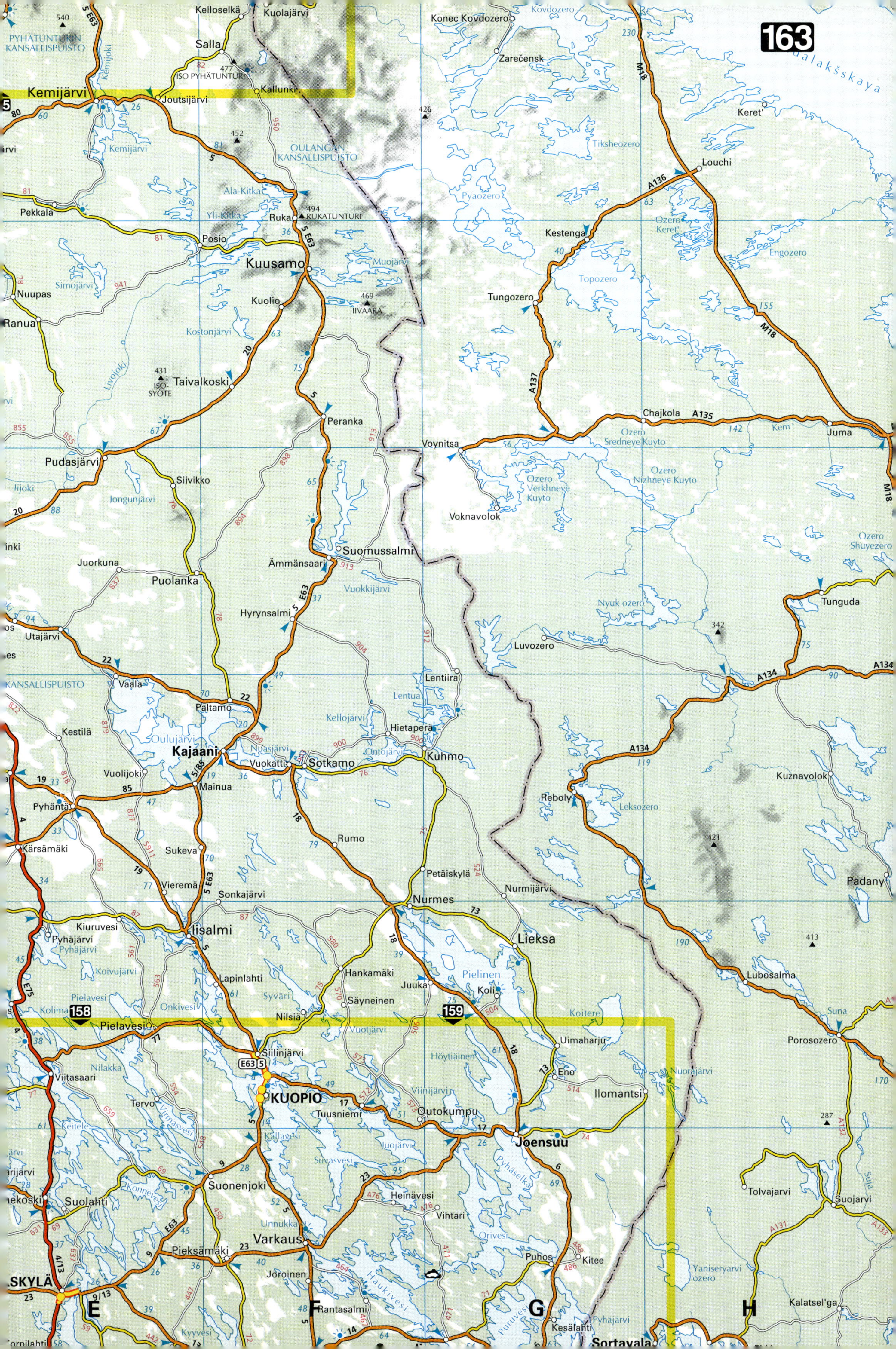
Kelloselkä
Kuolajärvi
Konec Kovdozero
Kovdozero
Zarečensk
Kandalakšskaya
PYHÄTUNTURIN KANSALLISPUISTO
Salla
ISO PYHÄTUNTURI
Kemijärvi
Joutsijärvi
Kallunki
Keret'
Tiksheozero
Louchi
OULANGAN KANSALLISPUISTO
Ala-Kitka
Yli-Kitka
Ruka
RUKATUNTURI
Pekkala
Posio
Pyaozero
Kestenga
Ozero Keret'
Engozero
Kuusamo
Muojärvi
Topozero
Simojärvi
Nuupas
Ranua
Kuolio
IIVAARA
Tungozero
Kostonjärvi
Taivalkoski
ISO-SYÖTE
Livojoki
Peranka
Chajkola
Juma
Voynitsa
Ozero Srednyeye Kuyto
Pudasjärvi
Siivikko
Ozero Verkhneye Kuyto
Ozero Nizhneye Kuyto
Jongunjärvi
Voknavolok
Iijoki
Suomussalmi
Ozero Shuyezero
Ämmänsaari
Juorkuna
Puolanka
Vuokkijärvi
Tunguda
Nyuk ozero
Hyrynsalmi
Utajärvi
Luvozero
Vaala
KANSALLISPUISTO
Lentiira
Lentua
Paltamo
Kellojärvi
Kestilä
Oulujärvi
Hietaperä
Kajaani
Nuasjärvi
Ontojärvi
Kuhmo
Vuokatti
Sotkamo
Vuolijoki
Kuznavolok
Mainua
Reboly
Pyhäntä
Leksozero
Rumo
Kärsämäki
Sukeva
Petäiskylä
Padany
Vieremä
Nurmijärvi
Sonkajärvi
Nurmes
Kiuruvesi
Iisalmi
Lieksa
Pyhäjärvi
Koivujärvi
Hankamäki
Lapinlahti
Juuka
Pielinen
Lubosalma
Säyneinen
Koli
Pielavesi
Kolima
Syväri
Onkivesi
Nilsiä
Koitere
Suna
Pielavesi
Vuotjärvi
Uimaharju
Porosozero
Siilinjärvi
Höytiäinen
Nuorajärvi
Viitasaari
Nilakka
Eno
KUOPIO
Ilomantsi
Tervo
Viinijärvi
Tuusniemi
Outokumpu
Kallavesi
Joensuu
Keitele
Juojärvi
Suvasvesi
Pyhäselkä
Suonenjoki
Konnevesi
Heinävesi
Tolvajarvi
Suojarvi
Suolahti
Vihtari
Unnukka
Orivesi
Varkaus
Pieksämäki
Puhos
Kitee
Joroinen
Yaniseryarvi ozero
Haukivesi
Kalatsel'ga
Rantasalmi
Puruvesi
Pyhäjärvi
Kesälahti
Kyyvesi
Sortavala
158
159
E
F
G
H

6
5
4
3
2
1
A
B
C
D
1:2 000 000
0 10 20 30 40 50 60 70 80 90 100 km
Arnøy
Laukøy
Skaret
Kågen
Skjervøy
Vanna
Kvaenangen
Ringvassøy
Reinøy
Ullsfjorden
Lyngenfjorden
Storslett
Futrikelv
TROMSØ
Breivikeidet
Svensby
Olderdalen
Hillesøy
Kvaløy
Fagernes
Lyngseidet
Vikran
1833
JIEKKEVARE
T R O M S
Skibotn
Straumsnes
Gibostad
Gryllefjord
Senja
Finnsnes
1328
HALTI
Andenes
Helligskogen
Andfjorden
Balsfjorden
Andøya
Selfjorden
1380
BLÅTINDAN
Nordkjosbotn
Stonglands-
eidet
Dverberg
Andselv
1590
ROSTAFJELLET
Kilpisjärvi
1029
SAANA
1444
PÄLSTAN
Risøyhamn
Grytøya
Dyrøya
1381
HJERTTIND
Skjold
Skogsøya
Sjøvegan
Andørya
Dividalen
Harstad
Sotormoen
NJUNES
1713
ØVRE
DIVIDALEN
NASJONALPARK
Langøya
Rolla
Sortland
Vågsfjorden
Astafjorden
Hinnøya
Vesterålsfjorden
SKITTENDAL-
STINDEN
1306
1463
ISTIND
Altevatnet
Stokmarknes
Hadseløya
1266
MØYSALEN
Bjerkvik
Melbu
Bogen
Narvik
VADVETJÅKKA
NATIONALPARK
1610
TUOPTETJÅKKAH
1118
TSÅKTSO
Hadsel-
fjorden
Austvågøy
Lødingen
Ofotfjorden
Riksgränsen
1169
NJULLA
Torne-träsk
Gimsøya
Abisko
Vestvågøy
Bognes
Skarberget
1901
STORSTEINFJELLET
Torneträsk
Stamsund
Svolvær
Henningsværstraumen
Tornealven
Moskenesøya
Flakstadøya
Skutvik
Ulvsvåg
Rautasjaure
Sørvågen
Vestfjorden
1520
BJØRNTOPPEN
KEBNEKAISE
2111
1584
Moskenstraumen
Kiruna
Jukkasjärvi
Nikkaluokta
Paittasjärvi
Værøy
1104
Nordfold
1845
KALLAKTJÅKKÅ
Kalixälven
Kaitumjaure
Røsthavet
Mørsvikbotn
KÅRSATJAKKA
Svappavaara
Akkajaure
1881
AKKAVARE
STORA SJÖFALLETS
NATIONALPARK
Folda
Suorva
1079
Landegode
1188
SJUNKHATTEN
Rosvik
Vastenjaure
2089
PADJELANTA
PADJELANTA
NATIONALPARK
SAREKS
NATIONALPARK
L A P P L A N D
Bodø
Saltfjorden
Finneid
Fauske
1571
BLÅMANNSISEN
Virihaure
2002
Stora
Lulevatten
Malmberget
Sandhornøya
1913
SULITELMA
PARTEFJALLEN
Gällivare
Rognan
161
1828
TARREKAISE
1188
Tjaktjajaure
820
DUNDRET
162
Tennholmfjorden
Inndyr
1405
HOGTINDEN
1625
SATERTIND
Balvatnet
Pieskehaure
Kvikkjokk
Tjåmotis
Porjus
MUDDAS
NATIONALPARK
Meløya
Glomfjord
Storjord
1745
Mavasjaure
Stalka
951
FARFORITA
Randijaure
Stora
Luleälven
Amøya
E06
E08
E10
E6
45
45 E10

165

166

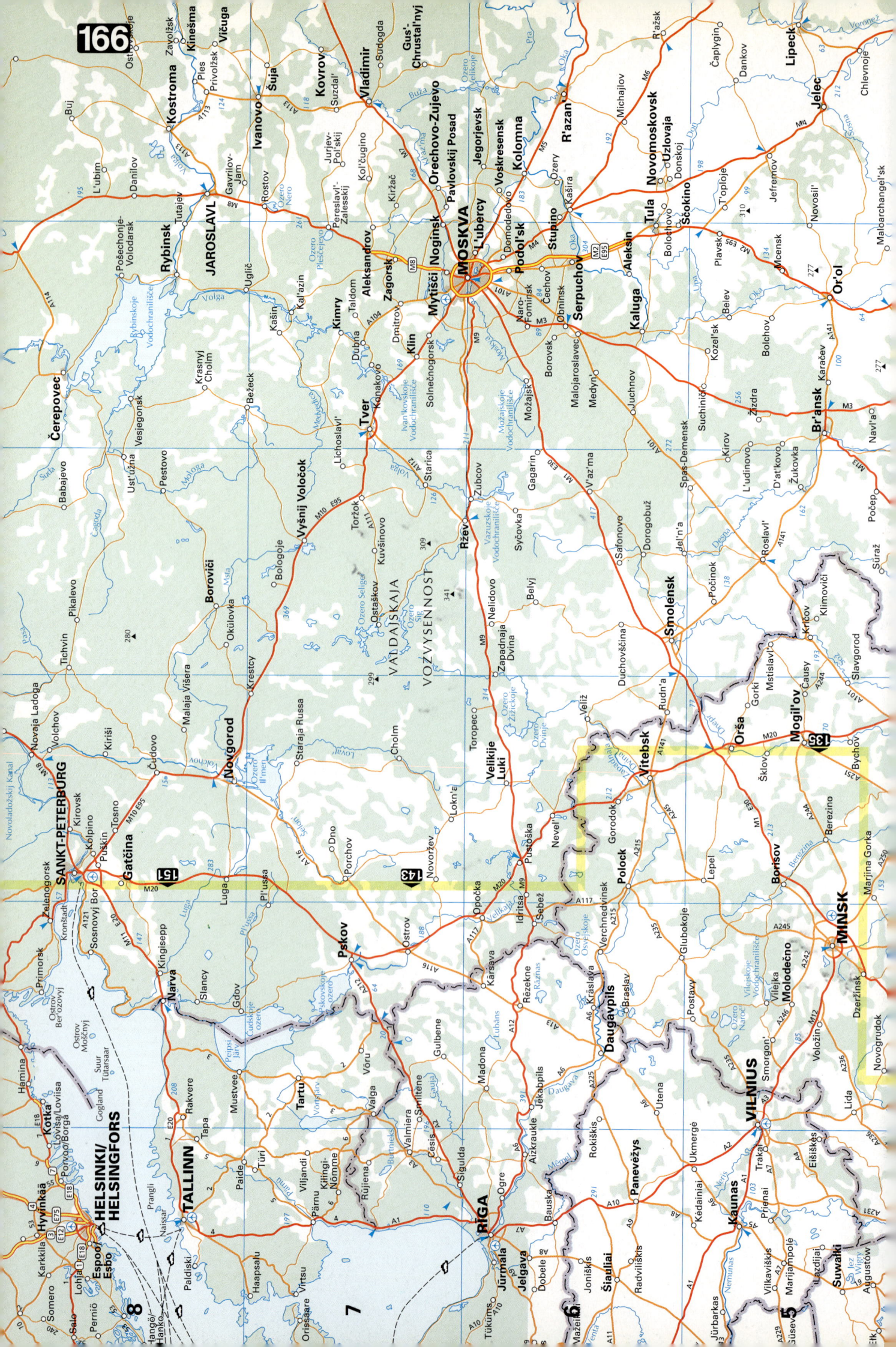

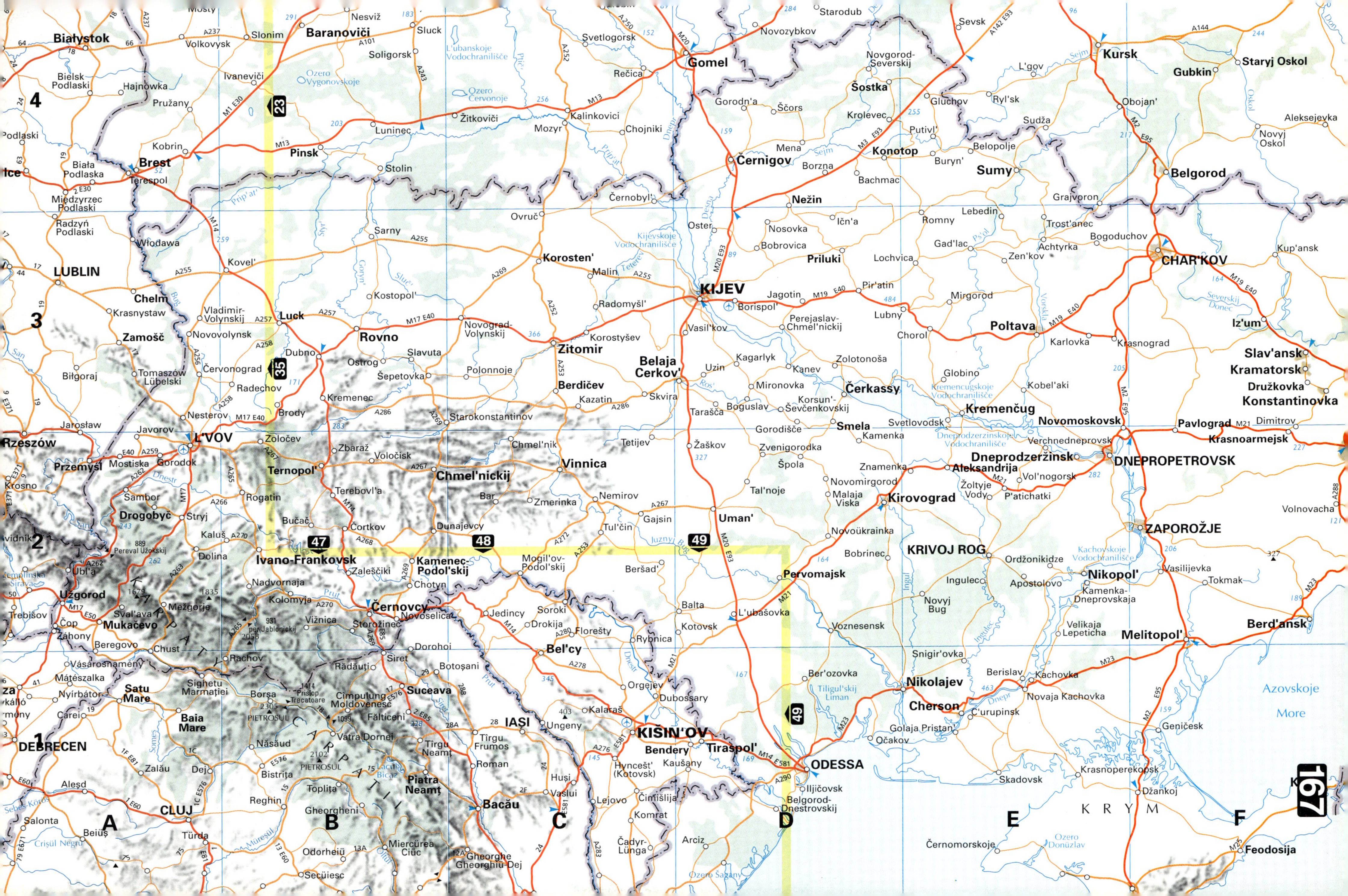
Białystok
Baranoviči
Nesviž
Sluck
Slonim
Volkovysk
Soligorsk
Gomel
Svetlogorsk
Rečica
Novozybkov
Starodub
Sevsk
Kursk
Gubkin
Staryj Oskol
Novgorod-Severskij
Šostka
L'gov
Ryl'sk
Gluchov
Obojan'
Aleksejevka
Novyj Oskol
Bielsk Podlaski
Hajnówka
Ivanevičí
Pružany
Kobrin
Brest
Terespol
Biała Podlaska
Pinsk
Luninec
Žitkoviči
Kalinkoviči
Mozyr
Chojniki
Stolin
Černigov
Gorodn'a
Ščors
Krolevec
Konotop
Putivl'
Belopolje
Sumy
Sudža
Belgorod
Mena
Borzna
Bachmač
Buryn'
Nežin
Černobyl'
Ovruč
Grajvoron
Lebedin
Romny
Trost'anec
Bogoduchov
Achtyrka
CHAR'KOV
Kup'ansk
Międzyrzec Podlaski
Radzyń Podlaski
Włodawa
LUBLIN
Chełm
Krasnystaw
Zamość
Biłgoraj
Tomaszów Lubelski
Kovel'
Sarny
Korosten'
Malin
Oster
Kijevskoje Vodochranilišče
Nosovka
Bobrovica
Ičn'a
Priluki
Lochvica
Gad'ač
Zen'kov
Vladimir-Volynskij
Novovolynsk
Luck
Kostopol'
Rovno
Novograd-Volynskij
Radomyšl'
KIJEV
Borispol'
Jagotin
Pir'atin
Lubny
Mirgorod
Poltava
Iz'um
Karlovka
Krasnograd
Slav'ansk
Kramatorsk
Družkovka
Konstantinovka
Červonograd
Radechov
Dubno
Ostrog
Slavuta
Šepetovka
Polonnoje
Žitomir
Korostyšev
Vasil'kov
Perejaslav-Chmel'nickij
Chorol
Belaja Cerkov'
Uzin
Kagarlyk
Kanev
Zolotonoša
Globino
Kobel'aki
Čerkassy
Kremenčug
Novomoskovsk
Pavlograd
Dimitrov
Krasnoarmejsk
Rzeszów
Jarosław
Przemyśl
Krosno
Mostiska
Gorodok
Javorov
Nesterov
L'VOV
Brody
Kremenec
Zoločev
Zbaraž
Ternopol'
Voločisk
Starokonstantinov
Berdičev
Kazatin
Skvira
Mironovka
Tarašča
Boguslav
Korsun'-Ševčenkovskij
Smela
Kamenka
Svetlovodsk
Verchnedneprovsk
Dneprodzeržinsk
DNEPROPETROVSK
Sambor
Drogobyč
Stryj
Rogatin
Terebovl'a
Chmel'nik
Chmel'nickij
Vinnica
Tetijev
Žaškov
Zvenigorodka
Špola
Gorodišče
Znamenka
Aleksandrija
Novomirgorod
Malaja Viska
Kirovograd
Žoltyje Vody
Vol'nogorsk
P'atichatki
Volnovacha
Bučač
Čortkov
Bar
Žmerinka
Nemirov
Tul'čin
Gajsin
Uman'
Tal'noje
Dunajevcy
Kaluš
Dolina
Ivano-Frankovsk
Zaleščiki
Kamenec-Podol'skij
Mogil'ov-Podol'skij
Beršad'
Novoukrainka
Bobrinec
KRIVOJ ROG
Ordžonikidze
ZAPOROŽJE
Vasilijevka
Tokmak
Užgorod
Čop
Záhony
Mukačevo
Sval'ava
Mežgorje
Nadvornaja
Kolomyja
Chotyn
Černovcy
Novoselica
Vižnica
Storožinec
Jedincy
Soroki
Drokija
Florešty
Bel'cy
Rybnica
Balta
Kotovsk
L'ubašovka
Pervomajsk
Inguleс
Novyj Bug
Apostolovo
Nikopol'
Kamenka-Dneprovskaja
Velikaja Lepeticha
Melitopol'
Berd'ansk
Beregovo
Chust
Rachov
Vásárosnamény
Mátészalka
Nyírbátor
Satu Mare
Carei
Sighetu Marmaţiei
Borşa
Rădăuţi
Siret
Dorohoi
Botoşani
Suceava
Cîmpulung Moldovenesc
Fălticeni
Vatra Dornei
Iaşi
Ungeny
Kalaraš
Orgejev
Dubossary
KIŠIN'OV
Bendery
Tiraspol'
Voznesensk
Snigir'ovka
Ber'ozovka
Nikolajev
Cherson
Berislav
Kachovka
Novaja Kachovka
C'urupinsk
Golaja Pristan'
Očakov
ODESSA
Azovskoje More
Geničesk
Baia Mare
DEBRECEN
Zalău
Dej
Năsăud
Bistriţa
Tirgu Neamţ
Tirgu Frumos
Roman
Piatra Neamţ
Bacău
Huşi
Vaslui
Hynceşt' (Kotovsk)
Kaušany
Lejovo
Cimišlija
Komrat
Čadyr-Lunga
Arciz
Il'ičovsk
Belgorod-Dnestrovskij
Skadovsk
Krasnoperekopsk
Džankoj
Černomorskoje
KRYM
Feodosija
Aleşd
Cluj
Turda
Salonta
Beiuş
Reghin
Toplita
Gheorgheni
Odorheiu
Miercurea Ciuc
Secuiesc
Gheorghe Gheorghiu-Dej
KARPATY
CARPAŢII
A
B
C
D
E
F
1
2
3
4
23
35
47
48
49

A

Name	Page	Grid
23 August RO	63	F1
A Caniza E	64	B3
A Coruña/La Coruña E	64	C5
A Estrada E	64	B4
A Garda E	64	A2
A Gudiña E	67	E4
A Rúa E	64	D2
Aabenraa DK	128	C4
Aachen D	28	C5
Aalborg DK	137	F3
Aalburg NL	16	B2
Aalen D	41	F6
Aalsmeer NL	16	B4
Aalst (Alost) B	27	G6
Aalten NL	16	D2
Aalter B	15	G1
Äänekoski FIN	158	B5
Aapajärvi FIN	165	G1
Aarau CH	40	C3
Aarberg CH	40	B2
Aarburg CH	40	C3
Aareavaraa S	165	G1
Aarschot B	28	A6
Aavasaksa FIN	162	C5
Abádszalók H	45	G2
Abalı TR	121	E5
Abana TR	113	E5
Abano Terme I	56	A3
Abaújszántó H	46	A4
Abbasanta I	87	b3
Abbekås S	130	A4
Abbeville F	26	D5
Abbeydorney IRL	4	B3
Abbeyfeale IRL	4	C3
Abbeyleix IRL	5	F3
Abbiategrasso I	54	D4
Abborrträsk S	162	A4
Abbotsbury GB	13	E2
Abejar E	69	E1
Abela P	74	B2
Abenberg D	30	B1
Abenójar E	76	C1
Abensberg D	42	B6
Aberaeron GB	10	A2
Aberchirder GB	7	G2
Aberdare GB	13	E5
Aberdaron GB	10	A3
Aberdeen GB	7	G1
Aberdyfi GB	10	B2
Aberfeldy GB	9	E6
Aberfoyle GB	8	D5
Abergavenny GB	13	F5
Abergele GB	10	C4
Aberlour GB	7	F2
Abersoch GB	10	A3
Abertillery GB	13	E5
Aberystwyth GB	10	B2
Abetone I	88	B6
Abide TR	109	F3
Abide TR	118	D4
Abingdon GB	13	H4
Abisko S	164	C2
Abja-Paluoja EST	142	C5
Abla E	83	E2
Ablanitsa BG	95	E4
Ablis F	26	C1
Åbo/Turku FIN	149	F5
Abondance F	53	H6
Abony H	45	F2
Aboyne GB	7	F1
Abrantes P	74	D4
Abraur S	162	A5
Abreschviller F	40	B6
Abriès F	53	H3
Abrud RO	60	D5
Abtenau A	42	D3
Abtshagen D	129	G1
Åby S	139	G6
Åbybro DK	137	F3
Acâtari RO	61	F6
Acate I	105	E2
Acceglio I	53	H2
Accettura I	100	D2
Acciaroli I	100	B2
Accous F	70	C3
Acerno I	99	G2
Acharnés GR	115	H3
Achenkirch A	42	A3
Achern D	40	C6
Acheux-en-Amiénois F	27	E5
Achiltibuie GB	6	D4
Achim D	17	H4
Achladókampos GR	115	F2
Achnasheen GB	6	D3
Achtyrka UA	166	E3
Aci Castello I	105	G3
Aci Trezza I	105	G3
Acıgöl TR	121	F3
Acıpayam TR	125	E6
Acıpınar TR	121	E3
Acireale I	105	G3
Acış RO	46	C3
Acquafredda I	100	D2
Acqualagna I	89	E5
Acquapendente I	88	D3
Acquasanta Terme I	89	G3
Acquasparta I	89	E3
Acquaviva delle Fonti I	101	E3
Acqui Terme I	54	C2
Acri I	102	D5
Ács H	44	C3
Acsa H	45	F2
Ada YU	59	G4
Ådalsvollen N	161	E2
Adámas GR	123	F5
Adamclisi RO	63	E1
Adana TR	127	H6
Adanalıoğlu TR	127	H5
Adanero E	76	D6
Adapazarı TR	111	E5
Adare IRL	4	C3
Adaševci YU	59	G2
Adelboden CH	40	B1
Adelebsen D	18	A1
Adelfia I	101	E4
Adelsheim D	29	G2
Adelsried D	41	G5
Adenau D	28	D4
Adiller TR	126	D4
Adjud RO	62	C6
Admont A	43	E5
Adneram N	144	C2
Adony H	45	E2
Adorf D	30	D3
Adra E	82	D1
Adrano I	105	F3
Adrasan TR	56	A3
Adrigole IRL	4	B2
Aduntaţii-Copăceni RO	62	B1
Adutiškis LT	134	C4
Aegviidu EST	150	C2
Åfyssos GR	115	F6
Áfytos GR	108	A2
Ag Marina GR	116	A4
Ağaçören TR	121	F4
Agapia RO	48	A2
Agaş RO	48	B1
Agay F	86	B4
Agde F	72	D5
Agen F	51	E3
Agéranos GR	122	C5
Aggersund DK	137	E3
Aggius I	87	b4
Aggsbach-Dorf A	43	G4
Aggsbach-Markt A	43	G4
Agiá GR	107	G2
Agia Ánna GR	115	G5
Agía Déka GR	123	d2
Agia Galíni GR	123	c2
Agía Marína GR	115	H3
Agía Marína GR	117	E2
Agia Nápa CY	127	c2
Agía Paraskeví GR	109	F1
Ágia Triáda GR	114	D3
Ágia Triáda GR	107	G3
Ágia Varvára GR	123	d2
Agigea RO	63	F2
Agighiol RO	63	F4
Agiofíllo GR	107	F2
Agioi Theódoroi GR	115	G3
Agiókampos GR	107	G1
Agiókampos GR	115	G5
Ágios Amvrósios (Esentepe) CY	127	c2
Ágios Andréas GR	115	F2
Ágios Charálampos GR	108	D5
Ágios Dimítrios GR	107	F2
Ágios Efstrátios GR	108	D1
Ágios Geórgios GR	115	E5
Ágios Kirykos GR	117	F1
Ágios Konstantinos GR	115	F5
Ágios Konstantinos GR	117	F3
Ágios Mýron GR	123	d2
Ágios Nikólaos GR	114	C5
Ágios Nikólaos GR	122	B5
Ágios Nikólaos GR	108	A2
Ágios Nikólaos GR	123	e2
Ágios Pétros GR	114	B4
Ágios Pétros GR	107	G4
Ágios Pétros GR	115	F1
Ágios Pródromos GR	108	A3
Agios Vlásios GR	114	D5
Ágira I	105	E3
Ágnanta GR	114	C6
Agnanteró GR	107	F1
Agnita RO	61	F5
Agnone I	99	F4
Agon-Coutainville F	25	F1
Agoncillo E	69	F3
Agordo I	56	B1
Ágra GR	107	F4
Agramunt E	71	F3
Agreda E	69	F1
Agriá GR	115	F6
Agrigento I	104	D3
Agropoli I	100	B2
Aguadulce E	83	E1
Aguda P	66	B3
Agudo E	76	B2
Agueda P	66	B2
Aguiar da Beira P	66	D2
Aguilar de Campóo E	68	C4
Águilas E	83	G2
Ağva (Yeşilçay) TR	110	D5
Ağzıkarahan TR	121	E3
Agzicragh IRL	5	E5
Ahat TR	119	E4
Ahaus D	17	E3
Ahiboz TR	120	C5
Ahırlı TR	126	B5
Ahlainen FIN	157	E2
Ahlbeck D	19	G5
Ahlbeck D	19	G6
Ahlen D	17	F2
Ahlhorn D	17	G4
Ahmetli TR	118	B3
Ahoghill GB	3	G4
Ahrensbök D	128	D2
Ahrensburg D	18	B6
Ahrweiler D	28	D5
Ähtäri FIN	157	H4
Ahun F	37	H1
Åhus S	130	B5
Ahvensalmi FIN	159	E4
Aiani GR	107	F2
Aicha D	42	D5
Aichach D	41	H5
Aidenbach D	42	C5
Aidone I	105	E3
Aigen A	43	E5
Aigiali GR	117	E1
Aigialoúsa (Yenierenköy) CY	127	c3
Aigina GR	115	G2
Aigínio GR	107	G3
Aigio GR	115	E3
Aigle CH	54	A6
Aiglsbach D	42	A5
Aignay-le-Duc F	39	E4
Aigre F	37	E2
Aigrefeuille F	36	C3
Aigrefeuille-sur-Maine F	36	C5
Aiguablava E	72	C2
Aiguebelle F	86	A4
Aiguebelle F	53	G5
Aigueperse F	38	B1
Aigues-Mortes F	73	E6
Aiguilles F	53	H3
Aiguillon F	50	D4
Aigurande F	37	H2
Äijälä FIN	158	C4
Ailefroide F	53	G3
Aillant-sur-Tholon F	38	C5
Aime F	53	H4
Ainaži LV	142	B4
Ainhoa F	69	H4
Ainsa E	71	E2
Airaines F	26	D5
Airdrie GB	8	D4
Aire F	27	E6
Aire-sur-l'Adour F	50	C2
Airolo CH	40	D1
Airvault F	37	E4
Aisey-sur-Seine F	39	E4
Aissey F	39	H3
Aisy-sur-Armançon F	39	E4
Aisými GR	109	E5
Aita Mare RO	61	H5
Aiterhofen D	42	C5
Aitoliko GR	114	D4
Aitrach D	41	F4
Aiud RO	61	E5
Aix-en-Othe F	38	D6
Aix-en-Provence F	73	G5
Aix-les-Bains F	53	F5
Aixe-sur-Vienne F	37	F1
Aizenay F	36	C4
Aizkraukle LV	142	C2
Ajaccio F	73	a2
Ajdovščina SLO	56	D4
Ajka H	44	C1
Akáki CY	127	b2
Akalan TR	110	B5
Akanthoú (Tatlısu) CY	127	c2
Akarca TR	119	E4
Akäslompolo FIN	165	F2
Akasztó H	59	F6
Akbelenli TR	119	G2
Akbenli TR	121	G6
Akçakavak TR	124	D5
Akçakent TR	121	E6
Akçakoca TR	111	F6
Akçaköy TR	119	F3
Akçaören TR	121	F2
Akçaova TR	124	C6
Akçaova TR	111	E5
Akçay TR	109	G2
Akçay TR	125	F4
Akdağmadeni TR	121	H6
Akdogan (Lysi) CY	127	c2
Aken D	18	D1
Åker S	147	H2
Åkersberga S	148	B3
Akhisar TR	118	B4
Akhtopol BG	97	E2
Åkirkeby DK	130	C3
Akkaya TR	113	F4
Akkeçili TR	119	G3
Akköy TR	117	G3
Akland N	145	E1
Akmeşe TR	111	E5
Akniste LV	134	B6
Akonpohja FIN	159	G3
Akören TR	126	C6
Akoúmia GR	123	c2
Akpınar TR	111	F3
Akpınar TR	121	E5
Akraifnio GR	115	G4
Akranes IS	160	a1
Åkrehamn N	144	A3
Akrotíri GR	123	H4
Akrotírion CY	127	b1
Aksakal TR	110	B3
Aksakovo BG	96	D5
Aksaray TR	121	E3
Akşehir TR	119	H4
Akseki TR	126	B4
Aksu TR	125	H5
Aksu TR	119	H2
Akureyri IS	160	b2
Akyazı TR	111	F5
Akyurt TR	113	E1
Ål N	145	F5
Ala I	55	G4
Alá dei Sardi I	87	b3
Ala di Stura I	54	A4
Ala-Honkajoki FIN	157	F3
Ala-Nampa FIN	163	E6
Alaca TR	113	H2
Alacalı TR	110	D5
Alaçam TR	113	H5
Alacant (Alicante) E	84	C4
Alaçatı TR	117	E4
Aladağ TR	126	D5
Aladağ E	121	H2
Alaejos E	67	H2
Alagna-Valsésia I	54	B5
Alagón E	78	C6
Alahan TR	127	E5
Alahärmä FIN	157	F6
Alandroal P	75	E2
Ålandsbro S	156	A4
Alange E	75	G2
Alaniš E	81	G5
Alanya TR	126	C3
Alapitkä FIN	158	D6
Alaplı TR	111	G6
Alaraz E	76	C6
Alarcón E	77	G2
Alaşehir TR	118	C3
Alássio I	86	D5
Alastaro FIN	149	G6
Alatoz E	84	B6
Alatri I	98	D4
Alavus FIN	157	G5
Alba I	54	B2
Alba Adriatica I	89	G3
Alba de Tormes E	76	B6
Alba Iulia RO	61	E5
Albac RO	60	D6
Albacete E	83	G6
Albaida E	84	C5
Ålbæk DK	137	E3
Alban F	51	H2
Albano Laziale I	98	C4
Albarella I	56	B3
Albarracín E	78	A3
Albena BG	97	E5
Albenga I	86	D5
Albens F	53	F5
Alberga S	147	F5
Albergaria a Velha P	66	B2
Alberique E	84	C5
Alberobello I	101	F3
Albersdorf D	128	B2
Albert F	27	E4
Albertirsa H	45	F2
Albertville F	53	G5
Albeşti RO	61	G3
Albeşti RO	48	C5
Albeşti Paleologu RO	62	B3
Albi F	51	G2
Albisola Marina I	54	C1
Albiţa RO	48	D2
Alboćacer E	78	D3
Albota RO	61	G2
Albufeira P	80	B5
Albuñol E	82	D2
Alburquerque E	75	F3
Alby S	139	G1
Alcácer do Sal P	74	C2
Alcáçovas P	74	C2
Alcalá de Chivert E	78	D3
Alcalá de Guadaira E	81	G4
Alcalá de Henares E	77	F1
Alcalá de los Gazules E	81	F2
Alcalá del Río E	81	F5
Alcalá la Real E	82	C3
Álcamo I	104	C4
Alcanar E	79	E3
Alcanede P	74	C5
Alcanena P	74	C5
Alcañices E	67	F3
Alcañiz E	78	D4
Alcántara E	75	F4
Alcantarilla E	84	A3
Alcaracejos E	82	B6
Alcaraz E	83	F5
Alcarràs E	79	E5
Alcaudete E	82	C4
Alcázar de San Juan E	77	F4
Alcester GB	13	G5
Alçı TR	121	F6
Alcobaça P	74	C5
Alcobendas E	77	E4
Alcoceber E	78	D2
Alcochete P	74	B3
Alcolea del Pinar E	77	G5
Alcora E	78	C4
Alcorisa E	78	C4
Alcoutim P	80	D5
Alcover E	79	F4
Alcoy E	84	C4
Alcubierre E	78	D6
Alcúdia E	85	b2
Aldbrough GB	11	G4
Aldea del Cano E	75	F4
Aldea del Fresno E	76	D4
Aldeburgh GB	15	E4
Aldenhoven D	28	C6

Aldershot

Apricena

Aldershot GB 14 A3
Alekovo BG 96 D6
Aleksandrija UA 166 E2
Aleksandrov RUS 167 E7
Aleksandrovac YU 60 A1
Aleksandrovo BG 95 E4
Aleksandrów Kujawski PL 21 F4
Aleksandrów Łódzki PL 21 G1
Aleksejevka RUS 166 F4
Aleksin RUS 167 E6
Aleksinac YU 93 F5
Ålem S 139 G2
Alemdağ TR 110 C5
Ålen N 154 B5
Alençon F 25 H2
Aléria F 73 b2
Alès F 52 C2
Áles I 87 b2
Aleşd RO 46 C2
Alessándria I 54 C3
Alessándria della Rocca I 104 D3
Ålestrup DK 137 F2
Ålesund N 152 C4
Alexándreia GR 107 G3
Alexandria GB 8 D5
Alexandria RO 95 F6
Alexandroúpoli GR 109 E5
Alf D 28 D4
Alfajarín E 78 C6
Alfambras P 80 A6
Alfaro E 69 G2
Alfarrás E 79 E6
Alfatar BG 62 D1
Alfedena I 99 E4
Alfeizerão P 74 C5
Alfeld D 18 A2
Alfeld D 30 C2
Alfonsine I 56 A1
Alford GB 7 G2
Ålfoten N 152 C3
Alfreton GB 11 E3
Alfta S 155 G1
Ålgarås S 138 D6
Ålgård N 144 B2
Algeciras E 81 F1
Algemesí E 84 C6
Älgered S 155 H3
Alghero I 87 a3
Älghult S 139 F2
Algodonales E 81 G3
Algora E 77 G5
Algorta/Getxo E 69 E5
Algyő H 59 G5
Alhama de Aragón E 78 A5
Alhama de Granada E 82 B2
Alhama de Murcia E 83 G3
Alhaurín el Grande E 81 H2
Ålhus N 152 C2
Ali Terme I 105 G4
Ália I 104 D4
Aliağa TR 117 F6
Aliartos GR 115 G4
Alıbeyhüyüğü TR 126 C6
Alibeyköy TR 110 C5
Alibunar YU 60 A3
Alicante (Alacant) E 84 C4
Alijó P 66 D3
Alikampos GR 122 b2
Alikanás GR 114 C2
Alimena I 105 E4
Alingsås S 138 B4
Alistráti GR 108 B5
Alivéri GR 116 D4
Aljezur P 80 B6
Aljubarrota P 74 C5
Aljucén E 75 G3
Aljustrel P 74 C1
Alkmaar NL 16 B4
Alkoven A 43 E4
Allaines F 38 A6
Allainville F 26 C1
Allanche F 52 B5
Alland A 43 H4
Allariz E 64 C2
Alleghe I 56 B6
Allemont F 53 F4
Allensbach D 41 E3
Allersberg D 30 C1
Allershausen D 42 A5
Allevard F 53 G4
Allihies IRL 4 A2
Allingåbro DK 137 G1
Allinge DK 130 B4
Alloa GB 9 E5
Allonnes F 37 E5
Allos F 53 G2
Allstedt D 30 C6
Almacelles E 79 E5
Almadén E 76 B1
Almagro E 76 D1
Almansa E 84 B5
Almargen E 81 H3
Almazán E 77 G6
Almazora E 78 D2
Almeida P 67 E1
Almeirim P 74 C4
Almelo NL 16 D3
Almenar de Soria E 69 F1
Almendral E 75 F2
Almendralejo E 75 G2
Almere NL 16 B4
Almería E 83 E1
Älmhult S 138 D1
Almirón GR 122 B5
Almodôvar P 80 C6
Almodóvar del Campo E 82 C6
Almodóvar del Pinar E 77 H2
Almodóvar del Río E 82 A5
Almograve P 74 B1
Almonaster la Real E 81 E6
Almonte E 81 E4
Älmsta S 148 B3
Almuñécar E 82 C2
Almunge S 148 B3
Almvik S 139 G4
Almyropótamos GR 116 A4
Almyrós GR 115 F6
Alness GB 7 E3
Alnmouth GB 9 G3
Alnwick GB 9 G3
Aloja LV 142 C4
Alónnisos GR 115 H6
Alora E 82 A2
Alosno E 81 E5
Alost (Aalst) B 27 G6
Alp E 71 G1
Alpalhão P 75 E4
Alpbach A 42 B2
Alpedrinhas P 75 F5
Alpen D 16 D2
Alpera E 84 B5
Alphen-aan den Rijn NL 16 B3
Alpirsbach D 40 D5
Alpu TR 111 G3
Alpullu TR 109 G6
Alquézar E 70 D1
Alresford GB 13 H3
Als DK 137 G2
Alsager GB 10 D3
Alsasua E 69 F4
Alsenz D 29 E3
Alsfeld D 29 G5
Alsleben D 18 D1
Alsótold H 45 F3
Alstätte D 17 E3
Alston GB 9 F2
Alt Schadow D 19 G2
Alta N 165 E4
Altafulla E 79 F4
Altamura I 100 D3
Altaussee A 42 D3
Altdorf CH 40 D2
Altdorf D 30 C1
Altea E 84 D4
Altedo I 55 H2
Altena D 17 E1
Altenahr D 28 D5
Altenau D 18 B2
Altenberg D 31 G4
Altenberge D 17 E3
Altenburg D 31 E5
Altenglan D 29 E2
Altenhundem D 29 F6
Altenkirchen D 29 E5
Altenkirchen D 129 H2
Altenmarkt A 43 F3
Altenmarkt D 42 C4
Altenmarkt im Pongau A 42 D2
Altenstadt D 41 F4
Altensteig D 40 D5
Altentreptow D 19 F5
Altenwalde D 128 B1
Alter do Chão P 75 E4
Altheim A 42 D4
Altimir BG 94 C5
Altınekin TR 120 C2
Altınhisar TR 121 F2
Altinkum TR 117 G2
Altınoluk TR 109 G2
Altınova TR 109 G1
Altınova TR 110 D4
Altıntaş TR 119 F5
Altınyaka TR 125 G4
Altınyayla TR 125 E5
Altkirch F 40 B4
Altmünster A 42 D3
Altnaharra GB 7 E4
Alton GB 13 H3
Altötting D 42 C4
Altrincham GB 10 D4
Altruppin D 19 F4
Altshausen D 41 E4
Altstätten CH 41 E3
Alūksne LV 143 E4
Alunda S 148 B4
Alvalade P 74 C1
Älvängen S 138 B4
Alvdal N 153 H3
Älvdalen S 154 D1
Alversund N 144 B6
Alvesta S 139 E2
Alvignac F 51 G4
Alvik N 144 C5
Alvito P 74 D2
Älvkarleby S 148 A5
Alvor P 80 B5
Älvros S 154 C2
Älvros S 155 E3
Älvsbyn S 162 B5
Älvsered S 138 C3
Alvundeid N 153 F5
Alyki GR 108 C4
Alyki GR 123 G6
Alytus LT 133 G2
Alzenau D 29 G3
Alzey D 29 F3
Alzira E 84 C5
Alzon F 52 B2
Alzonne F 72 A6
Åmål S 146 C1

ANTWERPEN
(ANVERS)
0
6 km
ROTTERDAM
BREDA
Stabroek
Kapellen
Maria-ter-Heide
Hoevenen
Brasschaat
Kieldrecht
Ekeren
St Antonius
Verrebroek
Schoten
Merksem
Schilde
Deurne
Vrasene
Zwijndrecht
Wijnegem
Beveren
Borgerhout
Wommelgem
Sint Niklaas
Hoboken
Berchem
Broechem
Kruibeke
Boechout
Wilrijk
Emblem
Hemiksem
Lier
Kontich
Schelle
Lint
Temse
Berlaar
De Raaf
Niel
Waarloos
Bornem
Duffel
Boom
Rumst
Walem
Willebroek
St Amands
Putte
MECHELEN
(Malines)
Baasrode
Peulis
BRUSSEL / BRUXELLES
BRUSSEL / BRUXELLES
GENT / GAND
EINDHOVEN
LIÈGE / LUIK
Schelde
Rupel

Amalfi I 99 F1
Amaliáda GR 114 D2
Amaliápoli GR 115 F6
Amance F 39 G4
Amancey F 39 G2
Amandola I 89 G3
Amantea I 102 D4
Amara RO 62 D2
Amarante P 66 C3
Amărăştu de Jos RO 94 D6
Amareleja P 75 E1
Amári GR 123 c2
Amárynthos GR 115 H4
Amasra TR 112 C4
Amatrice I 89 F2
Amaxádes GR 108 D5
Amay B 28 B5
Ambarès F 50 C5
Ambarköy TR 121 G4
Ambasmestas E 65 E3
Ambazac F 37 G1
Amberg D 30 D2
Ambérieu-en-Bugey F 53 F6
Ambert F 52 C5
Ambjörby S 146 C5
Ambla EST 150 C2
Amble GB 9 G2
Ambleside GB 10 D6
Amboise F 37 G5
Ambrières F 25 G2
Ameixial P 80 C5
Amélia I 89 E2
Amélie-les-Bains F 72 B4
Amelinghausen D 18 B4
Amerongen NL 16 C3
Amersfoort NL 16 C3
Amersham GB 14 A4
Amesbury GB 13 G3
Amfikleia GR 115 F4
Amfilochia GR 114 C5
Ámfissa GR 115 E4
Amiens F 27 E4
Åmli N 145 E1
Amlwch GB 10 B4
Ammanford GB 12 D5
Ämmänsaari FIN 163 F4
Ammarnäs S 161 G5
Åmmeberg S 147 E1
Ammóchostos (Gazimağusa) CY 127 c2
Amnisós GR 123 d3
Amorbach D 29 G2
Amorgós GR 117 E1
Åmot N 145 E3
Åmot N 145 G4
Åmot S 147 G6
Åmotfors S 146 B3
Amou F 70 D4
Ampelákia GR 107 G2
Ampezzo I 56 C5
Ampfing D 42 B4
Amphion F 39 H1
Amplepuis F 52 D6
Amposta E 79 E3
Ampthill GB 14 B4
Ampuis F 53 E5
Amriswil CH 41 E3
Amsteg CH 40 D1
Amsterdam NL 16 B4
Amstetten A 43 F4
Åmtervik S 146 C3
Amurria E 69 E4
Amutova TR 109 G1
Amyklai GR 122 B5
Amýntaio GR 107 E4
Amzacea RO 63 F1
An Charraig (Carrick) IRL 2 D5
An Daingean (Dingle) IRL 4 A3
An Rinn (Ring) IRL 5 E1
An Spidéal (Spiddal) IRL 4 C5
Åna-Sira N 136 B6
Anadia P 66 B1
Anagni I 98 D4
Anamur TR 126 D3
Anascaul IRL 4 B3
Ånäset S 162 B3
Anatolikó GR 107 E3
Anáviyssos GR 116 A3
Ancenis F 36 D5
Ancerville F 27 H1
Ancona I 89 G5
Ancy-le-Franc F 38 D5
Anda N 152 C3
Andalo I 55 G5
Åndalsnes N 153 E4
Andau A 44 B3
Andelot F 39 F5
Andenes N 164 B4
Andenne B 28 B5
Andermatt CH 40 D1
Andernach D 29 E4
Andernos-les-Bains F 50 B5
Anderslöv S 129 H4
Anderstorp S 138 D3
Andijk NL 16 C4
Andocs H 58 C6
Andolsheim F 40 B4
Andorno Micca I 54 B4
Andorra la Vella AND 71 G1
Andover GB 13 G3
Andraitx E 85 a2
Andrăşeşti RO 62 D2
Andravida GR 114 D3
Andreas GBM 8 C1
Andrespol PL 21 G1
Andretta I 100 B3
Andrézieux-Bouthéon F 52 D5
Ándria I 100 D4
Andrijevica YU 92 C3
Andritsaina GR 115 E2
Ándros GR 116 C3
Andrychów PL 33 G2
Andselv N 164 C3
Andújar E 82 C5
Anduze F 52 C2
Aneby S 139 E4
Ånes N 153 F6
Anet F 26 C2
Ånge S 155 F4
Angeja P 66 B2
Ängelholm S 129 G6
Angelókastro GR 114 C4
Anger A 43 G2
Angermünde D 19 G4
Angern A 44 B4
Angers F 37 E5
Angerville F 26 D1
Anglès E 72 B3
Anglet F 69 H5
Anglure F 27 F1
Angoulême F 37 E1
Angüés E 70 D1
Angvik N 153 F5
Aniane F 52 B1
Aniche F 27 F5
Anina RO 60 B3
Anıtkaya TR 119 F5
Anjala FIN 150 D6
Anjalankoski FIN 150 D6
Anjum NL 16 D6
Ankara TR 120 C6
Ankaran SLO 56 D4
Ankarsrum S 139 G4
Anklam D 19 G6
Ankum D 17 F4
Ånn S 154 C6
Anna Paulowna NL 16 B5
Annaberg A 42 D3
Annaberg A 43 G3
Annaberg-Buchholz D 31 E4
Annalong GB 3 G3
Annan GB 9 E2
Annecy F 53 G5
Annelund S 138 C4
Annemasse F 53 G6
Annenheim A 56 D6
Annestown IRL 5 E1
Annonay F 52 D4
Annopol PL 34 C5
Annot F 86 B5
Annweiler D 29 E2
Áno Sangkrí GR 116 D1
Áno Viánnos GR 123 e2
Anógia GR 123 d2
Ans DK 137 F1
Ansbach D 30 B1
Anse F 53 E6
Ansedónia I 88 C2
Anseremme B 28 A4
Anstey GB 11 E2
Anstruther GB 9 F5
Ansvar S 162 C6
Antalya TR 125 G5
Antegnate I 55 E4
Antequera E 82 A3
Anterselva/Antholz I 42 B1
Anthéor F 86 B4
Antholz/Anterselva I 42 B1
Antibes F 86 B4
Antigua E 80 d1
Antíkyra GR 115 F4
Antimácheia GR 117 G1
Antíparos GR 123 G6
Antírrio GR 114 D4
Antissa GR 109 F1
Antnäs S 162 C4
Antonin PL 33 E6
Antonovo BG 96 B4
Antopol SU 23 G3
Antraigues F 52 D3
Antrain F 25 F2
Antrim GB 3 G4
Antrodoco I 89 F2
Antsla EST 143 E5
Anttola FIN 159 E2
Antwerpen (Anvers) B 15 H1
Anvers (Antwerpen) B 15 H1
Anykščiai LT 134 A5
Anzio I 98 C3
Aoiz E 69 H3
Aosta I 54 A5
Apahida RO 47 E1
Apátfalva H 59 G5
Apatin YU 59 E4
Ape LV 143 E4
Apécchio I 89 E5
Apeirados GR 116 D1
Apeldoorn NL 16 C3
Apen D 17 F5
Apensen D 18 A5
Apoikía GR 116 C3
Apolakkiá GR 124 C2
Apold RO 61 G5
Apolda D 30 C5
Apóllon GR 116 D2
Apollonia GR 108 A4
Apollonía GR 123 F5
Apollonía GR 123 G6
Apostolovo UA 166 E2
Äppelbo S 146 D5
Appelhülsen D 17 E2
Appenweier D 40 C5
Appenzell CH 41 E3
Appiano/Eppan I 55 H6
Appingedam NL 17 E5
Appleby-in-Westmorland GB 9 E1
Applecross GB 6 C3
Aprica I 55 F5
Apricena I 100 C5

Aprilia
Bačka Topola

0
10 km
▲1413
Párnitha
LAMÍA
1
E75
Marathónas
Ekáli
Dionysos
Filia
Acharnés
Kifisiá
THÍVA
Mándra
Néa Liósia
Amarousion
83
KÓRINTHOS
Aspropyrgos
Elefsína
8a
E94
Peristerion
Filothei
ATHÍNA
Pallíni
54
Skaramagkas
Dáfni
Pikérmion
Agia Varvara
Zografos
Salamína
Pérama
Spáta
Paianía
Kallithea
89
PEIRAIÁS
Palio Falirou
Argyroupolis
Salamína
Koropí
Markópoulo
Glyfáda
Saronikós Kólpos
Voúla
Kalivia
Vari
Vouliagméni
91
Keratéa
Lagonísi
SOÚNIO

Aprilia I 98 C4
Aprilovo BG 96 B5
Ápsalos GR 107 F4
Apt F 53 E1
Aquileia I 56 D4
Arabba I 56 A6
Araç TR 113 E4
Aracena E 81 F6
Aráchova GR 115 F4
Araçören TR 111 G2
Arad RO 60 A5
Arada RO 60 D6
Aradíppou CY 127 c1
Aragona I 104 D3
Arakapás CY 127 b1
Aramits F 70 D3
Aranaz/Echarri E 69 G4
Aranda de Duero E 68 C2
Arandjelovac YU 92 D6
Aranjuez E 77 E3
Aranyosapáti H 46 B4
Arapli TR 121 G3
Áratos GR 109 E5
Áraxos GR 114 D3
Arbatax I 87 c2
Arbesbach A 43 F5
Arboga S 147 F2
Arbois F 39 G2
Arbon CH 41 E3
Arbore RO 47 H4
Arboréa I 87 a2
Arbrå S 155 G1
Arbroath GB 9 F5
Arbus I 87 a2
Arc-en-Barrois F 39 F5
Arcachon F 50 B5
Arce I 99 E3
Arcen NL 16 C2
Arcévia I 89 F4
Archánes GR 123 d2
Archángelos GR 114 B5
Archar BG 94 B5
Archena E 83 H4
Arches F 39 H5
Archiac F 36 D1
Archidona E 82 B3
Arcidosso I 88 D3
Arcis-sur-Aube F 27 G1
Arcíz UA 63 G6
Arco I 55 G5
Arcos de Jalón E 77 H5
Arcos de la Frontera E 81 F3
Arcos de Valdeves P 66 C4
Ardagh IRL 4 C3
Årdalsosen N 144 B2
Årdalstangen N 153 E1
Ardara IRL 2 D5
Ardbeg GB 8 B5
Ardee IRL 3 F2
Arden DK 137 F2
Ardentes F 37 H3
Ardentinny GB 8 C5
Ardez CH 41 F1
Ardfert IRL 4 B3
Ardfinnan IRL 4 D2
Ardglass GB 3 G3
Ardgour GB 6 C1
Ardino BG 108 D6
Ardlui GB 8 D6
Ardlussa GB 8 B5
Ardres F 15 E1
Ardrossan GB 8 C4
Ardud RO 46 C3
Ardusat RO 46 D3
Ardvasar GB 6 C2
Åre S 154 D6
Arenas E 68 C6
Arenas de San Pedro E 76 B4
Arendal N 137 E6
Arendonk B 16 B1
Arendsee D 18 D4
Arenys de Mar E 72 A2
Arenzano I 54 C2
Areópoli GR 122 B5
Ares E 64 C5
Arès F 50 B5
Areta E 69 E4
Arévalo E 76 D6
Arezzo I 88 D4
Arfará GR 122 B6
Argalastí GR 115 G6
Argamasilla de Alba E 77 E1
Argamasilla de Calatrava E 82 C6
Argancy F 28 C2
Arganda E 77 E4
Arganil P 75 E6
Argási GR 114 C2
Argegno I 54 D5
Argelès-Gazost F 71 E3
Argelès-Plage F 72 C4
Argelès-sur-Mer F 72 C4
Argent-sur-Sauldre F 38 B5
Argenta I 56 A2
Argentan F 25 H3
Argentat F 51 G5
Argentiera I 87 a4
Argentière F 53 H5
Argenton-Château F 37 E4
Argenton-sur-Creuse F 37 G3
Argentré F 25 G1
Argithani TR 120 A2
Árgos GR 115 F2
Árgos Orestikó GR 107 E3
Argostoli GR 114 B3
Arguedas E 69 G2
Arguis E 70 D2
Argyrádes GR 114 A6
Århus DK 128 D6
Ariano Irpino I 100 B4
Ariano nel Polésine I 56 B2
Aridaías GR 107 F4
Arieşeni RO 60 D6
Arif TR 125 F4
Arilje YU 92 C5
Arinagour GB 6 B2
Arinthod F 39 F1
Ariogala LT 133 F4
Arısama TR 121 E2
Arıt TR 112 C4
Aritzo I 87 b2
Ariza E 78 A5
Årjäng S 146 B2
Arjeplog S 161 H5
Arkalochóri GR 123 d2
Arkása GR 124 A1
Arkesíni GR 117 E1
Arkítsa GR 115 G5
Arklow IRL 5 G2
Arkösund S 139 H5
Arkutino BG 97 E3
Arlanc F 52 C5
Arles F 73 F6
Arles-sur-Tech F 72 B4
Arlon B 28 B3
Armação de Pera P 80 B5
Armagh GB 3 F3
Armémoi GR 122 c2
Arménio GR 107 G1
Armenistis GR 117 E3
Armentières F 27 F6
Armiñon E 69 E3
Armólia GR 117 E4
Armoy GB 3 G5
Armutlu TR 117 G5
Armutlu TR 110 C4
Arna N 144 B5
Arnage F 37 F6
Arnaia GR 108 A3
Arnarstapi IS 160 a2
Arnay-le-Duc F 39 E3
Arneburg D 18 D3
Arnedillo E 69 F2
Arnedo E 69 F2
Årnes N 160 D3
Årnes N 146 A4
Arnhem NL 16 C3
Árnissa GR 107 F4
Arnoldstein A 56 D6
Arnsberg D 17 F1
Arnschwang D 31 E1
Arnstadt D 30 C5
Arnstein D 30 A3
Ároktő H 45 H3
Arolla CH 54 B5
Arolsen D 29 G6
Arona I 54 C5
Aronkylä FIN 157 F4
Arosa CH 41 E1
Årøsund DK 128 C4
Arpajon F 26 D2
Arpaşul de Jos RO 61 F4
Arquata del Tronto I 89 F3
Arquillos E 82 D5
Arrabal (Oia) E 64 A3
Arracourt F 40 A6
Arraiolos P 74 D3
Arrakoski FIN 158 B2
Arras F 27 E5
Årre DK 128 B5
Arreau F 71 E3
Arrecife E 80 d2
Arrens-Marsous F 70 D3
Arrifana P 80 A6
Arriondas E 68 B6
Arromanches-les-Bains F 25 G4
Arronches P 75 E3
Arroyo de la Luz E 75 G4
Arruda dos Vinhos P 74 B4
Års DK 137 F2
Ars-en-Ré F 36 C3
Ars-sur-Moselle F 28 B2
Arsiè I 56 A5
Arsiero I 55 H4
Årslev DK 128 D4
Arsoli I 98 D5
Årsunda S 147 G5
Arsvågen N 144 B3
Arsy F 27 E3
Art'omovsk UA 166 F3
Artá E 85 b2
Árta GR 114 C5
Ártánd H 46 B2
Artemare F 53 F5
Artemisia GR 122 B5
Artemísio GR 115 G5
Artemón GR 123 G6
Artenay F 38 A6
Artern D 30 C6
Artesa de Segre E 79 F5
Arth CH 40 D2
Arth D 42 B5
Arthurstown IRL 5 F2
Arties E 71 F2
Artix F 70 D4
Artjarvi FIN 150 C6
Artotina GR 115 E4
Arucas E 80 c1
Arudy F 70 D3
Arundel GB 14 A2
Årup DK 128 D4
Arvagh IRL 3 E3
Árvi GR 123 e2
Arvidsjaur S 162 A4
Arvieux F 53 G3
Årvik N 152 C4
Arvika S 146 C3
Arzachena I 87 b4
Arzacq-Arraziguet F 70 D4
Arzberg D 30 D3
Arzignano I 55 H4
Arzl A 41 G2
Arzúa E 64 C4
As B 28 B6
As CZ 30 D3
Ås N 145 H3
Ås N 154 B5
Aså DK 137 G3
Åsa S 138 B3
Aşağı-pınarbaşı TR 120 C2
Aşağıçiğil TR 120 B1
Aşağıesenler TR 126 C5
Aşağıtefen TR 118 C4
Åsäng S 156 A4
Åsarna S 155 E4
Asarum S 130 C6
Åsbro S 147 E1
Ascain F 69 H4
Ascha D 42 C6
Aschach A 43 E4
Aschaffenburg D 29 G3
Aschau D 42 B3
Aschbach Markt A 43 F4
Ascheberg D 17 E2
Ascheberg D 128 D1
Aschendorf D 17 E5
Aschersleben D 18 C1
Asco F 73 b2
Áscoli Piceno I 89 G3
Ascoli Satriano I 100 C4
Ascona CH 54 D5
Åseda S 139 F2
Åsele S 161 H3
Asemanseutu FIN 157 G4
Åsen S 154 D1
Asendorf D 17 H4
Asenovgrad BG 95 E2
Åsensbruk S 146 B1
Åseral N 144 D1
Asfáka GR 106 D1
Asfeld F 27 G3
Åsgårdstrand N 145 G2
Ashbourne GB 11 E3
Ashbourne IRL 5 G4
Ashburton GB 12 D2
Ashby-de-la-Zouch GB 11 E2
Åsheim N 154 A2
Ashford GB 14 C2
Ashington GB 9 G2
Ashton-under-Lyne GB 11 E4
Asiago I 55 H4
Asikaraman TR 125 H6
Asikkala FIN 158 B1
Asíni GR 115 F2
Ask N 144 B5
Askainen FIN 149 F5
Askeaton IRL 4 C3
Asker N 145 G3
Askersund S 147 E1
Askim N 146 A3
Askim S 138 B4
Asköping S 147 G2
Askvoll N 152 B2
Aslanapa TR 119 E5
Aslanhacılı TR 121 E6
Åsljunga S 129 H6
Åsnes N 146 C5
Asola I 55 F3
Asopós GR 122 C5
Ásos GR 114 B4
Aspang Markt A 43 H2
Aspet F 71 F3
Aspres-sur-Buëch F 53 F2
Asprόvalta GR 108 A4
Assen NL 16 D5
Assens DK 128 C4
Assens DK 137 F2
Ássiros GR 107 G4
Assisi I 89 E3
Assling D 42 B4
Assmannshausen D 29 E3
Astaffort F 51 E3
Astakós GR 114 C4
Asten A 43 E4
Asten NL 16 C1
Asti I 54 C3
Astorga E 67 G4
Åstorp S 129 G6
Ástros GR 115 F2
Astudillo E 68 C3
Aszód H 45 F3
Aszófő H 44 C1
Atalánti GR 115 F4
Atburgazi TR 117 G3
Atça TR 118 C2
Ateca E 78 A5
Ath B 27 G6
Athboy IRL 5 G4
Athea IRL 4 C3
Athenry IRL 4 D5
Atherstone GB 11 E2
Athiénou CY 127 c2
Athína GR 115 H3
Athleague IRL 2 C2
Athlone IRL 5 E4
Athy IRL 5 F3
Atienza E 77 G6
Atina I 99 E4
Atkár H 45 F3
Atkaracalar TR 112 D3
Atnbrua N 153 H3
Atnosen N 154 A2
Åtran S 138 C2
Attel D 42 B4
Attendorn D 29 F6
Attersee A 42 D3
Attigny F 27 H3
Attleborough GB 14 D5
Attnang-Puchheim A 42 D4
Åtvidaberg S 139 F5
Atzara I 87 b2
Atzendorf D 18 D2
Au A 43 G3
Au D 42 A5
Aubagne F 73 G5
Aubange B 28 B3
Aubenas F 52 D3
Auberive F 39 F4
Aubeterre-sur-Dronne F 51 E6
Aubigny-sur-Nere F 38 B4
Auboué F 28 B2
Aubusson F 37 H1
Auce LV 141 H1
Auch F 71 F4
Auchinleck GB 8 D4
Auchterarder GB 9 E5
Auchtermuchty GB 9 E5
Audenge F 50 C5
Auderville F 25 F5
Audeux F 39 G3
Audierne F 24 A3
Audincourt F 40 A3
Audlem GB 10 D3
Audressein F 71 F2
Audun-le-Roman F 28 B2
Aue D 31 E4
Auer/Ora I 55 H5
Auerbach D 30 C2
Auerbach D 31 E4
Auffach A 42 B2
Augher GB 3 E4
Aughnacloy GB 3 F4
Aughrim IRL 5 G3
Augsburg D 41 G5
Augusta I 105 G3
Augustenborg DK 128 C3
Augustów PL 22 D6
Augustusburg D 31 F4
Aukštadvaris LT 133 H2
Auletta I 100 C3
Aulla I 87 G5
Aullène F 73 a1
Aulnay F 36 D2
Ault F 26 C5
Aulus-les-Bains F 71 G2
Auma D 30 D4
Aumale F 26 D4
Aumetz F 28 B2
Aumont-Aubrac F 52 B4
Aunay-sur-Odon F 25 G3
Auneau F 26 C1
Auneuil F 26 D3
Auning DK 137 G1
Aups F 73 H5
Aura FIN 149 G5
Aurach A 42 B2
Aurach D 30 B1
Auray F 24 C1
Aurdal N 145 G6
Aure N 153 F6
Aurejärvi FIN 157 G3
Aurich D 17 F6
Aurignac F 71 F3
Aurillac F 51 H4
Aurland N 144 D6
Auron F 53 H2
Auronzo di Cadore I 56 B6
Aursmoen N 146 A3
Aursnes N 152 D4
Áusa Corno I 56 C4
Ausserbrünst D 42 D5
Austmarka N 146 B4
Auterive F 71 G4
Authon-du-Perche F 26 B1
Auttoinen FIN 158 B1
Autun F 38 D3
Auvers-s-Oise F 26 D3
Auvillers-les-Forges F 27 G4
Auxerre F 38 D5
Auxi-le-Château F 27 E5
Auxonne F 39 F3
Auzances F 38 A1
Auzon F 52 B5
Avå FIN 149 E5
Availles-Limouzine F 37 F2
Avallon F 38 D4
Avanos TR 121 G4
Ávas GR 109 E5
Avaviken S 162 A4
Avcılar TR 110 B5
Avdímou CY 127 b1
Ávdira GR 108 D5
Avebury GB 13 G4
Aveiras de Cima P 74 C4
Aveiro P 66 B2
Avellino I 99 F2
Avenches CH 40 A2
Aversa I 99 F2
Avesnes-le-Comte F 27 E5
Avesnes-sur-Helpe F 27 G4
Avesta S 147 G4
Avezzano I 98 D4
Aviano I 56 B5
Aviemore GB 7 E2
Avignon F 52 D1
Ávila E 76 C5
Avilés E 65 G4
Avinurme EST 151 E2
Avis P 74 D3
Avlémonas GR 122 D4
Avliótes GR 106 B1
Avlóna GR 115 H4
Avlonári GR 116 A4
Avlum DK 137 E1
Avola I 105 F2
Avonmouth GB 13 F4
Avoriaz F 53 H6
Avram Iancu RO 60 D6
Avrămeni RO 48 B4
Avramov BG 96 C3
Avranches F 25 F3
Avrig RO 61 F4
Avtovac BIH 91 H3
Ax-les-Thermes F 71 G2
Axat F 72 A5
Axel NL 15 G2
Axente Sever RO 61 F5
Axioúpoli GR 107 G4
Axminster GB 13 E3
Ay F 27 G2
Ayagalip TR 109 E3
Ayamonte E 80 D5
Ayancık TR 113 F5
Ayas I 54 B5
Ayaş TR 120 B6
Aydın TR 118 B2
Aydıncık TR 109 E3
Aydıncık TR 127 E3
Aydınkent TR 126 B4
Aydınkışla TR 126 C5
Aydınlar TR 112 C4
Aydınlar TR 127 F5
Aydınlı TR 120 A4
Ayerbe E 70 C2
Aykırıkçı TR 119 F5
Aylesbury GB 14 A4
Ayllón E 68 D1
Aylsham GB 14 D6
Ayna E 83 G5
Ayora E 84 B6
Ayr GB 8 C4
Ayrancı TR 127 E6
Ayrıtepe TR 120 A2
Aytos BG 96 D4
Ayvacık TR 109 F2
Ayvalı TR 119 H2
Ayvalık TR 109 G1
Azaila E 78 C5
Azambuja P 74 C4
Azay-le-Rideau F 37 F5
Azdavay TR 112 D4
Azinheira dos Barros P 74 C2
Azpeitia E 69 F4
Azuaga E 81 G6
Azuga RO 61 H4
Azzano Decimo I 56 C4

B

Baad A 41 F2
Baamonde E 64 D4
Baar D 41 H5
Baarle Nassau NL 16 B2
Baarn NL 16 B3
Babadag RO 63 F3
Babaeski TR 109 G6
Babajevo RUS 167 D8
Babayağmur TR 121 G6
Babčincy UA 48 D6
Babenhausen D 29 G3
Babenhausen D 41 F4
Băbeni RO 61 F3
Babiak PL 21 F2
Babica PL 34 D3
Babice PL 33 G3
Babięta PL 22 B5
Babigoszcz PL 20 A5
Babimost PL 20 B2
Babin Potok HR 57 G2
Babina Greda HR 58 D2
Babrīškes LT 133 H2
Babušnica YU 93 G4
Babylon CZ 31 E1
Bač YU 59 E3
Bacău RO 48 C1
Baccarat F 40 A5
Băcesti RO 48 C2
Bacharach D 29 E3
Bachkovo BG 95 E1
Bachmac UA 166 D4
Bačka Palanka YU 59 F3
Bačka Topola YU 59 F4

Barcelona map

Labels visible on map: Manresa, Terrassa, Sabadell, Sta Perpetua, Mollet, Gerona, Sant Quirze del Vallès, Barbera, Martorelles, La Llagosta, Rubi, Ripollet, Castellbisbal, Cerdanyola, Montcada i Reixac, Tarragona, Sant Cugat del Vallès, Mataro, Montgat, Sta Coloma de Gramenet, Molins de Rey, Tibidabo, Horta, Badalona, Vallvidrera, San Andrés, Sant Adrià de Besòs, Sarriá, Gracia, Plaza de les Glòries, Sant Feliu, Sant Just Desvern, BARCELONA, Esplugues, L'Hospitalet, Montjuïc, Sant Vicenç dels Horts, Sant Boi, Viladecans, El Prat de Llobregat, Sitges, Rio Llobregat. Scale: 0–6 km.

Index

Name	Page	Grid
Bäckebo S	139	G2
Bäckefors S	146	B1
Bäckhammar S	146	D2
Bački Breg YU	59	E4
Backnang D	41	E6
Bačko Gradište YU	59	G3
Bačko Petrovo Selo YU	59	G4
Baćkowice PL	34	C4
Bacoli I	99	E2
Bacqueville-en-Caux F	26	C4
Bácsalmás H	59	F5
Bácsbokod H	59	E5
Baczyna PL	20	A3
Bad Abbach D	42	B6
Bad Aibling D	42	B3
Bad Aussee A	42	D3
Bad Bentheim D	17	E3
Bad Bergzabern D	29	E1
Bad Berka D	30	C5
Bad Berleburg D	29	F6
Bad Berneck D	30	C3
Bad Bertrich D	28	D4
Bad Bevensen D	18	C4
Bad Bibra D	30	D5
Bad Blankenburg D	30	C4
Bad Brambach D	30	D3
Bad Bramstedt D	128	C1
Bad Breisig D	29	E5
Bad Brückenau D	29	H4
Bad Buchau D	41	E4
Bad Doberan D	129	F1
Bad Driburg D	17	G2
Bad Düben D	19	E1
Bad Dürkheim D	29	F2
Bad Dürrenberg D	30	D6
Bad Dürrheim D	40	D4
Bad Elster D	30	D3
Bad Ems D	29	E4
Bad Essen D	17	G3
Bad Frankenhausen D	30	C6
Bad Freienwalde D	19	G3
Bad Friedrichshall D	29	G1
Bad Gandersheim D	18	B2
Bad Gleichenberg A	43	H1
Bad Godesberg D	28	D5
Bad Goisern A	42	D3
Bad Gottleuba D	31	G4
Bad Grund D	18	B2
Bad Hall A	43	E4
Bad Harzburg D	18	B2
Bad Herrenalb D	40	D6
Bad Hersfeld D	29	H5
Bad Hofgastein A	42	C2
Bad Homburg D	29	F4
Bad Honnef D	29	E5
Bad Hönningen D	29	E5
Bad Iburg D	17	F3
Bad Ischl A	42	D3
Bad Kissingen D	30	A3
Bad Kleinen D	18	D6
Bad Kleinkirchheim A	42	D1
Bad König D	29	G3
Bad Königshofen D	30	B4
Bad Kösen D	30	D5
Bad Kreuznach D	29	E3
Bad Krozingen D	40	C4
Bad Langensalza D	30	B5
Bad Lauchstädt D	30	D6
Bad Lausick D	31	E5
Bad Lauterburg D	18	B1
Bad Leonfelden A	43	E5
Bad Liebenstein D	30	B5
Bad Liebenwerda D	31	F6
Bad Liebenzell D	40	D6
Bad Lippspringe D	17	G2
Bad Marienberg D	29	F5
Bad Meinberg D	17	G2
Bad Mergentheim D	29	H2
Bad Mitterndorf A	43	E3
Bad Münder D	17	H3
Bad Münster Ebernburg D	29	E3
Bad Münstereifel D	28	D5
Bad Muskau D	31	H6
Bad Nauheim D	29	G4
Bad Nenndorf D	17	H3
Bad Neuenahr D	28	D5
Bad Neustadt D	30	A4
Bad Oeynhausen D	17	G3
Bad Oldesloe D	18	B6
Bad Orb D	29	G4
Bad Peterstal D	40	C5
Bad Pyrmont D	17	H2
Bad Ragaz CH	41	E2
Bad Reichenhall D	42	C3
Bad Rippoldsau D	40	D5
Bad Rothenfelde D	17	F3
Bad Saarow-Pieskow D	19	G2
Bad Sachsa D	18	B1
Bad Säckingen D	40	C3
Bad Sät Leonard A	43	F1
Bad Salzdetfurth D	18	B2
Bad Salzuflen D	17	G2
Bad Salzungen D	30	B5
Bad Schallerbach A	43	E4
Bad Schandau D	31	G5
Bad Schmiedeberg D	19	E1
Bad Schönau A	43	H2
Bad Schönborn D	29	F1
Bad Schussenried D	41	F4
Bad Schwalbach D	29	F4
Bad Schwartau D	128	D1
Bad Segeberg D	128	D1
Bad Sooden-Allendorf D	30	A5
Bad Sülze D	129	G1
Bad Tennstedt D	30	C5
Bad Tölz D	42	A3
Bad Urach D	41	E5
Bad Vöslau A	43	H3
Bad Waldsee D	41	F4
Bad Wiessee D	42	A3
Bad Wildungen D	29	G6
Bad Wilsnack D	18	D4
Bad Wimpfen D	29	G1
Bad Windsheim D	30	B2
Bad Wörishofen D	41	G4
Bad Wurzach D	41	F4
Bad Zwischenahn D	17	F5
Badacsonytomaj H	44	C1
Badajoz E	75	F3
Badalona E	79	H4
Bademli TR	126	B5
Baden A	43	H3
Baden CH	40	C3
Baden-Baden D	40	D6
Badenweiler D	40	C4
Baderna HR	56	D3
Badgastein A	42	C2
Badia Polésine I	55	H3
Badia Tedalda I	89	E5
Bądkowo PL	21	F3
Badljevina HR	58	B3
Badolato Marina I	102	D3
Badonviller F	40	B1
Baena E	82	B4
Baeza E	82	D4
Bagà E	79	H6
Bağarası TR	118	B1
Bağcılar TR	120	D6
Bågede S	161	F3
Bagenkop DK	128	D3
Bagheria I	104	D4
Bağkonak TR	119	H3
Bagn N	145	G6
Bagnacavallo I	56	A1
Bagnara Calabra I	105	H5
Bagnères-de-Bigorre F	71	E3
Bagnères-de-Luchon F	71	F2
Bagni del Másino I	55	H5
Bagni di Lucca I	88	B6
Bagno di Romagna I	88	D5
Bagnoles-de-l'Orne F	25	G2
Bagnolo Mella I	55	F4
Bagnols-en-Forêt F	86	A4
Bagnols-les-Bains F	52	C3
Bagnols-sur-Cèze F	52	D2
Bågø DK	128	C4
Bagod H	44	B1
Bagolino I	55	F4
Bagrationovsk RUS	132	C2
Bahçecik TR	111	E4
Báia Domízia I	99	G5
Baia de Aramă RO	60	D2
Baia de Criş RO	60	D1
Baia Mare RO	47	E3
Báia Sardinia I	87	c4
Baia Sprie RO	47	E3
Baiano I	99	F2
Băicoi RO	62	A3
Baiersbronn D	40	D5
Baigneux-les-Juifs F	39	E4
Baiersdorf ...	...	...
Băişoara RO	61	E6
Baisogala LT	133	F5
Baix F	52	D3
Baixas F	72	A5
Baja H	59	E5
Bajánsenye H	44	A1
Bajina Bašta YU	92	B5
Bajmok YU	59	F4
Bajša YU	59	F4
Bajzë AL	92	B2
Bak H	58	B6
Bakar HR	57	E3
Bakewell GB	11	E3
Bakio E	69	F5
Bakırköy TR	110	C5
Bække DK	128	C5
Bakke N	146	A1
Bækmarksbro DK	136	D1
Bakonygyepes H	44	C2
Bakonypeterd H	44	C2
Bakonysárkány H	44	D2
Bakonyszombatheley H	44	C2
Baks H	59	G6
Baktakék H	45	H4
Bala GB	10	B3
Balå TR	117	G3
Bală D.Ü.Ç. TR	120	C5
Bălăceanu RO	62	C4
Balaci RO	61	G1
Balaguer E	79	F5
Balallan/Baile Ailein GB	6	C5
Balanegra E	82	D1
Bălăneşti RO	61	G1
Balassagyarmat H	45	E4
Balástya H	59	G5
Balat TR	117	G3
Balatonakali H	44	C1
Balatonalmádi H	44	C1
Balatonboglár H	58	C6
Balatonederics H	58	C6
Balatonföldvár H	44	C1
Balatonfüred H	44	C1
Balatonfűzfő H	44	D1
Balatonkenese H	44	D1
Balatonkeresztúr H	58	C6
Balatonlelle H	58	C6
Balatonszemes H	44	C1
Bălăuşeri RO	61	G6
Balazote E	83	G6
Bălbăneşti RO	62	D6
Balbeggie GB	9	E5
Balbigny F	52	D6
Balbriggan IRL	5	G4
Bălceşti RO	61	F2
Balchik BG	97	E5
Balcı TR	121	E4
Balçıkhisar TR	111	G2
Balderschwang D	41	F3
Băile Felix RO	46	B1
Bailleul F	27	F6
Bailivanich/Baile a Mhanaich GB	6	A4
Băile Govora RO	61	F3
Băile Herculane RO	60	C2
Băile Olăneşti RO	61	F3
Băile Tuşnad RO	62	A5
Bailén E	82	C5
Bailieborough IRL	3	E3
Bailivanich/Baile a Mhanaich GB	6	A4
Bain-de-Bretagne F	25	E1
Bains-les-Bains F	39	H5
Baio E	64	B5
Baiona E	64	B3
Bais F	25	G2
Baişeşti RO	48	A3
Ballachulish GB	6	C1
Ballaghaderreen IRL	2	C3
Ballantrae GB	8	C3
Ballao I	87	b2
Ballater GB	7	F1
Ballaugh GBM	8	C1
Ballebro DK	128	C3
Ballen DK	128	D5
Ballenstedt D	18	C1
Balleroy F	25	G4
Ballerup DK	129	G5
Balli TR	109	G5
Ballıhisar TR	111	H2
Ballina IRL	4	D3
Ballina IRL	2	C4
Ballinafad IRL	2	D3
Ballinagh IRL	3	E3
Ballinakill IRL	5	F3
Ballinamallard GB	3	E4
Ballinamore IRL	2	D3
Ballinascarty IRL	4	C1
Ballinasloe IRL	5	E4
Ballindine IRL	2	C3
Ballingarry IRL	4	C3
Ballingarry IRL	5	E3
Ballinhassig IRL	4	C1
Ballinrobe IRL	2	B3
Ballinspittle IRL	4	C1
Ballintra IRL	2	D4
Ballivor IRL	5	F4
Ballobar E	79	E5
Balloch GB	8	D5
Ballon F	26	A1
Ballshi AL	106	B4
Ballum DK	128	B4
Ballybay IRL	3	F3
Ballybofey IRL	3	E5
Ballybunion IRL	4	B3
Ballycanew IRL	5	G2
Ballycarry GB	3	G4
Ballycastle GB	3	G3
Ballycastle IRL	2	C4
Ballyclare GB	3	G4
Ballyconneely IRL	2	A3
Ballycotton IRL	4	D1
Ballycumber IRL	5	E4
Ballydehob IRL	4	B1
Ballydesmond IRL	4	C2
Ballyduff IRL	4	B3
Ballyduff IRL	4	D2
Ballyfarnan IRL	2	D3
Ballygawley GB	3	F4
Ballygowan GB	3	G3
Ballyhaunis IRL	2	C3
Ballyheige IRL	4	B3
Ballyjamesduff IRL	3	E3
Ballykeeran IRL	5	E4
Ballylanders IRL	4	D2
Ballylongford IRL	4	C3
Ballylynan IRL	5	F3
Ballymahon IRL	5	E5
Ballymena GB	3	G4
Ballymoe IRL	2	C3
Ballymoney GB	3	G5
Ballymore IRL	5	F4
Ballymore Eustace IRL	5	G3
Ballymote IRL	2	C3
Ballynahinch GB	3	G3
Ballynure GB	3	G4
Ballyragget IRL	5	F3
Ballyronan GB	3	F4
Ballysadare IRL	2	D4
Ballyshannon IRL	2	D4

Basel map

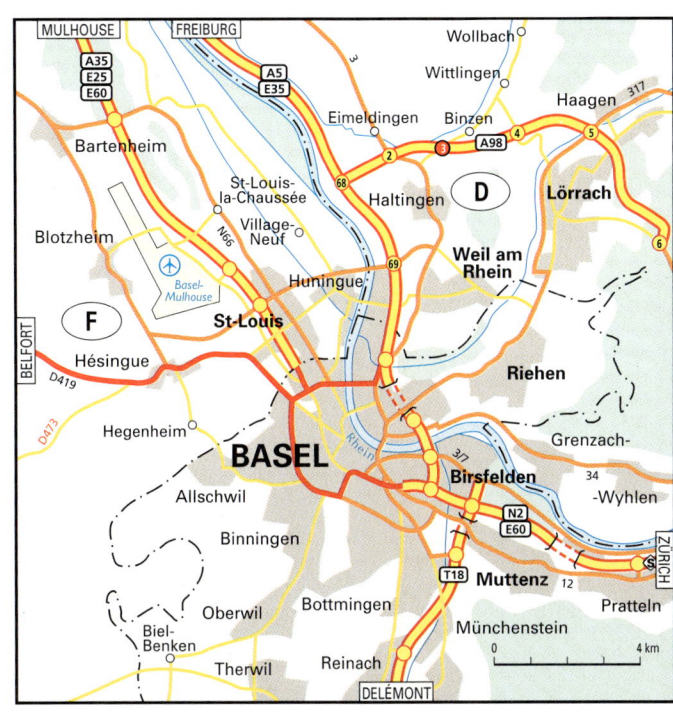

Labels: Mulhouse, Freiburg, Wollbach, Wittlingen, Eimeldingen, Binzen, Haagen, Bartenheim, Lörrach, Blotzheim, St-Louis-la-Chaussée, Haltingen, Village-Neuf, Basel-Mulhouse, Huningue, Weil am Rhein, Belfort, St-Louis, Hésingue, Riehen, Hegenheim, Allschwil, BASEL, Grenzach-Wyhlen, Binningen, Birsfelden, Oberwil, Bottmingen, Biel-Benken, Muttenz, Pratteln, Münchenstein, Therwil, Reinach, Zürich, Delémont. Scale: 0–4 km.

171

Name	Page	Grid
Ballyvaughan IRL	4	C4
Ballywalter GB	8	B2
Balmaha GB	8	D5
Balmaseda E	69	E5
Balmazújváros H	46	A3
Balme I	54	A4
Balmúccia I	54	C5
Balneario de Panticosa E	70	D3
Balota RO	60	D2
Balş RO	61	F1
Balş RO	48	B3
Balsareny E	79	H5
Bålsta S	148	A2
Balsthal CH	40	B3
Balta RO	60	D2
Balta UA	49	F5
Baltalıın TR	120	C4
Baltanás E	68	C2
Baltasound GB	6	b2
Bălţăteşti RO	48	B2
Bălţaţi RO	48	C3
Bălţaţii de Sus RO	60	D1
Baltijsk RUS	132	B2
Baltimore IRL	4	B1
Baltinglass IRL	5	F3
Baltrum D	17	F6
Balvan BG	95	F4
Balvi LV	143	F3
Balya TR	110	A2
Bamberg D	30	B3
Bamburgh GB	9	G3
Bampton GB	12	D3
Bana H	44	C3
Banagher IRL	5	E4
Banarlı TR	109	G5
Banatski Karlovac YU	59	H2
Banatsko Karadjordjevo YU	59	G4
Banatsko Novo Selo YU	60	A2
Banaz TR	119	E4
Banbridge GB	3	F3
Banbury GB	13	H5
Banchory GB	7	G1
Bande E	66	D4
Bandholm DK	129	E3
Bandırma TR	110	A3
Bandol F	73	G4
Bandon IRL	4	C1
Băneasa RO	62	B1
Băneasa RO	63	E1
Banff GB	7	G2
Bangor F	36	A6
Bangor GB	3	G4
Bangor GB	10	B4
Bangor Erris IRL	2	B4
Banie PL	19	H4
Băniţa RO	60	D4
Banja YU	92	B4
Banja Koviljača YU	59	E1
Banja Luka BIH	58	B2
Bánjska YU	92	D3
Banka SK	44	C5
Bankeryd S	138	D4
Bannalec F	24	B2
Banon F	53	E1
Baños de la Encina E	82	C5
Baños de Montemayor E	76	A5
Bánov CZ	44	C6
Bánovce nad Bebravou SK	44	D5
Banyréve H	45	G4
Bansin D	19	G6
Banská Bystrica SK	45	E5
Banská Štiavnica SK	45	E5
Bansko BG	94	C1
Banteer IRL	4	C2
Bantry IRL	4	B1
Banya BG	94	C1
Banya BG	95	E3
Banya BG	95	G3
Banya BG	97	E4
Banyalbufar E	85	a2
Banyoles E	72	B3
Banyuls-sur-Mer F	72	C4
Bapaume F	27	E5
Bar UA	166	C2
Bar YU	92	B1
Bar-le-Duc F	28	A1
Bar-sur-Aube F	39	E5
Bar-sur-Seine F	39	E5
Barabhas/Barvas GB	6	C3
Bărăganul RO	62	D3
Baraco E	76	C5
Barrafranca I	105	E3
Barranco do Velho P	80	C5
Barrancos P	75	E1
Baran' SU	135	H3
Bárand H	46	A2
Baranoviči SU	166	B4
Baranów Sandomierski PL	34	C4
Baranowo PL	22	B4
Baraolt RO	61	H5

Name	Page	Grid
Baraqueville F	51	H3
Barban HR	56	D2
Barbaros TR	109	H5
Barbaste F	50	D5
Barbastro E	79	E6
Barbate de Franco E	81	F2
Bärbele LV	142	C1
Barbezieux F	36	D1
Barbing D	42	B6
Barbizon F	26	D1
Barca de Alva P	67	E2
Barcellona-Pozzo di Gotto I	105	G5
Barcelona E	79	H4
Barcelonnette F	53	G2
Barcelos P	66	C4
Bárcena de Pie de Concha E	68	D5
Barchfeld D	30	B5
Barciany PL	132	D1
Barcin PL	21	E4
Bárcis I	56	B5
Barcs H	58	C4
Barczewo PL	22	B6
Bardejov SK	34	C1
Bardi I	55	E2
Bardney GB	11	G3
Bardo PL	32	C4
Bardolino I	55	G4
Bardonécchia I	53	G3
Bardowick D	18	B5
Barenburg D	17	G4
Barentin F	26	C4
Barenton F	25	G3
Barfleur F	25	G5
Barga I	88	B6
Bargoed GB	13	E5
Bargteheide D	18	B6
Bari I	101	E4
Bari Sardo I	87	c2
Bariscianu I	99	E5
Barjac F	52	D2
Barjols F	73	H5
Barkald N	154	A3
Barkava LV	143	E2
Barkowo PL	20	D5
Barla H	119	G3
Barletta I	100	D4
Barlinek PL	20	A4
Barmouth GB	10	B3
Barmstedt D	18	B6
Barnard Castle GB	11	E6
Bärnau D	31	E2
Barneberg D	18	C2
Barneveld NL	16	C3
Barneville-Carteret F	25	F5
Barnewitz D	19	E3
Barnoldswick GB	11	E5
Barnsley GB	11	F4
Barnstaple GB	12	D4
Barnstorf D	17	G4
Barntrup D	17	H2
Barr F	40	B5
Barraco E	76	C5
Barreiros/San Cosme E	65	E5
Barrême F	86	A5
Barrow in Furness GB	10	D5
Barrow-on-Soar GB	11	F2
Barry GB	13	E4
Barryporeen IRL	4	D2
Barssel D	17	F5
Barth D	129	G2
Bartın TR	112	C4
Barton-upon-Humber GB	11	G4
Bartoszyce PL	132	C1
Baru RO	60	D4
Barúmini I	87	b2
Baruth D	19	F2
Barvas/Barabhas GB	6	C5
Barver D	17	G4
Barwice PL	20	B5
Barysevo RUS	151	G6
Barzio I	55	E5
Bašaid YU	59	G4
Basdahl D	17	H5
Basel CH	40	B3
Başhöyük TR	120	C2
Basildon GB	14	C3
Basingstoke GB	13	H3
Baška HR	57	F2
Baška Voda HR	91	E4
Baške Ostarije HR	57	F1
Başmakçı TR	119	F4
Bassano del Grappa I	56	A4
Bassella E	79	G6
Bassum D	17	G4
Båstad S	138	C1
Bastelica F	73	a2
Baştepe TR	119	F4
Bastia F	73	b3
Bastogne B	28	B4
Bastuträsk S	162	B3
Batajnica YU	59	G2
Batak BG	94	D1
Batalha P	74	C5
Bătăr RO	60	B6
Bátaszék H	59	E5

Name	Page	Grid
Baté H	58	C5
Batelov CZ	32	B1
Bath GB	13	F4
Bathgate GB	9	E4
Batına HR	59	E4
Batnfjordsøra N	153	E5
Bátočina YU	93	E6
Bátonyterenye H	45	F2
Båtsfjord N	165	H6
Batsi GR	116	C3
Battenberg D	29	G5
Battice B	28	C5
Battipáglia I	99	G1
Battle GB	14	C2
Battonya H	60	A5
Batultsi BG	94	D4
Batz-sur-Mer F	36	B6
Baud F	24	C2
Baugé F	37	E5
Baugy F	38	B3
Baúlhe P	66	D3
Baume-les-Dames F	39	H3
Baumholder D	28	D3
Baunei I	87	c2
Bauska LV	142	B1
Bautzen D	31	G5
Bavanište YU	59	H2
Bavay F	27	G5
Baveno I	54	C5
Bævertjord N	153	F5
Bavorov CZ	43	E6
Bawdsey GB	14	D4
Bawtry GB	11	F3
Bayat TR	119	G5
Bayat TR	113	F5
Bayerisch Eisenstein D	42	D6
Bayeux F	25	G4
Bayındır TR	118	D2
Bayındır TR	110	D4
Baykal BG	94	D5
Bayon F	39	H6
Bayonne F	50	A2
Bayramiç TR	109	G2
Bayramözü TR	120	D5
Bayreuth D	30	C3
Bayrischzell D	42	B3
Baza E	83	E3
Bazas F	50	D4
Bazna RO	61	F5
Bazoches-sur-Hoëne F	26	A2
Bazyanı TR	126	D3
Bazzano I	55	G1
Beaconsfield GB	14	A4
Beadnell GB	9	G3
Béal an Mhuirhead (Belmullet) IRL	2	B5
Beames-de-Venise F	52	D2
Beaminster GB	13	E3
Beasain E	69	F4
Beattock GB	9	E3
Beaucaire F	52	D1
Beaufort sur Doron F	53	G5
Beaufort IRL	4	B2
Beaufort-en-Vallée F	37	E5
Beaugency F	37	H5
Beaulieu-sur-Dordogne F	51	G3
Beaulieu-sur-Mer F	86	C5
Beaumesnil F	26	B3
Beaumont B	27	G5
Beaumont F	25	F5
Beaumont F	51	E4
Beaumont-de-Lomagne F	71	G5
Beaumont-le-Roger F	26	B3
Beaumont-sur-Sarthe F	25	H1
Beaune F	39	E3
Beaune-la-Rolande F	38	B6
Beaupréau F	36	D5
Beauraing B	28	A4
Beaurepaire F	53	E4
Beaurepaire-en-Bresse F	39	F2
Beauvais F	26	D3
Beauvallon F	86	A4
Beauvezer F	53	G1
Beauvoir-sur-Mer F	36	B5
Beauvoir-sur-Niort F	36	D2
Bebington GB	10	C4
Bebra D	30	A5
Bebrene LV	134	B6
Bebrovo BG	95	G4
Beccles GB	15	E5
Bečej YU	59	G4
Beceni RO	62	C4
Becerreá E	65	E3
Bécherel F	25	E3
Bechetu RO	94	C5
Bechhofen D	30	B1
Bechyně CZ	31	G1
Becicherecu Mic RO	60	A4
Becilla de Valderaduey E	68	A3
Beciu RO	95	E6
Beckenried CH	40	D5
Beckington GB	13	F5
Beckum D	30	B1
Beckum D	17	F1
Beclean RO	47	F2
Becov nad Teplou CZ	31	E3
Becsehely H	58	B5
Becske H	45	E3
Bedale GB	11	F5
Bedarieux F	52	A1
Beddingestrand S	129	H4
Bédée F	25	E2
Bederkesa D	17	H6
Bedford GB	14	B5

Name	Page	Grid
Będków PL	33	H6
Bedlington GB	9	G2
Bednarka PL	34	C2
Bedonia I	55	E2
Bedous F	70	D3
Bedsted Stationsby DK	136	D2
Bedworth GB	11	E1
Będzin PL	33	G3
Będzino PL	130	D1
Beek NL	28	C6
Beek en Donk NL	16	C2
Beelitz D	19	F2
Beer GB	13	E2
Beerfelden D	29	G2
Beeskow D	19	G2
Beesten D	17	E3
Beg-Meil F	24	B2
Bégard F	24	C3
Begndal N	145	G5
Begoml' SU	135	E3
Begunicy RUS	151	G4
Begur E	72	C2
Behramkale TR	109	F2
Behringersmühle D	30	C2
Beilen NL	16	D4
Beilngries D	42	A6
Beith GB	8	C4
Beitostølen N	153	F1
Beiuş RO	60	C6
Beja P	74	D1
Béjar E	76	B5
Bekçiler TR	125	F5
Békés H	46	A1
Békéscsaba H	60	A6
Békésszentandrás H	45	G1
Bekilli TR	119	E3
Bel'ajevka UA	49	H2
Bel'cy MD	48	D4
Bela Crkva YU	60	B2
Bela Palanka YU	93	G4
Bělá pod Bezdězem CZ	31	H4
Belábre F	37	G3
Belaja Cerkov' UA	166	D3
Belalcázar E	76	A1
Belbıdı TR	125	G5
Belcaire F	71	H2
Belceyez TR	119	H3
Bełchatów PL	33	G6
Belchin BG	94	C2
Belchite E	78	C5
Belcoo GB	2	D4
Belecke D	17	F1
Beled H	44	B2
Belene BG	95	E5
Belev RUS	167	G5
Belevi TR	117	C2
Belfast GB	3	G4
Belfir RO	46	B1
Belfort F	40	A4
Belgern D	31	F6
Belgirate I	54	C5
Belgodère F	73	b2
Belgooly IRL	4	C1
Belgorod RUS	166	F4
Belgorod-Dnestrovskij UA	49	H1
Beli Manastir HR	58	D4
Belica SU	23	H6
Beliklıçeşme TR	109	G4
Belimel BG	94	B4
Belin-Béliet F	50	C4
Belinţ RO	60	B4
Beliş RO	60	D6
Belisırma TR	121	F5
Belitsa BG	94	C1
Beliu RO	60	B6
Beljina YU	59	G1
Bellac F	37	F2
Bellaghy GB	3	F4
Bellágio I	54	D5
Bellano I	55	E5
Bellapais (Beylerbeyi) CY	127	b2
Bellária I	89	E6
Belle-Isle-en-Terre F	24	C3
Belleek GB	2	D4
Bellegarde F	38	B5
Bellegarde-en-Marche F	38	A1
Bellegarde-sur-Valserine F	53	F6
Bellême F	26	A2
Bellencombre F	26	C4
Belleville F	53	E6
Belleville-sur-Vie F	36	C4
Belley F	53	F5
Bellinge DK	128	G2
Bellingham GB	9	F2
Bellinzona CH	54	D5
Bellochantuy GB	8	B4
Bellpuig E	79	F5
Belluno I	56	B5
Bellver de Cerdanya E	71	G1
Belmont-sur-Rance F	51	H2
Belmonte E	65	F1
Belmonte E	77	F2
Belmonte P	75	F6
Belmullet (Béal an Mhuirhead) IRL	2	B5
Beloeil B	27	F5
Belogradchik BG	93	G5
Beloljin YU	93	E4
Beloozersk SU	23	H3
Belopolje UA	166	E4
Belorado E	69	E3
Belören TR	126	C5
Bělotin CZ	33	E2
Belovo BG	94	D2
Belpasso I	105	F3

Belper — Biecz

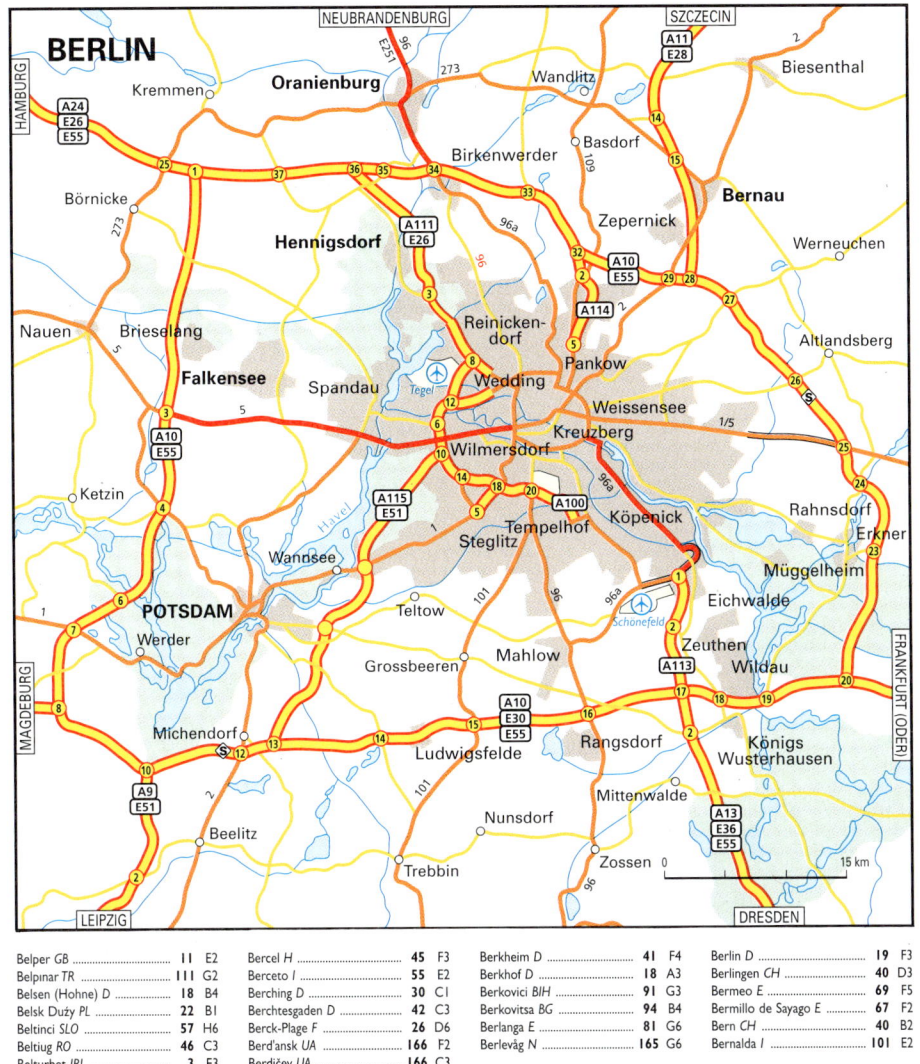

Berlin area map

Map of Berlin and surroundings showing: Hamburg, Kremmen, Oranienburg, Neubrandenburg, Wandlitz, Szczecin, Biesenthal, Börnicke, Birkenwerder, Basdorf, Nauen, Brieselang, Hennigsdorf, Zepernick, Bernau, Falkensee, Reinickendorf, Werneuchen, Altlandsberg, Ketzin, Spandau, Wedding, Pankow, Weissensee, Wilmersdorf, Kreuzberg, Rahnsdorf, Erkner, Wannsee, Tempelhof, Steglitz, Köpenick, Müggelheim, Potsdam, Werder, Teltow, Schönefeld, Eichwalde, Zeuthen, Wildau, Michendorf, Grossbeeren, Mahlow, Rangsdorf, Königs Wusterhausen, Magdeburg, Ludwigsfelde, Nunsdorf, Mittenwalde, Beelitz, Trebbin, Zossen, Leipzig, Dresden, Frankfurt (Oder). Scale: 0–15 km.

Bern area map

Map of Bern showing: Bremgarten, Zürich, Ittigen, Herrenschwanden, Stuckishaus, Worblaufen, Tiefenau, Papiermühle, Bolligen, Eyfeld, Wyler, Wankdorffeld, Bern, Neufeld, Breitenrain, Neuchâtel, Länggasse, Spitalacker, Ostermundigen, Weyermannshaus, Stöckacker, Matte, Marzili, Schosshalde, Mattenhof, Kirchenfeld, Fribourg, Sulgenbach, Brunnadern, Melchenbühl, Gümligen, Liebefeld, Wabern, Gurtenbühl, Gartenstadt, Wabersacker, Köniz, Spiegel, Muri, Selhofen, Gurten 858, Krägigen, Luzern/Thun, Belp, Kehrsatz, Schliern. Scale: 0–2 km.

Index

Name	Page	Grid
Belper GB	11	E2
Belpınar TR	111	G2
Belsen (Hohne) D	18	B4
Belsk Duży PL	22	B1
Beltinci SLO	57	H6
Beltiug RO	46	C3
Belturbet IRL	3	E3
Beluša SK	44	D6
Belvedere Marittimo I	102	C5
Belvès F	51	F4
Belyj RUS	167	D6
Belyniči SU	135	G2
Belz F	24	C1
Belz UA	35	G4
Bełżec PL	35	F4
Belzig D	19	E2
Bełżyce PL	34	D5
Bembibre E	65	F3
Bembridge GB	13	H2
Bemposta P	67	F2
Ben'akoni SU	134	B2
Benabarre E	79	E6
Benalmádena E	82	A2
Benalmádena Costa E	82	A2
Benasque F	71	E2
Benátsky nad Jizerou CZ	31	H3
Benavente E	67	H3
Benavente P	74	C4
Benburb GB	3	F4
Bendery MD	49	F2
Benediktbeuern D	41	H3
Benesat RO	46	D3
Benešov CZ	31	H1
Benešov nad Ploučnicí CZ	31	G4
Bénévent l'Abbaye F	37	G2
Benevento I	99	G2
Benfeld F	40	C5
Bengeşti RO	61	E3
Bengtsfors S	146	B1
Beničanci HR	58	D4
Benicarló E	79	E3
Benicasim E	78	D2
Benidorm E	84	D4
Benissa E	84	D4
Benitses GR	114	A6
Benkovac HR	90	C5
Benneckenstein D	18	B1
Bennstedt D	30	D6
Bénodet F	24	B2
Bensafrim P	80	B5
Bensberg D	29	E6
Bensersiel D	17	F6
Bensheim D	29	F2
Beocin YU	59	F3
Beograd YU	59	G2
Ber'ozovka UA	48	D6
Ber'ozovka UA	166	D1
Beragh GB	3	E4
Berat AL	106	B3
Berberana E	69	E4
Bercedo E	69	E4
Bercel H	45	F3
Berceto I	55	E2
Berching D	30	C1
Berchtesgaden D	42	C3
Berck-Plage F	26	D6
Berd'ansk UA	166	F2
Berdičev UA	166	C3
Berechiu RO	60	B6
Beregomet UA	47	G5
Beregovo UA	46	C4
Beregsurány H	46	C4
Berek HR	58	B4
Bereket TR	127	E3
Berettyóújfalu H	46	B2
Bereza SU	23	G3
Berezeni RO	49	E1
Berezino SU	135	G1
Berezino SU	135	G2
Berg D	41	H4
Berg N	146	B4
Berg-Neustadt D	29	E6
Berga D	30	C6
Berga E	79	H6
Berga S	139	F3
Bergama TR	109	H1
Bergamo I	55	E4
Bergara E	69	F4
Bergby S	147	H6
Berge N	145	E3
Bergedorf D	18	B5
Bergeforsen S	155	H4
Bergen D	18	B4
Bergen D	18	C4
Bergen D	129	H2
Bergen N	144	B5
Bergen NL	16	B4
Bergen (Mons) B	27	G5
Bergen aan Zee NL	16	B4
Bergen op Zoom NL	15	H2
Berger N	145	G3
Bergerac F	51	E5
Bergheim E	28	D6
Bergisch Gladbach D	29	E6
Bergkvara S	130	D6
Berglern D	42	B5
Bergö FIN	157	E5
Bergshamra S	148	B3
Bergsjö S	155	H1
Bergstrøm N	146	B2
Bergues F	15	E1
Bergum NL	16	D5
Bergün CH	41	E1
Bergvik S	155	G1
Beringen B	28	B6
Berislav UA	166	E1
Berja E	82	D2
Berkåk N	153	E2
Berkenthin D	18	C6
Berkesz H	46	B4
Berkhamsted GB	14	B4
Berkheim D	41	F4
Berkhof D	18	A3
Berkovici BIH	91	G3
Berkovitsa BG	94	B4
Berlanga E	81	G6
Berlevåg N	165	G6
Berlin D	19	F3
Berlingen CH	40	D3
Bermeo E	69	F5
Bermillo de Sayago E	73	E1
Bern CH	40	B2
Bernalda I	101	E2
Bernartice CZ	31	G1
Bernau D	42	B3
Bernau D	19	F3
Bernaville F	27	E5
Bernay F	26	B3
Bernburg D	18	D1
Berndorf A	43	H3
Berne D	17	G5
Bernhardsthal A	44	B5
Bernisdale GB	6	C3
Bernkastel-Kues D	28	D3
Bernsdorf D	31	G6
Bernstein A	43	H2
Beromünster CH	40	C2
Beronovo BG	96	C4
Beroun CZ	31	G3
Berovo MK	107	G6
Berre-l'Etang F	73	F5
Beršad' UA	49	F6
Bersenbrück D	17	F4
Bertinoro I	89	E6
Bertrix B	28	B3
Berwang A	41	G3
Berwick-upon-Tweed GB	9	G4
Berzasca RO	60	C2
Berzovia RO	60	B3
Besalú E	72	B3
Besançon F	39	G3
Besande E	68	B5
Bešenkoviči SU	135	G4
Besenyszög H	45	G2
Beşevlet TR	111	E5
Besigheim D	29	G1
Beşkonak TR	126	A5
Bessan F	72	D5
Bessarabka MD	49	F1
Besse-en-Chandesse F	52	B5
Besse-sur-Issole F	73	H5
Bessheim N	153	F2
Bessines-sur-Gartempe F	37	G2
Beştepe RO	63	F4
Bestida P	66	B2
Betanzos E	64	C5
Betelu E	69	G4
Beteta E	77	H4
Bethesda GB	10	B4
Béthune F	27	E6
Betna N	153	F6
Bettna S	147	G1
Bettola I	55	E2
Bettyhill GB	7	F5
Betws-y-Coed GB	10	B3
Betz F	27	E3
Betzdorf D	29	F5
Beuel D	28	D5
Beuil F	86	B6
Beuron D	40	D4
Beuzeville F	26	B4
Bevagna I	89	E3
Beveren-Waas B	15	H1
Beverley GB	11	G4
Beverstedt D	17	G5
Beverungen D	17	H1
Beverwijk NL	16	B4
Bewdley GB	10	D1
Bex CH	54	A6
Bexhill GB	14	B2
Beycuma TR	112	B3
Beydili TR	111	G4
Beykoz TR	110	C5
Beylerbeyi (Bellapais) CY	127	b2
Beylikahir TR	111	G3
Beynac-et-Cazenac F	51	F4
Beynam TR	120	C5
Beynat F	51	G5
Beyören TR	111	G2
Beypazan TR	111	H4
Beyşehir TR	126	B6
Bezau A	41	F3
Bezdan YU	59	E4
Bežeck RUS	167	E7
Béziers F	72	C5
Bežnar E	82	C2
Biała PL	33	E3
Biala Piska PL	22	C5
Biała Podlaska PL	23	E2
Biała Rawska PL	22	A1
Białobrzegi PL	22	B1
Białogard PL	20	C6
Białowieza PL	23	F4
Biały Bór PL	20	D6
Białystok PL	23	E4
Bianco I	102	D1
Biarritz F	69	H5
Bias F	50	B4
Biasca CH	54	D6
Biatorbágy H	45	E2
Bibbiena I	88	D5
Biberach D	40	C5
Biberach an der Riss D	41	F4
Bibione I	56	C4
Biborţeni RO	61	H5
Bibury GB	13	G4
Bicaj AL	92	D1
Bicaz RO	48	A2
Bicester GB	13	H4
Bichl D	41	H3
Bickleigh GB	12	D3
Bicske H	44	D2
Bidache F	70	C4
Bidart F	69	H4
Biddenden GB	14	C2
Biddulph GB	10	D3
Bideford GB	12	C4
Bidford-on-Avon GB	13	G5
Bidovce SK	46	A5
Bidziny PL	34	C5
Bieber D	29	G3
Biebersdorf D	19	G2
Biecz PL	34	C2

173

Name	Page	Grid
Biedenkopf D	29	F5
Biel/Bienne CH	40	B2
Bielawa PL	32	C4
Bielczyny PL	21	F4
Bielefeld D	17	G2
Biella I	54	B4
Bielowy PL	34	C3
Bielsa E	71	E2
Bielsk PL	21	H3
Bielsk Podlaski PL	23	E4
Bielsko-Biała PL	33	G2
Bienenbüttel D	18	B5
Bienne/Biel CH	40	B2
Bienvenida E	75	G1
Bierre-Lès-Semur F	39	E4
Biertan RO	61	F5
Bierutów PL	33	E5
Bierzwnik PL	20	B4
Biescas E	70	D2
Biesenthal D	19	G3
Biesiekierz PL	130	D1
Bietigheim D	41	E6
Bieżuń PL	21	H4
Biga TR	109	H3
Bigadiç TR	118	B5
Bigbury-on-Sea GB	12	C2
Biggar GB	9	E1
Biggleswade GB	14	B4
Bignasco CH	54	D6
Biháč BIH	57	G2
Biharia RO	46	B2
Biharkeresztes H	46	B2
Biharnagybajom H	46	A2
Bijeljani BIH	91	G3
Bijeljina BIH	59	E2
Bijelo Polje YU	92	B3
Bikava LV	143	F2
Bilbao/Bilbo E	69	E5
Bilbo/Bilbao E	69	E5
Bildudalur IS	160	a2
Bileća BIH	91	H3
Bilecik TR	111	E3
Biled RO	59	H4
Biłgoraj PL	35	E4
Bílina CZ	31	E3
Bilisht AL	106	D3
Biljanovac YU	92	D4
Billerbeck D	17	E2
Billericay GB	14	C3
Billingham GB	11	F6
Billingsfors S	146	B1
Billom F	52	C6
Billund DK	128	C5
Bilovec CZ	33	E2
Bilto N	164	D4
Biňa SK	44	D3
Binas F	37	H6
Binasco I	54	D4
Binche B	27	G5
Binéfar E	79	E6
Bingen D	29	E3
Bingley GB	11	E4
Binic F	24	D3
Binz D	129	H2
Bioce YU	92	B2
Biograd HR	90	C5
Bioska YU	92	B5
Birca RO	94	C6
Birchiş RO	60	C5
Bircza PL	34	D2
Bîrghiş RO	61	F5
Biri N	145	H6
Birkeland N	137	E6
Birkenfeld D	28	D3
Birkenhead GB	10	C4
Birkenwerder D	19	F3
Birkerød DK	129	G5
Birkfeld A	43	G2
Birksdal N	152	D3
Bîrlad RO	62	D6
Birmingham GB	10	D1
Birnau D	41	E3
Birr IRL	5	E4
Birsana RO	47	E3
Birşeşti RO	61	E3
Birštonas LT	133	G2
Biržai LT	133	H6
Birzava RO	60	B5
Birzebugga M	104	b1
Birži LV	142	D1
Biscarrosse F	50	B4
Biscarrosse-Plage F	50	B4
Bisceglie I	100	D4
Bischofsgrün D	30	D3
Bischofsheim D	30	A4
Bischofshofen A	42	C2
Bischofswerda D	31	G5
Bishop Auckland GB	9	F1
Bishop's Castle GB	10	C2
Bishop's Cleeve GB	13	G5
Bishop's Lydeard GB	13	F2
Bishop's Stortford GB	14	C4
Bishop's Waltham GB	13	G2
Biskupiec PL	21	G5
Biskupiec PL	22	B6
Bismark D	18	D3
Bismo N	153	E3
Bispfors S	155	G5
Bispgården S	155	G5
Bispingen D	18	B4
Bistra RO	60	D6
Bistreț RO	94	C5
Bistrica YU	92	B3
Bistriţa RO	47	F2
Bistritsa BG	94	C3
Bisztynek PL	132	C1
Bitburg D	28	C3
Bitche F	28	D1
Bitetto I	101	E4
Bitola MK	107	E4
Bitonto I	101	E4
Bitov CZ	43	G5
Bitterfeld D	19	E1
Bitti I	87	b3
Bivolari RO	48	C3
Bivona I	104	C3
Bizovac HR	58	D4
Bjåen N	144	D3
Bjärnum S	130	A6
Bjästa S	156	B5
Bjelovar HR	58	B4
Bjerkreim N	144	B1
Bjerkvik N	164	C3
Bjerringbro DK	137	F1
Bjølstad N	153	G2
Björbo S	147	E4
Blâmont F	40	B6
Blandford Forum GB	13	F2
Blanes E	72	B2
Blangy-sur-Bresle F	26	D5
Blankenberge B	15	F2
Blankenburg D	18	C1
Blankenfelde D	19	F2
Blankenhain D	30	C5
Blankenheim D	28	D4
Blansko CZ	32	C1
Blanzac F	51	E6
Blarney IRL	4	C2
Błaszki PL	21	F1
Blatná CZ	31	G1
Blatnice CZ	44	C6
Blato HR	91	E3
Blato HR	91	E4
Blattniksele S	161	H4
Blaubeuren D	41	E3
Blaufelden D	30	A1
Blaustein D	41	F5
Blåvand DK	128	A5
Blaye F	50	C6
Bleckede D	18	C5
Bled SLO	57	E5
Bleiburg A	57	F6
Bleicherode D	30	B6
Blejeşti RO	62	A1
Blendija YU	93	F5
Bléneau F	38	C5
Blérancourt F	27	F3
Bléré F	37	G4
Blériot-Plage F	14	D1
Blessington IRL	5	G3
Bletchley GB	14	A4
Bletterans F	39	F2
Blexen D	17	G6
Bobrowniki PL	23	F5
Bobrujsk SU	166	C4
Bobuleşti RO	48	C4
Boceguillas E	77	F6
Bočejkovo SU	135	F4
Bochnia PL	34	B3
Bocholt D	16	D2
Bochov CZ	31	E3
Bochum D	17	E1
Bočki PL	17	H5
Bockenem D	18	B2
Bočki PL	23	E3
Böckstein A	42	C2
Bockum-Hovel D	17	F2
Bocognano F	73	a2
Bocsa H	59	F6
Bocşa RO	60	B3
Bocşa Vasiovei RO	60	B3
Bocsig RO	60	B6
Boda S	147	F6
Bodafors S	139	H3
Bodafors S	139	E3
Bodegraven NL	16	B3
Boden S	162	B5
Bodenmais D	42	C6
Bodenteich D	18	C4
Bodenwerder D	17	H2
Bodenwöhr D	30	D1
Bodeşti RO	48	B2
Bodman D	41	E4
Bodmin GB	12	B3
Bodø N	164	A1
Bodrogkeresztúr H	46	A4
Bodrum TR	117	G2
Bodzanów PL	21	H3
Bodzentyn PL	34	B5
Boëge F	53	G6

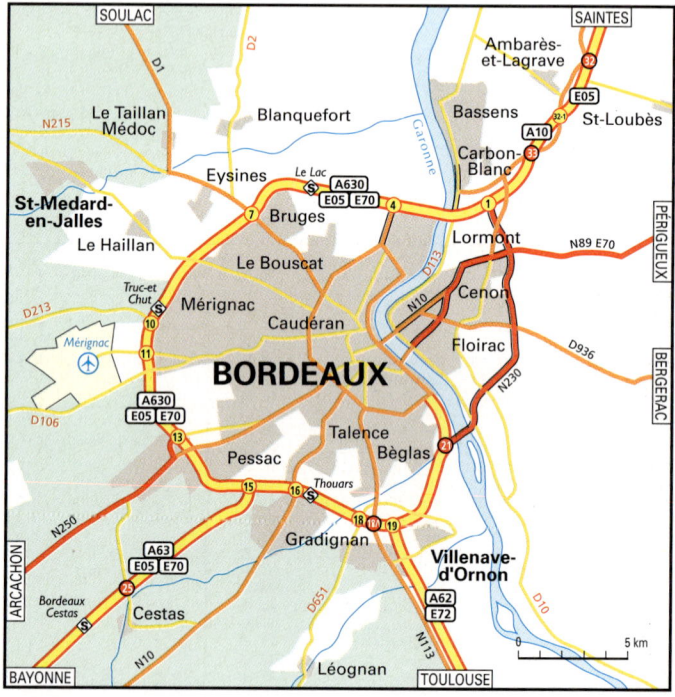

Name	Page	Grid
Bjørkelangen N	146	A3
Bjørkflåta N	145	E5
Björkfors S	161	G5
Björkling S	148	A3
Björkö FIN	149	E4
Björköby FIN	157	E6
Björna S	162	A2
Björneborg S	146	D2
Björnlunda S	147	H1
Björnsholm S	139	G4
Bjørsvik N	144	B6
Bjuråker S	155	G2
Bjurberget S	146	C5
Bjurholm S	162	A2
Bjursås S	147	F5
Bjuv S	129	G5
Blace YU	93	E4
Blackburn GB	10	D4
Blacklion IRL	2	D4
Blackpool GB	10	D5
Blackstad S	139	G4
Blackwater IRL	5	G2
Blaenau Ffestiniog GB	10	B3
Blaenavon GB	13	E5
Blagaj BIH	91	G4
Blagoevgrad BG	94	B1
Blagoevo BG	96	B5
Blain F	36	C6
Blair Atholl GB	7	E1
Blairgowrie GB	9	F6
Blaj RO	61	E5
Bâjel RO	61	F5
Blakeney GB	13	F4
Blakeney GB	14	D6
Blakstad N	137	E6
Blieskastel D	28	D2
Bligny-sur-Ouche F	39	E3
Blindeşti MD	48	B4
Blinisht AL	106	B6
Blinja HR	58	A3
Bliznak BG	97	E4
Blizne PL	34	D2
Błogoszów PL	34	A4
Blois F	37	H5
Blokhus DK	137	F3
Blokzijl NL	16	C4
Blomberg D	17	G2
Blomstermåla S	139	G2
Blönduós IS	160	b2
Błonie PL	32	D5
Błonie PL	22	B2
Błonie PL	23	E2
Bloška Polica SLO	57	E4
Blovice CZ	31	F2
Bludenz A	41	E2
Blumberg D	40	D4
Blyth GB	9	G2
Bø N	145	H3
Boal E	65	F5
Boário Terme I	55	F5
Bobbio I	54	D2
Bobingen D	41	G4
Bobitz D	18	D6
Böblingen D	41	E6
Bobolice PL	20	C6
Bobr SU	135	G3
Bobrinec UA	166	D2
Bobrka UA	35	G2
Bobrovica UA	166	D3
Bobrowice PL	20	A2
Boën F	52	D6
Bogatic YU	59	F2
Bogatynia PL	32	A5
Boğaz (Boğázi) CY	127	c2
Boğázi (Boğaz) CY	127	c2
Boğaziçi TR	117	G4
Boğazköprü TR	121	G4
Boğazlıyan TR	121	G5
Bogdand RO	46	D2
Bogdăneşti RO	62	B6
Bogdaniec PL	20	A3
Böğecik TR	127	E6
Bogen D	42	C6
Bogen N	164	C3
Bogense DK	128	D5
Bogetići YU	92	B3
Bognes N	164	B2
Bognor Regis GB	14	A2
Bogoduchov UA	166	E3
Bogojevo YU	59	E3
Bogorodica MK	107	G5
Bograngen S	146	C5
Boğrüdelik TR	127	E6
Boguševsk SU	135	H4
Boguslav UA	166	D3
Boguszow-Gorce PL	32	C5
Bogutovac YU	92	D5
Bohain-en-Vermandois F	27	F4
Bohdalov CZ	32	B1
Bohinjska Bistrica SLO	56	D5
Böhmenkirch D	41	F5
Bohmte D	17	G3
Böhönye H	58	C5
Boiano I	99	F3
Boichinovtsi BG	94	C5

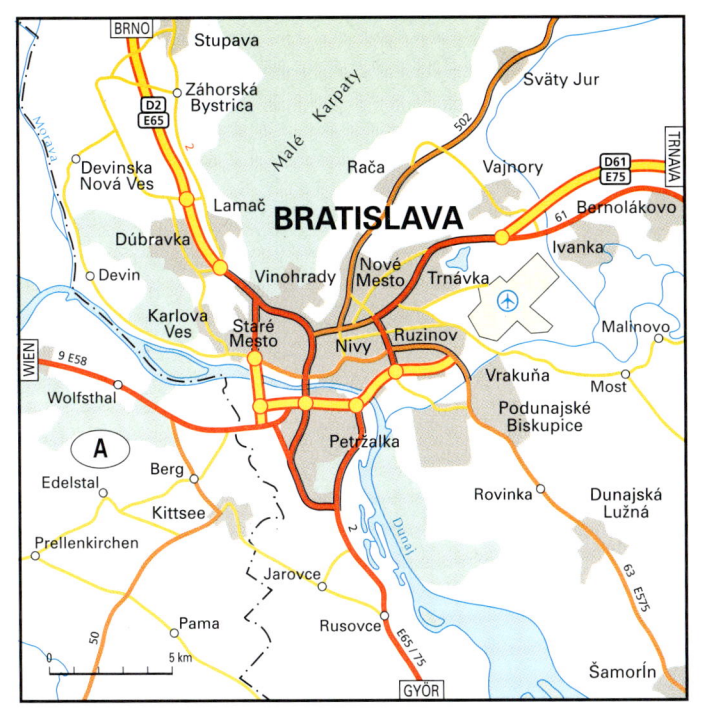

Bratislava

(map of Bratislava area showing Stupava, Záhorská Bystrica, Devínska Nová Ves, Dúbravka, Devín, Lamač, Karlova Ves, Staré Mesto, Nivy, Petržalka, Vinohrady, Nové Mesto, Ružinov, Rača, Vajnory, Bernolákovo, Ivanka, Malinovo, Most, Podunajské Biskupice, Vrakuňa, Wolfsthal, Berg, Edelstal, Kittsee, Prellenkirchen, Jarovce, Pama, Rusovce, Rovinka, Dunajská Lužná, Šamorín; routes to Brno, Trnava, Wien, Győr)

Brussel / Bruxelles

(map of Brussels area showing Meise, Brussegem, Grimbergen, Vilvoorde, Wemmel, Strombeek-Bever, Machelen, Melsbroek, Steenokkerzeel, Zellik, Diegem, National Airport, Nossegem, Jette, Ganshoren, Evere, Zaventem, St-Stevens Woluwe, Groot-Bijgaarden, Berchem-Ste-Agathe, Koekelberg, Schaerbeek, Kraainem, Sterrebeek, Dilbeek, Molenbeek, Woluwe-St-Lambert, Wezembeek-Oppem, Itterbeek, St-Gilles, Ixelles, Etterbeek, Woluwe-St-Pierre, Anderlecht, Auderghem, Forest, Uccle, Watermael-Boitsfort, Tervuren, Ruisbroek, Drogenbos, Forêt de Soignes, Jezus-Eik, Hoeilaart; routes to Antwerpen, Gent, Liège, Mons, Namur)

Boitzenburg D	19	G5
Boizenburg D	18	C5
Bojanów PL	34	D4
Bojanowo PL	20	D1
Bøjden DK	128	D4
Bol HR	91	E4
Bol Sabsk RUS	151	G3
Bol'šakovo RUS	132	D3
Bolaños de Calatrava E	76	D1
Bolayır TR	109	G4
Bolbec F	26	B4
Bolchov RUS	167	E5
Boldu RO	62	C4
Bolechov UA	35	G1
Bolemin PL	20	A3
Bolesławiec PL	32	B5
Bolesławów PL	32	D3
Boleszkowice PL	19	H3
Bolgrad UA	63	E5
Boliden S	162	B4
Bolintin Vale RO	62	A2
Boljanići YU	92	B4
Boljevac YU	93	F5
Bolkesjø N	145	F3
Bolków PL	32	C5
Bollebygd S	138	B4
Bollène F	52	D2
Bollnäs S	155	G1
Bollstabruk S	156	A5
Bolochovo RUS	167	F6
Bologna I	55	G1
Bologne F	39	F5
Bologoje RUS	167	D7
Bolótana I	87	b3
Boloteşti RO	62	C5
Bolsena I	88	D3
Bolsward NL	16	C5
Bolszewo PL	131	G2
Boltaña E	71	E2
Boltenhagen D	129	E1
Boltigen CH	40	B1
Bolton GB	10	D4
Bolu TR	112	B2
Bolungarvík IS	160	a2
Bolvadin TR	119	G4
Bóly H	58	D4
Bolyarovo BG	96	C2
Bolzano/Bozen I	55	H6
Bomarsund FIN	148	D4
Bombarral P	74	B5
Bonaduz CH	41	E1
Boñar E	68	A5
Bonar Bridge GB	7	E4
Bonassola I	87	F5
Bonchester Bridge GB	9	F3
Bondal N	145	E3
Bondeno I	55	H2
Bonefro I	99	G4
Bonete E	84	B5
Bonifacio F	73	a1
Bonlieu F	39	G2
Bonn D	28	D5
Bonnat F	37	H2
Bonndorf D	40	C4
Bønnerup Strand DK	137	G1
Bonnétable F	26	A1
Bonneval F	26	C1
Bonneval-sur-Arc F	53	H4
Bonneville F	53	G6
Bonnières F	26	C3
Bonnieux F	73	G6
Bonny-sur-Loire F	38	C4
Bonnyrigg GB	9	E4
Bono I	87	b3
Bonorva I	87	b3
Bonyhád H	58	D5
Boom B	15	H1
Boos F	26	C4
Booth of Toft GB	6	b2
Bootle GB	10	D4
Bopfingen D	41	G6
Boppard D	29	E4
Bor CZ	31	E2
Bor TR	121	F2
Bor YU	93	F6
Borås S	138	C4
Borba P	75	E3
Borbona I	89	F2
Borca RO	47	H2
Borchen D	17	G1
Borculo NL	16	D3
Bordány H	59	F5
Bordeaux F	50	C5
Bordeira P	80	A5
Bordères F	71	E3
Bordesholm D	128	C2
Bordighera I	86	C5
Borduşani RO	63	E2
Borek Wielkopolski PL	20	D1
Borensberg S	139	F6
Borgå/Porvoo FIN	150	C5
Borgafjäll S	161	F4
Borgarfjörður IS	160	c2
Borgarnes IS	160	a1
Borgentreich D	17	H1
Börger D	17	F4
Borger NL	17	E5
Borggård S	139	F6
Borghamn S	139	E5
Borgholm S	139	G2
Borgholzhausen D	17	F3
Borghorst D	17	E3
Borgo San Dalmazzo I	54	A2
Borgo San Lorenzo I	88	C6
Borgo Val di Taro I	55	E2
Borgo Valsugana I	55	H5
Borgomanero I	54	C4
Borgonovo Val Tidone I	55	E3
Borgorose I	98	D5
Borgosésia I	54	C5
Borgsjö S	155	G4
Borgund N	153	E1
Borgvik S	146	C2
Borima BG	95	E4
Borin'a UA	35	E1
Borislav UA	35	E1
Borisov SU	135	F2
Borispol' UA	166	D3
Borja E	69	G1
Borken D	16	D2
Borken D	29	H5
Borkop DK	128	C5
Borkoviči SU	135	E5
Borkum D	17	E6
Borla RO	46	D2
Borlänge S	147	F5
Borlaug N	153	E1
Borlova RO	60	C3
Borlu TR	118	C4
Bormes-les-Mimosas F	73	H4
Bórmio I	55	F6
Borna D	31	E5
Bornhöved D	128	D1
Börnicke D	19	F3
Bornos E	81	F3
Bornova TR	117	G5
Boroaia RO	48	A3
Borod RO	46	C2
Borodino UA	49	F1
Borodinskoje RUS	159	G1
Borovan BG	94	C5
Borovany CZ	43	F5
Borovets BG	94	C2
Boroviči RUS	167	D8
Borovsk RUS	167	E6
Borovtsi BG	94	B4
Borowa PL	32	D5
Borrby S	130	B4
Borre DK	129	G3
Borris IRL	5	F2
Borris-in-Ossory IRL	5	E2
Borrisokane IRL	5	E4
Borrisoleigh IRL	5	E3
Borş RO	46	B2
Børsa N	153	H6
Borşa RO	47	F3
Borščev UA	47	H6
Borsec RO	47	H2
Børselv N	165	F5
Borsh AL	106	B2
Borsodnádasd H	45	G4
Bort-les-Orgues F	52	A5
Borth GB	10	B2
Börtnan S	154	D4
Borup DK	129	F4
Borzechowo PL	21	F6
Borzna UA	166	D3
Borzonţ RO	47	G1
Bosa I	87	a3
Bosanci HR	57	F3
Bosanska Dubica BIH	58	B3
Bosanska Gradiška BIH	58	B2
Bosanska Krupa BIH	57	H2
Bosanska Rača BIH	59	F2
Bosanski Brod BIH	58	D2
Bosanski Novi HR	58	A2
Bosanski Petrovac BIH	58	A1
Bosanski Šamac BIH	58	D2
Bosansko Grahovo BIH	90	D6
Boscastle GB	12	C3
Bosco Chiesanuova I	55	G4
Bosilegrad YU	93	G2
Boskoop NL	16	B3
Boskovice CZ	32	C1
Bošnjace YU	93	F3
Bošnjaci HR	59	E2
Bosorod RO	60	D4
Bossbøen N	145	E3
Bossost F	71	F2
Boston GB	11	G2
Bostrak N	145	E2
Bőszénfa H	58	C5
Botevgrad BG	94	C3
Bothel GB	9	E2
Botoroaga RO	62	A1
Botoşani RO	48	B4
Botsmark S	162	B3
Bottidda I	87	b3
Bottrop D	16	D1
Botun MK	106	D5
Bouaye F	36	C5
Boudry CH	40	A2
Bouillon B	28	A3
Bouilly F	38	D6
Boulay-Moselle F	28	C2
Boulogne F	14	D1
Boulogne-sur-Gesse F	71	F3
Bouloire F	37	G6
Bourbon-Lancy F	38	C2
Bourbon-l'Archambault F	38	B2
Bourbonne-les-Bains F	39	G5
Bourbourg F	15	E1
Bourbriac F	24	C3
Bourdeaux F	53	E3
Bourg F	50	D5
Bourg-Achard F	26	B4
Bourg-Argental F	52	D4
Bourg-de-Péage F	53	E4
Bourg-en-Bresse F	39	F1
Bourg-Lastic F	52	A6
Bourg-Madame F	71	H1
Bourg-St-Andéol F	52	D2
Bourg-St-Maurice F	53	H5
Bourganeuf F	37	G1
Bourges F	38	B4
Bourgneuf-en-Retz F	36	B5
Bourgogne F	27	G3
Bourgoin-Jallieu F	53	E5
Bourgtheroulde-Infreville F	26	B3
Bourgueil F	37	F5
Bourmont F	39	G5
Bourne GB	11	G2
Bourneville F	26	B4
Bournemouth GB	13	F3
Bourton-on-the-Water GB	13	G4
Boussac F	38	A2
Boussens F	71	F3
Bouvignes B	28	A5
Bouxwiller F	40	B6
Bouzonville F	28	C2
Bova Marina I	105	H4
Bovalino Marina I	102	D2
Bovallstrand S	138	A6
Bovan YU	93	F5
Bovec SLO	56	D5
Bovey Tracey GB	12	D2
Bovolone I	55	G3
Bovrup DK	128	C3
Bovtoft DK	128	C4
Bowmore GB	8	A5
Boxberg D	29	H2
Boxholm S	139	E5
Boxmeer NL	16	C2
Boxtel NL	16	B2
Boyabat TR	113	G5
Boyalıca TR	110	D4
Boyalık TR	110	B5
Boyli TR	121	E3
Bozağaç TR	127	E3
Božaj YU	92	B2
Bozburun TR	124	C4
Bozdoğan TR	118	C1
Bozel F	53	G4
Bozen/Bolzano I	55	H6
Bozhurishte BG	94	B3
Božica YU	93	G3
Bozienii de Sus RO	48	B2
Bozkır TR	126	C5
Bozkurt TR	121	E4
Bozkurt TR	113	E4
Bozön TR	127	G5
Bozova TR	125	G6
Bozovici RO	60	C2
Bozüyük TR	111	E3
Bozveliisko BG	96	D4
Bózzolo I	55	F3
Br'ansk RUS	167	E5
Bra I	54	B2
Braås S	139	E2
Brabova RO	61	E1
Bracciano I	98	B5
Bracieux F	37	H5
Bräcke S	155	F4
Brackenheim D	29	G1
Brackley GB	14	A5
Bracknell GB	14	B3
Brackwede D	17	G2
Braco GB	9	E5
Brad RO	60	D5
Bradford GB	11	E4
Bradford-on-Avon GB	13	F4
Bradina BIH	91	G5
Brædstrup DK	128	C6
Bradwell-on-Sea GB	14	D3
Braemar GB	7	F1
Brăeşti RO	48	B4
Braeswick GB	7	H6
Braga P	66	C4
Bragança P	67	F3
Brăila RO	63	E4
Braine F	27	F3
Braine-le-Comte B	27	G5
Braintree GB	14	C4
Brakel B	27	G5
Brakel D	17	G6
Brakel D	17	H2
Bräkne-Hoby S	130	C6
Brålanda S	138	B6
Brálos GR	115	F5
Bramming DK	128	B5
Brampton GB	9	E2
Bramsche D	17	F3
Bran RO	61	H4
Brancaleone I	102	D1
Brancaster GB	11	H2
Brancion F	39	E2
Brand A	41	E2
Brand-Erbisdorf D	31	F5
Brandbjerg IS	152	C4
Brandbu N	145	H5
Brande DK	128	C6
Brandenberg A	42	B3
Brandenburg D	19	E3
Brandis D	19	F1
Brändö FIN	149	E4
Brandon F	9	G1
Brandon GB	14	C5
Brandon D	14	N	146	B4
Brandýs n Labem CZ	31	H3
Brandýsek CZ	31	G3
Braniewo PL	21	G2
Branešty MD	48	C4
Braničevo YU	60	B2

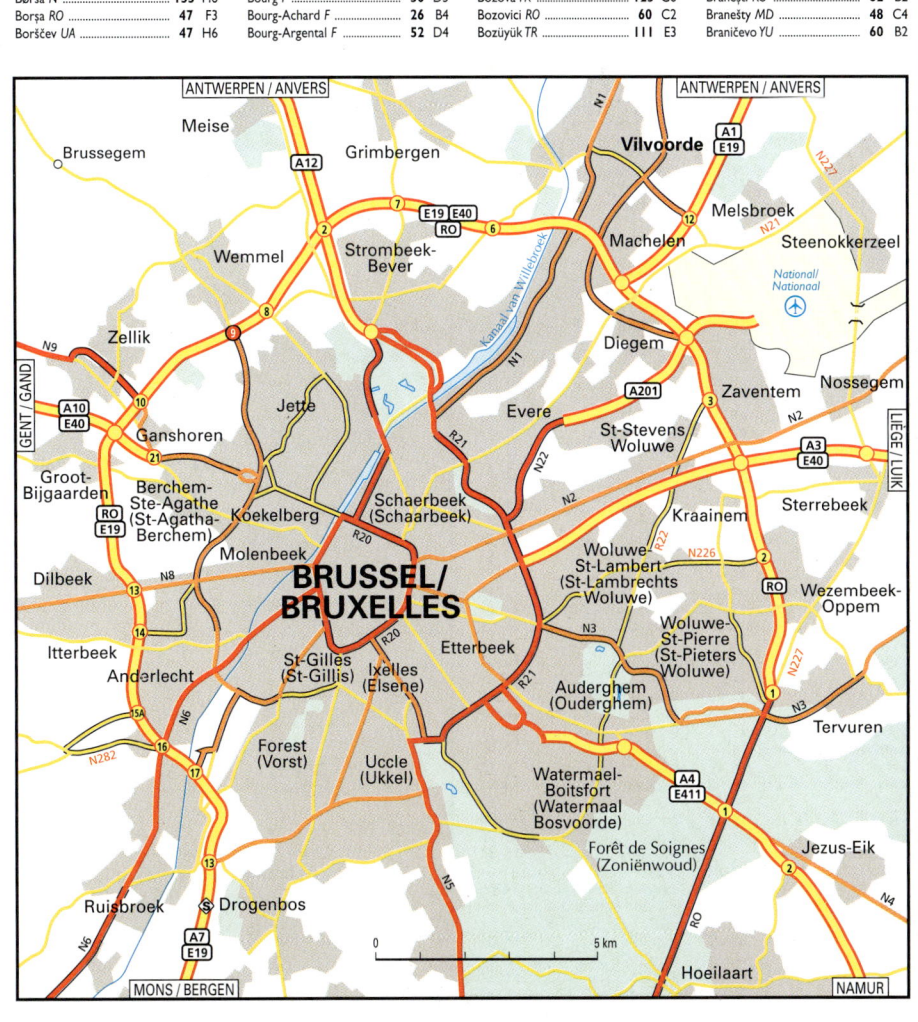

Name	Page	Grid
Braniewo PL	132	B2
Branišovice CZ	44	A6
Braniștea RO	61	E4
Brankovice CZ	44	B6
Branne F	50	D5
Brannenburg D	42	B3
Branscombe GB	13	E2
Brańsk PL	22	D4
Brantôme F	51	E6
Branzi I	55	E5
Braskereidfoss N	146	B5
Braslav SU	134	C5
Brașov RO	61	H4
Brassac F	51	H1
Brasschaat B	16	A2
Brastad S	138	A5
Brataj AL	106	B2
Bratca RO	46	C1
Brateiu RO	61	F5
Brateș RO	62	B5
Brătești RO	62	A3
Bratislava SK	44	B4
Bratków Din PL	21	F1
Brattvåg N	152	D5
Bratunac BIH	92	B6
Bratya Daskolovi BG	95	F2
Braubach D	29	E4
Braunau A	42	C4
Braunfels D	29	F4
Braunlage D	18	B1
Braunschweig D	18	B3
Braunton GB	12	D4
Bray IRL	5	G3
Bray-sur-Seine F	27	E1
Bray-sur-Somme F	27	E4
Brazatortas E	82	C6
Brčko BIH	59	E2
Brdjani YU	92	D5
Breascleit/Breasclete GB	6	C5
Breasclete/Breascleit GB	6	C5
Breaza RO	62	A3
Brebeni RO	61	G1
Brebu RO	60	B3
Brebu Nou RO	60	C3
Brécey F	25	F3
Brechin GB	9	F6
Brecht B	16	A2
Břeclav CZ	44	B5
Brecon GB	13	E5
Breda NL	16	A2
Bredaryd S	138	D2
Bredbyn S	156	B6
Bredebro DK	128	B4
Bredelar D	17	G1
Bredstedt D	128	B3
Bree B	16	B1
Bregenz A	41	F3
Bregovo BG	93	G6
Bréhal F	25	F3
Brehna D	18	D1
Breifonn N	144	C4
Breil-sur-Roya F	86	C5
Breisach D	40	B4
Breisen D	19	E3
Breistein N	144	B5
Breitengussbach Hallstadt D	30	B3
Breivikeidet N	164	D4
Brekke N	152	B1
Brekken N	154	B4
Brekstad N	160	D2
Bremen D	17	G5
Bremerhaven D	17	G6
Bremervörde D	17	H5

Name	Page	Grid
Bremsnes N	153	E6
Breno I	55	F5
Brentwood GB	14	C3
Bréscia I	55	F4
Breskens NL	15	G2
Bressanone/Brixen I	42	A1
Bressuire F	36	D4
Brest BG	95	E5
Brest F	24	B3
Brest SU	23	F2
Brestova HR	57	E3
Brestovac YU	93	F4
Brestovac YU	93	F6
Brestovačka Banja YU	93	F6
Brețcu RO	62	B5
Bretenoux F	51	G4
Breteuil F	26	B2
Breteuil F	27	E4
Brettabister GB	6	b2
Bretten D	29	F1
Breuna D	17	H1
Brevik N	145	E4
Brevik S	148	B2
Breza BIH	91	G5
Brežice SLO	57	G4
Březnica HR	57	H5
Březnice CZ	31	G2
Breznik BG	94	B3
Brezno SK	45	F5
Brezoi RO	61	F3
Brézolles F	26	B2
Brezovica SK	45	H6
Brezovica YU	93	E2
Brezovo BG	95	F2
Brezovo Polje BIH	59	E2
Briançon F	53	G3
Briare F	38	B5
Bribirske Mostine HR	90	C5
Bričany MD	48	B5
Bricquebec F	25	F5
Bridestowe GB	12	C3
Bridge of Allan GB	9	E5
Bridge of Orchy GB	8	D6
Bridgend GB	13	E4
Bridgnorth GB	10	D2
Bridgwater GB	13	E3
Bridlington GB	11	G4
Bridport GB	13	E2
Brie-Comte-Robert F	27	E2
Briec F	24	B3
Brielle NL	15	H3
Brienne-le-Château F	39	E6
Brienz CH	40	D4
Brienza I	100	C2
Brieskow-Finkenheerd D	19	H2
Briey F	28	B2
Brig CH	54	C6
Brigg GB	11	E4
Brighouse GB	11	E4
Brighton GB	14	B2
Brignogan-Plage F	24	B4
Brignoles F	73	H5
Brihiel F	77	F3
Brihuega E	77	F3
Brilon D	17	G1
Brimnes N	144	B5
Brincoveni RO	61	F1
Bríndisi I	101	G3
Brinkum D	17	H2
Brinyan GB	7	G6
Briones E	69	E3
Brionne F	26	B3

Name	Page	Grid
Brioude F	52	B5
Brioux-sur-Boutonne F	37	E2
Briouze F	25	H3
Brisighella I	88	D6
Brissac-Quincé F	37	E5
Brissago CH	54	D5
Bristol GB	13	F4
Brive-la-Gaillarde F	51	G5
Briviesca E	68	D3
Brixen/Bressanone I	42	A1
Brixham GB	12	D2
Brixlegg A	42	A2
Brjánslækur IS	160	a2
Brnaze HR	91	E5
Brněnec CZ	32	C2
Brno CZ	44	A6
Broadford GB	6	C3
Broadford IRL	4	D3
Broadstairs GB	14	D2
Broadway GB	13	G5
Broager DK	128	C3
Broby S	130	B6
Broceni LV	141	G2
Bröckel D	18	B3
Brockenhurst GB	13	G2
Brod BIH	91	H4
Brod na Kupi HR	57	F3
Brodarevo YU	92	B4
Brodenbach D	29	E4
Brodick GB	8	C4
Brodnica PL	21	G4
Brody PL	19	H1
Brody PL	20	B2
Brody PL	34	C5
Brody UA	166	B3
Broglie F	26	B3
Brohl D	29	E4
Brok PL	22	C3
Brolo I	105	F5
Bromarv FIN	149	G4
Brome D	18	C3
Bromma N	145	F5
Bromölla S	130	B5
Bromsgrove GB	13	G6
Bromyard GB	13	F5
Brønderslev DK	137	F3
Broni I	54	D3
Brønnøysund N	161	E4
Brøns DK	128	B4
Bronte I	105	F4
Broons F	25	E2
Brørup DK	128	B5
Brösarp S	130	B5
Brossac F	50	D6
Broșteni RO	60	D2
Broșteni RO	47	H3
Brøstrud N	145	E5
Broto E	70	D2
Brottby S	148	B2
Bröttem N	154	A6
Brou F	26	B1
Brynmawr GB	13	E5
Brough GB	11	E6
Broughshane GB	3	G4
Broughton GB	9	E4
Broughton in Furness GB	10	D6
Broumov CZ	32	C4
Brouvelieures F	40	A5
Brouwershaven NL	15	H3
Brovst DK	137	F3
Brownhills GB	10	D2
Broxam DK	12	D2
Brozas E	75	G4
Brtnice CZ	32	B1
Bruchhausen-Vilsen D	17	H4
Bruchsal D	29	F1
Bruck D	30	D1
Bruck D	19	E2
Bruck an der Grossglocknerstrasse A	42	C2

Name	Page	Grid
Bruck an der Leitha A	44	B3
Bruck an der Mur A	43	G2
Brückl A	57	F4
Brüel D	18	D6
Bruff IRL	4	D3
Brugg CH	40	C3
Brugge B	15	F2
Bruhagen N	153	E6
Brühl D	28	D5
Brûlon F	25	G1
Brumath F	40	C6
Brummen NL	16	D3
Brumunddal N	146	A6
Brunau D	18	D4
Bruneck/Brunico I	42	A1
Brunflo S	155	E5
Brunico/Bruneck I	42	A1
Bruniquel F	51	F3
Brunkeberg N	145	E3
Brunnen CH	40	D2
Brunnen CH	40	D2
Brunsbüttel D	128	B1
Brunssum NL	28	C6
Bruntál CZ	33	E3
Bruravik N	144	D5
Brus YU	93	E4
Brušane HR	57	F1
Brusnicnoje RUS	151	F3
Brussel/Bruxelles B	27	H6
Brüssow D	19	G5
Brusturi RO	48	B3
Brusy PL	21	E6
Bruton GB	13	F3
Bruvno HR	57	G1
Bruvoll N	146	A5
Bruxelles/Brussel B	27	H6
Bruyères F	40	A5
Bruzaholm S	139	F4
Brwinów PL	22	B2
Bryne N	144	B2
Brynmawr GB	13	E5
Brza Palanka YU	60	C1
Brzeće YU	92	D4
Brzeg PL	33	E4
Brzeg Dolny PL	32	C5
Brześć Kujawski PL	21	F3
Brzesko PL	34	B3
Brzeszcze PL	33	G3
Brzezie PL	20	D6
Brzezie PL	21	E1
Brzeziny PL	33	F6
Brzeziny PL	21	H1
Brzeźnica PL	34	C3
Brzostek PL	34	C2
Brzoza PL	21	E4
Brzoza PL	22	C1
Brzozie Lubawskie PL	21	G5
Brzozów PL	34	D2
Bua S	138	B3
Buavåg N	144	B4
Bubry F	24	C2
Buca TR	117	G5
Bučač UA	166	B2
Bucak TR	119	G2
Bucakkışla TR	126	D5
Bučany SK	44	C4
Buccheri I	105	F2
Bucchianico I	99	F5
Bucecea RO	48	B4
Buchen D	29	G2
Buchen D	18	C5
Buchenwald D	30	C5
Buchholz D	18	B5
Buchin Prohod BG	94	B3
Buchloe D	41	G4
Buchs CH	41	E2
Buchy F	26	C4
Bucin UA	23	G1
Bucine I	88	C5
Bucium RO	60	D5
Buciumi RO	46	D2
Buckden GB	11	E5
Bückeburg D	17	G3
Bücken D	17	H4
Buckfastleigh GB	12	D2
Buckhaven GB	9	F5
Buckie GB	7	G3
Buckingham GB	14	A4
Buckow D	19	G3
Bucova RO	60	C4
Bucquoy F	27	E5
Bucsa H	45	H2
Bucșani RO	62	A2
București RO	62	B2
Buczek PL	33	G6
Buczyna PL	35	E3
Bud N	152	D5
Buda RO	48	B1
Buda RO	62	C4
Budaörs H	45	E2
Budapest H	45	E2
Búðardalur IS	160	a2
Buddusò I	87	b3
Bude GB	12	C3
Budești RO	47	F1
Budești RO	62	C1
Budilovo RUS	151	G2
Büdingen D	29	G4
Budišov nad Budišovkou CZ	33	E2
Budleigh Salterton GB	12	D2
Budomierz PL	35	F3
Budoni I	87	c3
Budowo PL	131	F1
Budry PL	132	B2
Budureasa RO	60	C1
Budva YU	92	A2
Budyně nad Ohří CZ	31	H2
Budzyń PL	20	D4

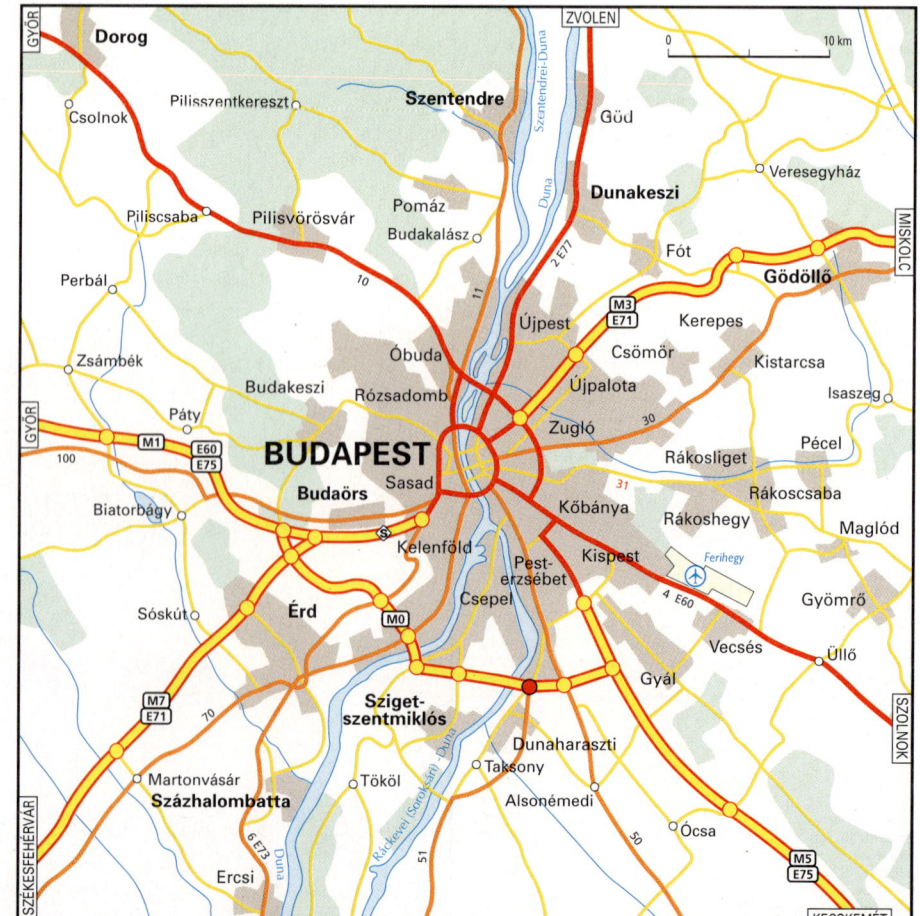

Buenavista del Norte

Castledermot

Buenavista del Norte E 80 b1
Buftea RO 62 B2
Buğdayli TR 110 A3
Bugeat F 51 H6
Buggerru I 87 a2
Bugojno BIH 91 F5
Bühl D 40 C6
Buhuşi RO 48 B2
Büileşti RO 94 B6
Builth Wells GB 13 E6
Buis-les-Baronnies F 53 E2
Buitenpost NL 16 D5
Buitrago E 77 E5
Buj RUS 167 F8
Bujalance E 82 B4
Bujanovac YU 93 F2
Bujaraloz E 78 D5
Buje HR 56 D3
Bujoru RO 95 F5
Buk PL 20 C2
Bukovi YU 92 C6
Bukowiec PL 20 C2
Bukowina Tatrzańska PL 34 A1
Bukowo Morskie PL 130 D1
Bukowsko PL 34 D2
Bülach CH 40 D3
Buldan TR 118 D2
Bulford GB 13 G3
Bülgarene BG 95 E4
Bülgarene BG 95 E5
Bülgarevo BG 97 E5
Bülgarovo BG 96 D3
Bülgarska Polyana BG 96 B2
Bülgarski Izvor BG 94 D4
Bulgnéville F 39 G5
Bulgurluk TR 121 F1
Bulken N 144 C6
Bulkowo PL 21 H3
Bullas E 83 G4
Bulle CH 40 A1
Bultei I 87 b3
Bumbeşti Piţic RO 61 E3
Bumbeşti-Jiu RO 61 E3
Buna BIH 91 G4
Bunclody IRL 5 F2
Buncrana IRL 3 F5
Bunde D 17 E5
Bünde D 17 G3
Bundoran IRL 2 D4
Bunessan GB 8 B6
Buneşti RO 61 F3
Bungay GB 15 E5
Bunkris S 154 D1
Bunmahon IRL 5 E1
Bunnahowen IRL 2 B4
Bunnyconnellan IRL 2 C4
Buntingford GB 14 B4
Bünyan TR 121 H5
Buonalbergo I 99 G3
Buonconvento I 88 C4
Buonfornello I 104 D4
Burbach D 29 F5
Burbage GB 13 G3
Burdur TR 119 F2
Bureå S 162 B3
Burelo E 65 E5
Büren CH 40 B2
Büren D 17 G1
Burfjord N 165 E4
Burford GB 13 G4
Burg D 129 E2
Burg D 18 D2
Burg Stargard D 19 F5
Burg Vetschau D 19 G1
Burgas BG 96 D3
Burgau D 41 G5
Burgau P 80 A5
Burgbernheim D 30 A2
Burgdorf CH 40 B2
Burgdorf D 18 B3
Burgebrach D 30 B3
Bürgel D 30 D5
Burgh-Haamstede NL 15 G3
Burghaun D 29 H5
Burghausen D 42 C4
Burgio I 104 C3
Burgjoss D 29 H4
Burgkunstadt D 30 C3
Burglengenfeld D 30 D1
Burgos E 68 D3
Burgsinn D 29 H3
Burgsteinfurt D 17 E3
Burgsvik S 140 B2
Burguete E 69 H3
Burhaniye TR 109 G2
Burie F 36 D2
Burjuc RO 60 C5
Burladingen D 41 E5
Burnham-on-Crouch GB 14 C3
Burnham-on-Sea GB 13 E4
Burnley GB 11 E4
Burntisland GB 9 E5
Bürnük TR 113 F5
Burravoe GB 6 b2
Burrel AL 106 B5
Burriana E 78 C2
Burry Port GB 12 D5
Bursa TR 110 C3
Bürstadt D 29 F2
Burštyn UA 35 H1
Burton upon Trent GB 11 E2
Burträsk S 162 B3
Buru RO 61 E6
Burwell GB 14 C5
Bury GB 10 D4
Bury St Edmunds GB 14 D5
Buryn' UA 166 E4
Busalla I 54 D2
Busana I 55 F1
Busca I 54 A2
Busdorf D 128 C2
Bushat AL 92 B1
Bushmills GB 3 G5
Busk UA 35 G3
Busko-Zdrój PL 34 B4
Buśno PL 35 F5
Busovača BIH 91 G6
Bussang F 40 A4
Busseto I 55 E3
Bussum NL 16 B3
Buşteni RO 61 H4
Busto Arsizio I 54 D4
Büsum D 128 B2
Butan BG 94 C5
Buteni RO 60 C5
Butera I 105 E2
Bütgenbach B 28 C5
Butler's Bridge IRL 3 E3
Butrint AL 106 C1
Buttelstedt D 30 C5
Buttermere GB 8 D1
Buttevant IRL 4 C2
Buttstädt D 30 C5
Butzbach D 29 G4
Bützow D 18 D6
Buvik N 153 H6
Buvika N 154 B3
Buxtehude D 18 A5
Buxton GB 11 E3
Buxy F 39 E2
Büyükçekmece TR 110 B5
Büyükkarıştıran TR 109 H6
Büyüköz TR 121 G5
Büyüktuzhisar TR 121 H5
Buzançais F 37 G3
Buzancy F 28 A3
Buzău RO 62 C3
Buzescu RO 95 E6
Buzet HR 56 D3
Buziaş RO 60 B4
Bwlch GB 13 E5
Byal Izvor BG 108 D6
Byala BG 95 F5
Byala BG 97 E4
Byala Slatina BG 94 D5
Bychawa PL 34 D5
Bychov SU 167 C5
Byczki PL 21 H1
Byczyna PL 33 F5
Bydgoszcz PL 21 E4
Bygdeå S 162 B3
Bygdin N 153 F2
Bygland N 144 D1
Byglandsfjord N 144 D1
Bygstad N 152 C2
Bykle N 144 D3
Bykovets MD 49 E3
Bylnice CZ 44 C6
Byrkjedal N 144 B2
Byrkjelo N 152 D3
Byrness GB 9 F3
Byrum DK 137 H3
Byrum S 139 H3
Byske S 162 B4
Bystrica UA 47 E5
Bystřice CZ 31 H2
Bystřice nad
Pernštejnem CZ 32 C2
Bystřice pod Hostýnem CZ 33 E1
Bystrzyca Kłodzka PL 32 C3
Byszyno PL 20 C6
Bytča SK 33 F1
Byten' SU 23 H4
Bytom PL 33 G3
Bytom Odrzański PL 20 B1
Bytonia PL 21 E6
Bytów PL 131 F1
Byxelkrok S 139 H3
Bzenec CZ 44 B6

C

C'urupinsk UA 166 E1
Ca'n Picafort E 85 b2
Cabañaquinta E 68 A6
Cabañas E 64 D5
Căbeşti RO 46 C1
Cabeza del Buey E 76 A1
Cabezas Rubias E 81 E6
Cabezón de la Sal E 68 C5
Cabezuela del Valle E 76 A5
Cabo de Palos E 84 B2
Cabo de San Vicente P 80 A5
Cabourg F 26 A4
Cabra E 82 B4
Cabras I 87 a2
Cabreiros E 64 D5
Cabrerets F 51 G4
Cabuérniga E 68 C5
Čačak YU 92 C5
Cáccamo I 104 D4
Cáceres E 75 G4
Cachopo P 80 C5
Čačinci HR 58 C4
Cadaqués E 72 C3
Čadca SK 33 F1
Cadelbosco di Sopra I 55 F2
Cadenábbia I 54 D5
Cadenberge D 17 H6
Cadenet F 73 G6
Cadillac F 50 D4
Cádiz E 81 E3
Cadjavica HR 58 C4
Čadyr-Lunga MD 63 F6
Caen F 25 H4
Caernarfon GB 10 B4
Caerphilly GB 13 E4
Caersws GB 10 B2
Ćafasan MK 106 C4
Çağış TR 118 B5
Cagli I 89 E4
Cágliari I 87 b1
Cagnano Varano I 100 C5
Cagnes-sur-Mer F 86 B5
Caherdaniel IRL 4 A2
Cahir IRL 4 D2
Cahirciveen IRL 4 A2
Cahors F 51 F3
Caiazzo I 99 F3
Cairndow GB 8 C6
Cairnryan GB 8 C3
Caister-on-Sea GB 15 E5
Caistor GB 11 G3
Căiuţi RO 62 C6
Caivano I 99 F2
Cajarc F 51 G3
Čajetina YU 92 B5
Čajniče BIH 92 A4
Čakajovce SK 44 C4
Çakıldak TR 113 G5
Çakırbeyli TR 118 B1
Çakmak TR 121 F1
Čakovec HR 58 A5
Çal TR 119 E2
Cala Gonone I 87 c3
Cala Millor E 85 b2
Cala Moral E 81 H2
Cala Ratjada E 85 b2
Calabor E 67 F4
Calacuccia F 73 a2
Calaf E 79 G5
Calafat RO 94 B6
Calafell E 79 G4
Calahonda E 81 H2
Calahonda E 82 C1
Calahorra E 69 F2
Calais F 14 D1
Calamocha E 78 B4
Călan RO 60 D4
Calán Porter E 85 c2
Calangiánus I 87 b4
Călăraşi RO 62 D1
Calasetta I 87 a1
Calasparra E 83 G4
Calatafimi I 104 B4
Calatañazor E 69 E1
Calatayud E 78 B5
Călăţele RO 46 D1
Çalatlı TR 113 H1
Calau D 19 G1
Calbe D 18 D2
Caldarola I 89 F4
Caldas da Rainha P 74 C5
Caldas de Reis E 64 B4
Caldas de Vizela P 66 C3
Caldes d'Estrac E 72 A2
Caldes de Montbui E 79 H5
Caldirola I 54 D2
Caledon GB 3 F3
Calella de la Costa E 72 B2
Calella de Palafrugell E 72 C2
Calenzana F 73 a2
Calfsound GB 7 H6
Calheta P 80 e3
Çali TR 110 C3
Calignac F 50 D3
Călimăneşti RO 61 F3
Calitri I 100 C3
Çalköy TR 119 E5
Callac F 24 C3
Callan IRL 5 E2
Callander GB 8 D5
Callington GB 12 C2
Callose d'En Sarria E 84 D4
Calne GB 13 G4
Calpe E 84 D4
Caltabellotta I 104 C3
Caltagirone I 105 E3
Caltanissetta I 105 E3
Caltavuturo I 104 D4
Çaltı TR 111 E3
Çaltılıbük TR 110 C3
Caltra IRL 5 E5
Călugăreni RO 62 B1
Caluso I 54 B4
Calvi F 73 a2
Calvörde D 18 C3
Calw D 40 D6
Calzadilla de la Cueza E 68 B3
Camaiore I 88 B6
Çamaltı TR 117 F5
Câmara de Lobos P 80 e3
Cămăraşu RO 47 F1
Çamardı TR 121 G2
Camarès F 52 A2
Camaret F 24 A3
Camariñas E 64 B5
Camarzana E 67 G3
Cambados E 64 B4
Cambeo E 64 C3
Camberg D 29 F4
Camberley GB 14 A3
Cambo-les-Bains F 70 C4
Camborne GB 12 B2
Cambrai F 27 F5
Cambre E 64 C5
Cambremer F 26 A3
Cambridge GB 14 C5
Cambrils de Mar E 79 F4
Camburg D 30 D5
Camelford GB 12 C3
Çameli TR 125 E5
Camerino I 89 F4
Camigliatello I 102 D4
Caminha P 66 B5
Caminomorisco E 75 H5
Caminreal E 78 B4
Çamköy TR 124 B5
Çamlıbel (Mýrtou) CY 127 b2
Çamlıdere TR 119 G2
Çamlıdere TR 112 C2
Camogli I 54 D1
Camp IRL 4 B3
Campan F 71 E3
Campana I 103 E4
Campanario E 75 H2
Campbeltown GB 8 B4
Campello E 84 C4
Campi Salentina I 101 G2
Campillo de Altobuey E 77 H2
Campillo de Arenas E 82 C3
Campillos E 81 H3
Campo de Caso E 68 B6
Campo Maior P 75 F3
Campo Tures/
Sand in Taufers I 42 A1
Campobasso I 99 F3
Campobello di Licata I 104 D3
Campobello di Mazara I 104 B4
Campocologno CH 55 F5
Campomanes E 65 G3
Campomarino I 99 G4
Campomarino I 101 F2
Campora San Giovanni I 102 D4
Campos E 85 b1
Camposampiero I 56 A4
Campodrón E 72 A3
Çamsu TR 119 E4
Çamuzcu TR 127 H5
Camyuva TR 125 G4
Çanakkale TR 109 F3
Canas de Senhorim P 66 C1
Cañaveras E 77 G4
Canazei I 56 A6
Cancale F 25 E3
Cancon F 51 E4
Candanchú E 70 D3
Çandarlı TR 117 F6
Candás E 65 G4
Candasnos E 78 D5
Candé F 36 D6
Candela I 100 C4
Candeleda E 76 B4
Çandır TR 119 H1
Çandır TR 121 G5
Canelli I 54 C2
Canero E 65 F5
Canet de Mar E 72 A2
Canet-Plage F 72 C4
Cañete E 78 A3
Canfranc E 70 D3
Cangas E 64 B3
Cangas de Narcea E 65 F4
Cangas de Onís E 68 B6
Caniçada P 66 C4
Canicattì I 104 D3
Canicattini Bagni I 105 F2
Caniles E 83 E3
Canino I 88 D2
Cañizal E 67 G1
Canjáyar E 83 E2
Cankırı TR 113 E2
Cànnero Riviera I 54 D5
Cannes F 86 B4
Canneto Sull' Óglio I 55 F3
Cannich GB 6 D2
Cannóbio I 54 D5
Cannock GB 10 D2
Canosa di Puglia I 100 D4
Canossa I 55 F2
Cantalejo E 77 E6
Cantanhede P 66 B1
Canterbury GB 14 D2
Cantoria E 83 F2
Cantorol E 68 C4
Cantù I 54 D4
Canvey Island GB 14 C3
Cany-Barville F 26 B5
Cáorle I 56 C4
Cap Ferret F 50 B5
Cap Gris Nez F 14 D1
Cap-d'Ail F 86 C5
Capaci I 104 C5
Caparde BIH 59 E1
Căpăţîneni RO 61 G4
Capbreton F 50 A3
Capel'ka RUS 143 G5
Capendu F 72 B5
Capestang F 72 C5
Capistrello I 98 D4
Čapljina BIH 91 F3
Čaplygin RUS 167 F5
Capo Boi I 87 b1
Capo Carbonara I 87 b1
Capo d'Orlando I 105 F5
Capo di Ponte I 55 F5
Capoliveri I 88 B3
Cappamore IRL 4 D3
Cappoquin IRL 4 D2
Capri I 99 F1
Capriati a Volturno I 99 E3
Capriccioli I 87 c4
Căpruţa RO 60 B5
Captieux F 50 D4
Capua I 99 F2
Capurso I 101 E4
Caracal RO 94 D6
Caragiale RO 62 A3
Caraman F 71 H3
Caramulo P 66 C2
Caranga E 65 G4
Caransebeş RO 60 C3
Carantec F 24 B4
Cărăşeu RO 46 D3
Caraşova RO 60 B3
Caravaca E 83 G4
Carballiño E 64 C3
Carballo E 64 C5
Carbon-Blanc F 50 C5
Carboneras E 83 F1
Carboneras de
Guadazaón E 77 H2
Carbónia I 87 a1
Carbonin/Schludersbach I 56 B6
Carbonne F 71 G3
Cărbunari RO 60 B2
Carcans F 50 C6
Carcans-Plage F 50 C6
Carcare I 54 C2
Carcassonne F 72 B5
Carcastillo E 69 G2
Carcavelos P 74 B4
Carcès F 73 H5
Çardak TR 109 G4
Çardak TR 119 E2
Cardedeu E 72 A2
Cardiff GB 13 E4
Cardigan GB 12 D6
Cardona E 79 G5
Carei RO 46 C3
Carennac F 51 G4
Carentan F 25 G4
Carev Dvor MK 106 D4
Cargèse F 73 a2
Carhaix-Plouguer F 24 C3
Cariati I 103 E5
Carignan F 28 A3
Carignano I 54 B3
Cariñena E 78 B5
Carisbrooke GB 13 G2
Carlet E 84 C6
Carling F 28 C2
Carlingford IRL 3 F3
Carlisle GB 9 E2
Carloforte I 87 a1
Carlow D 18 C6
Carlow IRL 5 F3
Carlton GB 11 F4
Carluke GB 8 D4
Carmagnola I 54 B3
Carmarthen GB 12 D5
Carmaux F 51 G2
Carmona E 81 G4
Carnac F 24 C1
Carndonagh IRL 3 F6
Carnew IRL 5 G2
Carnia I 56 C5
Carnlough GB 3 G5
Carnota E 64 B4
Carnoustie GB 9 F5
Carnwath GB 9 E4
Carolinensiel D 17 F6
Carpaneto Piacentino I 55 E2
Carpenédolo I 55 F3
Carpentras F 53 E2
Carpi I 55 G2
Carpineto Romano I 98 D4
Cărpiniş RO 59 H4
Cărpiniş RO 60 D5
Carpinone I 99 F3
Carquefou F 36 C5
Carqueiranne F 73 H4
Carradale GB 8 B4
Carrara I 88 A6
Carrascosa del Campo E 77 F3
Carrazeda de Ansiães P 66 D2
Carrbridge GB 7 E2
Carregado P 74 C4
Carregal do Sal P 66 C1
Carrick (An Charraig) IRL 2 D5
Carrick-on-Shannon IRL 2 D3
Carrick-on-Suir IRL 5 E2
Carrickfergus GB 3 G4
Carrickmacross IRL 3 F3
Carrickmore GB 3 F4
Carrigaline IRL 4 C1
Carrigallen IRL 2 D3
Carriganimmy IRL 4 C2
Carrigans IRL 3 E5
Carrión de Calatrava E 76 D1
Carrión de los Condes E 68 B3
Carro F 73 F5
Carrouges F 25 H2
Carrowkeel IRL 3 F5
Carry-le-Rouet F 73 F5
Carryduff GB 3 G3
Carsoli I 98 D5
Carsphairn GB 8 D3
Cartagena E 84 B2
Cartaxo P 74 C4
Carteret F 25 F5
Carvin F 27 F5
Carvoeiro P 80 B5
Casacalenda I 99 G4
Casalarreina E 69 E3
Casalbuono I 100 C2
Casale Monferrato I 54 C3
Casalecchio di Reno I 55 G1
Casalmaggiore I 55 F3
Casalpusterlengo I 55 E3
Casamassima I 101 E3
Casamicciola Terme I 99 E2
Casamozza F 73 b2
Casas Ibañez E 84 B6
Cascais P 74 B4
Cascia I 89 F3
Casciana Terme I 88 B5
Cáscina I 88 B5
Cascioarele RO 62 C1
Căşeiu RO 47 E2
Casekow D 19 G4
Caselle I 54 B3
Caserta I 99 F2
Cashel IRL 5 E3
Casina I 55 F2
Casinos E 78 B1
Čáslav CZ 32 B2
Cašniki SU 135 F4
Casoli I 99 F5
Caspe E 78 D4
Cassá de la Selva E 72 B2
Cassagnes-Bégonhès F 51 H3
Cassano delle Murge I 101 E3
Cassel F 15 E1
Cassino I 99 E3
Cassis F 73 G5
Castanheira de Pêra P 74 D6
Casteau B 27 G5
Casteggio I 54 D3
Castejón de Monegros E 78 D5
Castejón de Sos E 71 E2
Castel di Sangro I 99 E4
Castel San Giovanni I 55 E3
Castel San Lorenzo I 100 B2
Castel San Pietro Terme I 55 H1
Castel Volturno I 99 E2
Castelbuono I 105 E4
Casteldelfino I 53 H2
Castelejo P 80 A5
Castelfiorentino I 88 C5
Castelfranco Emilia I 55 G2
Castelfranco Véneto I 56 A4
Casteljaloux F 50 D4
Castell de Ferro E 82 C1
Castell' Arquato I 55 E2
Castellabate I 100 B2
Castellammare del Golfo I 104 C4
Castellammare di Stábia I 99 F1
Castellamonte I 54 B4
Castellana Grotte I 101 F3
Castellana Sicula I 105 E4
Castellane F 86 A5
Castellaneta I 101 E3
Castellar de la Frontera E 81 G2
Castellar de Santisteban E 83 E5
Castellazzo Bormida I 54 C3
Castelldefels E 79 H4
Castelleone I 55 E3
Castellfollit de la Roca E 72 B3
Castellina in Chianti I 88 C4
Castelló d'Empuries E 72 C3
Castellón de la Plana E 78 D2
Castellúccio dei Sàuri I 100 C4
Castelmassa I 55 G3
Castelmauro I 99 F4
Castelmoron F 51 E4
Castelnau-de-Médoc F 50 C5
Castelnau-de-Montmiral F 51 G2
Castelnau-Magnoac F 71 F3
Castelnaudary F 72 A6
Castelnuovo della
Dáunia I 100 B5
Castelnuovo di
Garfagnana I 88 B6
Castelnuovo di Porto I 98 C5
Castelnuovo Scrivia I 54 D3
Castelo Branco P 75 F5
Castelo de Paiva
(Sobrada) P 66 C3
Castelo de Vide P 75 E4
Castelraimondo I 89 F4
Castelsardo I 87 b4
Castelsarrasin F 51 F3
Casteltérmini I 104 D3
Castelvecchio Subequo I 99 E5
Castelvetrano I 104 B4
Castets F 50 B3
Castiádas I 87 b1
Castiglion Fiorentino I 88 D4
Castiglioncello I 88 B4
Castiglione dei Pepoli I 88 C6
Castiglione del Lago I 88 D4
Castiglione della Pescáia I 88 B3
Castiglione della Stiviere I 55 F3
Castiglione
Messer Marino I 99 F4
Castillon-la-Bataille F 50 D5
Castillonnès F 51 E4
Castle Douglas GB 8 D2
Castlebar IRL 2 B3
Castlebay GB 6 A3
Castlebellingham IRL 3 F2
Castleblayney IRL 3 F3
Castlebridge IRL 5 F2
Castlecomer IRL 5 F3
Castlederg GB 3 E5
Castledermot IRL 5 F3

Castleisland Clydebank

Castleisland IRL 4 B3
Castlemaine IRL 4 B3
Castlemartyr IRL 4 D1
Castleplunkett IRL 2 C3
Castlepollard IRL 5 F5
Castlerea IRL 2 C3
Castletown GB 7 G5
Castletown GBM 10 B6
Castletownbere IRL 4 A2
Castletownroche IRL 4 D2
Castletownsend IRL 4 B1
Castlewellan GB 3 G3
Castres F 51 G1
Castricum NL 16 B4
Castries F 52 C1
Castro Caldelas E 64 D3
Castro Daire P 66 C2
Castro del Río E 82 B4
Castro Marim P 80 D5
Castro Urdiales E 69 E5
Castro Verde P 80 C6
Castrocaro Terme I 88 D6
Castrocontrigo E 67 G4
Castrojeriz E 68 C3
Castromonte E 68 A2
Castrop-Rauxal D 17 E1
Castropol E 65 E5
Castroreale I 105 G4
Castroreale Terme I 105 G4
Castroverde de Cerrato E 68 B2
Castrovillari I 102 D5
Castuera E 75 H1
Çatalağzi TR 112 B4
Çatalan TR 127 H6
Çatalca TR 110 B5
Cataloi RO 63 F4
Çatalzeytin TR 113 F5
Catánia I 105 F3
Catanzaro I 103 E3
Catanzaro Lido I 103 E3
Catenanuova I 105 F3
Caterham GB 14 B3
Catterick GB 11 F5
Cattolica I 89 F5
Cătunu RO 62 B2
Catus F 51 F4
Căuaş RO 46 C3
Caudebec F 26 B4
Caudete E 84 B5
Caudry F 27 F4
Caumont F 25 G4
Caunes-Minervois F 72 B6
Cauro F 73 a1
Caussade F 51 F3
Čausy SU 167 C5
Cauterets F 70 D3
Cauville F 26 A4
Cava de Tirreni I 99 F1
Cavaglia I 54 C4
Cavaillon F 52 D1
Cavalaire-sur-Mer F 86 A4
Cavalese I 55 H5
Cavalière F 86 A4
Cavan IRL 3 E3
Cavárzere I 56 A3
Çavdarhisar TR 119 E5
Çavdır TR 125 F5
Cavo I 88 B3
Cavour I 54 A3
Cavtat HR 91 G2
Çavuş TR 126 B6
Çavuşlu TR 120 C5
Çavuslu TR 127 G5
Çay TR 119 G4
Çayağzi TR 110 C6
Cayagzi TR 113 H5
Çaycuma TR 112 B3
Çayıralan TR 121 H6
Çayırbağ TR 119 F4
Çayırhan TR 111 H4
Çayırıyazı TR 119 G4
Caylus F 51 G3
Cazalla de la Sierra E 81 G5
Cazals F 51 F4
Cazane Plavişeviţa RO 60 C1
Căzăneşti RO 62 C2
Cazères F 71 G3
Cazin BIH 57 G2
Cazma HR 58 A4
Cazorla E 83 E4
Ceamurlia de Sus RO 63 F3
Ceanannus Mor (Kells) GB 3 G4
Cebreiro E 65 E3
Ceccano I 98 D3
Cece H 58 D6
Čečel'nik UA 49 F5
Čečeviči SU 135 H1
Čechov RUS 167 E6
Čechtice CZ 32 A2
Cécina I 88 B4
Cedeira E 64 D6
Cedynia PL 19 G4
Cefalù I 105 E4
Cegléd H 45 F2
Ceglie Messapica I 101 F3
Cehegín E 83 G4
Cehu Silvaniei RO 46 D3
Ceica RO 46 C1
Čejč CZ 44 B6
Ceków Kolonia PL 21 F1
Čelákovice CZ 31 H3
Celano I 99 E5
Celanova E 64 C2
Celbridge IRL 5 G4
Çelebi TR 120 D5
Čelebić BIH 91 E5
Celeiu RO 60 D3
Celerina CH 55 E6
Čelić BIH 59 E2
Celje SLO 57 F5
Celldömölk H 44 B2
Celle D 18 B3
Celle Ligure I 54 C1
Celopeci MK 106 D5
Celorico da Beira P 66 D1
Celorico de Basto P 66 C3
Celtek TR 113 H4
Çeltik TR 120 A3
Çeltikçi TR 119 G2
Çeltikçi TR 112 D1
Cemele TR 121 E5
Čemerno BIH 91 H4
Cemilbey TR 113 H2
Cemilköy TR 121 G4
Cencenighe I 56 A5
Cenicero E 69 E3
Čenta YU 59 G3
Cento I 55 G2
Centuri F 73 b3
Centúripe I 105 F3
Čepin HR 58 D3
Ceprano I 98 D3
Cerami I 105 E4
Ceranów PL 22 D3
Cerbère F 72 C3
Cerbu RO 61 G2
Cercal P 74 B1
Cercal P 74 C4
Cercedilla E 76 D5
Cerchiara di Calabria I 102 D5
Cerea I 55 G3
Cered H 45 F4
Čereja SU 135 G3
Čerepovec RUS 167 E8
Ceresole Reale I 54 A4
Céret F 72 B4
Cerignola I 100 C4
Cérilly F 38 B2
Cerisiers F 38 D6
Cerizay F 36 D4
Čerkassy UA 166 D3
Çerkeş TR 112 D2
Çerkezköy TR 110 A5
Cerknica SLO 57 E4
Cerkovitsa BG 95 E5
Cermei RO 60 B6
Čern'achovsk RUS 132 D2
Čern'any SU 23 F2
Černá CZ 43 E5
Cerna RO 63 E4
Černá Hora CZ 32 C1
Cernavodă RO 63 E2
Cernay F 40 B4
Cerne Abbas GB 13 F2
Cernégula E 68 D4
Černevka SU 135 F2
Černevo RUS 151 F1
Černigov UA 166 D4
Cernik HR 58 C3
Cernóbbio I 54 D5
Černobyl' UA 166 C4
Černomorskoje UA 166 E1
Černošin CZ 31 E2
Černovcy UA 47 H5
Černovice CZ 31 H1
Cërrik AL 106 B4
Certaldo I 88 C5
Certeze RO 46 D4
Červen' SU 135 F1
Červená Skala SK 45 G5
Červená Voda CZ 32 D3
Červená-Řečice CZ 32 A1
Červeny Kostelec CZ 32 C4
Cervera E 79 G5
Cervera de Pisuerga E 68 C4
Cervera del Llano E 77 G2
Cervera del Río Alhama E 69 F2
Cerveteri I 98 B5
Cérvia I 89 E6
Cervignano del Friuli I 56 C4
Cervione F 73 b2
Cervo E 65 E5
Červonoarmejskoje UA 63 F5
Červonograd UA 35 G4
Červonoznamenka UA 49 H3
Cesana Torinese I 53 H3
Cesarò I 105 F4
Cesarzowice PL 32 C5
Cesena I 89 E6
Cesenático I 89 E6
Cēsis LV 142 C3
Česká Kamenice CZ 31 G4
Česká Lípa CZ 31 H4
Česká Skalice CZ 32 C3
Česká Třebová CZ 32 C2
České Budějovice CZ 43 E6
České Velenice CZ 43 F5
Český Brod CZ 31 H3
Český Krumlov CZ 43 E5
Český Těšín CZ 33 F2
Çeşme TR 117 E4
Çeşmealti TR 117 F5
Cestona E 69 F4
Cesvaine LV 143 E3
Cetate RO 94 B6
Cetatea de Baltă RO 61 F5
Cetăţeni RO 61 H3
Cetinje YU 92 A2
Cetraro I 102 C5
Ceuta E 81 F1
Ceva I 54 B2
Cevizli TR 126 B5
Cezyériat F 53 F6
Chabanais F 37 F1
Chabeuil F 53 E3
Chablis F 38 D5
Chabreloche F 52 C6
Chabris F 37 H4
Chagny F 39 E3
Chaillé-les-Marais F 36 C3
Chairóneia GR 115 F4
Chajkola RUS 163 H5
Chalabre F 71 H2
Chalais F 50 D6
Chalamont F 53 E6
Chalampé F 40 B4
Chalandrítsa GR 114 D3
Chale GB 13 G2
Chálki GR 107 G1
Chálki GR 124 B3
Chalkiádes GR 115 E6
Chalkida GR 115 H4
Chalkidóna GR 107 G4
Challans F 36 B4
Challes-les-Eaux F 53 F5
Chalon-sur-Saône F 39 E2
Chalonnes F 36 D5
Châlons-sur-Marne F 27 G2
Châlus F 37 F1
Cham CH 40 D2
Cham D 31 E1
Chambéry F 53 F5
Chambley-Bussières F 28 B2
Chambon-sur-Lac F 52 B5
Chambon-sur-Voueize F 38 A2
Chambord F 37 H5
Chamonix-Mont-Blanc F 53 H5
Champagne-Mouton F 37 E2
Champagnole F 39 G2
Champaubert F 27 F2
Champdeniers F 36 D3
Champeix F 52 B5
Champéry CH 53 H6
Champex CH 54 A5
Champier F 53 E5
Champigné F 37 E6
Champillon F 27 G2
Champlitte F 39 F4
Champlon B 28 B4
Champoluc I 54 B5
Champtoceaux F 36 D5
Chamusca P 74 D4
Chanas F 53 E4
Chandrinós GR 122 A5
Chaniá GR 122 b3
Chanion GR 108 A2
Chantada E 64 D3
Chantelle F 38 B1
Chantemerle F 53 G3
Chantilly F 27 E3
Chantonnay F 36 D4
Chão de Codes P 74 D5
Chaource F 39 E5
Chapelle-Royale F 26 B1
Char'kov UA 166 F3
Chárakas GR 123 d2
Charavines F 53 F4
Charbowo PL 20 D3
Chard GB 13 E3
Charenton-du-Cher F 38 B3
Charleroi B 27 H5
Charlestown IRL 2 C3
Charleville (Rath Luirc) IRL 4 C3
Charleville-Mézières F 27 H3
Charlieu F 38 D1
Charlottenberg S 146 B3
Charly F 27 F2
Charmes F 39 H5
Charny F 38 C5
Charolles F 38 D2
Chârost F 38 A3
Charroux F 37 E2
Chartres F 26 C1
Chassigny F 39 F4
Château d'Oex CH 40 A1
Château-Arnoux F 53 F1
Château-Chinon F 38 D3
Château-du-Loir F 37 F5
Château-Gontier F 37 E6
Château-la-Vallière F 37 F5
Château-Porcien F 27 G3
Château-Queyras F 53 G3
Château-Renault F 37 G5
Château-Salins F 28 C1
Château-Thierry F 27 F2
Châteaubourg F 25 F2
Châteaubriant F 36 D6
Châteaudun F 37 H6
Châteaugiron F 25 F2
Châteaulin F 24 B3
Châteaumeillant F 38 A2
Châteauneuf F 37 E1
Châteauneuf-de-Randon F 52 C3
Châteauneuf-du-Faou F 24 B3
Châteauneuf-du-Pape F 52 D2
Châteauneuf-en-Thymerais F 26 C2
Chateauneuf-sur-Cher F 38 A3
Châteauneuf-sur-Loire F 38 B5
Châteauneuf-sur-Sarthe F 37 E6
Châteauponsac F 37 G2
Châteaurenard F 38 C5
Châteauroux F 37 H3
Châteauvillain F 39 F5
Châtel F 53 H6
Châtel-St-Denis CH 40 A1
Châtelaillon-Plage F 36 C2
Châtelet B 27 H5
Châtelguyon F 52 B6
Châtellerault F 37 F4
Châtelus-Malvaleix F 37 H2
Châtenois F 39 G5
Chatham GB 14 C3
Châtillon I 54 B5
Châtillon-Coligny F 38 C5
Châtillon-en-Bazois F 38 C3
Châtillon-en-Diois F 53 E3
Châtillon-sur-Chalaronne F 53 E6
Châtillon-sur-Indre F 37 G4
Châtillon-sur-Loire F 38 B4
Châtillon-sur-Marne F 27 F2
Châtillon-sur-Seine F 39 E5
Chatteris GB 14 C5
Chaudes-Aigues F 52 B4
Chauffailles F 38 D1
Chaufour-lès-Bonnières F 26 C3
Chaumergy F 39 F2
Chaumont F 37 G5
Chaumont F 39 F5
Chaunay F 37 E2
Chauny F 27 F3
Chaussin F 39 F3
Chauvigny F 37 F3
Chaves P 66 D4
Chazelles F 52 D5
Cheadle GB 11 E3
Cheb CZ 30 D3
Chęciny PL 34 A4
Cheddar GB 13 F4
Chef-Boutonne F 37 E2
Cheia RO 62 A4
Chełm PL 35 F5
Chełmek PL 33 G3
Chełmno PL 21 F5
Chelmsford GB 14 C3
Chełmża PL 21 F4
Chełst PL 20 C3
Cheltenham GB 13 G5
Chelva E 78 B2
Chemillé F 36 D5
Chemin F 39 F3
Chemnitz D 31 E5
Chénérailles F 37 H1
Chenonceaux F 37 G4
Chepelare BG 95 E1
Chepstow GB 13 F4
Cherbourg F 25 F5
Chernomorets BG 97 E3
Chéroy F 38 C6
Cherson UA 166 E1
Cherven Bryag BG 94 D4
Chervena Voda BG 95 G6
Chesham GB 14 A4
Chester GB 10 D3
Chester-le-Street GB 9 G1
Chesterfield GB 11 E3
Cheţani RO 61 E6
Chevagnes F 38 C2
Chevanceaux F 50 D6
Chevreuse F 26 D2
Chianciano Terme I 88 D3
Chiaravalle I 102 D3
Chiari I 55 E4
Chiasso CH 54 D5
Chiavari I 87 F6
Chiavenna I 55 E6
Chichester GB 13 H2
Chichiş RO 62 A5
Chicklade GB 13 F3
Chiclana de la Frontera E 81 E2
Chieming D 42 C3
Chieri I 54 B3
Chiesa in Valmalenco I 55 E5
Chieti I 99 F5
Chigwell GB 14 B3
Chiheru de Sus RO 47 G1
Chiitola RUS 159 G2
Chiliomódi GR 115 F3
Chimay B 27 G4
Chinchilla de Monte Aragón E 83 G5
Chinchón E 77 E4
Chinon F 37 F4
Chióggia I 56 B3
Chíos GR 117 E4
Chipiona E 81 E3
Chippenham GB 13 G4
Chipping Campden GB 13 G5
Chipping Norton GB 13 H5
Chipping Sodbury GB 13 F4
Chiprovtsi BG 94 B4
Chiril RO 47 H3
Chirk GB 10 C3
Chirnside GB 9 F4
Chirpan BG 95 F2
Chiselet RO 62 C1
Chişineu Criş RO 60 B6
Chiueşti RO 47 E2
Chiusa di Pesio I 54 B2
Chiusa Sclàfani I 104 C4
Chiusa/Klausen I 55 H6
Chiusaforte I 56 C5
Chiusi I 88 D3
Chiva E 78 B1
Chivasso I 54 B3
Chlebowo PL 20 A2
Chlevnoje RUS 167 F5
Chlewiska PL 34 B5
Chlumec nad Cidlinou CZ 32 B3
Chmel'nickij UA 166 B2
Chmel'nik UA 166 C2
Chmielnik PL 34 B4
Chobham GB 14 A3
Choceń CZ 32 C3
Chochołów PL 33 H1
Chocianów PL 32 B6
Chociwel PL 20 B5
Choczewo PL 131 F2
Chodecz PL 21 G3
Chodel PL 34 D5
Chodorov UA 35 G2
Chodová Planá CZ 31 E2
Chodzież PL 20 D4
Chojna PL 19 H4
Chojnice PL 21 E5
Chojniki SU 166 C4
Chojnów PL 32 B5
Cholet F 36 D5
Cholm RUS 167 C7
Cholopeniči SU 135 F3
Chomakovtsi BG 94 D4
Chomęciska Małe PL 35 E5
Chomsk SU 23 H3
Chomutov CZ 31 F4
Chóra GR 122 A5
Choreftó GR 107 H1
Chorges F 53 G2
Choristí GR 108 B5
Chorley GB 10 D4
Chorol UA 166 E3
Chorzele PL 22 B5
Chorzów PL 33 G3
Chorzyna PL 33 F5
Choszczno PL 20 B4
Chotěboř CZ 32 B2
Chotyn UA 48 A5
Choumnikó GR 108 A4
Choye F 39 G3
Chrast CZ 32 B2
Chrastava CZ 32 A4
Christchurch GB 13 G2
Christiansfeld DK 128 C4
Chrudim CZ 32 B2
Chrysochóri GR 108 C4
Chrysoúpoli GR 108 C5
Chrząchówek PL 34 D6
Chrzanów PL 33 G3
Chulmleigh GB 12 D3
Chuprene BG 93 G5
Chur CH 41 E1
Church Stretton GB 10 C2
Churek BG 94 C3
Chust UA 46 D4
Chutor SU 135 F1
Chwaszczyno PL 131 G2
Chyňava CZ 31 G3
Chýnov CZ 31 H1
Chýrgos GR 107 G4
Chyrov UA 35 E2
Ciąże PL 21 E2
Ciboure F 69 G4
Çiçek TR 126 C5
Çiçekdağı TR 121 E6
Çiçekli TR 127 H5
Čićevac YU 93 E5
Cide TR 112 D5
Cidones E 69 E1
Ciechanów PL 22 B4
Ciechanowiec PL 22 D3
Ciechocinek PL 21 F4
Ciepielów PL 34 C5
Cieplice Śląskie-Zdrój PL 32 B4
Cierp-Gaud F 71 F3
Cieszanów PL 35 E3
Cieszyn PL 33 F2
Cieza E 83 H4
Çiftehan TR 121 G1
Çifteler TR 111 G2
Çiftepınar TR 127 G5
Çiftlik TR 121 F5
Cifuentes E 77 G4
Cigánd H 46 B4
Cigliano I 54 B4
Cihanbeyli TR 120 C3
Cihangazi TR 111 E2
Cilieni RO 61 F4
Cilibia RO 62 C3
Cilipi HR 91 G2
Cill Charthaigh (Kilcar) IRL 2 D5
Cill Ciaráin (Kilkieran) IRL 2 A3
Cillas E 78 A5
Čimišlija MD 49 E2
Cîmpeni RO 60 D6
Cîmpia Turzii RO 61 E6
Cîmpina RO 62 A3
Cîmpu lui Neag RO 60 D3
Cîmpulung RO 61 G3
Cîmpulung Moldovenesc RO 47 H3
Cimpuri RO 62 C5
Çınarcık TR 110 C4
Cincu RO 61 G5
Cinderford GB 13 F5
Çine TR 118 C1
Ciney B 28 A4
Cinfães P 66 C2
Cingoli I 89 F4
Cinisi I 104 C5
Činovec CZ 31 G4
Cintegabelle F 71 G3
Cintruénigo E 69 G2
Ciocăneşti RO 47 G3
Ciocăneşti RO 62 D1
Ciocîrlia RO 62 C3
Ciocîrlia RO 63 F2
Ciółkowo PL 21 H3
Ciorani RO 62 B3
Ciorăşti RO 62 D4
Ciorogîrla RO 62 B2
Cíorroga E 69 E4
Cîrbeşti RO 60 D2
Cirella I 102 C5
Cirencester GB 13 G4
Cirey F 40 B6
Ciriè I 54 B4
Čirkovicy RUS 151 G4
Cîrlibaba RO 47 G3
Cirò Marina I 103 E4
Cislău RO 62 B4
Cisna PL 34 D1
Cisnădie RO 61 F4
Cista Provo HR 91 E4
Cisterna di Latina I 98 C4
Cistierna E 68 B5
Ciţcău RO 47 E2
Città della Pieve I 88 D3
Città di Castello I 89 E4
Città San Angelo I 89 H2
Cittadella I 56 A4
Cittaducale I 89 F2
Cittanova I 102 D2
Ciucea RO 46 D1
Ciucurova RO 63 E3
Ciudad Real E 76 D1
Ciudad Rodrigo E 75 H6
Ciumeghiu RO 46 B1
Ciuruleasa RO 60 D5
Ciutadella E 85 c2
Cividale di Friuli I 56 D5
Civita Castellana I 98 C5
Civitanova Marche I 89 G4
Civitavécchia I 98 B5
Civitella Roveto I 98 D4
Civray F 37 E2
Civrieux-d'Azergues F 53 E6
Çivril TR 119 E3
Cizer RO 46 D2
Clackmannan GB 9 E5
Clacton-on-Sea GB 14 D3
Clady GB 3 E5
Clairvaux-les-Lacs F 39 F2
Clamecy F 38 C4
Clane IRL 5 G4
Claonaig GB 8 C5
Clapham GB 14 B5
Clara IRL 5 F4
Clare GB 14 C4
Clarecastle IRL 4 C4
Claremorris IRL 2 C3
Clarinbridge IRL 4 D4
Clashmore IRL 4 D1
Claudy GB 3 F5
Clausthal-Zellerfeld D 18 B2
Clavières I 53 G3
Clay Cross GB 11 E3
Cleanovu RO 61 E1
Cleator Moor GB 8 D1
Clécy F 25 G3
Cleethorpes GB 11 G3
Clefmont F 39 G5
Clejani RO 62 A1
Clelles F 53 F3
Cleobury Mortimer GB 10 D1
Cleobury North GB 10 D2
Clères F 26 C4
Clermont F 27 E3
Clermont-en-Argonne F 28 A2
Clermont-Ferrand F 52 B6
Clermont-l'Hérault F 52 B1
Clerval CH 39 H3
Clervaux L 28 C4
Cléry F 38 A5
Cles I 55 G6
Clevedon GB 13 F4
Clifden IRL 2 A3
Cliffe GB 14 C3
Cliffony IRL 2 D4
Clisson F 36 C5
Clitheroe GB 11 E5
Clogan IRL 5 E4
Clogh IRL 5 F3
Clogheen IRL 4 D2
Clogher GB 3 E4
Clonakilty IRL 4 C1
Clonard IRL 5 F4
Clonaslee IRL 5 E4
Clonbur IRL 2 B3
Clondalkin IRL 5 G4
Clones IRL 3 E3
Clonmany IRL 3 F6
Clonmel IRL 5 E2
Clonmellon IRL 5 F5
Clonroche IRL 5 F2
Cloonbannin IRL 4 C2
Cloonkeen IRL 4 B2
Cloonlara IRL 4 D3
Cloppenburg D 17 F4
Clough GB 3 G3
Cloughjordan IRL 5 E3
Clova GB 7 F1
Clovelly GB 12 C4
Cloyes-sur-le-Loir F 37 H6
Cloyne IRL 4 D1
Cluanie GB 6 D2
Cluj RO 47 E1
Clun GB 10 C2
Cluny F 39 E1
Cluses F 53 H6
Clusone I 55 E5
Clydebank GB 8 D5

Ćmielów

Daroca

Ćmielów PL 34 C5
Cmolas PL 34 C3
Coachford IRL 4 C2
Coagh GB 3 F4
Coalisland GB 3 F4
Coalville GB 11 E2
Cobadin RO 63 E1
Çobanısa TR 125 F5
Cobh IRL 4 D1
Coburg D 30 C3
Coca E 68 B1
Cocăraşti Colţ RO 62 B3
Cocentaina E 84 C5
Cochem D 28 D4
Cockermouth GB 8 D2
Codigoro I 56 A2
Codlea RO 61 H4
Codogno I 55 E3
Codróipo I 56 C4
Coesfeld D 17 E2
Coevorden NL 16 E4
Cofrentes E 84 B6
Coggeshall GB 14 C4
Cognac F 36 D1
Cogolin F 86 A4
Coimbra P 66 B1
Coin E 81 H2
Coina P 74 B3
Cojocna RO 47 E1
Čoka YU 59 G4
Colares P 74 B4
Colareţu RO 60 D1
Cölbe D 29 G5
Colbitz D 18 D3
Colchester GB 14 D4
Colditz D 31 E5
Coldstream GB 9 F3
Coleford GB 13 F5
Coleraine GB 3 F5
Colfiorito I 89 F3
Colico I 55 E5
Coligny F 39 F1
Colintraive GB 8 C5
Coll de Nargó E 79 G6
Colle di Val d'Elsa I 88 C4
Colle Isarco/Gossensass I 41 H1
Collécchio I 55 F2
Colleferro I 98 D4
Collesalvetti I 88 B5
Collesano I 104 D4
Collinée F 24 D2
Cóllio I 55 F4
Collioure F 72 C4
Collodi I 88 B6
Collonges F 53 G6
Collooney IRL 2 D4
Colmar F 40 B5
Colmars F 53 G1
Colmenar E 82 B3
Colmenar de Oreja E 77 E3
Colne GB 11 E5
Cologna Véneta I 55 H3
Cologne F 71 G4
Colombey-les-Belles F 39 G6
Colombey-les-Deux-Églises F 39 F5
Coloneşti RO 61 G2
Colonia Santa Jordi E 85 b1
Colorno I 55 F2
Colosimi I 102 D4
Colunga E 68 B6
Colwyn Bay GB 10 B4
Coma-ruga E 79 G4
Comácchio I 56 B2
Comana RO 61 G5
Comăneşti RO 48 B1
Comarnic RO 62 A3
Combeaufontaine F 39 G4
Comber GB 3 G3
Combourg F 25 E2
Combronde F 38 B1
Çömelek TR 127 E4
Comillas E 68 C5
Cómiso I 105 F2
Commentry F 38 B2
Commercy F 28 B1
Como I 54 D5
Comorişte RO 60 B3
Compiègne F 27 E3
Comporta P 74 B2
Comps-sur-Artuby F 86 A5
Concarneau F 24 B2
Conches F 26 B3
Concurbión E 64 B5
Condat F 52 A5
Condé-en-Brie F 27 F2
Condé-sur-Noireau F 25 G3
Condeixa-a-Nova P 74 D6
Condom F 50 D3
Condrieu F 53 E5
Conegliano I 56 B4
Conflans F 28 B2
Confolens F 37 F2
Congleton GB 10 D3
Congresbury GB 13 F4
Conil de la Frontera E 81 E2
Coningsby GB 11 G2
Coniston GB 10 D6
Conlie F 25 H1
Conna IRL 4 D2
Connah's Quay GB 10 C3
Connerré F 26 A1
Conques F 51 H3
Conselice I 56 A1
Conselve I 56 A3
Consett GB 9 F1
Constanţa RO 63 F2
Constantina E 81 G5
Consuegra E 76 D2
Consuma I 88 D5
Contarina I 56 B2
Contay F 27 E5
Contigliano I 89 E2
Contres F 37 H5
Contrexéville F 39 G5
Contursi Terme I 100 B3
Conty F 26 D4
Conversano I 101 E3
Conwy GB 10 B4
Cookstown GB 3 F4
Coole IRL 3 E2
Coombe Bissett GB 13 G3
Cooraclare IRL 4 C4
Cootehill IRL 3 E3
Čop UA 46 B5
Copalnic-Mănăştur RO 47 E3
Copertino I 101 G2
Cöpköy TR 109 G6
Cöplü TR 113 H2
Copparo I 56 A2
Coppenbrügge D 18 A2
Copşa Mică RO 61 F5
Corabia RO 94 D5
Corato I 100 D4
Coray F 24 B2
Corbeil-Essonnes F 26 D1
Corbie F 27 E4
Corbigny F 38 D4
Corbii Mari RO 62 A2
Corbridge GB 9 F2
Corbu de Sus RO 63 F2
Corby GB 14 B5
Corcieux F 40 A5
Corconte E 68 D5
Cordes F 51 G2
Córdoba E 82 B5
Cordun RO 48 B2
Corella E 69 G2
Coria E 75 G5
Corigliano Calabro I 102 D5
Corinaldo I 89 F5
Cork IRL 4 C1
Corlăţel RO 60 D1
Corlay F 24 C3
Corleone I 104 C4
Corleto Perticara I 100 D2
Çorlu TR 110 A5
Cormainville F 38 A6
Cormeilles F 26 B4
Cormery F 37 G4
Čornaja Rečka RUS 143 F6
Cornăţel RO 61 F4
Cornea RO 60 C3
Cornellana E 65 G4
Corniglio I 55 E2
Cornimont F 40 A4
Cornuda la Valle I 56 A4
Corofin IRL 4 C4
Coropceni RO 48 D2
Corovodë AL 106 C3
Corps F 53 F3
Corral de Almaguer E 77 E3
Corralejo E 80 d1
Corréggio I 55 G2
Corte F 73 b2
Cortegana E 81 E6
Cortemaggiore I 55 E3
Cortemilia I 54 B2
Cortes E 69 G1
Cortina d'Ampezzo I 56 B6
Čortkov UA 166 B2
Cortona I 88 D4
Coruche P 74 C4
Çorum TR 113 H3
Corund RO 61 G6
Corvara in Badia I 56 A6
Corwen GB 10 C3
Cosenza I 102 D4
Coşereni RO 62 C2
Cosne F 38 C4
Cosne d'Allier F 38 B2
Coşoveni RO 61 F1
Cossato I 54 C4
Cossé-le-Vivien F 25 F1
Cossonay CH 39 H1
Costa da Caparica P 74 B3
Costa Nova P 66 B2
Costache Negri RO 62 D5
Costeşti RO 60 D4
Costesti RO 61 F4
Costeşti RO 61 G2
Costeşti RO 62 C3
Costineşti RO 63 F1
Costuleni RO 48 D2
Coswig D 19 E2
Cotignac F 73 H5
Cotmeana RO 61 G3
Coţofăneşti RO 62 C6
Cottbus D 19 G1
Couches F 39 E3
Coucy F 27 F3
Couhé F 37 E3
Couilly F 27 E2
Couiza F 72 A5
Coulommiers F 27 E2
Coulon F 36 D3
Coulonges F 36 D3
Coulport GB 8 C5
Coupar Angus GB 9 F6
Couptrain F 25 G2
Cour-Cheverny F 37 H5
Courchevel F 53 G4
Courçon F 36 D3
Courmayeur I 54 A5
Courpière F 52 C6
Courseulles-sur-Mer F 25 H4
Courson-les-Carrières F 38 C4
Courteilles F 26 B3
Courtenay F 38 C5
Courtmacsherry IRL 4 C1
Courtomer F 26 A2
Courtown Harbour IRL 5 G2
Courtrail (Kortrijk) B 27 F6
Courville F 26 B2
Coutances F 25 F4
Couterne F 25 G2
Coutevroult F 27 E2
Coutras F 50 D5
Couvet CH 39 H2
Couvin B 27 H4
Covadonga E 68 B6
Covaleda E 69 E2
Covarrubias E 68 D2
Covăsinţ RO 60 B5
Covasna RO 62 B5
Cove GB 6 D4
Coventry GB 13 H6
Covilhã P 75 F6
Cowbridge GB 13 E4
Cowdenbeath GB 9 E5
Cowes GB 13 G2
Cowfold GB 14 B2
Cozes F 36 C1
Cozia RO 61 F3
Craco I 100 D2
Crăieşti RO 47 F1
Craieşti RO 62 D5
Craigavon GB 3 F3
Craigellachie GB 7 F2
Craighouse GB 8 B5
Craignure GB 6 C1
Crail GB 9 F5
Crailsheim D 30 A1
Craiova RO 60 B6
Craiova RO 61 F1
Cranbrook GB 14 C2
Cranleigh GB 14 A2
Crans CH 54 B6
Craon F 25 F1
Craponne-sur-Arzon F 52 C5
Crasna RO 46 D2
Crasna RO 62 B4
Crasna RO 48 D1
Crato P 75 E4
Craughwell IRL 4 D4
Craven Arms GB 10 C2
Crawfordjohn GB 8 D4
Crawley GB 14 B2
Creaca RO 46 D2
Crêches-sur-Saône F 39 E1
Crécy F 27 E2
Crécy-en-Ponthieu F 26 D5
Crécy-sur-Serre F 27 F4
Crediton GB 12 D3
Creetown GB 8 C2
Creglingen D 30 A2
Creil F 27 E3
Crema I 55 E4
Cremenari RO 61 F3
Crémieu F 53 E5
Cremona I 55 E3
Créon F 50 D5
Crepaja YU 59 H2
Crépy-en-Valois F 27 E3
Cres HR 57 E2
Crescentino I 54 B3
Crespin F 27 G5
Crespino I 56 A2
Cressensac F 51 G5
Cresslough IRL 3 E6
Crest F 53 E3
Cresta CH 55 E6
Creţeşti RO 48 D2
Creussen D 30 C2
Creutzwald F 28 C2
Creuzburg D 30 B5
Crevalcore I 55 G2
Crevecoeur F 26 D4
Crevedia Mare RO 62 A2
Crevillente E 84 B4
Crewe GB 10 D3
Crewkerne GB 13 E3
Crianlarich GB 8 D6
Cricklade GB 13 G4
Crieff GB 9 E5
Crikvenica HR 57 F3
Crimmitschau D 31 E5
Crişcior RO 60 D5
Crišnjeva HR 57 E3
Crissolo I 53 H3
Cristian RO 61 F4
Cristuru Secuiesc RO 61 G6
Criţ RO 61 G5
Crivitz D 18 D5
Črna SLO 57 F5
Crna Trava YU 93 G3
Crnča YU 92 B6
Crni Lug BIH 91 E5
Črnomelj SLO 57 F3
Crocketford GB 8 D3
Crocq F 38 A1
Croithli (Crolly) IRL 2 D5
Crolly (Croithli) IRL 2 D5
Cromarty GB 7 E3
Cromer GB 15 E6
Crook GB 9 F1
Crookedwood IRL 5 F5
Crookhaven IRL 4 A1
Crookstown IRL 4 C2
Croom IRL 4 D3
Crosby GB 10 D4
Crosby GBM 8 C1
Crossakeel IRL 5 G5
Crosshaven IRL 4 D1
Crossmaglen GB 3 F3
Crossmolina IRL 2 C4
Crotone I 103 E4
Crowborough GB 14 B2
Crowland GB 11 G1
Croyde GB 12 D4
Croydon GB 14 B3
Crozon F 24 A3
Cruas F 52 D3
Crucea RO 63 E2
Cruden Bay GB 7 H2
Crumlin GB 3 G4
Cruseilles F 53 G6
Crusheen IRL 4 D4
Cruzamento de Pegões P 74 C3
Cruzy F 72 C6
Crvenka YU 59 F4
Csabacsüd H 45 G1
Csanádapáca H 59 H6
Csanytelek H 59 G6
Császártöltés H 59 E5
Csávoly H 59 E5
Csenger H 46 C3
Csengersima H 46 C3
Cserebökény H 45 G1
Cserkeszőlő H 45 G1
Csobád H 45 H4
Csökmő H 46 A1
Csokonyavisonta H 58 C5
Csongrád H 59 G6
Csór H 44 D2
Csorna H 44 B3
Csorvás H 59 H6
Cuba P 74 D2
Çubuk TR 113 E1
Cucueţi RO 61 F2
Cudalbi RO 62 D5
Cudillero E 65 G4
Čudovo RUS 167 C8
Cuéllar E 68 B1
Cuenca E 77 G3
Cuers F 73 H4
Cuerva E 76 D3
Cueva de la Pileta E 81 G2
Cuevas del Almanzora E 83 F2
Cuevas del Becerro E 81 H3
Cúglieri I 87 a3
Çuhali TR 113 G5
Cuijk NL 16 C2
Cuiseaux F 39 F2
Cuisery F 39 E2
Cujmir RO 94 B6
Çukur TR 121 H5
Çukurköy TR 118 D2
Çukurören TR 119 E5
Culan F 38 A2
Culdaff IRL 3 F6
Culemborg NL 16 B3
Cúllar de Baza E 83 E3
Cullen GB 7 G3
Cullera E 84 D5
Culleybackey GB 3 G4
Cullompton GB 12 D3
Culoz F 53 F5
Cumaova TR 111 F5
Cumaovasi TR 117 G4
Cumbernauld GB 8 D5
Cumnock GB 8 D4
Cumpăna RO 63 F2
Çumra TR 126 D6
Cúneo I 54 A2
Čunski HR 57 E1
Cuntis E 64 B4
Cuorgnè I 54 B4
Cupar GB 9 F5
Cupello I 90 A1
Ćuprija YU 93 E5
Curcani RO 62 C1
Curia P 66 B1
Curtea de Argeş RO 61 G3
Curtişoara RO 61 F2
Curug YU 59 G3
Cusset F 38 C1
Cutro I 103 E4
Cuveşdia RO 60 B4
Cuvilly F 27 E3
Cuxhaven D 128 B1
Cuzăplac RO 46 D2
Cvikov CZ 31 H4
Cwmbran GB 13 E4
Cybinka PL 19 H2
Cyców PL 35 E6
Cymmer GB 13 E5
Cynwyl Elfed GB 12 D6
Czacz PL 20 C2
Czaplinek PL 20 C5
Czarna PL 35 E1
Czarna Białostocka PL 23 E5
Czarna Dąbrówka PL 131 F1
Czarne PL 20 D5
Czarnków PL 20 C4
Czarny Dunajec PL 33 H1
Czechowice-Dziedzice PL 33 G2
Czempiń PL 20 D2
Czerniejewo PL 21 E3
Czernikowo PL 21 F4
Czersk PL 21 E6
Częstochowa PL 33 G4
Człopa PL 20 C4
Człuchów PL 20 D5
Czyżew-Osada PL 22 D4

D

D'at'kovo RUS 167 E5
D'atlovo SU 23 H5
Dabas H 45 E2
Dąbie PL 19 H5
Dąbie PL 21 F2
Dabilja MK 107 G5
Dabo F 40 B6
Dąbrowa PL 33 E4
Dąbrowa Białostocka PL 23 E6
Dąbrowa Górnicza PL 33 G3
Dąbrowa Tarnowska PL 34 B3
Dąbrówka Kościelna PL 22 D4
Dąbrówno PL 21 H5
Dăbuleni RO 94 D5
Dachau D 42 A4
Dachnów PL 35 E3
Dačice CZ 43 G6
Daday TR 113 E4
Dăeşti RO 61 F3
Dáfni GR 115 E2
Dáfni GR 108 B3
Dağ TR 125 G6
Dagali N 145 E5
Dağardı TR 118 D5
Dagda LV 143 F1
Dağküplü TR 111 F3
Dahlen D 31 F6
Dahlenburg D 18 C5
Dahme D 129 E2
Dahme D 19 F1
Dahmen D 19 E5
Dahn D 29 E1
Daia RO 95 G6
Daimiel E 76 D1
Daingean IRL 5 F4
Dal N 146 A4
Dala-Järna S 147 E5
Dalama TR 118 B1
Dalaman TR 124 D4
Dalarö S 148 B2
Dalbeattie GB 8 D2
Dalby S 129 H4
Dale GB 12 C5
Dale N 152 B2
Dale N 144 B6
Dalen N 145 E3
Daleszyce PL 34 B4
Daliowa PL 34 D2
Dalj HR 59 E3
Dalkeith GB 9 E4
Dalmellington GB 8 C3
Dalry GB 8 C4
Dalrymple GB 8 C4
Dals Långed S 146 B1
Dalsbruk/Taalintehdas FIN 149 G4
Dalskog S 138 B6
Dalvík IS 160 b2
Damási GR 107 F1
Damasławek PL 21 E3
Damlama TR 127 G6
Dammartin-en-Goële F 27 E2
Damme D 17 F3
Damp 2000 D 128 C2
Dampierre F 39 G3
Dampierre-sur-Boutonne F 36 D2
Dampierre-sur-Salon F 39 G4
Damville F 26 B2
Damvillers F 28 B2
Dăneasa RO 61 G1
Danes RO 61 G5
Dangé-St-Romain F 37 F4
Danilov RUS 167 F8
Danilovgrad YU 92 A2
Danişment TR 110 A2
Daniszyn PL 21 E1
Dankov RUS 167 F5
Dannemarie F 40 B4
Dannenberg D 18 C4
Daoulas F 24 B3
Darabani RO 48 B5
Darány H 58 C4
Darbėnai LT 132 C5
Darda HR 59 E4
Dardesheim D 18 C2
Darfo I 55 F5
Dargun D 19 F6
Darıca TR 110 D5
Darıçayırı TR 111 F5
Därligen CH 40 B1
Darlington GB 11 F6
Darłówko PL 130 D2
Darłowo PL 131 E2
Dărmăneşti RO 62 B6
Darmstadt D 29 F3
Darney F 39 G5
Daroca E 78 B5

HAARLEM
0
5 km
A44
Wassenaar
Den Deijl
De Kieviet
N44
Voorschoten
AMSTERDAM
SCHEVENINGEN
Kerkehout
DEN HAAG
Leidschendam
Statenkwatier
Benoordenhout
A4
E19
Voorburg
Vogelwijk
Kijkduin
Wilsveen
Centrum
Binckhorst
Houtwijk
A12
E30
UTRECHT
Loosduinen
Rijswijk
Nootdorp
E30
N4
A13
E19
HOEK VAN HOLLAND
N211
Poeldijk
N213
Wateringen
Kwintsheul
Honselersdijk
DELFT
Pijnacker
Delfgauw
Den Hoorn
N223
ROTTERDAM
ROTTERDAM

Dublin area map

(Map of Dublin and surrounding area, showing places including Slane, Drogheda, Kilsallaghan, Swords, Malahide, Ward, Cloghran, Kinsaley, Portmarnock, Clonee, Mulhuddart, Finglas, Santry, Kilbarrack, Baldoyle, Clonsilla, Blanchardstown, Glasnevin, Killester, Sutton, Howth, Castleknock, Drumcondra, Clontarf, Palmerston, DUBLIN, North Bull Island, Dublin Bay, Lucan, Killmainham, Ballsbridge, Clondalkin, Drimnagh, Rathmines, Donnybrook, Milltown, Terenure, Booterstown, Blackrock, Dun Laoghaire, Templeogue, Rathfarnham, Dundrum, Stillorgan, Dalkey, Saggart, Ballyboden, Sandyford, Kill of the Grange, Tallaght, Leopardstown, Cabinteely, Killiney, Brittas, Stepaside, Shankill Cross, Kilbride, Glencullen, Bray, Wicklow, Navan, Mullingar, Naas)

Düsseldorf area map

(Map of Düsseldorf and surrounding area, showing Krefeld, Duisburg, Oberhausen, Ratingen, Osterath, Düsseldorf, Rath, Meerbusch, Derendorf, Mönchengladbach, Heerdt, Flingern, Kaarst, Neuss, DÜSSELDORF, Erkrath, Bilk, Lierenfeld, Holzheim, Unterbach, Nörf, Holthausen, Hilden, Weckhoven, Wuppertal, Benrath, Nievenheim, Feste Zons, Baumberg, Köln, Leverkusen, A3)

Index (Dąrowa — Dolga Vas)

Name	Page	Grid
Dąrowa PL	22	D3
Dartford GB	14	C3
Dartmouth GB	12	D2
Daruvar HR	58	B3
Darvel GB	8	D4
Darwen GB	10	D4
Dasburg D	28	C4
Dašice CZ	32	B3
Dasing D	41	H5
Daskalovo BG	94	B3
Dassel D	18	A2
Dassow D	18	C6
Dasswang D	30	C1
Daszyna PL	21	G2
Datça TR	124	B4
Datteln D	17	E2
Daugavpils LV	134	C4
Daun D	28	D4
Daventry GB	14	A5
Daviá GR	115	E4
Daviot GB	7	E2
Davle CZ	31	G2
Davlós (Kaplıca) CY	127	c2
Davos CH	41	E1
Davulga TR	119	H5
Davutlar TR	117	G3
Dawlish GB	12	D2
Dax F	50	B3
Dazkırı TR	119	F2
De Cocksdorp NL	16	B5
De Haan B	15	F2
De Koog NL	16	B5
De Kooy NL	16	B5
De Panne B	15	F1
Deal GB	14	D2
Deauville F	26	A4
Debar MK	106	C5
Dębe Wielkie PL	22	C2
Debelets BG	95	E4
Dębica PL	34	C3
Dębina PL	33	E3
Deblin PL	22	C1
Debnevo BG	95	E4
Dębnica Kaszubska PL	131	E2
Dębno PL	19	H3
Debovo BG	95	E5
Debrc YU	59	G2
Debrecen H	46	B3
Debromani BIH	91	G3
Debrzno PL	20	D5
Debůr BG	95	F2
Dęby PL	22	C5
Dečani YU	92	C2
Decazeville F	51	H3
Decimomannu I	87	b1
Děčín CZ	31	G4
Decize F	38	C2
Deda RO	47	G2
Dedebağ TR	125	E6
Dedekoy TR	113	F2
Dedeler TR	120	C2
Dedemsvaart NL	16	D4
Dédestapolcsány H	45	G4
Degebüll D	128	B3
Degerby FIN	148	D4
Degerby FIN	150	A4
Degerfors S	147	E3
Degerhamn S	131	E6
Degerndorf D	42	B3
Degernes N	146	A2
Degerndorf D	42	C5
Değirmendere TR	117	G4
Değirmendere TR	110	D5
Değirmenköy TR	119	H4
Değirmenli TR	121	G3
Dehesa de Campoamor E	84	B3
Deidesheim D	29	F2
Deinze B	15	G1
Dej RO	47	E2
Deje S	146	D3
Dejoi RO	61	F2
Dekélia CY	127	c2
Del'atin UA	47	F5
Delbrück D	17	F3
Delčevo MK	94	B1
Delden NL	16	D3
Delémont CH	40	B3
Delft NL	16	A1
Delfzijl NL	17	E5
Délia I	104	D3
Delianuova I	105	H5
Delice TR	113	H1
Delitzsch D	31	E6
Delle F	40	A3
Delme F	28	C1
Delmenhorst D	17	G5
Delnice HR	57	F3
Delsbo S	155	G2
Delvin IRL	5	F4
Delvina AL	106	C2
Demandice SK	45	E4
Demir Kapija MK	107	F5
Demirci TR	118	C4
Demirci TR	110	C2
Demirhisar TR	127	G5
Demirköy TR	97	E2
Demirşeyh TR	113	G2
Demirtaş TR	110	C3
Demirtaş TR	126	C3
Demmin D	19	F6
Demre TR	125	F3
Den Burg NL	16	B5
Den Haag NL	16	A3
Den Helder NL	16	B5
Den Oever NL	16	B5
Denain F	27	F5
Denbigh GB	10	C3
Dendermonde B	15	H1
Denekamp NL	17	E3
Denia E	84	D5
Denizkent TR	109	H4
Denizli TR	118	D2
Denkendorf D	42	A6
Dennington GB	14	D4
Denny GB	8	D5
Denzlingen D	40	C4
Derbent TR	118	C2
Derby GB	11	E2
Derebucak TR	126	A5
Derečín SU	23	G5
Derecske H	46	B2
Dereköy TR	96	D2
Dereköy TR	120	B5
Deremahal TR	113	H1
Derinkuyu TR	121	F3
Dermantsi BG	94	D4
Dernbach D	30	A5
Derneburg D	18	B2
Derrygonnelly GB	3	E4
Derrylin GB	3	E3
Dersingham GB	11	H1
Deruta I	89	E3
Derval F	36	C6
Dervéni GR	115	F3
Derventa BIH	58	C2
Dervock GB	3	G5
Descartes F	37	F4
Desenzano I	55	F4
Deseşti RO	47	E3
Desimirovac YU	92	D6
Dešov CZ	43	G6
Despotovac YU	93	B6
Despotovo YU	59	F3
Désulo I	87	b2
Desvres F	26	D6
Deszk H	59	G5
Deta RO	60	A3
Detmold D	17	G2
Dettelbach D	30	A3
Deutsch-Wagram A	44	A3
Deutschkreutz A	44	A3
Deutschlandsberg A	43	F1
Deva E	69	F4
Deva RO	60	D4
Deváványa H	45	H1
Devecikonağı TR	110	C2
Devecser H	44	C1
Develi TR	121	H3
Devene BG	94	C4
Devene NL	16	D3
Deveselu RO	94	D6
Devetaki BG	95	E4
Devin BG	95	E1
Devizes GB	13	G3
Devnya BG	96	D5
Devrek TR	112	B3
Devrekáni TR	113	E4
Dewsbury GB	11	E4
Dhaimoniá GR	122	C4
Dhërmi AL	106	B2
Dheskáti GR	107	F2
Diafáni GR	124	B2
Diagučiai LT	134	B5
Diakoftó GR	115	E3
Diamante I	102	C5
Dianalund DK	129	F4
Diano Marina I	86	D5
Diavatá GR	107	G4
Dicomano I	88	D5
Didcot GB	13	H4
Didim TR	117	G2
Didyma GR	115	G2
Didymóteicho GR	109	f6
Die F	53	E3
Diego CZ	29	G3
Diekirch L	28	C3
Diemelstadt D	17	G1
Dienten A	42	C2
Diepholz D	17	G4
Dieppe F	26	C5
Dierdorf D	29	E5
Dieren NL	16	C3
Diesdorf D	18	C4
Diessen D	41	H4
Diest B	28	B6
Dietenheim D	41	F4
Dietfurt D	42	A6
Dietikon CH	40	C3
Dietmannsried D	41	F3
Dieulefit F	53	E3
Dieulouard F	28	B1
Dieuze F	28	C1
Dieveniškės LT	134	B2
Diever NL	16	D5
Diez D	29	F4
Differdange L	28	B3
Dignano I	56	C5
Digne-les-Bains F	53	F1
Digoin F	38	D2
Dijon F	39	F3
Dikanäs S	161	G4
Dikili TR	117	F6
Diksmuide B	15	F1
Dillenberg D	29	F5
Dillingen D	28	C3
Dillingen D	41	G5
Dilwyn GB	13	F6
Dimaro I	55	G5
Dimitrov UA	166	H2
Dimitrovgrad BG	95	G2
Dimitrovgrad YU	94	B3
Dimovo BG	93	G5
Dinan F	25	E3
Dinant B	28	A4
Dinar TR	119	F3
Dinard F	25	E3
Dinek TR	126	A5
Dinekköyü TR	111	G3
Dingelstädt D	30	B6
Dingeni RO	48	B4
Dingle (An Daingean) IRL	4	A3
Dingli M	104	b1
Dingolfing D	42	C5
Dingwall GB	7	E3
Dinkelsbühl D	30	A1
Dinklage D	17	F4
Dinozé F	39	H5
Dinslaken D	16	D2
Dipkarpaz (Rizokárpason) CY	127	d3
Dippoldiswalde D	31	F5
Dirráchi GR	122	B6
Disentis/Mustér CH	40	D1
Disna SU	135	E3
Dispili GR	107	E3
Diss GB	14	D5
Distomo GR	115	F4
Diteşti RO	62	A3
Ditrău RO	47	H2
Ditzingen D	41	E6
Dives-sur-Mer F	26	A4
Divin SU	23	G2
Divonne F	39	G1
Divusa RO	58	A2
Djakovica YU	92	D2
Djakovo HR	58	D3
Djúpivogur IS	160	G1
Djuraş S	147	F5
Djurakovac YU	92	D3
Djurdjevac HR	58	B2
Djurdjevica Tara YU	92	B3
Dłoń PL	20	D1
Dmitrov RUS	167	E7
Dneprodzeržinsk UA	166	E2
Dnepropetrovsk UA	166	E2
Dno RUS	167	C7
Doagh GB	3	G4
Doba RO	46	C3
Dobanovci YU	59	G2
Dobbiaco/Toblach I	42	B1
Dobczyce PL	34	A2
Dobel D	40	D6
Dobele LV	142	A1
Döbeln D	31	F5
Doberlug Kirchhain D	19	F1
Döbern D	31	H6
Dobersberg A	43	G5
Dobiegniew PL	20	B4
Doboj BIH	58	D2
Dobra PL	20	B5
Dobra PL	21	F1
Dobra RO	60	C4
Dobra YU	60	B2
Dobrá Niva SK	45	E5
Dobrčane YU	93	F2
Dobre PL	22	C3
Dobre Miasto PL	22	A6
Dobreni RO	48	B3
Döbriach A	42	D1
Dobřichovice CZ	31	G2
Dobrinishte BG	94	C1
Dobříš CZ	31	G2
Dobro Polje BIH	91	H4
Dobrodzień PL	33	F4
Dobromierz PL	32	C5
Dobromirka BG	95	F4
Dobromirtsi BG	108	D6
Dobrosloveni RO	61	F1
Dobroszyce PL	32	D5
Dobroteasa RO	61	F2
Dobroteşti RO	61	G1
Dobrotitsa BG	62	C1
Dobrovol'sk RUS	133	E3
Dobruči RUS	151	F2
Dobrun BIH	92	B5
Dobruška CZ	32	C3
Dobrzany PL	20	B5
Dobrzyca PL	21	E1
Dobrzyń n Wisłą PL	21	G3
Docking GB	11	H2
Dodóni GR	106	D1
Doesburg NL	16	C3
Doetinchem NL	16	D3
Doğanbey TR	117	F4
Doganbey TR	117	G3
Doğanbey TR	126	B6
Doğanhisar TR	120	A1
Doğankent TR	121	G6
Doğankent TR	127	H5
Doğanoğlu TR	111	G3
Doganović YU	93	E2
Doğanyurt TR	112	D5
Dogliani I	54	B2
Doğlu TR	127	G5
Doiceşti RO	61	H3
Dokka N	145	G6
Dokkum NL	16	D6
Dokšicy SU	135	E3
Doksy CZ	31	H4
Dokurcun TR	111	F5
Dol-de-Bretagne F	25	E3
Dole F	39	F3
Dølemo N	145	E1
Dolenci MK	106	D5
Dolenja Vas SLO	57	F4
Dolga Vas SLO	58	A6

Dolgellau

Eidsbugarden

Dolgellau GB 10 B3
Dolginovo SU 134 D3
Dolgoje UA 46 D5
Dolhasca RO 48 B3
Dolhobyczów PL 35 G4
Dolianova I 87 b1
Dolice PL 20 A4
Dolina UA 47 E6
Dolinskoje UA 49 G4
Doljani HR 57 H1
Doljevac YU 93 F4
Döllach A 42 C1
Döllbach D 29 H4
Dolle D 18 D3
Döllstädt D 30 B5
Dolna Banya BG 94 D2
Dolna Dikanya BG 94 B2
Dolna Mitropoliya BG 94 D5
Dolni Dŭbnik BG 94 D5
Dolní Dvonste CZ 43 E5
Dolni Lom BG 94 B5
Dolno Kamartsi BG 94 D3
Dolno Kosovrasti MK 106 C5
Dolno Levski BG 94 D2
Dolno Novkovo BG 96 C4
Dolno Osenovo BG 94 C1
Dolno Tserovene BG 94 B5
Dolno Ujno BG 93 G2
Dolný Kubín SK 45 E6
Dolo I 56 A3
Dolores E 84 B3
Domaniç TR 110 D3
Domanovići BIH 91 G3
Domaşnea RO 60 C3
Domažlice CZ 31 E1
Dombås N 153 F3
Dombasle F 39 H6
Dombegyház H 60 A5
Dombóvár H 58 D5
Dombrád H 46 B4
Dombrot-le-Sec F 39 G5
Domburg NL 15 G2
Doméniko GR 107 F2
Domèvre-en-Haye F 28 B1
Domfront F 25 G2
Dömitz D 18 C4
Domme F 51 F4
Dommitzsch D 19 E1
Domneşti RO 61 G3
Domnítsa GR 114 D5
Domodedovo RUS 167 E6
Domodóssola I 54 C5
Domokós GR 115 E5
Dompaire F 39 H5
Dompierre F 38 C2
Domrémy-la-Pucelle F 39 G6
Dömsöd H 45 E1
Dómus de Maria I 87 b1
Domusnóvas I 87 a1
Domzale SLO 57 E5
Don Benito E 75 H2
Doña Mencía E 82 B4
Donaghadee GB 8 B2
Donaghmore IRL 5 E3
Donaueschingen D 40 D4
Donaustauf D 42 B6
Donauwörth D 41 G5
Doncaster GB 11 F3
Donegal IRL 2 D5
Donington GB 11 G2
Donja Brela HR 91 E4
Donja Brezna YU 92 A3
Donja Bukovica YU 92 B3
Donja Kamenica YU 92 B6
Donja Ljubata YU 93 G2
Donja Šatornja YU 92 D6
Donje Ljupče YU 93 E3
Donje Petrčane HR 90 B6
Donji Lapac HR 57 G1
Donji Miholjac HR 58 D4
Donji Milanovac YU 60 C1
Donji Vakuf BIH 91 F6
Donji Zemunik HR 90 C6
Donnersbach A 43 E2
Donostia/San Sebastián E 69 G4
Donskoj RUS 167 F6
Dontilly F 27 E1
Donzère F 52 D3
Donzy F 38 C4
Doonbeg IRL 4 C4
Doorn NL 16 B3
Doornik (Tournai) B 27 F6
Dor Mărunt RO 62 C2
Dorchester GB 13 F2
Dordives F 38 C6
Dordrecht NL 16 A3
Dores GB 7 E2
Dorfen D 42 B4
Dorfmark D 18 A4
Dorgali I 87 c3
Dorking GB 14 B3
Dormagen D 28 D6
Dormánd H 45 G3
Dormans F 27 F2
Dornauberg A 42 A2
Dornbirn A 41 E3
Dornburg D 30 D5
Dorndorf D 30 A5
Dornes F 38 C2
Dornoch GB 7 F3
Dornstetten D 40 D5
Dornum D 17 F6
Dorobanţu RO 63 E2
Dorog H 45 E3
Dorogobuž RUS 167 D6
Dorohoi RO 48 A4
Dorohucza PL 35 E5
Dorotea S 161 G3
Dörpen D 17 E5
Dörpstedt D 128 C2
Dorrington GB 10 C2
Dorsten D 17 E2
Dortan F 39 F1
Dörtdivan TR 112 C2
Dortmund D 17 E1
Dörtyol TR 121 G4
Dorum D 17 G6
Dörverden D 17 H4
Dörzbach D 29 H2
Dorzenac F 51 G5
Dos Hermanas E 81 F4
Döşemealtı TR 125 G6
Dospat BG 108 B6
Douai F 27 F5
Douarnenez F 24 B3
Douchy F 38 C5
Doucier F 39 G2
Doudeville F 26 B4
Doué-la-Fontaine F 37 E5
Douglas GB 8 D4
Douglas GBM 10 B6
Doulaincourt F 39 F6
Doulevant-le-Château F 39 F6
Doullens F 27 E5
Dounby GB 7 G6
Dourdan F 26 D1
Douvaine F 39 G1
Douzy F 28 A3
Dover GB 14 D2
Dovre N 153 G3
Dovsk SU 167 C5
Downham Market GB 14 C5
Downpatrick GB 3 G3
Dowra IRL 2 D4
Doxáto GR 108 B5
Dozulé F 26 A4
Dr Petru Groza RO 60 C6
Drachselsried D 42 C6
Drachten NL 16 D5
Dragalina RO 62 D2
Drăgăneşti RO 62 D5
Drăgăneşti de Vede RO 61 H1
Drăgăneşti Olt RO 61 G1
Drăgăneşti Vlaşca RO 62 A1
Drăganu RO 61 G3
Drăgăşani RO 61 F2
Drăgeşti RO 46 B1
Draginje YU 59 F1
Dragocvet YU 93 E5
Dragodana RO 61 H2
Dragoman BG 94 B3
Dragomireşti RO 47 F3
Dragomireşti RO 48 C1
Dragomirovo BG 95 F5
Dragomirovo BG 95 F4
Dragør DK 129 G4
Dragoş Vodă RO 62 D2
Dragoslavele RO 61 G4
Dragovishtitsa BG 93 G2
Dragsfjärd FIN 149 G4
Dragsvik N 152 C2
Draguignan F 86 A4
Drăguşeni RO 48 B3
Drahonice CZ 31 G1
Drahovce SK 44 C5
Dráma GR 108 B5
Drammen N 145 G3
Drangedal N 145 F2
Dransfeld D 18 A1
Dranske D 129 H2
Draperstown GB 3 F4
Drasenhofen A 44 A5
Drávaszabolcs H 58 D4
Draviskos GR 108 B4
Dravograd SLO 57 F6
Drawno PL 20 B4
Drawsko Pomorskie PL 20 B5
Drazdzewo PL 22 B4
Draženov CZ 31 E1
Drebkau D 19 G1
Dreilingen D 18 B4
Drenovets BG 94 B5
Drensteinfurt D 17 F2
Dresden D 31 G5
Dretun' SU 135 F6
Dreux F 26 C2
Drevsjø N 154 B3
Drewitz D 18 D2
Drewitz D 19 F3
Drezdenko PL 20 B3
Dreznik-Grad HR 57 G2
Driebergen NL 16 B3
Driffield GB 11 G4
Drimoleague IRL 4 B1
Drînceni RO 48 D2
Drinjača BIH 92 A6
Drinovci BIH 91 F4
Drivstua N 153 G4
Drlače YU 92 B6
Drnholec CZ 44 A5
Drniš HR 90 D5
Drøbak N 145 H3
Drobin PL 21 H3
Drochtersen D 18 A6
Drogheda IRL 5 G4
Drogičin SU 23 H3
Drogobyč UA 35 F2
Drohiczyn PL 22 D3
Droichead Nua (Newbridge) IRL 5 F3
Droitwich GB 13 G5
Drokija MD 48 C5
Drołtowice PL 33 E5
Dromahair IRL 2 D4
Dromcolliher IRL 4 C3
Dromore GB 3 E4
Dromore GB 3 G3
Dromore West IRL 2 C4
Dronero I 54 A2
Dronfield GB 11 E3
Dronninglund DK 137 G3
Dronten NL 16 C4
Drosáto GR 107 G5
Drosendorf Stadt A 43 G5
Drosselbjerg DK 129 E4
Droúseia CY 127 a1
Druja SU 134 D6
Drumconrath IRL 3 F2
Drumevo BG 96 D4
Drumkeeran IRL 2 D4
Drumlish IRL 2 D3
Drummore GB 8 B2
Drumnadrochit GB 7 E2
Drumquin GB 3 E4
Drumshanbo IRL 2 D3
Drumsna IRL 2 D3
Drusenheim F 40 C6
Druskininkai LT 133 G1
Druten NL 16 C3
Druzhba BG 97 E5
Družkovka UA 166 F3
Drvar BIH 90 D6
Drvenik HR 91 F3
Dryanovo BG 95 F4
Drymós GR 107 G4
Dryópi GR 115 G2
Dryopida GR 116 B2
Dryós GR 123 G6
Duagh IRL 4 C3
Dubá CZ 31 H4
Duben D 19 G1
Dubica HR 58 B3
Dublin IRL 5 G4
Dubna RUS 167 E7
Dubnica nad Váhom SK 44 D6
Dŭbnitsa BG 108 B6
Dubno UA 166 B3
Dubossary MD 49 F3
Dubovac YU 60 A2
Dubovoje UA 47 E4
Dubrăveni RO 62 C4
Dubrovnik HR 91 G2
Ducey F 25 F3
Ducherow D 19 G6
Duchovščina RUS 167 D6
Duclair F 26 B4
Dudelange L 28 C2
Duderstadt D 18 B1
Düdingen CH 40 B1
Dudley GB 10 D2
Dueñas E 68 B2
Duesund N 152 B1
Duffield GB 11 E2
Dufftown GB 7 F2
Duga Poljana YU 92 C4
Duga Resa HR 57 G3
Dugi Rat HR 91 E4
Dugo Selo HR 57 H4
Duingt F 53 G5
Duino I 56 D4
Duisburg D 16 D1
Dukat AL 106 B2
Dukla PL 34 C2
Dūkštas LT 134 C5
Dŭlbok Izvor BG 95 F2
Duleek IRL 5 G4
Dŭlgopol BG 96 D4
Dülken D 16 C1
Dülmen D 17 E2
Dulnain Bridge GB 7 F2
Dulovka RUS 143 G4
Dulovo BG 96 C6
Dumaca YU 59 F2
Dumbarton GB 8 D5
Dumbrava RO 46 D1
Dumbrăveni RO 61 F5
Dumbrăveni RO 48 B4
Dumfries GB 8 D3
Dumitra RO 47 F2
Dumlupınar TR 119 E4
Dun F 28 A2
Dun Laoghaire IRL 5 G3
Dun-le-Palestel F 37 G2
Dun-sur-Auron F 38 B3
Dunăea RO 63 E2
Dunaföldvár H 45 E1
Dunaharaszti H 45 E2
Dunajevcy UA 166 B2
Dunajská Streda SK 44 C3
Dunakeszi H 45 E3
Dunapataj H 59 E6
Dunaszekcső H 59 E5
Dunaújváros H 45 E1
Dunavecse H 45 E1
Dunavtsi BG 93 G5
Dunbar GB 9 F4
Dunbeath GB 7 F4
Dunblane GB 9 E5
Dunboyne IRL 5 G4
Duncormick IRL 5 F1
Dundaga LV 141 G4
Dundalk IRL 3 F3
Dundee GB 9 F5
Dundonnell GB 6 D4
Dunfanaghy IRL 3 E6
Dunfermline GB 9 E5
Dungannon GB 3 F4
Dungarvan IRL 5 E2
Dungiven GB 3 F5
Dungloe IRL 2 D5
Dungourney IRL 4 D1
Dunilovići SU 134 D4
Dunkeld GB 9 E6
Dunkerque F 15 E1
Dunkerque Ouest F 15 E1
Dunkineely IRL 2 D5
Dunlavin IRL 5 F3
Dunleer IRL 5 G5
Dunloy GB 3 G5
Dunmanway IRL 4 B1
Dunmore IRL 2 C3
Dunmore East IRL 5 E1
Dunmurry GB 3 G4
Dunoon GB 8 C5
Duns GB 9 F4
Dunshaughlin IRL 5 G4
Dunstable GB 14 B4
Dunster GB 13 E4
Duntulm GB 6 C4
Dunure GB 8 C4
Dunvegan GB 6 B3
Durach BG 96 C5
Durağan TR 113 G5
Duran BG 96 C5
Durango E 69 F4
Durankulak BG 97 F6
Duras F 50 D4
Durban-Corbières F 72 B5
Durbe LV 141 F1
Durbuy B 28 B5
Dúrcal E 82 C2
Düren D 28 D5
Durham GB 9 G1
Durness GB 7 E5
Dürnkrut A 44 B4
Dürnstein A 43 G4
Durrës AL 106 A5
Durrow IRL 5 E3
Durrus IRL 4 B1
Dursley GB 13 F4
Dursunbey TR 110 C2
Durtal F 37 E6
Dusetos LT 134 B5
Düskotna BG 96 D4
Dusnok H 59 E5
Dusocin PL 21 F5
Düsseldorf D 16 D1
Duved S 154 C6
Düvertepe TR 118 B5
Duvno BIH 91 F5
Düzağac TR 119 F4
Düzce TR 111 G5
Dve Mogili BG 95 G5
Dverberg N 164 B3
Dvor HR 58 A2
Dvorce CZ 33 E2
Dvůr Králové nad Labem CZ 32 B3
Dwingeloo NL 16 D4
Dyce GB 7 G1
Dylewo PL 22 C4
Dymchurch GB 14 C2
Dynów PL 34 D2
Dyulino BG 96 D4
Džankoj UA 166 F1
Dzeržinsk SU 167 B5
Dzhurovo BG 94 D4
Dziadkowice PL 23 E3
Działdowo PL 21 H4
Działoszyce PL 34 A3
Dziemiany PL 21 E6
Dzierzgoń PL 21 G6
Dzierżoniów PL 32 C4
Dziwnów PL 20 A6
Džumajlija MK 107 E6
Dźwierzuty PL 22 B6

E

Ealing GB 14 B3
Earl's Colne GB 14 C4
Easdale GB 8 C6
Easingwold GB 11 F5
Easky IRL 2 C4
East Cowes GB 13 G2
East Dereham GB 14 D5
East Grinstead GB 14 B2
East Kilbride GB 8 D4
Eastbourne GB 14 B1
Eastleigh GB 13 G2
Eastwood GB 11 E2
Eaux-Bonnes F 70 D3
Eaux-Chaudes F 70 D3
Eauze F 50 D3
Ebbo/Epoo FIN 150 C5
Ebbw Vale GB 13 E5
Ebelsbach D 30 B3
Ebeltoft DK 129 E6
Ebeltoft Færge DK 129 E6
Eben im Pongau A 42 D2
Ebenfurth A 44 A3
Ebensee A 42 D3
Eberbach D 29 G2
Ebermannstadt D 30 C2
Ebern D 30 B3
Ebersbach D 31 H5
Ebersberg D 42 B4
Eberschwang A 42 D4
Ebersdorf D 17 H6
Eberstein A 43 E1
Eberswalde D 19 G4
Ebingen D 41 E5
Éboli I 99 G1
Ebrach D 30 B3
Ebreichsdorf A 44 A3
Ebreuil F 38 B1
Ebstorf D 18 B4
Eccleshall GB 10 D2
Eceabat TR 109 F3
Echallens CH 39 H2
Echallon F 53 F6
Echarri/Aranaz E 69 G4
Echinos GR 108 C5
Echternach L 28 C3
Écija E 81 H4
Ečka YU 59 G3
Eckartsberga D 30 D5
Eckernförde D 128 C2
Eckerö FIN 148 C4
Ecommoy F 37 F6
Ecouis F 26 C3
Ecsegfalva H 45 H2
Ecthe D 18 B2
Ecueillé F 37 G4
Ecury F 27 G2
Ed S 146 B1
Eda glasbruk S 146 B3
Edam NL 16 B4
Edane S 146 C3
Eddleston GB 9 E4
Ede NL 16 C3
Edebäck S 146 D4
Edefors S 161 G2
Edefors S 162 B5
Edelény H 45 G4
Edenbridge GB 14 B2
Edenderry IRL 5 F4
Edenkoben D 29 E2
Edersee D 29 G6
Édessa GR 107 F4
Edewecht D 17 F5
Edgeworthstown IRL 2 D2
Edinburgh GB 9 E4
Edincik TR 110 A3
Edirne TR 96 C1
Edland N 144 D3
Edolo I 55 F5
Edremit TR 109 G2
Edsbro S 148 B3
Edsbruk S 139 G4
Edsbyn S 155 F1
Edsele S 155 G6
Edsleskog S 146 B1
Edsvalla S 146 C2
Eeklo B 15 G1
Efendiköprüsü TR 119 E5
Eferding A 43 E4
Efkarpia GR 107 G5
Eflâni TR 112 D4
Eforie Nord RO 63 F1
Eforie Sud RO 63 F1
Efpálio GR 115 E4
Efýra GR 114 D3
Egeln D 18 C2
Egense DK 137 G2
Eger H 45 G3
Egerlövő H 45 G3
Egernsund DK 128 C3
Egersund N 136 B6
Egervár H 44 B1
Egestorf D 18 B5
Egg A 41 F3
Eggedal N 145 F4
Eggenburg A 43 G5
Eggenfelden D 42 C5
Eggesin D 19 G5
Eghezée B 28 A5
Egiertowo PL 131 G1
Egilsstaðir IS 160 c2
Egletons F 51 H5
Eglingham GB 9 G3
Eglinton GB 3 F5
Egmond aan Zee NL 16 B4
Egremont GB 8 D1
Eğridir TR 119 G2
Egtved DK 128 C5
Eguzon F 37 G2
Egyek H 45 H3
Ehingen D 41 F5
Ehnen L 28 C3
Ehra-Lessien D 18 C3
Ehrwald A 41 G2
Eibar E 69 F4
Eibenstock D 31 E4
Eibergen NL 16 D3
Eibiswald A 57 G6
Eich D 29 F3
Eichendorf D 42 C5
Eichstätt D 41 H6
Eide N 136 B6
Eide N 153 E5
Eidfjord N 144 D5
Eiði FR 136 b3
Eidsbugarden N 153 E2

EDINBURGH
0 5 km
0 3 mls
Cramond Island
Granton
Cramond
A902
A90
A199
Davidson's Mains
Warriston
Portobello
Musselburgh
DUNFERMLINE
A902
Duddingston
A8
GLASGOW
Gogar
Corstorphine
A199
BERWICK
Newcraighall
Craiglockhart
A1
Morningside
Millerhill
A71
Colinton
A702
Liberton
A7
Juniper Green
Danderhall
A6094
COLDSTREAM
A70
Currie
A720
Dalkeith
Newmills
A768
A68
Boghall
Loanhead
Bonnyrigg
Easter Howgate
A6094
Newtongrange
Roslin
A702
A701
Milton Bridge
Rosewell
Gorebridge
A7
Penicuik
CARLISLE
GALASHIELS

Eidsdal Fener

Eidsdal N 152 D4
Eidsfoss N 145 G3
Eidsøra N 153 F5
Eidsvåg N 153 E5
Eidsvoll N 146 A4
Eigenrieden D 30 B6
Eikelandsosen N 144 B5
Eikenes N 152 B2
Eiksund N 152 C4
Eilenburg D 31 E6
Eilsleben D 18 C2
Einavoll N 145 H5
Einbeck D 18 A2
Eindhoven NL 16 B2
Einsiedeln CH 40 D2
Eisenach D 30 B5
Eisenberg D 30 D5
Eisenerz A 43 F2
Eisenhüttenstadt D 19 H2
Eisenkappel A 57 E5
Eisenstadt A 44 A3
Eisfeld D 30 B4
Eišiškės LT 134 A2
Eislingen D 41 F5
Eitorf D 29 E5
Eivissa/Ibiza E 85 F4
Ejea de los Caballeros E 69 H1
Ejstrup DK 128 C6
Ekáli GR 115 H3
Ekenäs/Tammisaari FIN 149 H4
Ekenässjön S 139 E3
Ekinli TR 111 F5
Ekshärad S 146 D4
Eksjö S 139 E4
Ekzarh Antimovo BG 96 C3
El Arahal E 81 G4
El Barco de Avila E 76 B5
El Berrón E 68 A6
El Bodón E 75 G6
El Bonillo E 83 F6
El Bosque E 81 G3
El Burgo E 81 H2
El Burgo de Ebro E 78 C5
El Burgo de Osma E 68 D1
El Cabaco E 76 A6
El Cubo de Tierra del Vino E 67 G2
El Escorial E 76 D5
El Grado E 71 E1
El Masnou E 72 A2
El Molar E 77 E5
El Pardo E 77 E4
El Pedroso E 81 G5
El Perelló E 84 D6
El Perelló E 79 E3
El Pla de Sta María E 79 F4
El Pont de Suert E 71 F1
El Port de la Selva E 72 C3
El Portil E 80 D4
El Prat del Llobregat E 79 H4
El Puente del Arzobispo E 76 B4
El Puerto de Santa María E 81 E3
El Real de San Vicente E 76 C4
El Rocío E 81 E4
El Ronquillo E 81 F5
El Saler E 84 D6
El Saucejo E 81 H3
El Serrat AND 71 G2
El Tejar E 82 B3
El Toboso E 77 F2
El Vendrell E 79 G4
El Villar de Arnedo E 69 F2
Elaiochoria GR 107 H3
Elaiónas GR 115 E4
Elaka GR 122 C4
Elantxobe E 69 F5
Elassóna GR 107 F2
Elátia GR 115 F4
Elbasan AL 106 C4
Elbaşı TR 121 H4
Elbeuf F 26 C3
Elbigenalp A 41 F2
Elbingerode D 18 C1
Elbląg PL 132 A1
Elburg NL 16 C4
Elche E 84 B4
Elche de la Sierra E 83 G5
Elda E 84 B4
Eldalsosen N 152 C2
Eldena D 18 D5
Elefsína GR 115 H3
Eleftheri GR 107 G1
Eleftherochóri GR 107 E2
Eleftheroúpoli GR 108 B4
Eleja LV 142 B1
Elek H 60 A6
Elena BG 95 G4
Elgå N 154 B3
Elgg CH 40 D3
Elgin GB 7 F3
Elgoibar E 69 F4
Elgol GB 6 C3
Elimäki FIN 150 D6
Elin Pelin BG 94 C3
Eliseyna BG 94 C4
Elizondo E 69 H4
Ełk PL 22 D6
Elkhovo BG 96 C2
Ellenberg D 41 F6
Ellesmere GB 10 C3
Ellingen D 41 H6
Ellon GB 7 G2
Ellös S 138 A5
Ellrich D 18 B1
Ellwangen D 41 F6
Elmadağ TR 120 C6
Elmalı TR 125 F5
Elmalı TR 121 G2
Elmpt D 16 C1
Elmshorn D 18 A6
Elne F 72 B4
Elnesvågen N 153 E5
Előszállás H 45 E1
Eloúnta GR 123 e3
Elphin IRL 2 D3
Elsdorf D 28 D6
Elsfleth D 17 G5
Elst NL 16 C3
Elster D 19 E1
Elsterberg D 30 D4
Elsterwerda D 31 F6
Elten D 16 C2
Eltmann D 30 B3
Eltville D 29 F3
Elva EST 142 D5
Elvanlı TR 127 G5
Elvas P 75 E3
Elvbrua N 154 B2
Elverum N 146 B6
Elvestad N 145 H3
Ely GB 14 C5
Elzach D 40 C5
Elze D 18 A2
Embrun F 53 G2
Emden D 17 E5
Emecik TR 124 B4
Emet TR 118 D5
Emiralem TR 117 F5
Emirdağ TR 119 G5
Emlichheim D 17 E4
Emmaboda S 139 F1
Emmeloord NL 16 C4
Emmen NL 17 E4
Emmendingen D 40 C5
Emmerich D 16 D2
Emőd H 45 H3
Emona BG 97 E4
Émpa CY 127 a1
Empoli I 88 C5
Empónas GR 124 C3
Emporeió GR 123 H4
Emporeió GR 117 G1
Emporeió GR 113 E3
Empúriabrava E 72 C3
Emsdetten D 17 E3
Emskirchen D 30 B2
Emstek D 17 F4
Emyvale IRL 3 F3
Enånger S 155 H2
Encamp AND 71 G1
Encinasola E 75 E1
Encs H 45 H4
Enden N 153 H2
Endorf D 42 B3
Endrőd H 45 H1
Enebakk N 146 A3
Enese H 44 C3
Enfesta/Pontecesures E 64 B4
Enfield IRL 5 G4
Engelberg CH 40 C2
Engelhartszell A 42 D5
Engelia N 145 G5
Engelskirchen D 29 E6
Engen D 40 D4
Enger D 17 G3
Engerdal N 154 B2
Engerneset N 154 B2
Enghien B 27 G6
Engilli TR 119 H4
Engjane N 153 F6
Englefontaine F 27 G5
Engstingen D 41 E5
Enguera E 84 C5
Engure LV 141 H3
Enisala RO 63 F3
Enkhuizen NL 16 C4
Enklinge FIN 149 E4
Enköping S 147 H3
Enna I 105 E3
Ennis IRL 4 C4
Enniscorthy IRL 5 F2
Enniscrone IRL 2 C4
Enniskean IRL 4 C1
Enniskillen GB 3 E4
Ennistymon IRL 4 C4
Enns A 43 E4
Eno FIN 159 G6
Enonkoski FIN 159 F4
Enontekiö FIN 165 E3
Enschede NL 17 E3
Ensisheim F 40 B4
Entlebuch CH 40 C2
Entraygues-sur-Truyère F 51 H4
Entrevaux F 86 B5
Entrèves I 53 H5
Entronoamento P 74 D5
Enviken S 147 F5
Enying H 44 D1
Epannes F 36 D3
Epanomí GR 107 G3
Epe D 17 E3
Epe NL 16 C3
Épernay F 27 G2
Epernon F 26 C2
Épila E 78 B6
Épinal F 39 H5
Episcopia I 100 D1
Episkopi CY 127 b1
Episkopi GR 122 c2
Epitálio GR 114 D2
Epône F 26 C2
Epoo/Ebbo FIN 150 C5
Eppan/Appiano I 55 H6
Eppingen D 29 G1
Epsom GB 14 B3
Eptachóri GR 106 D2
Epureni RO 62 D6
Eraclea I 56 B4
Eraclea-Mare I 56 C4
Eräjärvi FIN 158 A2
Erateini GR 115 E4
Erba I 54 D5
Erbach D 29 G2
Erbalunga F 73 b3
Erbendorf D 30 D2
Ercolano I 99 F2
Ercsi H 45 E2
Érd H 45 E2
Erdek TR 110 A3
Erdemli TR 127 G4
Erding D 42 B4
Ereğli TR 111 G6
Ereğli TR 121 F1
Eremitu RO 47 G1
Erenköy (Kókkina) CY 127 b2
Eresós GR 109 F1
Erétria GR 115 H4
Erfde D 128 B2
Erftstadt D 28 D5
Erfurt D 30 C5
Ergama TR 110 A2
Ērgli LV 142 D2
Ergoldsbach D 42 B5
Erice I 104 B4
Ericeira P 74 B4
Erikslund S 155 G4
Eriksmåla S 139 F1
Erimoúpolis GR 123 f3
Erkelenz D 28 C6
Erkilet TR 121 G4
Erlangen D 30 B2
Erlenbach D 29 G3
Erlsbach A 42 B1
Ermelo NL 16 C3
Ermenek TR 126 D4
Ermenonville F 27 E3
Ermióni GR 115 G2
Ermoúpolis GR 116 C2
Ermsleben D 18 C1
Erndtebrück D 29 F5
Ernée F 25 F2
Ernei RO 47 F1
Ernstbrunn A 44 A5
Erquy F 24 D3
Errazu E 69 H4
Erro E 69 H3
Errogie GB 7 E2
Ersekë AL 106 D3
Erstein F 40 C5
Ertuğrul TR 118 A5
Ervenik HR 90 D6
Ervidel P 74 C1
Ervik N 152 B4
Ervy-le-Châtel F 38 D5
Erwitte D 17 F1
Erxleben D 18 C2
Erythrés GR 115 G4
Eržvilkas LT 133 E4
Es Caná E 85 G4
Esbjerg DK 128 B5
Esbo/Espoo FIN 150 B4
Escalada E 68 D4
Escalaplano I 87 b2
Escalona E 76 D4
Escároz E 70 C3
Escatrón E 78 D5
Esch-sur-Alzette L 28 B3
Esch-sur-Sûre L 28 C3
Eschede D 18 B4
Eschenbach D 30 D2
Eschenburg-Eibelshausen D 29 F5
Eschenlohe D 41 H3
Eschershausen D 18 A2
Eschwege D 30 A6
Eschweiler D 28 C5
Escombreras E 84 B2
Eşen TR 125 E4
Esence TR 110 C3
Esens D 17 F6
Esentepe (Ágios Amvrósios) CY 127 c2
Eskiçine TR 124 C6
Eskifjörður IS 160 c2
Eskil TR 120 D3
Eskilstuna S 147 G2
Eskin TR 118 D4
Eskipazar TR 112 C3
Eskişehir TR 111 F3
Eslohe D 29 F6
Eslöv S 129 H5
Eşme TR 118 D3
Espa N 146 A5
Espalion F 52 A3
Espedal N 153 G2
Espejo E 82 B4
Espelette F 69 H4
Espeli N 144 D1
Espelkamp D 17 G3
Espiel E 82 A5
Espinama E 68 B5
Espinho P 66 B3
Espinosa de los Monteros E 68 D5
Espiritu Santo P 80 D5
Espoo/Esbo FIN 150 B4
Esposende P 66 B4
Espot E 71 F2
Essen D 16 D1
Essen D 17 F4
Essenbach D 42 B5
Esslingen D 41 E6
Estagel F 72 B4
Estaires F 27 F6
Estarreja P 66 B2
Estavayer-le-Lac CH 40 A2
Este I 55 H3
Estella E 69 G3
Estepa E 82 A3
Estepona E 81 G2
Esternay F 27 F1
Esterri de Aneu E 71 F2
Esterwegen D 17 F5
Estissac F 38 D6
Estoril P 74 B4
Estrées-St-Denis F 27 E3
Estremoz P 75 E3
Esztergom H 45 E3
Étables-sur-Mer F 24 D3
Etain F 28 B2
Etalle B 28 B3
Étampes F 26 D1
Etaples F 26 D6
Eteläinen FIN 158 B1
Etili TR 109 G3
Etne N 144 B4
Etretat F 26 B5
Etropole BG 94 D3
Ettelbruck L 28 C3
Ettenheim D 40 C5
Ettlingen D 29 F1
Eu F 26 C5
Eupen B 28 C5
Eura FIN 157 F1
Eurajoki FIN 157 F1
Euratsfeld A 43 F4
Europoort NL 15 H3
Euskirchen D 28 D5
Eussenhausen D 30 B4
Eutin D 128 D1
Eutzsch D 19 E1
Evanger N 144 C6
Evaux-les-Bains F 38 A2
Evci TR 127 G5
Évdilos GR 117 E3
Evendorf D 18 B5
Evesham GB 13 G5
Evian F 39 H1
Evijärvi FIN 157 G6
Evinochóri GR 114 D4
Evisa F 73 a2
Evje N 144 D1
Evolène CH 54 B6
Évora P 74 D2
Evran F 25 E2
Evreux F 26 C3
Evron F 25 G1
Evry F 26 D2
Évzonoi GR 107 G5
Excideuil F 51 F6
Exeter GB 12 D3
Exford GB 12 D4
Exmes F 26 A3
Exmouth GB 12 D2
Exochí GR 108 B5
Extertal D 17 H2
Eyemouth GB 9 G4
Eyguières F 73 F6
Eygurande F 52 A6
Eymet F 51 E4
Eymoutiers F 51 G6
Ezcaray E 69 E3
Ezeriş RO 60 B3
Ezernieki LV 143 F1
Ezine TR 109 F2

F

Faak A 56 D6
Fåberg N 153 H1
Fábiánháza H 46 C3
Fåborg DK 128 D4
Fabriano I 89 F4
Făcăeni RO 63 E2
Facture F 50 C5
Faenza I 56 A1
Faeto I 100 B4
Făgăraş RO 61 G5
Fågelsjö S 155 E2
Fågelsundet S 148 A5
Fagerås S 146 C2
Fagerhult S 139 F2
Fagernes N 145 F6
Fagernes N 164 C4
Fagersanna S 138 D5
Fagersta S 147 F3
Fagerstrand N 145 H3
Făget RO 60 C4
Făgeţelu RO 61 G2
Faial P 80 f3
Faido CH 54 D6
Fakenham GB 11 H1
Fakılı TR 121 F5
Fakse DK 129 F4
Fakse Ladeplads DK 129 F4
Falaise F 25 H3
Falatádos GR 116 C3
Falcade I 56 A5
Fălciu RO 49 E1
Falconara Marittima I 89 G5
Falcone I 105 F4
Falešty MD 48 C4
Faliráki GR 124 C3
Falkenberg D 31 F6
Falkenberg S 138 B2
Falkenstein D 31 E4
Falkirk GB 9 E5
Falköping S 138 D5
Fallersleben D 18 C3
Fallingbostel D 18 A4
Falmouth GB 12 B2
Falset E 79 E4
Falsterbo S 129 G4
Fălticeni RO 48 A3
Falun S 147 F5
Fámjin FR 136 b1
Fanári GR 114 D6
Fanári GR 108 D5
Fanjeaux F 72 A5
Fano I 89 F5
Fărăgău RO 47 F1
Fårbo S 139 G3
Fărcaşa RO 46 D3
Farébersviller F 28 D2
Fareham GB 13 G2
Färgelanda S 138 B6
Färila S 155 F2
Faringdon GB 13 G4
Färjestaden S 139 G1
Farkadhónas GR 107 F1
Farkasgyepü H 44 C2
Farkaždin YU 59 G3
Färna S 147 F3
Färnäs S 147 E6
Farnborough GB 14 A3
Farnese I 88 D2
Farnham GB 14 A3
Faro P 80 C5
Fårösund S 140 C4
Farranfore IRL 4 B3
Fársala GR 115 E6
Farsø DK 137 E2
Farstad N 153 E5
Farsund N 136 C5
Farum DK 129 G5
Fasano I 101 F3
Fataca P 80 B6
Fátima P 74 C5
Fättjaur S 161 G4
Faucogney-et-la-Mer F 39 H4
Faulensee CH 40 B1
Faulquemont F 28 C1
Făurei RO 62 C5
Făurei RO 62 D3
Fauske N 164 B1
Fauville F 26 B4
Fåvang N 153 G2
Favara I 104 D3
Favareta E 84 D5
Faverges F 53 G5
Faverney F 39 G4
Faversham GB 14 C2
Fawley GB 13 G2
Fayence F 86 B5
Fayl-Billot F 39 G4
Feakle IRL 4 D4
Fécamp F 26 B5
Feces de Abajo P 67 E4
Feda N 136 C6
Fegen S 138 C2
Feggeklit DK 137 E2
Fegyvernek H 45 G2
Fehérgyarmat H 46 C4
Fehrbellin D 19 E4
Fehring A 43 H1
Feios N 152 D1
Feiring N 146 A5
Feketic YU 59 F4
Felâhiye TR 121 G5
Felanitx E 85 b2
Feld A 42 D1
Feldafing D 41 H4
Feldbach A 43 G1
Feldberg D 40 C4
Feldberg D 19 F5
Feldioara RO 61 H5
Feldkirch A 41 E2
Feldkirchen A 57 E6
Feldkirchen D 42 B3
Feldsted DK 128 C3
Felgueiras P 66 C3
Felixstowe GB 14 D4
Fellbach D 41 E6
Felletin F 37 H1
Felnac RO 60 A5
Felsőszentiván H 59 E5
Felsőtárkány H 45 G4
Feltre I 56 A5
Femundsenden N 154 B3
Fenagh IRL 2 D3
Fene E 64 D5
Fenékpuszta H 58 B6
Fener I 56 A4

BOLOGNA
BOLOGNA
Vāglia
A1
E35
SS325
SS65
SS302
Prato
Calenzano
PISA
A11
E74
Pratolino
Sesto Fiorentino
Mugnone
Campi Bisénzio
Perétola
Perétola
SS66
Fiésole
Signa
Arno
SS67
FORLI
SS67
FIRENZE
Lastra
Arno
Bagno a Ripoli
Scandicci
Chianti
A1
E35
PISA
SS2
Ema
0
6 km
Greve
Impruneta
ROMA
SS222
SIENA

Frankfurt am Main

Scale: 0–10 km

Places shown on map: Wehrheim, Reichenbach, Friedberg, Florstadt, Nieder-Wöllstadt, Altenstadt, Friedrichsdorf, Kaichen, Bad Homburg, Glashütten, Ober-erlenbach, Kloppenheim, Nidderau, Oberursel, Schöneck, Königstein, Kronberg, Bad Vilbel, Bruchköbel, Eschborn, FRANKFURT AM MAIN, Heddernheim, Maintal, Kelkheim, Bockenheim, Enkheim, Hofheim, Höchst, Mühlheim, Hanau, Hattersheim, Sachsenhausen, OFFENBACH, Niederrad, Obertshausen, Kelsterbach, Neu-Isenburg, Flörsheim, Dreieich, Rodgau, Rüsselsheim, Walldorf, Dietzenbach, Mörfelden, Langen, Rödermark, Ober-Roden, Nauheim, Babenhausen, Eppertshausen, DARMSTADT

Directions: BONN, WIESBADEN, MAINZ, DARMSTADT, WÜRZBURG

Feneș RO	60 D5	Filey GB	11 G5
Fenestrelle I	53 H3	Filia GR	109 F1
Fénétrange F	28 D1	Filiași RO	61 E2
Feodosija UA	166 F1	Filiátes GR	106 C1
Feragen N	154 B4	Filiatrá GR	122 A6
Ferdinandshof D	19 G5	Filipești RO	48 C2
Fère-Champenoise F	27 G1	Filippiáda GR	114 C6
Fère-en-Tardenois F	27 F2	Filipstad S	146 D3
Ferentino I	98 D4	Filóti GR	116 D1
Féres GR	109 F5	Filottrano I	89 G4
Feria E	75 F1	Finale Emilia I	55 G2
Feričanci HR	58 D3	Finale Ligure I	86 D5
Ferleiten A	42 C2	Finby/Särkisalo FIN	149 G4
Fermo I	89 G4	Finike TR	125 G4
Fermoselle E	67 F2	Finja S	130 A6
Fermoy IRL	4 D2	Finnea IRL	3 E2
Ferns IRL	5 F2	Finneid N	164 B1
Ferrara I	55 H2	Finnentrop D	29 F6
Ferreira do Alentejo P	74 C1	Finnsnes N	164 C3
Ferreira do Zêzere P	74 D5	Finow D	19 G4
Ferrette F	40 B3	Finsand N	145 G5
Ferriere I	54 D2	Finspång S	139 F6
Ferrières F	38 C6	Finsterwalde D	19 G1
Ferring DK	136 D2	Finstown GB	7 G6
Ferrol E	64 C5	Finström FIN	148 D4
Ferryhill GB	9 G1	Fintinele RO	95 H2
Fertőszentmiklós H	43 H4	Fintona GB	3 E4
Festøy N	152 D4	Fionnphort GB	6 B1
Fetești RO	63 E2	Fira (Thíra) GR	123 H4
Fethard IRL	5 E2	Firenze I	88 C5
Fethard IRL	5 F1	Firenzuola I	88 D6
Fethiye TR	125 E4	Firenzuola d'Arda I	55 E2
Fetsund N	146 A3	Firiza RO	46 D3
Fettercairn GB	9 G6	Firlej PL	22 D1
Feucht D	30 C1	Firliug RO	60 B3
Feuchtwangen D	30 A1	Firminy F	52 B3
Feurs F	52 B5	Fischamend A	44 A4
Fevik N	137 E6	Fischbach D	29 E1
Fiamignano I	98 D5	Fischbeck D	18 D3
Fibiș RO	60 B5	Fischen D	41 F3
Ficulle I	88 D3	Fishbourne GB	13 G2
Fidenza I	55 E2	Fishguard GB	12 C6
Fieberbrunn A	42 C3	Fiskárdo GR	114 B4
Fieni RO	61 H3	Fiskebäckskil S	138 A5
Fier AL	106 B3	Fiskö FIN	164 B2
Fiera di Primiero I	56 A5	Fiskø FIN	149 E5
Fierbinți RO	61 H2	Fismes F	27 F3
Fiesch CH	54 C6	Fiskö FIN	64 A5
Fiésole I	88 C5	Fitero E	69 F2
Figari F	73 a1	Fitjar N	144 A4
Figeac F	51 G4	Fiumefreddo di Sicilia I	105 G4
Figeholm S	139 G3	Fiumicino I	98 B4
Figueira da Foz P	66 A1	Fivemiletown GB	3 E4
Figueira de Castelo Rodrigo P	67 E2	Fivizzano I	87 G5
Figueiró dos Vinhos P	74 D5	Fizeșu Gherlii RO	47 E2
Figueres E	72 B3	Fjällbacka S	138 A6
Fil'akovo SK	45 F4	Fjällnäs S	154 C4
Fildu RO	46 D1	Fjand Gårde DK	136 D1
Filevo BG	95 F2	Fjæra N	144 C4

Fjärdhundra S	147 H3	Focșani RO	62 C5
Fjærland N	152 D2	Fódele GR	123 d3
Fjellerup DK	137 G1	Foggia I	100 C5
Fjellsrud N	146 A3	Foglò FIN	148 D4
Fjerritslev DK	137 E3	Fohnsdorf A	43 F2
Fjugesta S	147 E2	Foiano di Chiana I	88 D4
Flå N	145 F5	Foinikoús GR	122 A5
Fladdabister GB	6 b1	Foix F	71 G2
Fladungen D	30 A4	Fojnica BIH	91 H4
Flaine F	53 H5	Földeák H	59 G5
Flåm N	144 D6	Foldereid N	161 E4
Flamborough GB	11 H4	Földes H	46 A2
Flatabø N	144 C5	Foldingbro DK	128 B4
Flateby N	146 A3	Folégandros GR	123 G5
Flateland N	144 D2	Folgaria I	55 G5
Flateyri IS	160 a2	Foligno I	89 E3
Flatmark N	153 E4	Folkestad N	152 C4
Flatråker N	144 B4	Folkestone GB	14 D2
Flaviny-sur-Moselle F	39 H6	Follafoss N	160 D3
Fleet GB	14 A3	Folldal N	153 E3
Fleetwood GB	10 D5	Föllinge S	161 E2
Flekke N	152 B2	Follónica I	88 B3
Flekkefjord N	136 C6	Folmava CZ	31 E1
Flen S	147 G1	Foltești RO	63 E5
Flensburg D	128 C3	Fondi I	98 D3
Flers F	25 G3	Fondo I	55 G6
Flesberg N	145 F4	Fonni I	87 b3
Fleurance F	71 F5	Fonsagrada E	65 E2
Fleuré F	71 H1	Font-Romeu F	71 H1
Fleurier CH	39 H2	Fontaine-Française F	39 F4
Fleurus B	27 H5	Fontaine-le-Dun F	26 C5
Flims Waldhaus CH	41 E1	Fontainebleau F	27 E1
Flint GB	10 C4	Fontecha E	69 E4
Flins F	26 D2	Fontenay-le-Comte F	36 D3
Flisa N	146 B5	Fontenay-Trésigny F	27 E2
Flix E	79 E4	Fontstown IRL	5 F3
Flize F	27 H3	Fonyód H	58 C6
Floda S	138 B4	Fonzaso I	56 A5
Flogny-la-Chapelle F	38 D5	Foppolo I	55 E5
Flöha D	31 F5	Forbach D	40 D6
Florac F	52 B3	Forbach F	28 D2
Florennes B	27 H4	Ford GB	8 C5
Florenville B	28 B3	Førde N	144 B4
Florești RO	60 D2	Førde N	152 B4
Florești RO	47 E1	Fordingbridge GB	13 G2
Florești MD	48 D4	Fordongianus I	87 b2
Floridia I	105 G2	Forfar GB	9 F2
Flórina GR	107 E4	Forges-les-Eaux F	26 C4
Florø N	152 B3	Forio I	99 E2
Flötningen S	154 B2	Forli I	89 E6
Fluberg N	145 G6	Forli del Sannio I	99 F4
Flüelen CH	40 D2	Forlimpopoli I	89 E6
Flumet F	53 G5	Formby GB	10 C4
Fluminimaggiore I	87 a2	Formentor E	85 b2
Flums CH	41 E1	Formerie F	26 D4
Foča BIH	92 A4	Formia I	99 E3
Foça TR	117 F5	Formigine I	55 G2
Fockbek D	128 C2	Formofoss N	161 E3

Fornaci di Barga I	88 B6	Fresnes F	27 F5
Fornalutux E	85 a2	Fresnes F	39 G5
Fornells E	85 c2	Fresnes-en-Woëvre F	28 B2
Forni di Sopra I	56 B6	Fréteval F	37 G6
Forno di Zoldo I	56 B5	Fretigney-et-Velloreille F	39 G4
Fornos de Algodres P	66 D1	Fretzdorf D	19 E4
Fornovo di Taro I	55 E2	Freudenberg D	29 F5
Forráskút H	59 F5	Freudenberg D	29 G2
Forres GB	7 F3	Freudenstadt D	40 D5
Fors S	147 G4	Frévent F	27 E5
Forsbacka S	147 H5	Freyenstein D	19 E5
Forsby/Koskenkylä FIN	150 C5	Freyming Merlebach F	28 D2
Forserum S	139 E4	Freystadt D	30 C1
Forshaga S	146 D2	Freyung D	42 D5
Forsheda S	138 D2	Fri GR	124 A1
Forsmo S	155 H5	Fribourg CH	40 A2
Forssa FIN	149 H6	Frick CH	40 C3
Forst D	19 H1	Fridingen D	40 D4
Fort Augustus GB	6 D2	Friedberg A	43 H2
Fort William GB	6 D1	Friedberg D	29 G4
Forte dei Marmi I	88 B6	Friedberg D	41 G5
Forth D	30 C2	Friedeburg D	17 F6
Fortrose GB	7 E3	Friedersdorf D	19 G2
Fortun N	153 E2	Friedewald D	30 A5
Fortuna E	84 B4	Friedland D	30 A6
Fortuneswell GB	13 F2	Friedland D	19 G5
Fos F	71 F2	Friedland D	19 G2
Fos-sur-Mer F	73 F5	Friedrichroda D	30 B5
Fossano I	54 B2	Friedrichshafen D	41 E3
Fosses B	28 A5	Friedrichskoog D	128 B1
Fossombrone I	89 F5	Friedrichsort D	128 D2
Foucarmont F	26 D4	Friedrichstadt D	128 B2
Fouesnant F	24 B2	Friesach A	43 E1
Fougères F	25 F2	Friesack D	19 E3
Fougerolles F	39 H4	Friesoythe D	17 F5
Foulain F	39 F5	Friggesund S	155 G2
Fouras F	36 C2	Frillesås S	138 B3
Fourcès F	50 D3	Fristad S	138 C4
Fourfourás GR	123 c2	Fritsla S	138 C3
Fourmies F	27 G4	Fritzlar D	29 H6
Fournels F	52 B4	Frodsham GB	10 D3
Fournés GR	122 b3	Frohburg D	31 E5
Foúrnoi GR	117 F3	Frohnleiten A	43 G2
Fours F	38 C5	Froissy F	26 D4
Fowey GB	12 B4	Frombork PL	132 B2
Fownhope GB	13 F5	Frome GB	13 F3
Foxford IRL	2 C1	Fromental F	25 H3
Foynes IRL	4 C3	Frómista E	68 C3
Foz E	65 E5	Fronsac F	71 F3
Foz do Arelho P	74 B5	Fronteira P	75 E3
Frabosa Soprana I	54 B1	Frontenhausen D	42 C5
Fraga E	79 E5	Frontignac F	80 a1
Fraize F	40 B5	Frontignan F	72 D6
Framley DK	128 D6	Frosinone I	98 D4
Framlingham GB	14 D4	Frøvik S	147 F2
Frammersbach D	29 H3	Fruges F	27 E6
Frampol PL	35 E4	Frumoasa RO	62 A6
Francardo F	73 b2	Frumușeni RO	47 H3
Francavilla al Mare I	89 H2	Frumușica RO	48 B3
Francavilla di Sicilia I	105 G4	Frunzovka UA	49 G4
Francavilla Fontana I	101 F3	Frutigen CH	40 B1
Francofonte I	105 F3	Frýdek-Místek CZ	33 F2
Franeker NL	16 C5	Frýdlant CZ	32 A5
Frangista GR	114 D5	Frygnowo PL	21 H5
Frangkokástelo GR	122 b2	Frymburk CZ	43 E5
Frangy F	53 G6	Frysztak PL	34 C2
Frankenberg D	29 G5	Ftéri GR	115 E3
Frankenberg D	31 F5	Fucécchio I	88 C5
Frankenburg A	42 D4	Fuencaliente E	82 C6
Frankenmarkt A	42 D4	Fuendejalon E	78 B6
Frankenthal D	29 F2	Fuengirola E	82 A2
Frankfurt (Oder) D	19 H2	Fuenmayor E	69 F3
Frankfurt am Main D	29 F3	Fuente Dé E	68 B5
Fränsta S	155 G4	Fuente de Cantos E	75 F1
Františkovy Lázně CZ	30 D3	Fuente el Fresno E	76 D2
Franz Josephs-Höhe A	42 C2	Fuente el Saz E	77 E5
Franzburg D	129 G1	Fuente-Obejuna E	81 H6
Frascati I	98 C4	Fuenterrabía/Hondarribia F	69 G4
Frasdorf D	42 B3	Fuentes E	77 G2
Fraserburgh GB	7 H2	Fuentes de Ayódar E	78 C2
Frashër AL	106 C3	Fuentes de Ebro E	78 C5
Frasin RO	47 H3	Fuentes de Oñoro E	75 G6
Fråsinet RO	62 C2	Fuentesaúco E	67 G1
Frauenau D	42 D6	Fuerte E	42 A2
Frauenfeld CH	40 D3	Fuglebjerg DK	129 F4
Frauenstein D	31 F4	Fuhrberg D	18 A3
Frayssinet F	51 F4	Fulda D	29 H4
Frechen D	28 C5	Fulnek CZ	33 E2
Freckenhorst D	17 F2	Fülöpszállás H	45 E1
Fredensborg DK	129 G5	Fulpmes A	41 H2
Fredericia DK	128 C5	Fulunäs S	154 C1
Frederiksberg DK	129 F4	Fumay F	27 H4
Frederikshavn DK	137 G3	Fumel F	51 F4
Frederikssund DK	129 F5	Funäsdalen S	154 C4
Frederiksværk DK	129 F5	Funchal P	80 a3
Fredrika S	162 A3	Fundão P	75 F6
Fredriksberg S	147 E4	Fundulea RO	62 C2
Fredrikstad N	145 H2	Furadouro Praia P	66 B2
Fregenal de la Sierra E	75 F1	Furculești RO	95 E6
Fregene I	98 B4	Furnace GB	8 C5
Freiberg D	31 F5	Furnes (Veurne) B	15 F1
Freiburg D	18 A6	Fürstenau D	17 F2
Freiburg im Breisgau D	40 C4	Fürstenberg D	19 F4
Freihung D	30 D2	Fürstenfeld A	43 H1
Freilassing D	42 C3	Fürstenfeldbruck D	41 H4
Freising D	42 A5	Fürstenwerder D	19 G5
Freistadt A	43 E5	Fürstenzell D	42 D5
Freital D	31 F5	Furta D	46 A2
Freixo de Espada à Cinta P	67 E2	Fürth D	30 B2
Fréjus F	86 B2	Fürth im Wald D	31 E1
Frenchpark IRL	2 C3	Furtwangen D	40 C4
Freren D	17 F3	Furudal S	147 F6
Freshford IRL	5 E3	Furuflaten N	164 D5
Freshwater GB	13 G2	Furuvik S	147 H5
Fresnay-sur-Sarthe F	25 H2	Fusa N	144 B5

GENÈVE

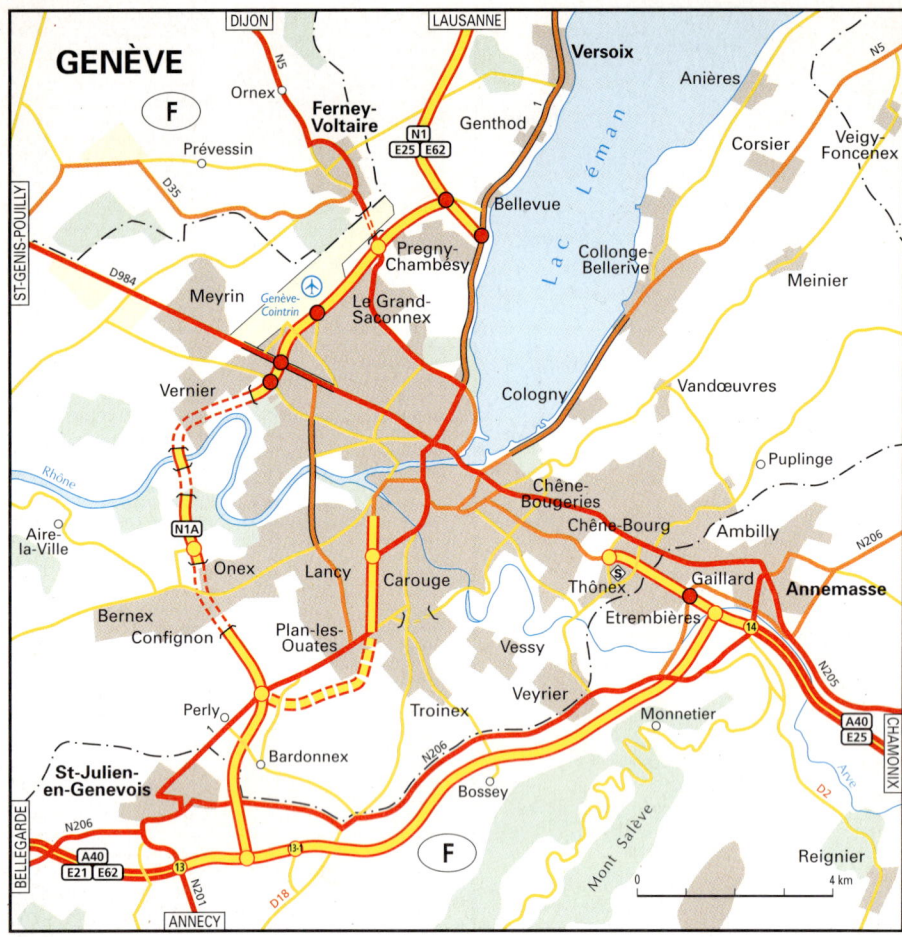

[Map of Genève region showing Ferney-Voltaire, Versoix, Bellevue, Meyrin, Vernier, Lancy, Carouge, Annemasse, St-Julien-en-Genevois and surrounding area]

G

[Map of GÉNOVA region showing Pontedécimo, Bolzaneto, Sestri Ponente, Cornigliano Ligure, Sampierdarena, Albaro, Sturla, Quarto dei Mille, Quinto al Mare, Nervi]

Name	Page	Grid
Fusch A	42	C2
Fushë Arrëz AL	92	C1
Fushë Muhurr AL	106	C6
Füssen D	41	G3
Futog YU	59	F3
Futrikelv N	164	C4
Füzesabony H	45	G3
Füzesgyarmat H	46	A2
Fuzeta P	80	C4
Fyláki GR	96	C1
Fynshav DK	128	C3
Fyresdal N	145	E2
Gabarret F	50	D3
Gabčíkovo SK	44	C3
Gabicce Mare I	89	F5
Gąbin PL	21	H3
Gabrovo BG	95	F4
Gacé F	26	A3
Gacko BIH	91	H3
Gadʹlac UA	166	E3
Gäddede S	161	F3
Gadebusch D	18	C6
Gadna H	45	H4
Gadžin Han YU	93	F4
Gaël F	25	E2
Găești RO	61	H2
Gaeta I	98	D3
Gagarin RUS	167	D6
Găgești RO	48	D1
Gaggenau D	40	D6
Gagliano del Capo I	103	H5
Gagnef S	147	F5
Gaildorf D	41	F6
Gaillac F	51	G2
Gaillon F	26	C3
Gainsborough GB	11	F3
Gáio GR	114	A5
Gairloch GB	6	D4
Gaj YU	60	A2
Gajary SK	44	B4
Gajsin UA	166	C2
Gajvoron UA	49	F6
Galanta SK	44	C4
Galashiels GB	9	F3
Galata BG	97	E5
Galatás GR	115	G5
Galați RO	63	E4
Galati Marina I	105	G4
Galatina I	101	G2
Galátista GR	107	H3
Galatone I	101	G2
Gălăutaș RO	47	G2
Galaxídi GR	115	E4
Galbally IRL	4	D2
Galdar E	80	c1
Galeata I	88	D6
Galgaguta H	45	E3
Galgamácsa H	45	E3
Galič UA	35	H1
Galicea RO	61	E3
Galicea Mare RO	94	B6
Galinóporni (Kaleburnu) CY	127	d3
Galissás GR	116	C2
Galizano E	68	D5
Gallarate I	54	D4
Gallargues F	52	C1
Galliate I	54	C4
Gallipoli I	101	G1
Gällivare S	164	E1
Gallneukirchen A	43	E4
Gällö S	155	F5
Gallur E	69	G1
Galovo BG	94	D5
Galston GB	8	D4
Galtelli I	87	c3
Galten N	154	B3
Galtür A	41	F2
Galway IRL	4	D5
Gamaches-en-Vexin F	26	D5
Gambária I	105	H5
Gaming A	43	F3
Gamleby S	139	G4
Gamlingay GB	14	B5
Gammel Skagen DK	137	G4
Gammelstaden S	162	C5
Gammertingen D	41	E5
Gamvik N	165	G6
Gamzigrad YU	93	F3
Ganacker D	42	C5
Gand (Gent) B	15	G1
Ganderkesee D	17	G5
Gandesa E	79	G4
Gandía E	84	D5
Gandino I	55	E4
Gandria CH	54	D5
Găneasa RO	61	F1
Gănești RO	61	F6
Gănești RO	62	D6
Gangas F	52	B2
Gangi I	105	E4
Gangkofen D	42	C5
Gannat F	38	B1
Gara Khitrino BG	96	C5
Garbów PL	34	D6
Garching D	42	C4
Garda I	55	E4
Gardanne F	73	G5
Gårdby S	139	G1
Gardeja PL	21	F5
Gardelegen D	18	C3
Gardíki GR	115	E5
Garding D	128	B2
Gardone Riviera I	55	F4
Gardone Val Trompia I	55	F4
Gárdony H	44	D2
Gårdskär S	148	A5
Gårdslösa S	139	G2
Garelochead GB	8	C5
Garen N	144	D5
Garešnica HR	58	B3
Garéssio I	86	D6
Gargaliánoi GR	122	A5
Gargellen A	41	F2
Gargnano I	55	G4
Gargždai LT	132	D5
Garkalne LV	142	B3
Garlasco I	54	D3
Garlin F	50	D2
Garlstorf D	18	B5
Garmisch Partenkirchen D	41	H3
Garraf E	79	G4
Garray E	69	E1
Garrel D	17	F4
Garrison GB	2	D4
Garristown IRL	5	G4
Garrovillas E	75	G4
Garrucha E	83	F2
Gars am Kamp A	43	G5
Garsnas S	130	B4
Garstang GB	10	D5
Gartow D	18	B4
Gartringen D	40	D5
Gartz D	19	H4
Garvagh GB	3	F5
Garwolin PL	22	C2
Garz D	129	H2
Gaschurn A	41	F2
Gasteiz/Vitoria E	69	F4
Gastoúni GR	114	C5
Gasztony H	44	A1
Gat UA	46	C5
Gătaia RO	60	B3
Gatehouse of Fleet GB	8	C2
Gáter H	59	F6
Gateshead GB	9	G2
Gattinara I	54	C4
Gaucín E	81	G2
Gaupne N	152	D2
Gavaloú GR	114	D4
Gavardo I	55	F4
Gavarnie F	71	E2
Gavi I	54	C2
Gavião P	75	E4
Gävle S	147	H5
Gavoi I	87	b3
Gavray F	25	F3
Gavrilov-Jam RUS	167	F8
Gávrio GR	116	B3
Gávros GR	106	D3
Gavry RUS	143	F3
Găvunda S	146	D5
Gazimağusa (Ammóchostos) CY	127	c2
Gazipaşa TR	126	C3
Gazlıgölakören TR	119	F5
Gdańsk PL	131	G1
Gdov RUS	151	F2
Gdów PL	34	A2
Gdynia PL	131	G2
Geashill IRL	5	F4
Gebesee D	30	C5
Gebze TR	110	D5
Geçitkale (Lefkónikon) CY	127	c2
Gedem D	29	G4
Gedinne B	28	A4
Gediz TR	118	D5
Gedney Drove End GB	11	G2
Gedser DK	129	F2
Gedsted DK	137	E2
Geel B	16	B1
Geertruidenberg NL	16	B2
Geesthacht D	18	B5
Gefell D	30	D4
Gefrees D	30	D3
Gefýra GR	115	E6
Gefýra GR	107	G4
Gehren D	30	C4
Geilenkirchen D	28	C6
Geilo N	145	E1
Geiranger N	152	D3
Geisa D	30	A5
Geiselhöring D	42	B5
Geisenfeld D	42	A5
Geisenhausen D	42	B5
Geisingen D	40	D4
Geislingen D	41	F5
Geithain D	31	E5
Geithus N	145	G4
Gela I	105	E2
Geldern D	16	D2
Geldrop NL	16	B2
Geleen NL	28	C6
Gelembe TR	118	B5
Gelibolu TR	109	G4
Gelida E	79	G4
Gelnhausen D	29	G4
Gelsenkirchen D	17	E1
Gelting D	128	C3
Gembloux B	28	A5
Gémenos F	73	G5
Gemerek TR	121	H5
Gemerská Poloma SK	45	G5
Gemert NL	16	C2
Gemiciler TR	113	E5
Gemlik TR	110	C4
Gemona del Friuli I	56	C5
Gémozac F	36	D1
Gemünd D	28	D5
Gemünden D	29	E3
Gemünden D	29	G5
Gemünden D	29	H3
Genappe B	27	H5
Gencalı TR	119	G3
Gençay F	37	F3
Gençek TR	126	A5
Génelard F	38	D2
General Toshevo BG	97	E6
Generalski Stol HR	57	E3
Genève CH	53	G6
Geničesk UA	166	F1
Genk B	28	B6
Genlis F	39	F3
Gennádio GR	124	C2
Gennep NL	16	C2
Gennes F	37	E5
Génolhac F	52	C3
Génova I	54	D2
Gent (Gand) B	15	G1
Genthin D	18	D3
Gentioux F	37	H1
Genzano di Lucánia I	100	D3
Genzano di Roma I	98	C4
Geoagiu Băi RO	60	D5
Georgi Traykov BG	96	D5
Georgioúpoli GR	122	b2
Georgsheil D	17	F6
Gera D	30	D5
Geraardsbergen B	27	G6
Gerabronn D	29	H1
Gerace I	102	D2
Geráki GR	122	C5
Gerakiní GR	108	A3
Gérardmer F	40	A5
Geras A	43	G5
Gerbéviller F	40	A6
Gerbstedt D	18	D1
Gerca UA	48	A5
Gerchsheim D	29	H2
Gerede TR	112	C2
Geretsried D	42	A3
Gérgal E	83	E2
Geriș TR	126	B4
Gerlos A	42	B2
Germay F	39	F6
Germencik TR	118	B2
Germersheim D	29	F2
Gernika/Lumo E	69	F5
Gernrode D	18	C1
Gernsbach D	40	D6
Gernsheim D	29	F3
Gerolimenas GR	122	B4
Gerolstein D	28	D4
Gerolzhofen D	30	B3
Gerona/Girona E	72	B3
Geroskipou CY	127	a1
Gerovo HR	57	E3
Gerrards Cross GB	14	A3
Gersfeld D	30	A4
Gersthofen D	41	G5
Gerze TR	113	G5
Gescher D	17	E2
Geseke D	17	G1
Gesualdo I	99	G2
Gesunda S	147	E5
Geta FIN	148	D4
Getafe E	77	E4
Gettorf D	128	C2
Getxo/Algorta E	69	E5
Gevgelija MK	107	G5
Gevrekli TR	126	B6
Gevrey-Chambertin F	39	E3
Gex F	39	G1
Geyikli TR	109	F2
Geyre TR	118	D1
Geyve TR	111	E4
Gezi TR	121	H4
Gföhl A	43	G5
Ghalipsós GR	108	A3
Ghedi I	55	F4
Gheorghe Gheorghiu-Dej RO	62	B6
Gheorgheni RO	47	H1
Gherla RO	47	G2
Ghilarza I	87	b3
Ghimpați RO	62	A1
Ghindari RO	61	G6
Ghisonaccia F	73	F4
Ghisoni F	73	b2
Giannitsá GR	107	F4
Giardinetto I	100	C4
Giardini Naxos I	105	G4
Giarmata RO	60	A4
Giarratana I	105	F2
Giarre I	105	G4
Giba I	87	a1
Gibellina Vecchia I	104	C4
Gibostad N	164	C4
Gibraleón E	81	E5
Gibraltar GBZ	81	G1
Gic H	44	C2
Gidle PL	33	G5
Gieboldehausen D	18	B1
Giedraičiai LT	134	A4
Gielniów PL	34	A6
Gien F	38	B5

Giengen
Groenlo

UDDEVALLA
Surte
0
6 km
Harestad
Gunnesby
Vråkärr
Säve
Kärra
Rannebergen
190
E6
159
Agnesberg
Angered
Olofstorp
Kortedala
Kåhög
ALINGSÅS
Torslanda
Biskops-
gården
Backa
45
Tolered
E20
Partille
155
Sävedalen
Hjuvik
GÖTEBORG
Örgryte
Öjersjö
Landvetter
Eckebäck
Hultet
BORÅS
40
Älvsborg
Krokslätt
159
MÖLNDAL
Mölnlycke
Askim
Bolås
Näset
E6
E20
Kållered
Skintebo
158
Hallesåker
Billdal
Lindome
VARBERG
VARBERG

Giengen D 41 F5
Giens F 73 H4
Gieselwerder D 17 H1
Giessen D 29 G4
Gieten NL 17 E5
Giethoorn NL 16 D4
Gietrzwałd PL 22 A6
Gifhorn D 18 B3
Gigen BG 94 D5
Giglio Porto I 88 B2
Gignac F 52 B1
Gijón E 65 G4
Gilău RO 46 D1
Gilford GB 3 F3
Gilleleje DK 129 G6
Gillingham GB 13 F3
Gillingham GB 14 C3
Gimo S 148 B4
Gimont F 71 F4
Ginosa I 101 E3
Gióia del Colle I 101 E3
Gióia Táuro I 102 C2
Gioiosa Marea I 105 F5
Giornico CH 54 D6
Giovinazzo I 101 E4
Giraltovce SK 46 A6
Gîrbou RO 46 D2
Gîrbovu RO 61 E2
Gîrcov RO 95 E5
Girifalco I 102 D3
Girne (Kerýneia) CY 127 b2
Giromagny F 40 A4
Girona/Gerona E 72 B3
Gironella E 79 H6
Girov RO 48 B2
Girvan GB 8 C3
Gisburn GB 11 E5
Gislaved S 138 C3
Gislev DK 128 D4
Gisors F 26 D3
Gistel B 15 F2
Gistrup DK 137 F2
Giuleşti RO 47 E4
Giulianova I 89 G3
Giurgeni RO 63 E3
Giurgiţa RO 94 C6
Giurgiu RO 95 G6
Give DK 128 C5
Givet F 28 A4
Givors F 53 E5
Givry B 27 G5
Givry F 39 E2
Givry-en-Argonne F 27 H2
Gizeux F 37 F5
Giżycko PL 132 D1
Gjemnes N 153 E5
Gjerde N 152 D2
Gjermundshamn N 144 B4
Gjerrild DK 137 G1
Gjirokastër AL 106 C2
Gjølme N 153 G6
Gjøra N 153 F4
Gjóv FR 136 b3
Gjøvik N 145 H5
Gkoritsá GR 122 C5
Gkoúra GR 115 E3
Gladbeck D 16 D2
Gladenbach D 29 F5
Glamis GB 9 F6
Glamoč BIH 91 E5
Glåmos N 154 B4
Glamsbjerg DK 128 D4
Glandore IRL 4 B1
Glandorf D 17 F3
Glanmire IRL 4 D1
Glanworth IRL 4 D2
Glarus CH 40 D2
Glasgow GB 8 D4
Glashütte D 31 G5
Glastonbury GB 13 F3
Glauchau D 31 E5
Glava S 146 C3
Glavan BG 96 B2
Glavani UA 63 F6
Glavanovtsi BG 93 G3
Glavičice BIH 59 E1
Glavnik YU 93 E3
Gleann Cholm Cille
(Glencolumbkille) IRL 2 D5
Gleisdorf A 43 G2
Glenamaddy IRL 2 C3
Glenarm GB 3 G4
Glenavy GB 3 G4
Glencoe GB 6 D1
Glencolumbkille
(Gleann Cholm Cille) IRL 2 D5
Glendaruel GB 8 C5
Gleneagles GB 9 E5
Glenealy IRL 5 G3
Glenfinnan GB 6 C2
Glengarriff IRL 4 B2
Glénic F 37 H2
Glenluce GB 8 C3
Glenmore IRL 5 F2
Glenrothes GB 9 E5
Glenties IRL 2 D5
Glenville IRL 4 D2
Gletsch CH 40 C1
Glewitz D 129 G1
Glifádha GR 115 H3
Glimåkra S 130 B6
Glin IRL 4 C3
Glina HR 57 H3
Glinka PL 33 G1
Glinojeck PL 22 A4
Glinsce (Glinsk) IRL 2 A3
Glinsk (Glinsce) IRL 2 A3
Glissjöberg S 155 E3
Gliwice PL 33 F3
Globino UA 166 E3
Glod'any MD 48 C4
Głodowa PL 20 C6
Gloduri RO 48 C1
Gloggnitz A 43 H3
Głogów PL 20 C1
Głogów Malopolski PL 34 D3
Głogówek PL 33 E3
Glomfjord N 161 F6
Glommersträsk S 162 A4
Glömminge S 139 G1
Glóssa GR 115 G6
Glossop GB 11 E4
Glostrup DK 129 G5
Gloucester GB 13 G5
Główczyce PL 131 F2
Glowe D 129 H2
Glöwen D 18 D4
Głowno PL 21 H2
Gložan YU 59 F3
Glozhene BG 94 C5
Glozhene BG 94 D4
Głubczyce PL 33 E3
Glubokoje SU 134 D4
Głuchołazy PL 32 D3
Gluchov UA 166 E4
Glücksburg D 128 C3
Glückstadt D 18 A6
Glumso DK 129 F4
Gluşci YU 59 F2
Głuszyca PL 32 C4
Glybokaja UA 47 H4
Glýfa GR 115 F5
Glykí GR 114 B6
Glyn Neath GB 13 E5
Glyngøre DK 137 E2
Gmünd A 42 D1
Gmünd A 43 F5
Gmund D 42 A3
Gmunden A 42 D3
Gnarp S 155 H3
Gnarrenburg D 17 H5
Gnesta S 147 H1
Gniechowice PL 32 D5
Gniew PL 21 F6
Gniewkowo PL 21 F4
Gniezno PL 21 E3
Gnisvärd S 140 B3
Gnjilane YU 93 E2
Gnoien D 19 E6
Gnosall GB 10 D2
Gnosjö S 138 D3
Göbel TR 110 B3
Gobowen GB 10 C3
Goch D 16 C2
Göd H 45 E3
Godalming GB 14 A3
Godby FIN 148 D4
Godech BG 94 B3
Godelheim D 17 H2
Goderville F 26 B4
Godętowo PL 131 F2
Godkowo PL 132 B1
Gödöllő H 45 E3
Godovič SLO 57 E4
Godowa PL 34 D2
Gödre H 58 C5
Goes NL 15 G2
Goeşti RO 61 E1
Gohor RO 62 D6
Göhren D 130 A2
Goirle NL 16 B2
Góis P 75 E6
Góito I 55 G3
Gökbahçe TR 119 F5
Gökbelen TR 127 F4
Gökçdağ TR 110 C2
Gökçeağaç TR 113 F5
Gökçebey TR 112 C3
Gökçeli TR 127 H5
Gökçimen TR 126 B6
Gokels D 128 C1
Gökhüyük TR 126 C6
Gökkuşağı TR 127 G5
Göktepe TR 126 D4
Gol N 145 F5
Gol'any SU 134 C2
Golå N 153 G2
Golada E 64 C4
Golaja Pristan' UA 166 E1
Gołańcz PL 20 D4
Gölbaşı TR 120 C5
Golchen D 19 F6
Gölcük TR 110 D5
Gölcük TR 121 G3
Golčův-Jenikov CZ 32 B2
Golczewo PL 20 A6
Goldap PL 133 E2
Goldbach D 29 G3
Goldberg D 19 E5
Goldelund D 128 B3
Golden IRL 4 D3
Goldenstedt D 17 G4
Goleen IRL 4 B1
Golegã P 74 D5
Goleniów PL 20 A5
Goleniowy PL 33 H4
Goleşti RO 61 G2
Golfe-Juan F 86 B4
Golfo Aranci I 87 c4
Golfo di Sogno F 73 b1
Gölhisar TR 125 E5
Golina PL 21 E2
Goliševa LV 143 G2
Gollhofen D 30 A2
Golling A 42 C3
Göllü TR 121 E5
Gölmarmara TR 118 B3
Goloby UA 35 H6
Gölören TR 121 E2
Gölova TR 125 F5
Golovčin SU 135 H2
Golovno UA 35 F6
Gölpazarı TR 111 E4
Golpejas E 67 F1
Golspie GB 7 F4
Golssen D 19 F2
Golub Dobrzyń PL 21 G4
Golubac YU 60 B2
Golubinje YU 60 C1
Golubovci YU 92 B2
Golyalo Krushevo BG 96 C2
Gölyazi TR 110 C3
Gölyazı TR 120 D3
Gołymin-Ośrodek PL 22 B4
Golzow D 19 E2
Gómara E 77 H6
Gomel SU 166 D4
Gommern D 18 D2
Gömü TR 119 G5
Gönc H 46 A5
Goncelin F 53 F4
Gondrecourt F 39 G6
Gondrin F 50 D3
Gönen TR 110 A3
Gonnosfanádiga I 87 a2
Goole GB 11 F4
Goor NL 16 D3
Göpfritz A 43 G5
Goppenstein CH 54 B6
Göppingen D 41 F6
Góra PL 20 C1
Góra PL 21 H3
Góra Kalwaria PL 22 B2
Góra Puławska PL 34 C6
Goražde BIH 92 A5
Gordes F 53 E1
Gördes TR 118 B4
Gordon GB 9 F3
Göre TR 121 F4
Gorebridge GB 9 E4
Goren Chiflik BG 96 D4
Gorenja Vas SLO 57 E5
Goresbridge IRL 5 F2
Gorey IRL 5 G2
Gorgonzola I 55 E4
Goričan HR 58 A5
Gorinchem NL 16 B3
Göritz D 19 G5
Gorízia I 56 D4
Gorki SU 167 C5
Gørlev DK 129 E4
Gorlice PL 34 C2
Görlitz D 32 A5
Gorna Kremena BG 94 C4
Gorna Oryakhovitsa BG 95 F4
Gorna Studena BG 95 F5
Gorni Tsibur BG 94 C5
Gornja Grabovica BIH 91 F4
Gornja Kamenica YU 93 G4
Gornja Klina YU 92 D3
Gornja Ploča HR 57 G1
Gornja Radgona SLO 57 H6
Gornja Sabanta YU 92 D5
Gornja Toponica YU 93 F4
Gornja Tuzla BIH 59 E1
Gornji Lapac HR 57 H1
Gornji Milanovac YU 92 D5
Gornji Podgradci BIH 58 B2
Gornji Vakuf BIH 91 F5
Górno PL 34 B5
Gorochov UA 35 H4
Gorod'ki SU 134 C2
Gorodenka UA 47 G6
Gorodišče UA 166 D3
Gorodn'a UA 166 D4
Gorodok SU 135 G5
Gorodok UA 35 F2
Gorowo PL 132 C1
Gorredijk NL 16 D5
Gorron F 25 G2
Gort IRL 4 D4
Gortin GB 3 F4
Görükle TR 110 C3
Görzke D 19 E2
Gorzkowice PL 33 G5
Górzna PL 20 D5
Górzno PL 21 G4
Gorzów Śląski PL 33 F5
Gorzów Wielkopolski PL 20 A3
Górzyca PL 19 H3
Gorzyń PL 20 B3
Gosau A 42 D3
Göschenen CH 40 D1
Gościno PL 130 C1
Gosforth GB 8 D1
Goslar D 18 B2
Gospić HR 57 G1
Gosport GB 13 H2
Gossau CH 41 E3
Gosselies B 27 H5
Gossensass/Colle Isarco I 41 H1
Gössl A 43 E3
Gössweinstein D 30 C2
Gostivar MK 106 D6
Gostkow PL 21 G2
Göstling A 43 F3
Gostomia PL 20 C4
Gostycyn PL 21 E5
Gostyń PL 20 D1
Gostynin PL 21 G3
Goszczanówko PL 20 B3
Göteborg S 138 B4
Götene S 138 D6
Gotha D 30 B5
Gotse Delchev BG 108 A6
Göttingen D 18 A1
Götzis A 41 E2
Gouarec F 24 C3
Gouda NL 16 B3
Goumaioi GR 115 E4
Gouménissa GR 107 G4
Goumois CH 40 A3
Gouniá GR 106 B1
Gourdon F 51 F4
Gourin F 24 C3
Gournay-en-Bray F 26 D4
Goúrnes GR 123 d3
Gourniá GR 123 e2
Gourock GB 8 C5
Gouzon F 38 A2
Govedartsi BG 94 C2
Govedjari HR 91 F3
Gowran IRL 5 F2
Göynük TR 111 F4
Gózd PL 34 B5
Gozdnica PL 32 A6
Gözne TR 127 G5
Graal-Müritz D 129 F1
Grabow D 18 D5
Grabów PL 21 G2
Grabów n Prosną PL 33 E6
Grabówka PL 23 E4
Grabownica Starzeńska PL 34 D2
Gračac HR 90 C6
Gračanica BIH 58 D2
Gračanica YU 92 B6
Gračanica YU 93 E2
Graçay F 37 H4
Grächen CH 54 B6
Gradac HR 91 F3
Gradačac BIH 58 D2
Graddis N 161 G6
Gräddö S 148 C3
Gradets BG 96 C4
Gradevo BG 94 C2
Gradina YU 94 B3
Grădinari RO 60 B3
Grădinari RO 61 F2
Gradisca I 56 D4
Grădiştea RO 62 D4
Grado E 65 G4
Grado I 56 D4
Gradsko MK 107 F5
Grafenau D 42 D5
Gräfenberg D 30 C2
Gräfenhainichen D 19 E1
Grafenwöhr D 30 D2
Grafing D 42 B4
Grafrath D 41 H4
Gräfsnäs S 138 B5
Grahovo YU 91 H2
Graiguenamanagh IRL 5 F2
Grajewo PL 22 D6
Grajvoron RUS 166 E3
Grallagh IRL 2 D3
Gram DK 128 B4
Gramada BG 93 G5
Gramat F 51 G4
Gramatikovo BG 97 E2
Grametten A 43 F6
Gramkow D 18 D6
Gramméni Oxyá GR 115 E5
Grammichele I 105 F2
Gramsh AL 106 C4
Gramzow D 19 G4
Gran Tarajal E 80 d1
Granada E 82 C3
Granadilla de Abona E 80 b1
Granard IRL 3 E3
Grancey F 39 F4
Grand-Champ F 24 C1
Grandas de Salime E 65 E4
Grandcamp-Maisy F 25 G4
Grande-Fougeray F 25 E1
Grândola P 74 C2
Grandpré F 27 H2
Grandrieu F 52 C4
Grandvilliers F 26 D4
Grangärde S 147 E4
Grange IRL 2 D4
Grange-over-Sands GB 10 D5
Grangemouth GB 9 E5
Granges-sur-Vologne F 40 A5
Grängesberg S 147 E4
Grăniceşti RO 48 A4
Granja P 66 B3
Grankulla/Kauniainen FIN 150 B4
Grankullavik S 139 H3
Gränna S 139 E4
Granollers E 72 A2
Gransee D 19 F4
Gransherad N 145 F3
Grantham GB 11 F2
Grantown-on-Spey GB 7 F2
Grantshouse GB 9 F4
Granville F 25 F3
Granvin N 144 C5
Grasmere GB 9 E1
Grassano I 100 D3
Grassau D 42 B3
Grasse F 86 B5
Gråsten DK 128 C3
Grästorp S 138 C5
Gratkorn A 43 G2
Graulhet F 51 G2
Graus E 71 E1
Grave NL 16 C2
Gravedona I 55 E5
Gravelines F 15 E1
Gravellona-Toce I 54 C5
Gravesend GB 14 C3
Graviá GR 115 E4
Gravina in Púglia I 100 D3
Gravoúna GR 108 C5
Gray F 39 G4
Grays GB 14 C3
Graz A 43 G1
Grazalema E 81 G3
Grazzanise I 99 E2
Grčak YU 92 D4
Grdelica YU 93 F3
Greaca RO 62 B1
Great Ayton GB 11 F6
Great Dunmow GB 14 C4
Great Malvern GB 13 G5
Great Torrington GB 12 D3
Great Yarmouth GB 15 E5
Great Yeldham GB 14 C4
Grebbestad S 138 A6
Grebenstein D 17 H1
Greding D 42 A6
Gredos E 76 B5
Greencastle GB 3 F3
Greenock GB 8 C5
Greetsiel D 17 E6
Greifenburg A 42 C1
Greiffenberg D 19 G4
Greifswald D 129 H1
Grein A 43 F4
Greiz D 30 D4
Grenå DK 137 G1
Grenade F 50 C3
Grenade F 71 G4
Grenchen CH 40 B3
Grenivík IS 160 b2
Grenoble F 53 F4
Grense-Jakobselv N 165 H5
Gréoux-les-Bains F 73 H6
Gressoney-la-Trinité I 54 B5
Gressoney-St-Jean I 54 B5
Gresten A 43 F3
Gretna Green GB 9 E2
Greussen D 30 C6
Greve in Chianti I 88 C5
Greve Strand DK 129 G4
Greven D 17 F3
Grevená GR 107 E2
Grevenbroich D 28 D6
Grevenbrück D 29 F6
Grevenmacher L 28 C3
Grevesmühlen D 18 C6
Greyabbey GB 8 B2
Greystones IRL 5 G3
Grez-en-Bouère F 25 G1
Gries in Sellrain A 41 H2
Gries-am-Brenner A 41 H2
Griesbach D 42 D5
Grieskirchen A 42 D4
Griffen A 57 F6
Grignan F 52 D2
Grignols F 50 D4
Grigoriopol MD 49 F3
Grillby S 147 H3
Grimaldi I 102 D4
Grimaud F 86 A4
Grimma D 31 E5
Grimmen D 129 G1
Grimsbu N 153 H3
Grimsby GB 11 G3
Grímsstaðir IS 160 c2
Grimstad N 137 E6
Grindaheim N 153 F1
Grindavík IS 160 a1
Grinde N 144 B3
Grindelwald CH 40 C1
Grindsted DK 128 B5
Griñón E 77 E4
Gripenberg S 139 E4
Grisignano di Zocco I 56 A3
Grisolles F 71 G4
Grisslehamn S 148 B4
Griviţa RO 62 D3
Grivitsa BG 95 E5
Grižkabūdis LT 133 F3
Gröbers D 30 D6
Grobina LV 141 F1
Gröbming A 43 E2
Grocka YU 59 H2
Gródek PL 23 F4
Gröditz D 31 F6
Grodków PL 32 D4
Grodno SU 23 F6
Grodz'anka SU 135 F1
Grodzeń PL 21 G4
Grodzisk Mazowiecki PL 22 B2
Grodzisk Wielkopolski PL 20 C2
Groenlo NL 16 D3

Grojdibodu
Harta

Grojdibodu *RO* 94 D5
Grójec *PL* 22 B1
Grömitz *D* 129 E1
Gromnik *PL* 34 B2
Gronau *D* 17 E3
Gronau *D* 18 A2
Grong *N* 161 E3
Grönhögen *S* 131 E6
Gröningen *D* 18 C2
Groningen *NL* 16 D5
Grønnes *N* 153 E5
Grönskåra *S* 139 F2
Gropeni *RO* 63 E4
Gropniţa *RO* 48 C3
Grósio *I* 55 F5
Gross Oesingen *D* 18 B3
Gross Räschen *D* 31 G6
Gross Schönebeck *D* 19 F4
Gross-Gerau *D* 29 F3
Gross-Gerungs *A* 43 F5
Gross-Siegharts *A* 43 G5
Gross-Umstadt *D* 29 G3
Grossarl *A* 42 C2
Grossbeeren *D* 19 F3
Grossbreitenbach *D* 30 C4
Grossburgwedel *D* 18 A3
Grossenbrode *D* 129 E2
Grossenhain *D* 31 F5
Grossenkneten *D* 17 G4
Grossenzersdorf *A* 44 A4
Grosseto *I* 88 C3
Grosshabersdorf *D* 30 B2
Grosshöchstetten *CH* 40 B2
Grosspetersdorf *A* 44 A2
Grossraming *A* 43 F3
Grostenquin *F* 28 C1
Grosuplje *SLO* 57 F4
Grotli *N* 153 E3
Grottaglie *I* 101 F3
Grottaminarda *I* 99 G2
Grottammare *I* 89 G3
Grotteria *I* 102 D2
Grouw *NL* 16 C5
Grovo *N* 145 E2
Grozdovo *BG* 96 D4
Grua *N* 145 H4
Grubišno Polje *HR* 58 B4
Gruda *HR* 91 H2
Grudovo *BG* 96 D3
Grudusk *PL* 22 A4
Grudziądz *PL* 21 F5
Gruissan *F* 72 C5
Grums *S* 146 C2
Grünau *A* 43 E3
Grünberg *D* 29 G4
Grünburg *A* 43 E3
Grundarfjörður *IS* 160 a2
Grundfors *S* 161 F4
Grundforsen *S* 154 C1
Grundlsee *A* 42 D3
Grundsel *S* 162 B5
Grundsund *S* 138 A5
Grünenplan *D* 18 A2
Grünheide *D* 19 G3
Grünstadt *D* 29 F2
Grupčin *MK* 93 E1
Grüsch *CH* 41 E2
Gruyères *CH* 40 A1
Gruža *YU* 92 D5
Grybów *PL* 34 B2
Grycksbo *S* 147 F5
Gryfice *PL* 20 A6
Gryfino *PL* 19 H4
Gryfów Śląski *PL* 32 B5
Gryllefjord *N* 164 C4
Gryt *S* 139 G5
Grythyttan *S* 147 E3
Grzmiąca *PL* 20 C6
Grzybno *PL* 21 G5
Gschnitz *A* 41 H2
Gschwend *D* 41 F6
Gstaad *CH* 40 B1
Gstadt *D* 42 B3
Gsteig *CH* 54 A6
Guadahortuna *E* 82 D3
Guadalajara *E* 77 F4
Guadalcanal *E* 81 G6
Guadalmina *E* 81 G2
Guadalupe *E* 76 B3
Guadarrama *E* 76 D5
Guadix *E* 82 D3
Gualdo Tadino *I* 89 F4
Guarcino *I* 98 D4
Guarda *P* 66 D1
Guardamar del Segura *E* 84 B3
Guardia Sanframondi *I* 99 F3
Guardiagrele *I* 99 F5
Guardo *E* 68 B4
Guareña *E* 75 G2
Guarromán *E* 82 D5
Guasila *I* 87 b2
Guastalla *I* 55 F2
Gúbbio *I* 89 E4
Guben *D* 19 H2
Guberevac *YU* 92 D5
Gubin *PL* 19 H2
Gubkin *RUS* 166 F4
Güble *TR* 112 D5
Gudavac *BIH* 57 H2
Gudhjem *DK* 130 C3
Gudow *D* 18 C5
Güdül *TR* 112 C1
Gudvangen *N* 144 D6
Guebwiller *F* 40 B4
Guémené-Penfao *F* 36 C6
Guémené-sur-Scorff *F* 24 C2
Guer *F* 25 E1
Guérande *F* 36 B6
Guéret *F* 37 H2
Guérigny *F* 38 C3
Guetaria *E* 69 G4
Guethary *F* 69 H4
Gueugnon *F* 38 D2
Güglingen *D* 29 G1
Guglionesi *I* 99 G4
Guichen *F* 25 E1
Guignes *F* 27 E1
Guijuelo *E* 76 B5
Guildford *GB* 14 A3
Guillaumes *F* 86 B6
Guillestre *F* 53 G3
Guilvinec *F* 24 A2
Guimarães *P* 66 C3
Guincho *P* 74 A4
Guînes *F* 14 D1
Guingamp *F* 24 C3
Guipry *F* 25 E1
Guisamo *E* 64 C5
Guisborough *GB* 11 G6
Guise *F* 27 F4
Guisnje *YU* 92 C2
Guitiriz *E* 64 D5
Guîtres *F* 50 D5
Gujan-Mestras *F* 50 B5
Gulbene *LV* 143 E3
Gülçayır *TR* 111 H2
Guldborg *DK* 129 F3
Gülek *TR* 127 G6
Gulianca *RO* 62 D4
Gulladuff *GB* 3 F4
Gullspång *S* 146 D1
Gullstein *N* 153 F6
Güllü *TR* 118 D3
Güllük *TR* 124 B5
Gülnar *TR* 127 E3
Gülpınar *TR* 109 F2
Gülşehir *TR* 121 F4
Gulsvik *N* 145 G5
Gülübintsi *BG* 96 B3
Gülübovo *BG* 95 G2
Gulyantsi *BG* 95 E5
Gumiel de Hizán *E* 68 C2
Gummersbach *D* 29 E6
Gumpoldskirchen *A* 43 H4
Gumtow *D* 19 E4
Gümüldür *TR* 117 F4
Gümüşhacıköy *TR* 113 H3
Gümüşkent *TR* 121 F4
Gümüşsu *TR* 119 F3
Gümzovo *BG* 93 G6
Gundelfingen *D* 41 G5
Gundelsheim *D* 29 G2
Gündoğmuş *TR* 126 B4
Güneşli *TR* 121 H5
Güney *TR* 118 D3
Güney *TR* 119 E1
Güneyyurt *TR* 126 D4
Güngör (Koutsovéntis) *CY* 127 c2
Güngörmez *TR* 118 A5
Gunnarn *S* 161 H4
Gunnebo *S* 139 G4
Gunten *CH* 40 B1
Güntersberge *D* 18 C1
Guntersblum *D* 29 F3
Guntín *E* 64 D4
Günyüzü *TR* 120 A4
Günzburg *D* 41 F5
Gunzenhausen *D* 30 B1
Gura Humorului *RO* 47 H3
Gura Motrului *RO* 61 E2
Gura Teghii *RO* 62 B4
Gura Văii *RO* 60 D2
Gura Zlata *RO* 60 D3
Gurahonţ *RO* 60 C5
Güre *TR* 118 D4
Güre *TR* 119 F4
Güreci *TR* 109 G4
Gurghiu *RO* 47 G1
Gurk *A* 43 E1
Gurkovo *BG* 95 G3
Gürsu *TR* 110 D3
Gurtnellen *CH* 40 D1
Gus'-Chrustal'nyj *RUS* 167 F7
Gusev *RUS* 133 E2
Gùspini *I* 87 a2
Güssing *A* 44 A1
Gustavsberg *S* 148 B2
Gustavsfors *S* 146 B2
Güstrow *D* 19 E6
Gusum *S* 139 G5
Gutcher *GB* 6 b2
Gutenstein *A* 43 H3
Gütersloh *D* 17 F2
Guttannen *CH* 40 C1
Gützkow *D* 19 F6
Güvem *TR* 112 D2
Güzelbahçe *TR* 117 F5
Güzeloluk *TR* 127 F5
Güzelsu *TR* 126 B4
Güzelyalı (Vavylás) *CY* 127 b2
Güzelyurt *TR* 121 F3
Güzelyurt (Mórfou) *CY* 127 b2
Gvardejsk *RUS* 132 C2
Gvarv *N* 145 F2
Gvozd *YU* 92 A3
Gvozdec *UA* 47 G5
Gwatt *CH* 40 B2
Gy *F* 39 G3
Gylling *DK* 128 D5
Gyoma *H* 45 H1
Gyömrő *H* 45 F2
Gyöngyös *H* 45 F3
Gyöngyöspata *H* 45 F3
Győr *H* 44 C3
Győrtelek *H* 46 C4
Gysinge *S* 147 H4
Gýtheio *GR* 122 C5
Gyttorp *S* 147 E2
Gyueshevo *BG* 93 G2
Gyula *H* 60 A6

H

Häädemeeste *EST* 142 B5
Haag *A* 43 F4
Haag *D* 42 B4
Haag am Hausruck *A* 42 D4
Haaksbergen *NL* 16 D3
Hăălmagiu *RO* 60 C5
Haapajärvi *FIN* 162 D2
Haapamäki *FIN* 158 A4
Haapsalu *EST* 149 H1
Haar *D* 42 A4
Haaren *D* 17 G1
Haarlem *NL* 16 B4
Habartice *CZ* 32 A5
Habay *B* 28 B3
Habo *S* 138 D4
Hachenburg *D* 29 E5
Hachmühlen *D* 17 H2
Hacıbektaş *TR* 121 F4
Hacıfakılı *TR* 120 A3
Hacıhamza *TR* 113 F4
Hacılar *TR* 119 F2
Hacılar *TR* 120 D6
Hacılar *TR* 121 H4
Hackås *S* 155 E5
Hacketstown *IRL* 5 G3
Hackland *GB* 7 G6
Hadamar *D* 29 F4
Haddington *GB* 9 F4
Haderslev *DK* 128 C4
Haderup *DK* 137 E1
Hadım *TR* 119 E3
Hadım *TR* 126 C5
Hadleigh *GB* 14 D4
Hadlow *GB* 14 C2
Hadmersleben *D* 18 C2
Hadsten *DK* 137 F1
Hadsund *DK* 137 F2
Hadžići *BIH* 91 G5
Hafnarfjördur *IS* 160 a1
Hagby *S* 139 G1
Hægeland *N* 136 D6
Hagen *D* 17 E1
Hagen *D* 17 G5
Hagenow *D* 18 C5
Hagetmau *F* 50 C2
Hagfors *S* 146 D4
Häggenås *S* 155 E6
Haglebu *N* 145 F5
Hagondange *F* 28 C2
Haguenau *F* 40 C6
Hahn *D* 17 G5
Hahnbach *D* 30 D2
Hahót *H* 58 B6
Haigerloch *D* 40 D5
Hailsham *GB* 14 B2
Hainburg *A* 44 B4
Hainfeld *A* 43 G4
Hainichen *D* 31 F5
Hajdúböszörmény *H* 46 A3
Hajdúdorog *H* 46 A3
Hajdúhadház *H* 46 B3
Hajdúnánás *H* 46 A3
Hajdúsámson *H* 46 B3
Hajdúszoboszló *H* 46 A2
Hajdúszovát *H* 46 A2
Hajnówka *PL* 23 F4
Hajós *H* 59 E5
Hakkas *S* 162 B6
Hakkenpää *FIN* 149 F5
Halámky *CZ* 43 F5
Hălăuceşti *RO* 48 B2
Halberstadt *D* 18 C2
Halden *N* 146 A2
Haldensee *A* 41 G3
Haldensleben *D* 18 C3
Halesowen *GB* 10 D1
Halesworth *GB* 15 E4
Halhjem *N* 144 B5
Halifax *GB* 11 E4
Halikko *FIN* 149 G5
Haljala *EST* 150 D3
Halk *DK* 128 C4
Halkapınar *TR* 121 F1
Halkirk *GB* 7 F5
Hall in Tirol *A* 41 H2
Halle *B* 27 H6
Halle *D* 17 G2
Halle *D* 30 D6
Hällefors *S* 147 E3
Hallein *A* 42 C3
Hallen *S* 155 E5
Hallenberg *D* 29 G6
Hällevadsholm *S* 138 A6
Hälleviksstrand *S* 138 A5
Hallingby *N* 145 G4
Hallsberg *S* 147 E1
Hallstahammar *S* 147 G3
Hallstatt *A* 42 D3
Hallstavik *S* 148 B4
Halmeu *RO* 46 D4
Halmstad *S* 138 C1
Hals *DK* 137 G2
Halsanaustan *N* 153 F6
Halsskov *DK* 129 E4
Halstead *GB* 14 C4
Halsteren *NL* 15 H2
Haltdalen *N* 154 B5
Haltern *D* 17 E2
Haltwhistle *GB* 9 F2
Haluna *FIN* 159 E6
Halver *D* 29 E6
Halwill *GB* 12 C3
Ham *F* 27 F4
Hamamözü *TR* 113 H3
Haman *TR* 119 F5
Hamar *N* 146 A5
Hambergen *D* 17 G5
Hamburg *D* 18 B5
Hamburgsund *S* 138 A6
Hamdi *TR* 113 G2
Hamdorf *D* 128 C2
Hämeenkyrö *FIN* 157 G2
Hämeenlinna *FIN* 150 A6
Hämeler Wald *D* 18 B3
Hameln *D* 17 H2
Hamersleben *D* 18 C2
Hamidiye *TR* 109 F5
Hamilton *GB* 8 D4
Hamina *FIN* 151 E5
Hamit *TR* 120 C5
Hamitköy *TR* 120 D5
Hamlagrøosen *N* 144 C5
Hamm *D* 17 F2
Hammar *S* 139 E6
Hammarland *FIN* 148 C4
Hammarstrand *S* 155 G5
Hammaslahti *FIN* 159 G5
Hammel *DK* 128 D6
Hammelburg *D* 30 A3
Hammerdal *S* 161 G2
Hammerfest *N* 165 E5
Hamminkeln *D* 16 D2
Hamoir *B* 28 B5
Hamra *S* 155 E2
Hamrångefjärden *S* 147 H5
Hamula *FIN* 158 C6
Hån *S* 146 B3
Han i Hotit *AL* 92 B2
Han Pijesak *BIH* 92 A6
Han-sur-Lesse *B* 28 B4
Hanau *D* 29 G3
Handegg *CH* 40 C1
Handen *S* 148 B2
Handlová *SK* 45 E5
Handöl *S* 154 C6
Hanerau-Hademarschen *D* 128 C1
Hanestad *N* 154 A3
Hăneşti *RO* 48 B4
Hangö/Hanko *FIN* 149 G3
Hangu *RO* 48 A2
Hankamäki *FIN* 163 F2
Hankasalmi *FIN* 158 C4
Hankensbüttel *D* 18 B4
Hanko/Hangö *FIN* 149 G3
Hann-Münden *D* 30 A6
Hannover *D* 18 A3
Hannuit (Hannut) *B* 28 B5
Hannut (Hannuit) *B* 28 B5
Hanstedt *D* 18 B5
Hanstholm *DK* 137 E3
Hanušovce *SK* 46 A6
Hanušovice *CZ* 32 D3
Hanya *TR* 118 C4
Haparanda *S* 162 D5
Häppälä *FIN* 158 C4
Hara *EST* 149 H2
Harads *S* 162 B5
Harboøre *DK* 136 D2
Harburg *D* 18 B5
Harburg *D* 41 G6
Hårby *DK* 128 D4
Hardegg *A* 43 G5
Hardegsen *D* 18 A1
Hardelot-Plage *F* 26 D6
Hardenberg *NL* 16 D4
Harderwijk *NL* 16 C4
Hardeshøj *DK* 128 C3
Hardheim *D* 29 G2
Hareid *N* 152 C4
Haren *D* 17 E4
Haren *NL* 16 D5
Haren *NL* 16 D5
Harestua *N* 145 H4
Harfleur *F* 26 B4
Hargla *EST* 143 E4
Hargshamn *S* 148 B4
Harjavalta *FIN* 157 F1
Harjunmaa *FIN* 158 D3
Harjunsalmi *FIN* 158 B2
Harkány *H* 58 D4
Harlech *GB* 10 B3
Hårlev *DK* 129 F4
Harlingen *NL* 16 C5
Harlösa *S* 129 H5
Harlow *GB* 14 B4
Hărman *RO* 62 A5
Harmancık *TR* 110 D2
Harmånger *S* 155 H2
Harndrup *DK* 128 D4
Härnösand *S* 156 A4
Haro *E* 69 E3
Haroldswick *GB* 6 b2
Haroué *F* 39 H6
Harpefoss *N* 153 G2
Harpenden *GB* 14 B4
Harpstedt *D* 17 G4
Harrachov *CZ* 32 B4
Harrogate *GB* 11 F5
Harrow *GB* 14 B3
Harsefeld *D* 18 A5
Harsewinkel *D* 17 F2
Harstad *N* 164 B3
Harsum *D* 18 B3
Harta *H* 59 E6

HAMBURG
ITZEHOE
NEUMÜNSTER
LÜBECK
BERLIN
GEESTHACHT
LÜNEBURG
HANNOVER
BREMEN
Quickborn
Bargteheide
Tornesch
Uetersen
Norderstedt
Ammersbek
Ahrensburg
Garstedt
Pinneberg
Rellingen
Bönningstedt
Volksdorf
Halstenbek
Fuhlsbüttel
Schenefeld
Rahlstedt
Wedel
Rissen
Eimsbüttel
Barmbek
Wandsbek
Barsbüttel
Altona
Horn
Glinde
Elbe
ELBTUNNEL
Finkenwerder
Reinbek
Jork
Wilhelmsburg
Altes Land
Wentorf
Buxtehude
Neugraben-Fischbek
Bergedorf
Neu-Wulmstorf
Harburg
Ovelgönne
Harburger Berge
Seevetal
Maschen
Rade
Stelle
Hollenstedt
Winsen
Bille
Dove Elbe
Alster
Pinnau
H H Stillhorn
Holmmoor
10 km

Hartberg
Holwerd

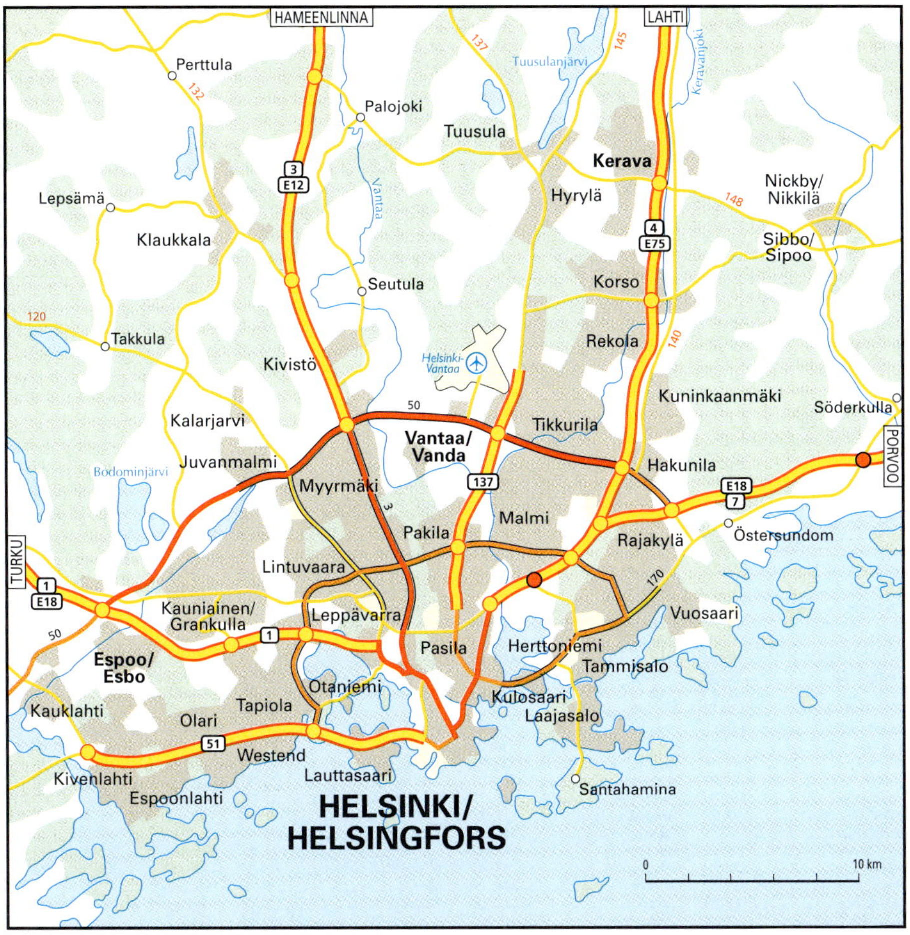
HAMEENLINNA
LAHTI
Perttula
Palojoki
Tuusulanjärvi
Tuusula
Keravanjoki
Kerava
Lepsämä
Klaukkala
Hyrylä
Nickby/
Nikkilä
Vantaa
Sibbo/
Sipoo
Seutula
Korso
Takkula
Helsinki-
Vantaa
Rekola
Kivistö
Kuninkaanmäki
Söderkulla
Kalarjarvi
Vantaa/
Vanda
Tikkurila
PORVOO
Bodominjärvi
Juvanmalmi
Hakunila
Myyrmäki
Malmi
Pakila
Rajakylä
Östersundom
TURKU
Lintuvaara
Kauniainen/
Grankulla
Leppävarra
Vuosaari
Espoo/
Esbo
Pasila
Herttoniemi
Tammisalo
Otaniemi
Kulosaari
Laajasalo
Kauklahti
Tapiola
Olari
Westend
Kivenlahti
Lauttasaari
Santahamina
Espoonlahti
HELSINKI/
HELSINGFORS
0
10 km

Hartberg A 43 H2
Hartha D 31 E5
Hartland GB 12 C4
Hartlepool GB 11 F6
Hartley Wintney GB 13 H3
Hartmannshain D 29 G4
Hartola FIN 158 C2
Harwich GB 14 D4
Harzgerode D 18 C1
Hasanağa TR 110 C3
Hasandede TR 120 D6
Hasanoba TR 126 D6
Hasanoğlan TR 120 C6
Hasbek TR 121 G6
Haselund D 128 B3
Haselünne D 17 F4
Hasköy TR 96 C1
Hasköy TR 119 E3
Haslach A 43 E5
Haslach D 40 C5
Hasle DK 130 B3
Haslemere GB 14 A2
Haslev DK 129 F4
Hasparren F 70 C4
Hassel D 17 H4
Hassela S 155 G3
Hasselfelde D 18 C1
Hasselt B 28 B6
Hasselt NL 16 D4
Hassfurt D 30 B3
Hasslach D 30 C3
Hassleben D 19 G4
Hässleholm S 130 A6
Hästholmen S 139 E5
Hastings GB 14 C2
Hästveda S 130 A6
Hasvik N 165 E5
Hatě CZ 43 H5
Hațeg RO 60 D4
Hatfield GB 14 B4
Hatfjelldal N 161 F4
Hatherleigh GB 12 D3
Hatip TR 120 C1
Hattem NL 16 D4
Hattingen D 17 E1
Hattstedt D 128 B2
Hattula FIN 158 A1
Hatunsaray TR 126 C6
Hatvan H 45 F3
Hatvik N 144 B5
Haugastøl N 145 E5
Hauge N 136 B6
Haugesund N 144 A3
Hauggrend N 145 E2
Haugsdorf A 43 H5
Haugsten N 153 F2
Hauho FIN 158 A1
Haukå N 152 B3
Haukeligrend N 144 D3
Haukeliseter N 144 D4
Haukipudas FIN 162 D4
Haukivuori FIN 158 D3
Haunersdorf D 42 C5
Hausach D 40 C5
Häusern D 40 C4
Hausham D 42 A3
Hausjärvi FIN 150 B6
Haut-Asco F 73 a2
Haute-Nendaz CH 54 A6
Hauteville Plage F 25 F4
Havant GB 13 H2
Havelange B 28 B5
Havelberg D 18 D4
Haverfordwest GB 12 C5
Haverhill GB 14 C4
Havířov CZ 33 F2
Havlíčkův Brod CZ 31 F2
Havlíčkův Brod CZ 32 B2
Havneby DK 128 B4
Havnsø DK 129 E5
Havøysund N 165 F6
Havran TR 109 H2
Havsa TR 96 C1
Havstensund S 145 H1
Hawarden GB 10 C3
Hawes GB 11 E5
Hawick GB 9 F3
Hawkinge GB 14 D2
Hay-on-Wye GB 13 F5
Hayange F 28 C2
Hayıroğlu TR 120 D1
Hayle GB 12 A2
Hayling Island GB 13 H2
Haymana TR 120 B5
Hayrabolu TR 109 G6
Haywards Heath GB 14 B2
Hazebrouck F 27 E6
Hazel Grove GB 11 E3
Hazlov CZ 30 D3
Headcorn GB 14 C2
Headford IRL 2 B3
Heanor GB 11 E2
Heathfield GB 14 B2
Heby S 147 G3
Hechingen D 41 E5
Hechtel B 16 B1
Heddal N 145 F3
Hédé F 25 E2
Hedehusene DK 129 F5
Hedemora S 147 G4
Heden S 154 C2
Hedensted DK 128 C5
Hedesunda S 147 H4
Hedeviken S 154 D4
Hedon GB 11 G4
Hee DK 128 B6
Heek D 17 E3
Heemstede NL 16 B4
Heerde NL 16 C4
Heerenveen NL 16 C5
Heerlen NL 28 C6
Heeze NL 16 C1
Heggenes N 153 F1
Heglibister GB 6 b2
Hegyeshalom H 44 B3
Hegyhátsál H 44 A1
Heide D 128 B2
Heidelberg D 29 F2
Heiden D 17 E2
Heidenau D 31 G5
Heidenheim D 41 F5
Heidenreichstein A 43 F5
Heikendorf D 128 D2
Heilbronn D 29 G1
Heiligenberg D 41 E4
Heiligenblut A 42 C1
Heiligenhafen D 129 E2
Heiligenkreuz A 43 H1
Heiligenstadt D 30 B6
Heilsbronn D 30 B1
Heimdal N 153 H6
Heimertingen D 41 F4
Heinävaara FIN 159 G5
Heinävesi FIN 159 F4
Heino NL 16 D4
Heinola FIN 158 C1
Heinsberg D 28 C6
Heiterwang A 41 G3
Heituinlahti FIN 159 E1
Hejlsminde DK 128 C4
Hel PL 131 H2
Helaldi TR 113 F5
Heldrungen D 30 C6
Helensburgh GB 8 C5
Helgum S 155 H5
Hell N 160 D2
Hella IS 160 b1
Hella N 152 C2
Helle N 145 F1
Helleland N 144 B1
Hellendoorn NL 16 D3
Hellermaa EST 149 G1
Hellesylt N 152 D4
Hellevik N 152 B2
Hellevoetsluis NL 15 H3
Helligskogen N 164 D3
Hellín E 83 G5
Hellsö FIN 149 E3
Helmond NL 16 C2
Helmsdale GB 7 F4
Helmsley GB 11 F5
Helmstedt D 18 C2
Helsa D 30 A6
Helsby GB 10 D3
Helsingborg S 129 G5
Helsinge DK 129 F5
Helsingfors/Helsinki FIN 150 B4
Helsingør DK 129 G5
Helsinki/Helsingfors FIN 150 B4
Helston GB 12 A2
Hemau D 42 B6
Hemel Hempstead GB 14 B4
Hemer D 17 F1
Héming F 40 B6
Hemmoor D 17 H6
Hemsby GB 15 E5
Hemse S 140 B3
Hemsedal N 145 F6
Hemslingen D 18 A4
Henån S 138 A5
Hendaye F 69 G4
Hendek TR 111 F5
Hendorf RO 61 G5
Hengelo NL 16 D3
Hengersberg D 42 C5
Hénin Beaumont F 27 F5
Henley-on-Thames GB 14 A3
Hennan S 155 F3
Henne Strand DK 128 A5
Henneberg D 30 B4
Hennebont F 24 C2
Hennef D 29 E5
Henrichemont F 38 B4
Henstedt-Ulzburg D 18 B6
Heppenheim D 29 F2
Heradsbygd N 146 B5
Herăşti RO 62 B1
Herbault F 37 G5
Herbertingen D 41 E4
Herbertstown IRL 4 D3
Herbesthal B 28 C5
Herbeumont B 28 B3
Herborn D 29 F5
Herbrechtingen D 41 F5
Herby PL 33 G4
Hercegnovi YU 91 H2
Hercegov Goleša YU 92 B4
Hercegovac HR 58 B4
Hercegszántó H 59 E4
Herdla N 144 A6
Hereford GB 13 F5
Hereke TR 110 D5
Herencia E 77 E2
Herend H 44 C2
Herentals B 16 A1
Herfolge DK 129 F4
Herford D 17 G2
Hergiswil CH 40 C2
Héricourt F 40 A4
Heringsdorf D 19 G6
Herisau CH 41 E3
Hérisson F 38 B2
Herleshausen D 30 B5
Hermagor A 56 D6
Hermannsburg D 18 B4
Hermansverk N 152 D1
Heřmanův Městec CZ 32 B2
Herment F 52 A6
Hermeskeil D 28 D3
Herne D 17 E1
Herne Bay GB 14 D2
Herning DK 128 C6
Heroldsberg D 30 C2
Herre N 145 F2
Herrenberg D 40 D5
Herrera de Pisuerga E 68 C4
Herrera del Duque E 76 B2
Herreruela E 75 F4
Herrljunga S 138 C5
Herrnburg D 18 C6
Herrnhut D 31 H5
Herrsching D 41 H4
Herrskog S 156 B5
Hersbruck D 30 C2
Herselt B 28 A6
Herstmonceux GB 14 B2
Hertford GB 14 B4
Herzberg D 18 B1
Herzberg D 19 F4
Herzberg D 19 F1
Herzfelde D 19 G3
Herzlake D 17 F4
Herzogenaurach D 30 B2
Herzogenburg A 43 G4
Herzsprung D 19 E4
Hesdin F 26 D5
Hesel D 17 F5
Hesnæs DK 129 F3
Hess Oldendorf D 17 H3
Hessich-Lichtenau D 30 A6
Hestenesøyri N 152 C3
Hestra S 138 D3
Heswall GB 10 C4
Hetiur RO 61 G6
Hettange-Grande F 28 C2
Hettstedt D 18 D1
Heustreu D 30 B4
Heves H 45 G3
Hévíz H 58 B6
Hevlín CZ 44 A5
Hexham GB 9 F2
Heyrieux F 53 E5
Heysham GB 10 D5
Hidasnémeti H 46 A5
Hıdırdıvani TR 118 D4
Hieflau A 43 F3
Hiersac F 37 E1
Hietanen FIN 158 D2
Hietaperä FIN 163 F3
High Wycombe GB 14 A4
Highclere GB 13 G3
Highworth GB 13 G4
Hiirola FIN 158 D3
Hiitinen/Hitis FIN 149 G3
Híjar E 78 C4
Hilchenbach D 29 F5
Hildal N 144 C4
Hildburghausen D 30 B4
Hilden D 28 D6
Hilders D 30 A4
Hildesheim D 18 A2
Hillegom NL 16 B4
Hillerød DK 129 G5
Hillerstorp S 138 D3
Hillesøy N 164 C4
Hillsborough GB 3 G3
Hillswick GB 6 b2
Hilltown GB 3 F3
Hilmo N 154 B5
Hilpoltstein D 30 C1
Hilterfingen CH 40 B2
Hilvarenbeek NL 16 B2
Hilversum NL 16 B3
Himanka FIN 162 D3
Himarë AL 106 B2
Himmelpforten D 18 A6
Himmetdede TR 121 G4
Hinckley GB 11 E1
Hindås S 138 B4
Hindelang D 41 F3
Hindhead GB 14 A3
Hinnerjoki FIN 149 F6
Hinojosa del Duque E 82 A6
Hinova RO 60 D1
Hinterrhein CH 54 D6
Hintersee D 19 G5
Hinterstoder A 43 E3
Hinterthal A 42 C2
Hintertux A 42 A2
Hinterweidenthal D 29 E2
Hinterzarten D 40 C4
Hîrja RO 62 B6
Hîrlău RO 48 B3
Hirschaid D 30 B2
Hirschau D 30 D2
Hirschberg D 30 D4
Hirschegg A 41 F2
Hirschhorn D 29 G2
Hirsilä FIN 158 A2
Hirsingue F 40 B3
Hirson F 27 G4
Hîrşova RO 63 E3
Hirtshals DK 137 F4
Hirvensalmi FIN 158 D2
Hirwaun GB 13 E5
Hisar TR 119 H5
Hisarcık TR 121 H4
Hitchin GB 14 B4
Hitiaş RO 60 B4
Hitis/Hiitinen FIN 149 G3
Hittarp S 129 G5
Hitterdal N 154 B4
Hitzacker D 18 C4
Hiukkajoki FIN 159 G3
Hjallerup DK 137 G3
Hjelle N 152 C3
Hjelle N 152 D3
Hjellestad N 144 B5
Hjelmeland N 144 B3
Hjerkinn N 153 G4
Hjerpsted DK 128 B4
Hjerting DK 128 B5
Hjo S 138 D5
Hjøllund DK 128 C6
Hjørring DK 137 F3
Hjorte DK 128 D4
Hjortkvarn S 147 F1
Hlinsko CZ 32 B2
Hlohovec SK 44 C4
Hluboká nad Vltavou CZ 43 E6
Hlučín CZ 33 F2
Hluk CZ 44 C6
Hniezdne SK 34 B1
Hnilec SK 45 G5
Hnúšťa-Likier SK 45 F5
Hobro DK 137 F2
Hocalar TR 119 F4
Höchberg D 29 H3
Hochburg A 42 C4
Hochdonn D 128 B1
Hochdorf CH 40 C2
Höchenschwand D 40 C4
Hochfelden F 40 C6
Hochspeyer D 29 E2
Höchst D 29 G3
Höchstädt D 41 G5
Höchstadt D 30 B2
Hockenheim D 29 F2
Hodalen N 154 A4
Hodde DK 128 B5
Hodenhagen D 18 A4
Hodkovice nad
Mohelkou CZ 32 A4
Hódmezővásárhely H 59 G5
Hodod RO 46 D2
Hodonín CZ 44 B5
Hodoš SLO 44 A1
Hodošan HR 58 A5
Hoedekenskerke NL 15 G2
Hoek van Holland NL 15 H3
Hof D 30 D3
Hofgeismar D 17 H1
Hofheim D 30 B3
Höfn IS 160 c1
Hofors S 147 G5
Hofstad N 160 D3
Höganäs S 129 G6
Högfors S 147 E3
Hoghiz RO 61 H5
Högsäter S 138 B6
Högsby S 139 F2
Høgset N 153 E5
Hőgyész H 58 D6
Hohenau A 44 B5
Hohenberg A 43 G3
Hohenbrunn D 42 A4
Hohenems A 41 E3
Höhenkirchen D 42 A4
Hohenlimburg D 17 E1
Hohenlinden D 42 B4
Hohenlockstedt D 128 C1
Hohenpeissenberg D 41 G3
Hohenschwangau D 41 G3
Hohentauern A 43 E2
Hohenwestedt D 128 C1
Hohne (Belsen) D 18 B4
Hohwacht D 128 D2
Hoisko FIN 157 H5
Højer DK 128 B3
Højerup DK 129 G4
Højslev Stby DK 137 E1
Hok S 138 D3
Hokksund N 145 G3
Hol N 145 E5
Hólar IS 160 b2
Holbæk DK 129 F5
Holbeach GB 11 G2
Holdorf D 17 F4
Holeby DK 129 E3
Holešov CZ 33 E1
Holíč SK 44 B5
Holice CZ 32 B3
Höljes S 146 C6
Hollabrunn A 43 H5
Hollád H 58 B6
Hollenstedt D 18 A5
Hollfeld D 30 C3
Hollingsholm N 152 D5
Hollola FIN 159 H5
Hollum NL 16 C6
Höllviksnäs S 129 G4
Holm N 145 H2
Holm N 161 E4
Hólmavík IS 160 a2
Holmec SLO 57 F6
Holmes Chapel GB 10 D3
Holmestrand N 145 G3
Holmfirth GB 11 E4
Holmsund S 162 B2
Holmsveden S 147 G6
Holod RO 46 C1
Holøydal N 154 B3
Holstebro DK 137 E1
Holsted DK 128 B5
Holsworthy GB 12 C3
Holt GB 14 D6
Holten NL 16 D3
Holtet N 146 A1
Holtet N 146 B5
Holwerd NL 16 D6

Holycross

Iscroni

Holycross IRL 5 E3
Holyhead GB 10 A4
Holywell GB 10 C4
Holywood GB 3 G4
Holzdorf D 19 F1
Holzgau A 41 F2
Holzkirchen D 42 A3
Holzminden D 17 H2
Homberg D 29 G5
Homberg D 29 H5
Homburg D 28 D2
Hommelvik N 160 D2
Hommersåk N 144 B2
Homorîciu RO 62 B4
Homorod RO 61 G5
Homps F 72 B5
Hondarribia/Fuenterrabía E 69 G4
Hönebach D 30 A5
Hønefoss N 145 G4
Honfleur F 26 B4
Høng DK 129 E4
Honiton GB 13 E3
Honkajoki FIN 157 F3
Honkakoski FIN 157 F2
Honningsvåg N 152 B4
Honningsvåg N 165 F6
Honrubia E 77 G2
Hontianske-Nemce SK 45 E4
Hontoria del Pinar E 68 D2
Hoogerheide NL 15 H2
Hoogeveen NL 16 D4
Hoogezand NL 17 E5
Hoogkarspel NL 16 B4
Hoogstraten B 16 A2
Hooksiel D 17 F6
Höör S 130 A5
Hoorn NL 16 B4
Hopeman GB 7 F3
Hopfgarten A 42 B2
Hoplandsjøen N 144 A6
Hopsten D 17 F3
Hopton-on-Sea GB 15 E5
Hoptrup DK 128 C4
Hora-Sv-Šebestiána CZ 31 F4
Horažd'ovice CZ 31 F1
Horb D 40 D5
Horbelev DK 129 F3
Hörby S 130 A5
Horcajo de Santiago E 77 F3
Hordain F 27 F5
Horezu RO 61 F3
Horgen CH 40 D2
Horgoš YU 59 F5
Horia RO 60 B5
Horia RO 63 E3
Horia RO 63 E4
Hořice CZ 32 B3
Horitschon A 44 A3
Horn A 43 G5
Horn D 40 D3
Horn D 17 G2
Horn N 145 G5
Horn S 139 F4
Horná Štubňa SK 45 E5
Hornberg D 40 C5
Hornburg D 18 B2
Horncastle GB 11 G2
Horndal S 147 G4
Horne DK 128 D4
Horneburg D 18 A5
Hörnefors S 162 B2
Horní Cerekev CZ 32 A1
Horní Lideč CZ 44 C6
Horní Planá CZ 43 E5
Horní Vltavice CZ 42 D6
Hornindal N 152 D3
Hørning DK 128 D6
Hornnes N 136 D6
Hornos E 83 E4
Hornoy F 26 D4
Hornsea GB 11 G4
Hörnum D 128 A3
Hornum DK 137 F2
Hořovice CZ 31 G2
Horred S 138 B3
Horsens DK 128 C5
Horsham GB 14 B2
Hørsholm DK 129 G5
Horšovský Týn CZ 31 E2
Horst D 18 C5
Horst NL 16 C1
Hörstel D 17 F3
Horstmar D 17 E3
Horsunlu TR 118 C2
Hort H 45 F3
Horten N 145 G2
Hortezuela E 77 G6
Hortigüela E 68 D2
Hortobágy H 46 A3
Horton-in-Ribblesdale GB 11 E5
Hørve DK 129 E5
Horw CH 40 C2
Hospental CH 40 D1
Hospital IRL 4 D3
Hossegor F 50 A3
Hostalrich E 72 B2
Hostens F 50 C4
Hostinné CZ 32 B4
Hostomice CZ 31 G2
Hotagen S 161 F3
Hotamış TR 120 D1
Hoting S 161 G3
Hotton B 28 B4
Hou DK 137 G2
Houdain F 27 E5
Houdan F 26 C2
Houdelaincourt F 39 G6
Houeillès F 50 D3
Houffalize B 28 B4
Houghton le Spring GB 9 G1
Houlgate F 26 A4
Hourtin F 50 C6
Hourtin-Plage F 50 C6
Houton GB 7 G5
Houtsala FIN 149 F4
Houtskär/Houtskari FIN 149 E4
Houtskari/Houtskär FIN 149 E4
Hov DK 128 D5
Hov N 145 G5
Hova S 146 D1
Hovda N 145 F6
Hovden N 144 D3
Hove DK 129 F5
Hove GB 14 B2
Hövelhof D 17 G2
Hoven DK 128 B5
Hovet N 145 E5
Hovin N 145 F4
Hovland N 144 C5
Hovmantorp S 139 E2
Howth IRL 5 G4
Höxter D 17 H2
Hoya D 17 H4
Høyanger N 152 C2
Hoyerswerda D 31 G6
Hoylake GB 10 C4
Hoyos E 75 G5
Hradec Králové CZ 32 B3
Hradec nad Moravicí CZ 33 E2
Hrádek CZ 43 H5
Hrádek nad Nisou CZ 31 H4
Hranice CZ 33 E2
Hrebenne PL 35 F4
Hřensko CZ 31 G5
Hriňová SK 45 F5
Hrob CZ 31 F4
Hrochův Týnec CZ 32 B2
Hronov CZ 32 C4
Hrotovice CZ 43 H6
Hrtkovci YU 59 F2
Hrubieszów PL 35 F5
Hrušovany CZ 44 A5
Hrvace HR 91 E5
Huben A 42 B1
Hucknall GB 11 F2
Hucqueliers F 26 D6
Huddersfield GB 11 E4
Huddinge S 148 B2
Hudiksvall S 155 H2
Huedin RO 46 D1
Huelgoat F 24 C3
Huelma E 82 D3
Huelva E 81 E4
Huércal-Overa E 83 F2
Huesca E 70 D1
Huéscar E 83 E3
Huete E 77 F3
Hüfingen D 40 D4
Hugh Town GB 12 a1
Huhdasjärvi FIN 158 D1
Huhus FIN 159 H6
Huittinen FIN 157 G1
Huizen NL 16 B4
Huizen NL 16 B3
Hulín CZ 33 E1
Hull GB 11 G4
Hullsjön S 155 G4
Hulst NL 15 H2
Hult S 139 E4
Hultanäs S 139 F3
Hultsfred S 139 F3
Humble DK 128 D3
Humenné SK 46 B6
Humlebæk DK 129 G5
Humlum DK 136 D2
Humpolec CZ 32 B2
Humppi FIN 158 A5
Humppila FIN 149 G6
Hundested DK 129 F5
Hundorp N 153 G2
Hunedoara RO 60 D4
Hünfeld D 30 A4
Hungen D 29 G4
Hungerford GB 13 G3
Hunnebostrand S 138 A5
Hunstanton GB 11 H2
Huntingdon GB 14 B5
Huntly GB 7 G2
Huopanankoski FIN 158 B5
Hurbanovo SK 44 D3
Hurdal N 146 A5
Hurdugi RO 48 D1
Hurezani RO 61 E2
Huriel F 38 A2
Hurissalo FIN 159 E2
Hürsovo BG 96 C5
Hurstpierpoint GB 14 B2
Hurup DK 136 D2
Hurva S 129 H5
Húsafell IS 160 a1
Húsavík IS 160 b2
Huși RO 48 D2
Husinec CZ 43 E6
Huskvarna S 138 D4
Husnes N 144 B4
Hustopeče CZ 44 B5
Husum D 128 B2
Husum S 156 C6
Huta Zawadzka PL 22 A2
Hüttschlag A 42 C2
Huttwil CH 40 C2
Huy B 28 B5
Hüyük TR 120 A1
Hvalba FR 136 b1
Hvalvík FR 136 b3
Hvar HR 90 D3
Hvide Sande DK 128 A6
Hvittingfoss N 145 G3
Hvolsvöllur IS 160 b1
Hyde GB 11 E4
Hyen N 152 C3
Hyères F 73 H4
Hylestad N 144 D2
Hyltebruk S 138 C2
Hynceşt' (Kotovsk) MD 49 E2
Hynnekleiv N 137 E6
Hyrynsalmi FIN 163 F4
Hythe GB 14 C2
Hytti FIN 159 E1
Hyvinkää FIN 150 B5

I

I'Lme RUS 159 G2
Iacobeni RO 47 G3
Ianca RO 94 D5
Ianca RO 62 D4
Iași RO 48 C3
Íasmos GR 108 D5
Iazu RO 62 D3
Ibănești RO 47 G1
Ibbenburen D 17 F3
Ibeas de Juarros E 68 D3
Ibek TR 113 H2
Ibi E 84 C4
Ibiza/Eivissa E 85 F4
Ibrány H 46 B4
IC Frimu RO 62 C2
İçeriçumra TR 126 C6
Ichenhausen D 41 G5
Iciar E 69 F4
Iclod RO 47 E2
Ičn'a UA 166 D3
Idálion CY 127 c2
Idanha-a-Nova P 75 F5
Idar-Oberstein D 28 D3
Idjoš YU 59 G4
Idre S 154 C2
Idrija SLO 57 E4
Idritsa RUS 143 H2
Idro I 55 F4
Idstein D 29 F4
Iecava LV 142 B2
Iedu RO 61 F6
Ieper (Ypres) B 15 F1
Ierápetra GR 123 e2
Ierissós GR 108 B3
Iernut RO 61 F6
Ifjord N 165 G5
Igal H 58 C6
Igalo YU 91 H2
Iğdecik TR 111 H3
Iğdir TR 112 D3
Igea Marina I 89 E6
Igelfors S 139 F6
Iggesund S 155 H2
Iglesias I 87 a1
Igls A 41 H2
Ignalina LT 134 B4
İğneada TR 97 E2
Igołomia PL 34 A3
Igoumenítsa GR 114 B6
Igrane HR 91 E4
Igualada E 79 G5
Iharosberény H 58 B5
Ihlara TR 121 F3
İhsangazi TR 113 E3
Ihtiman BG 94 D2
Ii FIN 162 D4
Iisalmi FIN 163 E2
Iittin FIN 150 D6
IJmuiden NL 16 B4
Ikaalinen FIN 157 G2
Ikast DK 128 C6
İkizce TR 120 B5
İkizören TR 113 F2
Ilanz CH 41 E1
Iława PL 21 G5
Ilbla/Illby FIN 150 C5
Ilchester GB 13 F3
Ileana RO 62 C2
Ileanda RO 47 E2
Ilfracombe GB 12 D4
Ilgaz TR 113 E3
Ilgın TR 120 B2
Ilia RO 60 C5
Ilidža BIH 91 G5
Ilirska Bistrica SLO 57 E4
Ilişeşti RO 48 A3
Ilisi TR 113 E5
Ilja SU 134 D3
Iljičovsk UA 166 D1
Ilkeston GB 11 E2
Ilkley GB 11 E5
Illano E 65 F4
Illar E 83 E2
Illby/Ilbla FIN 150 C5
Illertissen D 41 F4
Illescas E 76 D4
Illiers F 26 B1
Illingen D 41 E6
Illmitz A 44 B3
Illo FIN 157 G1
Ilmajoki FIN 157 F5
Ilmenau D 30 C4
Ilminster GB 13 E3
Ilok HR 59 F3
Ilomantsi FIN 159 H5
Iłowa PL 32 A6
Iłowiec PL 20 C5
Ilsenburg D 18 B2
Ilshofen D 29 H1
Ilūkste LV 134 B6
Ilvesjoki FIN 157 F4
Iłża PL 34 C5
Imatra FIN 159 F2
Immenstaad D 41 E3
Immenstadt D 41 F3
Immingham GB 11 G3
Imola I 55 H1
Imotski HR 91 F4
Imperia I 86 D5
Imphy F 38 C3
Impilachti RUS 163 H1
İmroz TR 109 E3
Imst A 41 G2
Inari FIN 165 G3
Inca E 85 b2
İncekum TR 126 B3
İncesu TR 121 G4
Inch IRL 4 B3
Inchigeelagh IRL 4 C2
İncıraltı TR 117 F5
İncirköy TR 125 E4
İncirlik TR 127 H6
İncirliova TR 118 B1
Incisa in Val d'Arno I 88 D5
Indal S 155 H4
Independenta RO 62 D4
Independenta RO 63 E1
Indjija YU 59 G2
Indura SU 23 F5
İnebolu TR 113 E5
İnece TR 96 D1
İnecik TR 109 G5
İnegol TR 110 D3
Ineu RO 60 B6
Infiesto E 68 B6
Ingå/Inkoo FIN 150 A4
Ingelheim D 29 F3
Ingelmunster B 15 F1
Ingelstad S 139 E1
Ingoldmells GB 11 H2
Ingolstadt D 42 A5
Ingulec UA 166 E2
Ingwiller F 28 D1
İnhisar TR 111 F3
Iniö FIN 149 E4
Inishannon IRL 4 C1
Inkoo/Ingå FIN 150 A4
İnlice TR 126 B6
Innbygda N 154 B1
Inndyr N 164 A1
Innellan GB 8 C5
Innerleithen GB 9 E4
Innertkirchen CH 40 C1
Innfjorden N 153 E4
Innichen/San Candido I 42 B1
Inning D 41 H4
Innsbruck A 41 H2
İnönü TR 111 E3
Inowłódz PL 34 A6
Inowrocław PL 21 F3
Ins CH 40 A2
Insch GB 7 G2
Insjön S 147 F5
Insko PL 20 B5
Însurăţei RO 62 D3
Insuyu TR 120 C3
Interlaken CH 40 B1
Întorsura Buzăului RO 62 B4
Intra I 54 C5
Inveraray GB 8 C6
Inverbervie GB 9 G6
Invergarry GB 6 D2
Invergordon GB 7 E3
Inverkeilor GB 9 F6
Invermoriston GB 6 D2
Inverness GB 7 E3
Inverurie GB 7 G2
Inzell D 42 C3
Ioánnina GR 106 D1
Iolanda di Savóia I 56 A2
Ion Corvin RO 63 E1
Ioneşti RO 61 F2
Ioneşti RO 61 G2
Íos GR 123 H5
Iphofen D 30 A2
İpsala TR 109 F5
Ipswich GB 14 D4
Irákleia GR 107 H5
Irákleia GR 123 H5
Irakleio GR 123 d3
Irdning A 43 E2
Iregszemcse H 58 D6
Irig YU 59 F2
Iršava UA 46 D4
Irsina I 100 D3
Irun E 69 G4
Iruñea/Pamplona E 69 G3
Irurita E 69 H4
Irurzun E 69 G3
Irvine GB 8 C4
Irvinestown GB 3 E4
Is-sur-Tille F 39 F4
Isaba E 70 C3
İsabey TR 119 E2
Isaccea RO 63 E4
Ísafjordur IS 160 a2
Işalniţa RO 61 E1
Isane N 152 C3
Isbister GB 6 b2
İscar E 68 B1
İscehisar TR 119 G5
Ischgl A 41 F2
Ischia I 99 E2
Iscroni RO 61 E3

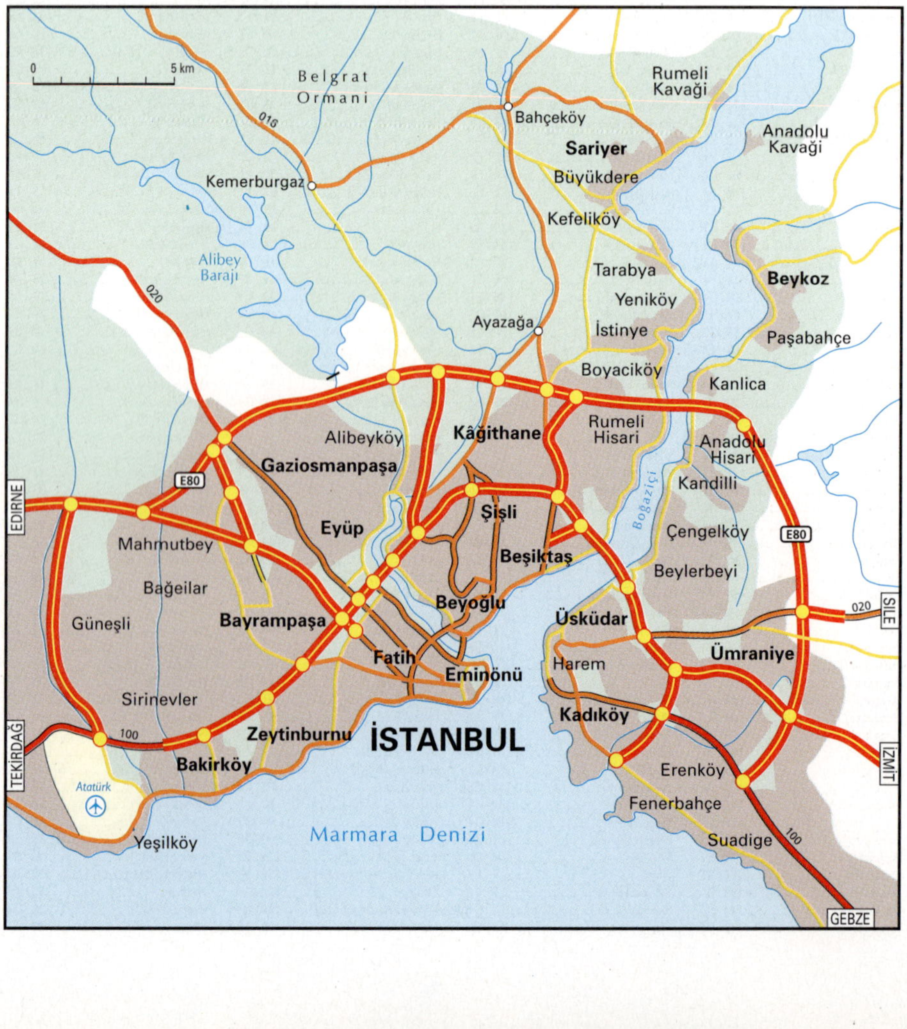
0
5 km
Belgrat
Ormani
016
Rumeli
Kavağı
Bahçeköy
Anadolu
Kavaği
Sariyer
Kemerburgaz
Büyükdere
Kefeliköy
Alibey
Barajı
020
Tarabya
Beykoz
Yeniköy
Ayazağa
İstinye
Paşabahçe
Boyaciköy
Kanlica
Rumeli
Hisari
Alibeyköy
Kâğithane
Anadolu
Hisari
Gaziosmanpaşa
E80
EDIRNE
Kandilli
Şişli
Eyüp
Boğaziçi
Mahmutbey
Beşiktaş
Çengelköy
E80
Bağeilar
Beylerbeyi
Beyoğlu
Güneşli
Bayrampaşa
Üsküdar
020
ŞILE
Fatih
Ümraniye
Harem
Eminönü
Sirinevler
Kadıköy
TEKIRDAĞ
100
Zeytinburnu
İSTANBUL
İZMIT
Bakirköy
Erenköy
Atatürk
Fenerbahçe
Yeşilköy
Marmara Denizi
Suadige
100
GEBZE

Isdes F 38 B5
Iselle I 54 C6
Iselsberg A 42 C1
Iseo I 55 F4
Iserlohn D 17 E1
Isernia I 99 F3
Isfjorden N 153 E5
Ishaklı TR 119 H4
Isigny F 25 G4
Isıklı TR 119 E3
Isili I 87 b2
Iskele (Trikomon) CY 127 c2
İskilip TR 113 G3
Isla E 69 E5
Isla Cristina E 80 D5
Isle Ornsay GB 6 C2
Ismaning D 42 A4
Ismetpaşa TR 112 D2
Isnäs FIN 150 C5
Isny D 41 F3
Iso-Äiniö FIN 158 B1
Iso-Evo FIN 158 B1
Isojoki FIN 157 F3
Isokyrö FIN 157 F5
Isola F 53 H1
Isola 2000 F 53 H1
Isola del Liri I 99 E4
Isola della Scala I 55 G3
Ísola di Capo Rizzuto I 103 E3
Isona E 79 F6
Isparta TR 119 G2
Isperikh BG 96 C6
Íspica I 105 F2
Issa RUS 143 G3
Isselburg D 16 D2
Issoire F 52 B5
Issoudun F 38 A3
İstanbul TR 110 C5
Istarske Toplice HR 56 D3
Istérnia GR 116 C3
Istha D 29 H6
Isthmia GR 115 G3
Istiaia GR 115 G5
Istibanja MK 93 G1
Istranca TR 110 A6
Istres F 73 F5
Istria RO 63 F3
Istunmäki FIN 158 C5
Itäkylä FIN 157 G6
Itéa GR 115 F4
Iteu RO 60 C5
Itháki GR 114 B4
Itri I 98 D3
Ittiri I 87 a3
Itxassou F 70 C4
Itzehoe D 128 C1
Ivalo FIN 165 G3
Ivančice CZ 44 A6
Ivančići BIH 91 H6
Ivaneviči SU 23 H4
Ivangorod RUS 151 F3
Ivangrad YU 92 C3
Ivanič Grad HR 58 A4
Ivanjica YU 92 C4
Ivanjska BIH 58 B2
Ivankovo HR 59 E3
Ivano-Frankovo UA 35 F3
Ivano-Frankovsk UA 47 F6
Ivanovo BG 96 C4
Ivanovo RUS 167 F7
Ivanska HR 58 B4
Ivanski BG 96 C4
Ivaylovgrad BG 109 E6
Ivenec SU 134 D1
Iveşti RO 62 D6
Ivesti RO 62 D5
Ivje SU 134 B1
Ivréa I 54 B4
İvrindi TR 118 A5
Ivry-la-Bataille F 26 C2
Ivybridge GB 12 D2
Ixia GR 124 C3
Ixworth GB 14 D5
Iz'um UA 166 F3
Izbica Kujawski PL 21 F3
Izbicko PL 33 E4
Izborsk RUS 143 F5
Izeda P 67 F3
Izegem B 15 F1
Izernore F 53 F6
Izgrev BG 97 E2
Izmail UA 63 F4
İzmir TR 117 G5
İzmit TR 111 E5
Iznájar E 82 B3
Iznalloz E 82 C3
İznik TR 110 D4
Izola SLO 56 D3
Izsák H 59 F6
Izvor BG 94 B2
Izvor MK 106 D5
Izvor MK 107 E5
Izvor YU 93 E5
İzzettin TR 113 F1

J

Jaala FIN 158 D1
Jaama EST 151 F2
Jablanac HR 57 F2
Jablanica BIH 91 G5
Jablonec nad Nisou CZ 32 A4
Jablonica SK 44 C5
Jabłonka PL 33 H1
Jabłonna PL 20 C2
Jablonné v Podještědi CZ 31 H4
Jabłonowo Pomorskie PL 21 G5
Jablunkov CZ 33 F2
Jabuka BIH 92 A5
Jabuka YU 92 B4
Jabuka YU 59 H2
Jaca E 70 D2
Jáchymov CZ 31 E3
Jade D 17 G5
Jadraque E 77 G5
Jaén E 82 C4
Jagel D 128 C2
Jægerspris DK 129 F5
Jagotin UA 166 D3
Jagsthausen D 29 G2
Jajce BIH 91 F6
Jakabszállás H 59 F6
Jakobstad/Pietarsaari FIN 162 C2
Jakokoski FIN 159 G5
Jakšić HR 58 C3
Jakubany SK 34 B1
Jakuszyce PL 32 B4
Jalasjärvi FIN 157 G4
Jaligny-sur-Besbre F 38 C2
Jämijärvi FIN 157 G2
Jäminkipohja FIN 157 H3
Jämjö S 130 D6
Jamm RUS 143 F6
Jammerdal N 146 B4
Jamnička Kiselica HR 57 G3
Jampol' UA 48 D5
Jämsä FIN 158 B3
Jämsänkoski FIN 158 B3
Jämshög S 130 B6
Jamu Mare RO 60 B3
Janakkala FIN 150 B6
Jandia Playa E 80 c1
Janja BIH 59 E2
Janjina HR 91 F3
Jánoshalma H 59 E5
Jánosháza H 44 B2
Jánossomorja H 44 B3
Janovice nad Úhlavou CZ 31 F1
Janów PL 33 G4
Janów PL 23 E5
Janów Lubelski PL 34 D4
Janów Podlaski PL 23 E2
Janowiec Wielkopolski PL 21 E3
Janowo PL 22 B5
Jantarnyj RUS 132 B3
Januszewice PL 34 A6
Janville F 38 A6
Janzé F 25 E1
Jäppilä FIN 158 D4
Jaraicejo E 76 A4
Jaraíz E 76 A4
Jarandilla E 76 B5
Järbo S 147 G5
Jarczew PL 22 C1
Jard-sur-Mer F 36 C3
Jaren N 145 H5
Jargara MD 49 E1
Jargeau F 38 B5
Jarkovac YU 59 H3
Järkvissle S 155 G4
Järlåsa S 147 H3
Jarmen D 19 F6
Järna S 148 A1
Jarnac F 36 D1
Jarnages F 37 H2
Jarny F 28 B2
Jarocin PL 21 E2
Jaroměř CZ 32 B3
Jaroměřice nad Rokytnou CZ 43 H6
Jaroslavl RUS 167 F8
Jarosław PL 35 E3
Jarosławiec PL 131 E2
Järpen S 154 D6
Järva-Jaani EST 150 D2
Järvakandi EST 150 B1
Järvelä FIN 150 B6
Järvenpää FIN 150 B5
Järvsö S 155 G2
Jaša Tomić YU 59 H3
Jasenovac HR 58 B3
Jasenovets BG 96 C5
Jasenovo YU 92 B3
Jasień PL 20 A1
Jasienica PL 33 G2
Jasienica Rosielna PL 34 D2
Jasin'a UA 47 F5
Jasionówka PL 23 E5
Jašiūnai LT 134 B2
Jasło PL 34 C2
Jastrebarsko HR 57 G4
Jastrowie PL 20 D5
Jászapáti H 45 G2
Jászárokszállás H 45 F3
Jászberény H 45 F2
Jászfelsőszentgyörgy H 45 G2
Jászfényszaru H 45 F3
Jászkisér H 45 G2
Jászladány H 45 G2
Jaun CH 40 B1
Jaunjelgava LV 142 C2
Jausiers F 53 G2
Jävall N 146 B3
Jávea E 84 D4
Jävenitz D 18 D3
Javořičko CZ 32 D2
Javorov UA 35 F3
Jävre S 162 B4
Javron F 25 G2
Jawor PL 32 C5
Jaworzno PL 33 G3
Jebel RO 60 A4
Jedburgh GB 9 F3
Jedincy MD 48 C5
Jedlina-Zdrój PL 32 C4
Jedovnice CZ 32 D1
Jędrzejów PL 34 A4
Jedwabne PL 22 D5
Jedwabno PL 22 B5
Jefremov RUS 167 F5
Jegălia RO 62 D2
Jegorjevsk RUS 167 F6
Jēkabpils LV 142 D2
Jektevik N 144 B4
Jel'n'a RUS 167 D6
Jelah BIH 58 C1
Jelec RUS 167 F5
Jelenia Góra PL 32 B5
Jelgava LV 142 A2
Jelling DK 128 C5
Jełowa PL 33 E4
Jels DK 128 C4
Jelsa HR 91 E3
Jelsa N 144 B3
Jelsi I 99 G3
Jemnice CZ 43 G6
Jena D 30 D5
Jenbach A 42 A2
Jeneč CZ 31 G3
Jennersdorf A 43 H1
Jeppo/Jepua FIN 162 C2
Jepua/Jeppo FIN 162 C2
Jerez de la Frontera E 81 F3
Jerez de los Caballeros E 75 F1
Jergucati AL 106 C2
Jerichow D 18 D3
Jerxheim D 18 C2
Jerzu I 87 b2
Jerzwałd PL 21 G6
Jesberg D 29 G5
Jesenice A 57 E5
Jesenice CZ 31 F3
Jeseník CZ 32 D3
Jesi I 89 F4
Jésolo I 56 B4
Jessen D 19 F1
Jessheim N 146 A4
Jeumont F 27 G5
Jevenstedt D 128 C2
Jever D 17 F6
Jevíčko CZ 32 C2
Jevišovice CZ 43 H6
Jevnaker N 145 G4
Jezero BIH 91 E6
Jezersko SLO 57 E4
Jeżewo PL 21 H3
Jeżewo PL 22 D4
Jeziorany PL 22 B6
Jeżów PL 21 H1
Jibou RO 46 D2
Jičín CZ 32 B4
Jidvei RO 61 F5
Jieznas LT 133 G2
Jihlava CZ 32 B1
Jijona E 84 C4
Jilava RO 62 B2
Jilemnice CZ 32 B4
Jílové u Prahy CZ 31 H2
Jimbolia RO 59 H4
Jimena E 82 D4
Jimena de la Frontera E 81 G2
Jimramov CZ 32 C2
Jince CZ 31 G2
Jindřichův Hradec CZ 43 F6
Jirkov CZ 31 F4
Jirlău RO 62 C4
Jitaru RO 61 G2
Joachimsthal D 19 G4
Jobbágyi H 45 F3
Jódar E 82 D4
Jodoigne B 28 A5
Joensuu FIN 159 G5
Joesjö S 161 F5
Jõgeva EST 150 D1
Johanngeorgenstadt D 31 E4
John O'Groats GB 7 G5
Johnstone GB 8 D4
Johnstown IRL 5 E3
Jõhvi EST 151 E3
Joigny F 38 C5
Joinville F 39 F6
Jokijärvi FIN 158 C6
Jokioinen FIN 149 H6
Jokiperä FIN 157 F5
Jokipii FIN 157 F4
Jokkmokk S 162 B6
Jomala FIN 148 D4
Jönåker S 139 G6
Jonava LT 133 G4
Jondal N 144 C5
Joniškis LT 133 F6
Jönköping S 138 D4
Jonzac F 36 D1
Jordanów PL 33 H2
Jordanów Śląski PL 32 D4
Jördenstorf D 19 E6
Jordet N 154 B1
Jörlanda S 138 A4
Jormvattnet S 161 F3
Jörn S 162 B4
Joroinen FIN 159 E4
Jørpeland N 144 B2
Jošanička Banja YU 92 D4
Joseni RO 47 H1
Josenii Bîrgăului RO 47 F2
Josipdol HR 57 F3
Josipovac HR 58 D3
Jössefors S 146 C3
Josselin F 24 D2
Jostedal N 152 D2
Jósvafő H 45 G5
Jougne F 39 G2
Joure NL 16 C5
Journaankylä FIN 150 C5
Joutsa FIN 158 C3
Joutseno FIN 159 F2
Joutsijärvi FIN 163 E6
Joyeuse F 52 C3
Józefów PL 22 B2
Józefów PL 35 E4
Józsa H 46 B3
Juan-les-Pins F 86 B4
Juankoski FIN 159 E6
Juchnov RUS 167 E6
Juchoviči SU 143 H1
Judenburg A 43 F2
Judinsalo FIN 158 B2
Juelsminde DK 128 D5
Jugon-les-Lacs F 25 E3
Juillac F 51 F5
Juist D 17 E6
Jukkasjärvi S 164 D2
Jülich D 28 C6
Jullouville F 25 F3
Juma RUS 163 H5
Jumeaux F 52 B5
Jumièges F 26 B4
Jumilla E 84 A4
Juniville F 27 G3
Junosuando S 165 E1
Junqueira P 67 E2
Junsele S 161 G2
Juojärvi FIN 159 F5
Juokslahti FIN 158 B3
Juorkuna FIN 163 E4
Jupiter RO 63 F1
Juratiški SU 134 B1
Jurbarkas LT 133 E3
Jurcevo SU 135 H4
Jurilovca RO 63 F3
Jurjev-Pol'skij RUS 167 F7
Jurjevo HR 57 F2
Jurków PL 34 B2
Jurmala LV 142 A2
Jurmo FIN 149 E5
Jurmo FIN 149 F3
Jurowce PL 23 E5
Jurva FIN 157 F4
Jurvala FIN 159 E1
Jussey F 39 G4
Jüterbog D 19 F2
Jutrosin PL 32 D6
Juuka FIN 163 G2
Juupajoki FIN 158 A3
Juva FIN 159 E3
Juvigny-le-Tertre F 25 G3
Juvola FIN 159 F4
Juzennecourt F 39 F5
Jyderup DK 129 E5
Jyllinge DK 129 F5
Jyllinkoski FIN 157 F3
Jyväskylä FIN 158 C4

K

Kaamanen FIN 165 G4
Kaanaa FIN 157 H2
Kaaresuvanto FIN 165 E3
Kaarssen D 18 C5
Kaatsheuvel NL 16 B2
Kaavi FIN 159 E6
Kaba H 46 A2
Kabakca TR 110 B5
Kabali TR 113 G5
Kabböle FIN 150 C5
Kåbdalis S 162 B5
Kableshkovo BG 96 D3
Kać YU 59 F3
Kačanik YU 93 E2
Kačanovo RUS 143 F4
Kachovka UA 166 E1
Kacikol YU 93 E3
Kácov CZ 32 A2
Kaczorów PL 32 B5
Kadaň CZ 31 F3
Kadarkút H 58 C5
Kadıköy TR 109 G4
Kadıköy TR 127 H5
Kadınhanı TR 120 B2
Kadrifakovo MK 107 F6
Kadzidło PL 22 C5
Kåfjord N 165 F6
Kagarlyk UA 166 D3
Kågeröd S 129 H5
Kagul MD 63 E5
Kahla D 30 C5
Kaiafa GR 114 D2
Käina EST 149 G1
Kainasto FIN 157 F4
Kaindorf A 43 H2
Kaipiainen FIN 150 D6
Kaisersesch D 28 D4
Kaiserslautern D 29 E2
Kaisheim D 41 G6
Kaišiadoris LT 133 H3
Kajaani FIN 163 F3
Kakanj BIH 91 G6
Kakavi AL 106 C2
Kaklik TR 119 E2
Kakopetriá CY 127 b1
Kakóvatos GR 114 D2
Kål H 45 G3
Kal'azin RUS 167 E7
Kälä FIN 158 C3
Kalá Nerá GR 115 G6
Kalajoki FIN 162 D3
Kalak N 165 G5
Kalakoski FIN 157 G4
Kalamáki GR 107 G1
Kalamáta GR 122 B5
Kalámi GR 122 b3
Kálamos GR 115 H4
Kalamotí GR 117 E4
Kalampáka GR 107 E1
Kalándra GR 108 A2
Kalanti FIN 149 E5
Kalaraš MD 48 D3
Kalarne S 155 G5
Kálathos GR 124 C3
Kalatsel'ga RUS 163 H1
Kalavárda GR 124 C3
Kalávryta GR 115 E3
Kalbe D 18 D3
Kalce SLO 57 E4
Kale TR 124 D6
Kale TR 125 F4
Kaleburnu (Galinóporni) CY 127 d3
Kalecik TR 113 E1
Kaleköy TR 109 E3
Kaléntzi GR 114 C6
Kaléntzi GR 114 D3
Kalesija BIH 59 E1
Kaliáni GR 115 F3
Kaliningrad RUS 132 C2
Kalininsk MD 48 C5
Kalinkoviči SU 166 C4
Kalinovik BIH 91 H4
Kalisz PL 21 E1
Kalisz Pomorski PL 20 B4
Kalix S 162 C5
Kalkan TR 125 E3
Kalkar D 16 D2
Kallaste EST 151 E1
Kallbäck FIN 150 C5
Kallimasiá GR 117 E4
Kallinge S 130 C6
Kallislahti FIN 159 F3
Kallithéa GR 115 E2
Kallithéa GR 107 F2
Kallithéa GR 108 A2
Kallithéas GR 124 C3
Kallmünz D 30 D1
Kalloní GR 115 G2
Kalloní GR 109 F1
Kállósemjén H 46 B3
Kallunki FIN 165 H1
Kalmar S 139 G1
Kalmari FIN 158 B5
Kalna YU 93 G4
Kalná nad Hronom SK 44 D4
Kaló Chorió GR 123 e2
Kaló Nero GR 114 D1
Kalochóri GR 106 D3
Kalocsa H 59 E6
Kalofer BG 95 E3
Kaloi Liménes GR 123 c2
Kalonéri GR 107 E3
Kalopanagiótis CY 127 b1
Kalotina BG 94 B3
Kaloyan BG 96 D5
Kaloyanovo BG 95 E2
Kalpákio GR 106 D2
Kals A 42 C1
Kalsdorf A 43 G1
Kaltanenai LT 134 B4
Kaltenkirchen D 18 B6
Kaltennordheim D 30 A4
Kaltinėnai LT 133 E4
Kaluga RUS 167 E6
Kalugerovo BG 94 D2
Kalundborg DK 129 E5
Kaluš UA 35 G1
Kałuszyn PL 22 C2
Kalvåg N 152 B3
Kalvarija LT 133 F2
Kalvehave DK 129 F3
Kalvitsa FIN 158 D3
Kalvola FIN 158 A1
Kalwang A 43 F2
Kalwaria Zebrzydowska PL 33 H2
Kálymnos GR 117 G1
Kám H 44 B1
Kaman TR 120 D5
Kamáres GR 123 F6
Kamarína GR 114 B5
Kamário GR 117 G1
Kamariótissa GR 109 E4
Kamchiya BG 97 E4
Kámeiros Skála GR 124 C3
Kámen CZ 32 A1
Kamen D 17 E1
Kamen SU 135 F4
Kamen Bryag BG 97 F6
Kamen'-Kaširskij UA 23 H1
Kamen'uki SU 23 F3
Kámena Voúrla GR 115 F5
Kamenari YU 91 H2
Kamenec SU 23 F3
Kamenec-Podol'skij UA 48 A6
Kamenica MK 93 G1
Kamenice nad Lipou CZ 32 A1
Kamenka MD 49 E5
Kamenka RUS 151 G5
Kamenka UA 49 H2
Kamenka UA 166 D2
Kamenka-Bugskaja UA 35 G3
Kamenka-Dneprovskaja UA 166 E2
Kamennogorsk RUS 159 G1
Kameno BG 96 D3
Kamensko HR 91 E4
Kamenz D 31 G5
Kamień PL 34 D3
Kamień Krajenskie PL 21 E5
Kamień Pomorski PL 20 A6
Kamienica PL 34 A2
Kamieniec Ząbkowicki PL 32 D4
Kamienna Góra PL 32 C4
Kamieńsk PL 33 G5
Kamil TR 113 G4
Kamışlı TR 121 G1
Kamnik SLO 57 E5
Kamp Lintfort D 16 D2
Kampen D 128 A3
Kampen NL 16 C4
Kámpos GR 122 B5
Kámpos GR 117 F2
Kanália GR 107 H1
Kandava LV 141 G2
Kandel D 29 F1
Kandern D 40 B4
Kandersteg CH 40 B1
Kandesterne DK 137 G4
Kandila GR 115 F2
Kandira TR 111 E5
Kanestraum N 153 F6
Kanev UA 166 D3
Kanfanar HR 56 D3
Kangasaho FIN 158 A5
Kangasala FIN 157 H2
Kangaslampi FIN 159 E4
Kangasniemi FIN 158 D3
Kanjiža YU 59 G5
Kankaanpää FIN 157 F2
Kanlıca TR 121 F5
Kannonkoski FIN 158 B5
Kannus FIN 162 D3
Kantala FIN 158 D4
Kántanos GR 122 a2
Kantti FIN 157 F3
Kanturk IRL 4 C2
Kaolinovo BG 96 C6
Kaonik BIH 91 G6
Kaonik YU 93 E5
Kapaklı TR 117 G6
Kapandriti GR 116 A4
Kapčiamiestis LT 133 G1
Kapfenberg A 43 G2
Kapitan Andreevo BG 96 C1
Kaplıca (Davlós) CY 127 c2
Kaplice CZ 43 E5
Kápolna H 45 G3
Kaposvár H 58 C5
Kapp N 145 H5
Kappeln D 128 C3
Kappelshamn S 140 C4
Kappelskär S 148 C3
Kaprun A 42 C2
Kapsáli GR 122 D3
Kápsas GR 115 F2
Kapušany SK 46 A6
Kapuvár H 44 B3
Karaadilli TR 119 G3
Karaağa TR 120 A2
Karaağaç TR 126 C6
Karaalı TR 120 C5
Karaarkaç TR 121 F5
Karabayır TR 125 E5
Karabeyli TR 118 D4
Karabiga TR 109 H4
Karabörtlen TR 124 D5
Karabucak TR 127 F3
Karabük TR 112 C3
Karaburun TR 117 E5
Karacabey TR 110 B3
Karacaköy TR 110 B6
Karacalar TR 118 A5
Karacaoğlan TR 96 D1
Karacaören TR 119 G4
Karacaören TR 120 C4
Karacasu TR 118 C1
Karacasu TR 112 B2
Karačev RUS 167 E5
Karaeli TR 112 C4
Karahallı TR 119 E3
Karahamzalı TR 120 C4
Karahasanlı TR 121 F5
Karaisalı TR 127 H6
Karakaya TR 120 D5
Karakeçili TR 120 D5
Karakoumi (Karakum) CY 127 b2
Karaköy TR 112 B1
Karakum (Karakoumi) CY 127 b2
Karamağara TR 121 G6
Karaman TR 112 B3
Karaman TR 126 D5
Karamanlı TR 125 F6
Karamürsel TR 110 D4
Karamyševo RUS 143 G5
Karancslapujtő H 45 F4
Karaova TR 124 B5
Karapelit BG 96 D6
Karapınar TR 121 E1
Karapürçek TR 111 F5

Karasinir Kinnegad

Karasinir TR 126 D5
Karasjok N 165 F4
Karasu TR 111 F6
Karataş TR 118 C3
Karats S 162 A6
Karavás GR 122 C4
Káravos GR 116 A4
Karavostásis GR 123 G5
Karayakup TR 121 G6
Kårböle S 155 F3
Karby DK 137 E2
Karcag H 45 H2
Kardakáta GR 114 B3
Kardam BG 97 E6
Kardámaina GR 117 G1
Kardámyla GR 117 E5
Kardamýli GR 122 B5
Kardašova-Řečice CZ 43 F6
Kardeljevo HR 91 F3
Karditsa GR 114 D6
Kärdla EST 149 G1
Kardoskút H 59 H6
Karesuando S 165 E3
Kargı TR 125 E4
Kargı TR 113 G4
Kargowa PL 20 B2
Karhula FIN 150 D5
Kårhus N 144 B3
Karigasniemi FIN 165 F4
Karijoki FIN 157 E3
Karine TR 117 G3
Karioúpoli GR 122 C5
Karis/Karjaa FIN 149 H4
Karise DK 129 F4
Karítaina GR 115 E2
Karjaa/Karis FIN 149 H4
Karjala FIN 149 F5
Karkaloú GR 115 E2
Karkkila FIN 150 A5
Karkku FIN 157 G2
Kärkölä FIN 150 B6
Karksi-Nuia EST 142 C5
Karlby FIN 149 E3
Karleby/Kokkola FIN 162 C2
Karlholmsbruk S 148 A5
Karlino PL 20 B6
Karlobag HR 57 F1
Karlovac HR 57 G3
Karlovási GR 117 F3
Karlovka UA 166 E3
Karlovo BG 95 E3
Karlovy Vary CZ 31 E3
Karlsborg S 139 E5
Karlshafen D 17 H1
Karlshamn S 130 C6
Karlskoga S 147 E2
Karlskrona S 130 C6
Karlsruhe D 29 F1
Karlstad S 146 D2
Karlstadt D 29 H3
Karlštejn CZ 31 G2
Karlstift A 43 F5
Karlsund Strand DK 129 G4
Karnobat BG 96 C3
Karousádes GR 106 B1
Karow D 19 E5
Karpacz PL 32 B4
Karpáthos GR 124 B1
Karpenisi GR 114 D5
Karrebæksminde DK 129 F4
Kärsämäki FIN 163 E3
Kārsava LV 143 F2
Karstadt D 18 D4
Karstula FIN 158 A5
Kartal TR 110 C5
Kartalkaya TR 112 B1
Karttula FIN 158 D5
Kartuzy PL 131 G1
Karungi S 162 D5
Karunki FIN 162 D5
Karup DK 137 E1
Karvala FIN 157 G5
Karvia FIN 157 F3
Karviná CZ 33 F2
Karvio FIN 159 F5
Karyá GR 114 B5
Karyés GR 108 C3
Karyótissa GR 107 F4
Kárystos GR 116 B3
Kås DK 137 F3
Kaş TR 125 F3
Kasaba TR 125 F4
Kasejovice CZ 31 F1
Kašin RUS 167 E7
Kaşınhanı TR 120 C1
Kašira RUS 167 F6
Kaskii FIN 159 E3
Kaskinen/Kaskö FIN 157 E4
Kaskö/Kaskinen FIN 157 E4
Käsmu EST 150 C3
Kašperské Hory CZ 42 D6
Kaspichan BG 96 C5
Kassándreia GR 108 A2
Kassel D 29 H6
Kassiópi GR 106 B1
Kastamonu TR 113 E4
Kastaneá GR 107 F3
Kastanéa GR 115 E3
Kastaniá GR 114 D6
Kastaniés GR 96 C1
Kaštel Stari HR 90 D4
Kaštel Žegarski HR 90 C6
Kastellaun D 29 E4
Kastélli GR 122 a3
Kastélli GR 123 d2
Kasterlee B 16 B1
Kastl D 30 C1
Kastlösa S 131 E6
Kastorf D 18 C6
Kastoría GR 107 E3
Kástra GR 115 G4
Kástro GR 114 C3
Kastrosykiá GR 114 B5
Kastrup DK 129 G4
Kaszaper H 59 H6
Katákolo GR 114 D2
Katápola GR 117 E1
Katastári GR 114 C2
Katerbow D 19 E4
Kateríni GR 107 G3
Katlanovo MK 93 F1
Katlenburg-Duhm D 18 B1
Káto Achaïa GR 114 D3
Kato Alepochóri GR 115 G3
Káto Kleitoría GR 115 E3
Káto Makrinoú GR 114 D4
Káto Nevrokópi GR 108 B5
Káto Pýrgos CY 127 b2
Káto Samikó GR 114 D2
Káto Vlasiá GR 115 E3
Káto Zákros GR 123 f2
Katóchi GR 114 C4
Katoúna GR 114 C5
Katovice CZ 31 F1
Katowice PL 33 G3
Katrineholm S 147 G1
Kattavía GR 124 B2
Katthammarsvik S 140 C3
Katuntsi BG 107 H5
Katwijk aan Zee NL 16 A3
Katy Wrocławskie PL 32 C5
Kaub D 29 E4
Kaufbeuren D 41 G4
Kaufering D 41 G4
Kaufungen D 29 H6
Kauhajärvi FIN 157 G5
Kauhajoki FIN 157 F4
Kaukalampi FIN 150 B5
Kaunas LT 133 G3
Kauniainen/Grankulla FIN 150 B4
Kauns A 41 G2
Kaupanger N 152 D1
Kausala FIN 150 C6
Kaušany MD 49 F2
Kaustinen FIN 162 D2
Kautokeino N 165 E3
Kauttua FIN 149 F6
Kavacık TR 110 C2
Kavadarci MK 107 F5
Kavajë AL 106 B4
Kavak TR 109 G4
Kavaklıdere TR 124 C6
Kavála GR 108 C4
Kavarna BG 97 E5
Kavazite BG 97 E3
Kävlinge S 129 H5
Kávos GR 114 A6
Kavoúsi GR 123 e2
Kavşut TR 113 F2
Kaxholmen S 138 D4
Kayakent TR 120 A4
Kayalar (Órga) CY 127 b2
Kaymakçı TR 118 B2
Kaymaklı TR 121 F3
Kaymaz TR 111 E5
Kaymaz TR 111 G2
Kaynarca TR 111 E5
Kaynaşlı TR 111 G5
Kayseri TR 121 H4
Kaysersberg F 40 B5
Kazan TR 112 D1
Kazanci BIH 91 E5
Kažani MK 106 D4
Kazanlı TR 127 G5
Kazanlŭk BG 95 F3
Kazarmá GR 122 A5
Kazatin UA 166 C3
Kazimierz Dolny PL 34 D6
Kazimierza Wielka PL 34 B3
Kâzımkarabekir TR 126 D5
Kâzımpaşa TR 111 E5
Kazincbarcika H 45 G4
Kazlu-Rūda LT 133 F3
Kaznějov CZ 31 F2
Kcynia PL 21 E4
Kdyně CZ 31 E1
Kéa GR 116 B2
Keadue IRL 2 D3
Keady GB 3 F3
Keben TR 127 F4
Kecel H 59 E6
Keçiborlu TR 119 F2
Kecskemét H 45 F1
Kėdainiai LT 133 G4
Kédros GR 115 E6
Kędzierzyn-Koźle PL 33 E3
Keel IRL 2 B4
Keenagh IRL 2 D2
Kefalári GR 115 F3
Kéfalos GR 117 G1
Kefermarkt A 43 F4
Kefken TR 111 E6
Keflavík IS 160 a1
Kehl D 40 C6
Kehra EST 150 C2
Keighley GB 11 E4
Keikyä FIN 157 G1
Keila EST 150 B2
Keipene LV 142 C2
Keitele FIN 158 C6
Keith GB 7 G2
Kekava LV 142 B2
Kel'mency UA 48 B5
Kelberg D 28 D4
Kelbra D 30 C6
Këlcyrë AL 106 C3
Kelebia H 59 F5
Kelebija YU 59 F5
Kelheim D 42 B6
Kélla GR 107 E4
Kellenhusen D 129 E1
Kellinghusen D 128 C1
Kelloselkä FIN 165 H1
Kells IRL 5 G5
Kells (Ceanannus Mor) GB 3 G4
Kelmė LT 133 F5
Kelso GB 9 F3
Kemaliye TR 118 C3
Kemalpaşa TR 117 G5
Kemberg D 19 E1
Kemenný Újezd CZ 43 E5
Kemer TR 109 G4
Kemer TR 118 C1
Kemer TR 125 E4
Kemer TR 125 G4
Kemerburgaz TR 110 C5
Kemerhisar TR 121 G2
Kemi FIN 162 D5
Kemijärvi FIN 163 E6
Kemiö/Kimito FIN 149 G4
Kemnath D 30 D2
Kemnitz D 129 H1
Kempele FIN 162 D4
Kempen D 16 D1
Kempston GB 14 B5
Kempten D 41 F3
Kendal GB 10 D6
Kenderes H 45 G2
Kendice SK 45 H6
Kendro GR 114 D3
Kengyel H 45 G2
Kenilworth GB 13 H5
Kenmare IRL 4 B2
Kenninghall GB 14 D5
Kentrikó GR 107 G5
Kenzingen D 40 C5
Kepez TR 109 F3
Kępice PL 131 E1
Kepno PL 33 E5
Kepsut TR 110 B2
Keramoti GR 108 C4
Kerasóna GR 114 C6
Keratéa GR 116 A3
Kerava FIN 150 B5
Kerč' UA 166 F1
Kerdýlia GR 108 B4
Kerecsend H 45 G3
Keret' RUS 163 H6
Kergu EST 150 B1
Kerí GR 114 C2
Kerimäki FIN 159 F3
Kerken D 16 D1
Kerkrade NL 28 C6
Kérkyra GR 106 B1
Kerma FIN 159 F4
Kermen BG 96 B3
Kernovo RUS 151 G4
Kerpen D 28 D5
Kerteminde DK 128 D4
Kerýneia (Girne) CY 127 b2
Kerzers CH 40 B2
Kesälahti FIN 159 G3
Keşan TR 109 F5
Kesarevo BG 95 G4
Kesh GB 3 E4
Keskin TR 120 D6
Kessingland GB 15 E5
Kesten'ga RUS 163 G5
Kestilä FIN 163 E3
Keswick GB 9 E1
Keszthely H 58 B6
Kétegyháza H 60 A6
Kętrzyn PL 132 D1
Kettering GB 14 B5
Kettwig D 16 D1
Kęty PL 33 G2
Ketzin D 19 E3
Keula D 30 B6
Keuruu FIN 158 A4
Kevelaer D 16 C2
Keynsham GB 13 F4
Kežmarok SK 45 G6
Kharmanli BG 95 G2
Khaskovo BG 95 G1
Khisar BG 95 E3
Khlebarovo BG 96 B5
Khrojna BG 95 E1
Kiáto GR 115 F3
Kibæk DK 128 B6
Kičevo MK 106 D5
Kichenitsa BG 96 B5
Kichevo BG 97 E5
Kicman' UA 47 H5
Kidałowice PL 35 E3
Kidderminster GB 10 D1
Kidlington GB 13 H4
Kidsgrove GB 10 D3
Kidwelly GB 12 D5
Kiefersfelden D 42 B3
Kiel D 128 D2
Kielce PL 34 B5
Kielder GB 9 F3
Kiental CH 40 B1
Kiernozia PL 21 H2
Kiesilä FIN 159 E2
Kietrz PL 33 E3
Kifisiá GR 115 H3
Kifjord N 165 G6
Kihelkonna EST 141 F5
Kihniö FIN 157 G3
Kiihtelysvaara FIN 159 G5
Kiikka FIN 157 G1
Kiikoinen FIN 157 F2
Kiiminki FIN 163 E4
Kije PL 34 B4
Kijev UA 166 D3
Kijevo HR 90 D5
Kijevo YU 92 D2
Kikala FIN 149 H5
Kikerino RUS 151 H3
Kikinda YU 59 G4
Kikół PL 21 G4
Kil N 145 F1
Kil S 146 C2
Kilafors S 155 G1
Kılbasan TR 126 D6
Kilbeggan IRL 5 F4
Kilberry GB 8 B5
Kilberry IRL 5 G5
Kilbirnie GB 8 C4
Kilcar (Cill Charthaigh) IRL 2 D5
Kilchattan GB 8 C4
Kilchoan GB 6 B2
Kilcock IRL 5 G4
Kilconnell IRL 5 E4
Kilcoole IRL 5 G3
Kilcormac IRL 5 E4
Kilcullen IRL 5 F3
Kilcurry IRL 3 F3
Kildare IRL 5 F3
Kildorrery IRL 4 D2
Kildress GB 3 F4
Kilfenora IRL 4 C4
Kilfinnane IRL 4 D2
Kilgarvan IRL 4 B2
Kılıçlar TR 120 C6
Kılıçlı TR 127 H6
Kilija UA 63 G5
Kilimli TR 112 B4
Kilingi-Nõmme EST 142 C5
Kilkee IRL 4 B4
Kilkeel GB 3 G3
Kilkenny IRL 5 E3
Kilkhampton GB 12 C3
Kilkieran (Cill Ciaráin) IRL 2 A3
Kilkinlea IRL 4 C3
Kilkís GR 107 G4
Kill IRL 5 E2
Killadysert IRL 4 C3
Killala IRL 2 C4
Killaloe IRL 4 D3
Killarney IRL 4 B2
Killashandra IRL 3 E3
Killashee IRL 2 D2
Killeigh IRL 5 F4
Killenaule IRL 5 E3
Killimer IRL 4 C3
Killimor IRL 5 E4
Killin GB 8 D6
Killinkoski FIN 157 H4
Killorglin IRL 4 B3
Killybegs IRL 2 D5
Killyleagh GB 3 G3
Kilmacolm GB 8 D5
Kilmacrenan IRL 3 E5
Kilmacthomas IRL 5 E2
Kilmaganny IRL 5 E2
Kilmaine IRL 2 B3
Kilmallock IRL 4 D3
Kilmanahan IRL 5 E2
Kilmarnock GB 8 D4
Kilmartin GB 8 C5
Kilmeaden IRL 5 E2
Kilmeage IRL 5 F4
Kilmeedy IRL 4 C3
Kilmelford GB 8 C6
Kilmichael IRL 4 C2
Kilmore Quay IRL 5 F1
Kilnaleck IRL 3 E3
Kilpisjärvi FIN 164 D3
Kilrea GB 3 F5
Kilrush IRL 4 C3
Kilsyth GB 8 D5
Kiltealy IRL 5 F2
Kiltimagh IRL 2 C3
Kilvakkala FIN 157 G2
Kilwinning GB 8 C4
Kiminki FIN 158 A5
Kimito/Kemiö FIN 149 G4
Kimméria GR 108 C5
Kimolos GR 123 F5
Kimry RUS 167 E7
Kinbrace GB 7 F4
Kincardine GB 9 E5
Kindberg A 43 G2
Kindelbrück D 30 C6
Kinešma RUS 167 F8
Kinetá GR 115 G3
King's Lynn GB 14 C6
Kingisepp RUS 151 G3
Kingissepp EST 141 G5
Kingsbridge GB 12 D2
Kingsclere GB 13 H3
Kingscourt IRL 3 E3
Kingsdown GB 14 D2
Kingston GB 7 F3
Kington GB 13 F6
Kınık TR 118 A4
Kınık TR 125 E4
Kınık TR 125 E5
Kınıkyeri TR 125 E6
Kinloch Hourn GB 6 C2
Kinloch Rannoch GB 7 E1
Kinlochbervie GB 7 E5
Kinlochewe GB 6 D3
Kinlochleven GB 6 D1
Kinlough IRL 2 D4
Kinna S 138 B3
Kinnarp S 138 D5
Kinnegad IRL 5 F4

HILLERØD
HELSINGØR
Kirke Værløse
Værløse
Kongens Lyngby
Jægersborg Dyrehave
Ordrup
Måløv
Hareskovby
Bagsværd
Gentofte
Smørumnedre
Gladsakse
Søborg
Ballerup
Herlev
Emdrup
Skovlunde
Husum
Ledøje
Ejby
Øresund
KØBENHAVN
City
Frederiksberg
Christianshavn
Glostrup
Rødovre
Valby
Hersted-vester
Brøndby-øster
Albertslund
ROSKILDE
Sundbyerne
Tåstrup
Hvidovre
Kastrup
Avedøre
Tårnby
København
Ishøj Landsby
Brøndby Strand
Amager
Ishoj
Avedøre Holme
Kalvebod Fælled
Dragør
Hundige
KØGE
Mosede
Søvang
0
5 km

Kinnitty Kozina

NEUSS
DÜSSELDORF
WUPPERTAL
KÖLN
A59
Rheindorf
Opladen
A1
E37
Schlebusch
Sinnersdorf
A57
E31
LEVERKUSEN
Odenthal
Heimersdorf
Flittard
A3
A1
Pulheim
Höhenhaus
Bergisch Gladbach
Ossendorf
Mülheim
Nippes
Bensberg
Ehrenfeld
A4
Deutz
AACHEN
A4
Königsforst
Lindenthal
Rath
Frechen
Zollstock
A3
E35
FRANKFURT
Porz
Rodenkirchen
Hürth
Rondorf
A1
E31
Meschenich
A555
A59
Köln/Bonn
Zündorf
Wahn
5 km
Brühl
A553
BONN
Rhein

Kinnitty IRL 5 E4
Kinnula FIN 162 D2
Kinross GB 9 E5
Kinsale IRL 4 C1
Kinsarvik N 144 C5
Kintaus FIN 158 B4
Kinvarra IRL 4 D4
Kiónia GR 116 C2
Kipen' RUS 151 H4
Kiperčeny MD 49 E4
Kiraz TR 118 C2
Kirby-in-Ashfield GB 11 F3
Kircasalih TR 109 F6
Kirchbach A 43 G1
Kirchberg A 42 B2
Kirchberg D 29 E3
Kirchberg D 30 A1
Kirchberg an der Pielach A 43 G4
Kirchdorf an der Krems A 43 E3
Kirchenlamitz D 30 D3
Kirchenthumbach D 30 C2
Kirchhain D 29 G5
Kirchheim D 30 A2
Kirchheim unter Teck D 41 E5
Kirchheimbolanden D 29 E3
Kirchlinteln D 17 H4
Kirchschlag A 44 A2
Kirchundem D 29 F6
Kircubbin GB 8 B2
Kireç TR 110 B2
Kireli TR 120 A1
Kirikkale TR 120 D6
Kiriši RUS 167 C8
Kirka TR 111 F2
Kirkabister GB 6 b1
Kırkağaç TR 118 A4
Kirkbean GB 8 D2
Kirkby Lonsdale GB 10 D5
Kirkcaldy GB 9 E5
Kirkcolm GB 8 B3
Kirkcudbright GB 8 C3
Kirke Hvalso DK 129 F4
Kirkenær N 146 B5
Kirkenes N 165 H5
Kirkham GB 10 D5
Kırkışla TR 120 C3
Kirkjubæjarklaustur IS 160 b1
Kirkjubøur FR 136 b2
Kirkkonummi/Kyrkslätt FIN 150 B4
Kirklareli TR 96 D1
Kirkmuirhill GB 8 D4
Kirkwall GB 7 G5
Kirn D 29 E3
Kirnički UA 63 F5
Kırobası TR 127 F5
Kirov RUS 167 D5
Kirovograd UA 166 D2
Kirovsk RUS 167 C8
Kirriemuir GB 9 F6
Kırşehir TR 121 E5
Kirtorf D 29 G5
Kiruna S 164 D2
Kiržač RUS 167 F7
Kisa S 139 F4
Kişaköy TR 118 D3
Kisbér H 44 C2
Kiseljak BIH 91 G5
Kisielice PL 21 G5
Kisielnica PL 22 C5
Kišin'ov MD 49 E3
Kisko FIN 149 H4
Kisköre H 45 G2
Kiskőrös H 59 E6
Kiskundorozsma H 59 G5
Kiskunfélegyháza H 59 F6
Kiskunhalas H 59 F5
Kiskunlacháza H 45 E2
Kiskunmajsa H 59 F6
Kisslegg D 41 F3
Kistanje HR 90 D5
Kistelek H 59 F5
Kisterenye H 45 F4
Kisújszállás H 45 H2
Kisvárda H 46 B4
Kiszkowo PL 20 D3
Kiszombor H 59 G5
Kitajaur S 162 B5
Kitee FIN 159 G4
Kiten BG 97 E3
Kition CY 127 c1
Kitros GR 107 G3
Kittelfjäll S 161 G4
Kittilä FIN 165 F2
Kittsee A 44 B4
Kitula FIN 149 H5
Kitzbühel A 42 B2
Kitzingen D 30 A2
Kiuruvesi FIN 163 E2
Kivéri GR 115 F2
Kiviapaja FIN 159 F3
Kivijärvi FIN 158 B6
Kivilahti FIN 159 G6
Kiviõli EST 151 E3
Kivotós GR 107 E2
Kıyıköy TR 97 E1
Kızılcadağ TR 125 F5
Kızılcahaman TR 112 D2
Kızılcapinar TR 111 G6
Kızılırmak TR 113 F2
Kızılkaya TR 119 G1
Kızılkuyu TR 120 A3
Kızılören TR 120 B1
Kızılyaka TR 126 D5
Kjellerup DK 137 F1
Kjerret N 146 B4
Kjerringvik N 160 D2
Kjøllefjord N 165 G6
Kl'asticy SU 135 E6
Kl'ucevoje RUS 151 F5
Kladanj BIH 91 H6
Kladno CZ 31 G3
Kladovo YU 60 D2
Klagenfurt A 57 E6
Klaipėda LT 132 C5
Klaksvík FR 136 b3
Klamila FIN 151 E5
Klanxbüll D 128 B3
Klarup DK 137 F2
Klašnice BIH 58 B2
Klässbol S 146 C2
Klášterec nad Ohří CZ 31 F4
Kláštor SK 45 E6
Klatovy CZ 31 F1
Klaukkala FIN 150 B5
Klaus an der Pyhrnbahn A 43 E3
Klausdorf D 19 F2
Klausen/Chiusa I 55 H6
Klazienaveen NL 17 E4
Kłecko PL 20 D3
Kleczew PL 21 E2
Kleinhaugsdorf A 43 H5
Kleisoúra GR 114 C6
Klemensker DK 130 B3
Klenči CZ 31 E1
Klenike YU 93 F2
Klepp N 144 B2
Kleppestø N 144 B5
Kleśno PL 20 B4
Klevar N 145 F3
Kleve D 16 C2
Kliczków PL 32 B5
Klietz D 18 D3
Klimátia GR 106 D1
Kliment BG 96 C5
Klimontów PL 34 A3
Klimoviči SU 167 D5
Klimpfjäll S 161 F4
Klin RUS 167 E7
Klina YU 92 D2
Klinča Selo HR 57 G4
Klincy RUS 166 D4
Klingenbach A 44 A3
Klingenthal D 31 E4
Klink D 19 E5
Klintehamn S 140 B3
Klippan S 129 H6
Klirou CY 127 b1
Klis HR 90 D4
Klisino PL 33 E3
Klisura BG 95 E3
Klisura YU 93 G3
Klitmøller DK 137 E3
Klixbüll D 128 B3
Kljajićevo YU 59 E4
Kljuc BIH 58 B1
Kłobuck PL 33 G5
Kłobuczyn PL 32 B6
Kłodawa PL 20 A3
Kłodawa PL 21 F2
Kłodzko PL 32 C3
Kløfta N 146 A4
Klokkarvik N 144 B5
Klokočevac YU 60 C1
Klos AL 106 C5
Kloštar HR 58 B4
Klösterle A 41 F2
Klosterneuburg A 44 A4
Klosters CH 41 F1
Kloten S 147 F3
Klötze D 18 C3
Kluczbork PL 33 F5
Kluki PL 131 F2
Kluki PL 33 G6
Klukowa Huta PL 131 F1
Klupe BIH 58 C1
Klütz D 129 E1
Kn'azevo RUS 143 H2
Knaben N 144 C1
Knäred S 138 C1
Knaresborough GB 11 F5
Knarvik N 144 B6
Knebel DK 128 D6
Knezevi Vinogradi HR 59 E4
Kneževo HR 58 D4
Knezha BG 94 D5
Knežica BIH 58 A2
Knić YU 92 D5
Knidas TR 124 B4
Kniebis D 40 D5
Knighton GB 10 C3
Knin HR 90 D5
Knislinge S 130 B6
Knittelfeld A 43 F2
Knivsta S 148 A3
Knjaževac YU 93 G5
Knock IRL 2 C3
Knockan GB 6 D4
Knockcroghery IRL 2 D2
Knocktopher IRL 5 E2
Knokke-Heist B 15 G2
Knottingley GB 11 F4
Knudshoved DK 129 E4
Knutsford GB 10 D3
Knyazhevo BG 96 C2
Knyszyn PL 23 E5
Kobarid SLO 56 D5
Kobel'aki UA 166 E3
København DK 129 G5
Kobilyane BG 108 D6
Kobišnica YU 93 G6
Koblenz D 29 E4
Kobrin SU 23 G3
Kobułty PL 22 B6
Kobyl'nik SU 134 C4
Kobylany PL 23 F2
Kobylin PL 20 D1
Kobyłka PL 22 B2
Kocaali TR 111 F6
Kočani MK 93 G1
Koçarlı TR 118 B1
Koceljevo YU 59 F1
Kočerin BIH 91 F4
Kočevje SLO 57 F4
Kochel D 41 H3
Kocherinovo BG 94 B1
Kochmar BG 96 D6
Kock PL 22 D1
Kodeń PL 23 F2
Kodyma UA 49 E5
Kofçaz TR 96 D2
Köflach A 43 F1
Køge DK 129 F4
Kohila EST 150 B2
Kohtla-Järve EST 151 E3
Koilovtsi BG 95 E5
Koivulahti/Kvevlax FIN 157 E5
Koivumäki FIN 159 E4
Kojetín CZ 32 D1
Kökar FIN 149 E3
Kokava nad Rimavicou SK 45 F5
Kokemäki FIN 157 F1
Kokin Brod YU 92 C4
Kokkárion GR 117 F3
Kókkina (Erenköy) CY 127 b2
Kokkola/Karleby FIN 162 C2
Koklë AL 106 C4
Koknese LV 142 D2
Kokonvaara FIN 159 F5
Koksijde-Bad B 15 F2
Kol'čugino RUS 167 F7
Kołacze PL 35 E6
Kolari FIN 165 F1
Kolari YU 60 A1
Kolárovo SK 44 C3
Koláry SK 45 E4
Kolašin YU 92 B3
Kolbäck S 147 G2
Kołbaskowo PL 19 H5
Kolbermoor D 42 B3
Kołbiel PL 22 C2
Kolbuszowa PL 34 C3
Kolby Kås DK 128 D5
Kołczewo PL 19 H6
Kołczygłowy PL 131 F1
Kolding DK 128 C4
Koleczkowo PL 131 G2
Kolho FIN 158 A3
Koli FIN 163 G2
Kolín CZ 32 A3
Kolka LV 141 G4
Kölleda D 30 C5
Kollund DK 128 C3
Kolmården S 139 G6
Köln D 28 D6
Kolno PL 22 C5
Koło PL 21 F2
Kołobrzeg PL 130 C1
Kolomna RUS 167 F6
Kolomyja UA 47 G5
Kolonia Korytnica PL 22 C1
Kolonowskie PL 33 F4
Koloveč CZ 31 E2
Kolpino RUS 167 C8
Kölsillre S 155 F4
Kolsva S 147 F3
Koluszki PL 21 H1
Kolymvári GR 122 a3
Komádi H 46 B1
Komańcza PL 34 D1
Komárno SK 44 D3
Komarno UA 35 F2
Komárom H 44 D3
Kómi GR 117 E4
Komjáti H 45 H5
Komló H 58 D5
Komorane YU 92 D2
Komotiní GR 108 D5
Kömpöc H 59 F5
Kompóti GR 114 C5
Komrat MD 49 E1
Komuniga BG 95 F1
Konak YU 59 H3
Konakovo RUS 167 E7
Končanica HR 58 B4
Kondolovo BG 97 E2
Kondoros H 45 H1
Kondrić HR 58 D3
Konec Kovdozero RUS 163 G6
Kong DK 129 F3
Kongaz MD 63 E6
Kongerslev DK 137 F2
Konginkangas FIN 158 B5
Kongsberg N 145 F3
Kongsfjord N 165 G6
Kongsnes N 152 C2
Kongsvinger N 146 B4
Konice CZ 32 D2
Koniecpol PL 33 H4
Königs-Wusterhausen D 19 F2
Königsbrück D 31 G5
Königsbrunn D 41 G4
Königsee D 30 C4
Königsfeld D 40 D4
Königshofen D 29 H2
Königslutter D 18 C3
Königssee D 42 C3
Königstein D 29 F4
Königstein D 31 G5
Königswiesen A 43 F4
Königswinter D 29 E5
Konin PL 21 F2
Konispol AL 106 C1
Kónitsa GR 106 D2
Köniz CH 40 B2
Konjic BIH 91 G5
Könnern D 18 D1
Konnevesi FIN 158 C5
Konopište CZ 31 H2
Konotop PL 20 B5
Konotop PL 20 B1
Konotop UA 166 D4
Końskie PL 34 A5
Konstancin-Jeziorna PL 22 B2
Konstantinovka UA 166 F3
Konstantynów PL 23 E2
Konstantynów Łodzki PL 21 G1
Konstanz D 41 E3
Kontiás GR 108 D2
Kontiolahti FIN 159 G5
Kontkala FIN 159 F5
Kontokali GR 106 B1
Kontopoúli GR 108 D2
Konuralp TR 111 G5
Konush BG 95 F1
Konya TR 120 C1
Konyavo BG 94 B2
Konz D 28 C3
Köörtilä FIN 157 E2
Koosa EST 151 E1
Koparnes N 152 C4
Kópasker IS 160 c2
Kópavogur IS 160 a1
Koper SLO 56 D3
Köpernitz D 19 F4
Kopervik N 144 A3
Kópháza H 44 A3
Kopidlno CZ 32 A3
Köping S 147 F2
Koplik AL 92 B1
Köpmanholmen S 156 B5
Köpmannebro S 138 B6
Koporje RUS 151 G4
Koppang N 154 A2
Kopparberg S 147 E3
Kopperå N 154 B6
Kopperby D 128 C3
Koppom S 146 B3
Koprivets BG 95 G5
Koprivnica HR 58 B5
Koprivshtitsa BG 94 D3
Köprübaşı TR 118 C4
Köprübaşı TR 118 D2
Köprüköy TR 120 D5
Köprüören TR 111 E2
Korbach D 29 G6
Korbevac YU 93 F2
Korbielów PL 33 G2
Korbovo YU 60 D1
Korbu MD 48 C5
Korçë AL 106 D3
Korčula HR 91 E3
Korczyców PL 20 A2
Korczyna PL 34 D2
Korentovaara FIN 159 H6
Korfantów PL 33 E4
Korgen N 161 F5
Koria FIN 150 D6
Korinth DK 128 D4
Kórinthos GR 115 F3
Korisós GR 107 E3
Korissía GR 116 B2
Korita BIH 91 H3
Korita HR 91 F2
Korkuteli TR 125 F5
Körmend H 44 A1
Kornešty MD 48 D3
Korneuburg A 44 A4
Kórnik PL 20 D2
Kornsjø N 146 A1
Kornwestheim D 41 E6
Koromacno HR 57 E2
Koróni GR 122 B5
Koronós GR 116 D2
Koronowo PL 21 E5
Koropí GR 116 A3
Körösladány H 46 A1
Köröstarcsa H 45 H1
Korosten' UA 166 C3
Korostyšev UA 166 C3
Korpavár H 58 B6
Korpilahti FIN 158 B3
Korpilombolo S 162 C6
Korpo/Korppoo FIN 149 F4
Korpoström FIN 149 F4
Korppoo/Korpo FIN 149 F4
Korsberga S 139 E3
Korskrogen S 155 F2
Korsmo N 146 B4
Korsnäs FIN 157 E5
Korsør DK 129 E4
Korsun'-Ševčenkovskij UA 166 D3
Korsveien N 153 H6
Korsze PL 132 C1
Korten BG 95 G3
Kortesjärvi FIN 157 G6
Korthí GR 116 C3
Kortrijk (Courtrai) B 27 F6
Korucu TR 113 G4
Korup DK 128 D4
Korvaluoma FIN 157 F3
Koryčany CZ 44 B6
Korycin PL 23 E5
Korydallós GR 107 E2
Koryfási GR 122 A5
Kos GR 117 G1
Kosanica YU 92 B4
Kościan PL 20 C2
Kościerzyna PL 131 G1
Kose EST 150 C2
Kösefakılı TR 121 E6
Kosel MK 106 D5
Köseler TR 125 G6
Köselerli TR 127 E4
Koserow D 130 A1
Košetice CZ 32 A2
Košice SK 46 A5
Kosjerić YU 92 C5
Kösk TR 118 B2
Koška HR 58 D3
Koskenkorva FIN 157 F4
Koskenkylä/Forsby FIN 150 C5
Koskenpää FIN 158 B3
Koski FIN 149 G5
Koski FIN 158 B1
Koskimäki FIN 157 F4
Koskolovo RUS 151 F4
Koškovce SK 46 B6
Koskue FIN 157 G4
Kosmás GR 122 C6
Kosov UA 47 G5
Kosovo Polje YU 93 E2
Kosów Lacki PL 22 D3
Kössen A 42 B3
Kossovo SU 23 H4
Kósta GR 115 G1
Kosta S 139 F2
Kostajnica HR 58 A3
Köstebek TR 111 G4
Kostelec nad Černými Lesy CZ 31 H3
Kostelec nad Labem CZ 31 H3
Kostelec nad Orlicí CZ 32 C3
Kostenets BG 94 D2
Kostenevići SU 134 D3
Köstere TR 120 B2
Kostinbrod BG 94 B3
Kostolac YU 60 A2
Kostomłoty PL 32 C5
Kostopol' UA 166 B3
Kostroma RUS 167 F8
Kostrzyn PL 19 H3
Kostrzyn PL 20 D2
Kosturino MK 107 G5
Koszalin PL 130 D1
Kőszeg H 44 A2
Kosztowo PL 20 D4
Koszyce PL 34 B3
Kotala FIN 157 H4
Kotel BG 96 B4
Kotel'Skij RUS 151 G3
Köthen D 18 D1
Kotka FIN 150 D5
Kotlarnia PL 33 F3
Kotor YU 92 A2
Kotor Varoš BIH 58 C1
Kotorsko BIH 58 D2
Kotovsk UA 49 F4
Kotovsk (Hynceşt') MD 49 E2
Kotowice PL 33 G4
Kótronas GR 122 C4
Kötschach-Mauthen A 56 C6
Kotten NL 16 D2
Kötzting D 31 E1
Koufália GR 107 G4
Koufós GR 108 B2
Koúklia CY 127 b1
Koukounariés GR 115 G6
Koúmani GR 114 D2
Koutsóchero GR 107 F1
Koutsourás GR 123 f2
Koutsovéntis (Güngör) CY 127 c2
Kouvola FIN 150 D6
Kovachevtsi BG 94 C2
Kovačica YU 59 H3
Kovarskas LT 133 H4
Kovel' UA 35 G6
Kovero FIN 159 G5
Kovin YU 60 A2
Kovland S 155 H4
Kovrov RUS 167 F7
Kowal PL 21 G3
Kowale Oleckie PL 133 E1
Kowalewo Pom PL 21 F4
Kowary PL 32 B4
Köyceğiz TR 124 D5
Köyliö FIN 149 F6
Koz'any SU 134 C4
Kozaklı TR 121 F5
Kozáni GR 107 E3
Kozanlı TR 120 C4
Kozar Belene BG 95 E5
Kozarac BIH 58 B2
Kozel'sk RUS 167 E5
Kozica HR 91 F4
Koziegłowy PL 33 G4
Kozienice PL 22 C1
Kozina SLO 56 D4

Kozlodui
La Vecilla

Kozlodui BG 94 C5
Kozlovščind SU 23 H5
Kozłowo PL 22 A5
Kozlu TR 112 B3
Kozluk BIH 59 E1
Koźmin PL 20 D1
Kozolupy CZ 31 F2
Kożuchów PL 20 B1
Kräckelbäcken S 155 E1
Kragenæs DK 129 E3
Kragerø N 145 F1
Kragujevac YU 92 D5
Krajenka PL 20 D4
Krajn AL 106 B6
Krajnik Dolny PL 19 H4
Krakhella N 152 B2
Krakovec UA 35 E3
Kraków PL 33 H3
Krakow am See D 19 E5
Králíky CZ 32 D3
Kraljevica HR 57 E3
Kraljevo YU 92 D5
Kralovany SK 45 E6
Králove CZ 32 B4
Kralovice CZ 31 F3
Kralupy nad Vltavou CZ 31 G3
Kramatorsk UA 166 F3
Kramfors S 156 A5
Kranenburg D 16 C2
Kranevo BG 97 E5
Kranichfeld D 30 C5
Kranídi GR 115 G2
Kranj SLO 57 E5
Kranjska Gora SLO 56 D6
Krapina HR 57 G5
Krapkowice PL 33 E4
Krasiczyn PL 35 E2
Krāslava LV 134 D6
Kraslice CZ 31 E3
Krásná Lípa CZ 31 H5
Krasne Folwarczne PL 23 E5
Kraśnik PL 34 D5
Krásno nad Kysucou SK 33 G1
Krasnoarmejsk UA 166 F2
Krasnogorodskoje RUS 143 G3
Krasnograd UA 166 E3
Krasnoje SU 134 D2
Krasnoje UA 35 H3
Krasnoje Selo RUS 151 H4
Krasnoperekopsk UA 166 E1
Krasnosielec PL 22 B4
Krasnovo BG 95 E2
Krasnoznamensk RUS 133 E3
Krasnyj Cholm RUS 167 E8
Krasnyje Okny UA 49 F4
Krasnystaw PL 35 E5
Krasznokvajda H 45 H5
Krátigos GR 117 E6
Kratovo MK 93 G1
Kratovska Stena YU 92 C5
Krauchenwies D 41 E4
Kravarsko HR 57 H3
Kraymorie BG 96 D3
Krefeld D 16 D1
Kremastí GR 124 C3
Kremenčug UA 166 E3
Kremency UA 47 F5
Kremenec UA 166 B3
Kremmen D 19 F3
Kremna YU 92 B5
Kremnica SK 45 E5
Krems A 43 G4
Kremsmünster A 43 E4
Krepoljin YU 93 E6
Kresna BG 107 H6
Krestcy RUS 167 C7
Kréstena GR 114 D2
Kretinga LT 132 C5
Kreuth D 42 A3
Kreuzlingen CH 41 E3
Kreuztal D 29 F5
Krevo SU 134 C2
Kriakėnava LT 133 G5
Krichim BG 95 E2
Kričov SU 167 D5
Krieglach A 43 G2
Kriezá GR 116 A4
Krimml A 42 B2
Krimpen aan den IJssel NL 16 A3
Kriničnoje UA 63 F5
Kristdala S 139 G3
Kristianopel S 130 D6
Kristiansand N 136 D5
Kristianstad S 130 B5
Kristiansund N 153 E6
Kristiinankaupunki/
Kristinestad FIN 157 E3
Kristinehamn S 146 D2
Kristinehov S 130 A5
Kristinestad/
Kristiinankaupunki FIN 157 E3
Kristóni GR 107 G4
Kritiniá GR 124 C3
Kritsá GR 123 e2
Kriva Feja YU 93 G2
Kriva Palanka MK 93 G2
Kriváň SK 45 F5
Krivodol BG 94 C4
Krivogaštani MK 107 E5
Krivoj Rog UA 166 E2
Krivoje Ozero UA 49 G5
Křivoklát CZ 31 G3
Křižanov CZ 32 C1
Križevci HR 58 A4
Krk HR 57 E2
Krnjaca YU 59 G2
Krnjeuša BIH 57 H1
Krnov CZ 33 E3
Krobia PL 20 D1
Kroczyce PL 33 G4
Krøderen N 145 G4
Krogsbølle DK 128 D5
Krokebol N 146 A3
Krokeés GR 122 C5
Kroken N 161 F4
Krokom S 155 E6
Krokowa PL 131 G2
Krolevec UA 166 D4
Królowy Most PL 23 E5
Kroměříž CZ 32 D1
Krompachy SK 45 H6
Kronach D 30 C3
Kronštadt RUS 151 H5
Kröpelin D 129 F1
Kropp D 128 C2
Kroppenstedt D 18 C2
Kropstädt D 19 E2
Krośniewice PL 21 G2
Krosno PL 132 A1
Krosno PL 34 C2
Krosno Odrzańskie PL 20 A2
Krossbu N 153 E2
Krotoszyn PL 20 D1
Krouna CZ 32 B2
Krško SLO 57 G4
Krugloje SU 135 G3
Kruiningen NL 15 H2
Krujë AL 106 B5
Krumbach D 41 G4
Krumovgrad BG 109 E6
Krumpendorf A 57 E6
Krün D 41 H3
Krupá CZ 31 F3
Krupa na Vrbasu BIH 58 B1
Krupac BIH 91 G5
Krupaja YU 93 E6
Krupanj YU 92 B6
Krupina SK 45 E4
Krupište MK 107 F6
Krupki SU 135 F3
Kruså DK 128 C3
Kruševac YU 93 E5
Kruševo MK 106 D5
Krushevets BG 96 D3
Krushovene BG 94 D5
Kruszwica PL 21 F3
Kryksætørøra N 153 G6
Krylovo RUS 132 D2
Krymno UA 23 G1
Krynica PL 34 B1
Krynki PL 23 F5
Kryspinów PL 33 H3
Kryżopol' UA 49 E6
Krzęcin PL 20 B4
Krzeczów PL 33 F5
Krzepice PL 33 F5
Krzeszów PL 34 D4
Krzeszowice PL 33 H3
Krzeszyce PL 20 A3
Krzynowłoga Mała PL 22 B4
Krzywiń PL 20 D2
Kryż PL 20 C4
Książ Wielki PL 34 A4
Küblis CH 41 E2
Kubrat BG 96 B6
Kuç AL 106 B2
Küç. Taraylar TR 125 F4
Kucevo YU 60 B1
Kuchl A 42 C3
Kučište YU 92 C3
Küçükbahçe TR 117 E5
Küçükçekmece TR 110 C5
Küçükkuyu TR 109 G2
Kudirkos Naumiestis LT 133 F3
Kudowa-Zdrój PL 32 C3
Kufstein A 42 B3
Kühlungsborn D 129 F1
Kuhmalahti FIN 158 A2
Kuhmo FIN 163 G3
Kuhmoinen FIN 158 B2
Kuhstedt D 17 H5
Kühtai A 41 G2
Kuivaniemi FIN 162 D5
Kuivasjärvi FIN 157 G3
Kukës AL 92 D1
Kukko FIN 157 H5
Kuklin PL 22 A4
Kukujevci YU 59 F2
Kula BG 93 G5
Kula TR 118 C3
Kula YU 59 F4
Kulata BG 107 H5
Kuldīga LV 141 F2
Kuleli TR 109 G6
Kulennoinen FIN 159 F3
Kulhuse DK 129 F5
Külhüyük TR 113 H1
Kuliai LT 132 D5
Kulikov UA 35 G3
Kullaa FIN 157 F2
Kulmbach D 30 C3
Kulu TR 120 C4
Kumafşarı TR 125 E6
Kumane YU 59 G3
Kumanovo MK 93 F1
Kumarlar TR 109 G3
Kümb TR 109 F5
Kumbağ TR 109 H5
Kümbet TR 111 E2
Kumdanlı TR 119 G4
Kumkale TR 109 F3
Kumköy TR 110 C6
Kumla S 147 F2
Kumlinge FIN 149 E4
Kumluca TR 125 G4
Kumluca TR 112 C4
Kumola RUS 159 G2
Kumrovec HR 57 G5
Kunda EST 150 D3
Kungälv S 138 B4
Kungsängen S 148 A2
Kungsbacka S 138 B3
Kungshamn S 138 A5
Kungsör S 147 G2
Kunhegyes H 45 G2
Kunmadaras H 45 H2
Kunovice CZ 44 C6
Kunowo PL 20 D1
Kunpeszér H 45 E1
Kunrau D 18 C3
Kunštát CZ 32 C1
Kunszentmárton H 45 G1
Kunszentmiklós H 45 E1
Kunžak CZ 43 G6
Künzelsau D 29 H1
Kuolajärvi RUS 165 H1
Kuolio FIN 163 F5
Kuopio FIN 158 D5
Kuortane FIN 157 G5
Kuosku FIN 165 H1
Kup'ansk UA 166 F3
Kupferberg D 30 C3
Kupferzell D 29 H1
Kupiškis LT 133 H5
Küplü TR 111 E3
Kuprava LV 143 F3
Kupres BIH 91 F5
Kurdal H 58 D5
Kürdzhali BG 108 D6
Küre TR 113 E5
Kurejoki FIN 157 G5
Kurgolovo RUS 151 F4
Kurikka FIN 157 F4
Kurilo BG 94 C3
Kuřim CZ 32 C1
Kürkçü TR 127 G5
Kurkijoki RUS 159 G2
Kürnare BG 95 E3
Kurów PL 34 D6
Kurowice PL 21 H1
Kuršėnai LT 133 E5
Kursk RUS 166 E4
Kuršumlija YU 93 E4
Kuršumlijska Banja YU 93 E3
Kurşunlu TR 110 C4
Kurşunlu TR 113 E3
Kurthasanlı TR 120 B2
Kurtköy TR 111 E5
Kurtulus TR 127 F4
Kuru FIN 157 H3
Kurucaşile TR 112 C5
Kuşadası TR 117 G4
Kusel D 28 D2
Kušnica UA 46 D5
Küssnacht CH 40 C2
Kustavi FIN 149 E5
Kütahya TR 111 E2
Kutemajärvi FIN 158 D3
Kutina HR 58 B3
Kutná Hora CZ 32 A2
Kutno PL 21 G2
Kúty SK 44 B5
Kuty UA 47 G5
Kuusa RUS 151 G6
Kuusaa FIN 158 C4
Kuusalu EST 150 C3
Kuusamo FIN 163 F5
Kuusankoski FIN 150 D6
Kuvšinovo RUS 167 D7
Kuzmin YU 59 F2
Kuzmina PL 34 D2
Kuznavolok RUS 163 H3
Kuźnica PL 23 E5
Kuzulan TR 113 E4
Kuzuluk TR 111 F5
Kuzyaka TR 113 E4
Kvalsund N 165 E5
Kvalvåg N 153 E6
Kvam N 153 G2
Kvamn N 144 C5
Kvanne N 153 F5
Kvarnberg S 155 E1
Kværndrup DK 128 D4
Kvėdarna LT 132 D4
Kvelde N 145 G2
Kvevlax/Koivulahti FIN 157 E5
Kvicksund S 147 G2
Kvikkjokk S 161 H6
Kvikne N 153 H4
Kvillsfors S 139 F3
Kvinesdal N 136 C6
Kvinlog N 144 C1
Kvissleby S 155 H3
Kvisvik N 153 E6
Kviteseid N 145 E3
Kvitnes N 153 E6
Kwidzyn PL 21 F5
Kwilcz PL 20 C3
Kybartai LT 133 E2
Kyjov CZ 44 B6
Kyläinpää FIN 157 F5
Kyle of Lochalsh GB 6 C3
Kyleakin GB 6 C3
Kyllburg D 28 C4
Kyllini GR 114 C3
Kylmäkoski FIN 157 H1
Kými GR 116 A5
Kymönkoski FIN 158 C6
Kyparissía GR 122 A6
Kyritz D 19 E4
Kyrkslätt/Kirkkonummi FIN 150 B4
Kyrö FIN 149 G5
Kyrönlahti FIN 157 G2
Kyröskoski FIN 157 G2
Kyrping N 144 B4
Kyšice CZ 31 G3
Kysucké Nové Mesto SK 33 F1
Kýthira GR 122 D3
Kýthnos GR 116 B2
Kyustendil BG 94 B2
Kyyjärvi FIN 158 A5

L

L'Aber-Wrac'h F 24 B4
L'Aigle F 26 B2
L'Aiguillon F 36 C3
L'Albi E 79 F5
L'Alcúdia E 84 C6
L'Alcúdia de Crespins E 84 C5
L'Aldea E 79 E3
L'Alpe-d'Huez F 53 F4
L'Ametlla de Mar E 79 E3
L'Ampolla E 79 E3
L'Aquila I 98 D5
L'Arbresle F 52 D6
L'Argentiére-la-Bessée F 53 G3
L'ady RUS 151 G1
L'Echalp F 53 H3
L'Escala E 72 C3
L'Escarène F 86 C5
L'Espluga de Francolí E 79 F4
L'Estartit E 72 C3
L'gov RUS 166 E4
L'Hospitalet de l'Infant E 79 F4
L'Ile-Bouchard F 37 F4
L'Isle-Adam F 26 D3
L'Isle-de-Noé F 71 F4
L'Isle-en-Dodon F 71 F3
L'Isle-Jourdain F 71 G4
L'Isle-Jourdain F 37 F2
L'Isle-sur-la-Sorgue F 52 D1
L'Isle-sur-le-Doubs F 39 H3
L'Ile-Rousse F 73 a3
L'ubašovka UA 49 G5
L'ubercy RUS 167 E6
L'ubim RUS 167 F8
L'uboml' UA 35 F6
L'udinovo RUS 167 E5
L'vov UA 35 G3
La Alamedilla E 76 C5
La Alberca E 76 A6
La Albuera E 75 F2
La Almarcha E 77 G2
La Almolda E 78 D5
La Almunia de
Doña Godina E 78 B6
La Antilla E 80 D5
La Bañeza E 67 G4
La Barrela E 64 C3
La Barrosa E 81 E2
La Bassée F 27 F6
La Bastide de-Sérou F 71 G2
La Bastide-Puylaurent F 52 C3
La Bâtie-Neuve F 53 F2
La Baule F 36 B6
La Bazoche-Gouet F 26 B1
La Belle Etoile F 38 D6
La Bérarde F 53 G3
La Bisbal E 72 B2
La Bourboule F 52 B6
La Bóveda de Toro E 67 G2
La Bresse F 40 A4
La Brillanne F 53 F1
La Cabrera E 77 E5
La Caletta I 87 c3
La Calobra E 85 a2
La Calzada de Calatrava E 82 D6
La Canourgue F 52 B3
La Capelle F 27 G4
La Capte F 73 H4
La Carlota E 82 A4
La Carolina E 82 D5
La Cava E 79 E3
La Cavalerie F 52 B2
La Celle-Dunoise F 37 H2
La Chaise-Dieu F 52 C5
La Chambre F 53 G4
La Chapelle F 39 E1
La Chapelle-d'Angillon F 38 B4
La Chapelle-en-Vercors F 53 E3
La Chapelle-Glain F 36 D6
La Charité-sur-Loire F 38 C4
La Chartre F 37 F5
La Châtaigneraie F 36 D4
La Châtre F 37 H3
La Chaux-de-Fonds CH 40 A2
La Ciotat F 73 G4
La Clayette F 38 D1
La Clusaz F 53 G5
La Cluse F 53 F6
La Cluse-et-Mijoux F 39 G2
La Coquille F 51 F6
La Coruña/A Coruña E 64 C5
La Côte-St-André F 53 E4
La Courtine F 51 H6
La Croisière F 37 G2
La Croix-Valmer F 86 A4
La Croixille F 25 F2
La Cure F 39 G1
La Espina E 65 F4
La Fère F 27 F4
La Ferté-Bernard F 26 B1
La Ferté-Gaucher F 27 F2
La Ferté-Macé F 25 G2
La Ferté-Milon F 27 E3
La Ferté-St-Aubin F 38 A5
La Ferté-sous-Jouarre F 27 E2
La Ferté-Vidame F 26 B2
La Flèche F 37 F6
La Flotte F 36 C3
La Gacilly F 24 D1
La Garde-Freinet F 86 A4
La Gineta E 83 G6
La Granadella E 79 E4
La Grand-Combe F 52 C2
La Grande-Motte F 73 E6
La Granja E 77 E5
La Grave F 53 G3
La Guardia E 77 E3
La Guerche F 38 B3
La Guerche-de-Bretagne F 25 F1
La Haye-du-Puits F 25 F4
La Hermida E 68 C5
La Hutte F 25 H2
La Iglesuela del Cid E 78 C3
La Isla E 68 B6
La Javie F 53 G2
La Jonquera E 72 B3
La Laguna E 80 b1
La Lima I 88 C6
La Línea de la Concepción E 81 G1
La Loupe F 26 B2
La Louvière B 27 G5
La Luisiana E 81 H4
La Machine F 38 C3
La Maddalena I 87 b4
La Magdalena E 65 G3
La Malène F 52 B3
La Manga del Mar Menor E 84 B2
La Maucarrière F 37 E4
La Molina E 79 H6
La Mongie F 71 E3
La Mothe-Achard F 36 C4
La Motte-Chalancon F 53 E2
La Mudarra E 68 A2
La Muela E 78 C6
La Mure F 53 F3
La Napoule-Plage F 86 B4
La Nava de Ricomalillo E 76 B3
La Neuve-Lyre F 26 B3
La Neuveville CH 40 A2
La Oliva E 80 d1
La Paca E 83 G3
La Pacaudière F 38 C1
La Pallice F 36 C3
La Palma del Condado E 81 E5
La Palmyre F 36 C2
La Palud-sur-Verdon F 86 A5
La Petite-Pierre F 28 D1
La Plagne F 53 H4
La Platja d'Aro E 72 B2
La Pobla de Segur E 71 F1
La Pola de Gordón E 65 G3
La Puebla de Cazalla E 81 G4
La Puebla de Montalbán E 76 D3
La Puebla de Valverde E 78 B3
La Punt CH 55 F6
La Rambla E 82 A4
La Réole F 50 D4
La Robla E 68 A5
La Roca de la Sierra E 75 F3
La Roca del Vallès E 72 A2
La Roche-Bernard F 36 B6
La Roche-Chalais F 50 D5
La Roche-en-Ardenne B 28 B4
La Roche-Posay F 37 F3
La Roche-sur-Foron F 53 G6
La Roche-sur-Yon F 36 C4
La Rochefoucauld F 37 E1
La Rochelle F 36 C3
La Rochette F 53 G4
La Roda E 77 G1
La Roque-Gageac F 51 F4
La Roquebrussanne F 73 H5
La Salvetat F 51 G3
La Salvetat-sur-Agout F 51 H1
La Seu d'Urgell E 71 G1
La Seyne F 73 G4
La Solana E 77 E1
La Souterraine F 37 G2
La Spézia I 87 G5
La Suze-sur-Sarthe F 37 F6
La Thuile I 53 H5
La Tour-du-Pin F 53 F5
La Tranche-sur-Mer F 36 C3
La Tremblade F 36 C2
La Trimouille F 37 G3
La Trinité F 24 C1
La Trinité-Porhoët F 24 D2
La Turbie F 86 C5
La Unión E 84 B2
La Vecilla E 68 A5

GENT/GAND
Comines
Roncq
Mouscron
Ste-
Marguerite
Linselles
TOURCOING
Quesnoy-
sur-Deûle
Hersaux
Frélinghien
Marcq
en-Baroeul
Wattrelos
Croix-au-
Bois
Mouvaix
ROUBAIX
Verlinghem
Wambrechies
Croix
Pérenchies
La
Madeline
DUNKERQUE
Toufflers
Lambersart
Lomme
Mons-en-
Baroeul
Forest-sur-
Marque
LILLE
Villeneuve
d'Ascq
Willems
Beaucamps-
Ligny
Loos
Lezennes
Sin
Lesquin
Sainghin-
en-Mélantois
Wattignies
Wavrin
Noyelles-
lès-Seclin
Lesquin
Cysoing
Seclin
Fretin
5 km
PARIS
VALENCIENNES

La Voulte-sur-Rhône
Le Thillot

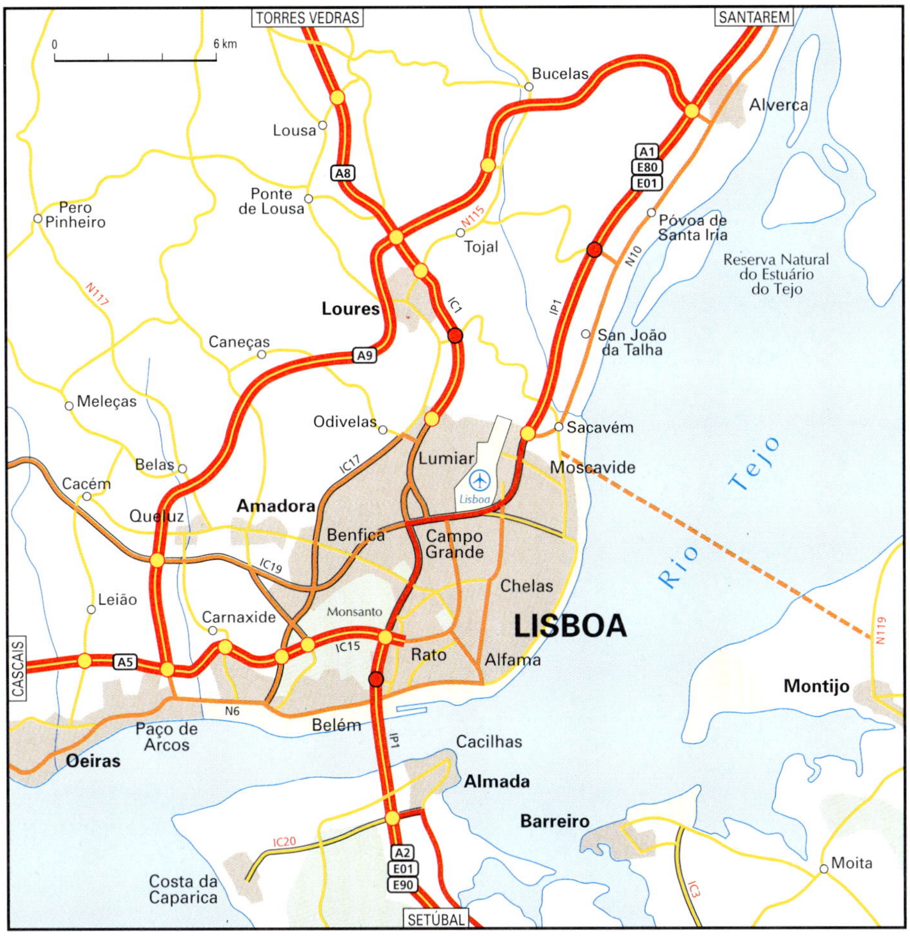
TORRES VEDRAS
SANTAREM
0
6 km
Bucelas
Alverca
Lousa
A8
A1
E80
E01
Pero
Pinheiro
Ponte
de Lousa
Póvoa de
Santa Iria
N115
Tojal
Reserva Natural
do Estuário
do Tejo
N10
N117
Loures
IC1
IP1
São João
da Talha
Caneças
A9
Meleças
Odivelas
Sacavém
IC17
Lumiar
Belas
Moscavide
Cacém
Lisboa
Rio Tejo
Queluz
Amadora
Benfica
Campo
Grande
IC19
Chelas
Leião
Monsanto
LISBOA
N119
Carnaxide
IC15
CASCAIS
A5
Rato
Alfama
Montijo
N6
Paço de
Arcos
Belém
Oeiras
IP1
Cacilhas
Almada
Barreiro
IC20
A2
E01
E90
Moita
IC3
Costa da
Caparica
SETÚBAL

La Voulte-sur-Rhône F 52 D3
La Wantzenau F 40 C6
Laa an der Thaya A 44 A5
Laage D 19 E6
Laajoki FIN 149 F6
Laanila FIN 165 G3
Laarbruch D 16 C2
Laasphe D 29 F5
Labastide-d'Armagnac F 50 D3
Labastide-Murat F 51 G4
Łabędzie PL 20 B5
Labenne F 50 A3
Labin HR 57 E2
Labinot Fushë AL 106 C4
Łabiszyn PL 21 E4
Lábod H 58 C5
Laboe D 128 D2
Labouheyre F 50 B4
Labrède F 50 C5
Labrit F 50 C3
Laç AL 106 B5
Lacalahorra E 82 D2
Lacanau F 50 C6
Lacanau-Océan F 50 B6
Lacapelle-Marival F 51 G4
Laćarak YU 59 F2
Lacaune F 51 H1
Lacco Ameno I 99 E2
Lacedonia I 100 C4
Lăceni RO 95 F6
Lachanás GR 107 H4
Lachaniá GR 124 C2
Lachdenpochja RUS 159 G3
Lâçin TR 111 F3
Lâçin TR 113 G3
Läckö S 138 C6
Lacona I 88 B3
Láconi I 87 b2
Lacq F 70 D4
Lacu Roşu RO 47 H2
Lacu Sărat RO 63 E4
Ladbergen D 17 F3
Ladby DK 128 D4
Lądek-Zdrój PL 32 D3
Lădeşti RO 61 F2
Ládi GR 109 F6
Ladik TR 120 B2
Ladispoli I 98 B4
Ladoeiro P 75 F5
Ladon F 38 B5
Laferté F 39 G4
Laffrey F 53 F4
Laforsen S 155 F3
Lafrançaise F 51 F3
Lagan S 138 D2
Laganás GR 114 C2
Lage D 17 G2
Lagg GB 8 B5
Łagiewniki PL 32 D4
Lagkáda GR 122 B5
Lagkáda GR 117 E5
Lagkadás GR 107 H4
Lagkádia GR 115 E2
Lagkadíkia GR 107 H4
Lagnieu F 53 F6
Lagny F 27 E2
Lagoa P 80 B5
Lagonegro I 100 C2
Lagonisi GR 116 A3
Lágos GR 108 D5
Lagos P 80 B5
Łagów PL 20 B2
Łagów PL 34 B4
Lagrasse F 72 B5
Laguardia E 69 F3
Laguépie F 51 G3
Laguiole F 52 A4
Lahinch IRL 4 C4
Lahnstein D 29 E4
Laholm S 138 C1
Lahr D 40 C5
Lahti FIN 150 C6
Laichingen D 41 F5
Laide GB 6 D4
Laignes F 39 E5
Laiguéglia I 86 D5
Laihia FIN 157 F5
Laikko FIN 159 G2
Laimbach A 43 F4
Lairg GB 7 E4
Laissac F 52 A3
Laisvall S 161 H5
Laitikkala FIN 158 A1
Laitila FIN 149 F6
Lajkovac YU 59 G1
Lajosmizse H 45 F1
Lakatnik BG 94 C4
Lakavica MK 107 F6
Lakitelek H 45 F1
Lákka GR 114 A6
Lakki GR 117 F2
Lákkoi GR 122 b2
Lákkoma GR 109 E4
Lakolk DK 128 B4
Lakselv N 165 F5
Laktasi BIH 58 B2
Lála GR 114 D2
Lalapaşa TR 96 C2
Lalín E 64 C4
Lalinde F 51 E5
Lalm N 153 G3
Lalouvesc F 52 D4
Lam D 31 E1
Lama di Peligni I 99 F4
Lamalou-les-Bains F 52 A1
Lamarche F 39 G5
Lamarque F 50 C6
Lamaskalesi TR 127 G4
Lamastre F 52 D4
Lambach A 43 E4
Lamballe F 24 D3
Lamberhurst GB 14 C2
Lambesc F 73 G6
Lambourn GB 13 G4
Lambrecht D 29 E2
Lamego P 66 D2
Lamía GR 115 E5
Lammhult S 139 E2
Lammi FIN 158 B1
Lamotte-Beuvron F 38 A5
Lampaul-Plouarzel F 24 A4
Lámpeia GR 114 D3
Lampeland N 145 F3
Lampeter GB 10 A1
Lamprechtshausen A 42 C4
Lamsfeld D 19 G2
Lamstedt D 17 H6
Lamure-sur-Azergues F 52 D6
Lana I 55 G6
Lanark GB 8 D4
Lancaster GB 10 D5
Lanchester GB 9 F1
Lanciano I 90 A1
Lancing GB 14 A2
Łańcut PL 34 D3
Landau D 29 E1
Landau D 42 C5
Landeck A 41 G2
Landerneau F 24 B3
Landesbergen D 17 H3
Landete E 78 A2
Landévennec F 24 B3
Landivisiau F 24 B4
Landivy F 25 F2
Landkirchen D 129 E2
Landquart CH 41 E2
Landrecies F 27 G4
Landsberg D 41 G4
Landsberg D 30 D6
Landsbro S 139 E3
Landshut D 42 B5
Landskrona S 129 G5
Landstuhl D 29 E2
Lanesborough IRL 2 D3
Langa DK 137 F1
Långå S 154 D4
Långåminne FIN 157 E5
Langangen N 145 F2
Langballig D 128 C3
Långban S 147 E3
Langeac F 52 C4
Langeais F 37 F5
Längelmäki FIN 158 B2
Langelsheim D 18 B2
Langen A 41 F2
Langen D 29 F3
Langen D 17 G6
Langenargen D 41 E3
Langenburg D 29 H1
Längenfeld A 41 G2
Langenfeld D 28 D6
Langenhahn D 29 F5
Langenisarhofen D 42 C5
Langenlois A 43 G5
Langennaundorf D 19 F1
Langenselbold D 29 G4
Langenthal CH 40 C3
Langenwang A 43 G3
Langenzenn D 30 B2
Langeoog D 17 F6
Langeskov DK 128 D4
Langesund N 145 F2
Langevåg N 144 A4
Langevåg N 152 C4
Langewiese D 29 F6
Långflon S 146 C6
Langhirano I 55 F2
Langholm GB 9 E3
Långlöt S 139 G1
Långnäs FIN 148 D4
Langnau im Emmental CH 40 B2
Langø DK 129 E3
Langogne F 52 B3
Langoiran F 50 D5
Langon F 50 D4
Langport GB 13 E3
Langquaid D 42 B5
Langres F 39 F4
Långsele S 155 H5
Långshyttan S 147 G4
Långträsk S 162 B4
Langula D 30 B5
Langwarden D 17 G6
Langwedel D 17 H4
Langweid D 41 G5
Lanjarón E 82 C2
Länkipohja FIN 158 B2
Lanmeur F 24 C4
Lannabruk S 147 E2
Lannemezan F 71 E3
Lannevesi FIN 158 B4
Lannilis F 24 B4
Lannion F 24 C4
Lanouaille F 51 F6
Lansjärv S 162 C6
Lanškroun CZ 32 C2
Lanslebourg-Mont-Cenis F 53 H4
Lantosque F 86 C5
Lanusei I 87 b2
Lanvollon F 24 D3
Lanžhot CZ 44 B5
Lanzo Torinese I 54 B4
Laon F 27 F3
Lapalisse F 38 C1
Lápas GR 114 D3
Lapinjärvi/Lappträsk FIN 150 C5
Lapinlahti FIN 163 F2
Lápithos (Lápta) CY 127 b2
Laplume F 51 E3
Lapoutroie F 40 B5
Lapovo YU 93 E6
Lappajärvi FIN 157 G6
Läppe S 147 F1
Lappeenranta FIN 159 E1
Lappfjärd/Lapväärtti FIN 157 E3
Lappi FIN 149 F6
Lappo FIN 149 E4
Lappohja/Lappvik FIN 149 G3
Lappträsk/Lapinjärvi FIN 150 C5
Lappvik/Lappohja FIN 149 G3
Lapseki TR 109 G4
Lápta (Lápithos) CY 127 b2
Laptevo RUS 143 H3
Lapua FIN 157 G5
Lăpuş RO 47 E3
Lăpuşna RO 47 G1
Lapväärtti/Lappfjärd FIN 157 E3
Łapy PL 23 E4
Laqueuille F 52 B6
Laragh IRL 5 G3
Laragne-Montéglin F 53 F2
Lärbo S 140 C4
Larche F 51 F5
Larche F 53 G2
Lårdal N 145 E3
Lærdalsøyri N 152 D1
Larderello I 88 C4
Lárdos GR 124 C3
Laredo E 69 E5
Largentière F 52 D3
Largo GB 9 F5
Largs GB 8 C4
Lari F 73 b3
Larino I 99 G4
Lárisa GR 107 G1
Larkollen N 145 H2
Larmor F 24 C2
Lárnaka CY 127 c1
Larne GB 3 G4
Larochette L 28 C3
Laroque-des-Arcs F 51 F4
Laroquebrou F 51 H4
Larrau F 70 C3
Larsnes N 152 C4
Laruns F 70 D3
Larvik N 145 G2
Lárymna GR 115 G4
Las Cabezas de San Juan E 81 F3
Las Caldas de Besaya E 68 D5
Las Campanas E 69 G3
Las Navas del Marqués E 76 D5
Las Negras E 83 F1
Las Palmas de
Gran Canaria E 80 c1
Las Pedroñeras E 77 F2
Las Rozas E 77 E4
Las Ventas con
Peña Aguilera E 76 D3
Läsänkoski FIN 158 D3
Łask PL 33 G6
Łaskarzew PL 22 C1
Łasko PL 20 B4
Laško SLO 57 F5
Laskowice PL 33 E3
Lassan D 19 G6
Lassay F 25 G2
Lassigny F 27 E4
Lastovo HR 91 E3
Lastra a Signa I 88 C5
Lastrup D 17 F4
Lastva BIH 91 H2
Lašva BIH 91 G6
Łaszczów PL 35 F4
Laterza I 101 E3
Lathen D 17 E4
Latheron GB 7 F4
Latiano I 101 F3
Latina I 98 C3
Latinu RO 62 D4
Latisana I 56 C4
Latronico I 100 D2
Laubrières F 25 F1
Laucha D 30 D5
Lauchhammer D 31 G6
Lauder GB 9 F4
Laudona LV 143 E2
Lauenau D 17 H3
Lauenburg D 18 C5
Lauenstein D 31 G4
Lauf D 30 C2
Laufen CH 40 B3
Laufen D 42 C3
Laufenburg CH 40 C3
Laufenburg D 40 C3
Lauffen D 29 G1
Laugarbakki IS 160 b2
Laugarvatn IS 160 b1
Laugharne GB 12 D5
Lauingen D 41 G5
Laujar de Andarax E 82 D2
Laukaa FIN 158 C4
Laukuva LT 133 E5
Launceston GB 12 C3
Laupen CH 40 B2
Laupheim D 41 F4
Lauragh IRL 4 B2
Laurencetown IRL 5 E4
Laurenzana I 100 C2
Lauria I 100 C1
Laurière F 37 G2
Lausanne CH 39 H1
Lauterbach D 29 H4
Lauterbourg F 29 E1
Lauterbrunnen CH 40 C1
Lauterecken D 29 E3
Lauterhofen D 30 C1
Lautrec F 51 G2
Lauvstad N 152 C4
Lauvvik N 144 B2
Lauwersoog NL 16 D6
Lauzerte F 51 F3
Lauzun F 51 E4
Lavagna I 87 F6
Laval F 25 G1
Lavamünd A 57 F6
Lávara GR 109 F6
Lavardac F 50 D3
Lavarone I 55 H5
Lavaur F 71 H4
Lavelanet F 71 H2
Lavello I 100 C4
Lavelsloh D 17 G3
Lavenham GB 14 D4
Lavia FIN 157 F2
Lavik N 152 B1
Lavinio-Lido di Enea I 98 C3
Lavis I 55 G5
Lavoûte-Chilhac F 52 B4
Lavoûte-sur-Loire F 52 C4
Lavre P 74 C3
Lávrion GR 116 A3
Lavry RUS 143 F3
Laxå S 147 E1
Laxe E 64 B5
Laxey GBM 8 C1
Laxo GB 6 b2
Laxtjärn S 146 D4
Läyliäinen FIN 150 A5
Lazarevac YU 59 G1
Lazarovo YU 59 G3
Lazdijai LT 133 G2
Lazise I 55 G4
Łaziska Górne PL 33 F3
Lázne Kynžvart CZ 31 E3
Lazovsk MD 48 D4
Łazy PL 130 D1
Le Bar F 86 B5
Le Barp F 50 C5
Le Beausset F 73 G4
Le Blanc F 37 G3
Le Boulou F 72 B4
Le Bourg d'Oisans F 53 F4
Le Bourget F 53 F5
Le Bugue F 51 F5
Le Cap-d'Agde F 72 D5
Le Cateau-Cambrésis F 27 F4
Le Catelet F 27 F4
Le Caylar F 52 B2
Le Chateau-d'Oléron F 36 C2
Le Châtelard F 53 G5
Le Châtelet F 38 A3
Le Chesne F 27 H3
Le Cheylard F 52 D4
Le Conquet F 24 A3
Le Creusot F 39 E2
Le Croisic F 36 B6
Le Crotoy F 26 D5
Le Donjon F 38 C2
Le Dorat F 37 F2
Le Faou F 24 B3
Le Faouët F 24 C2
Le Fossat F 71 G3
Le Grand-Bourg F 37 G2
Le Grand-Lucé F 37 F6
Le Grand-Pressigny F 37 F4
Le Grau-du-Roi F 73 E6
Le Havre F 26 A4
Le Hohwald F 40 B5
Le Lauzet-Ubaye F 53 G2
Le Lavandou F 86 A4
Le Lion-D'Angers F 37 E6
Le Locle CH 39 H2
Le Logis-du-Pin F 86 B5
Le Loroux-Bottereau F 36 C5
Le Louroux F 36 D6
Le Luc F 86 A4
Le Lude F 37 F5
Le Mans F 25 H1
Le Markstein F 40 B4
Le Mas-d'Azil F 71 G3
Le Mayet F 38 C1
Le Merlerault F 26 A2
Le Monastier F 52 C4
Le Monêtier-les-Bains F 53 G3
Le Mont-Dore F 52 B6
Le Mont-St-Michel F 25 F3
Le Montet F 38 B2
Le Muret F 50 C4
Le Muy F 86 A4
Le Neubourg F 26 B3
Le Nouvion-en-
Thiérache F 27 G4
Le Palais F 36 A6
Le Perthus F 72 B4
Le Pin-au-Haras F 26 A2
Le Poiré-sur-Vie F 36 C4
Le Pont-de-Beauvoisin F 53 F5
Le Pont-de-Claix F 53 F4
Le Pontet F 50 C6
Le Portel F 14 D1
Le Pouldu F 24 B2
Le Pouzin F 52 D3
Le Puy F 52 C4
Le Quesnoy F 27 G5
Le Rabot F 38 A5
Le Rozier F 52 B2
Le Russey F 40 A3
Le Teil F 52 D3
Le Teilleul F 25 G2
Le Thillot F 40 A4

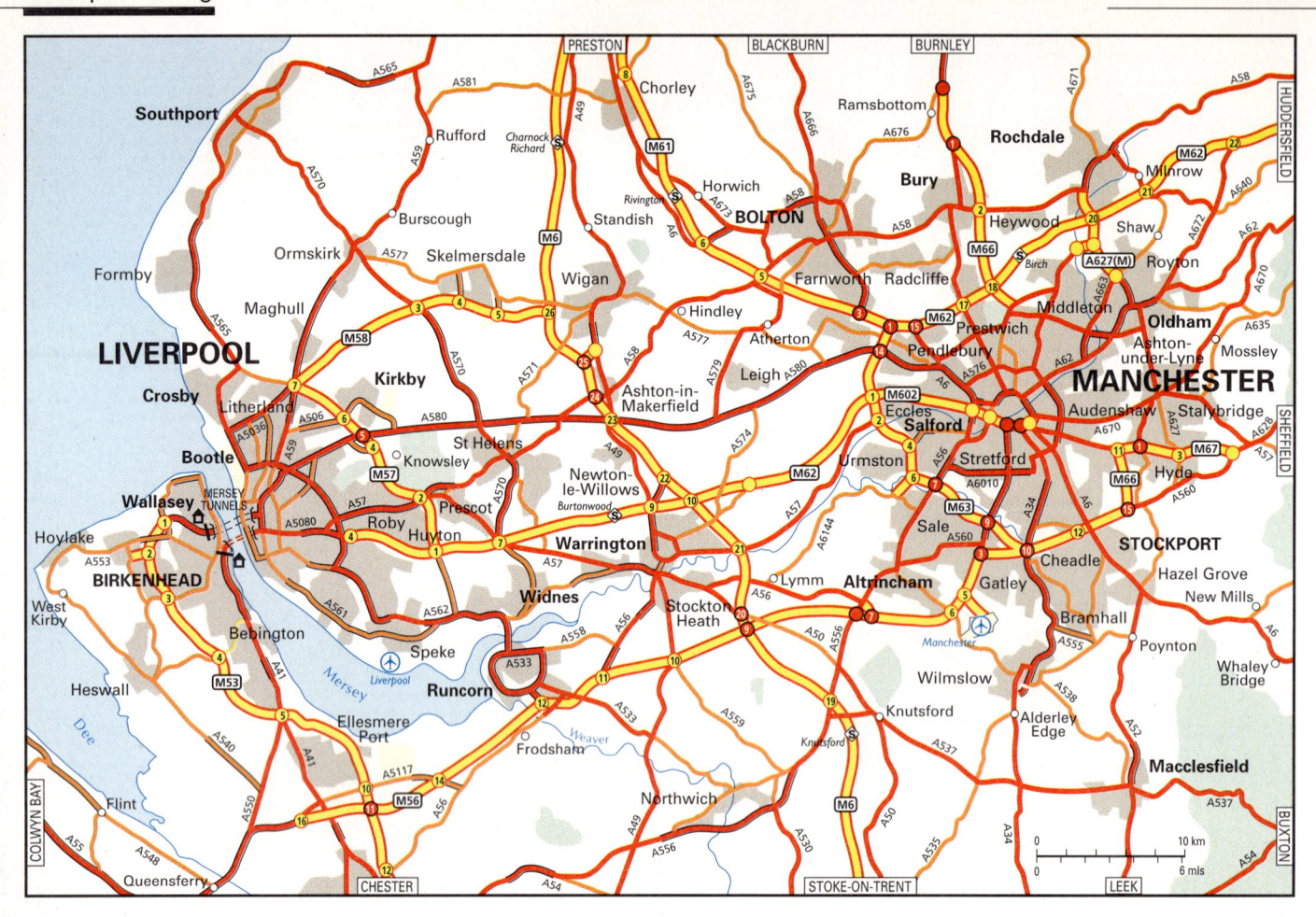

Name	Page	Grid
Le Touquet-Paris-Plage F	26	D6
Le Touvet F	53	F4
Le Trayas F	86	B4
Le Tréport F	26	C5
Le Val-André F	24	D3
Le Vaudreuil F	26	C3
Le Verdon F	36	C1
Le Vernet F	53	G2
Le Vigan F	52	B2
Le-Péage-de-Roussillon F	53	E5
Leaden Roding GB	14	C4
Leadenham GB	11	F2
Leadhills GB	8	D3
Leamington Spa GB	13	H5
Leap IRL	4	B1
Leatherhead GB	14	B3
Łeba PL	131	F2
Lebach D	28	D2
Lebane YU	93	F3
Lebedin UA	166	E3
Leberec CZ	32	A4
Łebno PL	131	G2
Łebork PL	131	F2
Lebrija E	81	F3
Lebus D	19	H3
Lecce I	101	G2
Lecco I	55	E5
Lécera E	78	C3
Lech A	41	F2
Lechainá GR	114	D3
Lechlade GB	13	G4
Lechovice CZ	43	H5
Léchovo GR	107	E3
Leci LV	141	F3
Leck D	128	B3
Lectoure F	51	E3
Łęczna UA	35	E6
Łęczyca PL	20	A5
Łęczyca PL	21	G2
Ledbury GB	13	F5
Ledeč nad Sázavou CZ	32	A2
Ledesma E	67	F1
Lédignan F	52	C2
Ledigos E	68	B4
Lednogora PL	20	D3
Lędyczek PL	20	D5
Leeds GB	11	F4
Leek GB	11	E3
Leek NL	16	D5
Leenane IRL	2	B3
Leer D	17	F5
Leerdam NL	16	B3
Leese D	17	H3
Leesi EST	150	C3
Leeuwarden NL	16	C5
Léfka (Lefke) CY	127	b2
Lefkáda GR	114	B5
Lefkádia GR	107	F3
Lefke (Léfka) CY	127	b2
Lefkímmi GR	114	A6
Lefkónikon (Geçitkale) CY	127	c2
Lefkoşa (Lefkósía) CY	127	c2
Lefkosía (Lefkoşa) CY	127	c2
Léfktra GR	115	G4
Legbąd PL	21	E5
Legden D	17	E3
Legé F	36	C4
Legionowo PL	22	B3
Legnago I	55	G3
Legnano I	54	D4
Legnica PL	32	C5
Legrená GR	116	A2
Léguevin F	71	G4
Legutiano E	69	F4
Lehliu RO	62	C2
Lehnice SK	44	C4
Lehnin D	19	E2
Lehrberg D	30	B1
Lehre D	18	B3
Lehrte D	18	B3
Lehtimäki FIN	157	H5
Leibnitz A	57	G6
Leidnara I	55	H3
Leicester GB	11	E2
Leiden NL	16	A3
Leighlinbridge IRL	5	F3
Leighton Buzzard GB	14	B4
Leikanger N	152	B4
Leikanger N	152	D1
Leinefelde D	30	B6
Leinesodden N	161	E5
Leipheim D	41	F5
Leipojärvi S	164	D1
Leipsoi GR	117	F2
Leipzig D	31	E6
Leirbotn N	165	E3
Leiria P	74	C5
Leirvik FR	136	b3
Leirvik N	144	B4
Leirvik N	152	B2
Leisnig D	31	E5
Leissigen CH	40	B1
Leiston GB	15	E4
Leitzkau D	18	D2
Leivádia GR	115	G4
Leivonmäki FIN	158	C3
Lejovo MD	149	E1
Lekeitio E	69	F5
Lekenik HR	57	H3
Lekhchevo BG	94	C5
Leknes N	152	D4
Leknica PL	31	H6
Leksand S	147	E5
Leksvik N	160	D2
Lekunberri E	69	G4
Lelice PL	21	H3
Lelkowo PL	132	B2
Lelów PL	33	H4
Lelystad NL	16	C4
Lem DK	128	B6
Lembach F	29	E1
Lembeye F	71	E4
Lemesós CY	127	b1
Lemförde D	17	G3
Lemgo D	17	G2
Lemke D	17	H4
Lemland FIN	148	D4
Lemmer NL	16	C5
Lemnia RO	62	B5
Lempäälä FIN	157	H1
Lempdes F	52	B5
Lempdes F	52	B6
Lemreway/Leumrabhagh GB	6	C4
Lemvig DK	136	D2
Lena N	145	H5
Lenart SLO	57	G6
Lencloître F	37	F4
Lendava SLO	58	A6
Lendinara I	55	H3
Lengerich D	17	F3
Lengyeltóti H	58	C6
Lenhovda S	139	F2
Lenk CH	40	B1
Lenna I	55	E5
Lenningen D	153	G1
Lenno I	54	D5
Lennoxtown GB	8	D5
Lenora CZ	42	D6
Lens F	27	F5
Lensahn D	128	D2
Léntas GR	123	d2
Lentföhrden D	128	C1
Lenti H	58	A6
Lentiira FIN	163	G4
Lenting D	42	A6
Lentini I	105	F3
Lentvaris LT	134	A3
Lenzburg CH	40	C3
Lenzen D	18	D4
Lenzerheide CH	41	E1
Lenzkirch D	40	C4
Leoben A	43	F2
Leogang A	42	C2
Leominster GB	13	F6
León E	67	H4
Léon F	50	B3
Leonberg D	41	E6
Leonforte I	105	E3
Leonídi GR	122	C6
Leontário GR	115	E1
Leopoldsburg B	16	B1
Leopoldsdorf A	44	A4
Leordeni RO	61	H2
Leordina RO	47	E4
Lepe E	80	D5
Lepel SU	135	H2
Lepetane YU	91	H2
Lepoglava HR	57	H5
Leposavić YU	92	D3
Lepoura GR	116	A4
Leppälahti FIN	159	F5
Leppävesi FIN	158	C4
Leppävirta FIN	159	E4
Lepşa RO	62	B5
Lepsény H	44	D1
Leptokaryá GR	107	G2
Lercara Friddi I	104	D4
Lerici I	87	G5
Lérida (Lleida) E	79	E5
Lerma E	68	C2
Lermoos A	41	G2
Lerum S	138	B4
Lerwick GB	6	b1
Lés E	71	F2
Les RO	46	B1
Les Abrets F	53	F5
Les Adrets F	86	B4
Les Aix-d'Angillon F	38	B4
Les Andelys F	26	C3
Les Arcs F	86	A4
Les Arcs F	53	H5
Les Baux-de-Provence F	73	F6
Les Borges Blanques E	79	F5
Les Cabannes F	71	G2
Les Contamines-Montjoie F	53	H5
Les Deux-Alpes F	53	G3
Les Diablerets CH	54	A6
Les Echarmeaux F	38	D1
Les Echelles F	53	F4
Les Epesses F	36	D4
Les Escaldes AND	71	G1
Les Essarts F	36	C4
Les Eyzies-de-Tayac F	51	F5
Les Gets F	53	H6
Les Halles F	53	E5
Les Haudères CH	54	B5
Les Hayons F	26	C4
Les Herbiers F	36	D4
Les Houches F	53	H5
Les Issambres F	86	B4
Les Laumes F	39	E4
Les Lecques F	73	G4
Les Menuires F	53	G4
Les Pieux F	25	F5
Les Planches-en-Montagne F	39	G2
Les Ponts-de-Cé F	37	E5
Les Riceys F	39	E5
Les Rosiers F	37	E5
Les Rousses F	39	G1
Les Sables-d'Olonne F	36	B4
Les Trois-Epis F	40	B5
Les Trois-Moutiers F	37	E4
Les Vans F	52	C2
Lesa I	54	C5
Lešak YU	92	D4
Lescar F	70	D4
Lesina I	100	C5
Lesja N	153	F3
Lesjaskog N	153	F4
Lesjaverk N	153	F4
Lesjöfors S	146	D3
Lesko PL	34	D2
Leskovac YU	93	F3
Leskovik AL	106	C2
Leskovo BG	96	D6
Lesmont F	39	E6
Lesneven F	24	B4
Leśna PL	33	F3
Lešnica YU	59	F1
Leśniów Wielki PL	20	B2
Lesnoje UA	49	F2
Lesogorskij RUS	159	F1
Lesparre-Médoc F	50	C6
Lespezi RO	48	B3
Lessay F	25	F4
Lessebo S	139	F2
Lessines B	27	G6
Lestelle Bétharram F	70	D3
Lestijärvi FIN	162	D2
Lesum D	17	G5
Leszczyny PL	33	F3
Leszno PL	20	C1
Leszno PL	22	B2
Letchworth GB	14	B4
Letenye H	58	B5
Letkés H	45	E3
Letmathe D	17	E1
Letnitsa BG	95	E4
Letovice CZ	32	C2
Letschin D	19	H3
Letterfrack IRL	2	A3
Letterkenny IRL	3	E5
Leu RO	61	F1
Leucate F	72	C5
Leuchars GB	9	F5
Leuglay F	39	E4
Leuk CH	54	B6
Leukerbad CH	54	B6
Leumrabhagh/Lemreway GB	6	C4
Leuna D	30	D6
Leušeny MD	148	D2
Leutasch A	41	H2
Leutenberg D	30	C4
Leutkirch D	41	F4
Leutschach A	57	G6
Leuven (Louvain) B	28	A6
Leuze B	27	G5
Levajok N	165	F5
Levan AL	106	B3
Levanger N	161	E2
Levanto FIN	150	B6
Lévanto I	87	F5
Leven GB	9	F5
Levens F	86	A5
Leverkusen D	28	D6
Levet F	38	B3
Levice SK	44	D4
Levico Terme I	55	H5
Levidi GR	115	E2
Levier F	39	G2
Levanjci	73	a1
Levoča SK	45	G6
Levroux F	37	H4
Levski BG	95	E5
Lewes GB	14	B2
Lewin Brzeski PL	33	E4
Leyburn GB	11	E5
Leyland GB	10	D4
Leyre E	70	C3
Leysdown GB	14	C3
Leysin CH	54	A6
Leżajsk PL	34	D3
Lezay F	37	E3
Lézé AL	106	B6
Lézignan-Corbières F	72	B5
Lezoux F	52	C6
Liapádes GR	106	B1
Libáň CZ	32	A3
Libčíz PL	33	G3
Libochovice CZ	31	G4
Libourne F	50	D5
Libramont B	28	B4
Librazhd AL	106	C4
Licata I	104	D2
Lich D	29	G4
Lichfield GB	11	E2
Lichoslavl' RUS	167	G1
Lichtenau D	17	G1
Lichtenberg D	30	D4
Lichtenfels D	30	C3
Lichtenstein D	31	E4
Lichtenvoorde NL	16	D3
Lički Osik HR	57	F1
Licko Lešce HR	57	G2
Lida SU	134	B1
Liden S	155	G4
Lidingö S	148	B2
Lidköping S	138	C5
Lido degli Estensi I	56	B2
Lido di Camaiore I	88	B6
Lido di Castel Fusano I	98	B4
Lido di Jésolo I	56	B4
Lido di Latina I	98	C3
Lido di Metaponto I	101	E2
Lido di Nazioni I	56	B2
Lido di Òstia I	98	B4
Lido di Pomposa I	56	B2
Lido di Spina I	56	B2
Lido di Torre Mileto I	100	C6
Lido di Venézia I	56	B3
Lido Silvana I	101	F2
Lidoríki GR	115	E4

Name	Page	Grid
Lidzbark PL	21	H4
Lidzbark Warminski PL	132	C1
Liebenau D	17	H3
Liebenwalde D	19	F4
Lieberose D	19	G2
Liedenpohja FIN	157	G4
Liège (Luik) B	28	B5
Lieksa FIN	163	G2
Lienz A	42	C1
Liepāja LV	141	E1
Lier B	16	A1
Liernais F	38	D3
Liesjärvi FIN	158	A4
Liestal CH	40	C3
Liești RO	62	D5
Lieto FIN	149	G5
Lieurey F	26	B3
Lievestuore FIN	158	C4
Lievikoski FIN	157	F1
Liezen A	43	E3
Lifford IRL	3	E5
Liffré F	25	F2
Lignano Pineta I	56	C4
Lignano Sabbiadoro I	56	C4
Ligneuville B	28	C4
Lignières F	38	A3
Ligny-en-Barrois F	28	A1
Ligueil F	37	G4
Lihme DK	137	E2
Lihula EST	142	A6
Liiva EST	141	H6
Lijeva Rijeka YU	92	B2
Likenäs S	146	C5
Lild Strand DK	137	E3
Lilienfeld A	43	G4
Liljendal FIN	150	C5
Lilla Edet S	138	B5
Lillafüred H	45	G4
Lille DK	129	F4
Lille F	27	F6
Lillebonne F	26	B4
Lillehammer N	153	H1
Lillerød DK	129	G5
Lillers F	27	E6
Lillesand N	137	E5
Lillestrøm N	146	A4
Lillhärdal S	154	D2
Lillholmsjö S	161	F2
Lillo E	77	E3
Limanowa PL	34	B2
Limavady GB	3	F5
Limbaži LV	142	C4
Limburg D	29	F4
Limedsforsen S	146	D6
Limenária GR	108	C4
Liméni GR	122	B5
Limerick IRL	4	D3
Limhamn S	129	G4
Limín Chersonísou GR	123	d3
Limín Litochórou GR	107	G2
Liminka FIN	162	D4
Limmared S	138	C3
Limnária GR	122	C4
Limni GR	115	G5
Límnos GR	116	D5
Limoges F	37	G1
Limogne-en-Quercy F	51	G3
Limone Piemonte I	54	A1
Limone sul Garda I	55	G4
Limonest F	53	E5
Limours F	26	D2
Limoux F	72	A5
Limpezisu RO	62	C3
Lin AL	106	C4
Linares E	82	D5
Linares de Riofrio E	76	A6
Linariá GR	116	B5
Lincoln GB	11	G3
Lind DK	128	C6
Lindås S	139	F1
Lindau D	41	E3
Lindau D	18	D2
Linde DK	136	D1
Lindenberg D	41	F3
Lindenfels D	29	F2
Linderhof D	41	G3
Lindern D	17	F4
Lindesberg S	147	F3
Lindome S	138	B3
Líndos GR	124	C3
Lindoso P	66	C4
Lindow D	19	F4
Lingbo S	147	G6
Linge N	152	D2
Lingen D	17	E4
Linghed S	147	F5
Linguaglossa I	105	G4
Linköping S	139	F5
Linlithgow GB	9	E4
Linneryd S	139	E1
Linovo RUS	143	F6
Linovo SU	23	G3
Linsdal S	139	G1
Linsell S	154	D3
Linthal CH	40	D2
Linton GB	14	C4
Lintula RUS	151	H5
Lintzel D	18	B4
Linz A	43	E4
Linz D	29	E5
Lioni I	100	B3
Lipany SK	45	H6
Lipar YU	59	F4
Lipeck RUS	167	F5
Liperi FIN	159	F5
Liphook GB	13	H2
Lipany PL	20	A4
Lipica SLO	56	D4
Lipik HR	58	B3
Lipinki Łużyckie PL	20	A1
Lipka PL	20	D5
Lipkany MD	48	B5
Lipljan YU	93	E2
Lipnica PL	20	D6
Lipník nad Bečvou CZ	33	E1
Lipnița SU	134	B1
Lipnița RO	62	D1
Lipno CZ	43	E5
Lipno PL	21	G4
Lipova RO	60	B3
Lipowo PL	21	H5
Lippstadt D	17	F2
Lipsk PL	23	E6
Lipsko PL	34	C5
Liptovská Osada SK	45	G6
Liptovská Teplička SK	45	H6
Liptovský-Mikuláš SK	45	G6
Liria E	78	B1
Lisbellaw GB	3	E4
Lisboa P	74	B3
Lisburn GB	3	G5
Liscarroll IRL	4	C2
Lisdoonvarna IRL	4	C4
Lisec UA	47	F5
Liseleje DK	129	F5
Liselund DK	129	G3
Lisia Góra PL	34	B3
Lisieux F	26	A3
Lisle F	51	G2
Lismore IRL	4	D2
Lišnja BIH	58	C2
Lišov CZ	43	F6
Lisse NL	16	A4
Lisskogsbränden S	146	D5
List D	128	B4
Listeava RO	94	C5
Lištica BIH	91	F1
Listowel IRL	4	C3
Lit S	155	E6
Lit-et-Mixe F	50	B4
Lithakía GR	114	C2
Lithínes GR	123	f2
Liti GR	107	G2
Litija SLO	57	F5
Litke H	45	F4
Litóchoro GR	107	G2
Litoměřice CZ	31	G4
Litomyšl CZ	32	C2
Little Walsingham GB	11	H1
Littlehampton GB	14	A2
Littleport GB	14	C5
Litvinov CZ	31	F4
Livada RO	46	D3
Livade HR	56	D3
Livaderó GR	108	B5
Livádi GR	116	B1
Livádia GR	124	B3
Liváni LV	143	E1
Livarot F	26	A3
Livernon F	51	G4
Liverpool GB	10	D4
Livigno I	55	F6
Livingston GB	9	E4
Livno BIH	91	E5
Livorno I	88	B5
Livron F	52	D3
Liw PL	22	C3
Lixoúri GR	114	B3
Lizard GB	12	A2
Lizy F	27	E2
Ljig YU	92	C6
Ljubaništa MK	106	D5
Ljubelj SLO	57	F5
Ljubinje BIH	91	G3

Ljubljana — Luc-en-Diois

Name	Page	Grid
Ljubljana SLO	57	E5
Ljubno SLO	57	F5
Ljubovija YU	92	B6
Ljubuški BIH	91	F3
Ljugarn S	140	B3
Ljungby S	138	D2
Ljungbyhed S	129	H5
Ljungbyholm S	139	G1
Ljungdalen S	154	E3
Ljungsbro S	139	F5
Ljungskile S	138	B3
Ljusdal S	155	G2
Ljusfallshammar S	139	F6
Ljusne S	155	H1
Ljutići YU	92	B4
Ljutomer SLO	57	H6
Llafranc E	72	C4
Llagostera E	72	B2
Llanberis GB	10	B4
Llanbister GB	10	B2
Llançà E	72	C3
Llandeilo GB	12	D5
Llandiloes GB	10	B2
Llandissilio GB	12	C6
Llandovery GB	13	E5
Llandrillo GB	10	C3
Llandrindod Wells GB	10	B1
Llandudno GB	10	B4
Llanelli GB	12	D5
Llanerchymedd GB	10	B4
Llanes E	68	C6
Llanfair Caereinion GB	10	C2
Llanfairfechan GB	10	B4
Llanfyllin GB	10	C3
Llangefni GB	10	B4
Llangollen GB	10	C3
Llangurig GB	10	B2
Llanstephan GB	12	D5
Llantrisant GB	13	E4
Llantwit Major GB	13	E4
Llanuwchllyn GB	10	B3
Llavorsí E	71	F1
Lleida (Lérida) E	79	E5
Llerena E	81	G6
Lles E	71	G1
Llodio E	69	E4
Lloret de Mar E	72	B2
Llucmayor E	85	a2
Lnáře CZ	31	F1
Loano I	86	D5
Löbau D	31	H5
Lobenstein D	30	C4
Łobez PL	20	B5
Löbnitz D	129	G2
Loburg D	18	D2
Łobżenica PL	20	D4
Locarno CH	54	D5
Loccum D	17	H3
Loch Baghasdail/Lochboisdale GB	6	A3
Loch nam Madadh/Lochmaddy GB	6	B4
Lochailort GB	6	C2
Lochaline GB	6	C1
Locharbriggs GB	8	D3
Lochboisdale/Loch Baghasdail GB	6	A3
Lochcarron GB	6	D3
Lochearnhead GB	8	D6
Lochem NL	16	D3
Loches F	37	G4
Lochgilphead GB	8	C5
Lochgoilhead GB	8	C5
Lochinver GB	6	D2
Lochmaddy/Loch nam Madadh GB	6	B4
Łochocin PL	21	G3
Łochów PL	22	C3
Lochranza GB	8	C4
Lochvica UA	166	E3
Lockenhaus A	44	A2
Lockerbie GB	9	E3
Löcknitz D	19	G5
Locmaria F	36	A6
Locmariaquer F	24	C1
Locminé F	24	D2
Locorotondo I	101	F3
Locquirec F	24	C4
Locri I	102	D2
Locronan F	24	B3
Loctudy F	24	B2
Loddon GB	15	E5
Lodè I	87	c4
Löderup S	130	B4
Lodève F	52	B1
Lodi I	55	E3
Lødingen N	164	B3
Lodosa E	69	F3
Löddöse S	138	R4
Lody SU	134	D5
Łódź PL	21	G1
Loeches E	77	E4
Loen N	152	D3
Løfallstrand N	144	B4
Lofer A	42	C3
Lofsdalen S	154	E3
Lofthus N	144	C5
Loftus GB	11	G6
Loga D	17	F5
Logatec SLO	57	E4
Logojsk SU	135	E2
Logroño E	69	F3
Logrosán E	76	A3
Løgstør DK	137	E2
Løgumkloster DK	128	B4
Lohals DK	129	E4
Lohberg D	42	C6
Lohéac F	25	E1
Lohikoski FIN	159	F3
Lohiniva FIN	165	F1
Lohja FIN	150	A4
Lohne D	17	F4
Löhne D	17	G3
Lohnsfeld D	29	E2
Lohr D	29	H3
Loimaa FIN	149	G6
Lóiri I	87	c4
Loitz D	19	F6
Loja E	82	B3
Lojt Kirkeby DK	128	C4
Lokači UA	35	G5
Lokakylä FIN	158	B6
Lokalahti FIN	149	E5
Lokča SK	33	G1
Loken N	146	A3
Lokeren B	15	G1
Løkken DK	137	F3
Lokn'a RUS	167	C7
Lököshaza H	60	A5
Lokve HR	57	F3
Lokve YU	60	A3
Lom BG	94	B5
Lom N	153	F3
Lombez F	71	F4
Lomello I	54	D3
Lomen N	153	F1
Lomma S	129	H5
Lomme F	27	F6
Lommel B	16	B1
Lomnice nad Lužnici CZ	43	F6
Lomonosov RUS	151	H4
Łomża PL	22	C4
Lonato I	55	F4
Loncari BIH	59	E2
Lončarica HR	58	B4
Londinières F	26	C4
London GB	14	B3
Londonderry GB	3	F5
Long Eaton GB	11	E2
Long Melford GB	14	C4
Long Preston GB	11	E5
Long Stratton GB	14	D5
Long Sutton GB	11	G1
Longarone I	56	B5
Longeau F	39	F4
Longford IRL	2	D3
Longhoughton GB	9	G3
Longny-au-Perche F	26	B2
Longobucco I	103	E5
Longtown GB	9	E2
Longué F	37	E5
Longuyon F	28	B3
Longwy F	28	B3
Lonigo I	55	H3
Löningen D	17	F2
Lono N	144	C4
Lönsboda S	130	B6
Lons-le-Saunier F	39	F2
Lønset N	153	E5
Lønset N	153	G4
Lønstrup DK	137	F3
Looe GB	12	C2
Loosdorf A	43	G4
Lopar HR	57	F2
Lopare BIH	59	E1
Lopătari RO	62	B4
Lopatica MK	106	D5
Lopatin UA	35	H4
Lopatovo RUS	143	G5
Lopera E	82	C4
Loppi FIN	150	A5
Lopud HR	91	G2
Łopuszno PL	34	A5
Lora del Rio E	81	G5
Lorca E	83	G3
Lorch B	28	B5
Lorch D	29	E3
Lorch D	41	F6
Lorentzen F	28	D1
Loreo I	56	B3
Loreto I	89	G4
Loreto Aprutino I	89	G2
Lorgues F	86	A4
Lorica I	102	D4
Lőrinci H	45	F3
Loriol-sur-Drôme F	52	D3
Lormes F	38	D4
Lormont F	50	C5
Lörrach D	40	B3
Lorris F	38	B5
Lorup D	17	F4
Los E	155	F2
Los Alcázares E	84	B3
Los Arcos E	69	F3
Los Arenales del Sol E	84	C4
Los Barrios E	81	F1
Los Cristianos E	80	bl
Los Llanos de Aridane E	80	a1
Los Navalmorales E	76	C3
Los Palacios y Villafranca E	81	F4
Los Urrutias E	84	B2
Losar de la Vera E	76	B4
Losenstein A	43	E3
Losheim D	28	C4
Losheim D	28	D2
Łosice PL	22	D2
Łososina Dolna PL	34	B2
Lossburg D	40	D5
Lossiemouth GB	7	F3
Lostwithiel GB	12	B2
Lote N	152	C3
Lotorp S	139	F6
Lotte D	17	F3
Lotzorai I	87	c2
Louchi RUS	163	H6
Loudéac F	24	D2
Loudes F	52	C4
Loudun F	37	E4
Loué F	25	G1
Loughborough GB	11	E2
Loughbrickland GB	3	F3
Loughall GB	3	F3
Loughglinn IRL	2	C3
Loughrea IRL	4	D4
Louhans F	39	F2
Louisburgh IRL	2	B3
Loulay F	36	D2
Loulé P	80	C5
Louny CZ	31	G3
Lourdes F	71	E3
Louredo P	66	C4
Lourinha P	74	B5
Loúros GR	114	B5
Lousã P	74	D6
Lousada P	66	C3
Louth GB	11	G3
Loutrá I	116	B2
Loutrá GR	117	E5
Loutrá Aidipsoú GR	115	G5
Loutrá Elefrherón GR	108	B4
Loutrá Kounoupélli GR	114	B3
Loutrá Kyllinis GR	114	C2
Loutrá Lagkadá GR	107	H4
Loutrá Smokóvou GR	115	E5
Loutrá Vólvis GR	108	A4
Loutrá Ypátis GR	115	E5
Loutráki GR	114	C5
Loutráki GR	115	G3
Loutró Elénis GR	115	G3
Loutrópoli Termis GR	109	G1
Loutrós GR	109	E5
Loútsa GR	116	A3
Louvain (Leuven) B	28	A6
Louviers F	26	C3
Lövänger S	162	B3
Lovasberény H	44	D2
Lövberga S	161	G3
Lovech BG	95	E4
Lovére I	55	F3
Loviisa/Lovisa FIN	150	C5
Lovios E	66	D4
Lovisa/Loviisa FIN	150	C5
Lövnäs S	161	H5
Lövö H	44	B2
Lovosice CZ	31	G4
Lovran HR	57	E3
Lovrin RO	59	H4
Lövstabruk S	148	A4
Löwenberg D	19	F4
Lowestoft GB	15	E5
Lowick GB	9	G3
Łowicz PL	21	H2
Loż SLO	57	E4
Lozarevo BG	96	C5
Lozen BG	94	D2
Lozenets BG	97	E3
Loznica YU	59	E1
Lozovac HR	90	D5
Lozoyuela E	77	E5
Lozzo di Cadore I	56	B6
Luanco E	65	E3
Luarca E	65	F5
Lubaczów PL	35	E3
Lubań PL	32	A5
Lubartów PL	34	D6
Lubasz PL	20	C3
Lubawa PL	21	G5
Lubawka PL	32	B4
Lübbecke D	17	G3
Lübben D	19	G2
Lübbenau D	19	G1
Lübbow D	18	C4
Lübeck D	18	C6
Lubenec CZ	31	F3
Lubersac F	51	G6
Lubia E	69	E1
Lubichowo PL	21	F6
Lubień PL	34	A2
Lubień Kujawski PL	21	G3
Lublin PL	32	C6
Lubliniec PL	34	D6
Lubliniec PL	33	F4
Lubniewice PL	20	B3
Lubny UA	166	G3
Lubomino PL	132	B1
Luboń PL	20	D2
Luboniek PL	21	F2
Luboradz PL	32	C5
Lubosalma RUS	163	H2
Lubowidz PL	21	H4
Łubowo PL	20	D3
Łubowo PL	20	D3
Lubraniec PL	21	F3
Lubsko PL	20	A1
Lübtheen D	18	C5
Lübz D	18	D5
Luc-en-Diois F	53	E3

Luc-sur-Mer
Marchegg

MADRID
Alcobendas
BURGOS
El Pardo
El Pardo
Paracuellos de Jarama
Fuencarral
Hortaleza
Chamartin
Barajas
SEGOVIA
A6
Tetuán
Ciudad Lineal
M40
A10
Aravaca
Moncloa
M30
Pozuelo de Alarcón
M40
M503
ZARAGOZA
A2
E90
Salamanca
San Blas
San Fernando de Henares
Chamberí
Casa de Campo
Coslada
Centro
Retiro
Moratalaz
Arganzuela
Latina
Vicálvaro
M30
Vallecas
Carabanchel
M40
Villa de Vallecas
A3
E901
Villaverde
Alcorcón
Leganés
BADAJOZ
VALENCIA
Móstoles
Perales del Río
Getafe
0
5 km
TOLEDO
SEVILLA

Luc-sur-Mer F 25 H4
Lucan IRL 5 G4
Lucca I 88 B5
Lucena E 82 B4
Lucena del Cid E 78 C2
Lucenay F 38 D3
Lučenec SK 45 F4
Lucera I 100 B5
Lüchow D 18 C4
Luciana E 76 C1
Lucianca RO 62 B2
Lucito I 99 F4
Luck UA 166 B3
Luckau D 19 G1
Luckenwalde D 19 F2
Lückstedt D 18 D4
Luçon F 36 C3
Ludbreg HR 58 A5
Lüdenscheid D 29 E6
Lüderitz D 18 D3
Ludgershall GB 13 G3
Lüdinghausen D 17 E2
Ludlow GB 10 C1
Luduș RO 61 F6
Ludvika S 147 F4
Ludwigsburg D 41 E6
Ludwigshafen D 29 F2
Ludwigshafen D 41 E4
Ludwigslust D 18 D5
Ludwigsstadt D 30 C4
Ludza LV 143 F2
Luga RUS 167 C8
Lugagnano Val d'Arda I 55 E2
Lugano CH 54 D5
Lügde D 17 H2
Lugo E 64 D4
Lugo I 56 A1
Lugoj RO 60 B4
Lugones E 68 A6
Luhalahti FIN 157 G2
Luhanka FIN 158 C3
Luhtapohja FIN 159 G6
Luhtikylä FIN 150 C6
Luigny F 26 B1
Luik (Liège) B 28 B5
Luikonlahti FIN 159 E6
Luino I 54 D5
Luka YU 93 F6
Lukavac BIH 58 D1
Lŭki BG 95 E1
Lukovica SLO 57 F5
Lukovit BG 94 D4
Lukovo MK 106 C5
Lukovo YU 93 F5
Lukovo Šugarje HR 57 F1
Łuków PL 22 D2
Lukta PL 21 H6
Luleå S 162 C4
Lüleburgaz TR 109 G6
Lumbarda HR 91 E3
Lumbier E 69 H3
Lumbrales E 67 E1
Lumbres F 27 E6
Lummen B 28 B6
Lumo/Gernika E 69 F5
Lumparland FIN 148 D4
Lumsås DK 129 F5
Lun HR 57 F2
Luna RO 61 E6
Lunas F 52 A1
Lunca Corbului RO 61 G2
Lunca de Jos RO 48 A1
Lunca de Sus RO 48 A1
Luncani RO 61 E6
Luncani RO 48 B1
Luncavița RO 63 E4
Lund S 129 H5
Lunda S 148 B3
Lunde N 152 D2
Lunde N 145 F2
Lunde S 156 A5
Lundeborg DK 129 E4
Lunden D 128 B2
Lüneburg D 18 B5
Lunel F 73 E6
Lünen D 17 E2
Lunéville F 40 A6
Lungern CH 40 C2
Lungro I 102 D5
Lungvik S 156 A5
Luninec SU 166 B4
Lünne D 17 E3
Lunno SU 23 F5
Lunz A 43 F3
Luogosanto I 87 b4
Luopioinen FIN 158 B2
Lupac RO 60 B3
Lupeni RO 60 D3
Lupeni RO 61 G6
Lupoglav HR 58 A4
Lupșa RO 60 D6
Lurcy-Lévis F 38 B3
Lure F 39 H4
Lureuil F 37 G3
Lurgan GB 3 F4
Lus-la-Croix-Haute F 53 F3
Lušci Palanka BIH 58 A2
Lushnjë AL 106 B4
Lusi FIN 158 C2
Lusignan F 37 E3
Lusigny F 39 E6
Lusk IRL 5 G4
Luso P 66 B1
Luss GB 8 D5
Lussac-les-Châteaux F 37 F3
Lussan F 52 C2
Lustenau A 41 E3
Luster N 152 D2
Lutcza PL 34 D2
Lutherstadt Eisleben D 30 D6
Lutherstadt Wittenberg D 19 E1
Lütjenburg D 128 D2
Lutnes N 146 C6
Lutol Suchy PL 20 B2
Lutomiersk PL 21 G1
Luton GB 14 B4
Lutry PL 132 C1
Lutterworth GB 14 A6
Lututów PL 33 F6
Lützen D 30 D6
Lutzmannsburg A 44 A2
Lützow D 18 C6
Luumäki FIN 159 E1
Luvia FIN 157 E1
Luvozero RUS 163 G4
Luxembourg L 28 C3
Luxeuil-les-Bains F 39 H4
Luz-St-Sauveur F 71 E3
Lužani HR 58 C3
Luzarches F 26 D3
Luzern CH 40 C2
Lužki SU 135 E5
Luzy F 38 D2
Luzzara I 55 F2
Lwówek PL 20 C3
Lwówek Śląski PL 32 B5
Lyaskovets BG 95 F4
Lybster GB 7 G4
Lychen D 19 F4
Lycksele S 162 A3
Lydd GB 14 C2
Lydney GB 13 F4
Lygoúrio GR 115 G2
Lyme Regis GB 13 E2
Lymington GB 13 G2
Lympne GB 14 C2
Lyndhurst GB 13 G2
Lyness GB 7 G5
Lyngdal N 136 C5
Lyngseidet N 164 D4
Lynmouth GB 12 D4
Lynton GB 12 D4
Lyon F 53 E5
Lyons-la-Forêt F 26 C3
Lysá nad Labem CZ 31 H3
Lysekil S 138 A5
Lysi (Akdogan) CY 127 c2
Lyss CH 40 B2
Lysvik S 146 C4
Lytham St Annes GB 10 D5
Lyuben BG 95 E2
Lyubimets BG 96 B1

M

M'adel' SU 134 D3
M'akiševo RUS 143 H2
Maalahti/Malax FIN 157 E5
Maaninka FIN 158 D6
Maarianhamina/
Mariehamn FIN 148 D4
Maarianvaara FIN 159 F5
Maaseik B 28 C6
Maasmechelen B 28 C6
Maassluis NL 16 A3
Maastricht NL 28 B6
Mablethorpe GB 11 H3
Maçanet de la Selva E 72 B2
Mação P 75 E5
Macclesfield GB 11 E3
Macduff GB 7 G2
Macedo de Cavaleiros P 67 E3
Macerata I 89 G4
Macerata Féltria I 89 E5
Măceşu de Jos RO 94 C5
Machault F 27 G3
Mâchecourt F 36 C5
Machico P 80 f3
Machliny PL 20 C5
Machrihanish GB 8 B4
Machynlleth GB 10 B2
Maciejowice PL 22 C1
Măcin RO 63 E4
Mackenrode D 18 B1
Macomer I 87 b3
Mâcon F 39 E1
Macroom IRL 4 C2
Macugnaga I 54 B5
Mád H 46 A4
Madan BG 108 C6
Madängsholm S 138 D5
Madara BG 96 C5
Maddaloni I 99 F2
Made NL 16 B2
Maden TR 121 H3
Madésimo I 55 E6
Mădîrjac RO 48 C2
Madona LV 142 D2
Madonna di Campíglio I 55 G5
Madrid E 77 E4
Madridejos E 77 E2
Madrigal de las
Altas Torres E 67 H1
Maella E 78 D4
Mafra P 74 B4
Magallón E 69 G1
Magaluf E 85 a2
Magaz E 68 B3
Magdeburg D 18 D2
Magellarë AL 106 C5
Magenta I 54 D4
Magerholm N 152 D4
Magerov UA 35 F3
Magescq F 50 B3
Maghera GB 3 F4
Maghera RO 48 A4
Magherafelt GB 3 F4
Magierowa Wola PL 22 B1
Magione I 89 E4
Măgirești RO 48 B1
Maglaj BIH 58 D1
Maglavit RO 94 B6
Maglehem S 130 B5
Maglehøj Strand DK 129 E3
Magliano dei Marsi I 98 D5
Magliano in Toscana I 88 C3
Magliano Sabina I 89 E2
Maglić YU 92 D5
Maglie I 101 G2
Magnac-Laval F 37 G2
Magnor N 146 B3
Magny-en-Vexin F 26 D3
Măgoaja RO 47 E2
Maguiresbridge GB 3 E4
Măgurele RO 62 B3
Mahlu FIN 158 B4
Mahmudiye TR 111 G2
Mahmutlar TR 118 B2
Mahmutsévketpaşa TR 110 D5
Mahón E 85 c2
Mahora E 83 G6
Maials E 79 E5
Măicănești RO 62 D4
Maîche F 40 A3
Maida I 102 D3
Maidenhead GB 14 A3
Maidstone GB 14 C2
Maienfeld CH 41 E2
Măieriște RO 46 C2
Maieru RO 47 F3
Măieruș RO 61 H5
Mailly-le-Camp F 27 G1
Mainburg D 42 B5
Maintenon F 26 C2
Mainua FIN 163 E3
Mainz D 29 F3
Maiori I 99 F1
Maisach D 41 H4
Maišiogala LT 134 A3
Maissau A 43 G5
Maja HR 57 H3
Majaki UA 49 H2
Majavatn N 161 F4
Majdanpek YU 60 B1
Makarska HR 91 E4
Makedonski Brod MK 106 D5
Makkola FIN 159 F4
Makó H 59 G5
Makov SK 33 F1
Maków PL 33 H3
Maków Mazowiecki PL 22 B4
Mąkowarsko PL 21 E5
Makrakómi GR 115 E5
Mákri GR 115 E2
Mákri GR 109 E4
Makrýammos GR 108 C4
Makrýgialos GR 123 f2
Maksamaa/Maxmo FIN 157 F6
Malå S 162 A4
Mala Bosna YU 59 F5
Mala Krsna YU 60 A1
Malacky SK 44 B4
Málaga E 82 A2
Malagón E 76 D2
Malahide IRL 5 G4
Malaja Višera RUS 167 C8
Malaja Viska UA 166 D2
Malaucène F 53 E2
Malax/Maalahti FIN 157 E5
Malbork PL 21 G6
Malbuisson F 39 G2
Malcésine I 55 G4
Malchin D 19 E6
Malchow D 19 E5
Maldegem B 15 G2
Maldon GB 14 C3
Malé I 55 G6
Malechowo PL 131 E1
Máleme GR 122 b3
Malente-Gremsmühlen D 128 D1
Malesherbes F 26 D1
Malesína GR 115 G4
Malestroit F 24 D1
Mali Idjos YU 59 F4
Mali Losinj HR 57 E1
Mália GR 123 e3
Malicorne F 37 F6
Målilla S 139 F3
Malin IRL 3 F6
Malin UA 166 C3
Malin More IRL 2 D5
Malines (Mechelen) B 15 H1
Malinska HR 57 E3
Maliq AL 106 D3
Mališevo YU 92 D2
Maliuc RO 63 F4
Malkara TR 109 G5
Małkinia Górna PL 22 C3
Malko Gradishte BG 96 B1
Malko Tŭrnovo BG 96 D2
Mallaig GB 6 C2
Mallersdorf D 42 B5
Málles Venosta/
Mals im Vinschgau I 41 G1
Malling DK 128 D6
Mallnitz A 42 C1
Mallow IRL 4 C2
Malmbäck S 139 E3
Malmberget S 164 D1
Malmédy B 28 C5
Malmesbury GB 13 G4
Malmköping S 147 G1
Malmö S 129 G4
Malnaș RO 62 A5
Malo I 55 H4
Malo-les-Bains F 15 E1
Maloarchangel'sk RUS 167 E5
Maloja CH 55 E6
Malojaroslavec RUS 167 E6
Malón GR 124 C3
Malón GR 124 C3
Malorita SU 23 F2
Måløy N 152 B3
Malpaises E 80 a1
Malpartida de Cáceres E 75 G4
Malpica E 64 B5
Mals im Vinschgau/
Málles Venosta I 41 G1
Malšice CZ 31 H1
Malta LV 143 F1
Maltby GB 11 F3
Malton GB 11 G5
Malu RO 61 F1
Malung S 146 D5
Malungen N 146 B5
Maluszyn PL 33 H5
Mały Płock PL 22 C5
Malyovitsa BG 94 C2
Mamaia RO 63 F2
Mamers F 26 A2
Mammola I 102 D2
Mamonovo RUS 132 B2
Manacor E 85 b2
Manasija YU 93 E6
Mănăstirea Cașin RO 62 B6
Manastirea Humorului RO 47 H3
Mănăstirea Neamț RO 48 A3
Manavgat TR 126 B4
Mancha Real E 82 D4
Manchester GB 10 D4
Manching D 42 A5
Manciano I 88 C2
Mandal N 136 D5
Måndalen N 153 E4
Mándas I 87 b2
Mandelieu F 86 B4
Manderscheid D 28 D4
Mandira TR 112 D4
Mándok H 46 B4
Mándra GR 115 G3
Mándra GR 109 F6
Mandráki GR 117 G1
Manduria I 101 F2
Măneciu Ungureni RO 62 B4
Manérbio I 55 F3
Manětín CZ 31 F3
Mánfa H 58 D5
Manfredónia I 100 C5
Mangalia RO 63 F1
Manger N 144 B6
Mangualde P 66 C1
Maniago I 56 C5
Manisa TR 117 G5
Mank A 43 G4
Månkarbo S 148 A4
Mańki PL 22 A5
Mannheim D 29 F2
Manolas GR 114 D3
Manoleasa RO 48 B4
Manorhamilton IRL 2 D4
Manosque F 73 G6
Manresa E 79 G5
Manschnow D 19 H3
Mansfeld D 18 C1
Mansfield GB 11 F3
Mansilla de las Mulas E 68 A4
Mansle F 37 E2
Mansoniemi FIN 157 G2
Mantamádos GR 109 F1
Manteigas P 75 F6
Mantes F 26 C3
Mantorp S 139 F5
Mantoúd GR 115 G5
Mantova I 55 G3
Mäntsälä FIN 150 B5
Mänttä FIN 158 A3
Mäntyharju FIN 158 D2
Mäntyluoto FIN 157 E2
Manyas TR 110 B3
Manzanares E 77 E1
Manzanares el Real E 77 E5
Manzat F 38 B1
Maqueda E 76 D4
Maranchón E 77 H5
Maranello I 55 G2
Marano Lagunare I 56 C4
Marans F 36 C3
Mărășești RO 62 C5
Maratea I 100 C1
Marateca P 74 C3
Marathiás GR 115 E4
Marathókampos GR 117 F3
Marathónas GR 116 A3
Márathos GR 123 d3
Marathóvounos
(Ulukişla) CY 127 c2
Marazion GB 12 A2
Marbach D 41 E6
Marbella E 81 H2
Marboz F 39 F1
Marburg D 29 G5
Marcali H 58 C6
Marčana HR 56 D2
March GB 14 C5
Marchaux F 39 G3
Marche-en-Famenne B 28 B4
Marchegg A 44 B4

Marchena Messlingen

Marchena E 81 G4
Marcheprime F 50 C5
Marciac F 71 E4
Marciana Marina I 88 A3
Marcigny F 38 D1
Marcilla E 69 G2
Marcillac-Vallon F 51 H3
Marcillat F 38 B1
Marcilly-le-Hayer F 38 D6
Marcinowice PL 32 C4
Marckolsheim F 40 B5
Mardarovka UA 49 F4
Marennes F 36 C2
Mareuil F 36 C4
Mareuil F 51 E6
Margarítes GR 123 c2
Margaríti GR 114 B6
Margate GB 14 D2
Margherita di Savoia I 100 D4
Marghita RO 46 C2
Margina RO 60 C4
Marginea RO 47 H4
Margonin PL 20 D4
Marhaň SK 34 C1
Maria Laach D 29 E4
Maria Taferl A 43 F4
Maria Wörth A 57 E6
Mariager DK 137 F2
Mariannelund S 139 F3
Mariánské Lázně CZ 31 E3
Mariazell A 43 G3
Maribo DK 129 E3
Maribor SLO 57 G6
Mariefred S 147 H2
Mariehamn/
Maarianhamina FIN 148 D4
Marieholm S 129 H5
Marielyst DK 129 F2
Marienberg D 31 F4
Marienborn D 18 C2
Mariestad S 138 D6
Marifjøra N 152 D2
Marignane F 73 F5
Marigny-le-Châtel F 38 D6
Marijampolė LT 133 F2
Marikostinovo BG 107 H5
Marín E 64 B3
Marina GR 107 E4
Marina HR 90 D4
Marina di Árbus I 87 a2
Marina di Campo I 88 A3
Marina di Caronía I 105 E4
Marina di Carrara I 88 A6
Marina di Castagneto-
Donorático I 88 B4
Marina di Chiéuti I 100 B6
Marina di Gáiro I 87 c2
Marina di Ginosa I 101 E2
Marina di Gioiosa Jónica I 102 D2
Marina di Grosseto I 88 C3
Marina di Léuca I 103 H5
Marina di Massa I 88 A6
Marina di Pietrasanta I 88 B6
Marina di Pisa I 88 B5
Marina di Ragusa I 105 E2
Marina di Ravenna I 56 B1
Marina di San Vito I 90 A2
Marina Romea I 56 B1
Marina di Torre Grande I 87 a2
Marinella I 104 B3
Marineo I 104 C4
Marines F 26 D3
Maringues F 52 B6
Marinha Grande P 74 C6
Maristella I 87 a3
Maritsa BG 95 G2
Märjamaa EST 150 B1
Marjina Gorka SU 167 C5
Marjinsko RUS 151 F2
Marjovaara FIN 159 H5
Markaryd S 138 C1
Markdorf D 41 E3
Market Deeping GB 11 G1
Market Drayton GB 10 D3
Market Harborough GB 14 A5
Market Rasen GB 11 G3
Market Weighton GB 11 G4
Markethill GB 3 F3
Marki PL 22 B2
Märkisch Buchholz D 19 G2
Markleugast D 30 D3
Markneukirchen D 30 D3
Markópoulo GR 116 A3
Markovac YU 93 E6
Markranstädt D 30 D6
Markt Bibart D 30 B2
Markt Erlbach D 30 B2
Markt St Florian A 43 E4
Markt St Martin A 44 A2
Markt-Indersdorf D 41 H5
Marktbreit D 30 A2
Marktheidenfeld D 29 H3
Marktl D 42 C4
Marktoberdorf D 41 G3
Marktredwitz D 30 D3
Marktzeuln D 30 C3
Marl D 17 E2
Marlborough GB 13 G3
Marle F 27 G4
Marlenheim F 40 B6
Marlow D 129 G1
Marlow GB 14 A4
Marma S 147 H5
Marmande F 50 D4
Marmaraereğlisi TR 110 A5
Marmári GR 116 B3
Marmaris TR 124 C4
Mármaro GR 117 E5
Marmoutier F 40 B6
Marnay F 39 G3
Marne D 128 B1
Marnitz D 18 D5
Marnitz D 18 D5
Maróneia GR 108 D5
Maróstica I 55 H4
Marotta I 89 F5
Marpíssa GR 116 D1
Marquartstein D 42 B3
Marquion F 27 F5
Marquise F 14 D1
Marradi I 88 D6
Marsala I 104 B4
Maršavicy RUS 143 G4
Marsberg D 17 G1
Marsciano I 89 E3
Marseillan F 72 D5
Marseillan-Plage F 72 D5
Marseille F 73 G5
Marseille-en-Beauvaisis F 26 D4
Marshfield GB 13 F4
Marsico Nuovo I 100 C2
Märsta S 148 A3
Marstal DK 128 D3
Marstrand S 138 A4
Marta I 88 D2
Martano I 101 G2
Martel F 51 G4
Martelange B 28 B3
Marten BG 95 B2
Martfű H 45 G1
Martigné-Ferchaud F 25 F1
Martigny CH 54 A6
Martigues F 73 F5
Martin SK 45 E6
Martín de Yeltes E 67 F1
Martina Franca I 101 F3
Martina/Martinsbruck CH 41 F1
Martino GR 115 G4
Martinsbruck/Martina CH 41 F1
Mártis I 87 b4
Martock GB 13 E3
Martofte DK 128 D5
Martonvaara FIN 159 F6
Martonvásár H 45 E2
Martorell E 79 G4
Martos E 82 C4
Martti FIN 165 H2
Marttila FIN 149 G5
Marvão P 75 E4
Marvejols F 52 B3
Marwałd PL 21 H5
Marxwalde D 19 G3
Marxzell D 40 D6
Marynin PL 35 E5
Maryport GB 8 D2
Marzahna D 19 E2
Marzahne D 19 E3
Maschen D 18 B5
Masegoso de Tajuña E 77 G5
Masevaux F 40 A4
Masku FIN 149 F5
Maslenica HR 90 C6
Maslovare BIH 58 C1
Maspalomas E 80 c1
Massa I 88 B6
Massa Marittima I 88 B4
Massafra I 101 E3
Massat F 71 G2
Massay F 38 A4
Masseube F 71 F4
Massiac F 52 B5
Mastichári GR 117 G1
Maszecwo PL 20 A2
Maszewo PL 20 A5
Matabuena E 77 E6
Mátala GR 123 c2
Matalascañas E 81 E4
Matalebreras E 69 F1
Matallana E 68 A4
Mataró E 72 A2
Mataruška Banja YU 92 D5
Matei RO 47 F2
Matelica I 89 F4
Matera I 101 E3
Mateševo YU 92 B3
Mátészalka H 46 C4
Matfors S 155 H3
Matha F 36 D2
Mathay F 40 A3
Matīši LV 142 C4
Matignon F 25 E3
Matka MK 93 E1
Matlock GB 11 E3
Matos de Carrico P 74 D6
Matosinhos P 66 B3
Matour F 38 D1
Mátrafüred H 45 F3
Mátraháza H 45 F3
Matrei am Brenner A 41 H2
Matrei in Osttirol A 42 B1
Mattersburg A 44 A3
Mattighofen A 42 C4
Mattinata I 100 D5
Mattsee A 42 C4
Matulji HR 57 E3
Maubeuge F 27 G5
Maubourguet F 71 E4
Mauchline GB 8 D4
Mauerkirchen A 42 C4
Maulbronn D 29 F1
Mauléon F 36 D4
Mauléon-Licharre F 70 C4
Maulévrier F 36 D4
Maupertus-sur-Mer F 25 F5
Maura N 145 H4
Maure F 25 E1
Mauriac F 51 H5
Mauron F 24 D2
Maurs F 51 H4
Maurstad N 152 B3
Maury F 72 B4
Mautern A 43 F2
Mauterndorf A 42 D2
Mauth D 42 D6
Mauthausen A 43 E4
Mauvezin F 71 F4
Mauvoisin CH 54 A5
Mauzé-sur-le-Mignon F 36 D3
Mavrommáti GR 122 B6
Mavrothálassa GR 108 B4
Mavrovi Hanovi MK 106 D6
Mavrovo MK 106 D6
Mavrovoúni GR 122 C5
Măxineni RO 62 D4
Maxmo/Maksamaa FIN 157 F6
Maybole GB 8 C4
Mayen D 28 D4
Mayenne F 25 G2
Mayet F 37 F6
Maynooth IRL 5 G4
Mayorga E 68 A3
Mayrhofen A 42 A2
Mäyry FIN 157 G5
Mazagón E 81 E4
Mazamet F 51 G1
Mazara del Vallo I 104 B4
Mazarrón E 83 G2
Mažeikiai LT 133 E6
Mazères F 71 G3
Mazetown GB 3 G3
Mázia GR 106 D1
Mazirbe LV 141 G4
Mazurki PL 22 C1
Mazzarino I 105 E3
Mazzarò I 105 G4
Mcensk RUS 167 E5
Mdzewo PL 22 A4
Mealhada P 66 B1
Meaux F 27 E2
Mechelen (Malines) B 15 H1
Mechernich D 28 D5
Mecitözü TR 113 H3
Meckenbeuren D 41 E3
Medak HR 57 G1
Mede I 54 C3
Medebach D 29 G6
Medellín E 75 G2
Medemblik NL 16 B5
Medena Selišta BIH 91 E6
Medenica UA 35 F2
Medevi S 139 E6
Medgidia RO 63 E2
Medgyesegyháza H 59 H6
Mediaș RO 61 F5
Medicina I 55 H1
Medina de Rioseco E 68 A3
Medina del Campo E 68 A1
Medina-Sidonia E 81 F2
Medinaceli E 77 G5
Medininkai LT 134 B3
Medjumajdan HR 57 H2
Medskogen S 146 C5
Medulin HR 56 D2
Medved'ov SK 44 C3
Medvedja YU 93 F3
Medvode SLO 57 E5
Medyn' RUS 167 E6
Medzilaborce SK 34 D1
Medžitlija MK 107 E4
Meerane D 31 E5
Meersburg D 41 E3
Megáli Vólvi GR 108 A4
Megalochóri GR 107 F1
Megálon Chorió GR 124 B3
Megalópoli GR 115 E2
Mégara GR 115 G3
Megève F 53 H5
Megyaszó H 45 H4
Mehadia RO 60 C2
Mehikoorma EST 143 F6
Mehov Krš YU 92 D3
Mehun-sur-Yèvre F 38 A4
Meijel NL 16 C1
Meilen CH 40 D3
Meina I 54 C5
Meine D 18 B3
Meinerzhagen D 29 E6
Meiningen D 30 B4
Meira E 65 E4
Meiringen CH 40 C1
Meisenheim D 29 E3
Meissen D 31 F5
Meitingen D 41 G5
Męka PL 33 F6
Mel I 56 B5
Mel'nica-Podol'skaja UA 48 A6
Mel'nikovo RUS 159 G1
Mélampes GR 123 c2
Melbeck D 18 B5
Melbourn GB 14 B4
Melbu N 164 B3
Meldal N 153 G5
Meldola I 89 E6
Meldorf D 128 B1
Melegnano I 54 D4
Melenci YU 59 G3
Melfi I 100 C4
Melgaço P 64 B2
Melhus N 153 H6
Melide E 64 C4
Melides P 74 B2
Meligalás GR 122 B6
Meliki GR 107 G3
Melilli I 105 F2
Melinești RO 61 E2
Mélisey F 39 H4
Melissi GR 107 E2
Melito di Porto Salvo I 105 H4
Melitopol' UA 166 F2
Melk A 43 G4
Melksham GB 13 F4
Mellansel S 156 B6
Melle D 17 G3
Melle F 37 E2
Mellendorf D 18 A3
Mellerud S 138 B6
Mellieha M 104 b1
Mellilä FIN 149 G5
Mellin D 18 C3
Mellrichstadt D 30 B4
Melnica YU 60 B1
Melnik BG 107 H6
Mělník CZ 31 H3
Melrose GB 9 F3
Melsungen D 29 H6
Meltaus FIN 165 F1
Melton Constable GB 14 D6
Melton Mowbray GB 11 F2
Melun F 27 E1
Melvaig GB 6 C4
Melvich GB 7 F5
Mélykút H 59 F5
Memmingen D 41 F4
Mena UA 166 D4
Menággio I 54 D5
Menai Bridge GB 10 B4
Menat F 38 B1
Mendavia E 69 F3
Mende F 52 B3
Menden D 17 F1
Menemen TR 117 F5
Menen B 27 F6
Menetés GR 124 B1
Menfi I 104 C3
Ménfőcsanak H 44 C3
Mengen D 41 E4
Mengen TR 112 C2
Mengeš SLO 57 E5
Mengíbar E 82 C4
Mengishevo BG 96 C4
Menídi GR 114 C5
Mens F 53 F3
Menthon F 53 G5
Menton F 86 C5
Meppel NL 16 D4
Meppen D 17 E4
Mequinenza E 79 E5
Mer F 37 H5
Mera E 64 D6
Meråker N 161 E2
Meran/Merano I 55 G6
Merano/Meran I 55 G6
Mercadal E 85 c2
Mercatale I 89 E4
Mercatino Conca I 89 E5
Mercato San Severino I 99 F2
Mercato Saraceno I 89 E5
Merdivenliyayla TR 120 D1
Merdrignac F 24 D2
Méréville F 26 D1
Méribel F 53 G4
Mérichas GR 116 B2
Merichleri BG 95 F2
Mérida E 75 G2
Merikarvia FIN 157 E2
Merimasku FIN 149 F5
Měřín CZ 32 B1
Mering D 41 G4
Merișani RO 61 G3
Merkendorf D 30 B1
Merkine LT 133 G1
Merklingen D 41 F5
Merligen CH 40 B1
Mern DK 129 F3
Mernye H 58 C6
Mersch D 28 C6
Mersch L 28 C3
Merseburg D 30 D6
Mersin TR 127 G5
Mērsrags LV 141 H3
Merthyr Tydfil GB 13 E5
Mértola P 80 D6
Méru F 26 D3
Mervans F 39 F2
Méry F 27 F1
Merzifon TR 113 H3
Merzig D 28 C2
Mesagne I 101 G3
Mesão Frio P 66 C3
Meschede D 17 F1
Meschers-sur-Gironde F 36 C1
Mešeišta MK 106 D5
Mesenikólas GR 114 D6
Mesinge DK 128 D4
Mesklá GR 122 b3
Meslay F 25 G1
Mesnalien N 153 H1
Mesnil-Val F 26 C5
Mesocco CH 54 D6
Mesochóra GR 114 C6
Mésola I 56 B2
Mesolóngion GR 114 D4
Mesón do Vento E 64 C5
Mesopótamo GR 114 B6
Mespelbrunn D 29 G3
Messdorf D 18 D3
Messina I 105 G5
Messíni GR 122 B5
Messkirch D 41 E4
Messlingen S 154 C4

AVIGNON
GAP
NICE
MARTIGUES
TOULON
A7
E714
A8
E80
A51
E712
A52
A55
A50
A501
Luynes
Le Plan
Calas
Gardanne
Vitrolles
Peynier
Biver
Marignane
Les Pennes-Mirabeau
La Pomme
St-Victoret
Marignane
Les Peyrets
Savournin
La Bouilladisse
Les Cadeneaux
Septèmes-les-Vallons
Gignac-la-Nerthe
Notre-Dame
CHAÎNE DE L'ÉTOILE
La Destrousse
Auriol
Le Rove
L'Estaque
Le Douard
Plan-de-Cuques
Roquevaire
Pont de l'Etoile
Allauch
Rade de Marseille
Aubagne
MARSEILLE
La Valentine
Gémenos
Ile Ratonneau
St-Marcel
Ile d'If
La Penne-Huveaune
Ile Pomègues
Carnoux-en-Provence
Vaufrèges
Roquefort-la-Bédoule
Le Redon
Cassis
Cap Croisette
Callelongue
Ceyreste
Ile Maire
Ile de Jarre
Ile Calseraigne
Cap Canaille
Ile de Riou
La Ciotat
0
6 km

Messtetten
Monroyo

COMO
COMO
LECCO
LECCO
Saronno
Cesano Maderno
Désio
Lissone
Árcore
Vimercate
Solaro
Caronno
Limbiate
Nova Milanese
Villasanta
VARESE
A9
E35
SS35
SS36
SS527
MONZA
Agrate Brianza
BRÉSCIA
A4
E64
BUSTO ARSIZIO
SS33
Paderno
Bollate
SS233
Cinisello-Bálsamo
Caponago
Brughério
Sesto S Giovanni
BRÉSCIA
A8
E62
Bresso
Cologno Monzese
Gorgonzola
Rho
NOVARA TORINO
A4
E64
Pero
Affori
Bicocca
SS11
Vimodrone
Pioltello
SS11
Trenno
San Pietro all' Olmo
Lampugnano
Melzo
MILANO
Lambrate
Limito
Liscate
Bággio
Cusago
SP114
Cesano
Settala
Linate
SP43
SS415
Córsico
Vigentino
SS494
Trezzano
Assago
San Donato Milanese
Gaggiano
SS412
Paullo
San Guiliano Milanese
Opera
Rozzano
A7
E62
A1
E35
Melegnano
0
6 km
SS35
SS9
Binasco
Gnignano
LODI
GÉNOVA
PAVIA
BOLOGNA

Messtetten D 41 E4
Mestá GR 116 D4
Mésti GR 109 E5
Mestlin D 18 D5
Město Albrechtice CZ 33 E3
Město Libavá CZ 33 E2
Mestre I 56 B3
Mesvres F 38 D3
Metabief F 39 G2
Metaljka BIH 92 A4
Metamórfosi GR 108 A3
Metaxás GR 107 F2
Méteren F 27 F6
Meteş RO 61 E5
Méthanon GR 115 G2
Methlick GB 7 G2
Methóni GR 122 A5
Methóni GR 107 G3
Metković HR 91 F3
Metlika SLO 57 G4
Metnitz A 43 E1
Metóchi GR 114 D3
Metsäkylä FIN 150 D6
Metsälä/Ömossa FIN 157 E3
Métsovon GR 107 E1
Metten D 42 C6
Mettet B 27 H5
Mettingen D 17 F3
Mettlach D 28 C2
Mettmann D 16 D1
Metz F 28 C2
Metzervisse F 28 C2
Metzingen D 41 E5
Meulan F 26 D3
Meung-sur-Loire F 38 A5
Meuselwitz D 31 E5
Mevagissey GB 12 B2
Meximieux F 53 E6
Meydan TR 112 C4
Meyenburg D 19 E5
Meymac F 51 H6
Meyrargues F 73 G5
Meyrueis F 52 B2
Meyzieu F 53 E5
Mézapos GR 122 B4
Mezdra BG 94 C4
Mèze F 72 D6
Mézel F 86 A5
Mężenin PL 22 D4
Mežgorje UA 46 D5
Meziad RO 46 C1
Mézières F 37 F2
Mézières-en-Brenne F 37 G3
Mézilhac F 52 D3
Mézin F 50 D3
Mezőberény H 45 H1
Mezőcsát H 45 H3
Mezőhegyes H 59 H5
Mezőkeresztes H 45 G3
Mezőkovácsháza H 59 H5
Mezőkövesd H 45 G3
Mezőnyárád H 45 G3
Mezőörs H 44 C3
Mezőszilas H 44 D1
Mezőtúr H 45 G1
Mezraa TR 113 G4
Mezzolombardo I 55 G5
Mgarr M 104 a2
Miabhig/Miavag GB 6 B5
Miączyn PL 35 F5
Miajadas E 75 H3
Miami Platja E 79 F4
Mianowice PL 131 F2
Miastko PL 20 D6
Miavag/Miabhig GB 6 B5
Micfalău RO 62 A5
Michajlov RUS 167 F6
Michalove SK 46 B5
Michałów PL 34 B5
Micheldorf A 43 E3
Michelstadt D 29 G2
Michów PL 34 D6
Michurin BG 97 E2
Mid Yell GB 6 b2
Middelburg NL 15 G2
Middelfart DK 128 C4
Middelharnis NL 15 H3
Middelkerke-Bad B 15 F2
Middlesbrough GB 11 F6
Middleton GB 14 A2
Middleton in Teesdale GB 9 F1
Middlewich GB 10 D3
Midhurst GB 14 A2
Midleton IRL 4 D1
Midlum D 17 G6
Midsland NL 16 C6
Midstkogberget N 146 B6
Midtgulen N 152 B3
Miechów PL 34 A3
Mieders A 41 H2
Międzdroje PL 19 H6
Międzybórz PL 33 E6
Międzychód PL 20 B3
Międzygórze PL 32 C3
Międzylesie PL 32 C3
Międzyrzec Podlaski PL 23 E2
Międzyrzecz PL 20 B3
Międzywodzie PL 19 H6
Miehikkälä FIN 151 E6
Miejsce Piastowe PL 34 D2
Miejska Górka PL 20 D1
Miélan F 71 E4
Mielec PL 34 C3
Mielno PL 130 D1
Mieraslompolo FIN 165 G4
Miercurea Ciuc RO 62 A6
Miercurea Nirajului RO 61 G6
Miercurea Sibiului RO 61 E5
Mieres E 68 A6
Mieron N 165 E3
Mieroszów PL 32 C4
Miersig RO 46 B1
Mierzyno PL 131 G2
Miesbach D 42 A3
Mieścisko PL 20 D3
Mieste D 18 C3
Miesterhorst D 18 C3
Mieszkowice PL 19 H3
Mietoinen FIN 149 F5
Mifol AL 106 B3
Migennes F 38 D5
Migliarino I 56 A2
Miglionico I 100 D3
Mihăeşti RO 46 D1
Mihăeşti RO 61 G1
Mihai Bravu RO 62 D3
Mihai Viteazu RO 63 F3
Mihail Kogălniceanu RO 63 F2
Mihăileni RO 48 A4
Mihăileşti RO 62 B1
Mihajlovac YU 60 C1
Mihalgazi TR 111 F3
Mihalıççık TR 111 H2
Miheşu de Cîmpie RO 47 F1
Mihla D 30 B5
Mijas E 82 A2
Mijoux F 39 G1
Mikhalkovo BG 95 E1
Mikhaylovgrad BG 94 B4
Mikhaylovo BG 94 C5
Mikkeli FIN 158 D3
Mikołajki Pomorskie PL 21 G6
Mikołów PL 33 G3
Mikre BG 95 E4
Mikró Dérieio GR 109 E6
Mikrothíves GR 115 F6
Mikulov CZ 44 A5
Mikulovice CZ 32 D3
Miland N 145 E4
Milano I 54 D4
Milano Marittima I 89 E6
Milanówek PL 22 B2
Milâs TR 124 B5
Milazzo I 105 G5
Milcoiu RO 61 F3
Mildenhall GB 14 C5
Milejczyce PL 23 E3
Milejewo PL 132 A1
Miločevo YU 59 F4
Mileševo YU 92 B4
Miletići HR 90 C6
Mileto I 102 D3
Milevsko CZ 31 G1
Milford GB 14 A3
Milford IRL 3 E5
Milford Haven GB 12 C5
Milford-on-Sea GB 13 G2
Milići BIH 92 A6
Milicz PL 32 D6
Milín CZ 31 G2
Milina GR 115 G6
Millas F 72 B4
Millau F 52 A2
Millom GB 10 D6
Millport GB 8 C4
Millstatt A 42 D1
Millstreet IRL 4 C2
Milltown IRL 4 B3
Milltown Malbay IRL 4 C4
Milmersdorf D 19 G4
Milna HR 90 D4
Miločer YU 92 A1
Miłocin PL 34 D6
Milos GR 123 F5
Miloševa Kula YU 60 C1
Miłosław PL 21 E2
Milovaig GB 6 B3
Milow D 18 D5
Miłówka PL 33 G2
Miltach D 42 C6
Miltenberg D 29 G2
Milton Keynes GB 14 A4
Milutinovac YU 60 C1
Mimizan F 50 B4
Mimizan-Plage F 50 B4
Mimoň CZ 31 H4
Mînăstirea RO 62 C1
Mindelheim D 41 G4
Minden D 17 G3
Mindin F 36 B5
Mindszent H 59 G6
Minehead GB 13 E4
Minervino Murge I 100 D4
Minglanilla E 77 H1
Minićevo YU 93 G5
Minnesund N 146 A5
Minsen D 17 F6
Minsk SU 135 E1
Mińsk Mazowiecki PL 22 C2
Minster GB 14 C3
Mintlaw GB 7 H2
Minturno I 99 E3
Minzălești RO 62 C4
Miokovićevo HR 58 C4
Mionica YU 92 C6
Miory SU 134 D5
Mira E 78 A2
Mira I 56 B3
Mira P 66 B1
Miraflores de la Sierra E 77 E5
Miramar F 86 B4
Miramar P 66 B3
Miramare I 89 E6
Miramas F 73 F5
Mirambeau F 50 D6
Miramont-de-Guyenne F 51 E4
Miranda de Ebro E 69 E3
Miranda do Douro P 67 F2
Mirande F 71 F4
Mirandela P 67 E3
Mirándola I 55 G2
Mirantes E 65 G3
Miravalles E 69 E4
Miravet E 79 E4
Mircea Vodă RO 62 A2
Mirebeau F 37 E4
Mirebeau F 39 F3
Mirecourt F 39 H5
Mirepoix F 71 H2
Mirgorod UA 166 E3
Mironovka UA 166 D3
Miroslăveşti RO 48 B3
Mirosławiec PL 20 C5
Mirošov CZ 31 F2
Mirovice CZ 31 G2
Mirovo BG 94 D2
Mirow D 19 F5
Mirşid RO 46 D2
Mirsk PL 32 B5
Misilmeri I 104 D4
Miskolc H 45 H4
Missanello I 100 D2
Mistegnà GR 109 G1
Mistelbach A 44 A5
Misterbianco I 105 F3
Mistrás GR 122 B5
Mistretta I 105 E4
Misurina I 56 B6
Miszewo PL 131 G2
Mitchelstown IRL 4 D2
Mithymna GR 109 F1
Mitrašinci MK 107 G6
Mitrópoli GR 114 D6
Mittådalen S 154 C4
Mittelberg A 41 F2
Mittelberg A 41 G2
Mittelberg D 41 G3
Mittenwald D 41 H3
Mittenwalde D 19 F2
Mittenwalde D 19 G4
Mittersill A 42 B2
Mitterteich D 30 D3
Mittweida D 31 E5
Mitwitz D 30 C3
Mizil RO 62 B3
Miziya BG 94 C5
Mjölby S 139 E5
Mjørlund N 145 H5
Mladá Boleslav CZ 32 A3
Mladá Vožice CZ 31 H2
Mladé Buky CZ 32 B4
Mladenovac YU 59 H1
Mlado Nagoričane MK 93 F1
Mława PL 22 A4
Mlekarevo BG 96 B3
Mlini HR 91 G2
Młynary PL 132 B1
Młynarze PL 22 C4
Mnich CZ 31 H1
Mnichovo Hradiště CZ 32 A4
Mniów PL 34 B5
Mníšek pod Brdy CZ 31 G2
Mniszek PL 34 B6
Mo N 146 B5
Mo-i-Rana N 161 F5
Moaña E 64 B3
Moate IRL 5 E4
Moča SK 44 D3
Móchlos GR 123 e2
Mochowo PL 21 G3
Mochy PL 20 C2
Mociu RO 47 E1
Möckern D 18 D2
Mockfjärd S 147 E5
Möckmühl D 29 G2
Modane F 53 G4
Modave B 28 B5
Modbury GB 12 D2
Módena I 55 G2
Módica I 105 F2
Modigliana I 88 D6
Modliborzyce PL 34 D4
Mödling A 43 H4
Modliszewko PL 21 E3
Modra SK 44 B4
Modrica BIH 58 D2
Modugno I 101 E4
Moelv N 145 H6
Moena I 56 A5
Moers D 16 D1
Moesgård DK 128 D6
Moffat GB 9 E3
Moftinu Mic RO 46 C3
Mogadouro P 67 E2
Mogielnica PL 22 B1
Mogil'ov SU 167 C5
Mogil'ov-Podol'skij UA 48 C6
Mogilno PL 21 E3
Móglia I 55 G2
Moglicë AL 106 C3
Moguer E 83 E4
Moguer E 81 E4
Mohács H 59 E4
Moheda S 139 E2
Mohelnice CZ 32 D2
Mohill IRL 2 D3
Moholm S 138 D6
Mohora H 45 E4
Moi N 136 C6
Moiá E 79 H5
Moikipää/Molpe FIN 157 E5
Moimenta da Beira P 66 D2
Moineşti RO 48 B1
Moirans F 53 F4
Moirans-en-Montagne F 39 F1
Moires GR 123 d2
Mõisaküla EST 142 C5
Moisei RO 47 F3
Moisejevžčina SU 135 F3
Moissac F 51 F3
Moita P 74 B3
Mojácar E 83 F2
Mojkovac YU 92 B3
Mokobody PL 22 D2
Mokra Gora YU 92 B5
Mokresh BG 94 C5
Möksy FIN 157 H5
Mol B 16 B1
Mol YU 59 G4
Mol'avka SU 135 G3
Mola di Bari I 101 E4
Moláoi GR 122 C5
Molare I 54 C2
Mold GB 10 C3
Molde N 153 E5
Moldova Nouă RO 60 B2
Moldova Veche RO 60 B2
Moledo P 66 B5
Molėtai LT 134 B4
Molfetta I 101 E4
Moliden S 156 B6
Molières F 51 F3
Molina de Aragón E 78 A4
Molinella I 55 H2
Molins de Rei E 79 H4
Moliterno I 100 C2
Molkom S 146 D3
Möllbrücke A 42 D1
Mölle S 129 G6
Möllenbeck D 19 F5
Mollerusa E 79 F5
Mollet E 79 H4
Molliens F 26 D4
Mölln D 18 C6
Mollösund S 138 A5
Mölltorp S 139 E5
Mölndal S 138 B4
Mölnlycke S 138 B4
Molodečno SU 134 D2
Mólos GR 115 F5
Moloskovicy RUS 151 G3
Moloy F 39 F4
Molpe/Moikipää FIN 157 E5
Molsheim F 40 B6
Molveno I 55 G5
Mombeltrán E 76 C4
Momchilgrad BG 108 D6
Momin Prohod BG 94 D2
Mommark DK 128 D3
Monachil E 82 C2
Monaco MC 86 C5
Monaghan IRL 3 F3
Monasterace Marina I 102 D2
Monasterevin IRL 5 F3
Monastir I 87 b1
Moncalieri I 54 B3
Monção P 64 B3
Mönchdorf A 43 F4
Mönchengladbach D 16 D1
Mönchhof A 44 B3
Monchique P 80 B6
Moncófar E 78 C1
Moncontour F 24 D3
Moncoutant F 36 D4
Mondariz Balneario E 64 B3
Mondello I 104 C5
Mondim de Basto P 66 C3
Mondolfo I 89 F5
Mondoñedo E 65 E5
Mondorf-les-Bains L 28 C3
Mondoubleau F 37 G6
Mondovì I 54 B2
Mondragón E 69 F4
Mondragone I 99 E2
Mondsee A 42 D3
Moneasa RO 60 C6
Monéglia I 87 F5
Monemvasía GR 122 D5
Monesterio E 81 F6
Monestier-de-Clermont F 53 F3
Moneygall IRL 5 E3
Moneymore GB 3 F4
Monfalcone I 56 D4
Monflanquin F 51 E4
Monforte P 75 E3
Monforte de Lemos E 64 D3
Mongstad N 152 B1
Monguelfo/Welsberg I 42 B1
Monheim D 41 G6
Moni CY 127 b1
Moniaive GB 8 D3
Mönichkirchen A 43 H2
Monistrol-d'Allier F 52 C4
Monistrol-sur-Loire F 52 D4
Monivea IRL 4 D5
Mönki PL 22 D5
Monmouth GB 13 F5
Monnickendam NL 16 B4
Monninkylä FIN 150 C5
Monólithos GR 124 B3
Monopoli I 101 F3
Monor H 45 F2
Monor RO 47 F2
Monóvar E 84 B4
Monpazier F 51 E4
Monplaisir F 37 G6
Monreal E 69 G3
Monreal del Campo E 78 B4
Monreale I 104 C5
Monroyo E 78 D3

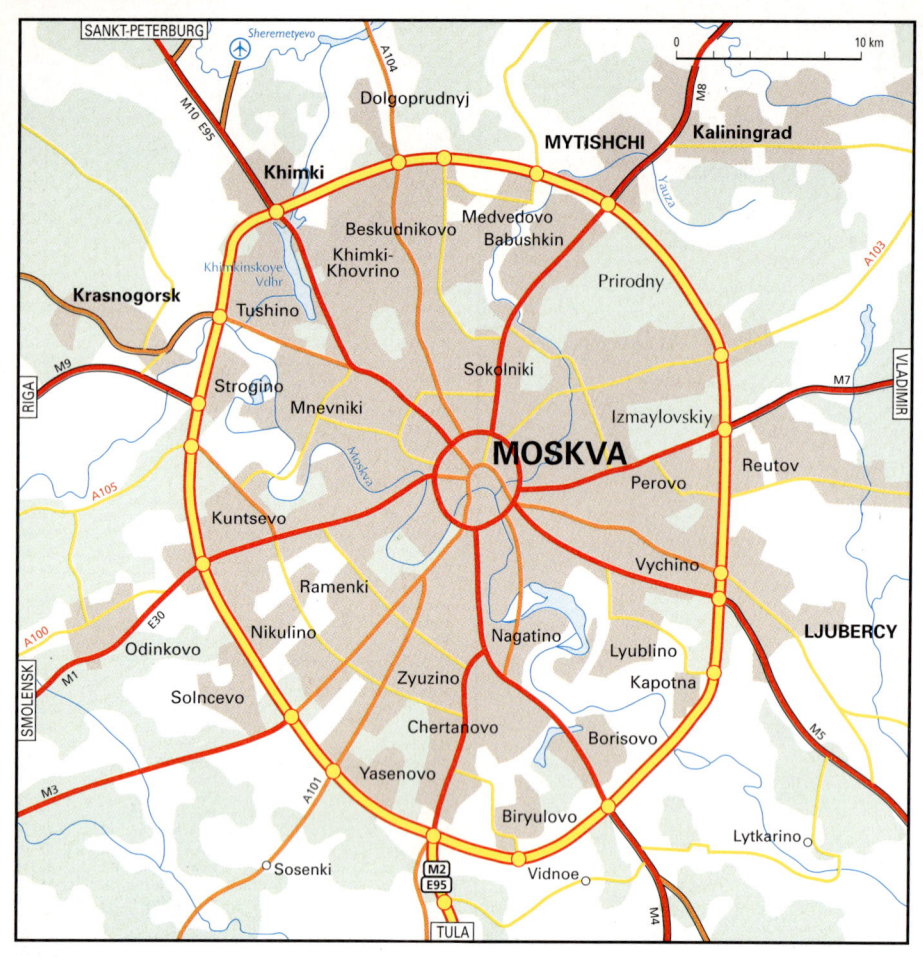

Mons (Bergen)

[Map of Moskva (Moscow) region showing surrounding localities including Khimki, Krasnogorsk, Tushino, Strogino, Kuntsevo, Solncevo, Odinkovo, Nikulino, Ramenki, Mnevniki, Sokolniki, Beskudnikovo, Medvedovo, Babushkin, Dolgoprudnyj, Sheremetyevo, Mytishchi, Prirodny, Izmaylovskiy, Perovo, Reutov, Vychino, Lyublino, Nagatino, Zyuzino, Chertanovo, Yasenovo, Biryulovo, Borisovo, Kapotna, Lytkarino, Vidnoe, Sosenki, Ljubercy, with roads M1, M2, M3, M4, M5, M7, M8, M9, M10, A100, A101, A103, A104, A105, E30, E95.]

Mühlberg

Name	Page	Grid
Mons (Bergen) B	27	G5
Monschau D	28	C5
Monségur F	50	D4
Monsélice I	56	A3
Monsheim D	29	F2
Mønsted DK	137	E1
Mönsterås S	139	G2
Monsummano Terme I	88	C3
Mont-de-Marsan F	50	C3
Mont-Louis F	71	H1
Mont-sous-Vaudrey F	39	F2
Montabaur D	29	E4
Montagnac F	72	D6
Montagnana I	55	H3
Montaigu F	36	C5
Montaigu-de-Quercy F	51	F3
Montaigut F	38	B1
Montalbán E	78	C4
Montalcino I	88	C4
Montalivet-les-Bains F	36	C1
Montalto del Marche I	89	G3
Montalto di Castro I	88	D2
Montamarta E	67	G2
Montana CH	54	B6
Montañana E	78	C6
Montánchez E	75	G3
Montaren F	52	C2
Montargil P	74	D4
Montargis F	38	C2
Montastruc-la-Conseillère F	71	H4
Montauban F	51	F3
Montbard F	39	E4
Montbazens F	51	G3
Montbazon F	37	F4
Montbéliard F	40	A3
Montbenoît F	39	H2
Montblanc E	79	E4
Montbonnot F	53	F4
Montbrison F	52	D5
Montbron F	37	E1
Montbrun-les-Bains F	53	E2
Montceau-les-Mines F	38	D2
Montcornet F	27	G3
Montcuq F	51	F3
Montdidier F	27	E4
Monte Clérigo P	80	A6
Monte Gordo P	80	D5
Monte San Savino I	88	D4
Monte Sant'Angelo I	100	C5
Monte-Carlo MC	86	C5
Montealegre del Castillo E	84	B5
Montebelluna I	56	A4
Montebourg F	25	F5
Montecatini-Terme I	88	B5
Montecchio I	89	F5
Montecchio Maggiore I	55	H4
Montecorvino Rovella I	99	G1
Montefalco I	89	E3
Montefiascone I	88	D2
Montefiorino I	55	F1
Montefrío E	82	C3
Montegiordano Marina I	101	E1
Montegrotto Terme I	56	A3
Montehermoso E	75	H5
Montélimar F	52	D3
Montella I	99	G2
Montemor-o-Novo P	74	C3
Montemor-o-Velho P	66	A1
Montendre F	50	D6
Montenero di Bisaccia I	99	G4
Montepulciano I	88	D4
Montereale I	89	F2
Montereau F	27	E1
Monterotondo I	98	C5
Monterroso I	64	D4
Montesano sulla Marcellana I	100	C2
Montesarchio I	99	F2
Montescaglioso I	101	E3
Montesilvano Marina I	89	H2
Montesquieu-Volvestre F	71	G3
Montesquiou F	71	F4
Montevarchi I	88	D5
Montfaucon-en-Velay F	52	D5
Montfort F	50	B3
Montfort F	25	E2
Montfort F	26	C2
Montgat E	79	H4
Montgenèvre F	53	G3
Montgiscard F	71	G3
Montgomery GB	10	C2
Montguyon F	50	D6
Monthermé F	27	H4
Monthey CH	54	A6
Monthois F	27	H2
Monthureaux-sur-Saône F	39	G5
Monti I	87	B4
Montichiari I	55	F4
Monticiano I	88	C4
Montier-en-Der F	39	F6
Montignac F	51	F5
Montigny-le-Roi F	39	G5
Montigny-sur-Aube F	39	E5
Montijo E	75	F4
Montijo P	74	B3
Montilla E	82	B4
Montivilliers F	26	A4
Montlieu-la-Garde F	50	D6
Montluçon F	38	B2
Montluel F	53	E5
Montmarault F	38	B2
Montmédy F	28	B3
Montmélian F	53	G5
Montmirail F	26	B1
Montmirail F	27	E1
Montmirey F	39	F3
Montmoreau-St-Cybard F	51	E6
Montmorillon F	37	F3
Montmort F	27	F2
Montoire-sur-le-Loir F	37	G5
Montoro E	68	D4
Montorio al Vomano I	89	G2
Montoro E	82	B5
Montpellier F	72	D6
Montpezat F	51	E5
Montpon-Ménestérol F	51	E5
Montpont-en-Bresse F	39	F2
Montréal F	50	D3
Montréal F	72	A5
Montréjeau F	71	F3
Montrésor F	37	G4
Montret F	39	F2
Montreuil F	26	D6
Montreuil-aux-Lions F	27	E2
Montreuil-Bellay F	37	E4
Montreux CH	40	A1
Montrevel F	39	E1
Montrichard F	37	G4
Montrond-les-Bains F	52	D5
Montrose GB	9	G6
Monts-s-Guesnes F	37	F4
Montsalvy F	51	H4
Montsauche-les-Settons F	38	D3
Montseny E	72	A2
Montsoreau F	37	E5
Montsûrs F	25	G1
Monza I	55	E4
Monzón E	79	E6
Moordorf D	17	F6
Moosburg D	42	B5
Moosinning D	42	B4
Mór H	44	D2
Mora P	76	D3
Mora E	77	D3
Mora S	74	D3
Mora S	147	E6
Móra d'Ebre E	79	E4
Mora de Rubielos E	78	C3
Móra la Nova E	79	E4
Morača YU	92	B3
Morag PL	21	H6
Mórahalom H	59	F5
Moraira E	84	D4
Moraitika GR	114	A6
Morano Cálabro I	102	C5
Morăreşti RO	61	E2
Morasverdes E	75	H6
Moratalla E	83	G4
Moraviţa RO	60	A3
Moravská Třebová CZ	32	C2
Moravské Budějovice CZ	43	G6
Moravský Beroun CZ	32	D2
Moravské Lieskové SK	44	C5
Moravský Krumlov CZ	44	A6
Morawica PL	34	B4
Morbach D	28	D3
Morbegno I	55	E3
Mörbisch A	44	A3
Mörbylånga S	139	G1
Morcenx F	50	B3
Morciano di Romagna I	89	F5
Morcone I	99	F3
Morcote CH	54	D5
Mordelles F	25	E2
Mordoğan TR	117	F5
Mordy PL	22	D2
Morecambe GB	10	D5
Moreda E	82	D3
Morella E	78	D3
Moreni RO	62	A3
Móres I	87	B3
Morestel F	53	F5
Moreton-in-Marsh GB	13	G5
Moretonhampstead GB	12	D3
Moretta I	54	A3
Moreuil F	27	E4
Morez F	39	G1
Morfa Nefyn GB	10	A3
Mörfelden D	29	F3
Mórfi GR	114	B6
Mórfou (Güzelyurt) CY	127	b2
Morgat F	24	A3
Morgedal N	145	E3
Morges CH	39	H1
Morgex I	54	A5
Morgins CH	53	H6
Morgongåva S	147	H3
Morhange F	28	C1
Mori I	55	G4
Moritzburg D	31	F5
Morjärv S	162	C5
Mørke DK	137	G1
Mørkøv DK	129	F5
Morlaàs F	70	D4
Morlaix F	24	C4
Mörlunda S	139	F3
Mormanno I	102	D6
Mormant F	27	E1
Morón de Almazán E	77	H6
Morón de la Frontera E	81	G3
Morosaglia F	73	b2
Morovic YU	59	E2
Morpeth GB	9	G2
Mörrum S	130	B6
Mörsil S	154	D6
Mörskom/Myrskylä FIN	150	C5
Mørsvikbotn N	164	B2
Mortagne-au-Perche F	26	B2
Mortagne-sur-Sèvre F	36	D4
Mortain F	25	G3
Mortara I	54	C3
Morteau F	39	H2
Mortrée F	26	A2
Moryń PL	19	H4
Morzine F	53	H6
Morzycyn PL	20	A5
Mosbach D	29	G2
Mosby N	136	B6
Mošcenice HR	57	E3
Mošcenička Draga HR	57	E3
Moschendorf A	44	A1
Mosina PL	20	D2
Mosjøen N	161	F5
Moskog N	152	C2
Moskosel S	162	A5
Moskva RUS	167	H5
Moslavina HR	58	C4
Mosonmagyaróvár H	44	B3
Moss N	145	H2
Mössingen D	41	E5
Most CZ	31	F4
Mosta M	104	b1
Mostar BIH	91	G4
Mosterhamn N	144	B4
Mostiska UA	35	E2
Mostki PL	34	C4
Mostowo PL	130	D1
Mosty PL	23	E1
Mosty SU	23	G5
Moszczanka PL	22	D1
Mota del Cuervo E	77	F2
Mota del Marques E	68	A2
Motala S	139	E5
Moţca RO	48	B3
Motherwell GB	8	D4
Motilla del Palancar E	77	G2
Motoşeni RO	62	C6
Motovun HR	56	D3
Motril E	82	C2
Motru RO	60	D2
Motta di Livenza I	56	B4
Mottola I	101	E3
Möttönen FIN	158	A6
Motyli SU	133	H1
Mouchard F	39	G2
Moudon CH	39	H2
Moúdros GR	108	D2
Mougins F	86	B4
Mouhijärvi FIN	157	G2
Mouliherne F	37	F5
Moulins F	38	C2
Moulins-Engilbert F	38	D3
Moulins-la-Marche F	26	A2
Mount Bellew IRL	2	C2
Mount Charles IRL	2	D5
Mountain Ash GB	13	E5
Mountallen IRL	2	D3
Mountmellick IRL	5	F4
Mountrath IRL	5	E3
Mountshannon IRL	4	D4
Moura P	74	D1
Mourão P	75	E2
Moustiers-Ste-Marie F	86	A5
Mouthe F	39	G2
Mouthier F	39	G2
Mouthoumet F	72	B5
Moutier CH	40	B3
Moutiers F	36	C4
Moûtiers F	53	G4
Moutoullás CY	127	b1
Moutsoúna GR	116	D1
Mouy F	26	D3
Mouzáki GR	114	D6
Mouzon F	28	A3
Movila Miresii RO	62	D4
Moviliţa Veche RO	62	C2
Moville IRL	3	F5
Moy GB	3	F4
Moynalty IRL	3	E2
Moyvore IRL	5	F5
Możajsk RUS	167	E6
Mozyr SU	166	C4
Mragowo PL	22	B6
Mrčajevci YU	92	D5
Mrkonjič-Grad BIH	58	B1
Mrocza PL	21	E4
Mroczen PL	33	E5
Mrzeżyno PL	130	C1
Mšeno CZ	31	H4
Mstislavl' SU	167	D5
Mstiž SU	135	E3
Mszana Dolna PL	34	A2
Mszczonów PL	22	A2
Muccia I	89	F3
Much D	29	E5
Much Wenlock GB	10	D2
Mücheln D	30	D6
Muchówka PL	34	B2
Muckross IRL	4	B4
Mucur TR	121	F4
Mudanya TR	110	C4
Mudau D	29	G2
Müden D	18	B4
Müdrets BG	96	B2
Mudurnu TR	111	G4
Muelas del Pan E	67	G2
Muff IRL	3	E5
Mügeln D	31	F5
Mugeni RO	61	G6
Muggendorf D	30	C2
Múggia I	56	D4
Muğla TR	124	C5
Müglizh BG	95	F3
Mugron F	50	C3
Mühlacker D	41	E6
Mühlbach A	42	C2
Mühlberg D	31	F6

[Inset map of München (Munich) region showing Dachau, Bergkirchen, Karlsfeld, Olching, Gröbenzell, Eichenau, Puchheim, Germering, Gräfelfing, Unter-Schleissheim, Oberschleissheim, Garching, Ismaning, Unterföhring, Schwabing, Neuhausen, Pasing, Bogenhausen, Feldkirchen, Kirchheim, Ramersdorf, Haar, Neuried, Gauting, Neubiberg, Ottobrunn, Unterhaching, Pullach, Grünwald, Forstenrieder Park, Starnberg, Strasslach, Oberhaching, Hohenbrunn, Höhenkirchen, Speichersee, with routes A8, A9, A92, A94, A95, A96, A99, A995, A952, E45, E52, E53, E54, E533.]

Mühldorf Nicolae Bălcescu

Mühldorf D 42 C4
Mühlhausen D 41 F5
Mühlhausen D 30 B6
Muhola FIN 158 B6
Muhos FIN 163 E4
Muhovo BG 94 D2
Muine Bheag IRL 5 F3
Muir of Ord GB 7 E3
Muirhead GB 9 F5
Mukačevo UA 46 C5
Mula E 83 G3
Mülaia RO 61 F3
Mülheim D 28 D3
Mülheim D 16 D1
Mulhouse F 40 B4
Müllheim D 40 B4
Mullinavat IRL 5 E2
Mullingar IRL 5 F4
Müllrose D 19 H2
Mullsjö S 138 D4
Multia FIN 158 A4
Mumbles GB 12 D5
Muncelu RO 62 C5
Münchberg D 30 D3
Müncheberg D 19 G3
München D 42 A4
Münchhausen D 29 G5
Münchhausen D 19 F1
Mundesley GB 15 E6
Mundford GB 14 D5
Mundheim N 144 B5
Munera E 83 F6
Mungia E 69 F5
Muñico E 76 C5
Muniesa E 78 C4
Munka-Ljunby S 129 G6
Munkebo DK 128 D4
Munkedal S 138 A5
Munkfors S 146 D3
Münnerstadt D 30 A4
Münsingen CH 40 B2
Münsingen D 41 E5
Münster CH 40 C1
Münster D 17 E2
Munster D 18 B4
Munster F 40 B4
Münstertal D 40 C4
Munteni RO 62 D5
Münzkirchen A 42 D5
Muodoslompolo S 165 E2
Muonio FIN 165 E2
Mur-de-Barrez F 52 A4
Mur-de-Bretagne F 24 C2
Muradiye TR 117 G5
Muralti TR 109 H6
Muráň SK 45 F5
Murano I 56 B3
Muranzel P 66 B2
Murat F 52 B4
Murat-sur-Vèbre F 52 A1
Muratlar TR 124 D5
Murato F 73 b2
Murau A 43 E2
Muravera I 87 b1
Murça P 66 D3
Mŭrchevo BG 94 C5
Murchin D 19 G6
Murcia E 84 B3
Mureck A 57 G6
Mürefte TR 109 G4
Mureşenii Birgăului RO 47 G2
Muret F 71 G3
Murfattar RO 63 F2
Murgaševo MK 106 D5
Murgeni RO 62 D6
Murguia E 69 E4
Muri CH 40 C3
Murighiol RO 63 G4
Murino YU 92 C2
Murnau D 41 H3
Muro Calenzana F 73 a2
Muro Lucano I 100 C3
Muros E 64 B4
Murowana Goslina PL 20 D3
Mürren CH 40 B1
Murrhardt D 41 F6
Murska Sobota SLO 57 H6
Mursko Središće HR 58 A6
Murta RO 94 C6
Murten CH 40 A2
Murtosa P 66 B2
Mürzsteg A 43 G3
Mürzzuschlag A 43 G1
Musabeyli TR 113 G1
Muşeteşti RO 61 G3
Muskiz E 69 E5
Mussalo FIN 150 D5
Musselburgh GB 9 E4
Musselkanaal NL 17 E5
Mussidan F 51 E5
Mussomeli I 104 D3
Mussy F 39 E5
Mustafa Kemalpaşa TR 110 B3
Müstair CH 41 F1
Muster/Disentis CH 40 D1
Mustla EST 142 D5
Mustvee EST 151 E2
Muszaki PL 22 A5
Muszyna PL 34 B1
Muszynka PL 34 C1
Mut TR 127 E4
Mutalahti FIN 159 H5
Mutrico E 69 F5
Muttalip TR 111 F3
Mutterstadt D 29 F2
Muurame FIN 158 B3
Muurikkala FIN 151 E6
Muurla FIN 149 G4
Muurola FIN 151 E6
Muzillac F 24 D1
Mužla SK 44 D3
Myjava SK 44 C5
Mýkonos GR 116 D2
Myllykoski FIN 150 D6
Myllymäki FIN 157 H4
Mýloi GR 115 F2
Mynämäki FIN 149 F5
Myrdal N 144 D6
Mýri IS 160 b2
Mýrina GR 108 D2
Myrskylä/Mörskom FIN 150 C5
Myrties GR 117 G1
Mýrtos GR 123 e2
Mýrtou (Çamlıbel) CY 127 b2
Mysen N 146 A3
Myshall IRL 5 F2
Myślenice PL 33 H2
Myślibórz PL 20 A4
Mysłowice PL 33 G3
Myszków PL 33 G4
Myszyniec PL 22 B5
Mýtikas GR 114 C4
Mytilíni GR 117 E6
Mytišči RUS 167 E7
Mýto CZ 31 F2
Myto SU 134 A1
Mzurki PL 33 G6

N

Nå N 144 C5
Naantali FIN 149 F5
Naarden NL 16 B4
Naas IRL 5 G3
Nabburg D 30 D2
Náchod CZ 32 C3
Nacka S 148 B2
Nădab RO 60 B6
Nădăşelu RO 46 D1
Nadela E 64 D4
Nădlac RO 59 H5
Nadrin B 28 B4
Nádudvar H 46 A2
Nadvornaja UA 47 F5
Näfels CH 40 D2
Náfpaktos GR 114 D4
Náfplio GR 115 F2
Nagłowice PL 34 A4
Nagold D 40 D5
Nagu/Nauvo FIN 149 F4
Nagyatád H 58 B5
Nagybajom H 58 C5
Nagybaracska H 59 E4
Nagycenk H 44 B3
Nagycserkesz H 46 A4
Nagydorog H 58 D6
Nagyecsed H 46 C3
Nagygyimót H 44 C2
Nagyhalász H 46 B4
Nagyigmánd H 44 D3
Nagykálló H 46 B3
Nagykanizsa H 58 B5
Nagykáta H 45 F2
Nagykónyi H 58 D6
Nagykőrös H 45 F1
Nagylak H 59 H5
Nagylóc H 45 F4
Nagymágocs H 59 G6
Nagymaros H 45 E3
Nagyoroszi H 45 E4
Nagyszénás H 59 H6
Nagyvázsony H 44 C1
Nahe D 18 B6
Naidaş RO 60 B2
Naila D 30 D4
Nailloux F 71 G3
Nailsea GB 13 F4
Nailsworth GB 13 G4
Naipu RO 62 A1
Nairn GB 7 E3
Najac F 51 G3
Nájera E 69 E3
Nakkila FIN 157 F1
Nakło n Notecią PL 21 E4
Nakovo YU 59 G4
Nakskov DK 129 E3
Nalbant RO 63 F4
Nälden S 155 E6
Nałęczów PL 34 D6
Nálepkovo SK 45 G5
Nallihan TR 111 G4
Nalzen F 71 G2
Náměšt nad Oslavou CZ 43 H6
Námestovo SK 33 G1
Namsos N 161 E3
Namsskogan N 161 F4
Namur B 28 A5
Namysłów PL 33 E5
Nanclares de Oca E 69 E4
Nancy F 39 H6
Nănești RO 62 D4
Nangis F 27 E1
Nannestad N 145 H4
Nans-les-Pins F 73 G5
Nant F 52 B2
Nantes F 36 C5
Nanteuil-le-Haudouin F 27 E3
Nantiat F 37 G2
Nantua F 53 F6
Nantwich GB 10 D3
Náousa GR 116 D1
Náoussa GR 107 F3
Napoli I 99 F2
Narberth GB 12 C5
Narbolia I 87 a3
Narbonne F 72 C5
Narbonne-Plage F 72 C5
Narbuvollen N 154 B4
Narcao I 87 a1
Nardo I 101 G2
Narechenski Bani BG 95 E1
Narila FIN 159 E3
Narlıca TR 110 D4
Narni I 89 E2
Naro I 104 D3
Naro-Fominsk RUS 167 E6
Naroč' SU 134 C3
Narol PL 35 F4
Närpes/Närpiö FIN 157 E4
Närpiö/Närpes FIN 157 E4
Narta HR 58 B4
Narva EST 151 F3
Narva-Jõesuu EST 151 F3
Narvik N 164 C3
Nås S 147 E5
Näsåker S 155 H6
Năsăud RO 47 F2
Nasbinals F 52 B3
Našice HR 58 D3
Nasielsk PL 22 B3
Naso I 105 F4
Nassau D 29 E4
Nassereith A 41 G2
Nässjö S 139 E4
Nastola FIN 150 C6
Næstved DK 129 F4
Näsviken S 155 G2
Natalinci YU 92 D6
Nättraby S 130 C6
Naturno/Naturns I 55 G6
Naturns/Naturno I 55 G6
Nauders A 41 G1
Nauen D 19 F3
Naul IRL 5 G4
Naumburg D 30 D5
Naunhof D 31 E6
Naustdal N 152 C2
Nauste N 153 E5
Nautsi RUS 165 H4
Nauvo/Nagu FIN 149 F4
Nava E 68 A6
Nava de la Asunción E 68 B1
Nava del Rey E 67 H1
Navacerrada E 77 E5
Navahermosa E 76 C3
Navalcarnero E 76 D4
Navalmanzano E 68 B1
Navalmoral de la Mata E 76 B4
Navalperal E 76 D5
Navan IRL 5 G4
Navarrenx F 70 D4
Navarrete E 69 E3
Navas de San Juan E 82 D5
Navas del Rey E 76 D4
Navatalgordo E 76 C5
Navelli I 99 E5
Naverstad S 138 A6
Navia E 65 F5
Navilly F 39 F2
Navl'a RUS 167 E5
Năvodari RO 63 F2
Náxos GR 116 D1
Nazare P 74 C5
Nazilli TR 118 C2
Nea Anchiálos GR 115 F6
Néa Artáki GR 115 H4
Néa Epídavros GR 115 G2
Néa Fókaia GR 108 A3
Néa Kallikráteia GR 107 H3
Néa Karváli GR 108 C5
Néa Koróni GR 122 B5
Néa Mádytos GR 108 A4
Néa Mákri GR 116 A3
Néa Michanióna GR 107 G3
Néa Moudanía GR 107 H3
Néa Péramos GR 108 B4
Néa Poteídaia GR 108 A3
Néa Róda GR 108 B3
Néa Skióni GR 108 A2
Néa Stýra GR 116 B4
Néa Triglia GR 107 H3
Néa Zíchni GR 108 B5
Neale IRL 2 B3
Neápoli GR 107 E3
Neápoli GR 122 D4
Neápoli GR 123 e2
Neath GB 12 D5
Neauvic F 51 E5
Nebra D 30 D6
Nechačovo SU 23 H4
Neckarelz D 29 G2
Neckargemünd D 29 F2
Neckargerach D 29 G2
Neckarsteinach D 29 G2
Neckarsulm D 29 G1
Neda E 64 D5
Nedelišće HR 58 A5
Nedstrand N 144 B3
Nędza PL 33 F3
Neede NL 16 D3
Needham Market GB 14 D4
Neermoor D 17 F5
Negoiești RO 61 E2
Negorci MK 107 G5
Negotin YU 93 G6
Negotino MK 107 F5
Negovanovci BG 94 B6
Negreni RO 46 C1
Negrești RO 48 C2
Negrești Oaș RO 46 D4
Negru Vodă RO 63 E1
Neheim-Hüsten D 17 F1
Nehoiașu RO 62 B4
Neiden N 165 H4
Nejdek CZ 31 E3
Neksø DK 130 C3
Nelas P 66 C1
Nelidovo RUS 167 D6
Nelson GB 11 E4
Neman RUS 132 D3
Neméa GR 115 F3
Nemenčinė LT 134 B3
Németkér H 59 E6
Nemirov UA 35 F3
Nemirov UA 166 C2
Nemours F 38 C6
Nemšová SK 44 D6
Nenagh IRL 4 D3
Nendeln FL 41 E2
Neochóri GR 114 C3
Neochóri GR 114 C4
Neochóri GR 114 D6
Néon Monastíri GR 115 E6
Néon Petritsi GR 107 H5
Néos Marmarás GR 108 B2
Nepi I 98 C5
Nepomuk CZ 31 F1
Neptun RO 63 F1
Nérac F 50 D3
Neratovice CZ 31 H3
Neresheim D 41 G6
Nereta LV 134 A6
Nerežišća HR 91 E4
Néris-les-Bains F 38 B2
Nerja E 82 B2
Nérondes F 38 B3
Nersingen D 41 F5
Nerskogen N 153 G5
Nervi I 54 D1
Nes N 152 D2
Nes N 145 G5
Nes NL 16 C6
Nesbyen N 145 F5
Nesebŭr BG 97 E4
Nesflaten N 144 C3
Neskaupstaður IS 160 c2
Nesle F 27 E4
Nesna N 161 F5
Nesoddtangen N 145 H3
Nesselwang D 41 G3
Nesterov RUS 133 E2
Nesterov UA 35 G3
Nestório GR 106 D3
Nesttun N 144 B5
Nesviž SU 166 B4
Netolice CZ 43 E6
Netretic HR 57 G3
Netta PL 22 D6
Nettancourt F 27 H1
Nettetal D 16 C1
Nettuno I 98 C3
Netuș RO 61 G5
Neu Darchau D 18 C5
Neu Mukran D 129 H2
Neu-Isenburg D 29 F3
Neu-Moresnet B 28 C5
Neubeckum D 17 F2
Neubrandenburg D 19 F5
Neubukow D 129 E1
Neuburg D 41 H5
Neuchâtel CH 40 A2
Neudorf D 29 F1
Neudorf-Platendorf D 18 B3
Neuenbürg D 40 B4
Neuenbürg D 40 D6
Neuenburg D 17 F5
Neuenhaus D 17 E4
Neuenkirchen D 18 A4
Neuenwalde D 17 G6
Neuf-Brisach F 40 B4
Neufahrn D 42 B5
Neufchâteau B 28 B3
Neufchâteau F 39 G5
Neufchâtel F 27 G3
Neufchâtel-en-Bray F 26 C4
Neufelden A 43 E5
Neugersdorf D 31 H5
Neuhaus D 17 H6
Neuhaus D 17 H2
Neuhaus D 30 C4
Neuhaus D 18 C5
Neuhaus D 30 C2
Neuhaus D 42 D5
Neuhausen
am Rheinfall CH 40 D3
Neuhof D 19 F2
Neuhofen an der Krems A 43 E4
Neuillé Port-Pierre F 37 F5
Neuilly-l'Évêque F 39 F5
Neuilly-St-Front F 27 F2
Neukalen D 19 F6
Neukirch D 31 G5
Neukirchen A 42 B2
Neukirchen D 128 B3
Neukloster D 18 D6
Neulengbach A 43 H4
Neum BIH 91 F3
Neumarkt A 42 D3
Neumarkt A 43 E1
Neumarkt D 30 C1
Neumarkt-St Veit D 42 C4
Neumorschen D 29 H5
Neumünster D 128 C1
Neunagelberg A 43 F5
Neunburg D 30 D1
Neung-sur-Beuvron F 38 A5
Neunkirchen A 43 H3
Neunkirchen D 28 D2
Neuötting D 42 C4
Neupölla A 43 G5
Neuruppin D 19 E4
Neusiedl am See A 44 B3
Neuss D 28 D6
Neustadt D 40 C4
Neustadt D 29 G5
Neustadt D 30 C4
Neustadt D 128 D1
Neustadt D 42 A6
Neustadt D 30 D4
Neustadt D 19 E4
Neustadt D 31 G5
Neustadt
am Rübenberge D 17 H3
Neustadt an der Aisch D 30 B2
Neustadt an der
Waldnaab D 30 D2
Neustadt an der
Weinstrasse D 29 F2
Neustadt-Glewe D 18 D5
Neustift A 41 H2
Neustrelitz D 19 F5
Neuves-Maisons F 39 H6
Neuvic F 51 H5
Neuville F 37 E3
Neuville F 53 E6
Neuville-aux-Bois F 38 B6
Neuvy F 37 H3
Neuvy-sur-Barangeon F 38 B4
Neuwied D 29 E4
Nevel' RUS 167 C6
Nevers F 38 C3
Nevesinje BIH 91 G4
Nevlunghavn N 145 G1
Nevşehir TR 121 F4
New Cumnock GB 8 D3
New Galloway GB 8 D3
New Pitsligo GB 7 G2
New Quay GB 10 A2
New Romney GB 14 C2
New Ross IRL 5 F2
Newark-on-Trent GB 11 F2
Newbiggin-by-the-Sea GB 9 G2
Newbliss IRL 3 E3
Newborough GB 10 B4
Newbridge
(Droichead Nua) IRL 5 F3
Newburgh GB 9 E5
Newburgh GB 7 H2
Newbury GB 13 H3
Newby Bridge GB 10 D6
Newcastle GB 3 G3
Newcastle Emlyn GB 10 A1
Newcastle upon Tyne GB 9 G2
Newcastle West IRL 4 C3
Newcastle-under-Lyme GB 10 D3
Newcastleton GB 9 E3
Newent GB 13 F5
Newhaven GB 14 B2
Newinn IRL 5 E2
Newmarket GB 14 C5
Newmarket IRL 4 C2
Newmarket-on-Fergus IRL 4 C3
Newport GB 12 C6
Newport GB 13 E4
Newport GB 10 D2
Newport GB 13 G2
Newport IRL 2 B4
Newport IRL 4 D3
Newport Pagnell GB 14 B5
Newport-on-Tay GB 9 F5
Newquay GB 12 B3
Newry GB 3 F3
Newton Abbot GB 12 D2
Newton Stewart GB 8 C3
Newtonferry/
Port nan Long GB 6 B4
Newtonmore GB 7 E2
Newtown GB 10 C2
Newtown Butler GB 3 E3
Newtownabbey GB 3 G4
Newtownards GB 3 G4
Newtownhamilton GB 3 F3
Newtown-
mountkennedy IRL 5 G3
Newtownstewart GB 3 E4
Nexon F 37 F1
Neyland GB 12 C5
Nežin UA 166 D4
Nibe DK 137 F2
Nicastro I 102 D3
Nice F 86 C5
Nickelsdorf A 44 B3
Nicolae Bălcescu RO 48 B3
Nicolae Bălcescu RO 48 C1

Aversa
Tréntola Ducenta
Cesa
Caivano
ROMA
SS 7bis
SS 162
SS 87
A1
E45
Acerra
Sant' Ántimo
Frattamaggiore
Giugliano in Campania
ROMA
Melito di Nápoli
Casalnuovo di Nápoli
Regi Lagni
Pomigliano d'Arco
Qualiano
Arzano
Afragóla
AVELLINO
Casória
Casavatore
A16
E842
Marano di Nápoli
Marianella
Capodichino
Volla
Capodimonte
SS 268
Pianura
SS511
Poggioreale
Cércola
Sant' Anastasía
POZZUOLI
Sóccavo
Vómero
San Giórgio a Cremano
SS 18
Agnano Terme
NÁPOLI
Posíllipo
Pórtici
Bagnoli
A3
E45
Ercolano
Ísola di Nísida
Marechiaro
Golfo di Nápoli
Torre del Greco
POMPEI
0
5 km

Nicolae Bălcescu

Opsa

Nicolae Bălcescu RO 63 F4
Nicolosi I 105 F3
Nicosia I 105 E4
Nidderau D 29 G4
Nidzica PL 22 A5
Niebla E 81 E5
Niebüll D 128 B3
Nieby D 128 C3
Niechorze PL 130 C1
Niedalino PL 130 D1
Nieder Stotzingen D 41 F5
Nieder-Wöllstadt D 29 G4
Niederalteich D 42 C5
Niederau A 42 B2
Niederaula D 29 H5
Niederbronn-les-Bains F 29 E1
Niederkrüchten D 16 C1
Niederwinkling D 42 C6
Niedrzwica Duża PL 34 D5
Niemcza PL 32 D4
Niemegk D 19 E2
Niemisjärvi FIN 158 C4
Nienburg D 17 H4
Nienhagen D 129 F1
Nieppe F 27 F6
Nierstein D 29 F3
Niesky D 31 H5
Nieszawa PL 21 F3
Nieuil F 37 E2
Nieuweschans NL 17 E5
Nieuwpoort B 15 F2
Niğde TR 121 G2
Nigrita GR 108 A4
Niinimäki FIN 159 E4
Niinisalo FIN 157 F2
Niinivesi FIN 158 C5
Nijar E 83 E1
Nijkerk NL 16 C3
Nijmegen NL 16 C2
Nijverdal NL 16 D3
Nikaia GR 107 G1
Nikel RUS 165 H4
Niki GR 107 E4
Nikiá GR 117 G1
Nikifóros GR 108 B5
Nikitári CY 127 b2
Nikitas GR 108 A3
Nikkaluokta S 164 C2
Nikkaroinen FIN 158 C2
Nikola Kozlevo BG 96 C5
Nikolajev UA 35 G2
Nikolajev UA 166 E1
Nikolajevo RUS 143 H6
Nikopol BG 95 E5
Nikopol' UA 166 E2
Nikšić YU 92 A3
Nilsiä FIN 163 F2
Nîmes F 52 C1
Nin HR 90 B6
Ninove B 27 G6
Niort F 36 D3
Nirou Khani GR 123 d3
Niš YU 93 F4
Nisa P 75 E4
Nisákio GR 106 B1
Nisalachti RUS 151 F6
Niška Banja YU 93 F4
Niskakoski RUS 165 G3
Nisko PL 34 D4
Nītaure LV 142 C3
Nitra SK 44 D4
Nitrianske Pravno SK 44 D5
Nitrianske Rudno SK 44 D5
Nitry F 38 D4
Nittedal N 145 H4
Nittenau D 30 D1
Nittendorf D 42 B6
Nivå DK 129 G5
Nivala FIN 162 D3
Nivelles B 27 H5
Nižná SK 33 H1
Nižná Boca SK 45 F6
Nizza Monferrato I 54 C2
Njapinlachti RUS 159 H1
Njegoševo YU 59 F4
Njurunda S 155 H3
Noailles F 26 D3
Noain E 69 G3
Nocera I 99 F2
Nocera Umbra I 89 F4
Noceto I 55 F2
Noci I 101 E3
Nocrich RO 61 F5
Noépoli I 100 D1
Noeux F 27 E5
Nogara I 55 G3
Nogaro F 50 D2
Nogent F 39 F5
Nogent-le-Roi F 26 C2
Nogent-le-Rotrou F 26 B1
Nogent-sur-Seine F 27 F1
Noginsk RUS 167 E7
Nohfelden D 28 D3
Noia E 64 B4
Noirétable F 52 C6
Noirmoutier-en-l'Ile F 36 B5
Noja E 69 E5
Nokia FIN 157 G2
Nola I 99 F2
Nolay F 39 E3
Noli I 86 D5
Nomeny F 28 C1
Nomexy F 39 H5
Nonancourt F 26 C2
Nonant-le-Pin F 26 A2
Nonnenhorn D 41 E3
Nontron F 51 F6
Nonza F 73 b3
Noordwijk aan Zee NL 16 A4
Noormarkku FIN 157 F2
Nora S 147 E2
Nørager DK 137 F2
Norberg S 147 F4
Norcia I 89 F3
Nordausques F 15 E1
Nordberg N 153 E3
Nordborg DK 128 C4
Nordby DK 128 B5
Nordby DK 128 D5
Norddeich D 17 E6
Nordeide N 152 C2
Norden D 17 E6
Nordenham D 17 G6
Norderney D 17 E6
Norderstedt D 18 B6
Nordfjordeid N 152 C3
Nordfold N 164 B2
Nordhalben D 30 C4
Nordhausen D 18 C1
Nordhorn D 17 E3
Nordkapp N 165 F6
Nordkjosbotn N 164 D3
Nordli N 161 F3
Nördlingen D 41 G6
Nordmaling S 162 A2
Nordmark S 146 D3
Nordre Osen N 154 B1
Nordskov DK 128 D5
Noresund N 145 G4
Norg NL 16 D5
Norheimsund N 144 C5
Norr Hede S 154 D4
Norrahammar S 138 D4
Norrboda S 148 B4
Nørre Åby DK 128 C4
Nørre Alslev DK 129 F3
Nørre Broby DK 128 D4
Nørre Lyndelse DK 128 D4
Nørre Nebel DK 128 B5
Nørre Snede DK 128 C6
Nørre Vejrup DK 128 B5
Nørre Vorupør DK 136 D2
Nørresundby DK 137 F3
Norrhult S 139 E2
Norrköping S 139 G6
Norrnäs FIN 157 E4
Norrsundet S 147 H6
Norrtälje S 148 B3
Norsholm S 139 F5
Norsjö S 162 A4
Nort F 36 C6
Nörten-Hardenberg D 18 A1
North Berwick GB 9 F4
North Walsham GB 15 E6
Northallerton GB 11 F5
Northam GB 12 C4
Northampton GB 14 A5
Northeim D 18 A1
Northiam GB 14 C2
Northleach GB 13 G4
Northwich GB 10 D3
Norton GB 11 G5
Nortorf D 128 C2
Norwich GB 14 D5
Nosovka UA 166 D3
Nossen D 31 F5
Nötö FIN 149 F3
Noto I 105 F2
Notodden N 145 F3
Nottingham GB 11 F2
Nottuln D 17 E2
Nouan-le-Fuzelier F 38 A5
Nouans-les-Fontaines F 37 G4
Nouvion F 26 D5
Nova H 58 A6
Nová Baňa SK 44 D4
Nová Bystřice CZ 43 F6
Nova Crnja YU 59 G4
Nova Gorica SLO 56 D4
Nova Gradiska HR 58 C3
Nova Kassaba BIH 92 A6
Nova Levante/Welschnofen I 55 H6
Nová Paka CZ 32 B4
Nova Pazova YU 59 G2
Nova Topola BIH 58 B2
Nova Varoš YU 92 C4
Nova Zagora BG 95 G3
Novachene BG 94 C4
Novaci RO 61 E3
Novafeltria I 89 E5
Novaja Kachovka UA 166 E1
Novajidrány H 45 H4
Nováky SK 44 D5
Novara I 54 C4
Novara di Sicilia I 105 G4
Nové Hrady CZ 43 F5
Nové Město na Moravě CZ 32 C1
Nové Mesto nad Váhom SK 44 C5
Nové Sady SK 44 C4
Nové Strašecí CZ 31 G3
Nové Zámky SK 44 D3
Novelda E 84 B4
Novellara I 55 F2
Noventa Vicentina I 55 H3
Noves F 52 D1
Novgorod RUS 167 C8
Novgorod-Severskij UA 166 D4
Novgorodka RUS 143 G3
Novi Bečej YU 59 G4
Novi Dojran MK 107 G5
Novi di Módena I 55 G2
Novi Han BG 94 C3
Novi Kneževac YU 59 G5
Novi Krichim BG 95 E2
Novi Ligure I 54 C2
Novi Marof HR 58 A5
Novi Pazar BG 96 C5
Novi Pazar YU 92 D4
Novi Sad YU 59 F3
Novi Vinodolski HR 57 F2
Novigrad HR 56 D3
Novigrad HR 90 C6
Novigrad Podravski HR 58 B5
Novion-Porcien F 27 H3
Novo Mesto SLO 57 F4
Novo Miloševo YU 59 G4
Novo Selo BG 93 G6
Novo Selo BG 95 G6
Novo Selo MK 107 G5
Novograd-Volynskij UA 166 C3
Novogrudok SU 167 B5
Novojel'n'a SU 23 H5
Novomirgorod UA 166 D2
Novomoskovsk RUS 167 F6
Novomoskovsk UA 166 E2
Novopolock SU 135 E5
Novoržev RUS 167 C7
Novoselë AL 106 B3
Novoselets BG 96 B2
Novoselica UA 48 A5
Novoselje RUS 143 G6
Novosil' RUS 167 E5
Novoukrainka UA 35 G4
Novoukrainka UA 166 D2
Novovolynsk UA 35 G5
Novozybkov RUS 166 D4
Novska HR 58 B3
Nový Bohumín CZ 33 F2
Nový Bor CZ 31 H4
Nový Bydžov CZ 32 B3
Nový Jičín CZ 33 E2
Nový Knín CZ 31 G2
Novyj Bug UA 166 E2
Novyj Oskol RUS 166 F4
Novyj Pogost SU 134 D5
Novyje Aneny MD 49 F2
Nowa Brzeźnica PL 33 G5
Nowa Cerekwia PL 33 E3
Nowa Dęba PL 34 C4
Nowa Karczma PL 131 G1
Nowa Karczma PL 132 A2
Nowa Ruda PL 32 C4
Nowa Sarzyna PL 34 D4
Nowa Słupia PL 34 B5
Nowa Sól PL 20 B1
Nowe PL 21 F5
Nowe Brzesko PL 34 A3
Nowe Miasteczko PL 20 B1
Nowe Miasto PL 20 D2
Nowe Miasto Lubawskie PL 21 G5
Nowe Miasto nad Pilicą PL 22 B1
Nowe Skalmierzyce PL 21 E1
Nowe Warpno PL 19 H5
Nowogard PL 20 A5
Nowogród PL 22 C5
Nowogród Bobrzański PL 20 A1
Nowogrodziec PL 32 B5
Nowosielce PL 34 D1
Nowowola PL 23 E5
Nowy Duninów PL 21 G3
Nowy Dwór PL 23 E6
Nowy Dwór Gdański PL 131 H1
Nowy Dwór Mazowiecki PL 22 B3
Nowy Korczyn PL 34 B3
Nowy Majdan PL 35 E4
Nowy Sącz PL 34 B2
Nowy Targ PL 34 A1
Nowy Tomyśl PL 20 C2
Nowy Zmigród PL 34 C2
Noyant F 37 F5
Noyers F 38 D4
Noyers-sur-Jabron F 53 F2
Noyon F 27 E3
Nozay F 36 C6
Nozeroy F 39 G2
Nucet RO 60 C6
Nuévalos E 78 A5
Nuijamaa FIN 159 F1
Nuits-St-Georges F 39 E3
Nujno UA 23 H1
Nules E 78 C2
Nulvi I 87 b4
Numana I 89 G4
Nummela FIN 150 A5
Nummi FIN 149 H5
Nummijärvi FIN 157 F3
Nummikoski FIN 157 F3
Nuneaton GB 11 E1
Nunnanen FIN 165 F3
Nunsdorf D 19 F2
Nunspeet NL 16 C4
Nuoro I 87 b3
Nur PL 22 D3
Nurallao I 87 b2
Nürburg D 28 D4
Nurmaa FIN 158 D2
Nurmes FIN 163 F2
Nurmijärvi FIN 150 B5
Nurmijärvi FIN 163 G3
Nurmo FIN 157 G5
Nürnberg D 30 C2
Nürtingen D 41 E5
Nuşeni RO 47 F2
Nuşfalău RO 46 C2
Nuštar HR 59 E3
Nutheim N 145 E3
Nuttlar D 17 F1
Nuupas FIN 163 E5
Nybergsund N 154 C1
Nyborg DK 129 E4
Nybro S 139 F1
Nyby DK 129 F3
Nydri GR 114 B4
Nyékládháza H 45 H4
Nyhammar S 147 E4
Nyhem S 155 F5
Nyírábrány H 46 B3
Nyíracsád H 46 B3
Nyíradony H 46 B3
Nyírbátor H 46 B3
Nyírbéltek H 46 B3
Nyírbogát H 46 B3
Nyíregyháza H 46 B4
Nyírtelek H 46 B4
Nyírtura H 46 B4
Nykarleby/Uusikaarlepyy FIN 162 C2
Nykøbing DK 137 E2
Nykøbing DK 129 F5
Nykøbing DK 129 F3
Nyköping S 139 H6
Nykrogen S 147 G4
Nykroppa S 147 E3
Nyland S 156 A5
Nymburk CZ 32 A3
Nymindegab DK 128 A5
Nynäshamn S 148 B1
Nyon CH 39 G1
Nyons F 53 E2
Nýrsko CZ 31 F1
Nyrud N 165 H4
Nysa PL 32 D4
Nysäter S 146 C2
Nyskolla N 154 A1
Nysted DK 129 F2
Nystova N 153 E1
Nytrøa N 153 H4

O

O Barco de Valdeorras E 65 E2
O Cádabo/Baleira E 65 E4
O Grove E 64 B4
Oakham GB 11 F1
Oancea RO 63 E5
Oandu EST 151 E3
Oanes N 144 B2
Oban GB 8 C6
Öbektaşı TR 121 E2
Obeliai LT 134 B6
Ober-Roden D 29 G3
Oberammergau D 41 G3
Oberau D 41 H3
Oberaudorf D 42 B3
Oberdrauburg A 42 C1
Obergrafendorf A 43 G4
Obergünzburg D 41 G4
Obergurgl A 41 G1
Oberhausen D 16 D1
Oberhof D 30 B4
Oberhofen CH 40 B2
Oberjoch D 41 G3
Oberkirch D 40 C5
Oberkochen D 41 F6
Obernai F 40 B5
Obernberg A 42 D4
Obernburg D 29 G3
Oberndorf A 42 C3
Oberndorf D 40 D5
Obernzell D 42 D5
Oberpullendorf A 44 A2
Oberriet CH 41 E2
Obersickte D 18 B2
Obersontheim D 29 H1
Oberstaufen D 41 F3
Oberstdorf D 41 F3
Obersuhl D 30 A5
Obertauern A 42 D2
Obertraubling D 42 B6
Obertraun A 42 D3
Obervellach A 42 C1
Oberviechtach D 30 D2
Oberwald CH 40 C1
Oberwart A 43 H2
Oberwesel D 29 E4
Oberwiesenthal D 31 E4
Oberwölz A 43 E2
Oberzeiring A 43 E2
Óbidos P 74 B5
Obing D 42 B4
Objazda PL 131 E2
Öblarn A 43 E2
Oblięcin PL 34 D5
Obninsk RUS 167 E6
Obnova BG 95 E5
Obodovka UA 49 E6
Obojan' RUS 166 E4
Oborishte BG 94 D3
Oborniki PL 20 D3
Oborniki Śląskie PL 32 D5
Obreja RO 60 C3
Obrenovac YU 59 G1
Obrochishte BG 97 E5
Obrovac HR 90 C6
Obrovac HR 91 E5
Obruk TR 120 D2
Obsteig A 41 G2
Obzor BG 97 E4
Očakov UA 166 D1
Ocaña E 77 E3
Occhiobello I 55 H2
Ochagavía E 70 C3
Ochojec PL 33 F3
Ochsenfurt D 30 A2
Ochsenhausen D 41 F4
Ochthoniá GR 116 A4
Ochtrup D 17 E3
Ockelbo S 147 G5
Ocland RO 61 H5
Ocna Mureş RO 61 E6
Ocna Sibiului RO 61 F5
Ocna Şugatag RO 47 E3
Ocnele Mari RO 61 F3
Ocoliş RO 61 E6
Ocrkavlje BIH 91 H4
Öcsa H 45 E2
Öcsöd H 45 G1
Odda N 144 C4
Odder DK 128 D5
Oddesund DK 136 D2
Odeceixe P 80 B6
Odeleite P 80 D5
Odelzhausen D 41 H5
Odemira P 80 B6
Ödemiş TR 118 B2
Ödensbacken S 147 F2
Odense DK 128 D4
Oderberg D 19 G4
Oderzo I 56 B4
Ödeshög S 139 E5
Odessa UA 166 D1
Odiham GB 13 H3
Odobeşti RO 62 C5
Odolanów PL 33 E6
Odorheiu Secuiesc RO 61 G6
Odry CZ 33 E2
Odrzywół PL 34 B6
Ødsted DK 128 C5
Odum DK 137 F1
Odžaci YU 59 E3
Odžak YU 92 B4
Oebisfelde D 18 C3
Oederan D 31 F5
Oeding D 16 D2
Oelde D 17 F2
Oelsnitz D 30 D4
Oettingen D 41 G6
Oetz A 41 G2
Ófehértó H 46 B4
Offenbach D 29 G3
Offenburg D 40 C5
Ofir P 66 B4
Ofte N 145 E3
Ogenbargen D 17 F6
Ogliastro Cilento I 100 B2
Ograda RO 60 C2
Ogre LV 142 C2
Ogrodzieniec PL 33 G4
Ogulin HR 57 F3
Ohrdruf D 30 B5
Ohrid MK 106 D4
Öhringen D 29 G1
Oia GR 123 H5
Oia (Arrabal) E 64 A3
Oinói GR 115 G3
Oirschot NL 16 B2
Oisemont F 26 D5
Oissel F 26 C3
Oisterwijk NL 16 B2
Oitilon GR 122 B5
Oitti FIN 150 B6
Ojdula RO 62 B5
Ojén E 81 H2
Okalewo PL 21 G4
Okehampton GB 12 D3
Oker D 18 B2
Oknica UA 48 C5
Okonek PL 20 D5
Okonin PL 21 F5
Okopy Nowe PL 35 F6
Oksakoski FIN 157 H6
Oksböl DK 128 A5
Øksendrup DK 128 D4
Øksfjord N 165 E5
Okučani HR 58 B3
Okulovka RUS 167 D8
Okuninka PL 23 F1
Ol'gopol' UA 49 F5
Ol'šanka UA 49 H6
Ólafsfjörður IS 160 b2
Ólafsvík IS 160 a2
Olargues F 52 A1
Oława PL 32 D5
Olazagutiá E 69 F4
Olbernhau D 31 F4
Ólbia I 87 c4
Oldcastle IRL 3 E2
Oldeide N 152 B3
Olden N 152 D3
Oldenburg D 17 G5
Oldenburg D 129 E2
Oldenzaal NL 17 E3
Olderdalen N 164 D4
Olderfjord N 165 F5
Oldham GB 11 E4
Oldmeldrum GB 7 G2
Olecko PL 133 E1
Oléggio I 54 C4
Oleiros E 64 B4
Oleiros P 75 E5
Ølen N 144 B3
Olesko UA 35 H3
Oleśnica PL 32 D5
Olesno PL 33 F4
Oleszyce PL 35 E3
Oletta F 73 b2
Olette F 72 A4
Ølgod DK 128 B5
Olhão P 80 C4
Oliena I 87 b3
Ólimbos GR 124 A2
Olite E 69 G2
Oliva E 84 D5
Olivares de Júcar E 77 G2
Oliveira de Azeméis P 66 B2
Oliveira de Frades P 66 C2
Oliveira do Bairro P 66 B2
Oliveira do Hospital P 66 C1
Olivenza E 75 E2
Olivet F 38 A5
Olivone CH 40 D1
Olkusz PL 33 G3
Ollaberry GB 6 b2
Ollerton GB 11 F3
Ollerup DK 128 D3
Olliergues F 52 C5
Öllölä FIN 159 H5
Olmedillo de Roa E 68 C2
Olmedo E 68 A1
Olmedo I 87 a4
Olmeto F 73 a1
Olmillos de Sasamón E 68 C3
Olmos lou GR 123 H5
Olney GB 14 B5
Olofström S 130 B6
Olomouc CZ 32 D2
Olonešty MD 49 G2
Olonzac F 72 B5
Oloron-Ste-Marie F 70 D4
Olot E 72 B3
Olovo BIH 91 H6
Olpe D 29 F6
Olpret RO 47 E2
Øls DK 137 F2
Olsberg D 29 G6
Olshammar S 139 E6
Olst NL 16 D3
Olsztyn PL 22 A6
Olsztynek PL 22 A5
Olszyna PL 19 H1
Olszyna PL 32 B5
Oltan TR 120 A6
Oltedal N 144 B2
Olten CH 40 C3
Olteni RO 61 H1
Olteniţa RO 62 C1
Olukbaşı TR 127 F4
Olukpınar TR 126 D4
Olvega E 69 F1
Olvera E 81 G3
Olympía GR 114 D2
Olympías GR 108 B4
Olýmpoi GR 117 E4
Omagh GB 3 E4
Omalós GR 122 b2
Omegna I 54 C5
Ömerköy TR 110 B2
Omiš HR 91 E4
Omišalj HR 57 E3
Ommen NL 16 D4
Omodos CY 127 b1
Ömossa/Metsälä FIN 157 E3
Omurtag BG 96 B4
Oña E 68 D4
Onchan GBM 10 B6
Onda E 78 C2
Ondara E 84 D5
Onkamo FIN 159 G4
Onkiniemi FIN 158 C2
Onnaing F 27 G5
Onsaker N 145 G5
Onsala S 138 B3
Ontinyent E 84 C5
Ontur E 83 H5
Oola IRL 4 D3
Oostburg NL 15 G2
Oostende B 15 F2
Oosterbeek NL 16 C3
Oosterend NL 16 C6
Oosterhout NL 16 B2
Oosterwolde NL 16 D5
Oostmalle B 16 A1
Ootmarsum NL 17 E3
Opalenica PL 20 C2
Opařany CZ 31 G1
Opatija HR 57 E3
Opatów PL 33 E5
Opatów PL 34 C4
Opatówek PL 21 F1
Opatowiec PL 34 B3
Opava CZ 33 E2
Opicina I 56 D4
Opladen D 28 D6
Opočka RUS 143 H2
Opoczno PL 34 A6
Opole PL 33 E4
Opole Lubelskie PL 34 D5
Opovo YU 59 G2
Oppach D 31 H5
Oppdal N 152 B1
Oppdal N 153 G4
Oppenau D 40 C5
Oppenheim D 29 F3
Oppheim N 144 C6
Oppido Lucano I 100 C3
Oppido Mamertina I 105 H5
Oppola RUS 159 H3
Opsa SU 134 C5

Opuzen

[Map of Oslo area and surroundings, showing Oslofjorden, Bonnefjorden, and locations including Holmenkollen, Nordberg, Kjelsås, Sinsen, Smestad, Skøyen, Bryn, Lørenskog, Haslum, Lysaker, Bygdøy, Sandvika, Nesoddtangen, Nordstrand, Ljan, Bøler, Kolbotn, Oppegård, Langhus, Ski, Asker, Blakstad, Fjellstrand, Torvik, Slemmestad, Blylaget, Fagerstrand, Vinterbru, Røyken. Scale 0–6 km. Routes to Hønefoss, Drammen, Lillehammer, Moss, Mysen.]

Opuzen HR	91 F3	Orgosolo I	87 b3	Orta TR	112 D2	Ösmo S	148 A1	Ostrovno SU	135 G5	Oz'orsk RUS	133 E2
Ör H	46 B4	Orgovány H	59 F6	Orta Nova I	100 C4	Osmoloda UA	47 E5	Ostrovskoje RUS	167 F8	Oz'ory SU	23 F6
Or'ol RUS	167 E5	Orhaneli TR	110 C3	Orta s Giúlio I	54 C5	Osnabrück D	17 F3	Ostrów Mazowieka PL	22 C4	Ozalj HR	57 G4
Orá CY	127 b1	Orhangazi TR	110 D4	Ortaca TR	124 D4	Osno PL	20 A3	Ostrów Wielkopolski PL	21 E1	Ozarów PL	34 C5
Ora/Auer I	55 H5	Orhanlar TR	110 A2	Ortakent TR	117 G2	Osoi RO	48 D3	Ostrowice PL	20 C5	Ożarów Mazowiecki PL	22 B2
Oradea RO	46 B2	Oria I	101 F2	Ortaklar TR	117 G4	Osor HR	57 E2	Ostrowiec PL	131 E1	Ožbalt SLO	57 G6
Orahovac YU	92 D2	Orihuela E	84 B3	Ortaköy TR	111 F5	Oşorheiu RO	46 B2	Ostrowiec Świętokrzyski PL	34 C5	Ózd H	45 G4
Oraison F	53 F1	Orihuela del Tremedal E	78 A4	Ortaköy TR	121 E4	Osorno E	68 C3	Ostrowite PL	21 E5	Ožď'any SK	45 F4
Orange F	52 D2	Orimattila FIN	150 C6	Ortaköy TR	113 H2	Osovcy SU	23 H2	Ostrożac BIH	57 G2	Ozerki RUS	151 G5
Orani I	87 b3	Orinin UA	48 A6	Orte I	89 E2	Osøyro N	21 F6	Ostrożac BIH	91 G5	Ozery RUS	167 F6
Oranienbaum D	19 E1	Orio E	69 G4	Ortenberg D	29 G4	Osowo Leśne PL	144 B5	Ostryna SU	23 G6	Ozieri I	87 b3
Oranienburg D	19 F3	Oriolo I	100 D1	Ortenburg D	42 D5	Ospedaletti I	86 C5	Ostrzeszów PL	33 E6	Ozimek PL	33 F4
Oranmore IRL	4 C3	Oripää FIN	149 G6	Orth A	44 B4	Oss NL	16 C2	Ostuni I	101 F3	Özlüce TR	113 E5
Orašje BIH	59 E2	Orissaare EST	141 H6	Orthez F	70 D4	Ossa de Montiel E	83 F6	Osuna E	81 H3	Ozorków PL	21 G2
Orăşti RO	62 B2	Oristano I	87 a2	Orthovoúni GR	107 E1	Ossiach A	57 E6	Osveja SU	143 G1	Ozun RO	62 A5
Orăştie RO	60 D4	Öriszentpéter H	44 A1	Ortigueira E	64 D6	Ossjön S	147 F6	Oswestry GB	10 C3	
Oraşu Nou RO	46 D3	Orivesi FIN	158 A2	Ortisei/St Ulrich I	56 A6	Ostaškov RUS	167 D7	Oświecim PL	33 G3	
Oravainen/Oravais FIN	157 F6	Orizare BG	96 D4	Ortişoara RO	60 A4	Östavall S	155 F4	Osztopán H	58 C6	**P**
Oravais/Oravainen FIN	157 F6	Ørjarvik N	153 E5	Ortona I	90 A2	Östbevern D	17 F2	Otalampi FIN	150 B5	
Oravi FIN	159 F4	Ørje N	146 B2	Ortrand D	31 G6	Østbirk DK	128 C6	Otava FIN	158 D2	P'atichatki UA	166 E2
Oravikoski FIN	158 D5	Órjiva E	82 C2	Ortueri I	87 b2	Østby N	154 C1	Oţelu Roşu RO	60 C4	Pääjärvi FIN	158 A5
Oravisalo FIN	159 F4	Orkanger N	153 G6	Ørum DK	137 F1	Ovacuma TR	112 D4	Otepää EST	142 D5	Paakkila FIN	159 E5
Oravița RO	60 B2	Ørkelljunga S	129 H6	Ørvella N	145 F3	Oster UA	166 D3	Otero de Bodas E	67 G3	Paatinen FIN	149 F5
Oravská Polhora SK	33 G2	Ørkény H	45 F2	Orvieto I	88 D3	Øster Agger DK	136 D2	Oteşani RO	61 F3	Pabianice PL	21 G1
Oravský Podzámok SK	33 G1	Orléans F	38 A5	Orvinio I	98 D5	Øster Hurup DK	137 F2	Oteševo MK	106 D4	Pabradé LT	134 B4
Ørbæk DK	128 D4	Orlik nad Vltavou CZ	31 G2	Orzesze PL	33 F3	Øster Vrå DK	137 G3	Otetelişu RO	61 F2	Paceco I	104 B4
Orbassano I	54 A2	Orly F	26 D2	Orzinuovi I	55 E4	Østerbø N	144 D6	Othery GB	13 E3	Pachino I	105 F1
Orbe CH	39 H2	Orlyak BG	96 D6	Orzysz PL	22 C6	Osterburg D	18 D4	Otley GB	11 E4	Páchna CY	127 b1
Orbec F	26 B3	Ormanli TR	110 B6	Os N	154 B4	Osterburken D	29 G2	Otmuchów PL	32 D4	Pacov CZ	32 A1
Orbetello I	88 C2	Ormea I	86 D5	Os'mino RUS	151 G2	Osby S	130 B6	Otnes N	154 A2	Pacsa H	58 B6
Orbey F	40 B5	Ormemyr N	145 F3	Oschatz D	31 F6	Østerbybruk S	148 A4	Otocac HR	57 F2	Pacy-sur-Eure F	26 C3
Orcera E	83 E5	Órmos GR	116 C3	Oschersleben D	18 C2	Österfärnebo S	147 G4	Otočec SLO	57 F4	Pacyna PL	21 H2
Orchies F	27 F5	Ormos Panagiás GR	108 B3	Öschiri I	87 b4	Osterhofen D	42 C5	Otoka BIH	57 H2	Paczków PL	32 D4
Orchómenos GR	115 F4	Ormos Prínou GR	108 C4	Ose N	144 D2	Osterholz-Scharmbeck D	17 G5	Otopeni RO	62 B2	Padasjoki FIN	158 B2
Orcières F	53 G3	Ormož SLO	57 H5	Osečina YU	59 F1	Østerild DK	137 E3	Otorowo PL	20 C3	Padej YU	59 G4
Ordes E	64 C5	Ormskirk GB	10 D4	Oseja de Sajambre E	68 B5	Østerlars DK	130 C3	Otranto I	101 H2	Paderborn D	17 G2
Ordino AND	71 G1	Ornans F	39 G3	Osenets BG	96 B5	Østermarie DK	130 C3	Otrokovice CZ	44 C6	Padiham GB	11 E4
Orduña E	69 E4	Orneta PL	132 B1	Osera E	78 C5	Osterode D	18 B1	Otta N	153 G2	Padina RO	62 C3
Orgžonikidze UA	166 E2	Örnsköldsvik S	156 B6	Osie PL	21 F5	Østersund S	155 E5	Ottana I	87 b3	Padina YU	59 H3
Orebic HR	91 F3	Orol E	64 D5	Osieczna PL	20 C1	Östersundom FIN	150 B4	Ottaviano I	99 F2	Padjene HR	90 D6
Örebro S	147 F2	Oron-la-Ville CH	39 H1	Osiek PL	21 F5	Östervåla S	147 H4	Ottenschlag A	43 G4	Padova I	56 A3
Orechovo-Zujevo RUS	167 F7	Oropesa E	76 B4	Osijek HR	59 E3	Osthammar S	148 A4	Ottensheim A	43 E4	Padrón E	64 B4
Öregcsertő H	59 E6	Oropesa del Mar E	78 D2	Osikovitsa BG	94 D3	Ostheim D	30 B4	Otter Ferry GB	8 C5	Padru I	87 c4
Øregrund S	148 B4	Orosei I	87 c3	Osilo I	87 b4	Osthofen D	29 F3	Otterbach D	29 E2	Padstow GB	12 B3
Orehoved DK	129 F3	Orosháza H	59 H6	Osimo I	89 G4	Ostiglia I	55 G3	Otterburn GB	9 F2	Padul E	82 C2
Orekhovo BG	94 C5	Oroszló H	58 D5	Ósios Loukás GR	115 F4	Ostiz E	69 G3	Otterlo NL	16 C3	Paesana I	54 A2
Ören TR	109 G2	Orpington GB	14 B3	Osipaonica YU	60 A1	Östra Ed S	147 F5	Otterndorf D	128 B1	Paestum I	99 G1
Ören TR	124 B5	Orrefors S	139 F2	Osipoviči SU	167 C5	Ostrach D	41 F4	Ottersberg D	17 H5	Páfos CY	127 a1
Örencik TR	119 E5	Orsa S	147 E6	Osječenica YU	91 H2	Ostrava CZ	33 F2	Otterup DK	128 D4	Pag HR	57 F1
Orense/Ourense E	64 C3	Orša SU	167 C5	Oskarshamn S	139 G3	Ostritz D	32 A5	Ottevény H	44 C3	Pagáia RO	46 C2
Oreoi GR	115 G5	Orscholz D	28 C2	Oskarström S	138 C2	Ostróda PL	21 H5	Ottobeuren D	41 F4	Pagégiai LT	132 D3
Oresak BG	95 E3	Orsières CH	54 A5	Øskendalsora N	153 F5	Ostrog UA	166 B3	Ottone I	54 D2	Pagny F	28 B1
Orestiáda GR	109 F6	Örsjö S	139 F1	Oskowo PL	131 F5	Ostrołęka PL	22 C4	Ottsjö S	154 D6	Paguera F	85 a2
Orford GB	15 E4	Orsogna I	99 F5	Osl'any SK	44 D5	Ostrov CZ	31 F4	Ottweiler D	28 D2	Pâhi H	59 F6
Orga (Kayalar) CY	127 b2	Orşova RO	60 C2	Oslo N	145 H3	Ostrov RO	20 C5	Otwock PL	22 C2	Paiania GR	115 H3
Orgaz E	76 D3	Orsova BG	94 B5	Osm'any SU	134 B2	Ostrošickij Gorodok SU	135 G2	Otyn'a UA	47 F6	Paide EST	150 C1
Orgejev MD	49 E3	Ørsta N	152 C4	Osmancık TR	113 G3	Ostrov CZ	31 E3	Oucques F	37 H5	Paignton GB	12 D2
Orgelet F	39 F1	Ørsted DK	137 G1	Osmaneli TR	111 E4	Ostrov RO	62 D1	Oud Beijerland NL	16 A3	Paijärvi FIN	151 E6
Orgeval F	26 D2	Örsundsbro S	147 H3	Osmanpaşa TR	121 F6	Ostrov RUS	143 G4	Ouddorp NL	15 H3	Paimboeuf F	36 B5
Orgon F	73 F6	Ort A	42 D4					Oude-Pekela NL	17 E5	Paimio FIN	149 G5

Pallasgreen

Oudenaarde B	27 G6	Paimpol F	24 D4
Oughterard IRL	2 B3	Paisley GB	8 D4
Ouistreham F	25 H4	Pajala S	165 E1
Oulainen FIN	162 D3	Pajęczno PL	33 G5
Oulu FIN	162 D4	Pakość PL	21 E3
Oulx I	53 H3	Pakoštane HR	90 C5
Oundle GB	14 B5	Pakosze PL	132 B1
Ouranóupoli GR	108 B3	Pakrac HR	58 B3
Ourense/Orense E	64 C3	Pakruojis LT	133 G5
Ourique P	80 C6	Paks H	59 E6
Oust F	71 G2	Palacios de Sanabria E	67 F4
Outokumpu FIN	159 F5	Palacios del Sil E	65 F3
Ouzouer-le-Marché F	37 H6	Paladru F	53 F5
Ovacik TR	112 D3	Palafrugell E	72 C2
Ovacuma TR	112 D4	Palagiano I	101 E3
Ovada I	54 C2	Palagonia I	105 F3
Ovar P	66 B2	Palaiá Epidavros GR	115 G2
Ovčar Banja YU	92 C5	Palaikastro GR	123 f3
Ovelgönne D	18 A5	Palaiochóra GR	122 a2
Ovenstädt D	17 G3	Palaiochóri GR	108 A3
Over Jerstal DK	128 C4	Palaiokastritsa GR	106 B1
Overåneset N	152 D4	Paláiopoli GR	116 C3
Overath D	29 E5	Paláiopoli GR	109 E4
Överkalix S	162 C5	Pálairos GR	114 C5
Överlida S	138 C3	Palamás GR	107 F1
Övermark/Ylimarkku FIN	157 E4	Palamós E	72 B2
Överö FIN	148 D4	Palanca RO	48 A1
Overscaig GB	7 E4	Palanga LT	132 C5
Övertänger S	147 F5	Palas de Rei E	64 D4
Överton GB	13 H3	Palatitsia GR	107 F3
Övertorneå S	162 C5	Palau I	87 b4
Överturingen S	155 E4	Palavas-les-Flots F	72 D6
Överum S	139 G4	Palazzo San Gervasio I	100 D3
Övertsundom FIN	150 B4	Palazzolo I	55 E4
Ovidiu RO	63 F2	Palazzolo Acréide I	105 F2
Ovidoli I	98 D5	Paldiski EST	150 A2
Oviedo E	68 A6	Pale BIH	91 H5
Øvre Årdal N	153 E2	Pāle LV	142 B4
Øvre Rendal N	154 A3	Palena I	99 E4
Övre Soppero S	165 E2	Palencia E	68 B3
Øvrestøl N	153 E4	Pálmpol F	104 C5
Ovruč UA	166 C3	Palestrina I	98 C4
Owschlag D	128 C2	Palheiros de Mira P	66 A2
Oxberg S	147 E6	Palheiros de Quiaios P	66 A1
Oxelösund S	139 H6	Palheiros de Tocha P	66 A1
Oxford GB	13 H4	Palić YU	59 F5
Oxwich GB	12 D5	Palinuro I	100 B1
Øyer N	153 H1	Paliomonastíri GR	114 D6
Øyermoen N	146 B4	Paliouríon GR	108 B2
Oyndartfjörður FR	136 b3	Paliseul B	28 A4
Oyonnax F	39 F1	Pălkäne FIN	158 A1
Oyntese N	144 C5	Palkino RUS	143 F4
Oyten D	17 H5	Pallasgreen IRL	4 D3

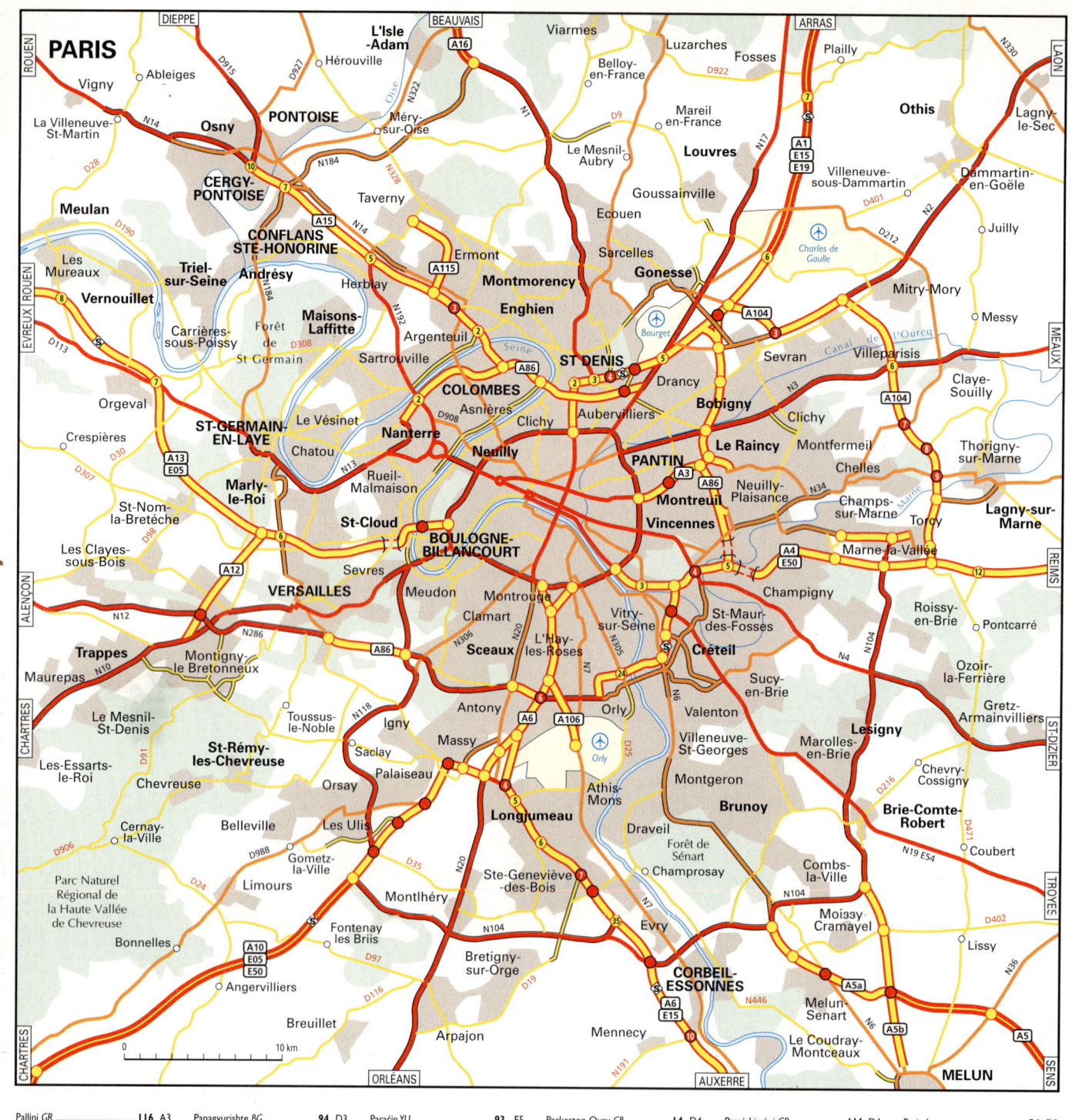

Name	Page	Grid
Pallíni GR	116	A3
Palma E	85	a2
Palma del Río E	81	H5
Palma di Montechiaro I	104	D3
Palma Nova E	85	a2
Palmadula I	87	a4
Palmanova I	56	C4
Palmela P	74	B3
Palmi I	102	C2
Palo del Colle I	101	E4
Páloi GR	117	G1
Palojärvi FIN	165	E3
Palojoensuu FIN	165	E2
Palokastër AL	106	C2
Palokki FIN	159	E5
Palomares E	83	F2
Palombara Sabina I	98	C5
Palota SK	34	D1
Pålsboda S	147	F1
Paltamo FIN	163	F3
Păltiniș RO	61	F4
Păltinoasa RO	47	H3
Paluzza I	56	C6
Pamhagen A	44	B3
Pamiątkowo PL	20	C3
Pamiers F	71	G3
Pampilhosa da Serra P	75	E6
Pamplona/Iruñea E	69	G3
Pamporovo BG	108	C6
Pamucak TR	117	G4
Pamukova TR	111	E4
Panagía GR	108	C4
Panagía GR	123	d2
Panagyurishte BG	94	D3
Panajë AL	106	B3
Panassac F	71	F4
Pancharevo BG	94	C3
Pančevo YU	59	H2
Pančićevo YU		
Pancorvo E	69	E3
Panciu RO	62	C5
Pandėlys LT	134	A6
Pandino I	55	E4
Pandrup DK	137	F3
Panes E	68	C5
Panevėžys LT	133	G5
Pangbourne GB	13	H3
Panki PL	33	F5
Páno Léfkara CY	127	c1
Páno Panagiá CY	127	b1
Páno Plátres CY	127	b1
Panormítis GR	124	B4
Pánormos GR	123	c3
Pánormos GR	116	C3
Pantánassa GR	122	C4
Pantäne FIN	157	F4
Pantelleria I	104	A2
Panxon E	64	B3
Paola I	102	D4
Pápa H	44	C2
Papadiánika GR	122	C5
Papasidero I	102	C5
Papenburg D	17	E5
Papile LT	133	E6
Papilys LT	133	H6
Pappenheim D	41	H6
Parabita I	101	G1
Paracín YU	93	E5
Parád H	45	F3
Paradeisi GR	124	C3
Paradeisia GR	115	E1
Paradyż PL	34	A5
Parainen/Pargas FIN	149	F4
Paralía GR	114	D3
Paralía GR	107	G3
Paralía Akrátas GR	115	F2
Paralía Ástrous GR	115	G2
Paralía Irion GR	115	G2
Paralía Kýmis GR	116	A5
Paralía Platanoú GR	115	E3
Paralimní CY	127	c2
Paramythí GR	114	B6
Paranéstio GR	108	C5
Parantala FIN	158	B5
Parapótamos GR	106	C1
Parassapuszta H	45	E2
Paravóla GR	114	D4
Paray-le-Monial F	38	D2
Parchim D	18	D5
Parczew PL	23	E1
Pardubice CZ	32	B3
Paredes P	66	C3
Paredes de Nava E	68	B3
Parentis-en-Born F	50	B4
Parey D	18	D3
Párga GR	114	B6
Pargas/Parainen FIN	149	F4
Parikkala FIN	159	G3
Paris F	26	D2
Parkano FIN	157	G3
Parkeston Quay GB	14	D4
Parknasilla IRL	4	B2
Parkumäki FIN	159	F3
Parłówko PL	20	A6
Parma I	55	F2
Passignano sul Trasimeno I	89	E4
Pärnu EST	142	B6
Pärnu-Jaagupi EST	142	B6
Páros GR	116	C1
Parpan CH	41	E1
Parsberg D	30	C1
Partakoski FIN	159	E2
Partanna I	104	C4
Partenen A	41	F2
Parthenay F	37	E3
Partille S	138	B4
Partinello F	73	a2
Partinico I	104	C4
Partizani YU	92	D6
Partizánske SK	44	D5
Partizanske Vode YU	92	B5
Partry IRL	2	B3
Påryd S	139	F1
Pas de la Casa AND	71	G1
Pas-en-Artois F	27	E5
Pasaia E	69	G4
Paşaköy TR	121	F6
Paşcani RO	48	B3
Pasewalk D	19	G5
Pasieczník PL	32	B5
Pasiene LV	143	G1
Päskallavik S	139	G2
Pasłęk PL	132	B1
Pašman HR	90	C5
Passá Limáni GR	116	D4
Passage East IRL	5	F2
Passage West IRL	4	D1
Passau D	42	D5
Pastrana E	77	F4
Pasvalys LT	133	G6
Pásztó H	45	F3
Pataș RO	60	C2
Patay F	38	A6
Pateley Bridge GB	11	E5
Patergassen A	42	D1
Paternion A	56	D6
Paternò I	105	F3
Paternopoli I	99	G2
Patersdorf D	42	C6
Păturlagele RO	62	B4
Patitiri GR	115	H6
Pátmos GR	117	F2
Pátra GR	114	D3
Patreksfjöður IS	160	a2
Patrickswell IRL	4	D3
Patrington GB	11	G3
Patsch A	41	H2
Pattada I	87	b3
Pattensen D	18	A3
Patterdale GB	9	E1
Pau F	70	D4
Pauillac F	50	C6
Paulhaguet F	52	C5
Pauliș RO	60	B5
Paulstown IRL	5	F2
Pavel Banya BG	95	F3
Pavia I	54	D3
Pavia P	74	D3
Pavilly F	26	C4
Pavilosta LV	141	F2
Pavlikeni BG	95	F4
Pavlograd UA	166	F2
Pavlovka UA	35	G4
Pavlovskij Posad RUS	167	F7
Pavullo nel Frignano I	55	G1
Pavy RUS	143	H6
Payerne CH	40	A2
Payrac F	51	F2
Pazardzhik BG	94	D2
Pazarkaya TR	120	A2
Pazarköy TR	112	C2
Pazaryeri TR	111	E3
Pazin HR	56	D3
Pchelarovo BG	95	F1
Peal de Becerro E	82	D4
Péaule F	24	D1
Peć YU	92	C2
Pec pod Sněžkou CZ	32	B4
Peçenek TR	112	C1
Pechea RO	62	D5
Pecica RO	60	A5
Peckelsheim D	17	G1
Pečory RUS	143	F5
Pécs H	76	D5
Pécsvárad H	76	D5
Pédio GR	124	B4
Pedoulás CY	127	b1
Pedráces/Pedratsches I	56	A6

Pedras Salgadas

Pontedecimo

Pedras Salgadas P 66 D3
Pedratsches/Pedràces I 56 A6
Pedraza E 77 E6
Pedro Muñoz E 77 F2
Peebles GB 9 E4
Peel GBM 8 B1
Peenemünde D 130 A1
Péfkos GR 123 e2
Pegau D 31 E5
Pégeia CY 127 a1
Peggau A 43 G2
Pegli I 54 C2
Pegnitz D 30 C2
Pego E 84 D5
Peidralaves E 76 C4
Peine D 18 B3
Peio I 55 G6
Peïra-Cava F 86 C5
Peiraias GR 115 H3
Peiss D 42 A4
Peissenberg D 41 H3
Peiting D 41 G3
Peitz D 19 H1
Pekkala FIN 163 E6
Pelasgía GR 115 F5
Pełczyce PL 20 B4
Pélekas GR 106 B1
Pelhřimov CZ 32 A1
Pélla GR 107 G4
Pellegrino Parmense I 55 E2
Pellegrue F 50 D5
Pellesmäki FIN 158 D5
Pellinge/Pellinki FIN 150 C4
Pellinki/Pellinge FIN 150 C4
Pello FIN 162 C6
Pello S 162 C6
Pellosniemi FIN 158 D2
Pelovo BG 94 D5
Pembroke GB 12 C5
Penacova P 66 B1
Penafiel E 68 C2
Penafiel P 66 C3
Penamacor P 75 F5
Penaranda E 68 D2
Peñaranda
de Bracamonte E 76 C6
Peñarroya-Pueblonuevo E 82 A6
Penarth GB 13 E4
Penas de S Pedro E 83 G5
Pendik TR 110 C5
Pendine GB 12 C5
Penela P 74 D6
Peniche P 74 B5
Penicuik GB 9 E4
Peñíscola E 78 D2
Penkridge GB 10 D2
Penkum D 19 G5
Pennabilli I 89 E5
Penne I 89 G2
Penrith GB 9 E1
Penryn GB 12 B2
Pentálofos GR 106 D2
Pentrez-Plage F 24 B3
Penyige H 46 C4
Penzance GB 12 A2
Penzberg D 41 H3
Penzlin D 19 F5
Peqin AL 106 B4
Péra Chorion CY 127 c2
Perachóra GR 115 F3
Peraía GR 107 G3
Perälä FIN 157 E4
Peralejos de las Truchas E 77 H4
Perales del Alfambra E 78 B4
Peralta E 69 G2
Pérama GR 106 D1
Pérama GR 123 c3
Peranka FIN 163 F5
Peraseinäjoki FIN 157 G4
Perast YU 91 H2
Perchtoldsdorf A 43 H4
Percy F 25 F3
Pérdika GR 114 B6
Pérdika GR 115 G2
Perečin UA 46 C5
Pereginskoje UA 47 E6
Pereiro P 80 D5
Perejaslav-Chmel'nickij UA 166 D3
Peremyšl'any UA 35 G2
Pereslavl'-Zalesskij RUS 167 E7
Peretu RO 95 E6
Perg A 43 F4
Pergine Valsugana I 55 G5
Pergola I 89 F5
Perho FIN 158 A6
Periam RO 59 H5
Périers F 25 F4
Périgueux F 51 E5
Perişani RO 61 F4
Perişoru RO 94 C6
Peristeróna CY 127 b2
Perkáta H 45 E1
Perkpolder NL 15 H2
Perleberg D 18 D4
Perlez YU 59 G3
Perly PL 132 D2
Përmet AL 106 C2
Pernå FIN 150 C5
Pernes F 53 E1
Pernik BG 94 B3
Perniö FIN 149 G4
Pernitz A 43 H3
Péronne F 27 F4
Pérouges F 53 E6
Perpignan F 72 B4
Perranporth GB 12 B2
Perros-Guirec F 24 C4
Persaj SU 134 C2
Perşani RO 61 G5
Persberg S 146 D3
Persenbeug A 43 F4
Pershore GB 13 G5
Perstorp S 129 H6
Perth GB 9 E5
Pertisau A 42 A3
Pertoúli GR 107 E1
Pertteli FIN 149 G5
Pertuis F 73 G6
Pertunmaa FIN 158 C2
Perúgia I 89 E4
Perušić HR 57 G1
Péruwelz B 27 G5
Pervomajsk UA 49 H5
Pervomajskoje RUS 151 G5
Pésaro I 89 F5
Pesčanaja UA 49 F5
Pesčanka UA 49 E5
Pescara I 89 H2
Pescasseroli I 99 E4
Peschici I 100 C6
Peschiera del Garda I 55 G4
Pescia I 88 B6
Pescina I 99 E5
Pescocostanzo I 99 E4
Pescolanciano I 99 F4
Pescopagano I 100 C3
Peshkëpija AL 106 B3
Peshkopi AL 106 C6
Peshtera BG 94 D2
Pesmes F 39 F3
Pesocani MK 106 D5
Pessin D 19 E3
Peštani MK 106 D4
Peşteana Jiu RO 61 E2
Peştera RO 63 E2
Peştişani RO 60 D3
Pestovo RUS 167 D8
Pešurići BIH 92 A5
Petäiskylä FIN 163 F3
Petäjävesi FIN 158 B4
Petalidi GR 122 B5
Petange L 28 B3
Petea RO 46 C3
Peterborough GB 14 B5
Peterchurch GB 13 F5
Peterculter GB 7 G1
Peterhead GB 7 H2
Peterlee GB 9 G1
Petersdorf D 129 E2
Petersdorf D 129 F1
Petersfield GB 13 H2
Petershagen D 17 G3
Pétervására H 45 G4
Petilia Policastro I 103 E4
Petkus D 19 F2
Petlovača YU 59 F2
Petrá E 85 b2
Pétra GR 107 F3
Pétra GR 109 F1
Petralia I 105 E4
Petraná GR 107 F3
Petrella Tifernina I 99 F4
Petreşti RO 46 C3
Petreşti RO 61 H2
Petreto-Bicchisano F 73 a1
Petrich BG 107 H5
Petrila RO 61 E4
Petrinja HR 57 H3
Petrodvorec RUS 151 H4
Petroşani RO 61 E4
Petroússa GR 108 B5
Petrovac YU 92 A1
Petrovac YU 60 B1
Petrovaradin YU 59 F3
Petrovice CZ 31 G2
Petrovka RUS 159 F1
Petřvald CZ 33 E2
Petsákoi GR 115 E3
Pettenbach A 43 E3
Pettigo GB 3 E4
Petworth GB 14 A2
Peuerbach A 42 D4
Pevensey GB 14 B2
Pewsey GB 13 G3
Peyrat-le-Chateaux F 37 G1
Peyrehorade F 50 B2
Peyrolles F 73 G5
Peyruis F 53 F1
Pézenas F 72 D6
Pezinok SK 44 B4
Pfaffendorf D 30 B3
Pfaffenhausen D 41 G4
Pfaffenhofen D 42 A5
Pfäffikon CH 40 D2
Pfäffikon CH 40 D3
Pfafflar A 41 G2
Pfarrkirchen D 42 C5
Pfatter D 42 B6
Pfeffenhausen D 42 A5
Pforzheim D 40 D6
Pfreimd D 30 D2
Pfronten D 41 G3
Pfullendorf D 41 E4
Pfullingen D 41 E5
Pfunds A 41 G2
Pfungstadt D 29 F3
Phalsbourg F 40 B6
Philippeville B 27 H4
Philippsreut D 42 D5
Philippsthal D 30 A5
Piacenza I 55 E3
Piádena I 55 F3
Piana F 73 a2
Piana Crixia I 54 C2
Piana degli Albanesi I 104 C4
Pianoro I 55 G1
Pias P 74 D1
Piaseczno PL 22 B2
Piaski PL 20 D1
Piaski PL 35 E5
Piastów PL 22 B2
Piaszczyna PL 20 D6
Piątek PL 21 G2
Piatra RO 95 E6
Piatra Neamţ RO 48 B2
Piatra Olt RO 61 F1
Piazza Armerina I 105 E3
Piazza al Serchio I 55 F1
Picacho de Veleta E 82 C2
Pićan HR 57 E3
Picerno I 100 C3
Pickering GB 11 G5
Pico I 98 D3
Picquigny F 26 D4
Piechowice PL 32 B4
Piecki PL 22 B6
Piedicroce F 73 b2
Piediluco I 89 E2
Piedimonte Matese I 99 F3
Piedrabuena E 76 C1
Piedrafita de Babia E 65 F3
Piedrahita E 76 B5
Piekary Śląskie PL 33 G3
Pieksämäki FIN 158 D4
Pielavesi FIN 158 C6
Pieniężno PL 132 B1
Pienza I 88 D4
Pierowall GB 7 H6
Pierre-Buffière F 37 G1
Pierre-de-Bresse F 39 F2
Pierrefitte F 28 A1
Pierrefitte-Nestalas F 71 E3
Pierrefonds F 27 E3
Pierrefort F 52 A4
Pierrelatte F 52 D2
Pierroton F 50 C5
Pieski PL 20 B3
Piešťany SK 44 C5
Pieszyce PL 32 C4
Pietarsaari/Jakobstad FIN 162 C2
Pietra Ligure I 86 D5
Pietraperzia I 105 E3
Pietrasanta I 88 B6
Pietreni RO 63 E1
Pietroşita RO 61 H3
Pietrowice PL 33 E3
Pietrzwałd PL 21 H5
Pieve di Cadore I 56 B6
Pieve di Teco I 86 D5
Pieve San Stéfano I 88 D5
Pievepelago I 55 F1
Pihlajalahti FIN 159 F3
Pihlava FIN 157 E2
Pihtipudas FIN 163 E2
Piikkiö FIN 149 G5
Pikalevo RUS 167 D8
Piła PL 20 D4
Pilat-Plage F 50 B5
Pilés GR 124 A1
Pilgrimstad S 155 F5
Pilica PL 33 H4
Pilis H 45 F2
Pilisvörösvár H 45 E3
Pilviškiai LT 133 F3
Pilzno PL 34 C3
Pina de Ebro E 78 D5
Pınarbaşı TR 112 D4
Pınarbaşı TR 126 D5
Pınarhisar TR 97 E1
Pincehely H 58 D6
Pińczów PL 34 B4
Pineda de Mar E 72 B2
Pinerolo I 54 A3
Pineto I 89 H2
Piney F 39 E6
Pinhel P 66 D1
Pinkafeld A 43 H2
Pinneberg D 18 B6
Pino F 73 b3
Pinols F 52 B4
Pinos Puente E 82 C3
Pinoso E 84 B4
Pinsk SU 166 B4
Pinwherry GB 8 C3
Pinzolo I 55 G5
Piòbbico I 89 E5
Piombino I 88 B3
Pionerskij RUS 132 B3
Pionki PL 34 C6
Pionsat F 38 B1
Piotrków Trybunalski PL 33 H6
Piotrkowice PL 34 B4
Piotrów PL 34 D5
Piotrowice PL 22 C2
Piotta CH 40 D1
Piove di Sacco I 56 A3
Piovene-Rocchette I 55 H4
Pipriac F 25 E1
Piqeras AL 106 B2
Pir'atin UA 166 D3
Piran SLO 56 D3
Pirdop BG 94 D3
Piriac-sur-Mer F 36 B6
Pirin BG 108 A6
Pirmasens D 29 E2
Pirna D 31 G5
Pirnmill GB 8 C4
Pirot YU 93 G4
Pirou-Plage F 25 F4
Pirovac HR 90 C5
Pirttikylä/Pörtom FIN 157 E4
Pîrvova RO 60 C2
Pisa I 88 B5
Pisanets BG 95 G5
Pišča UA 23 F1
Pişchia RO 60 A4
Pisciotta I 100 B2
Pişcolt RO 46 C3
Písek CZ 31 G1
Pisodéri GR 107 E4
Pisogne I 55 F4
Pissos F 50 C4
Pissoúri CY 127 b1
Pistianá GR 114 C6
Pisticci I 100 D2
Pistóia I 88 C6
Pisz PL 22 C5
Piteå S 162 B4
Piteşti RO 61 G2
Pithiviers F 38 B6
Pitigliano I 88 D3
Pitkäjärvi FIN 149 G5
Pitkälahti FIN 158 D5
Pitlochry GB 9 E6
Pitomača HR 58 B4
Pitvaros H 59 H5
Pivka SLO 57 E4
Pivnica HR 58 C4
Piwniczna PL 34 B1
Pizzo I 102 D3
Pizzoli I 89 F2
Pl'ussa RUS 151 H1
Plabennec F 24 B4
Plaisance F 71 E4
Pláka GR 109 E3
Plakiás GR 122 c2
Plana BIH 91 H3
Planá CZ 31 E2
Planá nad Lužnicí CZ 31 H1
Plancoët F 25 E3
Plandište YU 60 A3
Plánice CZ 31 F1
Planina SLO 57 E4
Plansee A 41 G3
Plasencia E 75 H5
Plaški HR 57 G2
Plasy CZ 31 F3
Plataés GR 115 G4
Platamona Lido I 87 a4
Platamónas GR 107 G2
Platamónas GR 108 C5
Plataniá GR 115 G6
Plataniás GR 122 b3
Plátanos GR 114 D2
Plátanos GR 122 a3
Plátanos GR 122 b2
Platariá GR 114 B6
Platerów PL 23 E3
Plati I 105 H5
Plátsa GR 122 B5
Plattling D 42 C5
Platýkampos GR 107 G1
Platýs Gialós GR 123 G6
Platystomo GR 115 E5
Plau D 19 E5
Plaue D 19 E3
Plauen D 30 D4
Plav YU 92 C2
Plavinas LV 142 D2
Plavna YU 60 C1
Plavsk RUS 167 E5
Playa Blanca E 80 d1
Playa de las Americas E 80 b1
Playa de San Juán E 84 C4
Pleaux F 51 H5
Plech D 30 C2
Pleinfeld D 30 B1
Plélan-le-Grand F 25 E2
Pleniţa RO 61 E1
Plentzia E 69 E5
Ples RUS 167 F8
Plešany SK 46 B5
Pleščenicy SU 135 E3
Plešivec SK 45 G5
Plestin-les Grèves F 24 C4
Pleszew PL 21 E1
Pleternica HR 58 C3
Plettenberg D 29 F6
Pleumartin F 37 F3
Pleven BG 95 E5
Plevna RO 62 C2
Pleyben F 24 B3
Pliska BG 96 C5
Plissa SU 135 E5
Plitvice HR 57 G2
Plitvički Ljeskovac HR 57 G2
Pljevlja YU 92 B4
Ploaghe I 87 b4
Plochingen D 41 E6
Płock PL 21 H3
Ploërmel F 24 D2
Ploieşti RO 62 B3
Plomári GR 117 E6
Plombières-sur-Bains F 39 H4
Plomin HR 57 E3
Plön D 128 D1
Plonéour Lanvern F 24 A2
Płońsk PL 22 A3
Plopana RO 48 C2
Plopii Slăviteşti RO 95 E6
Plopşoru RO 61 E2
Płoskinia PL 132 B1
Ploştina RO 60 D2
Płoty PL 20 B6
Plouaret F 24 C4
Plouay F 24 C2
Ploubalay F 25 E3
Ploudalmézeau F 24 A4
Plouescat F 24 B4
Plougasnou F 24 C4
Plouguenast F 24 D2
Plouha F 24 D3
Plouigneau F 24 C4
Plouray F 24 C2
Plovdiv BG 95 E2
Plozévet F 24 A3
Plumbridge GB 3 F5
Plungė LT 132 D5
Pluton RO 48 A3
Płuty PL 132 B1
Pluvigner F 24 C2
Plužine YU 92 A3
Płużnica PL 21 F4
Plymouth GB 12 C2
Plympton GB 12 C2
Plýtra GR 122 C5
Plzeň CZ 31 F2
Pniewo PL 22 B3
Pniewy PL 20 C3
Pobedino RUS 133 E3
Pobes E 69 E4
Pobiedziska PL 20 D3
Pobierowo PL 130 C1
Pobikry PL 22 D3
Počátky CZ 32 A1
Počep RUS 167 D5
Pöchlarn A 43 F4
Počinok RUS 167 D5
Počitelj BIH 91 F3
Pocking D 42 D4
Pocklington GB 11 G4
Pocuta YU 92 B6
Podari RO 61 E1
Podbořany CZ 31 F3
Podborovje RUS 143 G5
Podděbice PL 21 G1
Poděbrady CZ 32 A3
Podensac F 50 D5
Podersdorf am See A 44 B3
Podgaje PL 20 D5
Podgarić HR 58 B4
Podgora HR 91 E4
Podgorica YU 92 B2
Podgrad SLO 57 E3
Podgradec AL 106 C4
Podhalański PL 33 H2
Podivín CZ 44 B5
Podkoren SLO 56 D6
Podkova BG 108 D6
Podkrepa BG 95 G1
Podkriváň SK 45 F5
Podnovlje BIH 58 D2
Podochóri GR 108 B4
Podol'sk RUS 167 E6
Podoleni RO 48 B2
Podorosk SU 23 G4
Podravska Slatina HR 58 C4
Podromanija BIH 91 H5
Podslon BG 95 G3
Podsvilje SU 135 E4
Podu Turcului RO 62 C6
Podujevo YU 93 E3
Podul Iloaiei RO 48 C3
Podunavci YU 92 D5
Poeldijk NL 15 H3
Pogana RO 48 D1
Poggendorf D 129 G1
Poggibonsi I 88 C4
Póggio Rusco I 55 G2
Pogoanele RO 62 C3
Pogoritsa BG 96 B5
Pogórze PL 33 E4
Pograničnyj SU 23 F5
Pogrodzie PL 132 A1
Pohja FIN 158 B2
Pohja-Lankila FIN 159 F2
Pohja/Pojo FIN 149 H4
Pohjoislahti FIN 158 B3
Pohořelice CZ 44 A6
Poiana Mare RO 94 B5
Poiana Mărului RO 60 C3
Poiana Stampei RO 47 G3
Poiana Teiului RO 48 A2
Poibrene BG 94 D3
Poirino I 54 B3
Poissons F 39 F6
Poitiers F 37 F3
Poix F 26 D4
Poix-Terron F 27 H3
Pojate YU 93 E5
Pojejena RO 60 B2
Pojo/Pohja FIN 149 H4
Pojorîta RO 47 G3
Pokka FIN 165 F2
Pokój PL 33 E5
Pokupsko HR 57 H3
Pola de Allande E 65 F4
Pola de Laviana E 68 A6
Pola de Lena E 65 G3
Pola de Siero E 68 A6
Pola de Somiedo E 65 F4
Pola de Trives E 64 D2
Połajewo PL 20 D3
Polanica-Zdrój PL 32 C3
Połaniec PL 34 C4
Polanów PL 131 E1
Polatlı TR 120 A5
Połczno PL 131 F1
Połczyn-Zdrój PL 20 C6
Polegate GB 14 B2
Polémi CY 127 a1
Polesella I 56 A2
Polessk RUS 132 C3
Polgár H 45 H3
Polgárdi H 44 D1
Poliani GR 122 B6
Policastro I 100 C2
Police PL 19 H5
Police nad Metují CZ 32 C4
Polichnitos GR 117 E6
Polička CZ 32 C2
Policoro I 101 E2
Polignano a Mare I 101 F4
Poligny F 39 F2
Polikrayshte BG 95 F4
Pólis CY 127 a1
Polistena I 102 D2
Politikón CY 127 b1
Poljana YU 60 A1
Poljany RUS 151 G5
Polkowice PL 32 C6
Pölläkkä FIN 159 F4
Polle D 17 H2
Pollença E 85 b2
Pollfoss N 153 E3
Polock SU 135 F5
Polomka SK 45 F5
Polonnoje UA 166 C3
Polovragi RO 61 E3
Polperro GB 12 C2
Polski Gradets BG 96 B2
Polski Trŭmbesh BG 95 F5
Polsko Kosovo BG 95 F5
Poltava UA 166 E3
Põltsamaa EST 150 D1
Põlva EST 143 E5
Polvijärvi FIN 159 F6
Polýgyros GR 108 A3
Polýkastro GR 107 G4
Pomarance I 88 C4
Pomarkku FIN 157 F2
Pombal P 74 D6
Pomellen D 19 H5
Pomeroy GB 3 F4
Pomezí nad Ohří CZ 30 D3
Pomézia I 98 C4
Pomi RO 46 D3
Pommersfelden D 30 B2
Pomorie BG 96 D3
Pompaples CH 39 H2
Pompei I 99 F2
Pompey F 28 B1
Pómpia GR 123 d2
Pomposa I 56 B2
Pomysk Maly PL 131 F1
Poncin F 53 F6
Ponferrada E 65 E3
Poniky SK 45 E5
Ponoare RO 60 D2
Pons F 36 D1
Ponsa FIN 158 A2
Ponsacco I 88 B5
Pont-Audemer F 26 B4
Pont-Aven F 24 B2
Pont-à-Mousson F 28 B1
Pont-Croix F 24 A3
Pont-d'Ain F 53 F6
Pont-de-Briques F 14 D1
Pont-de-Dore F 52 C6
Pont-de-l'Arche F 26 C3
Pont-de-Roide F 40 A3
Pont-de-Salars F 52 A3
Pont-de-Vaux F 39 E1
Pont-en-Royans F 53 E4
Pont-l'Abbé F 24 B2
Pont-l'Evêque F 26 A4
Pont-Réan F 25 E2
Pont-Scorff F 24 C2
Pont-St-Esprit F 52 D2
Pont-St-Martin I 54 B4
Pont-St-Vincent F 39 H6
Pont-sur-Yonne F 38 C6
Ponta do Sol P 80 e3
Pontacq F 71 E3
Pontailler-sur-Saône F 39 F3
Pontão P 74 D6
Pontarion F 37 H1
Pontarlier F 39 G2
Pontassieve I 88 D5
Pontaubault F 25 F3
Pontaumur F 52 B6
Pontcharra F 53 F4
Pontchartrain F 26 D2
Pontchâteau F 36 B6
Ponte Arche I 55 G5
Ponte Barxas E 64 C2
Ponte Caldelas E 64 B3
Ponte da Barca P 66 C4
Ponte de Lima P 66 C4
Ponte de Sor P 74 D4
Ponte della Venturina I 88 C6
Ponte di Legno I 55 F5
Ponte di Piave I 56 B4
Ponte nelle Alpi I 56 B5
Ponte Tresa CH 54 D5
Ponte-Leccia F 73 b2
Ponteareas E 64 B3
Pontebba I 56 D6
Pontecesures/Enfesta E 64 B4
Pontedecimo I 54 D2

Pontedera — Primorsko

Index

Name	Page	Grid
Pontedera I	88	B5
Pontedeume E	64	C5
Pontefract GB	11	F4
Ponteland GB	9	G2
Pontelandolfo I	99	F3
Pontelongo I	56	A3
Ponterwyd GB	10	B2
Pontevedra E	64	B3
Pontevico I	55	F3
Pontgibaud F	52	B6
Pontigny F	38	D5
Pontisméno GR	107	H5
Pontivy F	24	C2
Pontlevoy F	37	G5
Pontlanfraith GB	13	E5
Pontoise F	26	D3
Pontokómi GR	107	E3
Pontorson F	25	F3
Pontremoli I	87	G6
Pontresina CH	55	F6
Pontrieux F	24	D4
Pontrilas GB	13	E5
Ponts E	79	G5
Pontvallain F	37	F6
Pontypool GB	13	E5
Pontypridd GB	13	E4
Poole GB	13	F2
Popeni RO	62	D6
Poperinge B	15	F1
Popesti RO	46	C2
Popeşti RO	62	C4
Popeşti Leordeni RO	62	B2
Popina BG	62	C1
Popintsi BG	94	D2
Popoli I	99	E5
Popovaca HR	58	A3
Popovitsa BG	95	F2
Popovo BG	96	B5
Poppenhausen D	30	A3
Poppi I	88	D5
Poprad SK	45	G6
Popsko BG	109	E6
Populónia I	88	B3
Porceşti RO	47	G2
Porchov RUS	167	C7
Porcsalma H	46	C4
Porcuna E	82	C4
Porczyny PL	21	F1
Pordenone I	56	B4
Pordim BG	95	E5
Poręba PL	33	G4
Poreč HR	56	D3
Porečje RUS	151	G3
Porečje SU	133	G1
Pori FIN	157	F2
Porjus S	162	B6
Porlock GB	12	D4
Pörnbach D	42	A5
Pornic F	36	B5
Pornichet F	36	B6
Póros GR	114	C3
Póros GR	115	G2
Porosozero RUS	163	H2
Poroszló H	45	G3
Porozina HR	57	E3
Porozovo SU	23	F4
Porplišče SU	134	D4
Porquerolles F	73	H4
Porrentruy CH	40	B3
Porretta Terme I	88	C6
Porriño E	64	B3
Porsgrunn N	145	F2
Port Askaig GB	8	B5

Name	Page	Grid
Port Charlotte GB	8	A5
Port Ellen GB	8	B5
Port Erin GBM	10	B6
Port Eynon GB	12	D5
Port Henderson GB	6	C4
Port Laoise IRL	5	F3
Port Nis/Port of Ness GB	6	C5
Port nan Long/ Newtonferry GB	6	B4
Port of Ness/Port Nis GB	6	C5
Port Talbot GB	12	D5
Port William GB	8	C2
Port-Barcarès F	72	C4
Port-Camargue F	73	E6
Port-Cros F	86	A3
Port-de-Bouc F	73	F5
Port-en-Bessin F	25	E4
Port-Grimaud F	86	A4
Port-la-Nouvelle F	72	C5
Port-Louis F	24	C2
Port-Manech F	24	B2
Port-Navalo F	24	C1
Port-St-Louis-du-Rhône F	73	F5
Port-Ste-Marie F	51	E3
Port-sur-Saône F	39	G4
Port-Vendres F	72	C4
Portadown GB	3	F3
Portaferry GB	3	G3
Portalegre P	75	E4
Portalrubio E	78	B4
Portardarve GB	12	D5
Portariá GR	115	F6
Portarlington IRL	5	F4
Portbail F	25	F4
Portbou E	72	C4
Portel F	74	D2
Portela de Messines P	80	B5
Portela do Homem E	66	D4
Portglenone GB	3	G4
Porth GB	13	E4
Porthcawl GB	12	D4
Porthmadog GB	10	B3
Porticcio F	73	a1
Portimão GB	80	B5
Portinatx E	85	G3
Portishead GB	13	F4
Portlloe GB	12	B2
Portmahomack GB	7	F3
Portmarnock IRL	5	G4
Portnacroish GB	6	C1
Portnahaven GB	8	A5
Porto P	73	a2
Porto P	66	B3
Porto Azzurro I	88	B3
Pórto Cárras GR	108	A5
Porto Cervo I	87	c4
Porto Cesareo I	101	G2
Porto Corsini I	56	B1
Porto Cristo E	85	b2
Porto d'Áscoli I	89	G3
Porto de Mós P	74	C5
Porto do Son E	64	B4
Porto Empedocle I	104	D3
Porto Ércole I	88	C2
Porto Garibaldi I	56	B2
Pórto Germenó GR	115	G3
Porto Moniz P	80	e3
Pórto Ráfti GR	116	A3
Porto Rotondo I	87	c4
Porto San Giorgio I	89	G4
Porto Santo Stéfano I	88	C2

Name	Page	Grid
Porto Tolle I	56	B2
Porto Tórres I	87	a4
Porto-Vecchio I	73	b1
Portochéli GR	115	G2
Portoferráio I	88	B3
Portofino I	87	F6
Pörtom/Pirttikylä FIN	157	E4
Portomaggiore I	56	A2
Portomarín E	64	D4
Portomouro E	64	B4
Póvoa de Varzim P	66	B3
Portorož SLO	56	D3
Portoscuso I	87	a1
Portovenere I	87	G5
Portpatrick GB	8	B3
Portreath GB	12	B2
Portree GB	6	C3
Portroe IRL	4	D3
Portrush GB	3	G5

Name	Page	Grid
Pörtschach A	57	E6
Portsmouth GB	13	H2
Portstewart GB	3	F5
Portumna IRL	5	E4
Porubnoje UA	48	A4
Porumbeni RO	61	G6
Porvoo/Borgå FIN	150	C5
Porzadzie PL	22	C3
Porzuna E	76	C2
Posada I	87	c3
Posadas E	82	A5
Poschiavo CH	55	F6
Pošechonje-Volodarsk RUS	167	E8
Posedarje HR	90	C6
Poseidonía GR	116	C2
Poshnjë AL	106	B4
Posio FIN	163	E5
Positano I	99	F1
Pössneck D	30	C4
Posta I	89	F2
Poşta Cîlnău RO	62	C4
Postavy SU	134	C4
Postbridge GB	12	D3
Postojna SLO	57	E4
Postoloprty CZ	31	F3
Postomino PL	131	E2
Posušje BIH	91	F4
Potamiá GR	108	C4
Potamoí GR	108	B5
Potamós GR	122	C4
Potenza I	100	C3
Potes E	68	C5
Potoci BIH	91	G4
Potok HR	58	A3
Potok PL	34	C2
Potrograuro I	56	C4
Potsdam D	19	F3
Pottenstein A	43	H3
Pottenstein D	30	C2
Potters Bar GB	14	B4
Pöttmes D	41	H5
Pouancé F	36	D6
Pougues-les-Eaux F	38	C3
Pouilly F	38	C4
Pouilly-en-Auxois F	39	E3
Poulton-le-Fylde GB	10	D5
Pouyastruc F	71	E3
Pouzauges F	36	D4
Považská Bystrica SK	44	D6
Povljanná Pervaja I	56	A2
Povlja N	91	F4
Póvoa de Lanhoso P	66	C4
Póvoa de Varzim P	66	B3
Povorsk UA	35	H6
Powburn GB	9	G3
Powidz PL	21	E3
Powodów PL	21	G2
Poyntzpass GB	3	F3
Poyrali TR	97	E1
Poysdorf A	44	A5

Name	Page	Grid
Pöytyä FIN	149	G5
Pozanti TR	121	G1
Požarevac YU	60	A1
Požega YU	92	C5
Požeranje YU	93	E2
Poznań PL	20	D3
Poznanka-Pervaja UA	49	G5
Pozo Alcón E	83	E3
Pozoblanco E	82	B6
Poźrządło PL	20	B2
Pozuelo de Ariza E	77	H6
Pozuelo de Zarzón E	75	G5
Pozzallo I	105	F1
Pozzomaggiore I	87	a3
Pozzuoli I	99	E2
Prača BIH	92	A5
Prachatice CZ	43	E6
Pradelles F	52	C3
Prades F	72	B4
Pradillo E	69	E2
Praďa PL	33	H4
Prägraten A	42	B1
Praha CZ	31	G3
Prahecq F	36	D3
Prahovo YU	60	D1
Praia a Mare I	102	C6
Praia da Rocha P	80	B5
Praia de Santa Cruz P	74	B4
Praia Grande P	74	B4
Praiano I	99	F1
Praid RO	47	G1
Praisós GR	123	f2
Prakovce SK	45	H5
Pralognan-la-Vanoise F	53	H4
Prámanta GR	106	D1
Prassies GR	123	c2
Præstø DK	129	F3
Praszka PL	33	F5
Pratella I	99	E3
Prato I	88	C5
Prats de Lluçanés E	79	H5
Prats-de-Mollo-la-Preste F	72	B4
Prauthoy F	39	F4
Pravdinsk RUS	132	C2
Pravets BG	94	D3
Pravia E	65	G4
Pravlov CZ	44	A6
Pré St-Didier I	54	A5
Pré-en-Pail F	25	H2
Prebold I	57	E6
Précy-sous-Thil F	39	E4
Predappio I	88	D6
Predazzo I	55	H4
Preddvor SLO	57	E5
Predeal RO	61	H4
Predejane YU	93	F3
Predel SLO	56	D5
Predeşti RO	61	E1
Predlitz A	43	E2
Predoi/Prettau I	42	B2

Name	Page	Grid
Preesall GB	10	D5
Preetz D	128	D2
Pregarten A	43	E4
Preili LV	143	E1
Prejmer RO	62	A5
Preko HR	90	B5
Přelouč CZ	32	B3
Prémery F	38	C3
Premià de Mar E	72	A2
Premnitz D	19	E3
Prenjas AL	106	C4
Prenzlau D	19	G5
Prerow D	129	G2
Preselentsi BG	97	E6
Preševo YU	93	F2
Preslav BG	96	C4
Prešov SK	45	H6
Pressac F	37	F2
Pressbaum A	43	H4
Pressath D	30	D2
Prestatyn GB	10	C4
Presteigne GB	10	C1
Prestfoss N	145	G4
Přeštice CZ	31	F2
Preston GB	10	D4
Prestwick GB	8	C4
Prettau/Predoi I	42	B2
Prettin D	19	E1
Pretzsch D	19	E1
Preuilly-sur-Claise F	37	G4
Preuteşti RO	48	B3
Préveza GR	114	B5
Pribeta SK	44	D3
Priboj BIH	59	E1
Priboj YU	92	B4
Příbor CZ	33	E2
Pribovce SK	45	E6
Příbram CZ	31	G2
Přibyslav CZ	32	B2
Prichsenstadt D	30	B3
Priego E	77	G4
Priego de Córdoba E	82	B3
Prien D	42	B3
Prienai LT	133	G3
Prievidza SK	44	D5
Prijeboj HR	57	G2
Prijedor BIH	58	A2
Prijepolje YU	92	B4
Prilep MK	107	E5
Prilike YU	92	C5
Priluka BIH	91	E5
Priluki UA	166	D3
Primda CZ	31	E2
Primel-Trégastel F	24	C4
Primolano I	56	A5
Primorje RUS	132	B3
Primorsk RUS	132	B2
Primorsk RUS	151	F5
Primorsko BG	97	E3

Primošten Riale

Primošten HR 90 D4
Primstal D 28 D2
Princes Risborough GB 14 A4
Princetown GB 12 C2
Prioz'orsk RUS 159 H2
Priseltsi BG 97 E5
Priština YU 93 E3
Pritzerbe D 19 E3
Pritzier D 18 C5
Pritzwalk D 19 E4
Privas F 52 D3
Priverno I 98 D3
Privetnoje UA 35 H4
Privlaka HR 90 B6
Privolžsk RUS 167 F8
Prizna HR 57 F1
Prizren YU 92 D1
Prizzi I 104 D4
Prnjavor BIH 58 C2
Prnjavor YU 59 F2
Probištip MK 93 G1
Probstzella D 30 C4
Prochowice PL 32 C5
Pródromos CY 127 b1
Prodromós GR 115 F4
Proença-a-Nova P 75 E5
Profitis GR 107 H4
Profondeville B 28 A5
Progled BG 108 C6
Prókhoma GR 107 G4
Prokópi GR 115 G5
Prokuplje YU 93 E4
Prolaz BG 96 B4
Promachónas GR 107 H5
Promna PL 22 B1
Pronsfeld D 28 C4
Propriano F 73 a1
Prosotsáni GR 108 B5
Prostějov CZ 32 D1
Prószków PL 33 E4
Proszowice PL 34 A3
Protarás CY 127 c2
Protivín CZ 31 G1
Prötzel D 19 G3
Prousós GR 114 D5
Provadiya BG 96 D5
Provins F 27 E1
Prozor BIH 91 F5
Prozoroki SU 135 E5
Prudhoe GB 9 F2
Prudnik PL 33 E3
Prüm D 28 C4
Prundu RO 62 B1
Prunete F 73 b2
Prunn D 42 B6
Pruszcz PL 21 E5
Pruszcz Gdański PL 131 G1
Pruszków PL 22 B2
Prut MD 49 E1
Pružany SU 23 G3
Przasnysz PL 22 B4
Przechlewo PL 20 D6
Przedbórz PL 33 H5
Przedecz PL 21 F2
Przemków PL 32 B6
Przemyśl PL 35 E2
Przewale PL 35 F4
Przeworsk PL 34 D3
Przybiernów PL 20 A6
Przybychowo PL 20 C3
Przylesie PL 32 D4
Przysucha PL 34 B6
Przyszowa PL 34 B2
Przytoczna PL 20 B3
Przytoczno PL 22 D1
Przytyk PL 34 B6
Psachná GR 115 H4
Psará GR 116 D5
Psathópyrgos GR 114 D4
Pskov RUS 143 G5
Pszczew PL 20 B3
Pszczyna PL 33 G3
Ptolemáida GR 107 E3
Ptuj SLO 57 G5
Puchberg A 43 H3
Puchenii Mari RO 62 B3
Púchov SK 33 F1
Pucioasa RO 61 H3
Pučišća HR 91 E4
Puck PL 131 G2
Puçol E 78 C1
Pudasjärvi FIN 163 E4
Puddletown GB 13 F2
Puebla de Alcocer E 76 A2
Puebla de Don Fadrique E 83 F4
Puebla de Don Rodrigo E 76 C2
Puebla de Lillo E 68 B5
Puebla de Obando E 75 G3
Puebla de Sanabria E 67 F4
Puebla Tornesa E 78 D2
Puente la Reina E 69 G3
Puente Viesgo E 68 D5
Puente-Genil E 82 A4
Puentelarra E 69 E4
Puerto Banús E 81 H2
Puerto Castilla E 76 B5
Puerto de Alcúdia E 85 b2
Puerto de Andraitx E 85 a2
Puerto de la Cruz E 80 b1
Puerto de Mazarrón E 83 G2
Puerto de Pollença E 85 b2
Puerto de San Vicente E 76 B3
Puerto de Sóller E 85 a2
Puerto del Carmen E 80 d2
Puerto del Rosario E 80 d1
Puerto Lápice E 77 E2
Puerto Lastres E 68 B6
Puerto Real E 81 E3
Puerto Rico E 80 c1
Puerto-Lumbreras E 83 F3
Puertollano E 82 C6
Puffendorf D 28 C6
Puget-sur-Argens F 86 B4
Puget-Théniers F 86 B5
Puget-Ville F 73 H5
Puhos FIN 159 G4
Pui RO 60 D4
Puiești RO 48 D1
Puigcerda E 71 H1
Puiseaux F 38 B6
Puivert F 72 A5
Pukavik S 130 B6
Pukë AL 92 C1
Pula HR 56 D2
Pula I 87 b1
Puławy PL 34 D6
Pulborough GB 14 A2
Pulkau A 43 G5
Pulkkila FIN 163 E3
Pulsnitz D 31 G5
Pułtusk PL 22 B3
Pumpėnai LT 133 G5
Pungești RO 48 C2
Punkalaidun FIN 157 G1
Punta Ala I 88 B3
Punta Marina I 56 B1
Punta Umbría E 81 E4
Puntagorda E 80 a1
Puolanka FIN 163 E4
Purbach A 44 B3
Purchena E 83 F2
Purgstall A 43 F4
Purkersdorf A 43 H4
Purmerend NL 16 B4
Pürvomay BG 95 F2
Pusatlı TR 121 H4
Puškin RUS 167 C8
Puškinskije Gory RUS 143 H3
Puškovo UA 49 G6
Püspökladány H 46 A2
Pustków PL 34 C3
Pustoška RUS 167 C6
Pusula FIN 150 A5
Puszczykowo PL 20 D2
Pusztamonostor H 45 F3
Pusztaszemes H 58 C6
Putaja FIN 157 G2
Putanges-Pont-Ecrepin F 25 H3
Putbus D 129 H2
Putignano I 101 E3
Putikko FIN 159 G3
Putila UA 47 G4
Putim CZ 31 G1
Putinci YU 59 G2
Putineiu RO 95 E6
Putineiu RO 95 F6
Putivl' UA 166 E4
Putlitz D 18 D5
Putna RO 47 H4
Putnok H 45 G4
Puttelange F 28 D1
Putten NL 16 C3
Puttgarden D 129 E2
Puumala FIN 159 E2
Puy de Dôme F 52 B6
Puy-Guillaume F 52 C6
Puy-l'Evêque F 51 F4
Puylaurens F 51 G1
Pwllheli GB 10 A3
Pyhäjärvi FIN 163 E2
Pyhäjoki FIN 162 D3
Pyhältö FIN 151 E6
Pyhämaa FIN 149 E6
Pyhäntä FIN 163 E3
Pyhäntaka FIN 158 C1
Pyhäranta FIN 149 E6
Pyhäselkä FIN 159 G5
Pyhtää/Pyttis FIN 150 D5
Pyla-sur-Mer F 50 B5
Pýli GR 114 D6
Pyli GR 117 G1
Pylkönmäki FIN 158 A5
Pýlos GR 122 A5
Pyntäinen FIN 157 F3
Pyrgá CY 127 c1
Pyrgakia GR 123 H6
Pýrgoi GR 107 F3
Pýrgos GR 114 D2
Pýrgos GR 123 d2
Pýrgos GR 123 H4
Pýrgos GR 117 F3
Pýrgos Diroú GR 122 B4
Pyrsógianni GR 106 D2
Pyrzyce PL 20 A4
Pyšely CZ 31 H2
Pyskowice PL 33 F3
Pyšno SU 135 F4
Pytalovo RUS 143 F3
Pythagóreon GR 117 F3
Pyttis/Pyhtää FIN 150 D5
Pyzdry PL 21 E2

Q

Quakenbrück D 17 F4
Quarré-les-Tombes F 38 D4
Quarteira P 80 C5
Quartu S Elena I 87 b1
Quedlinburg D 18 C1
Querfurt D 30 D6
Quesada E 82 D4
Questembert F 24 D1
Quettehou F 25 G5
Quiberon F 24 C1
Quickborn D 18 B6
Quillan F 72 A5
Quimper F 24 B2
Quimperlé F 24 C2
Quinéville F 25 G5
Quingey F 39 G3
Quintana de la Serena E 75 H2
Quintana del Puente E 68 C3
Quintanaortuño E 68 D3
Quintanar de la Orden E 77 F2
Quintanar de la Sierra E 69 E2
Quintanilha P 67 F3
Quintin F 24 D3
Quinto E 78 D5
Quiroga E 64 D3
Quissac F 52 C2
Qyteti Stalin AL 106 B4

R

R'azan' RUS 167 F6
R'ažsk RUS 167 F6
R'utt'u RUS 159 H4
Raab A 42 D4
Raabs an der Thaya A 43 G5
Raahe FIN 162 D4
Rääkkylä FIN 159 G4
Raalte NL 16 D3
Raattama FIN 165 F2
Rab HR 57 F2
Rabac HR 57 E2
Råbade E 64 D4
Rábafüzes H 43 H1
Răbăgani RO 46 C1
Rabastens F 71 H4
Rabastens-de-Bigorre F 71 E4
Rabat M 104 b1
Rabí CZ 31 F1
Rabisha BG 93 G5
Rabka PL 33 H2
Rabrovo YU 60 B1
Rača SK 44 B4
Rača YU 92 D6
Rača YU 93 E3
Răcăciuni RO 62 C6
Racari RO 62 A2
Răcarii de Sus RO 61 E2
Răcășdia RO 60 B2
Racconigi I 54 B3
Ráches GR 115 F5
Răchitoasa RO 48 C1
Rachov UA 47 E4
Raciąż PL 21 H3
Racibórz PL 33 F3
Racu RO 62 A6
Rączki PL 22 A5
Raczki PL 133 F1
Råda S 146 D3
Rădăuți RO 47 H4
Rădăuți Prut RO 48 B5
Radawnica PL 20 D5
Radcliffe-on-Trent GB 11 F2
Rade D 18 B5
Råde N 145 H2
Radeberg D 31 G5
Radebeul D 31 F5
Radeburg D 31 G5
Radeče SLO 57 F5
Radechov UA 35 G4
Radęcin PL 20 B4
Radegast D 18 D1
Radenci SLO 57 H6
Radenthein A 42 D1
Rădești RO 61 G3
Radevormwald D 29 E6
Radimlje BIH 91 G3
Rădinești RO 61 E2
Radkersburg A 57 H6
Radko Dimitrievo BG 96 C5
Radków PL 32 C4
Radlje ob Drävi SLO 57 F6
Radmirje SLO 57 F5
Radna RO 60 B5
Radnevo BG 95 G2
Radnica PL 20 A2
Radnice CZ 31 F2
Radolfzell D 40 D4
Radom PL 34 B6
Radomin PL 21 G4
Radomir BG 94 B2
Radomiru RO 94 D6
Radomsko PL 33 G5
Radomyšl' UA 166 C3
Radomyśl Wielki PL 34 C3
Radošina SK 44 C5
Radoskoviči SU 134 D2
Radošovce SK 44 B5
Radostowo PL 22 A6
Radotín CZ 31 G3
Radovanu RO 94 C6
Radovets BG 96 C2
Radoviš MK 107 F6
Radovljica SLO 57 E5
Radstadt A 42 D2
Radstock GB 13 F3
Răducăneni RO 48 D2
Radun SU 134 A1
Radviliškis LT 133 F5
Radymno PL 35 E3
Radzanów PL 21 H4
Radziądz PL 32 D6
Radziejów PL 21 F3
Radziwie PL 21 G3
Radzymin PL 22 B3
Radzyń Podlaski PL 22 D1
Raesfeld D 16 D2
Raffadali I 104 D3
Rafina GR 116 A3
Ragana LV 142 C3
Ragaška Slatina SLO 57 G5
Rågeleje DK 129 F6
Ragusa I 105 F2
Raguva LT 133 H5
Raharney IRL 5 F4
Rahden D 17 G3
Rahman RO 63 E3
Rain D 41 G5
Raippaluoto/Replot FIN 157 E6
Raisio FIN 149 F5
Raivala FIN 157 G3
Rajamäki FIN 150 B5
Rajec SK 44 D6
Rajecké Teplice SK 44 D6
Rajgród PL 22 D6
Rajka H 44 B3
Rakamaz H 46 A4
Rakitovo BG 94 D1
Rakkestad N 146 A2
Rákóczifalva H 45 G1
Rakoniewice PL 20 C2
Rákos H 59 G5
Rakoszyce PL 32 C5
Rakov SU 134 D2
Rakovica HR 57 G2
Rakovitsa BG 93 G5
Rakovník CZ 31 F3
Rakovski BG 95 E2
Raków PL 34 B4
Rakvere EST 150 D3
Ralja YU 59 H1
Ramacastañas E 76 C4
Ramacca I 105 F3
Ramales de la Victoria E 69 E5
Rambervillers F 40 A5
Rambin D 129 H2
Rambouillet F 26 C2
Ramnäs S 147 G3
Ramsau A 42 D2
Ramsele S 161 G2
Ramsey GB 14 C5
Ramsey GBM 8 C1
Ramsgate GB 14 D2
Rämshyttan S 147 F4
Ramsjö S 155 F3
Ramstein D 29 E2
Ramvik S 156 A4
Ramygala LT 133 G4
Ranalt A 41 H2
Randaberg N 144 B2
Randalstown GB 3 G4
Randan F 38 C1
Randazzo I 105 F4
Randen N 153 F3
Randers DK 137 F1
Randsverk N 153 F2
Råneå S 162 C5
Rânes F 25 H2
Rankweil A 41 E2
Rantasalmi FIN 159 E4
Rantsila FIN 163 E3
Ranua FIN 163 E5
Ranum DK 137 E2
Raon-l'Etape F 40 A5
Rapallo I 54 D1
Räpina EST 143 F5
Rapla EST 150 B2
Rapolla I 100 C4
Rapperswil CH 40 D2
Rapsáni GR 107 G2
Raron CH 54 B6
Raša HR 57 E2
Rascafría E 77 E5
Râșcruci RO 47 E1
Raseiniai LT 133 F4
Rasharkin GB 3 G5
Rasivaara FIN 159 G4
Raška YU 92 D4
Rasova RO 63 E2
Rasovo BG 94 B5
Rast RO 94 B5
Rastatt D 40 D6
Råsted DK 137 F1
Rastede D 17 G5
Rastenfeld A 43 G5
Răstoaca RO 62 C5
Răstoci RO 47 E2
Răstolnița RO 47 G2
Răsvani RO 62 C2
Rätansbyn S 155 E4
Ratece SLO 56 D6
Ratekau D 128 D1
Rath Luirc (Charleville) IRL 4 C3
Rathangen IRL 5 F4
Rathcoole IRL 5 G4
Rathcormack IRL 4 D2
Rathdrum IRL 5 G3
Rathenow D 19 E3
Rathfriland GB 3 G3
Rathkeale IRL 4 C3
Rathmelton IRL 3 E5
Rathmolyon IRL 5 G4
Rathmullan IRL 3 E5
Rathnew IRL 5 G3
Rathvilty IRL 5 F3
Ratingen D 16 D1
Ratno UA 23 G1
Ratten A 43 G2
Rattenberg A 42 B2
Rattersdorf A 44 A2
Rättvik S 147 F5
Ratzeburg D 18 C6
Raubling D 42 B3
Raudeberg N 152 B4
Raufarhöfn IS 160 c2
Raufoss N 145 H5
Rauhaniemi FIN 159 F3
Rauland Høyfjellshotell N 145 E3
Rauma FIN 149 E6
Rauris A 42 C2
Răușeni RO 48 C3
Rautajärvi FIN 158 B2
Rautalampi FIN 158 D5
Rautila FIN 149 F5
Rautjärvi FIN 159 F2
Rava-Russkaja UA 35 F3
Ravanusa I 104 D3
Ravda BG 96 D4
Ravello I 99 F1
Rävemåla S 139 F1
Ravenglass GB 10 D6
Ravenna I 56 B1
Ravensbrück D 19 F4
Ravensburg D 41 E3
Raversijde B 15 F2
Ravna Dubrava YU 93 F4
Rawa Mazowiecka PL 22 A1
Rawicz PL 32 D6
Rawtenstall GB 11 E4
Rayleigh GB 14 C3
Rayol F 86 A4
Razbojna YU 93 E4
Razdel'naja UA 49 G3
Razdrto SLO 57 E4
Razgrad BG 96 B5
Razlog GR 94 C1
Răzvad RO 62 A3
Reading GB 13 H3
Réalmont F 51 G2
Realp CH 40 C1
Reay GB 7 F5
Rebais F 27 E2
Reboly RUS 163 G3
Rebordelo P 67 E3
Rebŭrkovo BG 94 C4
Recanati I 89 G4
Recaș RO 60 B4
Recea RO 60 D1
Recea RO 61 G2
Recey-sur-Ource F 39 F4
Rechnitz A 44 A2
Reci RO 62 A5
Rečica SU 166 C4
Recke D 17 F3
Recklinghausen D 17 E2
Recoaro Terme I 55 G4
Recologne F 39 G3
Recsk H 45 G3
Recz PL 20 B4
Ręczno PL 33 H5
Reda PL 131 G2
Redalen N 145 H6
Redcar GB 11 G6
Redditch GB 13 G5
Redea RO 94 D6
Redefin D 18 C5
Rédics H 58 A6
Redon F 24 D1
Redondela E 64 B3
Redondo P 75 E2
Redruth GB 12 B2
Rees D 16 D2
Reeth GB 11 E6
Reftele S 138 D3
Regalbuto I 105 F3
Regen D 42 D6
Regensburg D 42 B6
Regenstauf D 42 B6
Reggello I 88 D5
Réggio di Calábria I 105 G4
Réggio Nell 'Emilia I 55 F2
Reggiolo I 55 G2
Reghin RO 47 F1
Regua P 66 D3
Reguengos de Monsaraz P 74 D2
Rehau D 30 D3
Rehden D 17 G4
Rehna D 18 C6
Reichenau an der Rax A 43 G3
Reichenbach D 30 D4
Reichenbach D 31 H5
Reichertshausen D 42 A5
Reichertshofen D 42 A5
Reigate GB 14 B3
Reignier F 53 G6
Reila FIN 149 E6
Reims F 27 G2
Reinach CH 40 B3
Reinach CH 40 C3
Reinberg D 129 H1
Reinfeld D 18 C6
Reinhardshagen D 17 H1
Reinheim D 29 G3
Reinosa E 68 C5
Reinsfeld D 28 D3
Reinsvoll N 145 H5
Reis TR 120 A2
Reisbach D 42 C5
Reischach D 42 C4
Reischenhart D 42 B3
Reit im Winkl D 42 B3
Reitzehain D 31 F4
Rejmyre S 139 F6
Rejštejn CZ 42 D6
Reken D 17 E2
Remagen D 29 E5
Rémalard F 26 B2
Remels D 17 F5
Remetea Mare RO 60 B4
Remich L 28 C3
Remiremont F 40 A5
Remni SU 135 H6
Remouchamps B 28 B5
Remoulins F 52 D1
Remscheid D 29 E6
Rémuzat F 53 E2
Rena N 154 A1
Renaison F 38 D1
Renaix (Ronse) B 27 G6
Renčeni LV 142 C4
Renchen D 40 C6
Renda LV 141 G2
Rendal N 153 F6
Rendsburg D 128 C2
Reni UA 63 E4
Renko FIN 150 A6
Renkum NL 16 C3
Rennebu N 153 G5
Rennerod D 29 F5
Rennes F 25 E2
Rennweg A 42 D1
Rens DK 128 B3
Rentería E 69 G4
Rentína GR 115 E5
Rentína GR 108 A4
Répáshuta H 45 G4
Répcelak H 44 B2
Repino RUS 151 H5
Replot/Raippaluoto FIN 157 E6
Reposaari FIN 157 E2
Repvåg N 165 F5
Requena E 78 B1
Réquista F 51 H2
Rerik D 129 E1
Res AL 106 C6
Reşadiye TR 124 B4
Resana I 56 A4
Resen MK 106 D4
Rešety RUS 143 G3
Reşiţa RO 60 B3
Resko PL 20 B6
Ressons F 27 E3
Reszel PL 132 C1
Retama E 76 C2
Retford GB 11 F3
Rethel F 27 G3
Rethem D 17 H4
Réthymno GR 122 c2
Retiers F 25 F1
Retournac F 52 C4
Rétság H 45 E3
Retz A 43 H5
Reuilly F 38 A4
Reus E 79 F4
Reusel NL 16 B1
Reuterstadt Stavenhagen D 19 F6
Reutlingen D 41 E5
Reutte A 41 G3
Revel F 51 G1
Revfülöp H 44 C1
Révigny F 27 H1
Revin F 27 H4
Řevničov CZ 31 G3
Revsnes N 152 D1
Rewal PL 130 C1
Reyðarfjörður IS 160 c2
Reykhólar IS 160 a2
Reykjahlíð IS 160 c2
Reykjavík IS 160 a1
Rēzekne LV 143 F2
Rezeny MD 49 F2
Rezina MD 49 E4
Rezovo BG 97 E2
Rgotina YU 93 F6
Rhayader GB 10 B2
Rheda D 17 F2
Rhede D 16 D2
Rheinau D 40 C6
Rheinbach D 28 D5
Rheinberg D 16 D2
Rheinböllen D 29 E3
Rheindahlen D 28 C6
Rheine D 17 E3
Rheinfelden CH 40 C3
Rheinfelden D 40 C3
Rheinsberg D 19 F4
Rheinzabern D 29 F1
Rhenen NL 16 C3
Rhens D 29 E4
Rheydt D 28 D6
Rhinau F 40 C5
Rhinow D 19 E3
Rho I 54 D4
Rhosneigr GB 10 A4
Rhuddlan GB 10 C4
Rhyl GB 10 C4
Rhymney GB 13 E5
Rhynern D 17 F2
Rhynie GB 7 G2
Riaillé F 36 D6
Riale I 54 C6

Riaño Ruovesi

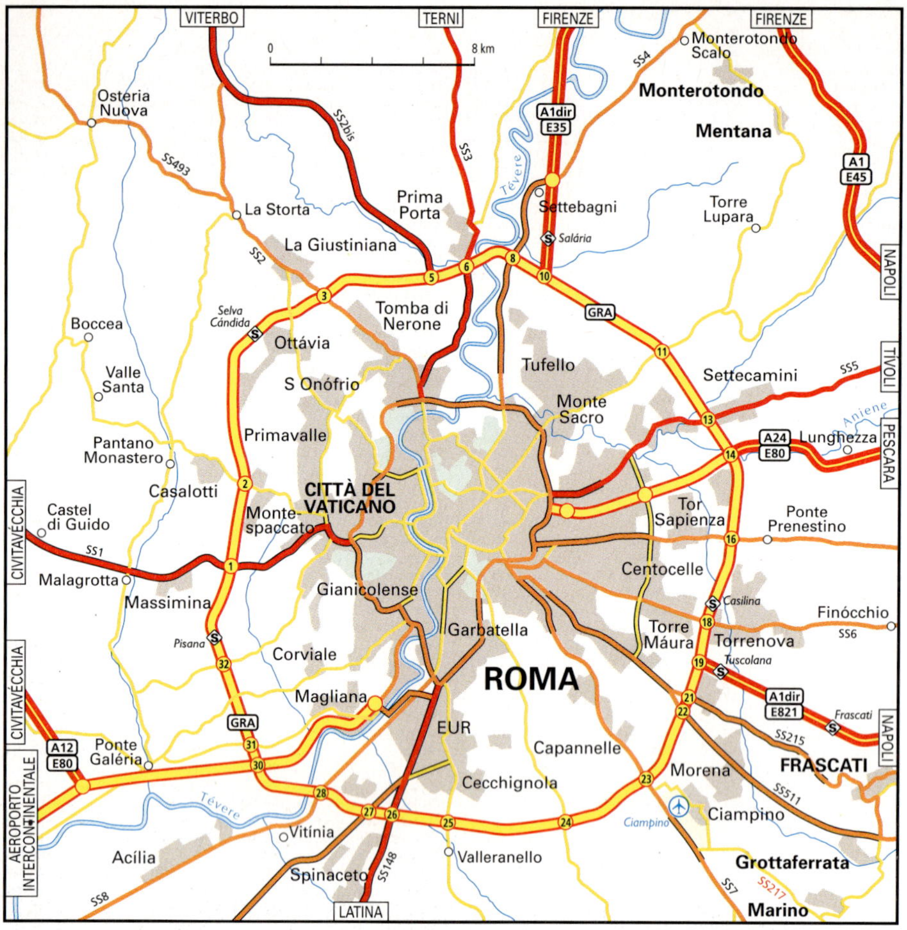
VITERBO
TERNI
FIRENZE
FIRENZE
0 8 km
Monterotondo Scalo
Monterotondo
Mentana
Osteria Nuova
SS2bis
SS3
SS4
A1dir E35
A1 E45
Tévere
SS493
La Storta
Prima Porta
Settebagni
Torre Lupara
Salária
La Giustiniana
SS2
NAPOLI
GRA
Selva Cándida
Tomba di Nerone
Boccea
Ottávia
Tufello
Valle Santa
S Onófrio
Settecamini
TIVOLI
SS5
Monte Sacro
Aniene
Primavalle
A24 E80
Lunghezza
PESCARA
Pantano Monastero
CITTÀ DEL VATICANO
Casalotti
Castel di Guido
Monte-spaccato
Tor Sapienza
Ponte Prenestino
SS1
CIVITAVECCHIA
Malagrotta
Centocelle
Gianicolense
Massimina
Casilina
Finócchio
Pisana
Garbatella
Torre Máura
Torrenova
SS6
Corviale
Tuscolana
ROMA
Magliana
A1dir E821
Frascati
NAPOLI
GRA
EUR
SS215
A12 E80
Ponte Galéria
Capannelle
FRASCATI
Morena
AEROPORTO INTERCONTINENTALE
Cecchignola
SS511
Tévere
Ciampino
Ciampino
Vitinia
Acília
Valleranello
Grottaferrata
Spinaceto
SS148
SS7
SS217
SS8
LATINA
Marino

Riaño E 68 B5
Rians F 73 G5
Riaza E 77 F6
Riba de Aire P 66 C3
Ribadavia E 64 C3
Ribadelago E 67 F4
Ribadeo E 65 E5
Ribadesella E 68 B6
Ribarci YU 93 G2
Ribarice YU 92 D3
Ribaritsa BG 94 D3
Ribe DK 128 B4
Ribeauville F 40 B5
Ribécourt F 27 E3
Ribeira Brava P 80 e3
Ribemont F 27 F4
Ribera I 104 C3
Ribera (Santa Eugenia) E 64 B4
Ribérac F 51 E6
Ribes de Freser E 72 A3
Ribnica SLO 57 F4
Ribnitz-Damgarten D 129 G1
Říčany CZ 31 H3
Riccia I 99 G3
Riccione I 89 F6
Richelieu F 37 F4
Richmond GB 11 F6
Richtenberg D 129 G1
Rîciu RO 47 F1
Rickling D 128 D1
Ricla E 78 B6
Ried A 41 G2
Ried im Innkreis A 42 D4
Riedenburg D 42 A6
Riedlingen D 41 E4
Riegel D 40 C5
Riegersburg A 43 H1
Riesa D 31 F6
Riesi I 105 E3
Riestedt D 30 C6
Rietavas LT 132 D5
Rietberg D 17 G2
Rieti I 89 F2
Rieumes F 71 G3
Rieupeyroux F 51 G3
Rieux F 71 G3
Riez F 73 H6
Riezlern A 41 F3
Riga LV 142 B2
Rignac F 51 H3
Riihimäki FIN 150 B5
Riihivalkama FIN 149 H5
Riistavesi FIN 159 E5
Rijeka HR 57 E3
Rijeka Crnojevića YU 92 A2
Rijssen NL 16 D3
Riksgränsen S 164 C2
Rila BG 94 B2
Rillé F 37 F5
Rimavska Sobota SK 45 F4
Rimbo S 148 B3
Rimforsa S 139 F5
Rímini I 89 E6
Rîmnicu de Jos RO 63 F3
Rîmnicu Sărat RO 62 C4
Rîmnicu Vîlcea RO 61 F3
Rimske Toplice SLO 57 F5
Rincón de la Victoria E 82 B2
Rindal N 153 G5
Ring (An Rinn) IRL 5 E1
Ringaskiddy IRL 4 D1
Ringe DK 128 D4
Ringebu N 153 G2
Ringkøbing DK 128 B6
Ringsted DK 129 F4
Ringwood GB 13 G2
Rinteln D 17 H3
Rînzeşti RO 62 D6
Rio GR 114 D4
Rio de Mouro P 74 B4
Rio Maior P 74 C5
Riom F 52 B6
Riom-ès-Montagnes F 52 A5
Riomaggiore I 87 G5
Riomar E 79 E3
Rionero in Vulture I 100 C3
Riopar E 83 F5
Riotinto E 81 F5
Rioz F 39 G3
Ripač BIH 57 G2
Ripatransone I 89 G3
Ripley GB 11 E3
Ripoll E 72 A3
Ripon GB 11 F5
Riposto I 105 G4
Ripponden GB 11 E4
Riquewihr F 40 B5
Risan YU 91 H2
Riscle F 71 E4
Rish BG 96 C4
Risnes N 152 B1
Risnes N 144 C1
Rîşnov RO 61 H4
Risnovce SK 44 C4
Risør N 145 F1
Risøyhamn N 164 B3
Risti EST 150 A2
Ristiina FIN 158 D2
Ristinge DK 128 D3
Ristna EST 149 F1
Ristovac YU 93 F2
Risum-Lindholm D 128 B3
Rittmanshausen D 30 B5
Riva I 55 G5
Riva-Bella F 25 H6
Rivarolo Canavese I 54 B4
Rive-de-Gier F 52 D5
Rivesaltes F 72 B4
Rivoli I 54 A3
Rizári GR 107 F4
Rizokárpason
(Dipkarpaz) CY 127 d3
Rizómylos GR 122 B5
Rizómylos GR 107 G1
Rjånes N 152 C4
Rjukan N 145 E4
Roa E 68 C2
Roa N 145 H4
Roanne F 52 D6
Röbel D 19 E5
Robertsfors S 162 B3
Robledo de Chavela E 76 D5
Rocamadour F 51 G4
Rocca di Mezzo I 99 E5
Rocca San Casciano I 88 D6
Roccadàspide I 100 B2
Roccalbegna I 88 C3
Roccalumera I 105 G4
Roccamonfina I 99 E3
Roccapalumba I 104 D4
Roccaraso I 99 E4
Roccastrada I 88 C3
Roccella Jónica I 102 D2
Rochdale GB 11 E4
Rochechouart F 37 F1
Rochefort B 28 B4
Rochefort F 36 C2
Rochefort-en-Terre F 24 D1
Rochefort-s-Nenon F 39 F3
Rochehaut B 28 A4
Rochemaure F 52 D3
Rocheservière F 36 C5
Rochester GB 14 C3
Rochlitz D 31 E5
Rociu RO 61 H2
Rockcorry IRL 3 E3
Rockenhausen D 29 E2
Rockneby S 139 G2
Rocroi F 27 H4
Róda GR 106 B1
Rodach D 30 B4
Rødberg N 145 F5
Rødby DK 129 E3
Rødbyhavn DK 129 E2
Rødding DK 128 B4
Rödeby S 130 D6
Rødekro DK 128 C4
Rodel/Roghadal GB 6 B4
Roden NL 16 D5
Rodenkirchen D 17 G5
Rodewald D 18 A4
Rodewisch D 31 E4
Rodez F 51 H3
Rødhus Klit DK 137 F3
Rodi Gargánico I 100 C6
Roding D 31 E1
Rodna RO 47 F3
Rodópoli GR 107 G5
Ródos GR 124 C3
Rodrigatos E 67 G5
Rødvig DK 129 G4
Roermond NL 16 C1
Roeselare (Roulers) B 15 F1
Rogačica YU 92 B5
Rogačov SU 166 C4
Rogalin PL 20 D2
Rogatec SLO 57 G5
Rogatica BIH 92 A5
Rogatin UA 35 H2
Rogätz D 18 D3
Roghadal/Rodel GB 6 B4
Rogil P 80 B6
Rogliano F 73 b3
Rogliano I 102 D4
Rognac F 73 F5
Rognan N 164 B1
Rognes N 153 H5
Rogowo PL 21 E3
Rogozhinë AL 106 B4
Rogoznica HR 90 D4
Rogoźno PL 20 D3
Rohan F 24 D2
Rohrbach A 43 E5
Rohrbach lès Bitche F 28 D1
Rohrberg D 18 C3
Rohuneeme EST 150 B3
Roisel F 27 F4
Roja LV 141 G3
Rojiştea RO 94 C6
Rokietnica PL 35 E3
Rokiškis LT 134 B6
Rökkum N 153 F5
Rokycany CZ 31 F2
Røldal N 144 C4
Rolle CH 39 G1
Roma I 98 C4
Roma S 140 B3
Romagnano Sésia I 54 C4
Roman BG 94 D4
Roman RO 48 C2
Romănaşi RO 46 D2
Romanija BIH 91 H5
Romans-sur-Isère F 53 E4
Romanshorn CH 41 E3
Rombas F 28 C2
Romford GB 14 B3
Romilly-sur-Seine F 27 F1
Romny UA 166 E3
Romont CH 40 A2
Romorantin-Lanthenay F 37 H4
Romppala FIN 159 F6
Romsey GB 13 G2
Romuli RO 47 F3
Roncal E 70 C3
Roncegno I 55 H5
Roncesvalles E 70 C4
Ronchamp F 40 A4
Ronchi I 56 D4
Ronciglione I 98 B5
Ronda E 81 G2
Rønde DK 128 D6
Ronehamn S 140 B2
Rõngu EST 142 D5
Rönnäng S 138 A4
Rønne DK 130 B3
Ronneburg D 30 D5
Ronneby S 130 C6
Ronnede DK 129 F4
Ronse (Renaix) B 27 G6
Roodeschool NL 17 E6
Roosendaal NL 16 A2
Roosky IRL 2 D3
Ropaži LV 142 B2
Ropczyce PL 34 C3
Ropeid N 144 B3
Ropotovo MK 107 E5
Ropša RUS 151 F3
Ropša RUS 151 H4
Roquebillière F 86 C5
Roquebrune-Cap-Martin F 86 C5
Roquefort F 50 C3
Roquefort-sur-Soulzon F 52 A2
Roquetas de Mar E 83 E1
Rore BIH 91 E6
Røros N 154 B4
Rorschach CH 41 E3
Rørvig DK 129 F5
Rørvik N 160 D2
Rørvik N 161 E4
Rosal de la Frontera E 81 E6
Rosala FIN 149 G3
Rosans F 53 E2
Rosapenna IRL 3 E6
Rosarno I 102 C2
Rosche D 18 C4
Rościszewo PL 21 H4
Roscoff F 24 B4
Roscommon IRL 2 D3
Roscrea IRL 5 E3
Rosegg A 57 E6
Rosen BG 96 D3
Rosendal N 144 B4
Rosenheim D 42 B3
Roses E 72 C3
Roseţi RO 62 D2
Roseto degli Abruzzi I 89 H2
Roşia RO 46 C1
Rosice CZ 44 A6
Rosignano-Marittimo I 88 B4
Rosino BG 95 E3
Roşiori RO 46 B2
Roşiori de Vede RO 61 G1
Roskilde DK 129 F5
Rosko PL 20 C4
Roslavl' RUS 167 D5
Roslev DK 137 E2
Rosolina Mare I 56 B3
Rosolini I 105 F2
Rosoman MK 107 F5
Rosporden F 24 B2
Ross Carberry IRL 4 B1
Ross' SU 23 F5
Ross-on-Wye GB 13 F5
Rossano I 103 E5
Rosscor GB 2 D4
Rosses Point IRL 2 D4
Rosshaupten D 41 G3
Rossla D 30 C6
Rosslare Harbour IRL 5 F1
Rosslau D 19 E2
Rosslea GB 3 E3
Rossnes N 144 A6
Rossosz PL 23 E2
Röstånga S 129 H5
Rostassac F 51 F4
Rostock D 129 F1
Rostov RUS 167 F7
Rostrenen F 24 C3
Rostrevor GB 3 F3
Røsvik N 164 B1
Röszke H 59 G5
Roszki-Wodźki PL 22 D4
Rot S 154 D1
Rota E 81 E3
Rotenburg D 30 A5
Rotenburg D 18 A5
Roth D 30 C1
Rötha D 31 E5
Rothbury GB 9 G2
Rothenburg D 32 A5
Rothenburg ob der
Tauber D 30 A2
Rothéneuf F 25 E3
Rotherham GB 11 F3
Rothes GB 7 F2
Rothesay GB 8 C5
Rothwell GB 14 B5
Rotondella I 100 D2
Rott D 41 G4
Rott D 42 B4
Rottach D 42 A3
Rottenbach D 30 C4
Rottenburg D 41 E5
Rottenburg D 42 B5
Rottenmann A 43 E2
Rotterdam NL 16 A3
Rotthalmünster D 42 D4
Rottingdean GB 14 B2
Röttingen D 30 A2
Rottneros S 146 C3
Rottweil D 40 D4
Rötz D 31 E1
Roubaix F 27 F6
Roudnice n Labem CZ 31 G4
Rouen F 26 C4
Rouffach F 40 B4
Rougé F 25 E1
Rougemont F 39 H3
Rougemont F 40 A4
Rouillac F 37 E1
Roujan F 72 C6
Roulers (Roeselare) B 15 F1
Roundstone IRL 2 A3
Roundwood IRL 5 G3
Roussillon F 53 E1
Rouvres-en-Xaintois F 39 G5
Rovaniemi FIN 162 D6
Rovato I 55 E4
Rovereto I 55 G4
Rövershagen D 129 F1
Roverud N 146 B4
Rovigo I 56 A3
Rovinari RO 60 D2
Rovinj HR 56 D2
Rovisće HR 58 B4
Rovno UA 166 B3
Rovnoje SU 135 F5
Rów PL 19 H4
Rowy PL 131 E2
Royan F 36 C2
Royat F 52 B6
Roybon F 53 E4
Roye F 27 E4
Royère-de-Vassivière F 37 H1
Royken N 145 G3
Røykenvik N 145 H5
Røyrvik N 161 F4
Røysheim N 153 F3
Royston GB 14 B4
Roza BG 96 C3
Rožaj YU 92 C3
Różan PL 22 C4
Różanki PL 20 B3
Rozavlea RO 47 E3
Rozay-en-Brie F 27 E2
Rožmitál pod
Třemšínem CZ 31 F2
Rožňava SK 45 G5
Roznov RO 48 B2
Rožnov UA 47 G5
Rožnov pod
Radhoštěm CZ 33 E1
Rozogi PL 22 B5
Rozoy F 27 G3
Rozprza PL 33 H5
Rozvadov CZ 31 E2
Rtanj YU 93 F5
Ruabon GB 10 C3
Ruba SU 135 H5
Rubbestadneset N 144 B4
Rubena E 68 D3
Rubeži YU 92 A3
Rubielos de Mora E 78 C2
Rubiera I 55 G2
Rucăr RO 61 G4
Rucava LV 132 C6
Ruciane-Nida PL 22 C5
Ruda Maleniecka PL 34 A5
Rudare YU 93 E3
Rudawica PL 32 B6
Rüdesheim D 29 E3
Rūdiškės LT 134 A2
Rudka PL 22 D3
Rudkøbing DK 128 D3
Rudn'a RUS 167 C6
Rudna PL 32 C6
Rudna PL 20 D5
Rudna Glava YU 60 C1
Rudnica YU 92 B4
Rudnica YU 92 D4
Rudnik BG 97 E4
Rudnik PL 34 D4
Rudnik YU 92 D6
Rudnik YU 92 D3
Rudniki PL 33 F5
Rudno PL 21 F6
Rudolphstein D 30 D4
Rudolstadt D 30 C4
Rudozem BG 108 C6
Ruds-Vedby DK 129 E4
Rudzāti LV 143 E1
Rue F 26 D5
Ruelle-sur-Touvre F 37 E1
Ruffec F 37 E2
Ruffieux F 53 F5
Rugāji LV 143 F3
Rugăşeşti RO 47 E2
Rugby GB 14 A5
Rugeley GB 10 D2
Ruginoasa RO 48 B3
Rugles F 26 B2
Rühen D 18 C3
Ruhland D 31 G6
Ruhmannsfelden D 42 C6
Ruhpolding D 42 C3
Ruidera E 83 E6
Rūjiena LV 142 C5
Ruka FIN 163 F6
Rülzheim D 29 F1
Rum H 44 B2
Ruma YU 59 F2
Rumburk CZ 31 H5
Rumia PL 131 G2
Rumigny F 27 G4
Rumilly F 53 G5
Rumo FIN 163 F3
Runcorn GB 10 D4
Runcu RO 60 D3
Rundfloen N 146 C6
Rundvik S 162 A2
Ruokolahti FIN 159 F2
Ruona FIN 157 G5
Ruorasmäki FIN 158 C2
Ruovesi FIN 157 H3

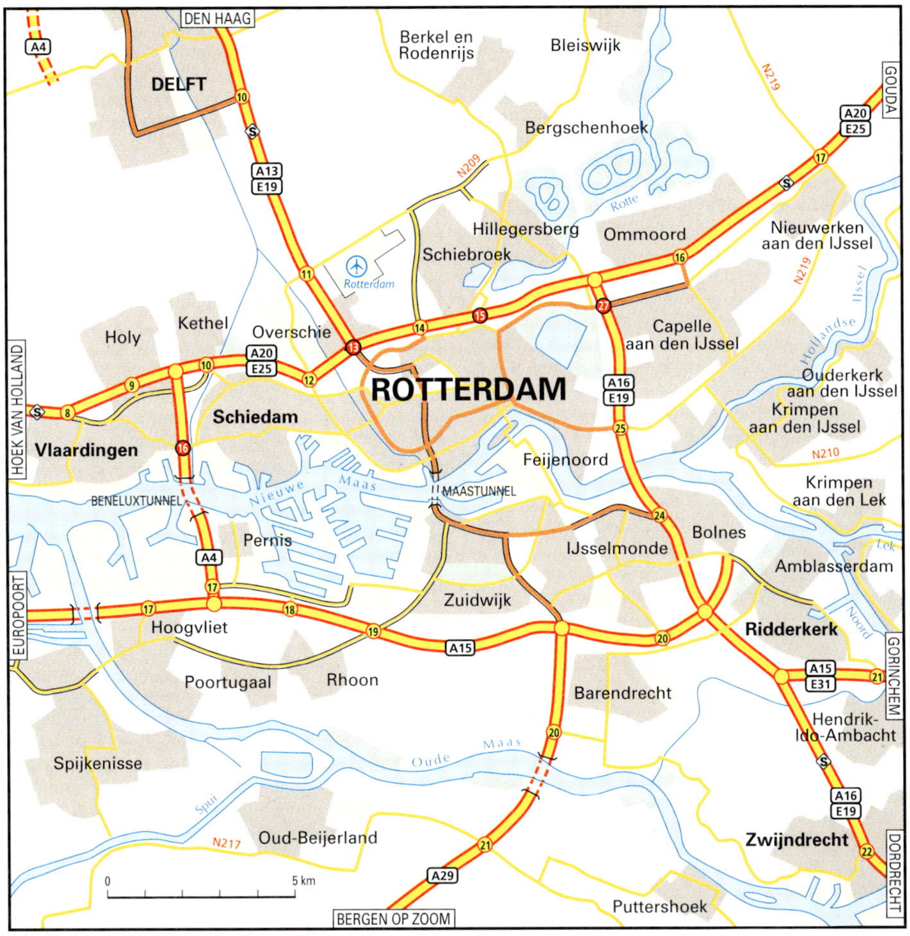
DEN HAAG
A4
DELFT
Berkel en Rodenrijs
Bleiswijk
GOUDA
N219
A20
E25
Bergschenhoek
A13
E19
N209
Rotte
Hillegersberg
Schiebroek
Ommoord
Nieuwerken aan den IJssel
Rotterdam
Kethel
Holy
Overschie
A20
E25
Capelle aan den IJssel
ROTTERDAM
A16
E19
Hollandse IJssel
Ouderkerk aan den IJssel
Krimpen aan den IJssel
N210
HOEK VAN HOLLAND
Vlaardingen
Schiedam
Nieuwe Maas
BENELUXTUNNEL
MAASTUNNEL
Feijenoord
Krimpen aan den Lek
Pernis
A4
IJsselmonde
Bolnes
Lek
Amblasserdam
EUROPOORT
Hoogvliet
Zuidwijk
Ridderkerk
Noord
A15
GORINCHEM
A15
E31
Poortugaal
Rhoon
Barendrecht
Hendrik-Ido-Ambacht
Spijkenisse
Oude Maas
Spui
A16
E19
N217
Oud-Beijerland
Zwijndrecht
DORDRECHT
0
5 km
A29
BERGEN OP ZOOM
Puttershoek

S

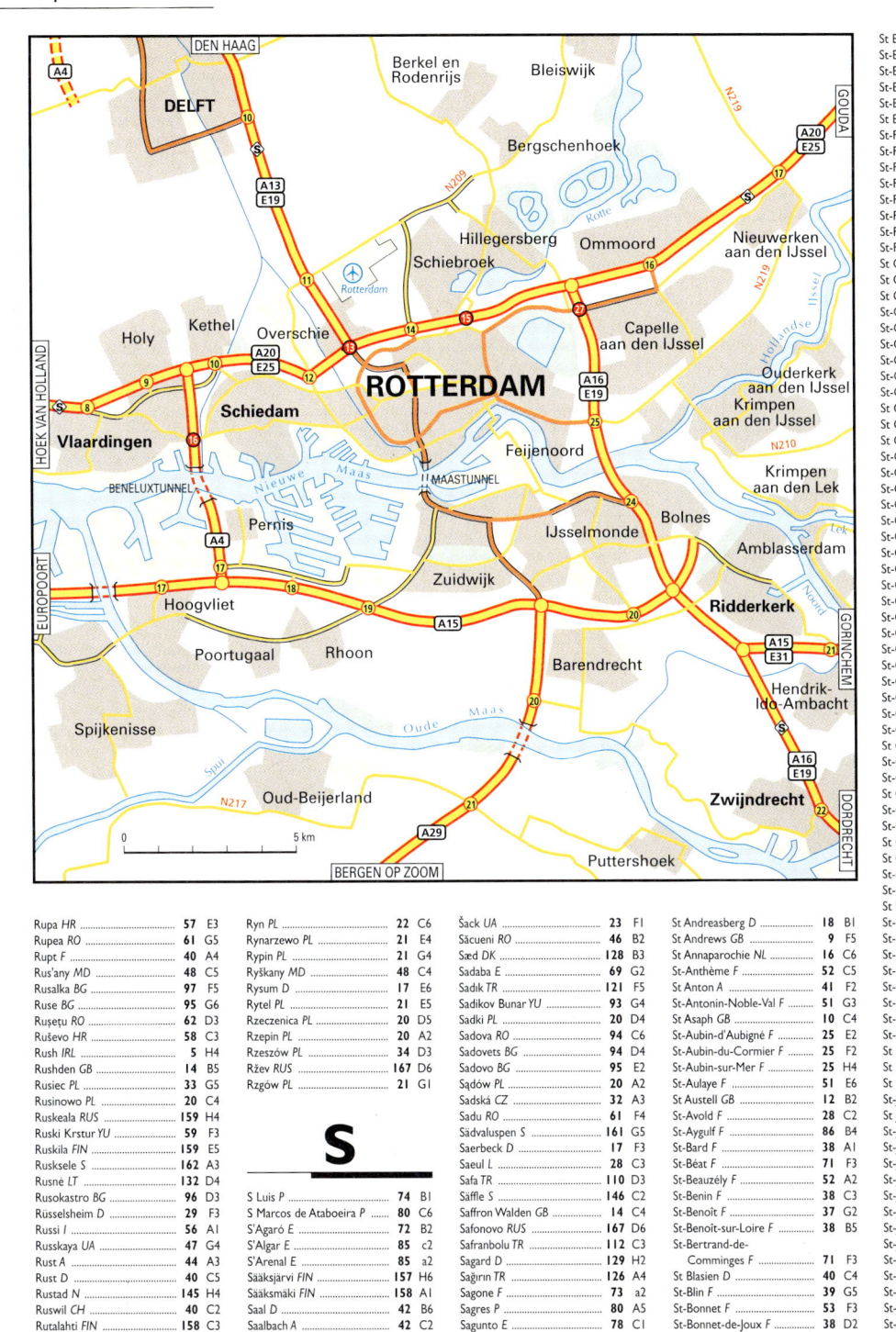

St Veit
Sappee

Freilassing
Lengfelden
LINZ
Perach
Bergheim
Oberesch
A1
E55
E60
Liefering
Itzling
D
BADISCHL
Siezenheim
Gnigl
Saalach
Schallmoos
Parsch
Feldkirchen
SALZBURG
Wals
Maxglan
Aigen
Salzburg
Nonntal
Viehhausen
Glas
Leopoldskron
Kleingmain
MÜNCHEN
A8
E52
E60
Glasenbach
Morzg
A10
E55
Eichethof-
siedlung
Elsbethen
Glanegg
Anif
Fürstenbrunn
Salzach
Grödig
0
2 km
Niederalm
VILLACH

St Veit A 57 E6
St-Véran F 53 H3
St-Vestec CZ 31 H3
St Vigil/San Vigilio I 42 A1
St Vincent I 54 B5
St-Vincent-de-Tyrosse F 50 B3
St Vith B 28 C4
St-Vivien-de-Médoc F 36 C1
St Wendel D 28 D2
St Wolfgang A 42 D3
St-Yrieix-la-Perche F 51 F6
Ste-Anne-d'Auray F 24 C1
Ste-Anne-la-Palud F 24 B3
Ste-Croix CH 39 H2
Ste-Croix-Volvestre F 71 G3
Ste-Enimie F 52 B3
Ste-Foy-la-Grande F 51 E5
Ste-Gauburge-Ste-
Colombe F 26 A2
Ste-Hélène F 50 C5
Ste-Hermine F 36 C4
Ste-Marie-aux-Mines F 40 B5
Ste-Marie-de-Campan F 71 E3
Ste-Maure-de-Touraine F 37 F4
Ste-Maxime F 86 A4
Ste-Menehould F 27 H2
Ste-Mère-Église F 25 G4
Ste-Sévère F 38 A2
Ste-Suzanne F 25 G1
Ste-Tulle F 73 G6
Sainte-Lucie-de-Tallano F 73 a1
Sainte-Marie-Sicche F 73 a1
Saintes F 36 D2
Saintfield GB 3 G3
Saissac F 72 B6
Šajkaš YU 59 G3
Sajószentpéter H 45 G4
Sakaltutan TR 121 H4
Šakiai LT 133 F3
Sakiz TR 113 F5
Sakskøbing DK 129 F3
Sakyatan TR 120 C1
Säkylä FIN 149 F6
Šal'a SK 44 C4
Sala S 147 G3
Sala Consilina I 100 C2
Salacgrīva LV 142 B4
Sálakos GR 124 C3
Salakovac YU 60 A1
Salamanca E 67 G1
Salamína GR 115 G3
Sålard RO 46 B2
Salardú E 71 F2
Salas E 65 F4
Salas de los Infantes E 68 D2
Salaspils LV 142 B2
Sălătrucu RO 61 F3
Salaŭš YU 93 F6
Salbohed S 147 G3
Salbris F 38 A4
Šalčininkai LT 134 B2
Sălciua RO 61 E6
Salcombe GB 12 D2
Sălcuța RO 61 E1
Sălcuța RO 62 A2
Saldaña E 68 B4
Saldus LV 141 G1
Sale I 54 D3
Salem D 41 E4
Salema P 80 A5
Salemi I 104 B4
Salen GB 6 B1
Salen GB 6 C1
Sälen S 146 D6
Salernes F 73 H5
Salerno I 99 F1
Salers F 52 A5
Salgótarján H 45 F4
Salies-de-Béarn F 70 C4
Salies-du-Salat F 71 F3
Salignac-Eyvigues F 51 F5
Salihli TR 118 B3
Salinas E 65 G4
Saline di Volterra I 88 B4
Sälinkää FIN 150 B5
Salins F 39 G2
Salisbury GB 13 G3
Săliște RO 61 E4
Salla FIN 165 H1
Sallanches F 53 H5
Sallent de Gállego E 70 D3
Salles F 50 C5
Salles F 71 H3
Salles-Curan F 72 A4
Salmanlı TR 113 G1
Salo FIN 149 G5
Salò I 55 F4
Salobreña E 82 C2
Salon F 27 F1
Salon-de-Provence F 73 F6
Salonta RO 46 B1
Salou E 79 F4
Salses-le-Château F 72 C4
Salsomaggiore Terme I 55 E2
Saltash GB 12 C2
Saltbæk DK 129 E5
Saltburn GB 11 G6
Saltcoats GB 8 C4
Saltsjöbaden S 148 B2
Saltvik FIN 148 D4
Salur TR 121 E1
Saluzzo I 54 A2
Salva RO 47 F2
Salvaterra de Magos P 74 C4
Salvaterra de Miño E 64 B3
Salvatierra E 69 F4
Salviac F 51 F4
Sælvig DK 128 D5
Salzburg A 42 C3
Salzgitter-Bad D 18 B2
Salzgitter-Lebenstedt D 18 B2
Salzhausen D 18 B5
Salzkotten D 17 G2
Salzwedel D 18 C4
Salzweg D 42 D5
Sama de Langreo E 68 A6
Samadet F 50 C3
Samandıra TR 110 C5
Samassi I 87 b2
Samatan F 71 F4
Sambor UA 35 F2
Sambuca di Sicilia I 104 C4
Samedan CH 55 E6
Samer F 26 D6
Sámi GR 114 B3
Samitier E 71 E1
Samobor HR 57 G4
Samochvalovići SU 135 E1
Samoëns F 53 H6
Samokov BG 94 C2
Šamorín SK 44 B4
Samos E 64 D3
Sámos GR 117 F3
Samoš YU 59 H3
Samothráki GR 109 E4
Samovodene BG 95 F4
Samtens D 129 H2
Samugheo I 87 b2
San Antioco I 87 a1
San Anton Leitza E 69 G4
San Antonio Abad E 85 F4
San António di Gallura I 87 b4
San Bartolomé
de la Torre E 81 E5
San Bartolomeo in Galdo I 99 G3
San Benedetto del Tronto I 89 G3
San Benedetto in Alpe I 88 D6
San Benedetto Po I 55 G3
San Bernardino CH 54 D6
San Biágio Plátani I 104 D3
San Bonifácio I 55 G3
San Candido/Innichen I 42 B1
San Casciano in
Val di Pesa I 88 C5
San Cataldo I 104 D3
San Cataldo I 101 G2
San Cipirello I 104 C4
San Clemente E 77 F1
San Cosme/Barreiros E 65 E5
San Daniele del Friuli I 56 C5
San Donaci I 101 G2
San Emiliano E 65 G3
San Esteban de Gormaz E 68 D1
San Felice Circeo I 98 D3
San Felice sul Panaro I 55 G2
San Ferdinando di Puglia I 100 D4
San Fernando E 81 E2
San Fratello I 105 F4
San Gavino Monreale I 87 b2
San Germano I 54 C4
San Gimignano I 88 C4
San Giórgio di Nogaro I 56 C4
San Giorgio Iónico I 101 F2
San Giovanni a Piro I 100 C1
San Giovanni di Sinis I 87 a2
San Giovanni in Fiore I 103 E4
San Giovanni in Persiceto I 55 G2
San Giovanni Rotondo I 100 C5
San Giovanni Suergiu I 87 a1
San Giovanni Valdarno I 88 D5
San Giovanni-in-Croce I 55 F3
San Giuliano Terme I 88 B5
San Giustino I 89 E5
San Javier E 84 B3
San José E 83 F1
San Juán de Alicante E 84 C4
San Juan del Puerto E 81 E5
San Leonardo in Passiria I 41 H1
San Leonardo de Yagüe E 68 D2
San Lorenzo Nuovo I 88 D3
San Lucido I 102 D4
San Marcello Pistoiese I 88 C6
San Marco dei Cavoti I 99 G3
San Marco in Lamis I 100 C5
San Marino RSM 89 E5
San Martin de Unx E 69 G2
San Martin de Valdeiglesias E 76 D4
San Martin del Pedroso E 67 F3
San Martino di Castrozza I 56 A5
San Mateo E 78 D3
San Michele all'Ádige I 55 G5
San Miguel de Bernúy E 68 C1
San Miguel de
las Dueñas E 65 E3
San Millán de la Cogolla E 69 E3
San Miniato I 88 C5
San Nicloás de Tolentino E 80 c1
San Nicolò I 55 H2
San Nicolò Gerrei I 87 b2
San Pancrazio Salentino I 101 G2
San Pedro de Alcántara E 81 G2
San Pedro del Arroyo E 76 C6
San Pedro del Pinatar E 84 B3
San Pedro do Sul P 66 C2
San Pellegrino Terme I 55 E5
San Piero a Sieve I 88 C6
San Pietro in Casale I 55 H2
San Pietro Vernotico I 101 G2
San Polo d'Enza I 55 F2
San Quírico d'Orcia I 88 D4
San Rafael E 76 D5
San Remo I 86 C5
San Roque E 81 G1
San Rufo I 100 C2
San Sebastian de la
Gomera E 80 b1
San Sebastián/Donostia E 69 G4
San Severino Marche I 89 F4
San Severo I 100 C5
San Sosti I 102 D5
San Stéfano di Cadore I 56 B6
San Stéfano Quisquina I 104 D3
San Stino di Livenza I 56 B4
San Valentino alla Muta I 41 G1
San Vigilio/St Vigil I 42 A1
San Vincente de la
Barquera E 68 C6
San Vincenzo I 88 B4
San Vito I 87 b2
San Vito al Tagliamento I 56 C4
San Vito dei Normanni I 101 F3
San Vito di Cadore I 56 B6
San Vito lo Capo I 104 B5
Sanaigmore GB 8 A5
Sanary-sur-Mer F 73 G4
Sancergues F 38 B4
Sancerre F 38 B4
Sanchidrián E 76 D6
Sancoins F 38 B3
Sancti Spiritus E 75 H6
Sand N 144 C3
Sand N 146 A5
Sand in Taufers/
Campo Tures I 42 A1
Sandane N 152 C3
Sandanski BG 107 H6
Sandared S 138 C4
Sandarne S 155 H1
Sandau D 18 D4
Sandbach GB 10 D3
Sandbanks GB 13 F2
Sande D 17 F6
Sande N 152 C2
Sande N 145 G3
Sandefjord N 145 G2
Sandeid N 144 B3
Sanden N 145 E3
Sandgate GB 14 D2
Sandıklı TR 119 F4
Sandl A 43 F5
Sandnäset S 155 G4
Sandnes N 144 B2
Sandnessjøen N 161 E5
Sandomierz PL 34 C4
Sándorfalva H 59 G5
Sandown GB 13 G2
Sandrigo I 55 H4
Sandstedt D 17 G5
Sânduleni RO 48 B1
Sandur FR 136 b2
Sandvatn N 136 C6
Sandvig DK 130 B4
Sandvik S 139 G2
Sandvika N 145 H3
Sandvika N 161 E2
Sandviken S 147 G5
Sandvikvåg N 144 B4
Sandwich GB 14 D2
Sandwick GB 6 b1
Sandy GB 14 B5
Sangerhausen D 30 C6
Sangüesa E 69 H3
Sanguinet F 50 B4
Sáni GR 108 A2
Sanitz D 129 F1
Sankt-Michaelisdonn D 128 B1
Sankt-Peterburg RUS 167 C8
Sanlúcar de Barrameda E 81 E3
Sanlúcar la Mayor E 81 F4
Sanluri I 87 b2
Sannazzaro de 'Burgondi I 54 D3
Sannenmöser CH 40 B1
Sannicandro di Bari I 101 E4
Sannicandro Garganico I 100 C5
Sanniki PL 21 H2
Sanok PL 34 D2
Sanquhar GB 8 D3
Sansepolcro I 89 E5
Sanski Most BIH 58 A2
Şanţ RO 47 G3
Sant Carles de la Ràpita E 79 E3
Sant Celoni E 72 A2
Sant Feliu de Guixols E 72 B2
Sant Francesc de
Formentera E 85 F4
Sant Hilari Sacalm E 72 A2
Sant Joan de Labritja E 85 G5
Sant Josep de sa Telaia E 85 F4
Sant Julià de Lória AND 71 G1
Sant Kurutze Kampezu E 69 F3
Sant Pere Pescador E 72 C3
Sant Pol de Mar E 72 B2
Sant Quirze de Besora E 72 A3
Sant Sadurni d'Anoia E 79 G4
Sant' Ágata Militello I 105 F4
Sant' Andrea di Conza I 100 C3
Sant' Andrea Frius I 87 b2
Sant' Ángelo in Vado I 89 E5
Sant' Angelo Lodigiano I 54 D3
Sant' Elia a Pianist I 99 G3
Sant' Eufémia Lamézia I 102 D3
Santa Bárbara E 81 E6
Santa Caterina di Pittinuri I 87 a3
Santa Caterina Valfurva I 55 F6
Santa Caterina Villarmosa I 105 E3
Santa CesŽrea I 101 H1
Santa Clara-a-Velha P 80 B6
Santa Coloma de Farners E 72 B2
Santa Coloma de
Queralt E 79 G5
Santa Cristina d'Aro E 72 B2
Santa Cristina/
St Christina I 56 A6
Santa Croce di Magliano I 99 G4
Santa Cruz P 80 f3
Santa Cruz de la Palma E 80 a1
Santa Cruz de Moya E 78 B2
Santa Cruz de Mudela E 82 D6
Santa Cruz de Tenerife E 80 b1
Santa Dona' di Piave I 56 B4
Santa Elena E 82 D5
Santa Eufemia E 76 B1
Santa Eugenia (Ribera) E 64 B4
Santa Eulalia E 78 B4
Santa Galdana E 85 c2
Santa Joan de les
Abadesses E 72 A3
Santa Lucia del Mela I 105 G5
Santa Margherita I 87 b1
Santa Margherita di Bélice I 104 C4
Santa Margherita Ligure I 87 F6
Santa María E 85 a2
Santa Maria Cápua Vetere I 99 F2
Santa Maria de Huerta E 77 H5
Santa Maria Maggiore I 54 C5
Santa Maria Navarrese I 87 c2
Santa Marinella I 98 B5
Santa Marta E 75 F2
Santa Ninfa I 104 C4
Santa Olalla del Cala E 81 F5
Santa Pola E 84 C3
Santa Severa F 73 b3
Santa Severa I 98 B5
Santa Sofia I 88 D5
Santa Susana E 72 B2
Santa Teresa di Riva I 105 G4
Santa Teresa Gallura I 87 b4
Sta Comba E 64 B5
Sta Comba Dão P 66 B1
Sta Eulária d'es Riu E 85 G4
Sta María del Campo E 68 C3
Sta María del Páramo E 67 H4
Sta Maria la Real
de Nieva E 76 D6
Santafé E 82 C3
Santana P 80 e3
Santana de Serra P 80 B6
Santander E 68 D5
Santanyi E 85 b1
Santarcángelo di Romagna I 89 E6
Santarém P 74 C4
Santed E 78 B5
Santena I 54 B3
Santeramo in Colle I 101 E3
Santesteban E 69 G4
Santhià I 54 C4
Santiago de Compostela E 64 C4
Santiago de la Ribera E 84 B3
Santiago do Cacém P 74 B2
Santillana del Mar E 68 D5
Santisteban del Puerto E 82 D5
Santo Stefano
di Camastra I 105 E4
Santo Tirso P 66 C3
Sto Domingo de la
Calzada E 69 E3
Sto Domingo de Silos E 68 D2
Santok PL 20 B3
Santoña E 69 E5
Santu Lussúrgiu I 87 a3
Santuário di Oropa I 54 B4
Santurtzi E 69 E5
Sanxenxo E 64 B3
São Bartolomeu de
Messines P 80 B5
São Brás de Alportel P 80 C5
São Domingos P 74 B1
São Gregório P 64 C2
São João da Madeira P 66 B2
São João da Pesqueira P 66 D2
São Marcos da Serra P 80 B5
São Martinho do Porto P 74 C5
São Martinhoe P 75 E6
São Pedro de Muel P 74 C6
São Vicente P 80 e3
Sapadere TR 126 C3
Sapakpınar TR 111 E5
Sapanca TR 111 E5
Sapareva Banya BG 94 C2
Sápes GR 109 E5
Săpînţa RO 47 E4
Săpoca RO 62 C4
Sappada I 56 C6
Sappee FIN 158 B2

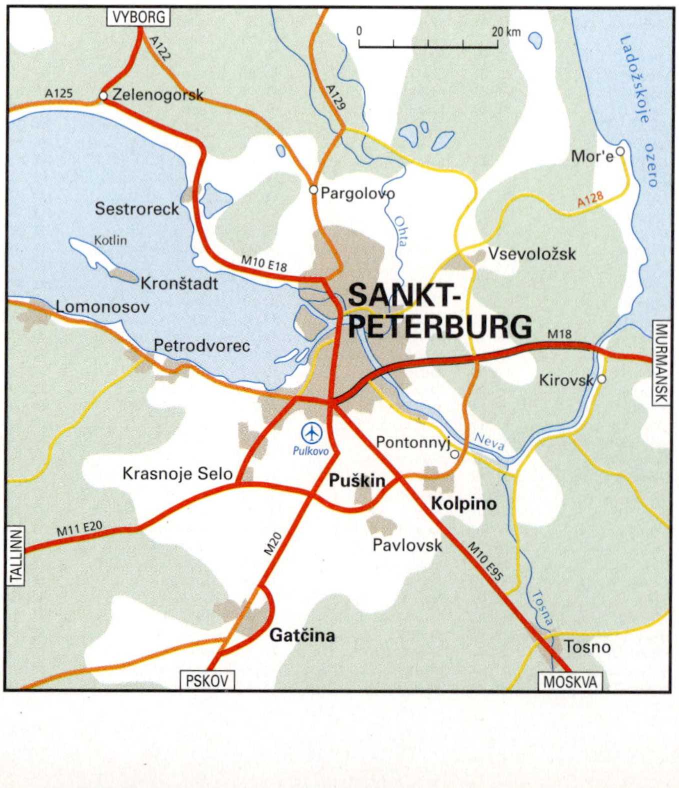
VYBORG
A122
A125
Zelenogorsk
A129
0
20 km
Ladožskoje
ozero
Mor'e
Pargolovo
Sestroreck
A128
Ohta
Kotlin
Vsevoložsk
M10 E18
Kronštadt
Lomonosov
SANKT-
PETERBURG
M18
Petrodvorec
MURMANSK
Kirovsk
Pulkovo
Pontonnyj
Neva
Krasnoje Selo
Puškin
Kolpino
M11 E20
TALLINN
M20
Pavlovsk
M10 E95
Tosna
Gatčina
Tosno
PSKOV
MOSKVA

Sappemeer Siglufjörður

Sappemeer NL 17 E5
Sapri I 100 C2
Saqués E 70 D2
Sarafovo BG 96 D3
Saraiu RO 63 E3
Sarajevo BIH 91 H5
Saramon F 71 F4
Sáránd H 46 B2
Saranda AL 106 B2
Saránti GR 115 F4
Sarantsi BG 94 C3
Sarasău RO 47 E4
Sarata UA 63 G6
Sărăţel RO 47 F2
Sărăţeni RO 47 G1
Saray TR 110 A6
Saray TR 121 F6
Saraycık TR 113 H4
Saraydüzü TR 113 G4
Sarayköy TR 118 D2
Sarayönü TR 120 C2
Sarbinowo PL 19 H3
Sarbinowo PL 130 D1
Sárbogárd H 44 D1
Sárdara I 87 b2
Šarengrad HR 59 E3
Sarentino-Sarntal I 55 H6
Sargans CH 41 E2
Sári H 45 E2
Sarıcakaya TR 111 F3
Sarichioi RO 63 F3
Sarighiol de Deal RO 63 F3
Sarıgöl TR 118 C3
Sarıhamzalı TR 113 H1
Sarıkavak TR 127 E4
Sarıkaya TR 121 G6
Sarıkent TR 121 F5
Sarıköy TR 110 A3
Sarıköy TR 126 B6
Sarıköy TR 127 G6
Sarinasuf RO 63 F4
Sariñena E 78 D6
Sarıoba TR 120 A5
Sarıoğlan TR 121 H5
Sarkad H 46 A1
Sarkadkeresztúr H 46 A1
Sárkeresztúr H 44 D1
Şarkîkaraağaç TR 119 H3
Särkilahti FIN 158 C2
Särkilahti FIN 159 F3
Särkisalmi FIN 159 G3
Särkisalo/Finby FIN 149 G4
Şarköy TR 109 G4
Sarlat-la-Canéda F 51 F5
Sărmăşag RO 46 D2
Sărmaşu RO 47 F1
Sarmizegetusa RO 60 D4
Särna S 154 C2
Sarnaki PL 23 E3
Sarnano I 89 F3
Sarnen CH 40 C2
Sárnico I 55 E4
Sarno I 99 F2
Sarnowa PL 32 D6
Sarnówek PL 34 C5
Sarny UA 166 B3
Särö S 138 B3
Saronno I 54 D4
Sárospatak H 46 A4
Şaroşu pe Tîrnave RO 61 F5
Šarovce SK 44 D4
Sarpsborg N 145 H2
Sarracin E 68 D3
Sarralbe F 28 D1
Sarre-Union F 28 D1
Sarrebourg F 40 B6
Sarreguemines F 28 D1
Sárrétudvari H 46 A2
Sarria E 64 D3
Sarrión E 78 B2
Sarroch I 87 b1
Sarron F 71 E4
Sàrsina I 89 E5
Sarstedt D 18 A3
Sart TR 118 B3
Sartène F 73 a1
Sárti GR 108 B3
Sartilly F 25 F3
Saruhanlı TR 117 G6
Sárvár H 44 B2
Sarvijoki FIN 157 E5
Sarvikumpu FIN 159 F5
Sarzana I 87 G5
Sarzeau F 24 C1
Sasca Montană RO 60 B2
Saschiz RO 61 G5
Săsciori RO 61 E5
Sascut RO 62 C6
Sásd H 58 D5
Sassari I 87 a4
Sassenage F 53 F4
Sassenberg D 17 F2
Sassenheim NL 16 A4
Sassnitz D 130 A2
Sasso Marconi I 55 G1
Sassoferrato I 89 F4
Sassuolo I 55 G2
Šaštin-Stráže SK 44 B5
Satão P 66 C2
Sätenäs S 138 C5
Säter S 147 F4
Sátoraljaújhely H 46 B5
Satovcha BG 108 B6
Satow D 129 F1
Sætre N 145 G3
Satrup D 128 C3
Satu Mare RO 46 C3
Satulung RO 46 D3
Saturn RO 63 F1
Saucats F 50 C5
Sauda N 144 C3
Sauðárkrókur IS 160 b2
Saudasjøen N 144 C3
Sauerlach D 42 A4
Saugues F 52 C4
Saujon F 36 C2
Saukkola FIN 150 A5
Saukonkyla FIN 157 G5
Sauland N 145 F3
Saulgau D 41 E4
Saulieu F 38 D3
Saulkrasti LV 142 B3
Sault F 53 E2
Saulx F 39 H4
Saulxures F 40 A4
Saumur F 37 E5
Saundersfoot GB 12 C5
Sauve F 52 C2
Sauveterre-de-Béarn F 70 C4
Sauveterre-de-Guyenne F 50 D5
Sauvo FIN 149 G4
Sauxillanges F 52 B5
Sauze d'Oulx I 53 H3
Sauzé-Vaussais F 37 E2
Sauzon F 36 A6
Săvădisla RO 47 E1
Sävar S 162 B2
Savaştepe TR 118 A5
Savcılı TR 120 D5
Savelletri I 101 F3
Savelli I 103 E4
Savenay F 36 C6
Săveni RO 48 B4
Saverdun F 71 G3
Saverne F 40 B6
Savigliano I 54 B2
Savignac-les-Eglises F 51 F5
Savignano Irpino I 100 B4
Savignano sul Rubicone I 89 E6
Savigny-sur-Braye F 37 G6
Savines-le-Lac F 53 G2
Săvîrşin RO 60 C5
Savitaipale FIN 159 E2
Šavnik YU 92 A3
Savognin CH 41 E1
Savona I 54 C1
Savonlinna FIN 159 F3
Savonranta FIN 159 F4
Savran' UA 49 G5
Sævråsvåg N 144 B6
Sävsjö S 139 E3
Savudrija HR 56 D3
Savukoski FIN 165 H2
Sawston GB 14 C4
Sawtry GB 14 B5
Saxnäs S 161 G4
Säynätsalo FIN 158 C3
Säyneinen FIN 163 F2
Sazgeçit TR 121 E1
Scaër F 24 B2
Scafa I 99 E5
Scalasaig GB 8 B6
Scalby GB 11 G5
Scalea I 102 C5
Scalloway GB 6 b1
Scandiano I 55 F2
Scanno I 99 E4
Scansano I 88 C3
Scanzano Iónico I 101 E2
Scarborough GB 11 G5
Scardovari I 56 B2
Scarinish GB 6 A1
Scărişoara RO 60 D6
Scarriff IRL 4 D4
Šćepan Polje YU 92 A4
Schaan FL 41 E2
Schachendorf A 44 A2
Schaffhausen CH 40 D3
Schafstädt D 30 D6
Schäftlarn D 42 A4
Schagen NL 16 B5
Scharbeutz D 128 D1
Schärding A 42 D5
Scharnitz A 41 H2
Scharnstein A 43 E3
Scheer D 41 E4
Scheessel D 18 A5
Schéggia I 89 E4
Scheibbs A 43 F4
Scheifling A 43 E2
Scheinfeld D 30 B2
Schenefeld D 128 C1
Scherfede D 17 G1
Schermbeck D 16 D2
Schesslitz D 30 C3
Scheveningen NL 16 A3
Scheyern D 42 A5
Schieder D 17 H2
Schierling D 42 B6
Schiermonnikoog NL 16 D6
Schifferstadt D 29 F2
Schilde B 16 A1
Schilpário I 55 F5
Schiltach D 40 D5
Schio I 55 H4
Schirmeck F 40 B5
Schirnding D 30 D3
Schitu Goleşti RO 61 G3
Schkeuditz D 30 D6
Schladen D 18 B2
Schladming A 42 D2
Schlanders/Silandro I 55 G6
Schlangenbad D 29 F3
Schleching D 42 B3
Schleiden D 28 C5
Schleiz D 30 D4
Schleswig D 128 C2
Schleusingen D 30 B4
Schlieben D 19 F1
Schliersee D 42 B3
Schlitz D 29 H5
Schlotheim D 30 B6
Schluchsee D 40 C4
Schlüchtern D 29 H4
Schluderns/Sluderno I 41 G1
Schludersbach/Carbonin I 56 B6
Schlüsselfeld D 30 B2
Schlutup D 18 C6
Schmalkalden D 30 B5
Schmallenberg D 29 F6
Schmidmühlen D 30 D1
Schmilka D 31 G5
Schmöllin D 31 E5
Schmölln D 19 G5
Schnackenburg D 18 D4
Schnaittenbach D 30 D2
Schneeberg D 31 E4
Schneverdingen D 18 A5
Schöder A 43 E2
Schöllkrippen D 29 G3
Schönau D 40 C4
Schönbeck D 19 G5
Schönberg A 41 H2
Schönberg D 128 D2
Schönberg D 18 C6
Schönberg D 30 D3
Schönberg D 42 D5
Schönbergerstrand D 128 D2
Schönebeck D 18 D2
Schönebeck D 19 E4
Schönecken D 28 C4
Schongau D 41 G3
Schönhagen D 128 C3
Schöningen D 18 C2
Schönthal D 31 E1
Schönwald D 40 C4
Schönwalde D 128 D1
Schönwalde D 19 F3
Schoondijke NL 15 G2
Schoonebeek NL 17 E4
Schoonhoven NL 16 B3
Schoonoord NL 17 E4
Schopfheim D 40 C4
Schöppenstedt D 18 C2
Schoppernau A 41 F2
Schorndorf D 41 E6
Schotten D 29 G4
Schramberg D 40 D5
Schrems A 43 F5
Schriesheim D 29 F2
Schrobenhausen D 41 H5
Schröcken A 41 F2
Schruns A 41 F2
Schull IRL 4 B1
Schüpfheim CH 40 C2
Schüttorf D 17 E3
Schwaan D 19 E6
Schwabach D 30 B1
Schwabhausen D 41 H4
Schwäbisch Gmünd D 41 F6
Schwäbisch Hall D 29 H1
Schwabmünchen D 41 G4
Schwaigern D 29 G1
Schwalenberg D 17 H2
Schwalmstadt-Treysa D 29 G5
Schwalmstadt-Ziegenhain D 29 G5
Schwanden CH 40 D2
Schwandorf D 30 D1
Schwanebeck D 18 C2
Schwanenstadt A 42 D4
Schwanewede D 17 G5
Schwaney D 17 G2
Schwarmstedt D 18 A4
Schwarzach A 42 C2
Schwarzenbach D 30 D3
Schwarzenbek D 18 B5
Schwarzenberg D 31 E4
Schwarzenfeld D 30 D1
Schwarzsee CH 40 B1
Schwaz A 42 A2
Schwechat A 44 A4
Schwedt D 19 G4
Schweich D 28 D3
Schweinfurt D 30 A3
Schwelm D 17 E1
Schwenningen D 40 D4
Schwerin D 18 D5
Schwerte D 17 E1
Schwetzingen D 29 F2
Schwyz CH 40 D2
Sciacca I 104 C3
Scicli I 105 F2
Scilla I 105 H5
Ścinawa PL 32 C6
Scînteia RO 48 C2
Ščokino RUS 167 E6
Sconser GB 6 C3
Scoreiu RO 61 F4
Ščors UA 166 D4
Scorţaru Vechi RO 62 D4
Scorţeni RO 48 B1
Scorze I 56 B4
Scotch Corner GB 11 F6
Scourie GB 7 E5
Scrabster GB 7 G5
Ščučin SU 23 G6
Scunthorpe GB 11 G3
Scuol CH 41 F1
Seăşeni RO 60 B3
Seaford GB 14 B2
Seaham GB 9 G1
Seatoller GB 9 E1
Seaton GB 13 E2
Sebbersund DK 137 F2
Sebečevo YU 92 D3
Seben TR 112 B1
Sebeş RO 61 E5
Sebež RUS 143 G2
Sebiş RO 60 C5
Sebnitz D 31 G5
Sebrenica BIH 92 B6
Seč CZ 31 F2
Seč CZ 32 B2
Sečanj YU 59 H3
Secemin PL 33 H4
Seckau A 43 F2
Seclin F 27 F6
Secondigny F 36 D3
Sečovce SK 46 B5
Secuieni RO 48 C1
Sedan F 28 A3
Sedbergh GB 11 E6
Séderon F 53 E2
Sedgefield GB 11 F6
Sédico I 56 B5
Sédilo I 87 b3
Sédini I 87 b4
Sedlčany CZ 31 G2
Sedlice CZ 31 G1
Sedrun CH 40 D1
Šeduva LT 133 G5
Sędziszów PL 34 C3
Seeboden A 42 D1
Seebruck D 42 B4
Seefeld in Tyrol A 41 H2
Seehausen D 18 C2
Seehausen D 18 D4
Seehausen D 19 E2
Seelbach D 40 C5
Seelow D 19 H3
Seeon D 42 B4
Sées F 26 A2
Seesen D 18 B2
Seeshaupt D 41 H3
Seewalchen A 42 D3
Seewiesen A 43 G3
Şefaatli TR 121 F6
Seferihisar TR 117 F4
Segalstad bru N 153 G1
Segarcea RO 94 C6
Segerstad S 131 E6
Segesd H 58 B5
Seglinge FIN 149 E4
Segmon S 146 C2
Segonzac F 36 D1
Segorbe E 78 C2
Segovia E 77 E6
Segré F 36 D6
Segura E 83 E5
Segura P 75 F5
Segura de León E 81 F6
Segura de los Baños E 78 C4
Sehnde D 18 A3
Seia P 66 C1
Şeica Mare RO 61 F5
Seiches-sur-le-Loir F 37 E5
Seifhennersdorf D 31 H5
Seilhac F 51 G5
Seinäjoki FIN 157 G5
Seini RO 46 D3
Seira E 71 E2
Seitenstetten A 43 F4
Sejny PL 133 F1
Sejs DK 128 C6
Şeker TR 120 C4
Sekili TR 121 E6
Şelale TR 126 A4
Selanovtsi BG 94 D5
Selb D 30 D3
Selbu N 154 A6
Selby GB 11 F4
Selce HR 57 F3
Selçuk TR 117 G4
Selendi TR 118 C4
Selenicë AL 106 B3
Selent D 128 D2
Sélestat F 40 B5
Seleuş RO 60 B5
Selfoss IS 160 a1
Selime TR 121 F3
Selimiye TR 124 B5
Selimiye TR 126 A4
Selište YU 93 F5
Selje N 152 B4
Seljestad N 144 C4
Seljord N 145 E3
Selkirk GB 9 F3
Sellasía GR 122 B6
Selles F 37 H4
Sellia GR 122 c2
Sellières F 39 F2
Sellin D 130 A2
Sellye H 58 C4
Selm D 17 E2
Selmsdorf D 18 C6
Selongey F 39 F4
Selsey GB 13 H2
Selsingen D 17 H5
Seltz F 29 E1
Selva di Val Gardena/Wolkenstein in Gardena I 56 A6
Selvik N 152 B2
Selvino I 55 E4
Sem N 145 G2
Semblana P 80 C6
Semily CZ 32 B4
Semizovac BIH 91 G5
Semmering A 43 G3
Semur-en-Auxois F 39 E4
Seňa SK 46 A5
Sénas F 73 F6
Senden D 17 E2
Sendenhorst D 17 F2
Sendreni RO 62 D4
Senec SK 44 C4
Senftenberg D 31 G6
Senica SK 44 B5
Senigállia I 89 F5
Senirkent TR 119 G3
Senise I 100 D2
Senj HR 57 F2
Senlis F 27 E3
Sennecey-le-Grand F 39 E2
Sennelager D 17 G2
Sennen GB 12 A2
Sennestadt D 17 G2
Sennik BG 95 E4
Senno SU 135 G4
Sènnori I 87 a4
Sennybridge GB 13 E5
Senohrad SK 45 E4
Senokos BG 97 E6
Senonches F 26 B2
Senones F 40 B5
Senorbì I 87 b2
Senožeče SLO 57 E4
Şenpazar TR 112 D5
Sens F 38 C6
Senta YU 59 G4
Sentilj SLO 57 G6
Šepetovka UA 166 B3
Sepólno Krajenskie PL 21 E5
Sept-Saulx F 27 G2
Septemvri BG 94 D2
Sepúlveda E 77 E6
Sequeros E 76 A6
Ser'odka RUS 143 F6
Seraing B 28 B5
Seravezza I 88 B6
Şercaia RO 61 G5
Sered' SK 44 C4
Şerefligöközü TR 120 B4
Şereflikoçhisar TR 120 D4
Seregélyes H 44 D2
Seregno I 54 D4
Serém P 66 B2
Sérent F 24 D1
Serfaus A 41 G2
Seriate I 55 E4
Sérifos GR 116 B1
Serik TR 125 H5
Serinhisar TR 119 E1
Sermaize-les-Bains F 27 H1
Sermide I 55 G3
Serock PL 22 B3
Serón E 83 E2
Serós E 79 E5
Serpa P 74 D1
Serpuchov RUS 167 E6
Serra San Bruno I 102 D3
Serracapriola I 100 B5
Serradifalco I 104 D3
Serres F 53 F2
Sérres GR 108 A5
Serrières F 52 D4
Sersale I 103 E4
Sertã P 75 E5
Sérvia GR 107 F2
Serviana GR 106 D1
Servigliano I 89 G3
Sesimbra P 74 B3
Seskinore GB 3 E4
Sésklo GR 115 F6
Sesma E 69 F3
Sessa Aurunca I 99 E3
Šestanovac HR 91 E4
Sesto Calende I 54 C4
Sesto Fiorentino I 88 C5
Sesto/Sexten I 56 B6
Šeštokai LT 133 F2
Sestola I 55 F1
Sestri Levante I 87 F6
Sestriere I 53 H3
Sestroreck RUS 151 H5
Sesvete HR 57 H4
Šeta LT 133 G4
Sète F 72 D5
Seter N 154 B3
Setermoen N 164 C3
Settebagni I 98 C5
Settimo Torinese I 54 B3
Settle GB 11 E5
Setúbal P 74 B3
Seui I 87 b2
Seulo I 87 b2
Seurre F 39 F3
Sevaster AL 106 B3
Sevdiğin TR 121 E4
Sevenoaks GB 14 B3
Sever P 66 B2
Sévérac-le-Château F 52 B3
Severin D 18 D5
Ševětín CZ 43 F6
Sevilla E 81 F4
Sevilleja de la Jara E 76 B3
Şevketiye TR 109 G4
Şevketiye TR 110 A3
Sevlievo BG 95 F4
Sevnica SLO 57 G4
Sevojno YU 92 C5
Sevrier F 53 G5
Sevsk RUS 166 E4
Sexten/Sesto I 56 B6
Seyches F 51 E4
Seyda D 19 E1
Seydiköy TR 117 G4
Seydiler TR 113 E4
Seydişehir TR 126 B5
Seyðisfjörður IS 160 c2
Şeyhali TR 120 B5
Seyitgazi TR 111 F2
Seyitömer TR 111 E2
Seymen TR 110 A5
Seyne F 53 G2
Seyssel F 53 F6
Sežana SLO 56 D4
Sézanne F 27 F1
Sezimovo Ústí CZ 31 H1
Sfáka GR 123 f2
Sfîntu Gheorghe RO 62 A5
Sfîntu Gheorghe RO 62 C2
Sforzacosta I 89 G4
Shabla BG 97 F6
Shaftesbury GB 13 F3
Shanagolden IRL 4 C3
Shanklin GB 13 G2
Shannonbridge IRL 5 E4
Sharnevo BG 95 G2
Shawbury GB 10 D2
Sheerness GB 14 C3
Sheffield GB 11 E3
Shefford GB 14 B4
Shëngjin AL 106 B6
Shënmëri AL 92 C1
Shepot UA 47 G4
Shepshed GB 11 E2
Shepton Mallet GB 13 F3
Sherborne GB 13 F3
Shercock IRL 3 E3
Sheringham GB 15 E6
Shiel Bridge GB 6 C2
Shieldaig GB 6 C3
Shijak AL 106 B5
Shillelagh IRL 5 F2
Shinrone IRL 5 E4
Shipka BG 95 F3
Shipkovo BG 95 E3
Shipley GB 11 E4
Shipston-on-Stour GB 13 H5
Shiroka Lŭka BG 108 C6
Shivatsevo BG 95 G3
Shkodër AL 92 B1
Shkorpilovtsi BG 97 E4
Shoeburyness GB 14 C3
Shoreham-by-Sea GB 14 B2
Shotts GB 9 E4
Shrewsbury GB 10 C2
Shrewton GB 13 G3
Shrule IRL 2 B3
Shumen BG 96 C5
Siána GR 124 B3
Sianów PL 130 D1
Siátista GR 107 E3
Šiauliai LT 133 F5
Sibari I 102 D5
Sibbo/Sippo FIN 150 B5
Šibenik HR 90 C5
Sibiu RO 61 F4
Sicevo YU 93 F4
Šid YU 59 E2
Sidári GR 106 B1
Siddeburen NL 17 E5
Sideby/Siipyy FIN 157 E3
Sidensjö S 156 B6
Siderno I 102 D2
Sidirókastro GR 107 H5
Sidmouth GB 13 E2
Sidzina PL 32 D4
Siedlce PL 22 D2
Siegburg D 29 E5
Siegen D 29 F5
Siegenburg D 42 B5
Sieggraben A 44 A3
Siegsdorf D 42 C3
Siekierki PL 19 G3
Siemiany PL 21 G5
Siemiatycze PL 23 E3
Siena I 88 C4
Sieniawa PL 35 E3
Sieniawka PL 31 H5
Sienno PL 34 C5
Sieppijärvi FIN 165 F1
Sieradz PL 33 F6
Sieraków PL 20 C3
Sieraków PL 33 F4
Sierakowice PL 131 F1
Sierck-les-Bains F 28 C2
Sierentz F 40 B4
Sierning A 43 E4
Sierpc PL 21 G4
Sierre CH 54 B6
Şieu RO 47 F2
Siewierz PL 33 G4
Sığacık TR 117 F4
Sigean F 72 C5
Siggjarvåg N 144 B4
Sighetu Marmaţiei RO 47 E4
Sighişoara RO 61 G5
Siglufjörður IS 160 b2

Sigmaringen Söderfors

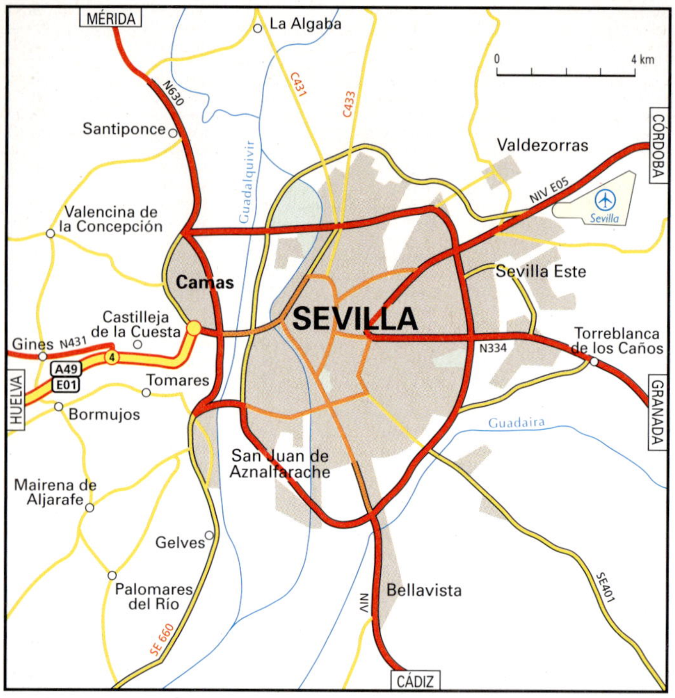
MÉRIDA
La Algaba
0 4 km
N630
C431
C433
CÓRDOBA
Santiponce
Guadalquivir
Valdezorras
NIV E05
Sevilla
Valencina de la Concepción
Camas
SEVILLA
Sevilla Este
Castilleja de la Cuesta
Torreblanca de los Caños
Gines N431
N334
A49
E01
Tomares
HUELVA
Bormujos
GRANADA
Guadaira
San Juan de Aznalfarache
Mairena de Aljarafe
Gelves
Palomares del Rio
Bellavista
NIV
SE401
SE 660
CÁDIZ

Sigmaringen D 41 E4
Signy-l'Abbaye F 27 H3
Sigri GR 109 E1
Sigtuna S 148 A3
Sigüeiro E 64 C4
Sigüenza E 77 G5
Sigulda LV 142 C3
Siikainen FIN 157 F3
Siilinjärvi FIN 158 D6
Siipyy/Sideby FIN 157 E3
Siivikko FIN 163 E4
Sijarinska Banja YU 93 F3
Sikea GR 123 f2
Sikeå S 162 B3
Síkinos GR 123 G5
Siklós H 58 D4
Šilale LT 133 E4
Silandro/Schlanders I 55 G6
Silánus I 87 b3
Silbaš YU 59 F3
Silberstedt D 128 C2
Şile TR 110 D5
Silifke TR 127 F4
Siliqua I 87 a1
Silistra BG 62 D1
Silivri TR 110 B5
Siljan N 145 F2
Siljansnäs S 147 E5
Silkeborg DK 128 C6
Silla E 84 D6
Sillamäe EST 151 F3
Sillé-le-Guillaume F 25 H1
Silleda E 64 C4
Sillian A 42 B1
Silloth GB 8 D2
Silno PL 21 E5
Šilo HR 57 E3
Sils E 72 B2
Sils-Maria CH 55 E6
Šilutė LT 132 D4
Silvaplana CH 55 E6
Silverdalen S 139 F3
Silvermines IRL 4 D3
Silves P 80 B5
Silvi Marina I 89 H2
Silz A 41 G2
Simancas E 68 A2
Şimand RO 60 B5
Simaság H 44 B2
Simav TR 118 D5
Simaxis I 87 a2
Simbach D 42 C5
Simbach D 42 C4
Simeria RO 60 D4
Simitli BG 94 B1
Šimkaičiai LT 133 F4
Şimleu Silvaniei RO 46 C2
Simmerath D 28 C5
Simmerberg D 41 F3
Simmern D 29 E3
Simo FIN 162 D5
Simonsbath GB 12 D4
Simonstorp S 139 G6
Simontornya H 58 D6
Simpele FIN 159 G2
Simplon Dorf CH 54 C6
Simrishamn S 130 B4
Simuna EST 150 D2
Sinaia RO 61 H4
Sinalunga I 88 D4
Sinanaj AL 106 B3
Sinanlı TR 120 C4
Şinca Nouă RO 61 H4
Şinca Nouă RO 62 A4
Şinca Veche RO 61 G5
Sincan TR 120 B6
Sindal DK 137 G3
Sindelfingen D 41 E6
Sindi EST 142 B6
Sındırgı TR 118 B5
Sîndominic RO 48 A1
Sinekçi TR 109 H4
Sinekli TR 110 B5
Sinemorets BG 97 E2
Sines P 74 B2
Sinești RO 62 B2
Sinești RO 48 C3
Sinettä FIN 162 D6
Singen D 40 D4
Sîngeorgiu de Pădure RO 61 G6
Sîngeorz-Băi RO 47 F3
Singleton GB 13 H2
Singsås N 154 A5
Siniscola I 87 c3
Sinj HR 91 E5
Sînmartin RO 46 B2
Sinnes N 144 C2
Sînnicolau Mare RO 59 H5
Sinop TR 113 G6
Sinopoli I 105 H5
Sinsheim D 29 G2
Sîntă Mariă RO 48 C4
Sîntămăria Orlea RO 60 D4
Şintereag RO 47 F2
Sîntioana RO 47 E2
Sintra P 74 B4
Sinzig D 29 E5
Siófok H 44 D1
Sion CH 54 B6
Sion Mills GB 3 E5
Siorac-en-Périgord F 51 F4
Sip YU 60 C2
Şipote RO 48 C3
Sippo/Sibbo FIN 150 B5
Šir'ajevo UA 49 G4
Sira N 136 C6
Siracusa I 105 G2
Sırçalı TR 121 G5
Siret RO 48 A4
Şiria RO 60 B5
Sirig YU 59 F3
Siriu RO 62 B4
Sirkka FIN 165 F2
Sirma N 165 G5
Sirmione I 55 F4
Sirnach CH 40 D3
Sirok H 45 G3
Široké SK 45 H6
Sirolo I 89 G4
Sirotino SU 135 G5
Širvintos LT 134 A3
Sisak HR 58 A3
Sisante E 77 G1
Sissach CH 40 C3
Şiştarovăţ RO 60 B5
Sisteron F 53 F2
Sistiana I 56 D4
Siteia GR 123 f2
Sitges E 79 G4
Sittard NL 28 C6
Sittensen D 18 A5
Sittingbourne GB 14 C3
Siusi I 55 H6
Sivac YU 59 F4
Sivakkavaara FIN 159 E6
Sivaslı TR 119 E3
Siviri GR 108 A2
Sivrihisar TR 111 H2
Six-Fours-les-Plages F 73 G4
Sixmilebridge IRL 4 D3
Sizun F 24 B3
Sjællands Odde DK 129 E5
Sjenica YU 92 C4
Sjoa N 153 G2
Sjöbo S 130 A4
Sjøholt N 152 D4
Sjørup DK 137 E1
Sjötorp S 146 D1
Sjoutnäset S 161 F3
Sjøvegan N 164 C3
Sjuntorp S 138 B5
Sjusjøen N 153 H1
Skadovsk UA 166 E1
Skafidia GR 114 D2
Skaftung FIN 157 E3
Skagen DK 137 G4
Skaidi N 165 F5
Skaistkalne LV 142 C1
Skála GR 114 C3
Skála GR 122 C5
Skála GR 115 G5
Skála GR 117 F2
Skała PL 33 H3
Skála Eresoú GR 116 D6
Skála Oropoú GR 115 H4
Skålan S 155 E4
Skálavík FR 136 b2
Skalbmierz PL 34 A3
Skalica SK 44 B5
Skalitsa BG 96 B2
Skaloti GR 108 B5
Skaloti GR 122 b2
Skals DK 137 F2
Skålsjön S 147 F6
Skælskør DK 129 E4
Skandáli GR 108 D2
Skanderborg DK 128 D6
Skånevik N 144 B4
Skänninge S 139 E5
Skanör S 129 G4
Skąpe PL 20 B2
Skara S 138 C5
Skærbæk DK 128 B4
Skarberget N 164 B2
Skåre S 146 D2
Skaret N 164 D5
Skärhamn S 138 A4
Skarinou CY 127 c1
Skärplinge S 148 A5
Skarszewy PL 131 G1
Skårup DK 128 D3
Skaryszew PL 34 C6
Skarżysko-Kamienna PL 34 B5
Skattungbyn S 147 E6
Skaudvilė LT 133 E4
Skave DK 137 E1
Skavik N 165 F5
Skawina PL 33 H3
Skebobruk S 148 B3
Skedsmokorset N 146 A4
Skee S 146 A1
Skegness GB 11 H2
Skei N 152 C2
Skei N 153 F5
Skeie N 136 C6
Skela YU 59 G2
Skelde DK 128 C3
Skellefteå S 162 B3
Skelmersdale GB 10 D4
Skelmorlie GB 8 C5
Skene S 138 B3
Skępe PL 21 G4
Skerries IRL 5 H4
Ski N 145 H3
Skiathos GR 115 G6
Skibbereen IRL 4 B1
Skibby DK 129 F5
Skibniew-Podawce PL 22 D3
Skibotn N 164 D4
Skidel' SU 23 F6
Skien N 145 F2
Skierniewice PL 22 A2
Skillingaryd S 138 D3
Skillinge S 130 B4
Skinnskatteberg S 147 F3
Skipness GB 8 C5
Skipton GB 11 E5
Skiptvet N 146 A2
Skive DK 137 E2
Skiveren DK 137 G4
Skivjane YU 92 D2
Skjærhalden N 145 H2
Skjeberg N 146 A2
Skjelten N 152 D5
Skjern DK 128 B6
Skjervøy N 164 D4
Skjold N 144 B3
Skjold N 164 C3
Skjolden N 153 E2
Skjønhaug N 146 A3
Šklov SU 167 C5
Skoczów PL 33 F2
Skodje N 152 D4
Skødstrup DK 128 D6
Škofja Loka SLO 57 E5
Škofljica SLO 57 E4
Skog S 147 G6
Skoganvarre N 165 F4
Skógar IS 160 b1
Skogly N 165 H4
Skogstorp S 147 G2
Skoki PL 20 D3
Sköldinge S 147 G1
Skole UA 46 D6
Skollenberg N 145 F3
Sköllersta S 147 F2
Skomdal N 145 E2
Skópelos GR 115 H6
Skópelos GR 117 E6
Skopí GR 123 f2
Skopje MK 93 E1
Skopun FR 136 b2
Skórcz PL 21 F6
Skoroszów PL 32 D6
Skørping DK 137 F2
Skórzec PL 22 D2
Skotterud N 146 B4
Skoúra GR 122 C5
Skoútari GR 108 A4
Skovballe DK 128 D3
Skovby DK 128 C3
Skövde S 138 D5
Skrad HR 57 F3
Skradin HR 90 C5
Skreia N 145 H5
Skrīveri LV 142 C2
Skrunda LV 141 G1
Skrydlevo SU 135 G5
Skudeneshavn N 144 A3
Skulsk PL 21 F3
Skulte LV 142 B3
Skultorp S 138 D5
Skultuna S 147 G3
Skuodas LT 132 D6
Skurup S 129 H4
Skuteč CZ 32 B2
Skutskär S 147 H5
Skutvik N 164 B2
Skvira UA 166 C3
Skwierzyna PL 20 B3
Skýdra GR 107 F4
Skýros GR 116 B5
Skyttmon S 155 F6
Sládkovičovo SK 44 C4
Śladów PL 22 A3
Slagelse DK 129 E4
Slagnäs S 161 H4
Slaidburn GB 11 E5
Slancy RUS 151 F2
Slane IRL 5 G4
Slangerup DK 129 F5
Slănic RO 62 A4
Slănic Moldova RO 62 B6
Slano HR 91 G3
Slaný CZ 31 G3
Slatina HR 57 G4
Slatina RO 61 F1
Slatina YU 92 D5
Slatina de Mureş RO 60 C5
Slatina Timiş RO 60 C3
Slatiňany CZ 32 B2
Slatino MK 93 E1
Slåttevik N 144 B3
Slattum N 145 H4
Slav'ansk UA 166 F3
Slăveşti RO 61 H1
Slavgorod SU 167 C5
Slavkoviči RUS 143 H5
Slavonice CZ 43 G6
Slavonska Požega HR 58 C3
Slavonski Brod HR 58 D3
Slavuta UA 166 B3
Slavyanovo BG 95 E5
Sława PL 20 C1
Sławatycze PL 23 F1
Sławno PL 131 E2
Sławoborze PL 20 B6
Sleaford GB 11 G2
Sledmere GB 11 G4
Ślesin PL 21 E4
Ślesin PL 21 F2
Sliedrecht NL 16 B3
Sliema M 104 b1
Sligo IRL 2 D4
Slimnic RO 61 F5
Slite S 140 C4
Sliven BG 96 B3
Slivnitsa BG 94 B3
Slivo Pole BG 95 G6
Śliwice PL 21 E5
Slobodka UA 49 F5
Slobodzeja MD 49 G2
Slobozia RO 95 G6
Slobozia RO 62 D2
Slobozia Mîndra RO 95 E6
Slobozia Moara RO 62 A2
Słomniki PL 34 A3
Slonim SU 23 H5
Słońsk PL 20 A3
Sloten NL 16 C5
Slough GB 14 A3
Slovac YU 92 C6
Slovenj Gradec SLO 57 F6
Slovenska Bistrica SLO 57 G5
Slovenská L'upča SK 45 E5
Slovenske Konjice SLO 57 G5
Slovenské Nové Mesto SK 46 B5
Słubice PL 19 H2
Sluck SU 166 B4
Sluderno/Schluderns I 41 G1
Sluis NL 15 G2
Sluis NL 15 H2
Slŭnchev Bryag BG 97 E4
Slunj HR 57 G2
Słupca PL 21 E2
Słupia PL 34 B4
Słupiec PL 32 C4
Słupno PL 21 H3
Słupsk PL 131 E2
Smålandsstenar S 138 C2
Smalåsen N 161 F4
Smalininkai LT 133 E3
Smědeč CZ 43 E6
Smederevo YU 60 A2
Smederevska-Palanka YU 60 A1
Smedjebacken S 147 F4
Smeeni RO 62 C3
Smela UA 166 D3
Smidary CZ 32 B3
Śmigiel PL 20 C2
Smilde NL 16 D5
Smiloviči SU 135 E1
Smiltene LV 142 D4
Smínthi GR 108 C5
Smîrdioasa RO 95 F6
Smögen S 137 H5
Smojlovo RUS 143 H4
Smol'any SU 135 H3
Smołdzino PL 131 E2
Smolensk RUS 167 D6
Smoleviči SU 135 E2
Smolyan BG 108 C6
Smolyanovtsi BG 94 B5
Smørfjord N 165 F5
Smorgon' SU 134 C3
Smørhamn N 152 B3
Smyadovo BG 96 C4
Smygehamn S 129 H4
Sn'atyn UA 47 G5
Snagov RO 62 B2
Snaptun DK 128 D5
Snarup DK 128 D4
Snåsa N 161 E3
Snedsted DK 137 E2
Sneek NL 16 C5
Sneem IRL 4 B2
Snigir'ovka UA 166 E1
Snina SK 46 B6
Snøde DK 129 E3
Snogebaek DK 130 C3
Soave I 55 G3
Soběslav CZ 31 H1
Sobotište SK 44 C5
Sobotka CZ 32 A4
Sobótka PL 32 C5
Sobra HR 91 F2
Sobrada (Castelo de Paiva) P 66 C3
Sobral de Monte Agraço P 74 B4
Sobran TR 111 E2
Søby DK 128 D3
Sočanica YU 92 D3
Sochaczew PL 22 A2
Sochocin PL 22 A3
Sochós GR 107 H4
Socodor RO 60 B6
Socovos E 83 G4
Sodankylä FIN 165 G2
Söderåkra S 130 D6
Söderbärke S 147 F4
Söderfors S 147 H4

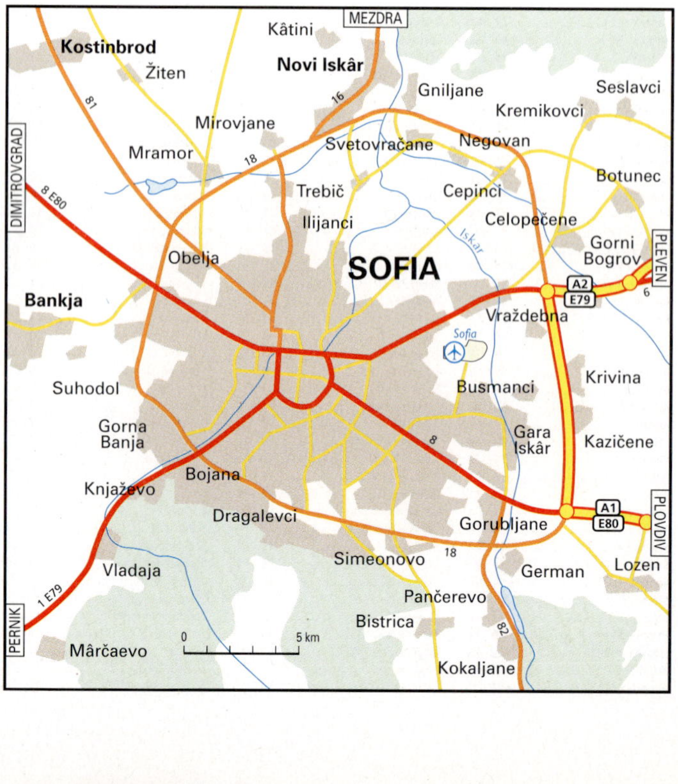
Kâtini
MEZDRA
Kostinbrod
Žiten
Novi Iskâr
81
16
Gniljane
Seslavci
Kremikovci
Mirovjane
DIMITROVGRAD
Mramor
18
Svetovračane
Negovan
Botunec
8 E80
Trebič
Cepinci
Ilijanci
Celopečene
Obelja
Iskar
Gorni Bogrov
SOFIA
PLEVEN
A2
E79
6
Bankja
Vraždebna
Sofia
Krivina
Suhodol
Busmanci
Gorna Banja
8
Gara Iskâr
Kazičene
Bojana
Knjaževo
A1
E80
PLOVDIV
Dragalevci
Gorubljane
18
1 E79
Simeonovo
German
Lozen
Vladaja
Pančerevo
PERNIK
Bistrica
82
0
5 km
Mârčaevo
Kokaljane

Söderhamn Stęszew

Söderhamn S 155 H1
Söderköping S 139 G5
Södertälje S 148 A2
Södra Vi S 139 F4
Sodražica SLO 57 E4
Sødring DK 137 G2
Soest D 17 F1
Soest NL 16 B3
Soestdijk NL 16 B3
Sofádes GR 115 E6
Sofia BG 94 C3
Sofikó GR 115 G3
Sofular TR 121 E5
Sögel D 17 F4
Sogge bru N 153 E4
Sogndal N 152 D2
Sogndalstrand N 136 B6
Søgne N 136 D5
Söğüt TR 111 E3
Söğüt TR 125 F5
Söğütalan TR 110 C3
Soignies B 27 G5
Şoimuş RO 60 D5
Soini FIN 157 H5
Soissons F 27 F3
Sokal' UA 35 G4
Söke TR 117 G3
Sokir'any UA 48 C6
Sokna N 145 G4
Soko Banja YU 93 F5
Sokolac BIH 92 A5
Sokółka PL 23 E5
Sokolniki PL 33 F5
Sokolov CZ 31 E3
Sokolovo BG 97 E5
Sokołów Małopolski PL 34 D3
Sokołów Podlaski PL 22 D3
Sola N 144 B2
Solares E 68 D5
Solca RO 47 H4
Solda/Sulden I 55 G6
Sölden A 41 G2
Soldeu AND 71 G1
Solenzara F 73 b1
Soleşti RO 48 D2
Solevåg N 152 D4
Solf/Sulva FIN 157 E5
Solfonn N 144 C4
Solheim N 152 B1
Soligorsk SU 166 B4
Solihull GB 13 G6
Solin HR 90 D4
Solingen D 29 E6
Söll A 42 B3
Sollebrun S 138 B5
Sollefteå S 155 H5
Sollenau A 43 H3
Sollentuna S 148 B2
Sóller E 85 a2
Sollerön S 147 E6
Søllested DK 129 E3
Solliès-Pont F 73 H4
Solmaz TR 124 D6
Solnečnogorsk RUS 167 E7
Solosancho E 76 C5
Sološnica SK 44 B4
Solothurn CH 40 B3
Solotvin UA 47 F5
Solrød Strand DK 129 F4
Solsnes N 153 E5
Solsona E 79 G6
Solsvik N 144 A5
Solt H 59 E6
Soltau D 18 B4
Soltvadkert H 59 F6
Solund N 152 B2
Solvay I 88 B4
Sölvesborg S 130 B5
Solvorn N 152 D2
Solynieve E 82 C2
Soma TR 118 A4
Sombernon F 39 E3
Sombor YU 59 E4
Şomcuta Mare RO 46 D6
Somerniemi FIN 149 H5
Somero FIN 149 H5
Somersham GB 14 D5
Somerton GB 13 F3
Someş-Odorhei RO 46 D2
Sommatino I 104 D3
Sommen S 139 E5
Sömmerda D 30 C5
Sommersted DK 128 C4
Sommesous F 27 G1
Sommières F 52 C1
Somogyszob H 58 B5
Somosierra E 77 F6
Somova RO 63 F4
Somovit BG 95 E5
Sompolno PL 21 F2
Sonceboz CH 40 B3
Soncillo E 68 D4
Soncino I 55 E4
Sóndalo I 55 F6
Søndeled N 145 F1
Sønder Dråby DK 137 E2
Sønder Felding DK 128 B6
Sønder Omme DK 128 B5
Sønderborg DK 128 C3
Sonderby DK 136 D1
Sønderby DK 128 C3
Sønderho DK 128 B4
Sondershausen D 30 C6
Søndersø DK 128 D4
Søndervig DK 128 A6
Søndervika N 154 B4
Sondrio I 55 E5
Sonkajärvi FIN 163 F2
Sonneberg D 30 C4
Sonogno CH 54 D6
Sonsbeck D 16 D2
Sonseca E 76 D3
Sonta YU 59 E3
Sonthofen D 41 F3
Sontra D 30 A5
Sopeira E 71 F1
Sopoćanio YU 92 D3
Sopockin SU 23 E6
Sopot BG 95 E3
Sopot PL 131 G2
Sopot YU 59 H1
Sopron H 44 A3
Sora I 99 E4
Soragna I 55 F2
Soråker S 156 A4
Sorbas E 83 F2
Sorbie GB 8 C2
Sore F 50 C4
Söréd H 44 D2
Soresina I 55 E3
Sörgono I 87 b2
Sorgun TR 113 H1
Soria E 69 E1
Soriano nel Cimino I 89 E2
Sørli N 161 F3
Sorø DK 129 F4
Soroki MD 48 D5
Soroní GR 124 C3
Sorrento I 99 F1
Sorsele S 161 H4
Sorsjön S 154 C1
Sorso I 87 a3
Sort E 71 F1
Sortavala RUS 159 H3
Sortino I 105 F2
Sortland N 164 B3
Sørumsand N 146 A4
Sörup D 128 C3
Sørvågen N 164 A2
Sørvágur FR 136 b3
Sörvattnet S 154 C3
Sörve EST 141 F4
Sos del Rey Católico E 69 H2
Sösdala S 130 A5
Sosenka SU 134 D3
Soses E 79 E5
Sośnica PL 33 G4
Sośnicowice PL 33 F3
Sosnovo RUS 151 H6
Sosnovyj Bor RUS 151 G4
Sosnowica PL 23 E1
Sosnowiec PL 33 G3
Sospel F 86 C5
Šostka UA 166 D4
Sotaseter N 153 E3
Sotillo de la Adrada E 76 C4
Sotin HR 59 E3
Sotkamo FIN 163 F3
Sotkuma FIN 159 F5
Soto el Real E 77 E5
Sotogrande E 81 G2
Sotta F 73 b1
Sottomarina I 56 B3
Sottrum D 17 H5
Sottunga FIN 149 E4
Soúda GR 122 b3
Souesmes F 38 A4
Soufflenheim F 40 C6
Souflí GR 109 F5
Souillac F 51 F4
Souilly F 28 A2
Soulac-sur-Mer F 36 C1
Soulaines-Dhuys F 39 F6
Soulópoulo GR 106 D1
Soultz F 40 B4
Soultz F 29 E1
Soumoulou F 71 E4
Soúnio GR 116 A2
Souppes-sur-Loing F 38 C6
Sourdeval F 25 G3
Soure P 74 D6
Soúrpi GR 115 F5
Sousceyrac F 51 G4
Sousel P 75 E3
Soustons F 50 B3
Soutelo E 64 C3
South Molton GB 12 D3
South Queensferry GB 9 E4
South Shields GB 9 G2
Southam GB 13 H5
Southampton GB 13 G2
Southborough GB 14 B2
Southend GB 8 B4
Southend-on-Sea GB 14 C3
Southminster GB 14 C3
Southport GB 10 D4
Southsea GB 13 H2
Southwell GB 11 F2
Southwold GB 15 E4
Souvigny F 38 C2
Søvassli N 153 G6
Sovata RO 47 G1
Soveja RO 62 B5
Soverato I 102 D3
Soveria Mannelli I 102 D4
Sövestad S 130 A4
Sovetsk RUS 132 D3
Sovetskij RUS 151 F6
Søvik N 152 D5
Søyland N 144 B1
Sozopol BG 97 E3
Spa B 28 C5
Spaichingen D 40 D4
Spakenburg NL 16 C3
Spalding GB 11 G2
Spálené Poříčí CZ 31 F2
Spalt D 30 B1
Spandau D 19 F3
Spangenberg D 29 H5
Sparreholm S 147 G1
Sparta I 105 G5
Spárti GR 122 B5
Spas-Demensk RUS 167 D5
Spasovo BG 97 E6
Spáta GR 116 A3
Spean Bridge GB 6 D2
Spello I 89 E3
Spennymoor GB 9 G1
Spercheiáda GR 115 E5
Sperlonga I 98 D3
Spétses GR 115 G1
Speyer D 29 F2
Spezzano Albanese I 102 D5
Spiddal (An Spidéal) IRL 4 C5
Spiegelau D 42 D6
Spiekeroog D 17 F6
Spielfeld A 57 G6
Spiez CH 40 B1
Spijkenisse NL 16 A3
Spíli GR 123 c2
Spilimbergo I 56 C5
Spinazzola I 100 D3
Spincourt F 28 B2
Špindlerův-Mlýn CZ 32 B4
Spionica Donja BIH 58 D2
Špišić Bukovica HR 58 B4
Spišská Belá SK 34 B1
Spišská Nová Ves SK 45 G6
Spišské Podhradie SK 45 G6
Spišský Štvrtok SK 45 G6
Spital am Pyhrn A 43 E3
Spittal an der Drau A 42 D1
Spittal of Glenshee GB 7 F1
Spitz A 43 G4
Spjald DK 128 B6
Spjelkavik N 152 D4
Spjutsund FIN 150 C5
Split HR 90 D4
Splügen CH 55 E6
Spodsbjerg DK 129 E3
Špogi LV 134 C6
Špola UA 166 D2
Spoleto I 89 E3
Spotorno I 86 D6
Spøttrup DK 137 E2
Sprakensehl D 18 B4
Spręcowo PL 22 A6
Spremberg D 31 G6
Spresiano I 56 B4
Springe D 18 A3
Squinzano I 101 G2
Srbobran YU 59 F3
Srdevići BIH 91 E5
Sredets BG 95 G2
Sredishte BG 62 D1
Srednogortsi BG 108 C6
Sredska YU 92 D1
Śrem PL 20 D2
Sremska Kamenica YU 59 F3
Sremski Karlovci YU 59 G3
Środa Śląska PL 32 C5
Środa Wielkopolska PL 20 D2
Srokowo PL 132 D1
Srpska Crnja YU 59 H4
Srpski Miletić YU 59 E3
Staaken D 19 F3
Stachy CZ 42 D6
Stade D 18 A6
Stadhampton GB 13 H4
Stadhlaigearraidh/
Stilligarry GB 6 A3
Stadskanaal NL 17 E5
Stadt Allendorf D 29 G5
Stadthagen D 17 H3
Stadtilm D 30 C5
Stadtkyll D 28 C4
Stadtlauringen D 30 B3
Stadtlohn D 17 E2
Stadtoldendorf D 18 A2
Stadtroda D 30 D5
Stadtsteinach D 30 C3
Staffelstein D 30 C3
Staffin GB 6 C4
Stafford GB 10 D2
Stágira GR 108 B3
Stahle D 17 H2
Stai N 154 A2
Staicele LV 142 B4
Stainach A 43 E3
Staines GB 14 A3
Stainville F 28 A1
Stainz A 43 G1
Stalać YU 93 E5
Stalden CH 54 B6
Stalheim N 144 C6
Stalida GR 123 e3
Stallarholmen S 147 H2
Ställdalen S 147 E3
Stalon S 161 G4
Stalowa Wola PL 34 D4
Stamford GB 11 F1
Stams A 41 G2
Stamsund N 164 A2
Stăncuţa RO 62 D3
Stange N 146 A5
Stanhope GB 9 F1
Stănileşti RO 48 D2
Stanisławów PL 22 C2
Stanke Dimitrov BG 94 B2
Staňkov CZ 31 E2
Stanley GB 9 G1
Stans CH 40 C2
Stansstad CH 40 C2
Stany PL 34 D4
Stapar YU 59 E4
Stapleford GB 11 E2
Staplehurst GB 14 C2
Stąporków PL 34 B5
Stará L'ubovňa SK 34 B1
Stara Novalja HR 57 F1
Stara Pazova YU 59 G2
Stara Reka BG 96 B4
Stara Wrona PL 22 B3
Stara Zagora BG 95 G3
Starachowice PL 34 B5
Staraja Belica SU 135 G4
Staraja Russa RUS 167 C7
Staraja Ušica UA 48 B6
Stare Czarnowo PL 20 A4
Staré Město CZ 32 D3
Staré Město CZ 44 C6
Stargard-Szczeciński PL 20 A5
Stårheim N 152 C3
Stari Gradac HR 58 B4
Stari Mikanovci HR 58 D3
Starica RUS 167 D7
Starigrad HR 57 F2
Starigrad HR 91 E3
Starigrad Paklenica HR 90 C6
Starnberg D 41 H4
Staro Nagoričane MK 93 F2
Staro Oryakhovo BG 97 E4
Staro Selo BG 62 C1
Starodub RUS 166 D4
Starogard PL 20 B6
Starogard Gdański PL 21 F6
Starokazačje UA 49 G1
Starokonstantinov UA 166 C3
Staromieście PL 33 H4
Staropolje RUS 151 G2
Starożreby PL 21 H3
Starup DK 128 B5
Stary Dzierzgoń PL 21 G6
Stary Gózd PL 34 B6
Starý Hrozenkov CZ 44 C6
Stary Sącz PL 34 B2
Starý Smokovec SK 45 G6
Staryi Sambor UA 35 E2
Staryj Oskol RUS 166 F4
Staszów PL 34 C4
Stathelle N 145 F2
Stavang N 152 B3
Stavanger N 144 B2
Staveley GB 11 F3
Stavelot B 28 C5
Stavenisse NL 15 H2
Staveren NL 16 C5
Stavern N 145 G2
Stavertsi BG 94 D5
Stavrodrómi GR 115 E2
Stavrós GR 114 B4
Stavrós GR 108 A4
Stavros GR 115 H3
Stavrós tis Psókas CY 127 b1
Stavroúpoli GR 108 C5
Stavsjø N 145 H5
Stawiguda PL 22 A5
Stawiski PL 22 C5
Stawiszyn PL 21 E1
Steane N 145 E2
Stechelberg CH 40 B1
Štěchovice CZ 31 G2
Steckborn CH 40 D3
Steeg A 41 F2
Steenbergen NL 15 H2
Steenvoorde F 15 E1
Steenwijk NL 16 D4
Ştefan cel Mare RO 48 D2
Ştefăneşti RO 48 C4
Stefáni GR 114 C5
Stege DK 129 F3
Stegersbach A 43 H2
Stein GB 6 B3
Stein am Rhein CH 40 D3
Steinaberg bru N 144 C4
Steinach A 41 H2
Steinau D 29 H4
Steinberg D 128 C3
Steinestø N 144 B6
Steinfeld A 42 C1
Steinfeld D 17 F4
Steingaden D 41 G3
Steinhausen D 41 F4
Steinheim D 17 G2
Steinhorst D 18 B4
Steinkjer N 161 E3
Steinløysa N 153 E5
Steinsholt N 145 G2
Stellendam NL 15 H3
Stenay F 28 A3
Stenbjerg DK 136 D2
Stendal D 18 D3
Stende LV 141 G3
Stení GR 115 H4
Stenlille DK 129 F4
Stenness GB 7 G6
Stensjön S 139 E3
Stenstorp S 138 D5
Stenstrup DK 128 D4
Stenungsund S 138 B5
Steornabhagh/
Stornoway GB 6 C5
Stepanci MK 107 E5
Stepojevac YU 59 G1
Sternberg D 18 D6
Šternberk CZ 32 D2
Stérnes GR 122 b3
Sterzing/Vipiteno I 41 H1
Stes-Maries-de-la-Mer F 73 E5
Stęszew PL 20 C2

VÄSTERÅS
UPPSALA
NORRTÄLJE
0
6 km
Edsberg
Sollentuna
Täby
Jakobsberg
Järfälla
Stora Värtan
Kista
Danderyd
Djursholm
Astrikefjärden
Sundbyberg
Hässelby
Vällingby
Lidingö
Bromma
Solna
Kummelnäs
Brevik
Norrmalm
Östermalm
GUSTAVSBERG
Drottningholm
STOCKHOLM
Björknäs
Nockeby
Essingen
Boo
Södermalm
Nacka
Hägersten
Bredang
Skarpnäck
Eskede
Ekerö
Saltsjöbaden
Segeltorp
Skärholmen
Örby
Älta
Stuvsta
Sköndal
Tyresö
Farsta
Botkyrka
Huddinge
Bollmora
Alby
Trångsund
SÖDERTÄLJE
Vendelso
Tumba
Tullinge
NYNÄSHAMN

Štětí Tábara

Štětí *CZ* 31 G4
Stevenage *GB* 14 B4
Stewarton *GB* 8 D4
Stewartstown *GB* 3 F4
Steyr *A* 43 E4
Steyrermühl *A* 42 D4
Stezherovo *BG* 95 E5
Stia *I* 88 D5
Stickney *GB* 11 G2
Stiens *NL* 16 C5
Stigen *S* 138 B6
Stigliano *I* 100 D2
Stigtomta *S* 139 G6
Stilligarry/ Stadhlaigearraidh *GB* 6 A3
Stilo *I* 102 D2
Stimlje *YU* 93 E2
Stîna de Vale *RO* 46 C1
Stînceni *RO* 47 G2
Stintino *I* 87 a4
Štip *MK* 107 F6
Stirling *GB* 9 E5
Štitary *CZ* 43 H5
Štíty *CZ* 32 D2
Stjärnsund *S* 147 G4
Stjørdal *N* 160 D2
Støa *N* 154 C1
Stobi *MK* 107 F5
Stocka *S* 155 H2
Stockach *D* 41 E4
Stockaryd *S* 139 E3
Stockbridge *GB* 13 G3
Stockelsdorf *D* 18 C6
Stockerau *A* 43 H4
Stockheim *D* 30 C4
Stockholm *S* 148 B2
Stockport *GB* 11 E4
Stockton on Tees *GB* 11 F6
Stoczek Łukowski *PL* 22 C2
Stod *CZ* 31 F2
Stöde *S* 155 G4
Stöðvarfjörður *IS* 160 c2
Stoeneşti *RO* 61 G3
Stoer *GB* 6 D4
Stoina *RO* 61 E2
Stojan Mikhaylovski *BG* 96 C5
Stoke-on-Trent *GB* 10 D3
Stokesley *GB* 11 F6
Stokkemarke *DK* 129 E3
Stokmarknes *N* 164 B3
Štoky *CZ* 32 B1
Stolac *BIH* 91 G3
Stolbcy *SU* 167 B5
Stolberg *D* 28 C5
Stolin *SU* 166 B4
Stollberg *D* 31 E4
Stöllet *S* 146 C4
Stolpe *D* 19 F3
Stolzenau *D* 17 H3
Stómio *GR* 107 G2
Ston *HR* 91 F3
Stonařov *CZ* 32 B1
Stone *GB* 10 D2
Stonehaven *GB* 9 G6
Stongfjorden *N* 152 B2
Stonglandseidet *N* 164 C3
Stopanja *YU* 93 E5
Stopnica *PL* 34 B4
Storå *S* 147 E3
Storås *N* 153 G5
Storby *FIN* 148 C4
Stordal *N* 152 D4
Store Darum *DK* 128 B4
Store Heddinge *DK* 129 G4
Store Merløse *DK* 129 F4
Storebro *S* 139 F3
Storebru *N* 152 B3
Støren *N* 153 H5
Storestølen *N* 145 E6
Storfjellseter *N* 153 H2
Storfors *S* 147 E2
Storjord *N* 161 G6
Storkow *D* 19 G2
Storli *N* 153 G5
Storlien *S* 154 C6
Stormi *FIN* 157 G1
Stornoway/ Steornabhagh *GB* 6 C5
Storo *I* 55 F4
Storožinec *UA* 47 H5
Storsätern *S* 154 C3
Storsjö *S* 154 D5
Storslett *N* 164 D4
Storuman *S* 161 G4
Storvik *S* 147 G5
Storvreta *S* 148 A3
Stotel *D* 17 G5
Stotternheim *D* 30 C5
Stouby *DK* 128 C5
Stourbridge *GB* 10 D1
Stourport-on-Severn *GB* 13 G6
Støvring *DK* 137 F2
Stow *GB* 9 F4
Stow-on-the-Wold *GB* 13 G5
Stowmarket *GB* 14 D4
Stozher *BG* 96 D5
Strà *I* 56 A3
Straach *D* 19 E2
Strabane *GB* 3 E5
Strachur *GB* 8 C5
Stracin *MK* 93 F1
Stradbally *IRL* 5 F3
Stradbroke *GB* 14 D4
Stradella *I* 54 D3
Stradishall *GB* 14 C4
Stradone *IRL* 3 E3
Straduny *PL* 22 D6
Straelen *D* 16 C1
Straiton *GB* 8 C3
Strakonice *CZ* 31 G1
Straldzha *BG* 96 C3
Stralsund *D* 129 G2
Stranda *N* 152 D4
Strandby *DK* 137 G3
Strande *D* 128 D2
Strandebarm *N* 144 C5
Strandhill *IRL* 2 D4
Strangford *GB* 3 G3
Strängnäs *S* 147 H2
Strångsjö *S* 147 G1
Strání *CZ* 44 C5
Stranice *SLO* 57 G5
Stranorlar *IRL* 3 E5
Stranraer *GB* 8 B3
Strasbourg *F* 40 C6
Strasburg *D* 19 G5
Strašeny *MD* 49 E3
Strassburg *A* 43 E1
Strassfurt *D* 18 D2
Strasswalchen *A* 42 D4
Stratford-upon-Avon *GB* 13 G5
Strathaven *GB* 8 D4
Strathdon *GB* 7 F2
Stratóni *GR* 108 B3
Stratoniki *GR* 108 B3
Strátos *GR* 114 C4
Straubing *D* 42 C6
Straume *N* 144 B6
Straumsnes *N* 164 C4
Straupitz *D* 19 G1
Strausberg *D* 19 G3
Straussfurt *D* 30 C5
Straža *YU* 60 A2
Straža *YU* 93 F5
Strážnice *CZ* 44 B5
Strážný *CZ* 42 D6
Strážske *SK* 46 B6
Štrba *SK* 45 F6
Štrbské Pleso *SK* 45 F6
Street *GB* 13 F3
Strehaia *RO* 60 D2
Strehla *D* 31 F6
Streitberg *D* 30 C2
Strelcha *BG* 94 D3
Strelki *SU* 135 E6
Stremska Mitrovica *YU* 59 F2
Stremska Rača *YU* 59 F2
Strengberg *A* 43 F4
Stresa *I* 54 C5
Strezimirovci *YU* 93 G3
Strib *DK* 128 C5
Stříbro *CZ* 31 E2
Strimasund *S* 161 F5
Strmica *HR* 90 D6
Strmilov *CZ* 43 G6
Strobl *A* 42 D3
Strøby Egede *DK* 129 F4
Strofyliá *GR* 115 G5
Strokestown *IRL* 2 D3
Stromberg *D* 29 E3
Strömfors *S* 162 B4
Strommen *N* 146 A3
Strömnäs *S* 161 G3
Stromness *GB* 7 G6
Strömsbruk *S* 155 H2
Strömsnäsbruk *S* 138 D1
Strömstad *S* 145 H1
Strömsund *S* 161 G2
Stronachlacher *GB* 8 D5
Strongoli *I* 103 E4
Stronie Śląskie *PL* 32 D3
Strontian *GB* 6 C1
Stroud *GB* 13 G4
Strücklingen *D* 17 F5
Struer *DK* 137 E1
Struga *MK* 106 C5
Strugi-Krasnyje *RUS* 143 G6
Strumica *MK* 107 G5
Strumień *PL* 33 F2
Stryama *BG* 95 E2
Stryj *UA* 35 G1
Stryków *PL* 21 G1
Stryn *N* 152 D3
Strzegocin *PL* 22 B3
Strzegom *PL* 32 C5
Strzelce *PL* 21 G2
Strzelce Krajeńskie *PL* 20 B4
Strzelce Małe *PL* 33 H5
Strzelce Opolskie *PL* 33 F4
Strzelin *PL* 32 D4
Strzelno *PL* 21 E3
Strzyżów *PL* 34 C2
Stubbekøbing *DK* 129 F3
Stuben *A* 41 F2
Štubik *YU* 60 C1
Stubline *YU* 59 G1
Stuckenborstel *D* 17 H5
Studánky *CZ* 43 E5
Studena *BG* 94 B2
Studená *CZ* 43 G6
Studenica *YU* 92 D4
Studland *GB* 13 F2
Studley *GB* 13 G5
Stugudal *N* 154 B5
Stugufläten *N* 153 E4
Stugun *S* 155 F5
Stühlingen *D* 40 D4
Stukenbrock *D* 17 G2
Stülpe *D* 19 F2
Stupava *SK* 44 B4
Stupino *RUS* 167 F6
Stupnik *HR* 57 G4
Sturminster Newton *GB* 13 F3
Štúrovo *SK* 44 D3
Sturry *GB* 14 D2
Stuttgart *D* 41 E6
Stykkishólmur *IS* 160 a2
Stylída *GR* 115 F5
Stýra *GR* 116 B4
Styri *N* 146 A4
Suances *E* 68 D5
Suaredda *I* 87 c4
Subačius *LT* 133 H5
Subate *LV* 134 B6
Subbiano *I* 88 D5
Subiaco *I* 98 D4
Subotica *YU* 59 F5
Suceava *RO* 48 A4
Sučevici *HR* 90 D6
Suceviţa *RO* 47 H4
Sucha Beskidzka *PL* 33 H2
Suchań *PL* 20 B4
Suchdol nad Lužnici *CZ* 43 F5
Suchedniów *PL* 34 B5
Suchiniči *RUS* 167 E5
Suchorze *PL* 131 E1
Suchowola *PL* 23 E5
Suchożebry *PL* 22 D2
Süchteln *D* 16 D1
Sućuraj *HR* 91 F3
Sucutard *RO* 47 E1
Sudbury *GB* 14 C4
Süden *D* 128 B2
Süderbrarup *D* 128 C3
Süderlugum *D* 128 B3
Sudogda *RUS* 167 F7
Sudovaja Višn'a *UA* 35 F2
Sudža *RUS* 166 E4
Sueca *E* 84 D6
Şugag *RO* 61 E4
Sügütlü *TR* 111 E5
Suhl *D* 30 B4
Suho Polje *BIH* 59 E2
Şuhut *TR* 119 G4
Šuica *BIH* 91 F5
Şuici *RO* 61 G3
Suippes *F* 27 G2
Šuja *RUS* 167 F7
Sukeva *FIN* 163 E3
Sukoły *PL* 22 D4
Sukošan *HR* 90 C5
Sükösd *H* 59 E5
Suldalsosen *N* 144 C3
Sulden/Solda *I* 55 G6
Suldrup *DK* 137 F2
Sulechow *PL* 20 B2
Sulęczyno *PL* 131 F1
Sulęin *PL* 20 A3
Sulejów *PL* 33 H6
Sulejówek *PL* 22 B2
Sulesund *N* 152 C4
Süleymaniye *TR* 126 C6
Sulingen *D* 17 G4
Sulița *RO* 48 B4
Sulkava *FIN* 159 E3
Süller *TR* 119 E3
Sully-sur-Loire *F* 38 B5
Sulmierzyce *PL* 33 E6
Sulmierzyce *PL* 33 G5
Sulmona *I* 99 E4
Süloğlu *TR* 96 D1
Sulów *PL* 32 D6
Sultandağı *TR* 119 H4
Sultanhanı *TR* 120 D2
Sultanhanı *TR* 121 H5
Sultanhisar *TR* 118 C2
Sultanköy *TR* 110 A5
Sülüklü *TR* 120 B3
Sulusaray *TR* 121 F4
Sulva/Solf *FIN* 157 E5
Sülysáp *H* 45 F2
Sulz *D* 40 D5
Sulzbach *D* 29 G1
Sulzbach-Rosenberg *D* 30 D2
Sumartin *HR* 91 E4
Sumba *FR* 136 b1
Sümeg *H* 44 B1
Šumilino *SU* 135 G5
Sumiswald *CH* 40 B2
Summa *FIN* 150 D5
Šumperk *CZ* 32 D2
Šumvald *CZ* 32 D2
Sumy *UA* 166 E4
Sund *FIN* 148 D4
Sundborn *S* 147 F5
Sundbron *S* 156 B5
Sundbyberg *S* 148 B2
Sunde *N* 144 B4
Sunderland *GB* 9 G1
Sundern *D* 17 F1
Sundhultsbrunn *S* 139 E4
Sunds *DK* 128 C6
Sundsvall *S* 155 H4
Sundvollen *N* 145 G4
Sungurlare *BG* 96 C4
Sungurlu *TR* 113 G2
Suni *I* 87 a3
Sunja *HR* 58 A3
Sunnansjö *S* 147 E4
Sunndalsøra *N* 153 F5
Sunne *S* 146 C3
Sunnemo *S* 146 D3
Sunnersta *S* 148 A3
Suntaži *LV* 142 C2
Suodenniemi *FIN* 157 G2
Suojarvi *RUS* 163 H1
Suolahti *FIN* 158 C4
Suolovuobme *N* 165 E4
Suomenniemi *FIN* 159 E2
Suomijärvi *FIN* 157 F3
Suomusjärvi *FIN* 149 H5
Suomussalmi *FIN* 163 F4
Suonenjoki *FIN* 158 D5
Suopelto *FIN* 158 B2
Suorva *S* 164 C1
Suovanlahti *FIN* 158 C5
Supetar *HR* 91 E4
Suplacu de Barcău *RO* 46 C2
Supuru de Jos *RO* 46 C3
Supuru de Sus *RO* 46 C3
Surahammar *S* 147 G3
Šurany *SK* 44 D4
Suraž *RUS* 167 D5
Surčin *YU* 59 G2
Surduc *RO* 46 D2
Surdulica *YU* 93 F3
Surgères *F* 36 D2
Sürgüç *TR* 126 D6
Súria *E* 79 G5
Surnadalsöra *N* 153 F5
Sürnitsa *BG* 108 B6
Sursee *CH* 40 C2
Surte *S* 138 B4
Survilliers *F* 27 E3
Susa *I* 53 H3
Susch *CH* 41 F1
Susek *YU* 59 F3
Sushitsa *BG* 95 G4
Sušice *CZ* 31 F1
Süssen *D* 41 F5
Susurluk *TR* 110 B2
Susz *PL* 21 G5
Sütçüler *TR* 119 H2
Şuteşti *RO* 62 D4
Sutivan *HR* 90 D4
Sutjeska *YU* 59 H3
Sutomore *YU* 92 A1
Sutri *I* 98 B5
Sutton Coldfield *GB* 11 E2
Suure-Jaani *EST* 142 C6
Suuremõisa *EST* 149 G1
Suva Reka *YU* 92 D2
Suwałki *PL* 133 F1
Suzdal' *RUS* 167 F7
Suzzara *I* 55 G3
Sval'ava *UA* 46 D5
Svaneke *DK* 130 C3
Svanesund *S* 138 B5
Svappavaara *S* 164 D2
Svärdsjo *S* 147 F5
Svarstad *N* 145 G2
Svartå *S* 147 E2
Svartnes *N* 165 H5
Svätý Jur *SK* 44 B4
Svedala *S* 129 H4
Švedasai *LT* 134 A5
Sveg *S* 155 E3
Sveindal *N* 136 D6
Švėkšna *LT* 132 D4
Svelgen *N* 152 B3
Svelvik *N* 145 G3
Švenčionėliai *LT* 134 B4
Švenčionys *LT* 134 B4
Svendborg *DK* 128 D3
Svenljunga *S* 138 C3
Svensby *N* 164 D4
Svenstavik *S* 155 E4
Svenstrup *DK* 137 F2
Švermov *CZ* 31 G3
Sveti Naum *MK* 106 D4
Sveti Nikole *MK* 107 F6
Sveti Rok *HR* 90 C6
Sveti Stefan *YU* 92 A1
Světlá nad Sázavou *CZ* 32 B2
Svetlogorsk *SU* 166 C4
Svetlovodsk *UA* 166 E3
Svetogorsk *RUS* 159 F2
Svetozar Miletic *YU* 59 E4
Svetozarevo *YU* 93 E5
Svidník *SK* 34 C1
Švihov *CZ* 31 F2
Svilajnac *YU* 93 E6
Svilengrad *BG* 96 B1
Svinesund *S* 146 A2
Svingstad *N* 145 G6
Svingvoll *N* 153 G1
Svinița *RO* 60 C1
Svinninge *DK* 129 F5
Svir' *SU* 134 C3
Svishtov *BG* 95 F5
Svisloč' *SU* 23 F4
Svitavy *CZ* 32 C2
Svodje *YU* 93 G3
Svoge *BG* 94 C3
Svolvær *N* 164 A2
Svorkmo *N* 153 G6
Svrčinovec *SK* 33 F1
Svrljig *YU* 93 F4
Svullrya *N* 146 B5
Swaffham *GB* 14 D5
Swalmen *NL* 16 C1
Swanage *GB* 13 F2
Swanlinbar *IRL* 3 E3
Swansea *GB* 12 D5
Swarożyn *PL* 21 F6
Swarzędz *PL* 20 D3
Swarzewo *PL* 131 G2
Swatragh *GB* 3 F5
Świdnica *PL* 20 B1
Świdnica *PL* 32 C4
Świdnik *PL* 35 E5
Świdwin *PL* 20 B6
Świebodzice *PL* 32 C4
Świebodzin *PL* 20 B2
Świecie *PL* 21 F5
Świecko *PL* 19 H2
Świeradów-Zdrój *PL* 32 B5
Świerczów *PL* 33 E5
Świerzawa *PL* 32 B5
Świerzno *PL* 20 A6
Święta Anna *PL* 33 G4
Świętno *PL* 20 C2
Swindon *GB* 13 G4
Swinford *IRL* 2 C4
Świnoujście *PL* 19 G6
Swinton *GB* 9 F3
Swords *IRL* 5 G4
Syčovka *RUS* 167 D6
Syców *PL* 33 E5
Syke *D* 17 G4
Sykéa *GR* 122 C5
Sykeá *GR* 108 B2
Sykia *GR* 114 D4
Sykkylven *N* 152 D4
Sykoúri *GR* 107 G2
Sylling *N* 145 G3
Sylt Ost *D* 128 A3
Symbister *GB* 6 b2
Sými *GR* 124 B4
Syre *GB* 7 F4
Sysmä *FIN* 158 C2
Sysslebäck *S* 146 C5
Syston *GB* 11 F2
Syväjärvi *FIN* 165 G1
Syvänniemi *FIN* 158 D5
Syvde *N* 152 C4
Syvsten *DK* 137 G3
Syyspohja *FIN* 159 F2
Szabadszállás *H* 45 E1
Szabolcsbáka *H* 46 B4
Szadek *PL* 21 G1
Szakály *H* 58 D6
Szalkszentmárton *H* 45 E1
Szalonna *H* 45 G5
Szamocin *PL* 20 D4
Szamotuły *PL* 20 C3
Szany *H* 44 B2
Szarvas *H* 45 G1
Szarvaskő *H* 45 G4
Szczebrzeszyn *PL* 35 E4
Szczecin *PL* 19 H5
Szczecinek *PL* 20 C5
Szczekociny *PL* 33 H4
Szczerców *PL* 33 G5
Szczucin *PL* 34 B3
Szczuczyn *PL* 22 D5
Szczytna *PL* 32 C3
Szczytno *PL* 22 B5
Szécsény *H* 45 F4
Szederkény *H* 58 D4
Szeged *H* 59 G5
Szeghalom *H* 46 A1
Szegvár *H* 59 G6
Székely *H* 46 B4
Székesfehérvár *H* 44 D2
Székkutas *H* 59 G6
Szekszárd *H* 59 E5
Szendrő *H* 45 G4
Szentendre *H* 45 E3
Szentes *H* 59 G6
Szentlászló *H* 58 C5
Szentlőrinc *H* 58 C4
Szerencs *H* 46 A4
Szestno *PL* 22 B6
Szetlew *PL* 21 E2
Szigetvár *H* 58 C4
Szikszó *H* 45 H4
Szil *H* 44 B2
Szilvásvárad *H* 45 G4
Szklarska Poręba *PL* 32 B4
Szklary *PL* 34 D3
Szlichtyngowa *PL* 20 C1
Szob *H* 45 E3
Szolnok *H* 45 G2
Szombathely *H* 44 A2
Szonowice *PL* 33 E3
Szőny *H* 44 D3
Szprotawa *PL* 32 B6
Sztum *PL* 21 G6
Szubin *PL* 21 E4
Szumirad *PL* 33 F4
Szydłów *PL* 33 G6
Szydłów *PL* 34 B4
Szydłowiec *PL* 34 B5
's Heerenberg *NL* 16 D2
's-Hertogen-Bosch *NL* 16 B2

METZ
MANNHEIM
Canal de la Marne au Rhin
A35
Truchtersheim
La Wantzenau
A4
E25
Reichstett
Mundolsheim
Souffelweyersheim
STRASBOURG
Hœnheim
Bischeim
Oberhausbergen
Schiltigheim
MARLENHEIM
N4
La Robertsau
Bodersweier
Wolfisheim
A351
D
Eckbolsheim
Neudorf
Kehl
OFFENBURG
Lingolsheim
Ostwald
Neuhof
Entzheim
Illkirch-Graffenstaden
ST-DIÉ
Goldscheuer
0
4 km
COLMAR
Canal du Rhône au Rhin
Rhin

T

T'ačev *UA* 47 E4
T'oploje *RUS* 167 F5
Taalintehdas/Dalsbruk *FIN* 149 G4
Taavetti *FIN* 159 E1
Tábara *E* 67 G3

Tabernas
Tortoli

Tabernas E 83 E2
Tabernes E 84 D5
Taboada E 64 D4
Tábor CZ 31 H1
Tábua P 66 C1
Tabuaço P 66 D2
Täby S 148 B2
Tachov CZ 31 E2
Tadcaster GB 11 F4
Tafalla E 69 G3
Taga RO 47 E2
Taggia I 86 D5
Taghmon IRL 5 F2
Tagliacozzo I 98 D5
Táglio di Po I 56 B2
Tahtaköprü TR 110 D3
Tai di Cadore I 56 B6
Tailfingen D 41 E5
Tain GB 7 E3
Tain-l'Hermitage F 53 E4
Taipaleenkyla FIN 157 G4
Taipalsaari FIN 159 E2
Tairbeart/Tarbert GB 6 B4
Taivalkoski FIN 163 F5
Taivassalo FIN 149 F5
Taizé F 39 E2
Takácsi H 44 C2
Tal'noje UA 166 D2
Talas TR 121 H4
Talavera de la Reina E 76 C4
Talayuelas E 78 A2
Taldom RUS 167 E7
Tallaght IRL 5 G3
Tallard F 53 F2
Tällberg S 147 E5
Tallinn EST 150 B3
Talloires F 53 G5
Tallow IRL 4 D2
Tălmaciu RO 61 F4
Talmont F 36 C1
Talmont-St-Hilaire F 36 C4
Talsi LV 141 G3
Tamames E 76 A6
Tamarinda E 85 c2
Tamarino BG 96 C3
Tamarite de Litera E 79 E6
Tamási H 58 D6
Tammela FIN 149 H6
Tammijärvi FIN 158 C3
Tammisaari/Ekenäs FIN 149 H4
Tampere FIN 157 H2
Tamsweg A 42 D2
Tamworth GB 11 E2
Tana bru N 165 G5
Tancarville F 26 B4
Tăndărei RO 62 D3
Tandragee GB 3 F3
Tandsjöborg S 155 E2
Tangen N 145 H2
Tangen N 146 A5
Tangen N 146 B3
Tangerhütte D 18 D3
Tangermünde D 18 D3
Taninges F 53 H6
Tann D 30 A4
Tannadice GB 9 F6
Tännäs S 154 C4
Tanne D 18 B1
Tannheim A 41 G3
Tannila FIN 163 E5
Tanumshede S 138 A6
Tanvald CZ 32 A4
Taormina I 105 G4
Tapa EST 150 D2
Tapia de Casariego E 65 E5
Tápiószecső H 45 F2
Tápiószele H 45 F2
Tapolca H 44 C1
Tapolcafő H 44 C2
Taps DK 128 C4
Tarajalejo E 80 d1
Taraklı TR 111 F4
Taraklija MD 63 E6
Taraklija MD 49 F2
Tarancón E 77 F3
Táranto I 101 F2
Tarare F 52 D6
Tarašča UA 166 D3
Tarascon F 52 D1
Tarascon-sur-Ariège F 71 G2
Tarasp CH 41 F1
Tarazona E 69 G1
Tarazona de la Mancha E 77 G1
Tårbæk DK 129 G5
Tarbert GB 8 C5
Tarbert IRL 4 C3
Tarbert/Tairbeart GB 6 B4
Tarbes F 71 E3
Tarbet GB 8 D5
Tarcău RO 48 A2
Tarcea RO 46 B3
Tarcento I 56 C5
Tarčin BIH 91 G5
Tardets-Sorholus F 70 C4
Tärendö S 165 E1
Tarhos H 46 A1
Tarifa E 81 F1
Tarm DK 128 B6
Tarmstedt D 17 H5
Tärnaby S 161 G5
Tarnaméra H 45 G3
Tarnawałka PL 35 F4
Tarnobrzeg PL 34 C4
Tarnogród PL 35 E4
Tarnos F 50 A3
Tarnów PL 34 B3
Tarnów PL 22 C1
Tarnowo Podgórne PL 20 C3
Tarnowskie Góry PL 33 G4
Tärnsjö S 147 H4
Tarp D 128 C3
Tarpa H 46 C4
Tarquinia I 98 B5
Tarragona E 79 F4
Tárrega E 79 F5
Tårs DK 137 G3
Tars DK 129 E3
Tarsia I 102 D5
Tarskavaig GB 6 C2
Tarsus TR 127 H5
Tartas F 50 B3
Tărtăşeşti RO 62 A2
Tartu EST 143 E6
Tarvasjoki FIN 149 G5
Tarvisio I 56 D6
Taşağıl TR 126 A4
Täsch CH 54 B5
Taşeví TR 119 G3
Taşkent TR 126 C4
Taşkeşiği TR 126 B4
Taşköprü TR 113 F4
Tăşnad RO 46 C3
Taşpınar TR 121 E2
Tåstrup DK 129 G5
Taşucu TR 127 F4
Tata H 44 D3
Tatabánya H 44 D3
Tataháza H 59 E5
Tătărăştii de Sus RO 61 H2
Tatarbunary UA 63 G6
Tatarlı TR 119 G3
Tatárszentgyörgy H 45 F1
Tatlısu (Akanthoú) CY 127 c2
Tatranská Kotlina SK 34 A1
Tau N 144 B2
Tauberbischofsheim D 29 H2
Taucha D 31 E6
Taufers/Tubre I 41 F1
Taufkirchen A 42 D4
Taufkirchen D 42 B4
Taujėnai LT 133 H4
Taunton GB 13 E3
Taunusstein D 29 F4
Tauplitz A 43 E3
Taurage LT 133 E4
Taurianova I 102 D2
Tauste E 69 G1
Tauves F 52 A5
Tavannes CH 40 B3
Tavarnelle Val di Pesa I 88 C5
Tavas TR 118 D1
Tavaux F 39 F3
Taverna I 103 E4
Tavernelle I 89 E3
Tavernes F 73 H5
Tavira P 80 C5
Tavistock GB 12 C3
Tavşançalı TR 120 C4
Tavşancıl TR 110 D5
Tavşanlı TR 110 D2
Taxenbach A 42 C2
Tayinloan GB 8 B5
Tayport GB 9 F5
Tayvallich GB 8 B5
Tázlár H 59 F6
Tczew PL 131 H1
Teaca RO 47 F2
Teano I 99 E3
Teascu RO 94 C6
Techendorf A 56 D6
Techirghiol RO 63 F1
Tecklenburg D 17 F3
Tecuci RO 62 D5
Tefenni TR 125 F6
Tegelen NL 16 C1
Tegernsee D 42 A3
Teguise E 80 d2
Teichel D 30 C5
Teignmouth GB 12 D2
Teisendorf D 42 C3
Teisko FIN 157 H2
Teiuş RO 61 E5
Teke TR 110 D5
Tekeriš YU 59 F1
Tekija YU 60 C2
Tekirdağ TR 109 H5
Telavåg N 144 A5
Telč CZ 43 G6
Telciu RO 47 F3
Telde E 80 c1
Telese Terme I 99 F3
Telford GB 10 D2
Telfs A 41 G2
Telgte D 17 F2
Telheira P 80 B6
Telish BG 94 D4
Teliu RO 62 A5
Tellingstedt D 128 B2
Telšiai LT 133 E5
Telti I 87 b4
Tembleque E 77 E3
Temelli TR 120 B5
Temerin YU 59 F3
Temmes FIN 162 D4
Tèmpio Pausània I 87 b4
Temple Bar GB 10 A2
Templemore IRL 5 E3
Templepatrick GB 3 G4
Templetouhy IRL 5 E3
Templin D 19 F4
Temse B 15 H1
Temska YU 93 G4
Tenala/Tenhola FIN 149 G4
Tenbury Wells GB 10 C1
Tenby GB 12 C5
Tence F 52 D4
Tende F 86 C5
Tendilla E 77 F4
Tenebrón E 75 H6
Tenevo BG 96 C3
Tenhola/Tenala FIN 149 G4
Tenhult S 138 D4
Tenterden GB 14 C2
Tepebaşı TR 126 D4
Tepecik TR 110 D2
Tepeköy TR 121 G2
Tepelenë AL 106 B2
Teplá CZ 31 E3
Teplice CZ 31 G4
Ter Apel NL 17 E4
Téramo I 89 G2
Teratyn PL 35 F5
Terebiń PL 35 F5
Terebovl'a UA 166 B2
Teregova RO 60 C3
Terespol PL 23 F2
Terezín CZ 31 G4
Terezino Polje HR 58 C4
Terkoz TR 110 B6
Termal TR 110 C4
Tèrmini Imerese I 104 D4
Terminillo I 89 F2
Termoli I 99 G4
Termonfeckin IRL 5 G4
Terneuzen NL 15 G2
Terni I 89 E2
Ternitz A 43 H3
Ternopol' UA 166 B2
Terpan AL 106 B3
Terracina I 98 D3
Terradillos de los
Templarios E 68 B4
Terralba I 87 a2
Terranova Pollino I 100 D1
Terrassa E 79 H4
Terrasson-la-Villedieu F 51 F5
Tertenia I 87 b2
Teruel E 78 B3
Tervakoski FIN 150 B6
Tervel BG 96 D6
Tervo FIN 158 C5
Tervuren B 27 H6
Terz A 43 G3
Teslić BIH 58 C1
Tessin D 129 G1
Tessy sur-Vire F 25 G3
Tét H 44 C2
Tetbury GB 13 G4
Teterow D 19 E6
Teteven BG 94 D3
Tetijev UA 166 C2
Tetovo BG 96 B6
Tetovo MK 93 E1
Tetràlofo GR 107 F3
Tettnang D 41 E3
Teufen CH 41 E3
Teulada E 84 D4
Teulada I 87 a1
Teupitz D 19 F2
Teuro FIN 149 H6
Teuva FIN 157 E4
Tevaniemi FIN 157 G2
Tevli SU 23 G3
Tewkesbury GB 13 G5
Thale D 18 C1
Thalfang D 28 D3
Thalmässing D 30 C1
Thalwil CH 40 D3
Thame GB 14 A4
Thann F 40 B4
Thannhausen D 41 G5
Tharandt D 31 F5
Thásos GR 108 C4
Thatcham GB 13 H3
Thaxted GB 14 C4
Themar D 30 B4
Thénezay F 37 E4
Thenon F 51 F5
Théoule F 86 B4
Thermá GR 109 E4
Thérma GR 117 E3
Thérmi GR 107 H3
Thermisia GR 115 G2
Thérmo GR 114 D4
Thérouanne F 27 E6
Thespies GR 115 G4
Thessaloníki GR 107 G4
Thetford GB 14 D5
Theux B 28 C5
Thiaucourt-Regniéville F 28 B1
Thiberville F 26 B3
Thiélbemont-Farémont F 27 H1
Thiendorf D 31 G5
Thiene I 55 H4
Thiers F 52 C6
Thiersee A 42 B3
Thiesi I 87 b3
Thiessow D 130 A1
Thingeyri IS 160 a2
Thionville F 28 C2
Thira (Fira) GR 123 H4
Thirsk GB 11 F5
Thisted DK 137 E2
Thisvi GR 115 F4
Thíva GR 115 G4
Thivars F 26 C1
Thiviers F 51 F6
Thizy F 52 D6
Thoissey F 39 E1
Tholey D 28 D2
Tholó GR 114 D2
Thomas Street IRL 5 E5
Thomastown IRL 5 F2
Thonon F 39 G1
Thorikó GR 116 A3
Thorlákshöfn IS 160 a1
Thornbury GB 13 F4
Thorney GB 14 C6
Thornhill GB 8 D3
Thórshöfn IS 160 c2
Thouarcé F 37 E5
Thouars F 37 E4
Thouria GR 122 B5
Thourio GR 109 F6
Threshfield GB 11 E5
Thueyts F 52 C3
Thuir F 72 B4
Thum D 31 E4
Thun CH 40 B2
Thürkow D 19 E6
Thurles IRL 5 E3
Thurnau D 30 C3
Thurso GB 7 G5
Thury-Harcourt F 25 G3
Thusis CH 41 E1
Thyborøn DK 136 D2
Tiana I 87 b3
Ţibana RO 48 C2
Tibava SK 46 B5
Tibro S 138 D5
Ticha BG 96 B4
Tichvin RUS 167 D8
Tidaholm S 138 D5
Tidan S 138 D6
Tiefencastel CH 41 E1
Tiefensee D 19 G3
Tiel NL 16 B3
Tielt B 15 G1
Tiemassaari FIN 159 E4
Tienen B 28 A6
Tiengen D 40 C4
Tiercé F 37 E6
Tierp S 148 A4
Tigăeşti RO 62 B2
Tigh Ghearraidh/
Tigharry GB 6 A4
Tigharry/
Tigh Ghearraidh GB 6 A4
Tighnabruaich GB 8 C5
Tigkáki GR 117 G1
Tigmandru RO 61 G6
Tignes F 53 H4
Tigveni RO 61 G3
Tihany H 44 C1
Tiistenjoki FIN 157 G5
Tikkakoski FIN 158 B4
Tikkala FIN 158 B3
Til-Châtel F 39 F4
Tilberga S 147 G3
Tilburg NL 16 B2
Tilbury GB 14 C3
Tílisos GR 123 d2
Tillicoultry GB 9 E5
Tiltrem N 160 D3
Timahoe IRL 5 F3
Timi CY 127 b1
Timişoara RO 60 A4
Timişul de Sus RO 61 H4
Timmele S 138 C4
Timmendorfer Strand D 128 D1
Timmernabben S 139 G2
Timoleague IRL 4 C1
Timrå S 155 H4
Tinahely IRL 5 G3
Tinajo E 80 d2
Tinca RO 46 B1
Tinchebray F 25 G3
Tineo E 65 F4
Tinglev DK 128 C3
Tingsryd S 139 E1
Tingvoll N 153 F5
Tinos GR 116 C2
Tintagel GB 12 C3
Tinţăreni RO 61 E2
Tione di Trento I 55 G5
Tipperary IRL 4 D3
Tiranë AL 106 B5
Tirano I 55 F5
Tiraspol' MD 49 G2
Tire TR 118 B2
Tirgo E 69 E3
Tîrgovişte RO 61 H3
Tîrgu Bujor RO 62 D5
Tîrgu Cărbuneşti RO 61 E2
Tîrgu Frumos RO 48 C3
Tîrgu Jiu RO 61 E3
Tîrgu Lăpuş RO 47 E3
Tîrgu Mureş RO 61 F6
Tîrgu Neamţ RO 48 B3
Tîrgu Ocna RO 62 B6
Tîrgu Secuiesc RO 62 B5
Tîrguşor RO 63 F2
Tiriolo I 102 D3
Tirmo FIN 150 C5
Tîrnăveni RO 61 F6
Tírnavos GR 107 F1
Tirrénia I 88 B5
Tirschenreuth D 30 D3
Tirstrup DK 129 E6
Tismana RO 60 D3
Tišnov CZ 32 C1
Tisvildeleje DK 129 F5
Tiszaalpár H 45 F1
Tiszabábolna H 45 H3
Tiszacsege H 45 H3
Tiszaföldvár H 45 G1
Tiszafüred H 45 H3
Tiszakécske H 45 G1
Tiszalök H 46 A4
Tiszaörs H 45 H2
Tiszaszőlős H 45 G3
Tiszaújváros H 45 H3
Tiszavasvári H 46 A4
Titel YU 59 G3
Titeşti RO 61 F4
Titisee D 40 C4
Titov Veles MK 107 E6
Titova Korenica HR 57 G2
Titova Mitrovica YU 92 D3
Titovo Užiče YU 92 C5
Titovo Velenje SLO 57 F5
Tittling D 42 D5
Tittmoning D 42 C4
Titu RO 62 A2
Titz D 28 D6
Tiukka/Tjöck FIN 157 E3
Tivat YU 91 H2
Tiverton GB 12 D3
Tivoli I 98 C4
Tjällmo S 139 F6
Tjåmotis S 162 A6
Tjæreborg DK 128 B5
Tjele DK 137 F1
Tjentište BIH 91 H4
Tjöck/Tiukka FIN 157 E3
Tjønnefoss N 145 E2
Tjørnuvik FR 136 b3
Tjøtta N 161 E5
Tkon HR 90 C5
Tleń PL 21 F5
Tłuchowo PL 21 G3
Tlumač UA 47 F6
Tłustoręby PL 33 E4
Tłuszcz PL 22 C3
Tobarra E 83 G5
Tobercurry IRL 2 C4
Tobermore GB 3 F4
Tobermory GB 6 B1
Toblach/Dobbiaco I 42 B1
Tocha P 66 A1
Töcksfors S 146 B2
Todi I 89 E3
Todireşti RO 48 C2
Todtmoos D 40 C4
Todtnau D 40 C4
Tofte N 145 H3
Toftir FR 136 b2
Toftlund DK 128 B4
Togher IRL 5 E4
Tohmajärvi FIN 159 G4
Tohvri EST 142 C6
Toijala FIN 157 H1
Toivakka FIN 158 C3
Toivola FIN 158 D2
Töjby FIN 157 E4
Tojšići BIH 59 E1
Tokaj H 46 A4
Tokarnia PL 34 A4
Tokluman TR 120 D4
Tokmak UA 166 F2
Tolastadh/Tolsta GB 6 C5
Tolbukhin BG 96 D6
Toledo E 76 D3
Tolentino I 89 F4
Tolfa I 98 B5
Tolga N 154 A4
Tolkis/Tolkkinen FIN 150 C5
Tolkkinen/Tolkis FIN 150 C5
Tolkmicko PL 132 A1
Tollarp S 130 A5
Tolmezzo I 56 C5
Tolmin SLO 56 D5
Tolna H 59 E5
Toló GR 115 F2
Tolob GB 6 b1
Toločin SU 135 G3
Tolosa E 69 G4
Tolsta/Tolastadh GB 6 C5
Tolvajarvi RUS 163 H1
Tolve I 100 D3
Tomar P 74 D5
Tomarza TR 121 H4
Tomaševo YU 92 B3
Tomašpol' UA 48 D6
Tomaszów Lubelski PL 35 F4
Tomaszów Mazowiecki PL 33 H6
Tomatin GB 7 E2
Tombak TR 121 H3
Tomdoun GB 6 D2
Tomelilla S 130 A4
Tomelloso E 77 E1
Tomeşti RO 48 D3
Tomintoul GB 7 F2
Tommerup DK 128 D4
Tømmervåg N 153 E6
Tompa H 59 F5
Tomra N 152 D5
Tomter N 145 H3
Tona E 72 A2
Tonara I 87 b2
Tonbridge GB 14 B2
Tondela P 66 C1
Tønder DK 128 B3
Tongeren (Tongres) B 28 B5
Tongres (Tongeren) B 28 B5
Tongue GB 7 E5
Tonnay-Boutonne F 36 D2
Tonnay-Charente F 36 C2
Tonneins F 50 D4
Tonnerre F 38 D5
Tönning D 128 B2
Tönsberg N 145 G2
Tonstad N 144 C1
Tonypandy GB 13 E5
Toomyvara IRL 5 E3
Topa de Criş RO 46 C2
Topaklı TR 120 B5
Topalu RO 63 E2
Topchii BG 96 B6
Töpchin D 19 F2
Toplet RO 60 C2
Topliţa RO 47 G2
Topol'čany SK 44 D5
Topola YU 92 D6
Topolcani MK 107 E5
Topolog RO 63 E3
Topolovăţu RO 60 B4
Topoloveni RO 61 G2
Topolovgrad BG 96 B2
Topolovnik YU 60 B2
Topolovo BG 95 F1
Toporov UA 35 H3
Toporu RO 95 F6
Topraisar RO 63 F1
Topraklı TR 121 F5
Tor Vaiánica I 98 C4
Torbalı TR 117 G4
Torbole I 55 G4
Torčin UA 35 H5
Torcross GB 12 D2
Tordera E 72 B2
Tordesillas E 68 A2
Töre S 162 C5
Töreboda S 138 D6
Torekov S 138 B1
Toreno E 65 F3
Torfanovka
(Yulga Urpala) RUS 151 E6
Torgau D 31 F6
Torgelow D 19 G5
Torhamn S 130 D5
Torhout B 15 F1
Torigni-sur-Vire F 25 G4
Torija E 77 F5
Torino I 54 B3
Torino di Sangro Marina I 90 A1
Torla E 70 D2
Tornal'a SK 45 G5
Torneträsk S 164 D2
Tornio FIN 162 D5
Tornjoš YU 59 F4
Toro E 67 H2
Törökszentmiklós H 45 G2
Toróni GR 108 B2
Torony H 44 A2
Toropec RUS 167 C6
Torpo N 145 F5
Torpoint GB 12 C2
Torpsbruk S 139 E2
Torquay GB 12 D2
Torrão P 74 C2
Torre E 82 B2
Torre Annunziata I 99 F2
Torre Baja E 78 B3
Torre Beretti I 54 C3
Torre Canne I 101 F3
Torre de la Higuera E 81 E4
Torre de Moncorvo P 67 E2
Torre de Passeri I 99 E5
Torre del Bierzo E 65 F3
Torre del Greco I 99 F2
Torre del Mar E 82 B2
Torre Faro I 105 G5
Torre Orsaia I 100 C2
Torre Pellice I 54 A3
Torre Vã P 74 C1
Torreblanca E 78 D2
Torredembarra E 79 F4
Torredonjimeno E 82 C4
Torregamones E 67 F2
Torrejón de la Calzada E 77 E4
Torrejón el Rubio E 75 H4
Torrelaguna E 77 E5
Torrelapaja E 78 A6
Torrelavega E 68 D5
Torrelodonés E 77 E5
Torremaggiore I 100 B5
Torremolinos E 82 A2
Torrenostra E 78 D2
Torrente de Cinca E 79 E5
Torrenueva E 82 C1
Torrequemada E 75 G3
Torres Novas P 74 D5
Torres Vedras P 74 B4
Torrevieja E 84 B3
Torri del Benaco I 55 G4
Torriglia I 54 D2
Torrijos E 76 D4
Torring DK 128 C5
Torrita di Siena I 88 D4
Torroella de Montgrí E 72 C3
Torsåker S 147 G5
Torsås S 130 D6
Torsborg S 154 D5
Torsby S 146 C4
Torshälla S 147 G2
Tórshavn FR 136 b2
Torsminde DK 136 D1
Tortinmäki FIN 149 F5
Tortoli I 87 c2

Tortona
Vakarel

Tortona I 54 D3
Tortorici I 105 F4
Tortosa E 79 E3
Toruń PL 21 F4
Torup S 138 C2
Torup Strand DK 137 E3
Tõrva EST 142 D5
Torvikbukt N 153 E5
Tørvikbygd N 144 C5
Toržok RUS 167 D7
Torzym PL 20 A2
Toscolano Maderno I 55 F4
Tosno RUS 167 C8
Tossa de Mar E 72 B2
Tösse S 146 C1
Tostedt D 18 A5
Tosya TR 113 F3
Tószeg H 45 G2
Toszek PL 33 F4
Totana E 83 G3
Tôtes F 26 C4
Toteşti RO 60 D4
Tótkomlós H 59 H5
Tøtlandsvik N 144 C3
Totnes GB 12 D2
Tottijärvi FIN 157 G2
Totton GB 13 G2
Toucy F 38 C5
Toul F 39 G6
Toulon F 73 G4
Toulon-sur-Arroux F 38 D2
Toulouse F 71 G4
Tourcoing F 27 F6
Tournai (Doornik) B 27 F6
Tournan F 27 E2
Tournay F 71 E3
Tournon F 52 D4
Tournon-d'Agenais F 51 F4
Tournon-St-Martin F 37 G3
Tournus F 39 E2
Tours F 37 F5
Toury F 38 A6
Toužim CZ 31 E3
Tovarnik HR 59 E3
Tøvik N 153 E5
Towcester GB 14 A5
Töysä FIN 157 H4
Trabadelo E 65 E3
Traben-Trarbach D 28 D3
Trabia I 104 D4
Tracheiá GR 115 G2
Trädet S 138 D4
Trafoi I 55 F6
Tragacete E 77 H3
Traian RO 95 E5
Traisen A 43 G4
Traiskirchen A 44 A3
Traismauer A 43 G4
Trakai LT 134 A3
Trakošćan HR 57 H5
Tralee IRL 4 B3
Tramariglio I 87 a3
Tramelan CH 40 A3
Tramore IRL 5 E1
Tranås S 130 A4
Tranås S 139 E4
Trancoso P 66 D1
Tranderup DK 128 D3
Tranekaer DK 129 E3
Tranemo S 138 C3
Tranent GB 9 F4
Trångsviken S 155 E6
Trani I 100 D4
Transtrand S 146 D6
Tranum Strand DK 137 F3
Trapani I 104 B4
Trapishte BG 96 B5
Traryd S 138 D1
Träskvik FIN 157 E3
Träslövsläge S 138 B2
Trassem D 28 C3
Traun A 43 E4
Traunkirchen A 42 D3
Traunreut D 42 C4
Traunstein D 42 C3
Travemünde D 128 D1
Travers CH 39 H2
Travnik BIH 91 F6
Trebatsch D 19 G2
Trebbin D 19 F2
Třebechovice
pod Orebem CZ 32 B3
Třebenice CZ 31 G4
Trébeurden F 24 C4
Třebíč CZ 43 H6
Trebinje BIH 91 G2
Trebisacce I 102 D5
Trebišov SK 46 B5
Trebnje SLO 57 F4
Třeboň CZ 43 F6
Tréboul F 24 B3
Třebovice CZ 32 C2
Trebujena E 81 F3
Trecastagni I 105 F3
Tredegar GB 13 E5
Tregaron GB 10 B2
Trégastel F 24 C4
Tréguier F 24 C4
Treherbert GB 13 E5
Treia D 128 C2
Treignac F 51 G6
Treis D 29 E4
Trelleborg S 129 H4
Tremestieri I 105 G5
Tremezzo I 54 D5
Třemošná CZ 31 F2
Tremp E 79 F6
Trenčianska Turná SK 44 C5
Trenčín SK 44 C5
Trendelburg D 17 H1
Trengereid N 144 B5
Trento I 55 G5
Tresenda I 55 F5
Tresfjord N 152 D4
Třešť CZ 32 B1
Trets F 73 G5
Tretten N 153 H1
Treuchtlingen D 41 G6
Treuenbrietzen D 19 E2
Trevi I 89 E3
Treviglio I 55 E4
Trevignano Romano I 98 B5
Treviso I 56 B4
Trévoux F 53 E6
Trgovište YU 93 F2
Trhové Sviny CZ 43 F5
Triaize F 36 C3
Triánta GR 124 C3
Triaucourt-en-Argonne F 28 A2
Tribanj Krušcica HR 57 F1
Triberg D 40 C4
Tribsees D 129 G1
Tricárico I 100 D3
Tricesimo I 56 C5
Trichiana I 56 B5
Trie F 71 E4
Trieben A 43 E2
Trier D 28 C3
Trieste I 56 D4
Trifeşti RO 48 C3
Trigono GR 106 D4
Trikala GR 107 F1
Trikalón GR 115 F3
Trikomon (Iskele) CY 127 c2
Trilj HR 91 E4
Trim IRL 5 G4
Trindade P 67 E3
Třinec CZ 33 F2
Trinita d'Agultu I 87 b4
Trinitapoli I 100 D4
Trino I 54 C3
Trípoli GR 115 F2
Triponzo I 89 F3
Tripótama GR 115 E3
Trittau D 18 B6
Trittenheim D 28 D3
Trnava SK 44 C4
Trnovo BIH 91 H5
Troarn F 25 H4
Trocnov CZ 43 F6
Trofaiach A 43 F2
Trofors N 161 F4
Trogir HR 90 D4
Troia I 100 B4
Tróia P 74 B3
Troickoje UA 49 G4
Troina I 105 F4
Trois-Ponts B 28 C4
Trojane SLO 57 F5
Trollhattan S 138 B5
Tromsø N 164 C4
Trondheim N 160 D2
Troódos CY 127 b1
Troon GB 8 C4
Tropea I 102 C3
Tropojë AL 92 C2
Trosa S 148 A1
Troškūnai LT 133 H5
Trossachs GB 8 D5
Trost'anec UA 49 E6
Trost'anec UA 166 E3
Tröstau D 30 D3
Trostberg D 42 C4
Trouville F 26 A4
Trowbridge GB 13 F3
Troyan BG 95 E3
Troyanovo BG 96 D3
Troyes F 39 E6
Trpanj HR 91 F3
Trstená SK 33 H1
Trstenik YU 92 D5
Trsteno HR 91 G2
Trstín SK 44 C5
Trubčevsk RUS 166 D4
Truchtersheim F 40 C6
Trud BG 95 E2
Trujillo E 75 H3
Trün BG 93 G3
Trun F 26 A3
Truro GB 12 B2
Truseşti RO 48 B4
Truskavec UA 35 F1
Trustrup DK 137 G1
Trutnov CZ 32 B4
Tryavna BG 95 F4
Tryńcza PL 35 E3
Trýpi GR 122 B5
Trypiti GR 108 B3
Tryszczyn PL 21 E4
Trzcianka PL 20 C4
Trzciel PL 20 B2
Trzcinno PL 20 A4
Trzcińsko Zdrój PL 19 H4
Trzebiatów PL 20 B6
Trzebiel PL 19 H1
Trzebiez PL 19 H5
Trzebinia PL 33 G3
Trzebnica PL 32 D5
Trzemeszno PL 21 E3
Trzepowo PL 131 G1
Tržič SLO 57 E5
Tsagkaráda GR 115 G6
Tsarevets BG 95 F5
Tschernitz D 31 H6
Tsenovo BG 95 F5
Tsotíli GR 107 E3
Tuam IRL 2 C3
Tubilla de Agua E 68 D4
Tübingen D 41 E5
Tubre/Taufers I 41 F1
Tučepi HR 91 E4
Tuchan F 72 B5
Tüchen D 19 E4
Tuchola PL 21 E5
Tuchomie PL 131 F1
Tuchów PL 34 B2
Tuczno PL 20 C4
Tuddal N 145 F3
Tudela E 69 G1
Tudela de Duero E 68 B2
Tufeşti RO 62 D3
Tuffé F 26 A1
Tui E 64 B3
Tuineje E 80 d1
Tukums LV 141 H2
Tul'čin UA 166 C2
Tula RUS 167 E6
Tulare YU 93 E3
Tuławki PL 22 A6
Tulca RO 46 B1
Tulcea RO 63 F4
Tulgheş RO 47 H2
Tulla IRL 4 D4
Tullamore IRL 5 F4
Tulle F 51 G5
Tullebolle DK 129 E3
Tullins F 53 F4
Tulln A 43 H4
Tullow IRL 5 F3
Tulsk IRL 2 D3
Tuluceşti RO 63 E5
Tumba S 148 A2
Tummel Bridge GB 7 E1
Tunbridge Wells GB 14 B2
Tunçbilek TR 110 D2
Tungozero RUS 163 G5
Tunguda RUS 163 H4
Tunnerstad S 138 D4
Tunnhovd N 145 F5
Tuohikotti FIN 158 D1
Tuorila FIN 157 E2
Tupadły PL 21 F3
Tura H 45 F3
Turalići BIH 92 A6
Turan TR 110 D3
Turany SK 45 E6
Turbe BIH 91 F6
Turckheim F 40 B5
Turda RO 61 E6
Turégano E 77 E6
Turek PL 21 F2
Turenki FIN 150 B6
Türgovishte BG 96 C5
Turgut TR 124 C5
Turgutlu TR 118 B3
Turgutreis TR 117 G2
Türi EST 150 C1
Turi I 101 E3
Turia RO 62 A5
Turija YU 60 B1
Turijsk UA 35 G5
Turka UA 35 E1
Türkali TR 112 B4
Túrkeve H 45 H2
Türkheim D 41 G4
Turku/Åbo FIN 149 F5
Turlough IRL 2 B3
Turmantas LT 134 C5
Turna nad Bodvou SK 45 H5
Turnberry GB 8 C3
Turnhout B 16 B1
Türnitz A 43 G3
Turnov CZ 32 A4
Turnu Măgurele RO 95 E5
Turnu Severin RO 60 D2
Turobin PL 35 E5
Túrony H 58 D4
Turów PL 22 D2
Turrach A 42 D1
Turre E 83 F2
Turriff GB 7 G2
Turtagrø N 153 E2
Turulung RO 46 D4
Turzovka PL 33 F1
Tuscània I 88 D2
Tušilovic HR 57 G3
Tuşnad RO 62 A6
Tuszyn PL 33 G6
Tutajev RUS 167 E8
Tutin YU 92 C3
Tutjunniemi FIN 159 G5
Tutrakan BG 62 C1
Tuttlingen D 40 D4
Tutzing D 41 H4
Tuukkala FIN 158 D3
Tuulos FIN 158 B1
Tuupovaara FIN 159 H5
Tuusjärvi FIN 159 E5
Tuusniemi FIN 159 E5
Tuusula FIN 150 B5
Tuv N 145 E6
Tuzi YU 92 B2
Tuzla BIH 59 E1
Tuzla TR 110 D5
Tuzla TR 121 F4
Tuzla TR 127 H5
Tuzlata BG 97 E5
Tuzlukçu TR 120 A2
Tuzly UA 63 H6
Tvååker S 138 B2
Tvedestrand N 137 E6
Tveitsund N 145 E2
Tver RUS 167 E7
Tverai LT 132 D5
Tversted DK 137 G4
Tvøroyri FR 136 b1
Tvorožkovo RUS 143 G6
Tvrdošovce SK 44 D4
Tvŭrditsa BG 95 G3
Twardogóra PL 33 E6
Tweedsmuir GB 9 E3
Twimberg A 43 F1
Twist D 17 E4
Twistringen D 17 G4
Tworóg PL 33 F4
Twyford GB 14 A3
Tychowo PL 20 C6
Tychy PL 33 G3
Tyczyn PL 34 D3
Tyfors S 146 D4
Tyholland GB 3 F3
Tyin N 153 E1
Tykocin PL 22 D5
Tylawa PL 34 C2
Tylldal N 154 A3
Tylösand S 138 B1
Tylstrup DK 137 F3
Tymfristós GR 115 E5
Tympáki GR 123 c2
Týn nad Vltavou CZ 31 G1
Tyndrum GB 8 D6
Tynemouth GB 9 G2
Týniště nad Orlicí CZ 32 C3
Tynset N 154 A4
Tyringe S 130 A6
Tyrjänsaari FIN 159 G6
Tyrrellspass IRL 5 F4
Tysse N 144 B5
Tyssedal N 144 C4
Tystberga S 139 H6
Tyszki-Nadbory PL 22 C4
Tytuvėnai LT 133 F5
Tyulenovo BG 97 F6
Tywyn GB 10 B2
Tzermiádo GR 123 e2
Tzummarum NL 16 C5

U

Ub YU 59 G1
Úbeda E 82 D4
Ubergsmoen N 145 E1
Überlingen D 41 E4
Ubl'a SK 46 C6
Üçbölük TR 126 D4
Uchoveck UA 35 H6
Uchte D 17 G3
Uchvala SU 135 G2
Uckange F 28 C2
Uckfield GB 14 B2
Üçpınar TR 126 C5
Ucria I 105 F4
Üçtepe TR 121 H1
Udbina HR 57 G1
Udbyhøj DK 137 G1
Udbyhøj Vasehuse DK 137 G2
Uddevalla S 138 B5
Udelo SU 134 D4
Uden NL 16 C2
Udine I 56 C5
Udovo MK 107 F5
Udvar H 59 E4
Ueckermünde D 19 G6
Uelsen D 17 E4
Uelzen D 18 B4
Uetersen D 18 A6
Uetze D 18 B3
Uffenheim D 30 A2
Ugāle LV 141 G3
Ugento I 103 G6
Ugerlose DK 129 F4
Ugijar E 82 D2
Ugine F 53 G5
Uglič RUS 167 E7
Ugljan HR 90 B6
Ugljane HR 91 E4
Ugrinovci YU 92 C6
Uğurchin BG 94 D4
Uğurlu TR 119 G1
Uğurludağ TR 113 G2
Uherse Mineralne PL 34 D2
Uherské Hradiště CZ 44 C6
Uherský Brod CZ 44 C6
Uhlířské Janovice CZ 32 A2
Uhříněves CZ 31 H3
Uig GB 6 C4
Uileacu de Criş RO 46 C2
Uileacu Şimleului RO 46 C2
Uimaharju FIN 159 G6
Uithoorn NL 16 B3
Uithuizen NL 17 E6
Ujazd PL 33 F3
Ujazd PL 33 H6
Újfehértó H 46 B3
Ujście PL 20 D4
Újszász H 45 G2
Ukkola FIN 159 G6
Ukmerge LT 133 H4
Ul'anka SK 45 E5
Ula TR 124 C5
Ulan Majorat PL 22 D1
Ulbjerg DK 137 E2
Ulcani RO 61 G6
Ulcinj YU 106 A6
Ulefoss N 145 F2
Ulëzë AL 106 B6
Ulfborg DK 136 D1
Ulinia PL 131 F2
Uljanovka UA 49 G6
Uljma YU 60 A2
Ulla SU 135 F5
Ullapool GB 6 D4
Ullared S 138 B2
Ulldecona E 79 E3
Ulldemolins E 79 F4
Ullerslev DK 128 D4
Ullés H 59 F5
Üllő H 45 E2
Ulm D 41 F5
Ulmen D 28 D4
Ulmeni RO 62 C3
Ulmeni RO 62 C1
Ulnes N 145 F6
Ulog BIH 91 G4
Ulricehamn S 138 C4
Ulsberg N 153 G5
Ulsteinvik N 152 C4
Ulstrup DK 137 F1
Ulstrup DK 129 E5
Uluabat TR 110 B3
Ulubey TR 118 D3
Uludağ TR 110 D3
Ulukışla TR 121 F1
Ulukışla
(Marathóvounos) CY 127 c2
Ulus TR 112 C4
Ulvålia N 146 B6
Ulverston GB 10 D6
Ulvestad N 152 C2
Ulvik N 144 D5
Ulvila FIN 157 F2
Ulvsvåg S 164 B2
Umag HR 56 D3
Uman' UA 166 D2
Umbertide I 89 E4
Umbukta N 161 F5
Umčari YU 59 H1
Umeå S 162 B2
Umhausen A 41 G2
Umka YU 59 G2
Umurbey TR 109 F3
Umurbey TR 110 D4
Umurlu TR 118 B2
Undenäs S 139 E6
Undersåker S 154 D6
Uneča RUS 167 D5
Úněšov CZ 31 F2
Ungeny MD 48 D3
Ungheni RO 61 F6
Ungheni RO 61 G2
Ungureni RO 48 B4
Unhošť CZ 31 G3
Unichowo PL 131 F1
Uničov CZ 32 D2
Uniejow PL 21 F2
Unirea RO 94 B6
Unirea RO 61 E6
Unna D 17 E1
Unquera E 68 C6
Unter Pfaffenhofen D 41 H4
Unter-Schleissheim D 42 A4
Unterach A 42 D3
Unterlüss D 18 B4
Unteruhldingen D 41 E3
Unterwasser CH 41 E2
Unterweissenbach A 43 F4
Unterwössen D 42 B3
Upavon GB 13 G3
Úpice CZ 32 B4
Uppingham GB 14 B6
Upplands Väsby S 148 A2
Uppsala S 148 A3
Úras I 87 a2
Urbánia I 89 E5
Urbino I 89 E5
Urdari RO 61 E2
Urdos F 70 D3
Ürgüp TR 121 G4
Uriage-les-Bains F 53 F4
Uricani RO 60 D3
Uriu RO 47 E2
Urjala FIN 149 H6
Urk NL 16 C4
Urla TR 117 F4
Urleasca RO 62 D4
Urlingford IRL 5 E3
Urnäsch CH 41 E2
Uroševac YU 93 E2
Ursus PL 22 B2
Ury F 26 D1
Urziceni RO 62 C2
Urzicuţa RO 94 C6
Ušaći SU 135 F4
Usagre E 75 G1
Uşak TR 118 D4
Ušakovo RUS 132 B2
Ušće YU 92 D4
Usedom D 19 G6
Usingen D 29 F4
Uskedal N 144 B4
Uskudar TR 110 C5
Uslar D 18 A1
Ussel F 51 H6
Usseln D 29 G6
Ust'-Čorna UA 47 E5
Ust'-Luga RUS 151 F4
Ust'užna RUS 167 D8
Ustaoset N 145 E5
Ustaritz F 70 C4
Úštěk CZ 31 G4
Uster CH 40 D3
Ústí nad Labem CZ 31 G4
Ústí nad Orlicí CZ 32 C2
Ustibar BIH 92 B4
Ustilug UA 35 G5
Ustiprača BIH 92 A5
Ustka PL 131 E2
Ustrem BG 96 C2
Ustroń PL 33 F2
Ustronie Morskie PL 130 D1
Ustrzyki Dolne PL 35 E2
Ustrzyki Górne PL 35 E1
Ususău RO 60 B5
Utajärvi FIN 163 E4
Utåker N 144 B4
Utbjoa N 144 B4
Utena LT 134 B5
Uthlede D 17 G5
Utiel E 78 A1
Utne N 144 C5
Utrecht NL 16 B3
Utrera E 81 G4
Utsjoki FIN 165 G5
Uttendorf A 42 C2
Uttendorf A 42 C4
Utti FIN 150 D6
Utting D 41 H4
Uttoxeter GB 11 E2
Utvik N 152 D3
Uurainen FIN 158 B4
Uusi-Värtsilä FIN 159 G4
Uusikaarlepyy/
Nykarleby FIN 162 C2
Uusikaupunki FIN 149 E5
Uusikylä FIN 150 C6
Uvac BIH 92 B5
Úvaly CZ 31 H3
Uyeasound GB 6 b2
Uzdowo PL 21 H5
Uzel F 24 D3
Uzerche F 51 G6
Uzès F 52 D2
Užgorod UA 46 C5
Uzin UA 166 D3
Uzlovaja RUS 167 F6
Üzümlü TR 126 B5
Uzuncaburç TR 127 F4
Uzunköprü TR 109 F6
Uzunkuyu TR 117 F4
Uzunlu TR 121 G5
Uzunpınar TR 119 G4
Uzuntarla TR 111 E5
Užventis LT 133 E5

V

V'artsil'a RUS 159 H4
V'az'ma RUS 167 D6
Vå N 144 D3
Vaajakoski FIN 158 C4
Vääksy FIN 158 C1
Vaala FIN 163 E3
Vaalimaa FIN 151 E6
Väärinmaja FIN 158 A3
Vaas F 37 F5
Vaasa/Vasa FIN 157 E5
Vaassen NL 16 C3
Väätäiskylä FIN 158 A4
Vabalninkas LT 133 H6
Vác H 45 E3
Văcăreni RO 63 E4
Váchartyán H 45 E3
Väckelsång S 139 E1
Väderstad S 139 E5
Vadheim N 152 C2
Vado Ligure I 87 E6
Vadsø N 165 H5
Vadstena S 139 E5
Vadu Izei RO 47 E4
Vadu Oii RO 63 E3
Vaduz FL 41 E2
Vafiika GR 108 D5
Vågåmo N 153 F3
Våge N 144 B4
Våge N 136 C5
Vaggeryd S 138 D3
Vágia GR 115 G4
Vagnhärad S 148 A1
Vagos P 66 B2
Vågsjöfors S 146 C4
Vägslid N 144 D4
Vágur FR 136 b1
Vahanka FIN 158 A5
Vai GR 123 f3
Vaiges F 25 G1
Vaihingen D 41 E6
Väike-Maarja EST 150 D2
Vailly F 38 B4
Vailly F 27 F3
Vaison-la-Romaine F 53 E2
Vajszló H 58 C4
Vajtešin SU 23 H3
Vajza AL 106 B3
Vakarel BG 94 C3

Vakıfköy
Vila Fresca de Azeitão

TREVISO
TREVISO
TRIESTE
A27
A4
E55
E70
SS245
Trivignano
Marocco
SS13
Bazzera
Dese
Dese
Zelarino
Marzenego
Favaro Véneto
Marco Polo
SS14
TRIESTE
Spinea
Mestre
Campalto
Villabona
PADOVA
A4
E70
Marghera
Oriago
SS11
SS11
Véneta
Laguna
Murano
Malcontenta
SS309 E55
CHIOGGIA
Fusina
VENÉZIA
Lido
0
5 km

Vakıfköy *TR* 118 D1
Vaksdal *N* 144 B5
Val d'Esquières *F* 86 A4
Val d'Isère *F* 53 H4
Val Thorens *F* 53 G4
Val-Claret *F* 53 H4
Val-Suzon *F* 39 E4
Vålådalen *S* 154 C5
Valandovo *MK* 107 G5
Valaníd *GR* 107 F2
Valašská Polanka *CZ* 33 E1
Valašské Meziříčí *CZ* 33 E1
Valbella *CH* 41 E1
Valberg *F* 86 B6
Vålberg *S* 146 C2
Valbonnais *F* 53 F3
Valcarlos *E* 70 C4
Valdagno *I* 55 H4
Valdahon *F* 39 H3
Valdalen *N* 154 B3
Valdeltormo *E* 78 D4
Valdemarsvik *S* 139 G5
Valdemorillo *E* 76 D5
Valdenoceda *E* 68 D4
Valdepeñas *E* 82 D6
Valderöy *N* 152 C5
Valdobbiádene *I* 56 A4
Valdoviño *E* 64 D6
Vale de Açor *P* 80 C6
Vale de Cambra *P* 66 B2
Vale do Lobo *P* 80 C5
Valea Bistrei *RO* 60 C4
Valea Călugărească *RO* 62 B3
Valea Chioarului *RO* 46 D3
Valea Cînepei *RO* 62 D4
Valea Doșului *RO* 60 D5
Valea Lungă *RO* 61 F5
Valea lui Mihai *RO* 46 B3
Valea Mărului *RO* 62 D5
Valea Sării *RO* 62 C5
Valea Ursului *RO* 61 G3
Valea Vinului *RO* 46 D3
Váleggio S Míncio *I* 55 G3
Valença do Minho *P* 64 B3
Valençay *F* 37 H4
Valence *F* 50 D3
Valence *F* 51 E3
Valence *F* 53 E4
Valence d'Albigeois *F* 51 H2
Valencia *E* 84 D6
Valencia de Alcántara *E* 75 F4
Valencia de Don Juan *E* 67 H4
Valencia de las Torres *E* 75 G1
Valenciennes *F* 27 F5
Văleni *RO* 48 D2
Vălenii de Munte *RO* 62 B3
Valensole *F* 73 H6
Valentano *I* 88 D2
Valenza *I* 54 C3
Våler *N* 145 H3
Våler *N* 146 B5
Valevåg *N* 144 B4
Valfábbrica *I* 89 E4
Valga *EST* 142 D4
Valguarnera Caropepe *I* 105 E3
Vălișoara *RO* 60 D5
Valișoara *RO* 61 E6
Valjevo *YU* 92 C6
Valjok *N* 165 F4
Valka *LV* 142 D4
Valkeakoski *FIN* 157 H1
Valkeala *FIN* 158 D1
Valkenburg *NL* 28 C6
Valkenswaard *NL* 16 B1
Valkininkai *LT* 134 A2
Valko/Valkom *FIN* 150 C5
Valkom/Valko *FIN* 150 C5
Vall de Uxó *E* 78 C2
Vallado *E* 65 F4
Valladolid *E* 68 B2
Vállaj *H* 46 C3
Vallåkra *S* 129 G5
Vallata *I* 100 B4
Valldal *N* 153 E4
Valldemosa *E* 85 a2
Valle *N* 144 D2
Valle de loc Caidos *E* 76 D5
Vallecorsa *I* 98 D3
Vallehermoso *E* 80 b1
Vallelunga Pratameno *I* 104 D4
Vallentuna *S* 148 B2
Valleraugue *F* 52 B2
Vallet *F* 36 C5
Valletta *M* 104 b1
Vallivana *E* 78 D3
Vallo di Lucania *I* 100 B2
Valloire *F* 53 G4
Vallon-en-Sully *F* 38 B2
Vallon-Pont-d'Arc *F* 52 D3
Vallorbe *CH* 39 G2
Vallorcine *F* 54 A5
Vallouise *F* 53 G3
Valls *E* 79 F4
Vallset *N* 146 A5
Vallsta *S* 155 G2
Valmiera *LV* 142 C4
Valmontone *I* 98 C4
Valmorel *F* 53 G4
Valognes *F* 25 F5
Valpaços *P* 67 E3
Valpovo *HR* 58 D4
Valras-Plage *F* 72 C5
Valréas *F* 53 E2
Vals *CH* 40 D1
Vals-les-Bains *F* 52 D3
Valsjöbyn *S* 161 F3
Valsøybotn *N* 153 F6
Valtierra *E* 69 G2
Váltos *GR* 109 F6
Valtournenche *I* 54 B5
Valverde *E* 80 a1
Valverde del Camino *E* 81 E5
Valverde del Fresno *E* 75 G5
Vama *RO* 47 H3
Vama Veche *RO* 97 F6
Vamberk *CZ* 32 C3
Vamdrup *DK* 128 C4
Våmhus *S* 147 E6
Vammala *FIN* 157 G1
Vámosmikola *H* 45 E3
Vámospércs *H* 46 B3
Vámosszabadi *H* 44 C3
Vampula *FIN* 149 G6
Vanda/Vantaa *FIN* 150 B5
Vandel *DK* 128 C5
Vandellós *E* 79 F4
Vändra *EST* 150 C1
Vänersborg *S* 138 B5
Vangshylla *N* 160 D2
Vangsnes *N* 152 D1
Vanhakylä *FIN* 157 F3
Vännacka *S* 146 B3
Vännäs *S* 162 B2
Vannes *F* 24 D1
Vansbro *S* 147 E5
Vantaa/Vanda *FIN* 150 B5
Vanvikan *N* 160 D2
Vanyarc *H* 45 F3
Vapn'arka *UA* 49 E6
Vara *S* 138 C5
Varades *F* 36 D5
Varaklāni *LV* 143 E2
Varallo *I* 54 C5
Varangerbotn *N* 165 G5
Vărăști *RO* 62 B1
Văratec *RO* 48 A2
Varaždin *HR* 58 A5
Varazze *I* 54 C1
Varberg *S* 138 B2
Vărbilău *RO* 62 B3
Varces *F* 53 F4
Várda *GR* 114 D3
Varde *DK* 128 B5
Vardim *BG* 95 F5
Vårdö *FIN* 148 D4
Vardø *N* 165 H5
Várdomb *H* 59 E5
Varduva *LT* 132 D6
Varel *D* 17 G5
Varena *LT* 133 H2
Varengeville-sur-Mer *F* 26 C5
Varenna *I* 54 D5
Varennes-en-Argonne *F* 28 A2
Varennes-sur-Allier *F* 38 C2
Vareš *BIH* 91 G6
Varese *I* 54 D5
Varese Ligure *I* 55 E1
Vårgårda *S* 138 C4
Vargön *S* 138 B5
Varhaug *N* 144 B1
Várí *GR* 116 C2
Varilhes *F* 71 G2
Varkaus *FIN* 159 E4
Várkiza *GR* 115 H3
Varmahlið *IS* 160 b2
Varna *BG* 97 E5
Varna *YU* 59 F2
Värnamo *S* 138 D3
Varniai *LT* 133 E5
Varnja *EST* 151 E1
Varnsdorf *CZ* 31 H5
Városföld *H* 45 F1
Várpalota *H* 44 D2
Varpanen *FIN* 158 D2
Varparanta *FIN* 159 F4
Várpslőd *H* 44 C2
Vars *F* 53 G2
Vărșand *RO* 60 A6
Varsseveld *NL* 16 D2
Vartdal *N* 152 C4
Värtsilä *FIN* 159 H4
Varvara *BG* 94 D2
Varvara *BG* 97 E2
Varzi *I* 54 D2
Varzy *F* 38 C4
Vasa/Vaasa *FIN* 157 E5
Vásárosnamény *H* 46 C4
Vașcău *RO* 60 C6
Väse *S* 146 D2
Vasil'kov *UA* 166 D3
Vasiláki *GR* 114 D2
Vasilijevka *UA* 166 F2
Vasiliká *GR* 107 H3
Vasiliká *GR* 115 G5
Vasilikí *GR* 114 B4
Vasilikó *GR* 115 H4
Vasilikós *GR* 114 C2
Vasiliški *SU* 23 G6
Vaskio *FIN* 149 G5
Vaskivesi *FIN* 157 H3
Vasknarva *EST* 151 F2
Vaslui *RO* 48 D2
Vassbotten *S* 146 A1
Vassenden *N* 152 C2
Vassmolösa *S* 139 G1
Vassy *F* 25 G3
Västemyrriset *S* 161 H3
Västerås *S* 147 G3
Västergärn *S* 140 B3
Västerhaninge *S* 148 B1
Västervik *S* 139 G4
Vasto *I* 90 A1
Vasvár *H* 44 B1
Vát *H* 44 B2
Vatan *F* 37 H4
Naterá *GR* 117 E6
Vathí *GR* 117 F3
Vathiý *GR* 115 H4
Vathýpetrou *GR* 123 d2
Vatin *YU* 60 A3
Vatne *N* 152 D5
Vatólakkos *GR* 107 E2
Vatoúsa *GR* 109 F1
Vatra Dornei *RO* 47 G3
Vatra Moldoviței *RO* 47 H3
Vau i Dejës *AL* 92 B1
Vaucouleurs *F* 39 G6
Vauldalen *N* 154 B4
Vauvert *F* 73 E6
Vauville *F* 25 F5
Vauvillers *F* 39 G4
Vavylás (Güzelyalı) *CY* 127 b2
Vaxholm *S* 148 B2
Växjö *S* 139 E2
Våxtorp *S* 138 C1
Vayrac *F* 51 G4
Veberöd *S* 129 H4
Veblungsnes *N* 153 E4
Vechta *D* 17 G4
Vecinos *E* 76 B6
Vecpiebalga *LV* 142 D3
Vecsés *H* 45 E2
Vecumnieki *LV* 142 B2
Vedavågen *N* 144 A3
Vedbaek *DK* 129 G5
Veddige *S* 138 B3
Vedea *RO* 61 G2
Vedea *RO* 95 F6
Vedersø Klit *DK* 136 D1
Veendam *NL* 17 E5
Veenendaal *NL* 16 C3
Veere *NL* 15 G2
Vegadeo *E* 65 E5
Veggli *N* 145 F4
Veghel *NL* 16 C2
Vegusdal *N* 137 E6
Vehkajärvi *FIN* 158 B2
Vehmaa *FIN* 149 F5
Vehu *FIN* 158 A5
Vejano *I* 98 B5
Vejen *DK* 128 C5
Vejer de la Frontera *E* 81 F2
Vejers Strand *DK* 128 A5
Vejle *DK* 128 C5
Vel Lašče *SLO* 57 E4
Vel'ké Leváre *SK* 44 B5
Vel'ke Riþňany *SK* 44 C5
Vel'ké Uherce *SK* 44 D5
Vel'ký Krtíš *SK* 45 E4
Vel'ký Meder *SK* 44 C3
Vela Luka *HR* 91 E3
Velagiói *BIH* 58 B1
Velbert *D* 16 D1
Velburg *D* 30 C1
Velden *A* 57 E6
Velden *D* 30 C2
Velden *D* 42 B4
Veldhoven *NL* 16 B2
Velēna *LV* 143 E3
Velešín *CZ* 43 E5
Velešta *MK* 106 C5
Velestínon *GR* 115 F6
Vélez Blanco *E* 83 F3
Vélez Rubio *E* 83 F3
Vélez-Málaga *E* 82 B2
Veli Losinj *HR* 57 E1
Veličani *BIH* 91 G3
Velico Orašje *YU* 60 A1
Velika Gorica *HR* 57 H4
Velika Kladuša *HR* 57 G3
Velika Plana *YU* 60 A1
Velikaja Gluša *UA* 23 H2
Velikaja Lepeticha *UA* 166 E2
Veliki Zdenci *HR* 58 B4
Velikij Ber'oznyi *UA* 46 C6
Velikije Luki *RUS* 167 C6
Velikije Mosty *UA* 35 G4
Veliko Gradište *YU* 60 B2
Veliko Tŭrnovo *BG* 95 F4
Velingrad *BG* 94 D1
Velіž *RUS* 167 C6
Veljun *HR* 57 G3
Velká Biteš *CZ* 32 C1
Velká Hled'sebe *CZ* 31 E3
Velká nad Veličkou *CZ* 44 C5
Velké Brezno *CZ* 31 G4
Velké Kapušany *SK* 46 B5
Velké Karlovice *CZ* 33 F1
Velké Meziřící *CZ* 32 B1
Velké Němčice *CZ* 44 A6
Velkua *FIN* 149 F5
Velký Folkmar *SK* 45 H5
Velky Újezd *CZ* 33 E2
Velletri *I* 98 C4
Vellinge *S* 129 G4
Velp *NL* 16 C3
Velpke *D* 18 C3
Veltrusy *CZ* 31 G3
Velvary *CZ* 31 G3
Vemb *DK* 136 D1
Vemdalen *S* 154 D4
Vemhån *S* 154 D3
Vemmenaes *DK* 128 D3
Vena *S* 139 F3
Venabu *N* 153 G2
Venaco *F* 73 b2
Venafro *I* 99 E3
Venčane *YU* 59 G1
Vence *F* 86 B5
Venda de Galizes *P* 75 E6
Venda Nova *P* 66 D4
Vendargues *F* 72 D6
Vendas Novas *P* 74 C3
Vendeuvre *F* 39 E5
Vendôme *F* 37 G5
Veneskoski *FIN* 157 G5
Venets *BG* 96 C5
Venets *BG* 96 C3
Venézia *I* 56 B3
Venlo *NL* 16 C1
Vennesla *N* 136 D6
Vennesund *N* 161 E4
Venosa *I* 100 C3
Venray *NL* 16 C2
Venta de Arraco *E* 70 C3
Venta de Cardeña *E* 82 C5
Ventimíglia *I* 86 C5
Ventnor *GB* 13 G2
Ventspils *LV* 141 F3
Venus *RO* 63 F1
Venzone *I* 56 C5
Vera *E* 83 F2
Vera de Bidasoa *E* 69 G4
Verbania-Pallanza *I* 54 C5
Verberie *F* 27 E3
Verbier *CH* 54 A6
Vercelli *I* 54 C4
Verchnedneprovsk *UA* 166 E2
Verchnedvinsk *SU* 135 E6
Verchovina *UA* 47 F4
Verdalsøra *N* 161 E2
Verden *D* 17 H4
Verdens Ende *N* 145 G2
Verdun *F* 28 B2
Verfeil *F* 71 H4
Vergato *I* 55 G1
Vergína *GR* 107 F3
Vergt *F* 51 E5
Verguleasa *RO* 61 F2
Verín *E* 67 E4
Verl *D* 17 G2
Verma *N* 153 E4
Vermenton *F* 38 D4
Vermeș *RO* 60 B4
Vermuntila *FIN* 149 E6
Vernești *RO* 62 C4
Vernet *F* 71 G3
Vernet-les-Bains *F* 72 B4
Verneuil *F* 26 B2
Vernon *F* 26 C3
Verny *F* 28 C1
Véroia *GR* 107 F3
Verona *I* 55 G4
Verrès *I* 54 B4
Verrières-de-Joux *F* 39 H2
Versailles *F* 26 D2
Versmold *D* 17 F2
Versoix *CH* 53 G6
Verteillac *F* 51 E6
Vertniki *SU* 134 D1
Vertus *F* 27 G2
Verucchio *I* 89 E5
Verviers *B* 28 C5
Vervins *F* 27 G4
Verwood *GB* 13 G2
Verzuolo *I* 54 A2
Verzy *F* 27 G2
Vesanka *FIN* 158 B4
Vesanto *FIN* 158 C5
Vése *H* 58 B5
Veselí nad Lužnicí *CZ* 43 F6
Veselí nad Moravou *CZ* 44 B6
Veselinovo *BG* 96 C4
Vesivehmaa *FIN* 158 C1
Vesjegonsk *RUS* 167 E8
Vesoul *F* 39 G4
Vessingebro *S* 138 B2
Vestbygd *N* 136 C5
Vester Egesborg *DK* 129 F3
Vesterø Havn *DK* 137 H3
Vestervig *DK* 136 D2
Vestfossen *N* 145 G3
Vestmanna *FR* 136 b3
Vestnes *N* 152 D5
Vestone *I* 55 F4
Vestre Gausdal *N* 153 G1
Veszprém *H* 44 C1
Veszprémvarsány *H* 44 C2
Vésztő *H* 46 A1
Vetlanda *S* 139 E3
Vetralla *I* 88 D2
Vetren *BG* 95 G3
Vetrino *BG* 96 D5
Vetrino *SU* 135 E5
Vetschau *D* 19 G1
Veules-les-Roses *F* 26 C5
Veulettes-sur-Mer *F* 26 B5
Veurne (Furnes) *B* 15 F1
Vevey *CH* 39 H1
Vévi *GR* 107 E4
Veynes *F* 53 F2
Veyrier *F* 53 G5
Vézelay *F* 38 D4
Vézelise *F* 39 H6
Vézénobres *F* 52 C2
Vezirhan *TR* 111 E4
Vezirköprü *TR* 113 H4
Vezzano *I* 55 G5
Viadana *I* 55 F2
Viais *F* 36 C5
Viana do Alentejo *P* 74 D2
Viana do Bolo *E* 67 E4
Viana do Castelo *P* 66 B4
Vianden *L* 28 C3
Vianen *NL* 16 B3
Vianne *F* 50 D3
Viaréggio *I* 88 B5
Vias *F* 72 C5
Vibo Valentia *I* 102 D3
Viborg *DK* 137 F1
Vibraye *F* 37 G6
Vic *E* 72 A3
Vic *F* 52 B6
Vić *SLO* 57 F6
Vic-en-Bigorre *F* 71 E4
Vic-Fezensac *F* 71 F4
Vic-sur-Aisne *F* 27 F3
Vic-sur-Cère *F* 52 A4
Vicdessos *F* 71 G2
Vicenza *I* 55 H4
Vichy *F* 38 C1
Vico *F* 73 a2
Vico del Gargano *I* 100 C6
Vico Equense *I* 99 F1
Vicovaro *I* 98 C5
Victoria *M* 104 a2
Victoria *RO* 61 G4
Vičuga *RUS* 167 F8
Viðareiði *FR* 136 c3
Vidauban *F* 86 A4
Videbæk *DK* 128 B6
Videle *RO* 62 A1
Videseter *N* 152 D3
Vidigueira *P* 74 D2
Vidin *BG* 94 B6
Vidlin *GB* 6 b2
Vidoml'a *SU* 23 F3
Vidra *RO* 62 B1
Vidra *RO* 62 C5
Vidsel *S* 162 B5
Vidzy *SU* 134 C5
Viechtach *D* 42 C6
Viekšniai *LT* 133 E6
Viella *E* 71 F2
Vielsalm *B* 28 C4
Vienenburg *D* 18 B2
Vienne *F* 53 E5
Vieremä *FIN* 163 E3
Viersen *D* 16 D1
Vieru *RO* 95 F6
Vierumäki *FIN* 158 C1
Vierzehnheiligen *D* 30 C3
Vierzon *F* 38 A4
Viesīte *LV* 142 D1
Vieste *I* 100 D6
Vietri di Potenza *I* 100 C3
Vietri sul Mare *I* 99 F1
Vieux-Boucau-les-Bains *F* 50 A3
Vievis *LT* 133 H3
Vif *F* 53 F4
Vig *DK* 129 F5
Vigeland *N* 136 C5
Vigévano *I* 54 D4
Vignanello *I* 89 E2
Vigneulles *F* 28 B1
Vignola *I* 55 G1
Vignory *F* 39 F5
Vigo *E* 64 B3
Vigrestad *N* 144 B1
Vihantasalmi *FIN* 158 D2
Vihanti *FIN* 162 D3
Vihiers *F* 37 E5
Vihtari *FIN* 159 F4
Vihti *FIN* 150 A5
Vihtijärvi *FIN* 150 B5
Vihtiläjärvi *FIN* 157 F2
Viiala *FIN* 157 H1
Viinijärvi *FIN* 159 F5
Viinistu *EST* 150 C3
Viitajärvi *FIN* 158 B6
Viitasaari *FIN* 158 B6
Viitna *EST* 150 C3
Vijküla *EST* 141 H6
Vijterna *EST* 141 G6
Vík *IS* 160 b1
Vik *N* 152 C1
Vik *S* 130 B4
Vika *S* 147 F5
Vikajärvi *FIN* 162 D6
Vikanes *N* 144 B6
Vikarbyn *S* 147 E6
Vikebukt *N* 152 D5
Vikedal *N* 144 B3
Viken *S* 129 G6
Vikersund *N* 145 G4
Vikeså *N* 144 B1
Vikmanshyttan *S* 147 F4
Vikran *N* 164 C4
Vila de Rei *P* 74 D5
Vila do Bispo *P* 80 A5
Vila do Conde *P* 66 B3
Vila Flor *P* 67 E2
Vila Franca de Xira *P* 74 B4
Vila Fresca de Azeitão *P* 74 B3

Vila Nova da Cerveira Wełdkowo

Vila Nova da Cerveira P 66 C5
Vila Nova de Famalição P 66 C3
Vila Nova de Foz Côa P 67 E2
Vila Nova de Milfontes P 74 B1
Vila Nova de Ourém P 74 D5
Vila Nova de Paiva P 66 C2
Vila Pouca de Aguiar P 66 D3
Vila Praia de Âncora P 66 B4
Vila Real P 66 D3
Vila Real de
Santo António P 80 D5
Vila Velha de Ródão P 75 E5
Vila Verde de Ficalho P 81 E6
Vila Viçosa P 75 E3
Vila-rodona E 79 G4
Viladamat E 72 B3
Vilafranca del Penedès E 79 G4
Vilagarcía de Arousa E 64 B4
Vilaka LV 143 F3
Vilamoura P 80 C5
Viļāni LV 143 E2
Vilanova de Arousa E 64 B4
Vilanova i la Geltrú E 79 G4
Vilar Formoso P 67 E1
Vilassar de Mar E 72 A2
Vilejka SU 134 D3
Vilémov CZ 32 B2
Vilhelmina S 161 G3
Vilia GR 115 G3
Viljakkala FIN 157 G2
Viljandi EST 142 C6
Viljolahti FIN 159 E4
Vilkaviškis LT 133 F2
Vilkija LT 133 F3
Vilkovo UA 63 G5
Villa Fruela E 68 C2
Villa Literno I 99 E2
Villa Minozzo I 55 F1
Villa Potenza I 89 G4
Villa San Giovanni I 105 G5
Villa Santa Maria I 99 F4
Villa Santina I 56 C5
Villa Vomano I 89 G2
Villablino E 65 F3
Villacañas E 77 E2
Villacarlos E 85 c2
Villacarrillo E 83 E4
Villacastín E 76 C5
Villach A 56 D6
Villacidro I 87 a2
Villada E 68 B3
Villadiego E 68 C4
Villafianca Tirrena I 105 G5
Villafranca de los Barros E 75 G2
Villafranca del Bierzo E 65 E3
Villafranca del Cid E 78 C3
Villafranca di Verona I 55 G3
Villafranca Montes
de Oca E 68 D3
Villafrati I 104 D4
Villaggio Mancuso I 103 E4
Villahermosa E 83 E6
Villahoz E 68 C3
Villaines-la-Juhel F 25 G2
Villajoyosa E 84 C4
Villala FIN 159 G4
Villalba E 64 D5
Villalba E 77 E5
Villalba de la Sierra E 77 H3
Villalcázar de Sirga E 68 B3
Villalón de Campos E 68 A3
Villalpando E 67 H3
Villamañán E 67 H4
Villamanín E 68 A5
Villamar I 87 b2
Villamartín de Campos E 68 B3
Villamassargia I 87 a1
Villandraut F 50 C4
Villandry F 37 F5
Villanova Monteleone I 87 a3
Villanueva de Argaño E 68 C3
Villanueva de Córdoba E 82 B5
Villanueva de Gallego E 78 C6
Villanueva de la Serena E 75 H2
Villanueva de la Sierra E 75 H5
Villanueva de la Vera E 76 B4
Villanueva de los
Castillejos E 80 D5
Villanueva de los Infantes E 83 E6
Villanueva del Arzobispo E 83 E4
Villanueva del Campo E 67 H3
Villanueva del Fresno E 75 E2
Villanueva del Huerva E 78 C5
Villány H 58 D4
Villapiana Scalo I 102 D5
Villaputzu I 87 b2
Villarcayo E 68 D4
Villard-de-Lans F 53 F4
Villardefrades E 67 H2
Villarejo de Salvanés E 77 E3
Villarmayor E 67 F1
Villarreal de los Infantes E 78 C2
Villarreal de S Carlos E 75 H4
Villarrobledo E 77 F1
Villarroya de la Sierra E 78 A6
Villarrubia de los Ojos E 76 D2
Villars CH 54 A6
Villars F 86 B5
Villars-les-Dombes F 53 E6
Villasalto I 87 b2
Villasimius I 87 b1
Villasor I 87 b1
Villasrubias E 75 G5
Villastar E 78 B3
Villatobas E 77 E3
Villatoro E 68 D3
Villatoya E 78 A1
Villavelayo E 69 E2
Villaviciosa E 82 A5
Villaviciosa E 68 B6
Villé F 40 B5
Ville-en-Tardenois F 27 F2
Villebois-Lavalette F 51 E6
Villedieu-les-Poêles F 25 F3
Villefagnan F 37 E2
Villefort F 52 C3
Villefranche F 86 C5
Villefranche-d'Albigeois F 51 G2
Villefranche-de-Lauragais F 71 H3
Villefranche-de-Lonchat F 50 D5
Villefranche-de-Rouergue F 51 G3
Villefranche-du-Périgord F 51 F4
Villefranche-sur-Cher F 37 H4
Villefranche-sur-Saône F 53 E6
Villemur F 71 G4
Villena E 84 B5
Villenauxe-la-Grande F 27 F1
Villeneuve F 51 G3
Villeneuve F 52 D1
Villeneuve-de-Berg F 52 D3
Villeneuve-de-Marsan F 50 C3
Villeneuve-l'Archevêque F 38 D6
Villeneuve-Loubet F 86 B5
Villeneuve-sur-Allier F 38 C2
Villeneuve-sur-Lot F 51 E4
Villeneuve-sur-Yonne F 38 C5
Villeréal F 51 E4
Villers F 26 A4
Villers-Bocage F 25 G4
Villers-Bretonneux F 27 E4
Villers-Cotterêts F 27 E3
Villers-le-Lac F 39 H2
Villers-St-Georges F 27 F1
Villersexel F 39 H4
Villerville F 26 A4
Villingen D 40 D4
Villoldo E 68 B3
Vilnius LT 134 A3
Vilppula FIN 158 A3
Vilsbiburg D 42 B5
Vilseck D 30 D2
Vilshofen D 42 D5
Vilsund DK 137 E2
Vilusi YU 91 H2
Vimianzo E 64 B5
Vimieiro P 74 D3
Vimioso P 67 F3
Vimmerby S 139 F4
Vimoutiers F 26 A3
Vimpeli FIN 157 G6
Vimperk CZ 42 D6
Vinac BIH 91 F6
Vinádio I 53 H2
Vinaixa E 79 F5
Vinarós E 79 E3
Vînători RO 61 G6
Vînători RO 48 C3
Vinay F 53 E4
Vinça F 72 B4
Vinchiaturo I 99 F3
Vinci I 88 C5
Vindeln S 162 B3
Vinderup DK 137 E1
Vindsvik N 144 C3
Vinga RO 60 A5
Vingåker S 147 F1
Vingnes N 153 H1
Vinhais P 67 E4
Vinica MK 93 G1
Viničani MK 107 E6
Vinishte BG 94 B4
Vinje N 144 C6
Vinje N 144 D3
Vinjeøra N 153 G6
Vinju Mare RO 60 D1
Vinkovci HR 59 E3
Vinliden S 161 H3
Vinnica UA 166 C2
Vinogradov UA 46 D4
Vinon-sur-Verdon F 73 G6
Vinslöv S 130 B5
Vinsternes N 153 F6
Vinstra N 153 G2
Vintilă Vodă RO 62 C4
Vintjärn S 147 G5
Vinzelberg D 18 D3
Vipereşti RO 62 B4
Vipiteno/Sterzing I 41 H1
Vira HR 90 D3
Viranşehir TR 127 G5
Vire F 25 G3
Vireši LV 143 E4
Virfurile RO 60 C5
Virgen A 42 B1
Virgen de la Cabeza E 82 C5
Virghiş RO 61 H5
Virginia IRL 3 E2
Virieu F 53 F5
Virieu-le-Grand F 53 F5
Virkby/Virkkala FIN 150 A4
Virkkala/Virkby FIN 150 A4
Virklund DK 128 C6
Virmutjoki FIN 159 F2
Virojoki FIN 151 E5
Virolahti FIN 151 E5
Virovitica HR 58 C4
Virpazar YU 92 A1
Virrat FIN 157 H3
Virsbo S 147 G3
Virserum S 139 F3
Virtaniemi FIN 165 G3
Virtasalmi FIN 158 D4
Vîrtoapele RO 61 H1
Virton B 28 B3
Vîrtopu RO 94 B6
Virtsu EST 141 H6
Virttaa FIN 149 G6
Vişagu RO 46 D1
Visbek D 17 G4
Visby S 140 B3
Visé B 28 B5
Višegrad BIH 92 B5
Visegrád H 45 E3
Viseu P 66 C2
Vişeu de Jas RO 47 F3
Vişeu de Sus RO 47 F3
Vishovgrad BG 95 F4
Vişina Veche RO 94 D6
Viskafors S 138 C4
Viskinge DK 129 E5
Vislanda S 139 E2
Višnevo SU 134 C2
Viso del Marqués E 82 D5
Visoko BIH 91 G5
Visp CH 54 B6
Vissefjärda S 139 F1
Visselhövede D 18 A4
Vissenbjerg DK 128 D4
Visso I 89 F3
Viştea de Jos RO 61 G5
Vištytis LT 133 E2
Visuvesi FIN 157 H3
Visz H 58 C6
Vităneşti RO 95 F6
Vitanovac YU 92 D5
Vitebsk SU 135 H5
Vitemölla S 130 B5
Viterbo I 88 D2
Vitigudino E 67 F1
Vitina BIH 91 F4
Vitis A 43 F5
Vitomirica YU 92 D3
Vitoria/Gasteiz E 69 F4
Vitré F 25 F2
Vitry-le-François F 27 G1
Vitsand S 146 C4
Vittangi S 165 E2
Vitteaux F 39 E4
Vittel F 39 G5
Vittjärn S 146 C4
Vittória I 105 E2
Vittório Véneto I 56 B5
Vittoriosa M 104 b1
Vittråsk S 162 B5
Vittsjö S 130 A6
Vivario F 73 b2
Viveiro E 65 E5
Vivel del Río Martín E 78 B4
Viver E 78 C2
Viviers F 52 D3
Vivonne F 37 E3
Vize TR 97 E1
Vizille F 53 F4
Vižinada HR 56 D3
Viziru RO 62 D3
Vižnica UA 47 G5
Vizovice CZ 44 C6
Vizzavona F 73 b2
Vizzini I 105 F2
Vlaardingen NL 16 A3
Vlachiótis GR 122 C5
Vlachiótis GR 122 C5
Vlachokerasiá GR 115 F2
Vlachovo Březí CZ 43 E6
Vlad Ţepeş RO 62 D2
Vlădeni RO 63 E4
Vladičin Han YU 93 F3
Vladimir RUS 167 F7
Vladimir-Volynskij UA 35 G5
Vladimirescu RO 60 A5
Vlagtweed NL 17 E5
Vlăhiţa RO 61 H6
Vlas BG 97 E4
Vlasenica BIH 92 A6
Vlašim CZ 31 H2
Vlaşin RO 62 B1
Vlasina Okruglica YU 93 G3
Vlasotince YU 93 F3
Vlissingen NL 15 G2
Vlochós GR 107 F1
Vlorë AL 106 B3
Vlotho D 17 G3
Vlychó GR 114 B4
Vöcklabruck A 42 D4
Vodice HR 90 C5
Voditsa BG 95 G5
Vodňany CZ 43 E6
Vodnjan HR 56 D2
Voe GB 6 b2
Vogatsikó GR 107 E3
Voghera I 54 D3
Vohburg D 42 A5
Vohenstrauss D 30 D2
Vohma EST 141 G6
Võhma EST 150 C1
Vöhringen D 41 F5
Void F 28 B1
Voila RO 61 F6
Voineasa RO 61 E4
Voineşti RO 61 H3
Voineşti RO 48 C2
Voiron F 53 F4
Voise F 26 C1
Voislova RO 60 C4
Voiteg RO 60 A3
Voitsberg A 43 F1
Voix F 73 G6
Vojakkala FIN 150 A6
Vojčice SK 46 B5
Vojens DK 128 C4
Vojnić HR 57 G3
Vojnik SLO 57 G5
Vojtanov CZ 30 D3
Voknavolok RUS 163 G4
Vol'nogorsk UA 166 E2
Voláda GR 124 B1
Volary CZ 43 E6
Volchov RUS 167 C6
Volda N 152 C4
Volders A 42 A2
Volendam NL 16 B4
Volimés GR 114 B2
Volissós GR 117 E5
Volkach D 30 A3
Völkermarkt A 57 F6
Völklingen D 28 D2
Volkmarsen D 17 G1
Volkolata SU 134 D4
Volkovija MK 106 C6
Volkovysk SU 23 G5
Volnovacha UA 166 F2
Voločisk UA 166 B2
Vólos GR 115 F6
Volosovo RUS 151 G3
Volovec UA 46 D5
Volovo BG 95 F5
Vološin SU 134 C2
Volterra I 88 C4
Voltri I 54 C2
Voltti FIN 157 F6
Volturara Appula I 99 G3
Volyně CZ 43 E6
Vónitsa GR 114 C5
Voorschoten NL 16 A3
Voorst NL 16 D3
Vopnafjörður IS 160 c2
Vörå/Vöyri FIN 157 F5
Vorau A 43 G2
Vorbasse DK 128 B5
Vorchdorf A 43 E4
Vörden D 17 F3
Vordernberg A 43 F2
Vorderriss D 41 H3
Vordingborg DK 129 F3
Vorë AL 106 B5
Voreppe F 53 F4
Vorey F 52 C4
Vormsund N 146 A4
Vorn'any SU 134 B3
Vorniceni RO 48 B4
Voroneţ RO 47 H3
Voronež RUS 166 F4
Voronovo SU 134 B2
Vorsfelde D 18 C3
Võru EST 143 E5
Voskresensk RUS 167 F6
Voşlăbeni RO 47 H1
Voss N 144 C6
Votice CZ 31 H2
Votonósi GR 106 D1
Vouillé F 37 E3
Voukoliés GR 122 a3
Voúla GR 115 H3
Vouliagméni GR 115 H3
Vourkári GR 116 B3
Vouvray F 37 G5
Vouzela P 66 C2
Vouziers F 27 H3
Voves F 26 C1
Voxna S 155 F1
Voynitsa RUS 163 G4
Vöyri/Vörå FIN 157 F5
Voz HR 57 E3
Vozarci MK 107 F5
Voznesensk UA 166 D2
Vrå DK 137 F3
Vrå S 138 C2
Vráble SK 44 D4
Vračevšnica YU 92 D6
Vrådal N 145 E2
Vråliosen N 145 E3
Vrana HR 57 E2
Vranduk BIH 91 G6
Vranino BG 97 E6
Vranja HR 57 E3
Vranje YU 93 F2
Vranjska Banja YU 93 F2
Vranov SK 46 B6
Vransko SLO 57 F5
Vratarnica YU 93 G5
Vratnica MK 93 E1
Vratno HR 57 H5
Vratsa BG 94 C4
Vražogrnac YU 93 G5
Vrbas YU 59 F4
Vrbaška BIH 58 B2
Vrbnica YU 92 D1
Vrbnik HR 57 F2
Vrbno pod Pradědem CZ 32 D3
Vrboska HR 91 E3
Vrbové SK 44 C5
Vrbovec HR 58 A4
Vrbovsko HR 57 F3
Vrchlabí CZ 32 B4
Vrčin YU 59 H2
Vreden D 16 D3
Vrelo HR 57 G2
Vrena S 147 G1
Vresse B 28 A4
Vretstorp S 147 E1
Vrginmost HR 57 G3
Vrgorac HR 91 F4
Vrhnika SLO 57 E4
Vrhpolje BIH 58 B1
Vrigstad S 139 E3
Vrlika HR 90 D5
Vrnjačka Banja YU 92 D5
Vron F 26 D5
Vrontádos GR 117 E5
Vroomshoop NL 16 D4
Vrosína GR 106 C1
Vroutek CZ 31 F3
Vrpolje HR 90 D5
Vrpolje HR 58 D3
Vršac YU 60 A3
Vršani BIH 59 E2
Vrsar HR 56 D3
Vrska Cuka YU 93 G5
Vrtoče BIH 57 H1
Vrútky SK 45 E6
Vrŭv BG 93 G6
Vrýses GR 122 b2
Vsetín CZ 33 E1
Vučitrn YU 92 D3
Vught NL 16 B2
Vŭglevtsi BG 95 F4
Vukovar HR 59 E3
Vulcan RO 61 E3
Vŭlchedrŭm BG 94 C5
Vŭlchidol BG 96 D5
Vulkaneşty MD 63 E5
Vultureşti RO 61 F2
Vultureşti RO 48 C2
Vuojärvi FIN 165 G1
Vuokatti FIN 163 F3
Vuolenkoski FIN 158 C1
Vuolijoki FIN 163 E3
Vuollerim S 162 B5
Vuoriniemi FIN 159 F3
Vuotso FIN 165 G2
Vuotta RUS 151 H6
Vŭrbitsa BG 96 C4
Vŭrshets BG 94 C4
Vybor RUS 143 H4
Vyborg RUS 151 F6
Vygoda UA 47 E6
Vyšgorodok RUS 143 G3
Vyškov CZ 32 D1
Vyšná Revúca SK 45 E5
Vyšné Raslavice SK 46 A6
Vyšnij Voločok RUS 167 D7
Vysoké Mýto CZ 32 C2
Vysokoje SU 23 E3
Vyšší Brod CZ 43 E5
Vytína GR 115 E2

W

Waabs D 128 C2
Waalwijk NL 16 B2
Wabern D 29 H6
Wąbrzeźno PL 21 F4
Wachow D 19 E3
Wächtersbach D 29 G4
Wackersdorf D 30 D1
Waddington GB 11 G2
Wadebridge GB 12 B3
Wädenswil CH 40 D2
Wadlew PL 33 G6
Wadowice PL 33 G2
Wagenfeld D 17 G3
Wageningen NL 16 C3
Waging D 42 C4
Wagrain A 42 D2
Wągrowiec PL 20 D3
Wahlwies D 40 D4
Wahrenholz D 18 B3
Waiblingen D 41 E6
Waidhaus D 31 E2
Waidhofen an der Thaya A 43 G5
Waidhofen an der Ybbs A 43 F3
Waidring A 42 C3
Waischenfeld D 30 C3
Wakefield GB 11 F4
Walbeck D 18 C3
Walberswick GB 15 E4
Wałbrzych PL 32 C4
Walchensee D 41 H3
Walchsee A 42 B3
Wałcz PL 20 C4
Wald CH 40 D3
Waldbröl D 29 E5
Waldeck D 29 G6
Waldenbuch D 41 E5
Waldenburg D 31 E5
Waldfischbach D 29 E2
Waldheim D 31 F5
Waldkirch D 40 C4
Waldkirchen D 42 D5
Waldkraiburg D 42 B4
Waldmünchen D 31 E1
Waldowice PL 20 A3
Waldsassen D 30 D3
Waldshut D 40 C3
Walenstadt CH 41 E2
Wallasey GB 10 C4
Walldorf D 29 F2
Walldürn D 29 G2
Wallenfels D 30 C3
Wallersdorf D 42 C5
Wallerstein D 41 G6
Wallingford GB 13 H4
Walls GB 6 a2
Wallsbüll D 128 B3
Walsall GB 10 D2
Walsrode D 18 A4
Walton-on-the-Naze GB 14 D3
Waltrop D 17 E2
Wanderup D 128 C3
Wanfried D 30 B6
Wangen D 41 F3
Wangenbourg F 40 B6
Wangerooge D 17 F6
Wängi CH 40 D3
Wankendorf D 128 D1
Wantage GB 13 H4
Wanzleben D 18 C2
Warburg D 17 G1
Wardenburg D 17 G5
Ware GB 14 B4
Waregem B 15 G1
Wareham GB 13 F2
Waremme B 28 B5
Waren D 19 E5
Warendorf D 17 F2
Warin D 18 D6
Warka PL 22 B1
Warlubie PL 21 F5
Warmensteinach D 30 D3
Warminster GB 13 F3
Warnemünde D 129 F1
Warnsveld NL 16 D3
Warrenpoint GB 3 F3
Warrington GB 10 D4
Warsop GB 11 F3
Warstein D 17 F1
Warszawa PL 22 B2
Warta PL 21 F1
Warth A 41 F2
Wartha D 30 B5
Warwick GB 13 H5
Wasbister GB 7 G6
Washington GB 9 G1
Wasilków PL 23 E5
Wąsosz PL 32 C6
Wasselonne F 40 B6
Wassen CH 40 D1
Wassenaar NL 16 A3
Wassenberg D 28 C6
Wasseralfingen D 41 F6
Wasserbillig L 28 C3
Wasserburg D 42 B4
Wassertrüdingen D 41 G6
Wassy F 39 F6
Wasungen D 30 B4
Watchet GB 13 E4
Waterford IRL 5 E2
Watergrasshill IRL 4 D2
Waterloo B 27 H6
Waterlooville GB 13 H2
Waterville IRL 4 A2
Watford GB 14 B4
Wattens A 42 A2
Watton GB 14 D5
Wattwil CH 40 D3
Waulsort B 28 A4
Wavre B 28 A6
Waxweiler D 28 C4
Wda PL 21 F6
Wechadłów PL 34 A4
Wedel D 18 A6
Weener D 17 E5
Weert NL 16 C1
Weesen CH 40 D2
Weeze D 16 C2
Wegberg D 28 C6
Wegeleben D 18 C2
Weggis CH 40 C2
Węgliniec PL 32 A5
Węgorzewo PL 132 D1
Węgorzyno PL 20 B5
Węgrów PL 22 C3
Wegscheid D 42 D5
Wehr D 28 D4
Wehr D 40 C3
Weichshofen D 42 B5
Weida D 30 D4
Weiden D 30 D3
Weidenberg D 30 D3
Weigetschlag A 43 E5
Weikersheim D 41 H2
Weil D 40 D6
Weilburg D 29 F4
Weilheim D 41 H3
Weimar D 30 C5
Weinfelden CH 41 E3
Weingarten D 41 E4
Weinheim D 29 F2
Weinsberg D 29 G1
Weismain D 30 C3
Weissbriach A 56 C6
Weissenbach A 41 G3
Weissenburg D 41 H6
Weissenfels D 30 D5
Weissenhorn D 41 F5
Weissenkirchen A 43 G4
Weissensee D 30 C6
Weissenstadt D 30 D3
Weisskirchen A 43 F2
Weisswasser D 31 H6
Weitendorf D 19 E6
Weitra A 43 F5
Weiz A 43 G2
Wejherowo PL 131 G2
Welden D 41 G5
Wełdkowo PL 20 C6

WARSZAWA map

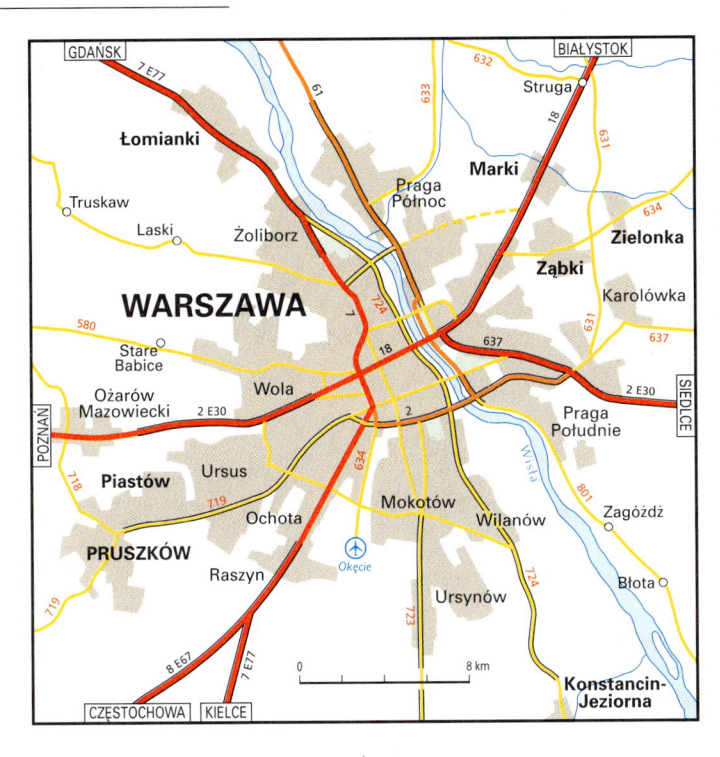

Cities shown: Gdańsk, Białystok, Łomianki, Struga, Marki, Truskaw, Praga Północ, Zielonka, Laski, Żoliborz, Ząbki, Karolówka, WARSZAWA, Stare Babice, Wola, Ożarów Mazowiecki, Piastów, Ursus, Mokotów, Zagóźdź, Siedlce, Pruszków, Ochota, Wilanów, Raszyn, Ursynów, Błota, Częstochowa, Kielce, Konstancin-Jeziorna, Poznań, Praga Południe

WIEN map

Cities shown: Stockerau, Brno, Jedlesee, Floridsdorf, Wiener Wald, Salmannsdorf, Kagran, Döbling, Brigittenau, Donaustadt, Währing, Dornbach, Hernals, Alsergrund, Leopoldstadt, Stadlau, Ottakring, WIEN, Josefstadt, Prater, Penzing, Rudolfsheim-Fünfhaus, Neubau, Landstrasse, Linz, Mariahilf, Wieden, Donaukanal, Lainzer Tiergarten, Hietzing, Margareten, Meidling, Favoriten, Simmering, Airport Wien-Schwechat, Liesing, Oberlaa, Perchtoldsdorf, Inzersdorf, Vösendorf, Schwechat, Salzburg, Graz

Index

Name	Page	Grid
Well NL	16	C2
Wellaune D	31	E6
Welle D	18	B5
Wellesbourne GB	13	H5
Wellin B	28	A4
Wellingborough GB	14	B5
Wellington GB	13	E3
Wells GB	13	F3
Wells-next-the-Sea GB	11	H2
Wels A	43	E4
Welsberg/Monguelfo I	42	B1
Welschofen/Nova Levante I	55	H6
Welshpool GB	10	C2
Weltenburg D	42	B6
Welwyn Garden City GB	14	B4
Welzheim D	41	F6
Wem GB	10	D3
Wembury GB	12	C2
Wemding D	41	G6
Wemperhaardt L	28	C4
Wendover GB	14	A4
Wengen CH	40	C1
Wenns A	41	E6
Wépion B	28	A5
Weppersdorf A	44	A3
Werben D	18	D4
Werbomont B	28	B5
Werdau D	31	E4
Werder D	19	F3
Werdohl D	29	F6
Werfen A	42	C2
Werl D	17	F1
Werlte D	17	F4
Wermelskirchen D	29	E6
Wernberg D	30	D2
Werne D	17	E2
Werneck D	30	A3
Werneuchen D	19	G3
Wernigerode D	18	C2
Wertach D	41	G3
Wertheim D	29	H3
Werther D	17	G2
Wertingen D	41	G5
Wesel D	16	D2
Wesenberg D	19	F5
Wesendorf D	18	B3
Wesselburen D	128	B2
Wessobrunn D	41	H4
West Bridgford GB	11	F2
West Bromwich GB	10	D2
West Calder GB	9	E4
West Kilbride GB	8	C4
West Linton GB	9	E4
West Lulworth GB	13	F2
West Mersea GB	14	D3
West Sandwick GB	6	b2
West Wittering GB	13	H2
West-Terschelling NL	16	C6
Westbury GB	13	F3
Westende-Bad B	15	F2
Westerdorf A	42	B2
Westenholz D	18	A4
Westensee D	128	C2
Westerdale GB	7	F4
Westerham GB	14	B2
Westerholt D	17	F6
Westerland D	128	A3
Westerlo B	16	B1
Westerstede D	17	F5
Westkapelle NL	15	G2
Weston-super-Mare GB	13	E4
Westport IRL	2	B3
Westward Ho! GB	12	C4
Wetheral GB	9	E2
Wetherby GB	11	F4
Wetter D	17	E1
Wetteren B	15	G1
Wettringen D	17	E3
Wetzikon CH	40	D3
Wetzlar D	29	F4
Wexford IRL	5	F2
Weyer-Markt A	43	F3
Weyhausen D	18	B4
Weymouth GB	13	F2
Weyregg A	42	D3
Wheddon Cross GB	12	D4
Whitby GB	11	G5
Whitchurch GB	10	D3
Whitegate IRL	4	D1
Whitehall GB	7	H6
Whitehaven GB	8	D1
Whitehead GB	3	G4
Whithorn GB	8	C3
Whiting Bay GB	8	C4
Whitley Bay GB	9	G2
Whitstable GB	14	D2
Whittlesey GB	14	C5
Wiartel PL	22	C5
Wick GB	7	G4
Wickham Market GB	14	D4
Wicklow IRL	5	G3
Wicko PL	131	F2
Widawa PL	33	G6
Widnes GB	10	D4
Widoma PL	34	A3
Widuchowa PL	19	H4
Więcbork PL	21	E5
Wiedenbrück D	17	F2
Wiefelstede D	17	F5
Wiehe D	30	C6
Wiek D	129	H2
Większyce PL	33	E3
Wielbark PL	22	B5
Wieleń PL	20	C4
Wielichowo PL	20	C2
Wieliczka PL	34	A3
Wieliczki PL	133	E1
Wielogłowy PL	34	B2
Wielowieś PL	33	F4
Wieluń PL	33	F5
Wien A	44	A4
Wiener Neustadt A	43	H3
Wierden NL	16	D3
Wieruszów PL	33	E5
Wierzbica PL	34	B5
Wierzchowo PL	20	C6
Wierzchucino PL	131	F2
Wies D	41	G3
Wiesau D	30	D3
Wiesbaden D	29	F3
Wieselburg A	43	F4
Wiesenburg D	19	E3
Wiesentheid D	30	B2
Wiesloch D	29	F2
Wiesmath A	44	A3
Wiesmoor D	17	F5
Wietze D	18	A4
Wigan GB	10	D4
Wigston Magna GB	11	E1
Wigton GB	9	E2
Wigtown GB	8	C2
Wijhe NL	16	D3
Wil CH	40	D3
Wilczkowo PL	21	H6
Wilczyska PL	34	B2
Wildalpen A	43	F3
Wildbad D	40	D6
Wildenrath D	28	C6
Wildeshausen D	17	G4
Wildhaus CH	41	E2
Wildon A	43	G1
Wilfersdorf A	44	A5
Wilga PL	22	C1
Wilhelmsburg A	43	G4
Wilhelmshaven D	17	G6
Wilhering A	43	E4
Wilków PL	22	B1
Willebroek B	15	H1
Willemstad NL	16	A2
Willingen D	29	G6
Willisau CH	40	C2
Wilmslow GB	10	D3
Wilsdorf D	29	F5
Wilster D	128	B1
Wilton GB	13	G3
Wiltz L	28	C4
Wimborne Minster GB	13	F2
Wimereux F	14	D1
Wincanton GB	13	F3
Winchcombe GB	13	G5
Winchester GB	13	G3
Windeck D	29	E5
Windermere GB	10	D6
Windisch D	30	D2
Windischgarsten A	43	E3
Windsbach D	30	B1
Windsor GB	14	A3
Winkleigh GB	12	D3
Winklern A	42	C1
Winnenden D	41	E6
Winnica PL	22	B3
Winnigstedt D	18	C2
Winnweiler D	29	E2
Winschoten NL	17	E5
Winsen D	18	B4
Winsen D	18	A4
Winsford GB	10	D3
Wińsko PL	32	C6
Winslow GB	14	A4
Winsum NL	16	D6
Winterberg D	29	G6
Winterbourne Abbas GB	13	F2
Winterfeld D	18	C4
Wintermoor D	18	B5
Winterswijk NL	16	D2
Winterthur CH	40	D3
Wipperfürth D	29	E6
Wippra D	18	C1
Wisbech GB	14	C6
Wischhafen D	18	A6
Wisełka PL	19	H6
Wishaw GB	8	D4
Wiskitki PL	22	A2
Wisła PL	33	G2
Wismar D	18	D6
Wiśniowa PL	34	C2
Wissant F	14	D1
Wissembourg F	29	E1
Wissen D	29	E5
Wisznice PL	23	E1
Witham GB	14	C4
Witheridge GB	12	D3
Withernsea GB	11	G1
Witkowice PL	33	G5
Witkowo PL	21	E3
Witney GB	13	H4
Witnica PL	20	A3
Wittdün D	128	A3
Witten D	17	E1
Wittenberge D	18	D4
Wittenburg D	18	C5
Wittichenau D	31	G6
Wittingen D	18	C4
Wittlich D	28	D3
Wittmund D	17	F6
Wittstock D	19	E4
Witzenhausen D	30	A6
Wiveliscombe GB	13	E3
Wizna PL	22	D5
Władysławowo PL	131	G2
Wleń PL	32	B5
Włocławek PL	21	G3
Włodawa PL	23	F1
Włoszczowa PL	33	H4
Woburn GB	14	B4
Wodzisław PL	34	A4
Wodzisław Śląski PL	33	F3
Woerden NL	16	B3
Woerth F	29	E1
Wohlen CH	40	C3
Wojciesz ów PL	32	B5
Wojnicz PL	34	B3
Woking GB	14	A3
Wokingham GB	14	A3
Wola Idzikowska PL	35	E5
Wola Rakowa PL	21	G5
Wolbórz PL	33	H6
Wolbrom PL	33	H3
Wolczyn PL	33	E5
Woldegk D	19	G5
Wolfach D	40	C5
Wolfegg D	41	F4
Wolfen D	19	E1
Wolfenbüttel D	18	B2
Wolfhagen D	29	G6
Wolframs-Eschenbach D	30	B1
Wolfratshausen D	41	H4
Wolfsberg A	43	F1
Wolfsburg D	18	C3
Wolfstein D	29	E2
Wolgast D	130	A1
Wolhusen CH	40	D4
Wolin PL	19	H6
Wólka PL	34	A5
Wólka Dobryńska PL	23	F2
Wólka Łabuńska PL	35	F4
Wolkenstein D	31	F4
Wolkenstein in Gardena/Selva di Val Gardena I	56	A6
Wolkersdorf A	44	A4
Wöllersdorf A	43	H3
Wollin D	19	E2
Wolmirstedt D	18	D2
Wolnzach D	42	A5
Wołomin PL	22	B3
Wołów PL	32	C5
Wolsingham GB	9	F1
Wolsztyn PL	20	C2
Wolvega NL	16	D5
Wolverhampton GB	10	D2
Woodbridge GB	14	D4
Woodford IRL	4	D4
Woodstock GB	13	H4
Woolacombe GB	12	D4
Wooler GB	9	G3
Wooton Bassett GB	13	G4
Worb CH	40	B2
Worbis D	30	B6
Worcester GB	13	G5
Wörgl A	42	B3
Workington GB	8	D2
Worksop GB	11	F3
Workum NL	16	C5
Wörlitz D	19	E1
Wormerveer NL	16	B4
Wormhout F	15	E1
Worms D	29	F2
Wörrstadt D	29	F3
Wörth D	29	F1
Wörth D	29	G3
Wörth D	29	F2
Wörth D	42	B6
Worthing GB	14	A2
Woźniki PL	33	G4
Wragby GB	11	G3
Wredenhagen D	19	E5
Wremen GB	10	C3
Wriezen D	19	G3
Wróblew PL	33	F6
Wrocław PL	32	D5
Wronki PL	20	C3
Wroxham GB	15	E5
Wrząca Wielka PL	21	F2
Września PL	21	E2
Wschowa PL	20	C1
Wulfen D	17	E2
Wullowitz A	43	E5
Wünnenberg D	17	G1
Wunsiedel D	30	D3
Wunstorf D	17	H3
Wuppertal D	17	E1
Wurzbach D	30	C4
Würzburg D	30	A3
Wurzen D	31	E6
Wust D	19	E3
Wusterhausen D	19	E4
Wüstermarke D	19	F1
Wustrow D	129	F2
Wuustwezel B	16	A2
Wydminy PL	133	E1
Wygoda PL	34	D2
Wyk D	128	B3
Wymondham GB	14	D5
Wyrzysk PL	20	D4
Wysokie Mazowieckie PL	22	D4
Wysowa PL	34	C1
Wyśmierzyce PL	22	C3
Wyszogród PL	22	A3

X

Name	Page	Grid
Xanten D	16	D2

Y

Yablanitsa BG	94	D4
Yağcılar TR	118	C5
Yagoda BG	95	F3
Yahşihan TR	120	C6
Yahyalı TR	121	H3
Yaiza E	80	d2
Yakoruda BG	94	C1
Yalakdere TR	110	D4
Yalıkavak TR	117	G2
Yalova TR	110	D4
Yalvaç TR	119	H4
Yamanlar TR	119	E3
Yambol BG	96	C3
Yapılcam TR	121	E3
Yapraklı TR	113	E2
Yarcombe GB	13	E3
Yarımca TR	110	D5
Yarış TR	118	D5
Yarm GB	11	F6
Yarma TR	120	D1
Yarmouth GB	13	G2
Yasen BG	94	D5
Yasna Polyana BG	97	E3
Yassıören TR	110	B5
Yatağan TR	124	C5
Yavaşlı TR	120	A3
Yavorets BG	95	F3
Yavsan tuzlası TR	120	C3
Yazıhisar TR	113	E5
Ybbs an der Donau A	43	F3
Ybbsitz A	43	F3
Ýdra GR	115	G2
Yeadon GB	11	E4
Yecla E	84	B5
Yeleğen TR	118	D3
Yelverton GB	12	C2
Yemişendere TR	124	D5
Yemişli TR	118	C5
Yeniçağa TR	112	C2
Yenice TR	109	H3
Yenice TR	118	C2
Yenice TR	112	C3
Yenice TR	120	C4
Yenice TR	127	H6
Yeniceoba TR	120	D2
Yeniçubuk TR	121	H5
Yenidoğan TR	120	B1
Yenierenköy (Aigialoúsa) CY	127	c3
Yenifoça TR	117	F5
Yenikent TR	120	B6
Yenikonacık TR	121	G1
Yenikonak TR	113	F5
Yeniköy TR	110	B2
Yeniköy TR	110	D4
Yeniköy TR	110	D2
Yeniköy TR	118	D3
Yeniköy TR	111	E5
Yeniköy TR	126	C5
Yeniköy TR	127	G5
Yenimehmetli TR	120	B5
Yenipazar TR	118	C2
Yenipazar TR	111	F4
Yenişakran TR	117	F6
Yenişakran TR	117	F5
Yenişarbademli TR	126	A6
Yenişehir TR	118	D4
Yenişehir TR	110	D4
Yeniyapan TR	121	F5
Yenne F	53	F5
Yeovil GB	13	F3
Yerkesik TR	124	C5
Yerköy TR	121	E6
Yerville F	26	C4
Yesa E	69	H3
Yeşilçay (Ağva) TR	110	D5
Yeşildere TR	127	E5
Yeşilhisar TR	121	E3
Yeşilköy TR	118	D5
Yeşilköy TR	120	A2
Yeşilköy TR	126	B4
Yeşilova TR	119	E1
Yeşilovo TR	121	E3
Yeşilköy TR	110	D5
Yeste E	83	F5
Yetholm GB	9	F3
Yiğilca TR	111	G6
Yiğitler TR	109	G2
Yıldızören TR	111	G2
Yläma FIN	151	E6
Yläne FIN	149	F6
Ylihärmä FIN	157	F5
Ylimarkku/Övermark FIN	157	E4
Ylistaro FIN	157	F5
Ylitornio FIN	162	C5
Ylivieska FIN	162	D3
Ylöjärvi FIN	157	H2
Yngsjö S	130	B5
Yoğuntaş TR	96	D2
Yordankino BG	94	C3
York GB	11	F4
Youghal IRL	4	D1
Yozgat TR	113	H1
Yport F	26	B5
Ypres (Ieper) B	15	F1
Ýpso GR	106	B1
Ypsous GR	115	E2
Yset N	153	H4
Yssingeaux F	52	C4
Ystad S	130	A4
Yste brød N	136	B6
Ystradgynlais GB	13	E5
Ytre Enebakk N	146	A3
Ytterhogdal S	155	F3
Yukarı Çavundur TR	113	E2
Yukaricanli TR	112	D2
Yulga Urpala (Torf'anovka) RUS	151	E6
Yunak TR	120	A3
Yundola BG	94	D2
Yunuseli TR	110	C3
Yunusemre TR	111	H3
Yverdon-les-Bains CH	39	H2
Yvetot F	26	B4
Yvoir B	28	A5
Yvoire F	39	G1

Z

Zaandam NL	16	B4
Žabala RO	62	B5
Žabalj YU	59	G3
Zabar H	45	F4
Žabari YU	60	A1
Zabierzów PL	33	H3
Zabki PL	22	B2
Žabkowice Śląskie PL	32	D4
Žabljak YU	92	A3
Zabłudów PL	23	E4
Žabno HR	58	A4
Žabno PL	34	B4
Zabok HR	57	G4
Zabolotje UA	23	G1
Zabolotov UA	47	G5
Žabrani RO	60	B5
Zábřeh CZ	32	C2
Zabrze PL	33	F3
Zabrzeż PL	34	B2
Zacháro GR	114	D2
Zadar HR	90	B6
Zadežje SU	135	E6
Zadvarje HR	91	E4
Žafirovo BG	62	C1
Zafra E	75	F1
Zaga SLO	56	D5
Zagań PL	32	B6
Zagare LT	142	A1
Zaglavak YU	92	B5
Zagon RO	62	B5
Zagorá GR	107	H1
Zagorje SLO	57	F5
Zagórów PL	21	E2
Zagorsk RUS	167	E2
Zagórz PL	34	D2
Zagreb HR	57	H4
Žagubica HR	93	F6
Zagvozd HR	91	E4
Zagyvapálfalva H	45	F4
Zahara de los Atunes E	81	F1
Zahna D	19	E2
Záhony H	46	B5
Zajas MK	106	D5
Zaječar YU	93	G5
Zajkovo SU	135	H6
Zakliczyn PL	34	B2
Zaklików PL	34	D4
Zakopane PL	34	A1
Zakroczym PL	22	B3
Zákros GR	123	f2
Zakrzewo PL	21	F3
Zákupy CZ	31	H4
Zákynthos GR	114	C2
Zalaapáti H	58	B6
Zalabaksa H	58	A6
Zalabér H	58	B1
Zalaegerszeg H	58	B1
Zalakomár H	58	B6
Zalalövő H	44	A1
Zalamea de la Serena E	75	H1
Zalamea la Real E	81	E5
Zalaszentbalázs H	58	B6
Zalău RO	46	D2
Žalčiki UA	47	H6
Zaltbommel NL	16	C3
Załuż PL	34	D2
Zalužnica HR	57	G2
Zamárdi H	44	C1
Zamarte PL	21	E5
Žamberk CZ	32	C3
Zambrana E	69	E3
Zambrów PL	22	D4
Zambujeira do Mar P	80	B6
Zamora E	67	G2
Zamość PL	22	C4
Zamość E	35	E4
Zamostne PL	131	G2
Zandvoort NL	16	A4
Zaniemyśl PL	20	D2
Zaostrog HR	91	F3
Zapadnaja Dvina RUS	167	D6
Zapałów PL	35	E3
Zaparozskoje Metsapirtte RUS	151	H6
Zapfendorf D	30	B3
Zapol'arnyj RUS	165	H4
Zaporožje UA	166	F2
Záppeio GR	107	G1
Zapponeta I	100	C5
Zaprešić HR	57	G4
Zaprudy SU	23	G3
Zaragoza E	78	C6
Zárakes GR	116	A4
Zărand RO	60	B5
Zarasa LT	134	B5
Zarautz E	69	G4
Zaręby-Warchoły PL	22	D4
Zarečensk RUS	163	G6
Zareče UA	35	G6
Žarki PL	33	G4
Zárkos GR	107	F1
Zărnești RO	61	H4
Žarnovica SK	44	D5
Żarnów PL	34	A5
Żarnowiec PL	33	H4
Zarrentin D	18	C5
Zarszyn PL	34	D2
Żary PL	20	A1
Zasieki PL	19	H1
Žaškov UA	166	D2
Zaslavl' SU	134	D2
Žatec CZ	31	F3
Zator PL	33	G3
Žatreni RO	61	E2
Zău de Cîmpie RO	47	F1
Žauan RO	46	C2
Zauchwitz D	19	F2
Zauczyn Poduchowny PL	22	D2
Zavet BG	96	C6
Zăvideni RO	61	F2
Zavidovići BIH	58	D1
Zavlaka YU	59	F1
Závoaia RO	62	D3
Zavolžsk RUS	167	F8
Zawada PL	20	B2
Zawadzkie PL	33	F4
Zawichost PL	34	C5
Zawidów PL	32	A5
Zawiercie PL	33	G4
Zawoja PL	33	H6
Zbaraž UA	166	B2
Zbaszyń PL	20	B2
Zblewo PL	21	F6
Zborov UA	34	C1
Zborowice PL	34	B2
Zbraslav CZ	31	G3
Zbraslavice CZ	32	A2
Zdar PL	31	F3
Žďár nad Sázavou CZ	32	B2
Ždice CZ	31	G3
Ždice CZ	31	G2
Ždírec nad Doubrava CZ	32	B2
Zdounky CZ	44	B6
Zduńska Wola PL	33	G6
Zduny PL	32	D6
Zdziechowice PL	34	D4
Zdzieszowice PL	33	E3
Ždrebaonja PL	32	B5
Zicavo F	73	b1
Zickhusen D	18	D6
Zeebrugge B	15	F2
Zeeg NL	16	B3
Zeebrugge B	15	F2
Žehdenick D	19	F4
Zeist NL	16	B3
Zeitz D	30	D5
Zel'va SU	23	G5
Zelechów PL	22	C1
Zelenogorsk RUS	151	G5
Zelenogradsk RUS	132	B3
Železná Ruda CZ	43	D6
Železnik YU	59	G2
Železnodorožnyj RUS	132	D2
Železnogorsk RUS	166	A4
Železný Brod CZ	32	A4
Želiezovce SK	44	D4
Žilina SK	44	D6
Zelina HR	57	H4
Zelinika YU	91	H2
Zeliv CZ	32	A2
Želkowo PL	131	F2
Zell D	42	A4
Zell D	28	D3
Zell D	40	C4
Zell am See A	42	C2
Zell am Ziller A	42	A2
Zella-Mehlis D	30	B4
Zipári GR	117	G1
Zelów PL	33	G6
Zeltini LV	143	E4
Zeltweg A	43	F2
Želudok SU	23	G6
Želva LT	134	A4
Zelzate B	15	G1
Žemaičiu Naumiestis LT	132	A3
Žemberovce SK	45	E4
Zembin SU	135	E3
Zemen BG	94	B2
Zeń'kov UA	166	E3
Zencirli TR	120	C2
Zenica BIH	91	G6
Zepče BIH	58	D1
Zerbst D	18	D2
Zerf D	28	C3
Zerind RO	60	B4
Zermatt CH	54	B5
Zernez CH	41	F1
Zernien D	18	C4
Zerniki PL	32	D5
Zerqan AL	106	C5
Zetea RO	61	G6
Zetel D	17	F5
Zeulenroda D	30	C4
Zeven D	17	H5
Zevenaar NL	16	C3
Zevenbergen NL	16	A2
Zeytinbağı TR	110	C4
Zeytindağ TR	117	F6
Zgierz PL	21	G1
Zlin CZ	44	C6
Žljebovi BIH	92	A5
Zlobin SU	166	C3
Zheleznitsa BG	94	C2
Žiar nad Hronom SK	45	E5
Zickhusen D	18	D6
Zidani Most SLO	57	F5
Žitinsk UA	166	C1
Ziegelrück D	30	D4
Zielona Chocina PL	20	D6
Zielona Góra PL	20	B1
Zielonka PL	22	B2
Zieluń-Osada PL	21	H4
Zierikzee NL	15	H2
Znojmo CZ	43	H5
Zierow D	18	D5
Ziesar D	19	E2
Ziethen D	19	G6
Žiežmariai LT	133	H3
Zijpe NL	15	H2
Žilina SK	44	D6
Zimandu Nou RO	60	A5
Zimbor RO	46	D2
Zimnicea RO	95	F5
Zimnitsa BG	96	C3
Zincirlikuyu TR	120	C4
Zingst D	129	G2
Zinnowitz D	130	A1
Zinnwald-Georgenfeld D	31	G4
Zirc H	44	C2
Zirchow D	19	G6
Ziri SLO	57	E5
Zirl A	41	H2
Ziros GR	123	f2
Zirovnice CZ	32	A1
Zistersdorf A	44	B5
Žitište N	59	G3
Žitkoviči SU	166	C4
Zitomir UA	166	C3
Žitomislići BIH	91	G4
Žitoradja YU	93	F4
Zittau D	31	H5
Živaja HR	58	A3
Živinice BIH	59	E1
Zizdra RUS	167	E5
Zizers CH	41	E2
Zlatá Koruna CZ	43	E5
Zlatar BG	96	C4
Zlatar Bistrica HR	57	H5
Zlatarevo BG	107	G5
Zlatari YU	93	E4
Zlaté Moravce SK	44	D4
Zlatitsa BG	94	B3
Zlatna RO	60	D5
Zlatna Panega BG	94	D4
Zlatni Pyasŭtsi BG	97	E5
Zlatograd BG	108	D6
Žleby CZ	32	B2
Zliechov SK	44	D6
Zlin CZ	44	C6
Žljebovi BIH	92	A5
Zlobin SU	166	C3
Złocieniec PL	20	C5
Złoczew PL	33	F6
Zlonice CZ	31	G3
Złotoryja PL	32	B5
Złotów PL	20	D5
Złoty Stok PL	32	C4
Žlutice CZ	31	F3
Zmerinka UA	166	C2
Żmigród PL	32	D6
Žmjnj HR	56	D3
Znamenka UA	166	E2
Znamensk RUS	132	D2
Znin PL	21	E3
Znojmo CZ	43	H5
Zodino SU	135	E2
Zoetermeer NL	16	A3
Zofingen CH	40	C3
Zoetermeer NL	16	A3
Zolder B	28	B6
Zółkiewka PL	35	E5
Zoločev UA	35	H3
Zolotonoša UA	166	D3
Żółtyje Vody UA	166	D2
Zomba H	58	D2
Zonguldak TR	112	B2
Zóni GR	109	E6
Zonza I	73	b1
Zörbig D	18	D2
Zorge D	18	B1
Zorita E	75	H3
Zorleni RO	62	D6
Zorneding D	42	A4
Zornitsa BG	96	C3
Zornotza E	69	F4
Zory PL	33	F3
Zossen D	19	F2
Zoutkamp NL	16	D6
Zovka RUS	151	G1
Žovten UA	49	G4
Zrenjanin YU	59	G3
Zrze YU	92	D2
Zsadány H	46	B1
Zsana H	59	F5
Zschopau D	31	F4
Zubcov RUS	167	D6
Zubin Potok YU	92	D3
Zubiri E	69	G3
Zudar D	129	H1
Zuera E	78	C6
Zug CH	40	D2
Zuidhorn NL	16	D5
Zuidlaren NL	17	E5
Žukovka RUS	167	D5
Żukowo PL	131	G1
Zülpich D	28	D5
Zumaia E	69	F4
Zundert NL	16	A2
Zuoz CH	41	F1
Županja HR	59	E2
Żuprany SU	134	C2
Žur YU	92	D1
Žuravica PL	35	E2
Zürich CH	40	D3
Žuromin PL	21	H4
Zurrieq M	104	b1
Zürs A	41	F2
Zurzach CH	40	C3
Zusmarshausen D	41	G5
Züsow D	18	D6
Żuta Lokva HR	57	F2
Zutphen NL	16	D3
Żużemberk SLO	57	F4
Zvenigorodka UA	166	D2
Zvezdel BG	108	D6
Zvezdets BG	96	D3
Zvolen SK	45	E5
Zvoriștea RO	48	A4
Zvornik BIH	59	E1
Zweibrücken D	28	D2
Zweisimmen CH	40	B1
Zwettl A	43	F5
Zwettl an der Rodl A	43	F5
Zwickau D	31	E4
Zwiefalten D	41	E4
Zwierzyniec PL	35	E4
Zwiesel D	42	D6
Zwijndrecht NL	16	A3
Zwingenberg D	29	G2
Zwoleń PL	34	C6
Zwolle NL	16	D4
Zychlin PL	21	G2
Zydowo PL	21	E3
Zygi CY	127	c1
Żyrardow PL	22	A2
Żywiec PL	33	G2
Żywocice PL	33	E4